두근두근

자료구조

DATA STRUCTURES USING **C**

최영규 · 천인국 · 공용해 지음

생능출판

두근두근 자료구조

초판발행 2018년 1월 26일
제1판3쇄 2022년 1월 28일

지은이 최영규 · 천인국 · 공용해
펴낸이 김승기
펴낸곳 (주)생능출판사 / **주소** 경기도 파주시 광인사길 143
출판사 등록일 2005년 1월 21일 / **신고번호** 제406-2005-000002호
대표전화 (031)955-0761 / **팩스** (031)955-0768
홈페이지 www.booksr.co.kr

책임편집 김민보 / **편집** 신성민, 유제훈 / **디자인** 유준범
마케팅 최복락, 김민수, 심수경, 차종필, 백수정, 송성환, 최태웅, 김민정
인쇄 · 제본 성광인쇄(주)

ISBN 978-89-7050-941-9 93000
정가 28,000원

- 이 도서의 국립중앙도서관 출판예정도서목록(CIP)은 서지정보유통지원시스템 홈페이지(http://seoji.nl.go.kr)와 국가자료공동목록시스템(http://www.nl.go.kr/kolisnet)에서 이용하실 수 있습니다. (CIP제어번호: CIP2018001094)

머리말

자료 구조(data structure)는 컴퓨터로 어떤 문제를 해결하기 위해 필요한 자료들을 효율적으로 관리하고 구조화시키기 위한 학문으로 전산학이나 컴퓨터공학 분야에서 매우 중요하고 기초적인 과목이다. 그러나 활용을 위해서는 개념의 이해와 함께 프로그래밍 언어를 이용한 구현 능력이 필수적으로 요구되기 때문에 학생들이 상당히 어려워하는 교과목이기도 하다. 이 책을 저술하면서 역점을 두었던 몇 가지는 다음과 같다.

쉬운 자료구조 책을 만들고자 하였다. 각 장에서는 먼저 쉬운 그림을 통해 각 자료구조의 개념을 이해하고, 추상 자료형을 생각해 본다. 다음으로 그림과 유사코드를 통해 자료구조의 동작을 이해한 후 최종적으로 C언어로 구현하는 방법을 학습하도록 하였다.

특히 가장 쉬운 코드로 자료구조를 설명하고자 하였다. 복잡한 구조체와 함수의 매개변수와 반환형은 초보자들이 자료구조의 핵심 기능을 이해하는데 방해가 된다. 따라서 이 책에서는 최대한 독자들이 자료구조의 핵심 기능에 집중할 수 있도록 데이터 표현에 전역 변수를 사용하였다. 이를 통해 함수의 형태가 단순해지고, 추가적인 구조체가 필요 없이 자료구조를 더 쉽게 이해할 수 있도록 하였다.

사실 프로그램에서 전역변수를 무절제하게 사용하는 것은 좋지 않다. 전역변수는 함수들 사이에 관련성을 만들어 모듈화 된 프로그래밍을 방해할 수 있기 때문이다. 이 책에서는 전역 변수를 무절제하게 사용하지 않는다. 책에서 제시된 코드들은 C++이나 Java와 같은 객체지향 언어의 클래스로 간단하게 변경할 수 있도록 작성되었다. 전역 변수들은 모두 각 자료구조의 핵심 멤버 변수가 된다. 이러한 내용은 4장에서 예제와 함께 자세히 설명하였다. 결론적으로 이 책의 코드는 매우 쉽지만 의미가 크고, 클래스로 손쉽게 변경될 수 있다.

이 책에서는 최대한 완전한 소스 코드를 제공한다. 책에서 제시하는 대부분의 코드들은 main()함수를 포함하는 완전한 코드이므로 컴파일과 실행이 가능하다. 프로그램의 실제 실행 결과를 함께 제시하여 독자들이 쉽게 소스 코드의 동작을 확인하고 이해하며 활용할 수 있도록 하였다.

C언어를 공부해 본 독자라면 포인터가 어렵다는 것을 알 것이다. 이 책에서는 포인터와 연결 리스트를 5장에서 설명하고 있는데, 4장까지는 포인터를 잘 몰라도 충분히 학습할 수 있다. 저자는 포인터가 어렵지만 포인터의 개념이 명확하지 않더라도 우리가 구현할 수 있는 프로그램은 많다는 것을 강조하고 싶다.

각 장에서 학습해야할 내용의 분량을 가능하면 균일하게 배분하도록 구성하였다. 이를 위해 트리와 그래프는 각각 두 개의 장으로 나누었다. 또한 최대한 연관된 내용을 인접 장에 배치하였다.

이 책이 만들어지기까지 많은 도움이 있었다. 특히 적극적으로 지원해주신 생능출판사 여러분께 깊은 감사를 표한다. 아무쪼록 이 책이 자료구조를 공부하는 많은 이들에게 조금이라도 도움이 될 수 있다면 저자들에게는 큰 보람이 될 것이다.

2018년 1월

저자 일동

강의 계획안

자료구조는 매우 중요한 교과목이며, 다루어야 하는 내용이 많아 강의 계획을 세우기가 상당히 까다롭다. 한 학기를 16주로 가정한다면 다음과 같은 방법으로 강의를 진행할 수 있다.

주	해당 장	주제	주	해당 장	주제
1	1장	자료구조와 알고리즘	9	8장	트리
2	2장	배열과 구조체	10	9장	이진탐색트리
3	3장	스택	11	10장	우선순위 큐
4	4장	큐	12	11장	그래프
5	5장	포인터와 연결리스트	13	12장	가중치 그래프
6	6장	리스트	14	13장	정렬
7	7장	순환	15	14장	탐색
8	중간고사	중간 평가	16	기말고사	기말 평가

학기 구성이나 학생들의 학년이나 전공에 따라 다음과 같이 내용을 조정하여 진행할 수도 있다.

- 15주로 강의하는 경우 14장의 탐색을 9장의 이진탐색트리와 함께 10주에 간략하게 다룰 수 있다.
- "자료구조" 교과목에 이어 "알고리즘" 교과목이 개설되는 컴퓨터관련 전공의 경우 그래프(11-12장) 알고리즘과 정렬(13장) 및 탐색(14장)은 알고리즘 교과목에서 연계하여 학습하도록 할 수 있다. 이 경우 "자료구조" 교과목에서는 10장까지의 내용들을 더욱 자세히 다루고, 대부분의 코드를 실습해보도록 하는 것이 좋다.

- 실습 시간을 운영하는 경우, 기본적으로 각 장에서 제공되는 코드들을 실습시간에 모두 구현하고 실행해 보도록 하는 것이 좋다. 그리고 "프로그래밍 프로젝트"에서 제공되는 문제들을 도전해보도록 한다. 저자의 경험에 의하면 대부분의 학생들은 강의 시간에 설명한 내용을 실습시간에 구현해 보는 과정에서 강의 내용에 대한 정확한 의미를 이해하고 활용 능력을 갖추게 된다. 따라서 가능한 한 학생들이 실습할 수 있는 시간을 제공하는 것이 더 효율적인 방법이다.
- 시험 문제로는 "연습문제"를 활용할 수 있다. 또한 "프로그래밍 프로젝트"의 문제들 중 일부를 손 코딩 문제로 출제할 수 있다. 연습문제에 대한 해답은 생능출판사 사이트에 교수 회원으로 가입된 강의자에게만 제공되는데, 본문의 모든 코드와 교수용 PPT도 함께 제공된다. (http://www.booksr.co.kr)

학습 연계도

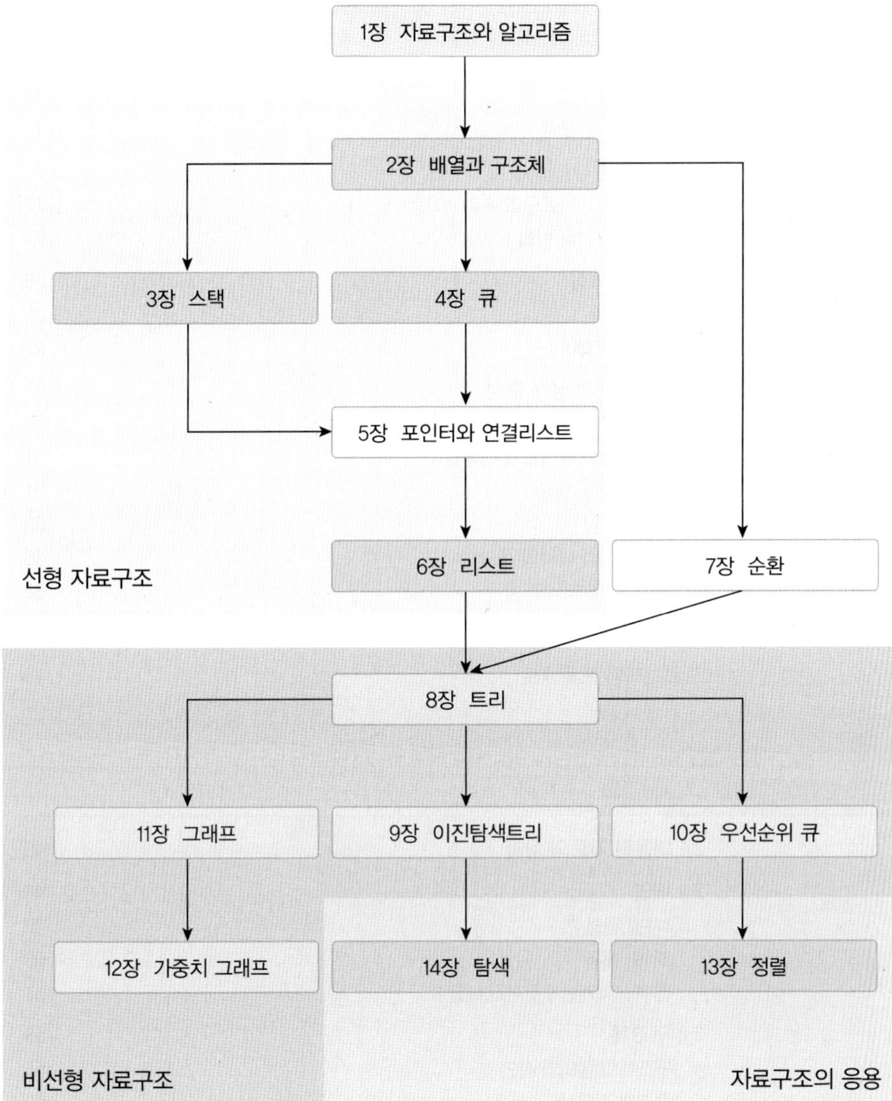
1장 자료구조와 알고리즘
2장 배열과 구조체
3장 스택
4장 큐
5장 포인터와 연결리스트
6장 리스트
7장 순환
선형 자료구조
8장 트리
11장 그래프
9장 이진탐색트리
10장 우선순위 큐
12장 가중치 그래프
14장 탐색
13장 정렬
비선형 자료구조
자료구조의 응용

차례

CHAPTER 06 리스트

CHAPTER 07 순환

CHAPTER 08 트리

CHAPTER 09 이진탐색트리

CHAPTER 10 우선순위 큐

CHAPTER 11 그래프

01 CHAPTER

자료구조와 알고리즘

학습목표

- 자료구조와 알고리즘의 개념을 이해한다.
- 알고리즘의 다양한 표기 방법을 이해한다.
- 추상화의 필요성과 추상 자료형의 개념을 이해한다.
- 알고리즘의 실행 시간 측정 방법을 이해한다.

CHAPTER

1 자료구조와 알고리즘

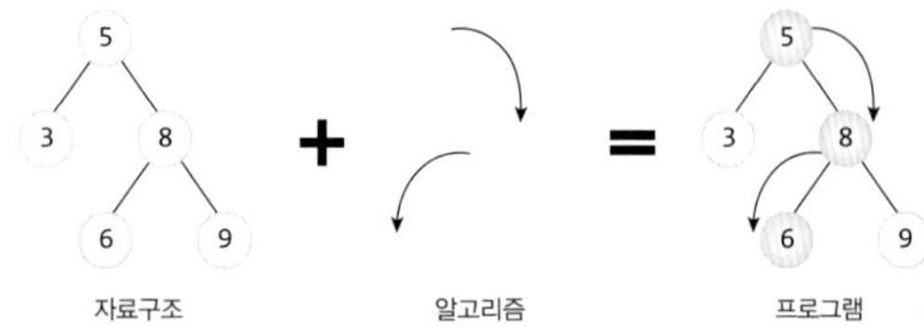

1.1 자료구조

인터넷과 정보 통신 기술의 발달에 따라 지금 우리는 고도로 정보화된 시대를 살아가고 있다. 일부 사람들만이 지식과 정보를 소유하던 시대는 끝나고 모든 사람이 다양한 자료를 활용하고 공유하며 생산하는 시대가 되었다. 이와 같은 정보의 홍수 시대에는 자료의 양이 아니라 얼마나 효율적으로 이들을 관리하고 사용하는가가 훨씬 중요해졌다.

우리는 일상에서 많은 물건이나 자료를 사용한다. 어떤 사람들은 이들을 잘 정리하지만 그렇지 못한 사람들도 많다. 책상이나 옷장을 정리하고 스마트폰에서 사진들을 분류하고 컴퓨터에서 파일들을 정리해야 한다. 이것은 다소 귀찮은 일이지만 정리가 잘 되어 있으면 찾거나 사용할 때 매우 편리할 것이다. 그렇다면 왜 정리하는 것이 피곤할까? 아마 규칙을 잘 찾는 것이 힘들어서일 것이다. 해야 할 일들은 순서대로 수첩에 기록하고, 빌린 책은 반납일 순으로 책꽂이에 보관하면 편리하다. 영어사전에는 단어들이 알파벳순으로 정렬되어 저장되어 있고, 컴퓨터에는 폴더들이 계층적으로 만들어져 있다. 지도에는 도시들의 연결 상태가 알아보기 쉽게 표시되어 있다. 즉 자료마다 효율적인 정리 규칙이 있다.

컴퓨터는 현실 세계에서의 반복적이고 복잡한 자료들을 효율적으로 처리하기 위한 기계이다. 컴퓨터를 이용하여 자료를 처리하려면 먼저 컴퓨터가 잘 다룰 수 있는 형태로 자료를 표현해 주어야만 한다. 사람들이 사물을 편리하고 효율적으로 사용하기 위해 정리하는 것과 마찬가지로 컴퓨터에서도 자료들을 정리하고 조직화 하는 여러 가지 구조들이 있다. 이를 **자료 구조**(data structure)라 부른다.

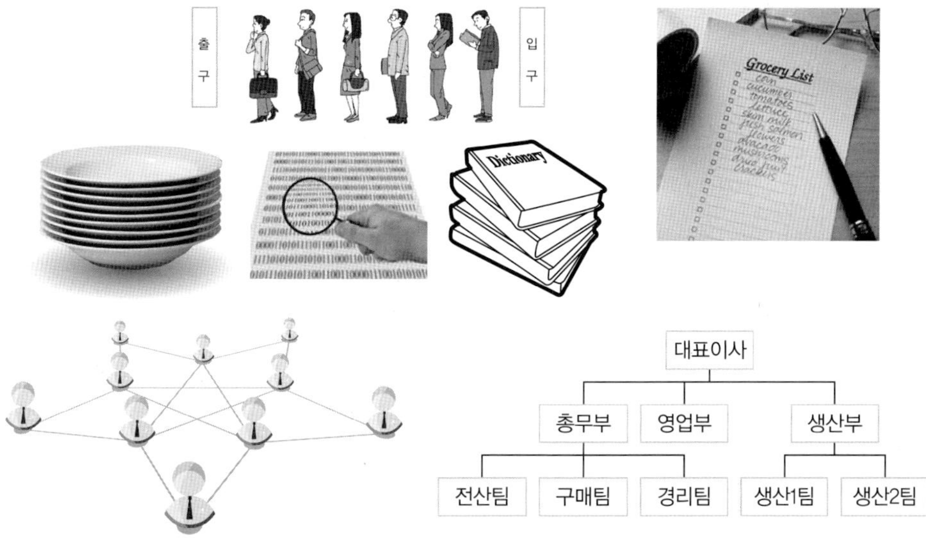

| 그림 1.1 일상생활에서의 다양한 자료를 효율적인 규칙에 따라 정리한 예

자료구조의 분류

자료구조는 크게 단순 자료구조와 복합 자료구조로 나눌 수 있다. **단순 자료구조**는 정수나 실수, 문자와 같이 대부분의 프로그래밍 언어에서 기본적으로 제공한다. **복합 자료구조**는 여러 개의 자료들을 모은 창고와 같다. 창고에 있는 자료들 중에 원하는 자료에 접근하는 방법이 있어야 한다. 복합 자료구조에서 원하는 자료에 접근하는 방법은 크게 **직접 접근**(direct access)과 **순서 접근**(sequential access)으로 나눌 수 있다. 2장에서 공부할 배열은 대표적인 직접 접근 방법으로 인덱스 i를 이용하여 i번째 요소 A[i]에 한 번 만에 접근한다. 5장에서 공부할 연결 리스트는 대표적인 순서 접근 방법인데, 시작 노드에서부터 다음 노드로 하나씩 이동하면서 원하는 자료를 찾아야 한다.

복합 자료구조는 창고의 형태에 따라 **선형 구조**와 **비선형 구조**로 나누어진다. 이들 대부분은 직접 접근과 순서 접근 방법으로 모두 구현할 수 있다.

선형 자료구조

선형 자료구조(linear data structure)는 기본적으로 자료들이 순서적으로 나열된다. 스택, 큐, 덱은 자료의 접근이 맨 앞과 맨 뒤 항목으로 제한된다. 리스트는 임의의 위치에 있는 항목의 접근을 허용하는 가장 자유로운 선형 자료구조이다. 3장에서 스택을 4장에서 큐와 덱을, 6장에서 리스트를 공부한다.

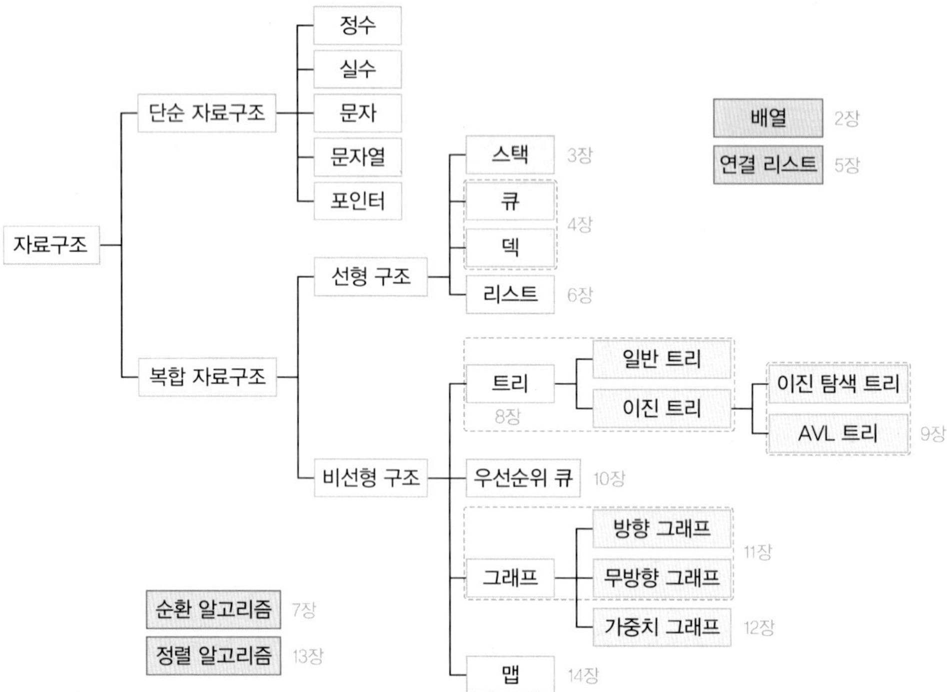

| 그림 1.2 자료구조의 분류와 이 책의 구성

비선형 자료구조

비선형 자료구조(non-linear data structure)는 자료들이 보다 복잡한 연결 관계를 갖는 자료 구조이다. 트리는 회사의 조직도나 컴퓨터의 폴더와 같은 계층 구조를 표현하기에 적합한 구조이다. 8장에서 기본적인 트리 구조를 공부한다. 탐색에 적합하도록 만든 **이진 탐색트리**와 AVL**트리**는 9장에서 살펴보고, **힙** 트리로 구현되는 **우선순위 큐**는 10장에서 공부한다. 그래프는 지하철 노선도나 소셜네트워크서비스의 인맥 지도, 인터넷 망 등을 표현할 수 있는 가장 복잡한 형태의 자료구조이다. 11장에서 기본적인 그래프에 대해 알아보고 12장에서 간선이 가중치를 가질 수 있는 **가중치 그래프**에서의 신장 트리나 최단 경로와 같은 주요 주제들을 공부한다.

자료구조의 활용

자료구조의 가장 대표적인 응용이 정렬과 탐색이다. **정렬**은 주어진 자료들을 어떤 기준을 바탕으로 순서대로 나열한다. 정렬은 알고리즘이 중요하지만 효율적인 정렬을 위해 다양한 자료구조의 활용이 필수적이다. 13장에서 여러 가지 정렬 방법을 자료구조와 관련하여 공부한다. 탐색도 컴퓨터에서 가장 핵심이 되는 작업 중 하나이다. 효율적인 탐색을 위해서는 반드시 적절한 자료구조와 그에 따른 알고리즘을 사용해야 한다. 14장에서 탐색을 위한 맵 구조와 효율적인 탐색을 위한 해싱 기법을 공부한다.

1.2 알고리즘

영어 사전에서 특정한 단어를 찾는 방법을 생각해 보자. 가장 단순한 방법은 사전의 첫 페이지에 있는 단어들부터 시작하여 한 장씩 넘기면서 순서대로 찾는 것이다. 이것은 확실하기는 하지만 엄청난 시간이 걸리는 비효율적인 방법이므로 이런 식으로 사전에서 단어를 찾는 사람은 거의 없을 것이다. 그렇다면 우리는 어떻게 사전에서 단어를 찾나? 사전의 단어들이 알파벳순으로 정렬되어 있는 것을 이용한다. 즉 찾고자 하는 단어가 "structure"이면 먼저 's'로 시작하는 위치로 바로 이동한다. 만약 너무 적게 갔으면 약간 앞으로 더 가고, 너무 많이 갔으면 조금 뒤로 간다. 이 과정을 "structure"란 단어를 찾을 때까지 반복한다. 이것은 첫 페이지에서부터 순서적으로 찾는 것에 비해 단어 찾기에 훨씬 효율적인 절차이다. 이와 같이 어떤 문제를 해결하는 절차를 **알고리즘**(algorithm)이라고 한다.

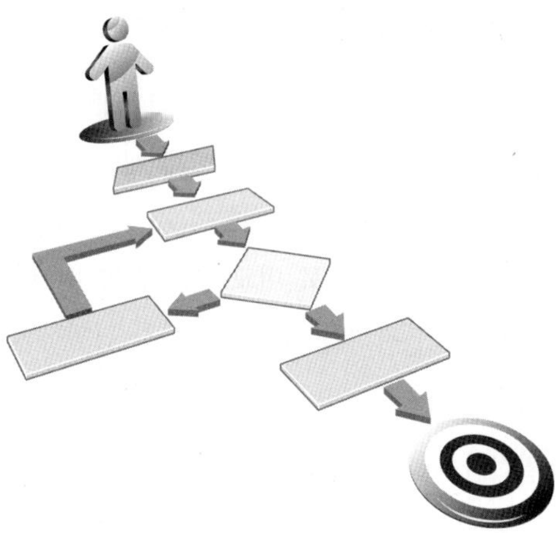

| 그림 1.3 알고리즘은 문제를 해결하는 절차

이러한 문제해결 절차는 보통 프로그래밍 스타일이나 언어와는 무관하다. 즉 알고리즘은 C언어를 사용하건, C++이나 Java를 사용하건, 사용되는 프로그래밍 언어에 상관없이 문제를 해결하는 절차를 말한다.

프로그램 = 자료구조 + 알고리즘

컴퓨터 프로그램은 무엇으로 이루어져 있을까? 대부분의 프로그램은 데이터를 처리하고 있고 이들 자료는 자료구조를 사용하여 표현되고 저장된다. 또한 주어진 문제를 처리하는 절차, 즉 알고리즘이 필요하다. 따라서 프로그램은 자료구조와 알고리즘으로 구성되어 있다고 볼 수 있다.

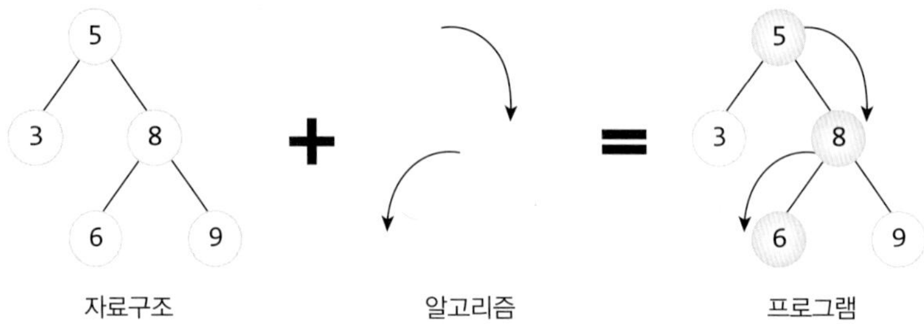

| 그림 1.4 프로그램 = 자료구조 + 알고리즘

성적 처리 프로그램을 생각해 보자. 학생들의 성적을 읽어 들여서 최고 성적을 찾고자 한다. 이를 위해 먼저 학생들의 성적을 처리하기 좋도록 프로그램 내부의 어딘가에 저장시켜야 한다. 이때 가장 쉽게 사용할 수 있는 것이 배열이다. 배열에 점수를 저장하면 바로 배열이 자료를 저장하는 구조, 즉 자료구조가 된다. 이제 배열에 저장된 점수들 중에서 가장 큰 점수를 찾아야 한다. 변수를 하나 만들어 배열의 첫 번째 요소 값을 변수에 대입한 다음, 이것을 배열의 각 요소들과 순차적으로 비교한다. 만약 배열의 요소가 더 크면 그 요소의 값을 이 변수에 저장한다. 이 과정을 배열의 끝까지 진행하면 이 변수에는 최고 성적이 남아있게 된다. 이와 같이 문제를 해결하는 절차를 알고리즘이라 한다.

자료구조와 알고리즘은 밀접한 관계가 있어서 자료구조가 결정되면 그 자료구조에서 사용할 수 있는 알고리즘이 결정된다. 컴퓨터가 복잡한 자료들을 빠르게 저장, 검색, 분석, 전송, 갱신하기 위해서는 자료구조가 효율적으로 조직화되어 있어야 한다. 또한 응용 프로그램에 가장 적합한 자료구조와 알고리즘을 선택하여야 한다.

| 그림 1.5 최고 성적을 찾아내는 프로그램에서의 자료구조와 알고리즘

알고리즘을 보다 정확하게 정의해보자. **알고리즘**(algorithm)은 주어진 문제를 논리적으로 해결하기 위해 필요한 절차, 방법, 명령어들을 모아놓은 것이다. 컴퓨터에서는 알고리즘을 특정한 일을 수행하는 명령어들의 집합으로 볼 수 있는데, 이때 명령어란 컴퓨터에서 수행되는 문장들을 의미한다. 그렇다고 모든 명령어들의 집합이 알고리즘이 되는 것은 아니다. 알고리즘은 다음 조건들을 만족해야 한다.

| 정의 1.1 **알고리즘의 조건**

- 입 력: 0개 이상의 입력이 존재하여야 한다.
- 출 력: 1개 이상의 출력이 존재하여야 한다.
- 명백성: 각 명령어의 의미는 모호하지 않고 명확해야 한다.
- 유한성: 한정된 수의 단계 후에는 반드시 종료되어야 한다.
- 유효성: 각 명령어들은 실행 가능한 연산이어야 한다.

알고리즘에는 입력은 없어도 되지만 출력은 반드시 하나 이상 있어야 한다. 모호한 방법으로 기술된 명령어들의 집합도 알고리즘이 될 수 없다. 또 컴퓨터가 실행할 수 없는 명령어(예를 들면 0으로 나누는 연산)를 사용하면 역시 알고리즘이 아니다. 무한히 반복되는 명령어들의 집합도 알고리즘이 아니다.

알고리즘 기술 방법

알고리즘을 기술하는 방법은 다음과 같이 4가지가 있다.

① 영어나 한국어와 같은 자연어
② 흐름도(flowchart)
③ 유사 코드(pseudo-code)
④ 특정한 프로그래밍 언어 (C언어, C++, java 등)

앞에서 살펴본 *n*개의 정수를 저장하고 있는 배열 A에서 최댓값을 찾는 문제를 이용하여 각 알고리즘의 기술 방법을 살펴보자.

영어나 한국어와 같은 자연어

이 방법은 자연어를 사용하므로 편리하지만 의미가 애매할 수 있다. 따라서 명령어로 쓰이는 단어들을 명백하게 해야만 알고리즘이 될 수 있다.

| 알고리즘 1.1 최대값을 찾는 알고리즘을 자연어로 표현한 예

```
array_max(A,n)

1. 배열 A의 첫 번째 요소를 변수 tmp에 복사한다.
2. 배열 A의 다음 요소들을 차례대로 tmp와 비교하여, 더 크면 그 값을 tmp로 복사한다.
3. 배열 A의 모든 요소를 비교했으면 tmp를 반환한다.
```

흐름도(flowchart)

절차를 매우 명확하게 표현할 수 있다. 따라서 특허 명세서 등에서 많이 사용된다. 그러나 알고리즘이 조금만 복잡해져도 매우 복잡하게 표시되는 단점이 있다.

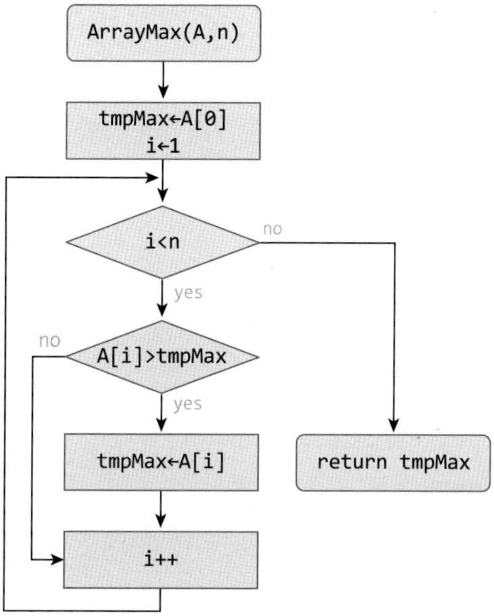

| 그림 1.6 알고리즘을 흐름도로 나타낸 예

유사 코드(pseudo-code)

자연어보다는 더 체계적이지만 프로그래밍 언어보다는 덜 엄격한 언어로서 알고리즘의 표현에 흔히 사용되는 방법이다. 유사 코드의 문법은 보통 C, C++, Java등 실제 프로그래밍 언어와 비슷하여 쉽게 이해가 가능하면서도 특정 프로그래밍 언어로 구현할 때의 여러 가지 문제들을 감출 수 있다. 따라서 알고리즘의 핵심적인 내용에 대한 표현에만 집중할 수 있어 가장 선호되는 표기법이다. 알고리즘 1.2는 유사코드로 표현된 알고리즘의 예를 보여주고 있다. 이때, 대입 연산자가 =가 아닌 ←임을 유의해야 한다. =는 대입이 아니라 비교 연산자로 사용된다. 이 책에서도 유사코드를 많이 사용할 것이다.

| 알고리즘 1.2 최대값을 찾는 알고리즘을 유사 코드로 표현한 예

```
array_max(A,n)

tmp ← A[0];
for i←1 to n-1 do
    if tmp < A[i] then
        tmp ← A[i];
return tmp;
```

특정한 프로그래밍 언어

특정한 프로그래밍 언어를 사용하여 기술하는 것은 알고리즘을 가장 정확하게 표현하는 것이라 볼 수 있다. 그러나 구현을 위한 많은 구체적인 사항들을 포함하고 있어 알고리즘의 핵심적인 내용 이해를 방해할 수 있다. 프로그램 1.1은 C 언어로 기술한 알고리즘의 예를 보여주고 있다.

프로그램 1.1 최대값을 찾는 알고리즘을 C 함수로 구현한 예

```
int find_array_max(int score[], int n)        // 자료구조: 배열 score, n은 배열 길이
{
    int i, tmp=score[0];
    for( i=1 ; i<n ; i++ ){                    // 알고리즘
        if( score[i] > tmp ){
            tmp = score[i];
        }
    }
    return tmp;
}
```

1.3 추상 자료형

추상화란?

소프트웨어의 개발과 유지보수에 있어서 가장 중요한 문제는 "어떻게 소프트웨어 시스템의 복잡성을 관리할 것인가" 이다. 이러한 복잡성에 대처하기 위한 새로운 아이디어들이 등장하였고 이들을 구현한 프로그래밍 방법론과 언어들이 개발되었다. 이러한 방법론이나 언어의 핵심은 **추상화**(abstraction)와 관련된 도구들의 개발이었다. 추상화란 복잡한 자료, 모듈, 시스템 등으로부터 핵심적인 개념이나 기능을 간추려 내는 것을 말한다. 즉, 어떤 시스템의 간략화 된 기술 또는 명세로서 시스템의 정말 핵심적인 구조나 동작에만 집중하는 것이다. 좋은 추상화는 사용자에게 중요한 정보는 강조되고 반면 중요하지 않은 구현 세부 사항은 제거되는 것이다. 이를 위하여 **정보은닉기법**(information hiding)이 개발되었고 추상 자료형의 개념으로 발전되었다.

추상 자료형이란?

추상 자료형(Abstract Data Type: ADT)은 추상화한 자료형, 즉 추상적으로 정의한 자료형을 의미한다. 구체적으로는 데이터의 집합과 자료에 가해지는 연산들의 집합에 대한 수학적인 명세이다. 이러한 추상 자료형은 그 자료형의 구현으로부터 분리된 자료형을 의미한다. 즉, 자료나 연산이 무엇(what)인가는 정의되지만 이들을 어떤 프로그래밍 언어를 이용해 어떻게(how) 구현할 것인지는 정의하지 않는다.

예를 들어 자연수(즉 양의정수)를 생각해 보자. 자연수는 일반적으로 컴퓨터에서 기본적으로 제공하지 않는 자료형이다. 자연수를 추상 자료형으로 정의하면 ADT 1.1과 같다.

| ADT 1.1 Natural_Number(자연수에 대한 추상 자료형)

데이터: 1에서 시작하여 INT_MAX까지의 순서화된 정수의 부분 범위

연산
- add(x,y): x+y가 INT_MAX보다 크면 INT_MAX를 반환하고 아니면 x+y를 반환한다.
- distance(x,y): x가 y보다 크면 x-y를 반환하고 작으면 y-x를 반환한다.
- equal(x,y): x와 y가 같은 값이면 TRUE를 반환하고 아니면 FALSE를 반환한다.
- successor(x): x가 INT_MAX보다 작으면 x+1을 반환한다.

추상 자료형을 표현할 때는 먼저 데이터를 정의하고, 다음으로 연산들을 정의한다. 데이터는 주로 집합의 개념을 사용하여 표현하고, 연산의 정의에는 연산의 이름, 매개변수, 연산의 결과, 연산이 수행하는 기능 등을 기술한다.

추상 자료형을 컴퓨터 프로그램으로 구현할 때는 보통 구현에 관한 세부사항들은 외부에서 모르게 하고 외부에는 간단한 **인터페이스**(interface)만을 공개한다. 사용자는 공개된 인터페이스만 사용하고 이것이 어떻게 구현되었는지를 알 필요가 없다. 추후에 구현 방법이 변경될 수 있지만, 인터페이스만 정확하게 지켜진다면 사용자는 변경된 내용을 알 수도 없고 사용하는데도 전혀 문제가 없다. 이것이 정보은닉의 기본개념이다. 즉, "구현으로부터 명세의 분리"가 추상 자료형의 중심 아이디어이다.

추상 자료형과 자료 구조

자료 구조는 이러한 추상 자료형을 프로그래밍 언어로 구현한 것이라 할 수 있다. 이 책에서는 자료 구조들을 기술할 때 먼저 그 자료 구조의 추상 자료형을 소개할 것이다. 추상 자료형의 구현을 위해 이 책에서는 C언어를 사용한다. 추상 자료형의 데이터를 표현하기 위해 구조체를 사용하고, 추상 자료형의 연산들은 함수를 이용해 구현한다.

1.4 알고리즘의 성능 분석

요즘의 컴퓨터는 예전에 비하여 엄청난 계산속도와 방대한 메모리를 자랑하고 있으며 또한 계속해서 발전하고 있다. 그렇다면 프로그램 작성 시에 계산시간을 줄이고 메모리를 효과적으로 사용하기 위해 더 이상 고민하지 않아도 되는 것일까? 물론 정답은 "아니다"이다.

첫 번째 이유는 프로그램의 규모가 이전에 비해서는 엄청나게 커지고 있기 때문이다. 처리해야 할 자료의 양이 많아질수록 알고리즘의 효율성이 더욱 중요해진다. 예를 들어, 동일한 작업을 하는 두개의 프로그램 A와 B가 있다고 생각하자. 입력 자료의 개수가 n일 때 A와 B의 실행 시간은 각각 n^2과 2^n에 비례하여 커진다고 가정하자.

| 표 1.1 두 알고리즘의 실행 시간 비교

입력 자료의 개수	프로그램 A: n^2	프로그램 B: 2^n
$n = 6$	36초	64초
$n = 100$	10000초	2^{100}초$=4\times10^{22}$년

n이 6미만일 때는 두 프로그램의 실행속도 차이는 크게 차이가 없다. 그러나 n이 100이면 알고리즘 A는 여전히 괜찮은 반면, B는 4×10^{22}년 동안 실행해야 결과가 나온다.

두 번째 이유는 사용자들이 여전히 빠른 프로그램을 선호하기 때문이다. 경쟁사보다 실행속도가 조금이라도 느리면 경쟁에서 밀릴 수밖에 없다. 예를 들어 스마트폰에서 화면 터치 후 반응속도가 조금이라도 느리면 그 제품은 성공하기 어렵다. 따라서 프로그램 개발자는 하드웨어와는 상관없이 최선의 효율성을 갖는 알고리즘을 개발하도록 노력해야 한다.

효율적인 알고리즘이란 전체 실행시간이 짧으면서 메모리와 같은 컴퓨터의 자원들을 적게 사용하는 알고리즘이다. 일반적으로 실행시간이 메모리 공간보다 더 중요하게 생각되기 때문에 알고리즘의 실행시간을 효율적인 알고리즘의 기준으로 삼는다.

실행시간 측정방법

알고리즘의 효율성을 측정하는 가장 단순하지만 확실한 방법은 알고리즘을 프로그램으로 만들어 실제로 컴퓨터에서 실행시키고, 실행시간을 측정하는 것이다. 예를 들면 동일한 작업을 하는 서로 다른 알고리즘 A와 B가 있다고 하자. 동일한 컴퓨터에서 실행했을 때 알고리즘 A는 10초가 걸렸고 B는 50초가 걸렸다면 알고리즘 A가 더 효율적인 알고리즘이라고 말할 수 있다.

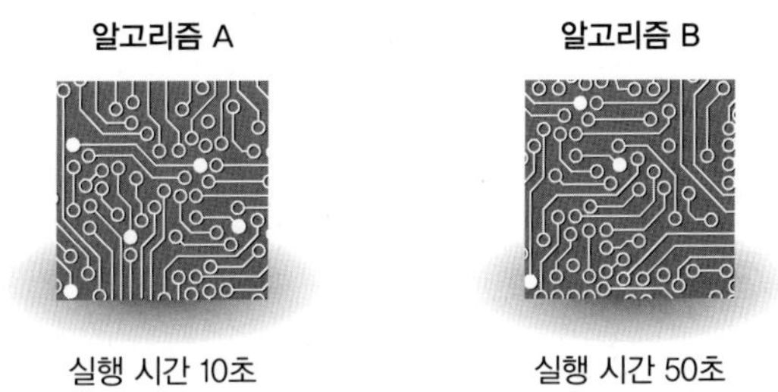

| 그림 1.7 실행시간을 이용한 두 개의 알고리즘의 비교

컴퓨터에서 실행시간을 측정하는 방법에는 주로 **clock()** 함수가 이용된다. 이 함수는 호출되었을 때의 시스템 시각을 **CLOCKS_PER_SEC** 단위로 반환하는데, 반환형은 **clock_t**형이다. 프로그램 1.2는 실행시간을 측정하는 전형적인 프로그램을 보여준다.

프로그램 1.2 실행 시간을 측정하는 프로그램의 예

```
#include <stdio.h>
#include <stdlib.h>
#include <time.h>
void main( )
{
    clock_t start, finish;
    double  duration;
```

```
08        start = clock();
09        ...                      // 실행시간을 측정하고자 하는 코드를 넣는 부분
10        ...
11        finish = clock();
12        duration = (double)(finish - start) / CLOCKS_PER_SEC;
13        printf("%f 초입니다.\n", duration);
14    }
```

코드 설명

3행 clock_t 구조체와 clock()함수 등을 사용하기 위한 헤더파일 포함.

6행 시작 시각 및 종료 시각을 저장할 변수 선언.

7행 실행 시간을 저장할 변수 선언.

8행 컴퓨터의 현재 시각을 start에 저장.

9-10행 실제로 실행시간을 측정하고 싶은 코드를 삽입하거나 함수를 호출함.

11행 코드 실행 후의 현재 시각을 finish에 저장.

12행 실행 시간 (finish-start)를 CLOCKS_PER_SEC로 나누어 초 단위의 실행시간을 계산해 duration 변수에 저장. 나눗셈 연산이 double형으로 이루어지도록 피연산자를 (double)로 형 변환해야 하는 것에 유의할 것.

이 방법으로 알고리즘의 성능을 비교하는 데는 몇 가지 문제가 있다.

- 당연한 이야기겠지만 알고리즘을 반드시 "구현"해야 한다. 알고리즘이 비교적 단순한 경우에는 쉽게 구현할 수 있지만 복잡한 경우에는 구현이 큰 부담이 될 수 있다.
- 반드시 동일한 조건의 하드웨어를 사용하여 실행시간을 측정하여야 한다. 아주 비효율적인 알고리즘도 슈퍼컴퓨터상에서 실행하면 가장 효율적인 알고리즘을 스마트폰에서 실행하는 것보다 더 빨리 처리될 수 있기 때문이다.
- 소프트웨어 환경도 동일해야 한다. 예를 들어, 구현에 사용된 프로그래밍 언어에 따라서도 실행속도가 크게 달라질 수 있다. 보통 C나 C++와 같은 컴파일 방식 언어를 사용한 경우가 파이선(python)이나 베이직과 같이 명령어를 직접 실행하는 인터프리트 방식보다 빠르다.
- 성능 비교에 사용했던 데이터가 아닌 다른 데이터에 대해서는 다른 결과가 나올 수 있어 실험되지 않은 입력에 대해서는 실행시간을 주장할 수 없다.

그렇다면 구현하지 않고서도 알고리즘의 효율성을 따져보는 방법은 없을까?

알고리즘의 복잡도 분석방법

알고리즘을 직접 구현하지 않고서도 대략적인 효율성을 살펴보는 것을 알고리즘 **복잡도 분석**(complexity analysis)이라 한다. 이 방법은 구현하지 않고도 모든 입력에 대해 실행 하드웨어나 소프트웨어 환경과는 관계없이 알고리즘의 효율성을 평가할 수 있다.

알고리즘 분석에서는 먼저 "좋다"는 의미를 분명히 하여야 한다. 좋은 알고리즘은 실행시간이 빠르고 알고리즘이 필요로 하는 기억공간이 적은 알고리즘이다. 알고리즘의 실행시간 분석을 **시간 복잡도**(time complexity)라고 하고 알고리즘이 사용하는 기억 공간 분석을 **공간 복잡도**(space complexity)라고 한다. 우리가 알고리즘의 복잡도를 이야기할 때 대개는 시간 복잡도를 말한다. 그 이유는 알고리즘이 사용하는 메모리 공간보다는 실행시간에 더 관심이 있기 때문이다.

시간 복잡도 함수

시간 복잡도는 알고리즘의 절대적인 실행 시간을 나타내는 것이 아니라 알고리즘을 이루고 있는 연산들이 몇 번이나 실행되는지를 숫자로 표시한다. 연산에는 산술 연산, 대입 연산, 비교 연산, 이동 연산 등이 모두 포함되는데, 복잡도 분석에 이들 연산의 실행횟수를 사용한다. 만약 동일한 조건에서 동일한 일은 하는데 알고리즘 A는 20번의 연산이 필요하고 알고리즘 B는 100번의 연산이 필요하다면 알고리즘 A가 알고리즘 B에 비해 더 효율적이라고 할 수 있다. 이것이 시간복잡도 분석의 기본 개념이다.

어떤 알고리즘을 실행하는데 필요한 연산의 수는 보통 주어지는 입력의 개수 n에 영향을 받는다. 이와 같이 연산의 수를 n의 함수로 나타낸 것을 시간복잡도 함수라고 하고 $T(n)$이라고 표기한다.

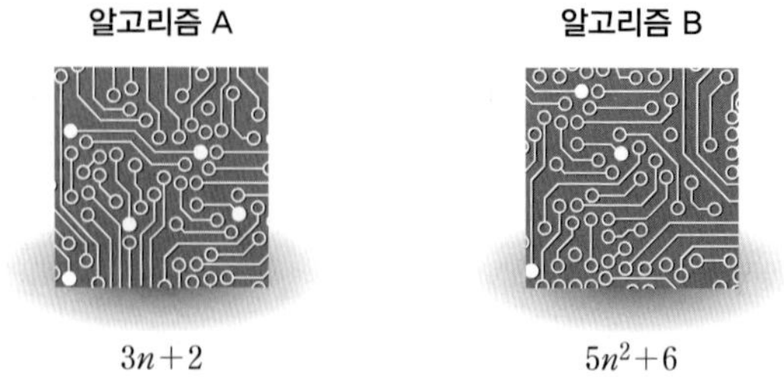

| 그림 1.8 시간 복잡도 함수를 이용한 알고리즘의 비교: 연산의 수는 보통 n의 함수로 표시됨

양의 정수 n의 제곱, 즉 n^2을 구하는 문제를 생각해 보자. 시간 복잡도 설명을 위해 좀 다양한 방법을 사용한다면 다음과 같이 세 가지 알고리즘이 있다.

- 알고리즘 A: 곱셈 연산을 이용해 n과 n을 곱하는 $(n \times n)$ 방법
- 알고리즘 B: 덧셈 연산을 이용해 n을 n번 더하는 방법
- 알고리즘 C: 덧셈 연산을 이용해 1을 $n \times n$번 더하는 방법

이 알고리즘들을 유사 코드로 나타내면 다음과 같다.

| 표 1.2 n^2을 구하는 세 가지 알고리즘

알고리즘 A	알고리즘 B	알고리즘 C

`sum ← n*n;`	`for i←1 to n do`
	`  sum ← sum + n;`
		`for i←1 to n do`
		`  for j←1 to n do`
		`    sum ← sum + 1;`

이제 이들의 알고리즘을 구현하지 않고 분석기법을 사용하여 수행속도를 예측하여 보자. 여기서 입력의 개수 또는 문제의 크기는 n으로 볼 수 있다. 연산의 횟수를 세어보자. (단, 여기서는 간단한 분석을 위해 루프를 제어하는 연산들은 제외시켰다. 보통 이들은 알고리즘의 복잡도에 크게 영향을 끼치지 않는다.)

사실 덧셈연산보다는 곱셈연산에 더 많은 시간이 걸릴 것이다. 그러나 모든 연산에 동일한 시간이 걸린다고 가정하고 알고리즘들을 비교한다. 하나의 연산이 t만큼의 시간이 걸린다고 하면 알고리즘 A는 $2t$에 비례하는 시간이 필요하고 알고리즘 B는 $2nt$의 시간이, 알고리즘 C는 $2n^2t$만큼의 시간이 걸린다. 이들 연산들의 개수를 그래프로 그리면 그림 1.9와 같

| 표 1.3 알고리즘의 비교

	알고리즘 A	알고리즘 B	알고리즘 C
대입 연산	1	n	n^*n
덧셈 연산		n	n^*n
곱셈 연산	1		
나눗셈 연산			
전체 연산수	2	$2n$	$2n^2$

다. n이 커질수록 알고리즘간의 연산 양의 차이가 커지는 것을 알 수 있으며, 효율적인 알고리즘이 무엇인지 판단할 수 있다.

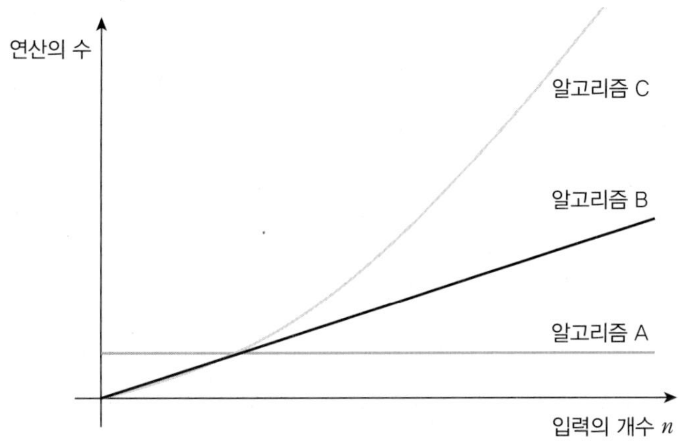

| 그림 1.9 알고리즘의 시간 복잡도 함수

빅오표기법

일반적으로 시간 복잡도 함수 $T(n)$은 입력의 개수 n에 대한 상당히 복잡한 수식으로 나타날 수 있다. 그러나 자료의 개수가 많아질수록, 즉 n이 커질수록 $T(n)$에서 차수가 가장 큰 항의 영향이 절대적이 되고 다른 항들은 무시될 수 있을 정도로 작아진다. 예를 들면 시간 복잡도 함수 $T(n)=n^2+n+1$을 생각해 보자.

- n=1일 때: $T(n)$ = 1 + 1 + 1 = 3 (n^2항이 33.3%)
- n=10일 때: $T(n)$ = 100 + 10 + 1 = 111 (n^2항이 90%)

- n=100일 때: $T(n)$ = 10000 + 100 + 1 = 10101 (n^2항이 99%)
- n=1,000일 때: $T(n)$ = 1000000 + 1000 + 1 = 1001001 (n^2항이 99.9%)

$T(n)$의 최고차항의 영향이 n의 증가에 따라 점점 커져서 n=1,000일 때는 전체의 약 99.9%가 되는 것을 알 수 있다. 이것은 시간복잡도 분석에서는 함수의 전체 항이 아니라 최고차항만을 고려하면 될 것임을 짐작하게 한다.

결국 시간 복잡도 함수에서 중요한 것은 n에 대해 연산이 몇 번 필요한가가 아니라 n이 증가함에 따라 무엇에 비례하는 수의 연산이 필요한가이다. 예를 들어, 그림 1.9에서 알고리즘 A는 n에 상관없이 동일한 수의 연산만 있으면 되고, 알고리즘 B는 n에 비례하는 연산이 필요하며, 알고리즘 C는 n^2에 비례하는 연산이 필요하다는 것이 중요하다.

이와 같이 시간 복잡도 함수에서 불필요한 정보를 제거하여 알고리즘 분석을 쉽게 할 목적으로 시간 복잡도를 표시하는 방법을 빅오 표기법이라고 한다. 즉 알고리즘이 n에 비례하는 실행시간을 가진다고 말하는 대신에 알고리즘 A의 시간복잡도가 $O(n)$이라고 한다. 빅오 표기법은 n에 따른 함수의 상한값을 나타내는 방법으로 다음과 같이 정의된다.

| 정의 1.2 **빅오 표기법**

두 개의 함수 $f(n)$과 $g(n)$이 주어졌을 때 모든 $n>n_0$에 대해 $|f(n)|\le c|g(n)|$을 만족하는 상수 c와 n_0가 존재하면 $f(n)=O(g(n))$이다.

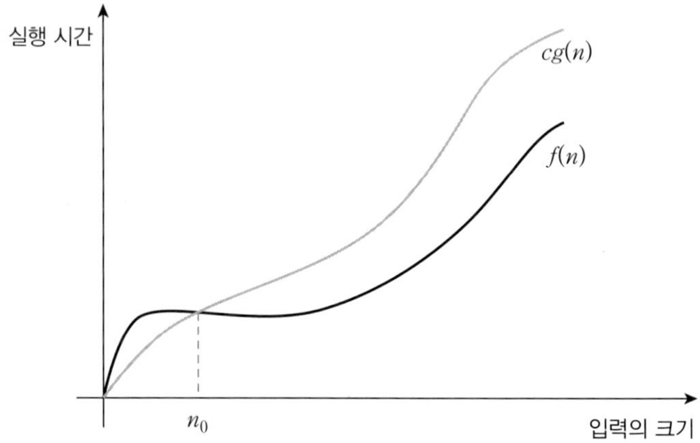

| 그림 1.10 빅오 표기법

위의 그래프에서 $f(n)$값은 n이 매우 커지게 되면 결국은 $g(n)$보다 작거나 같게 된다. 따라서 이 정의는 $g(n)$이 $f(n)$의 상한값이라는 것을 의미한다. 여기서 어떤 수 c와 n_0에 대해서는 아무런 언급이 없음을 주의하라. c와 n_0는 아무런 제한 없이 결정될 수 있다. 보통 위의 부등식을 만족하는 c와 n_0는 무수히 많을 수 있다. 예를 들어 $f(n)$이 $2n^2+3n+1$이고 $g(n)$이 n^2이라면 $n>n_0$ 일 때 부등식 $|2n^2+3n+1|<c|n^2|$를 만족하는 c와 n_0쌍은 $(6,1),(5,2),(4,3),\cdots$ 등이 가능하다. 따라서 위의 정의에 의하여 $2n^2+3n+1=O(n^2)$이라 말할 수 있다.

| 예제 1.1 빅오 표기법

- $f(n)=5$ 이면 $O(1)$ 이다.
- $f(n)=2n+1$ 이면 $O(n)$ 이다.
- $f(n)=3n^2+100$ 이면 $O(n^2)$ 이다.
- $f(n)=5\cdot 2^n+10n^2+100$ 이면 $O(2^n)$ 이다.

빅오 표기법은 입력의 개수에 따른 기본 연산의 수행 횟수를 개략적으로 나타낸 것으로 알고리즘의 성능 비교에 사용된다. 예를 들어, $O(n)$ 알고리즘은 $O(n^2)$ 알고리즘보다 훨씬 빠르다고 할 수 있다. 다음은 많이 사용되는 빅오 표기법을 복잡도 순으로 표시한 것이다.

$$O(1)<O(\log n)<O(n)<O(n\log n)<O(n^2)<O(2^n)<O(n!)$$

| 표 1.4 n이 증가할 때 시간 복잡도 함수의 증가

시간 복잡도	n					
	1	2	4	8	16	32
1	1	1	1	1	1	1
log$n$	0	1	2	3	4	5
n	1	2	4	8	16	32
$n$log$n$	0	2	8	24	64	160
n^2	1	4	16	64	256	1024
n^3	1	8	64	512	4096	32768
2^n	2	4	16	256	65536	4294967296
$n!$	1	2	24	40326	20922789888000	26313×10^{33}

표 1.4는 n이 증가할 때 시간 복잡도 함수가 얼마나 증가하는지 보여준다. 지수형이나 팩토리얼형의 알고리즘은 입력인 32개만 되더라도 강력한 수퍼 컴퓨터로 탄생되어 지금까지 흘러온 시간보다 더 많은 실행 시간이 요구된다!

$O(1)$: 상수형
$O(\log n)$: 로그형
$O(n)$: 선형
$O(n\log n)$: 선형로그형
$O(n^2)$: 2차형
$O(n^3)$: 3차형
$O(2^n)$: 지수형
$O(n!)$: 팩토리얼형

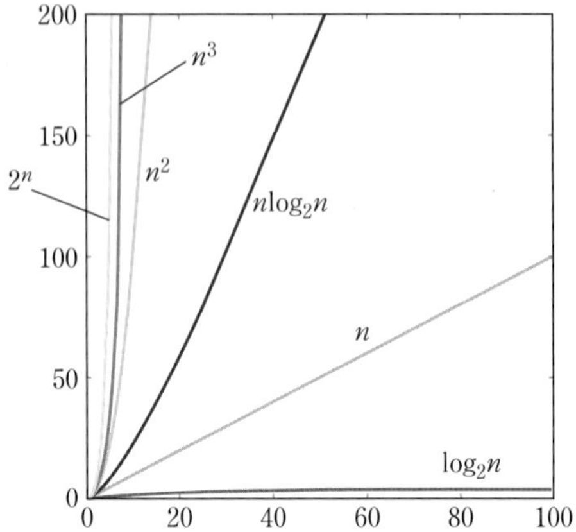

| 그림 1.11 시간복잡도 함수 그래프

빅오표기법 이외의 표기법

빅오 표기법에는 한 가지 문제가 있다. 예를 들어, $f(n)=2n+1$인 경우 $O(n)$ 알고리즘이지만, 사실은 $O(n^2)$ 알고리즘이기도 하다. 왜냐하면 $n_0=1$, $c=2$로 잡으면 $n\geq1$에 대하여 $2n+1\leq2n^2$이기 때문이다. 빅오 표기법은 상한을 표기한 것이므로 상한은 여러 개가 존재할 수 있다. 물론 빅오 표기법이 최소 차수 함수로 표기되었을 경우만 의미가 있다. 따라서 빅오의 이와 같은 문제점을 보완하기 위하여 빅오메가와 빅쎄타 표기법이 있다. **빅오메가**(big omega)는 어떤 함수의 하한을 표시하는 방법이고, **빅세타**(big theta)는 동일한 함수로 상한과 하한을 만들 수 있는 경우를 나타내는데, 정의는 다음과 같다.

| 정의 1.3 **빅오메가 표기법**

두 개의 함수 $f(n)$과 $g(n)$이 주어졌을 때 모든 $n>n_0$에 대해 $|f(n)|\geq c|g(n)|$을 만족하는 상수 c와 n_0가 존재하면 $f(n)=\Omega(g(n))$이다.

| 정의 1.4 **빅세타 표기법**

두 개의 함수 $f(n)$과 $g(n)$이 주어졌을 때 모든 $n>n_0$에 대해 $c_1|g(n)|\leq f(n)\leq c_2|g(n)|$을 만족하는 상수 c_1, c_2와 n_0가 존재하면 $f(n)=\Theta(g(n))$이다.

3개의 표기법을 그래프로 비교를 해보면 다음과 같다.

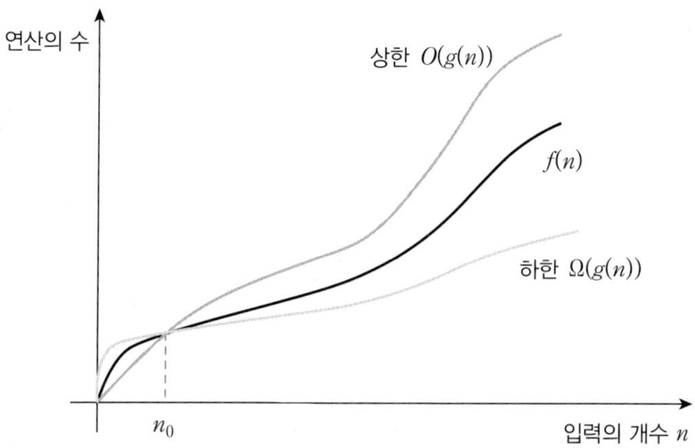

| 그림 1.12 빅오, 빅오메가, 빅세타 표기법의 비교

이들 표기법 중에서 가장 정밀한 것은 역시 빅세타이지만, 통상적으로 빅오 표기법을 많이 사용한다. 단 그때는 최소차수로 상한을 표시한다고 가정하자.

최선, 평균, 최악의 경우

같은 알고리즘도 입력의 종류에 따라 다른 실행 시간을 보일 수 있다. 예를 들어 어떤 정렬 알고리즘은 거의 정렬이 되어 있는 입력에 대해서는 다른 알고리즘들 보다 훨씬 빨리 처리할 수 있다. 그렇다면 알고리즘의 성능을 이야기할 때 도대체 어떤 입력 데이터를 기준으로 해야 할까? 알고리즘의 효율성은 주어지는 자료집합에 따라 다음의 3가지 경우로 나누어서 평가할 수 있다.

- **최선의 경우**(best case)는 실행시간이 가장 적은 경우를 말하는데, 알고리즘 분석에서는 큰 의미가 없다.
- **평균적인 경우**(average case)는 알고리즘의 모든 입력을 고려하고 각 입력이 발생하

는 확률을 고려한 평균적인 실행시간을 의미하는데 산출하기 어렵다.

- **최악의 경우**(worst case)는 자료집합 중에서 알고리즘의 실행시간이 가장 오래 걸리는 경우를 말하는데, 가장 중요하게 사용된다.

평균적인 경우가 좋아 보이지만 계산하기 어려운 경우가 많고, 특히 최악의 상황에 대한 시간을 보장하지 못한다는 점에서 문제가 있다. 대부분의 경우 알고리즘에 최대한 불리한 입력 데이터를 사용하는 최악의 경우의 실행시간이 가장 중요하다. 예를 들어, 비행기 관제 업무에 사용되는 알고리즘은 어떠한 입력에 대해서도 일정한 시간 안에 반드시 계산을 끝내야한다.

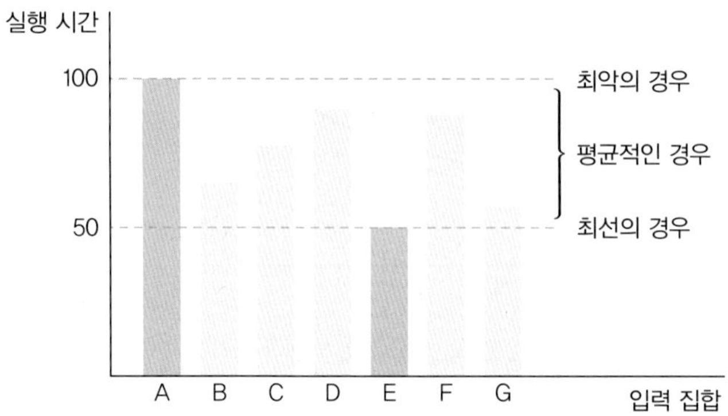

| 그림 1.13 최악의 경우, 평균적인 경우, 최선의 경우

정렬되지 않은 배열을 순차적으로 탐색하여 특정한 값을 찾는 알고리즘에서 최악, 최상, 평균적인 경우의 시간복잡도 함수를 계산하여 보자. 이러한 알고리즘을 **순차탐색**이라고 한다. 여기서의 기본 연산은 비교 연산이라고 가정하자.

프로그램 1.3 순차 탐색

```
int sequential_search(int list[], int n, int key)
{
    int i;
    for(int i=0 ; i<n ; i++)
        if(list[i]==key)
            return i;        // 탐색에 성공하면 키 값의 인덱스 반환
    return -1;               // 탐색에 실패하면 -1 반환
}
```

- 최선의 경우: 찾는 숫자가 배열의 맨 처음에 있는 경우로 복잡도가 $O(1)$ 이다.

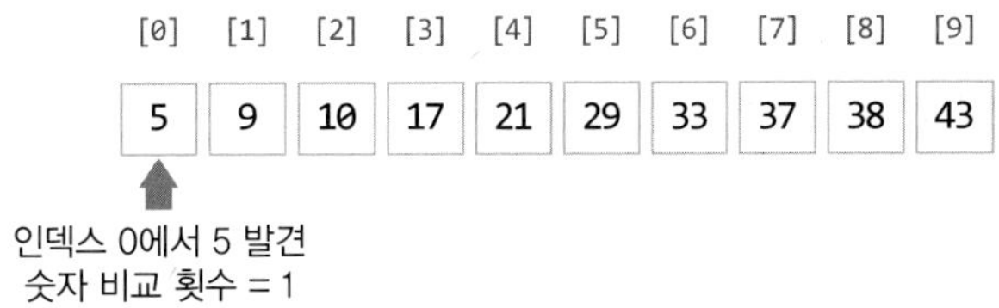

| 그림 1.14 순차탐색에서의 최선의 경우

- 최악의 경우: 찾고자 하는 숫자가 배열에 없거나 맨 뒤에 있는 경우로 복잡도가 $O(n)$ 이다.

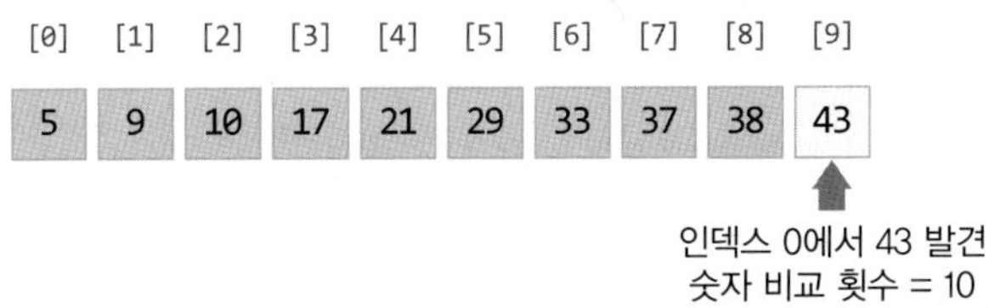

| 그림 1.15 순차탐색에서의 최악의 경우

- 평균적인 경우: 모든 숫자가 균일하게 탐색된다고 가정하면 모든 숫자들이 탐색될 가능성이 $1/n$ 이다. 모든 숫자들이 탐색되었을 경우의 비교 연산의 수를 더한 다음, 이것을 n으로 나누면 평균적인 연산 횟수가 된다.

$$(1+2+\cdots+n)/n=(n+1)/2$$

따라서 빅오 표기법으로는 $O(n)$ 이다.

| 연습문제 |

1 다음 중 선형 자료구조로 볼 수 없는 것은?

① 스택 ② 큐
③ 트리 ④ 연결 리스트

2 동일한 문제를 해결하는 알고리즘 A, B, C, D의 시간 복잡도가 다음과 같이 계산되었다고 하자. n이 충분히 크다고 할 때, 실행 시간이 적은 것부터 순서대로 나열해보라.

A: O(n) B: $O(n^2)$ C: O(nlogn) D: $O(2^n)$

3 시간 복잡도 함수 $n^2+10n+8$를 빅오 표기법으로 나타내면?

① $O(n)$ ② $O(n\log_2 n)$
③ $O(n^2)$ ④ $O(n^2\log_2 n)$

4 3개의 숫자 중에서 가장 큰 수를 찾는 알고리즘을 흐름도로 작성해보자.

5 다음의 빅오표기법들을 실행 시간이 적게 걸리는 것부터 나열하라.

$O(1)$ $O(n)$ $O(\log n)$ $O(n^2)$ $O(n\log n)$ $O(n!)$ $O(2^n)$

6 다음 코드의 시간 복잡도는 어떻게 되는가?

```
int i, j;
for(i=0; i<n; i++) {
    for(j=0; j<n; j++) {
        printf("%d %d \n", i, j);
    }
}
```

7 다음 코드의 시간 복잡도는 어떻게 되는가?

```
int i;
for (i = 1; i <= n; i *= 2) {
    printf("%d \n", i);
}
```

8 다음 코드의 시간 복잡도는 어떻게 되는가?

```
int i;
for (i = 1; i <= 10; i++) {
    printf("%d \n", i);
}
```

9 $30n+4$가 $O(n)$임을 증명해보자. $O(n)$의 정의를 이용한다.

10 집합을 나타내는 Set 추상 데이터 타입을 정의해보자. 어떤 연산자들을 생각할 수 있는가? 예를 들어서 다음과 같은 연산자들을 우리말로 정의해보자.

(1) union(S,T): ____________________

(2) intersection(S,T): ____________________

(3) difference(S,T): ____________________

(4) subset(S,T): ____________________

(5) is_empty(S): ____________________

(6) is_element_of(x, S): ____________________

(7) size(S): ____________________

11 다음 알고리즘의 시간 복잡도를 n에 대한 함수로 나타내고, 빅오 표기법으로도 나타내어라.

```
int algorithm(int n) {
    int k = 0;
    while (n > 1) {
        n = n/2;
        k++;
    }
    return k;
}
```

12 배열에 정수가 들어 있다고 가정하고 다음 작업의 최악의 시간 복잡도를 빅오 표기법으로 말하라.

(1) 배열의 n번째 숫자를 화면에 출력한다.

(2) 배열안의 숫자 중에서 최소값을 찾는다.

(3) 배열의 모든 숫자를 더한다.

| 프로그래밍 프로젝트 |

1 1부터 n까지의 합을 구하는 방법은 다음과 같이 3가지가 있다.

알고리즘 A: $sum=n(n+1)/2$ 공식 사용
알고리즘 B: $sum=1+2+\cdots+n$
알고리즘 C: $sum=0+(1)+(1+1)+(1+1+1)+\cdots+(1+1+\cdots+1)$

(1) 각 알고리즘을 함수로 구현하라. n을 매개 변수로 전달받고 결과를 반환한다.

예) `int sumAlgorithmA ( int n );` // 알고리즘 A 구현 함수

(2) 비교적 작은 n에 대해 각 함수를 호출하여 세 알고리즘의 계산 결과가 동일함을 확인하라.

(3) 세 알고리즘의 시간 복잡도를 이론적으로 분석해 보고 빅오 표기법으로 나타내라.

(4) 각 알고리즘의 실제 실행시간을 측정하여 이론적인 분석과 같게 나오는지를 조사해 보라. 실행 시간 측정을 위해 한 번의 루프에서 n은 2000 정도씩 증가시키고, 알고리즘 C의 실행시간이 1초가 이하일 때 까지 실행시킨 결과를 표로 만들고, 다음과 같이 선 그래프로 그려라(마이크로소프트 엑셀 등을 사용함).

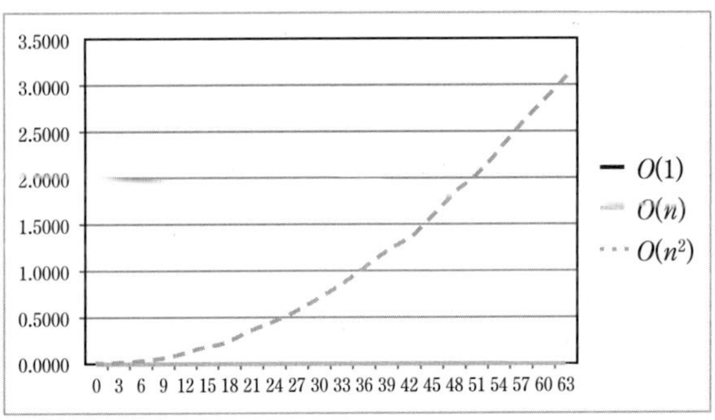

| 그림 1.16 세 가지 알고리즘에 대한 실행시간 측정 결과의 예. 가로축은 n이고, 세로축은 실행 시간을 나타냄. A와 B는 변화가 없고, C는 n의 제곱에 비례해서 증가하는 것을 확인할 수 있음.

| Hint | 실행시간 측정에는 프로그램 1.2의 코드를 참조하면 된다. 그런데 우리가 사용하는 컴퓨터가 너무 빠르기 때문에 n이 커도 각 함수들을 한번 실행하는데 걸리는 시간이 너무 짧아 clock()함수가 정확한 값을 내지 못할 것이다. 따라서 안정적인 시간 측정을 위해서는 같은 함수를 1000번 실행한 시간을 측정하고, 이를 1000으로 나누는 것과 같은 방법을 사용하는 것이 좋다. 정확한 시간보다는 n에 따른 실행시간 그래프의 형태에 주목하라.

(5) 앞에서 알고리즘 A와 B의 시간 차이가 거의 나타나지 않았을 것이다. 그 이유를 생각해 보라. 이제 시간이 많이 걸리는 C알고리즘을 제외하고 이 두 알고리즘만을 비교해 보자. 한 번의 루프에서 n을 보다 더 크게 증가시켜 알고리즘 B가 1초 이하일 때까지 실행시킨 결과를 표로 만들고, 그래프로 그려라. 결과가 이론적인 분석과 같은지 조사해보라.

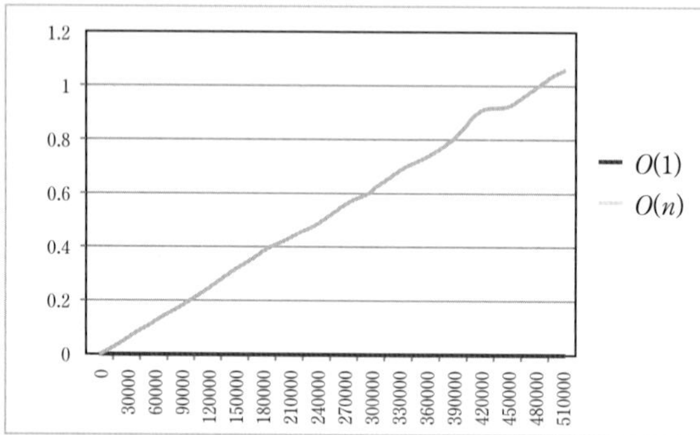

| 그림 1.17 알고리즘 A와 B만을 실행한 결과의 예. A는 O(1)이고 B는 O(n)으로 증가하는 것을 알 수 있음.

CHAPTER 02

배열과 구조체

학습목표

- 배열의 개념을 이해한다.
- 함수 호출에서 배열의 전달 방법을 이해한다.
- 구조체의 개념과 활용 방법을 이해한다.
- 배열과 구조체를 이용해 문제를 해결하는 능력을 배양한다.

CHAPTER

2 배열과 구조체

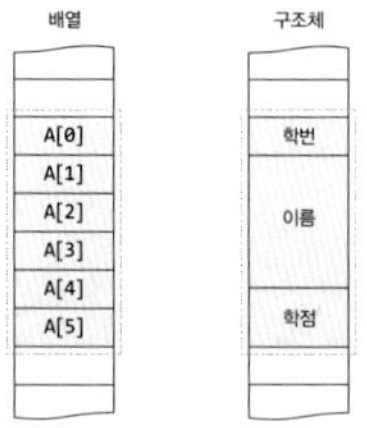

2.1 대용량 자료의 처리

프로그램에는 많은 변수들이 사용되고 각각의 변수에는 하나의 값이 저장된다. 예를 들어, 섭씨온도를 화씨로 변환하는 프로그램에서는 온도를 변수에 저장해야 하고, 숫자 맞히기 게임에서는 사용자가 예측한 값과 정답 등이 변수에 저장되어야 한다. 그렇다면 한꺼번에 많은 값을 다루어야 하는 경우는 어떻게 해야 할까? 다음 상황을 생각해 보자.

- 반 학생들의 성적 처리 프로그램에서 45명의 성적을 저장하는 방법
- 주소록을 만들기 위해 친구들의 다양한 정보(이름, 전화번호, 주소, 이메일 등)를 통합하여 저장하는 방법

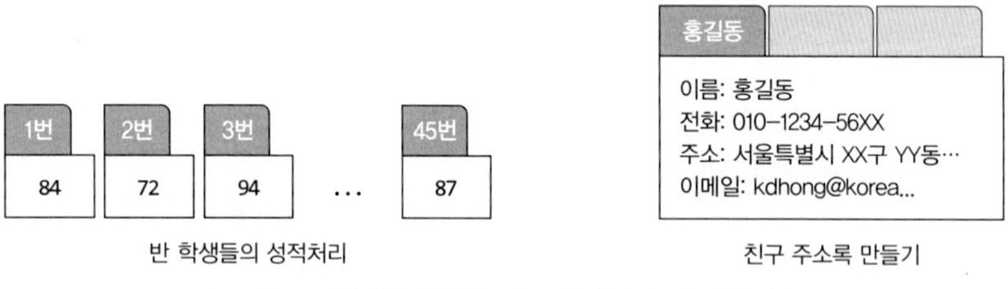

| 그림 2.1 한꺼번에 많은 자료의 저장이 필요한 경우

이와 같이 프로그램에서 한꺼번에 많은 자료를 표현해야 하는 경우 **배열**(array)이나 **구조체**(struct)를 사용할 수 있다. 앞의 첫 번째 상황에서는 배열이 적합할 것이고 두 번째는

구조체를 사용하는 것이 좋다. 배열과 구조체는 많은 프로그래밍 언어에서 지원되고, 많은 고급 자료구조를 만드는데 필요한 핵심 요소이므로 잘 이해하고 활용할 수 있어야 한다.

2.2 배열

배열(array)은 여러 개의 동일한 자료형의 데이터를 한꺼번에 만들 때 사용된다. 예를 들어, 6개의 정수를 저장할 공간이 필요한 경우, 배열이 없다면 6개의 정수형 변수를 독립적으로 선언해야 한다.

```
int a1, a2, a3, a4, a5, a6;          // 6개의 정수형 변수를 각각 선언
```

배열을 이용하면 아주 간단하게 선언할 수 있다.

```
int A[6];                            // 배열로 6개의 정수형 변수 선언
```

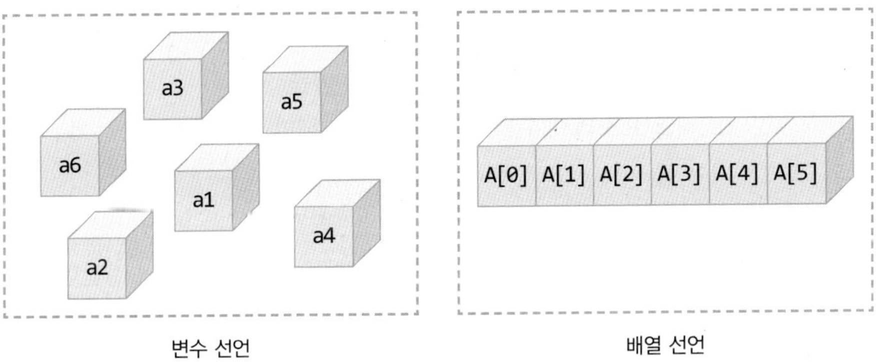

| 그림 2.2 여러 개의 변수 선언과 배열의 선언

배열의 특징은 다음과 같다.

- 배열은 〈인덱스, 요소〉 쌍의 집합이다. 즉 **인덱스**(index)가 주어지면 해당하는 **요소**(element)가 대응된다. 특히 모든 요소가 동일한 자료형이다.

- 여러 개의 변수를 사용하면 각각을 다른 이름으로 접근해야 하지만, 배열은 동일한 이름을 사용하고 인덱스로 항목들을 접근할 수 있다.
- 특히 반복문을 사용하여 코드의 길이를 크게 줄일 수 있다.
- k번째 항목을 참조할 때 이 항목의 위치(주소)가 바로 계산되어 항목을 참조할 수 있다. 이것을 **직접 접근**(direct access) 방식이라고 하는데, 항목 접근의 시간 복잡도가 O(1)이다.
- 배열과 다른 방법으로 5장에서 연결 리스트를 공부한다. 연결 리스트에서는 k번째 항목을 참조하기 위해 맨 처음 항목부터 k번을 반복적으로 찾아가야 한다. 이것을 **순차 접근**(sequential access) 방식이라고 하는데, 항목 접근의 시간 복잡도가 O(n)이다. 물론 장점도 많다. 연결 리스트는 5장에서 공부한다.

1차원 배열

일차원 배열을 선언하는 방법은 다음과 같다.

```
자료형 배열이름[배열의_크기];
```

- 자료형: 배열 요소들의 자료형. 모든 요소들은 같은 자료형으로 만들어 짐.
- 배열이름: 배열의 요소에 접근할 수 있는 유일한 이름.
- 배열의_크기: 배열 요소의 개수를 나타내는 정수. 배열 요소의 인덱스는 0부터 배열의_크기 - 1이 됨.

배열에서는 모든 요소들이 메모리의 연속된 공간에 저장된다. 다음과 같이 간단한 정수 배열을 만들어 보자.

```
int A[6];
```

이 선언에서 배열의 첫 번째 요소는 `A[0]`이고 마지막 요소는 `A[5]`이다. 컴퓨터 메모리는 **바이트**(byte)로 구성되어 있고 각 바이트마다 순차적으로 주소가 매겨져 있는데, 그림 2.3과 같이 A는 배열이 저장된 공간의 시작 주소(또는 기본 주소)가 된다. 각 항목들의 주소는 기본 주소로부터 일정하게 계산된다. 이때 `sizeof`는 자료형의 크기를 반환하는 연산자이다.

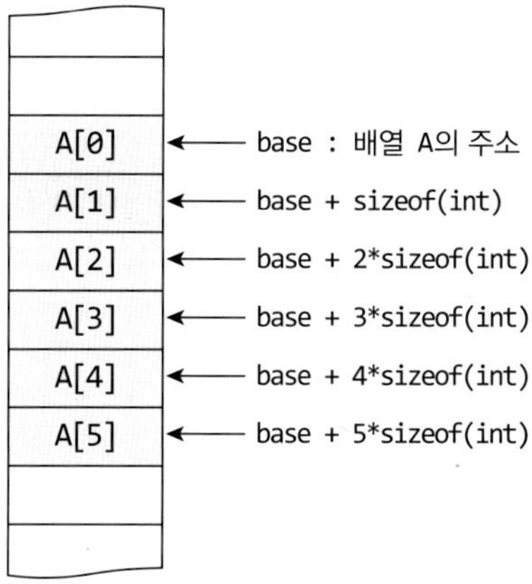

| 그림 2.3 int형 1차원 배열과 각 요소의 주소

배열은 선언하면서 초기화할 수 있다. 데이터가 일부만 주어져 있다면 앞에서부터 초기화되고, 나머지 항목들은 0이 된다.

```
int A[6] = { 1,2,3,4 };              // A[4], A[5]는 0이 됨
```

변수들은 대입연산자를 이용해 복사할 수 있다. 다음과 같이 배열도 복사가 가능할까?

```
int A[4], B[4] = { 1,2,3,4 };
A = B;                               // 오류. 배열은 한꺼번에 복사할 수 없음
```

불행히도 이 문장은 오류를 발생시킨다. 배열은 대입연산자로 한꺼번에 복사할 수 없으며, 각 항목을 일일이 복사해야 한다. 프로그램 2.1은 배열을 복사하는 전형적인 프로그램과 실행 결과를 보여준다.

프로그램 2.1 변수의 복사와 배열의 복사

```
#include <stdio.h>

void main()
{
    int A[5] = { 10, 20, 30 };
```

```
    int B[5], i, x = 2018, y = 0;

    y = x;                          // 변수 복사
    for (i = 0; i < 5; i++)         // 배열 복사: 항목단위로 복사해야 함.
        B[i] = A[i];

    printf("변수 복사 결과: x=%d, y=%d\n", x, y);
    printf("배열 복사 결과: \n");
    for (i = 0; i < 5; i++) {
        printf("A[%d] = %d\t", i, A[i]);
        printf("B[%d] = %d\n", i, B[i]);
    }
}
```

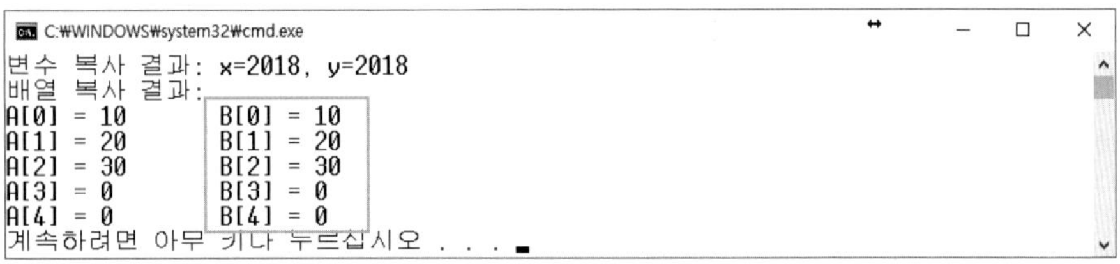

2차원 배열

2차원 배열은 1차원 배열이 여러 개 모여서 이루어진다. 2차원 배열에서 가로줄을 행(row), 세로줄을 열(column)이라고 하는데, 다음과 같이 선언한다.

```
자료형 배열이름[행의_크기][열의_크기];
```

- 배열이름: 2차원 배열의 이름.
- 행의_크기: 2차원 배열의 가로줄의 개수.
- 열의_크기: 2차원 배열의 세로줄의 개수.

다음과 같은 2차원 배열을 생각해 보자.

```
int A[4][3];
```

이 선언에서는 4개의 행과 3개의 열의 int 배열을 그림과 같이 생성한다. 각 배열 요소의 위치는 그림 2.4의 (a)와 같이 생각할 수 있지만 실제 메모리 안에서는 위치는 (b)와 같은 순서로 저장된다.

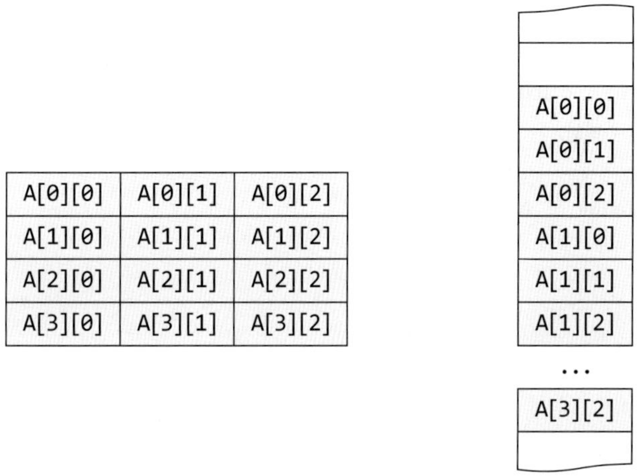

(a) 2차원 배열 (b) 실제 메모리 안에서의 위치

| 그림 2.4 2차원 배열의 선언

2차원 배열도 다음과 같이 선언하면서 초기화할 수 있다.

```
int B[4][3] = { {1,2,3}, {4,5,6}, {7,8,9}, {10,11,12} };
```

함수의 매개변수로서의 배열

함수의 매개변수로 배열을 전달하고 그 함수에서 배열의 내용을 수정하면 원래의 배열이 수정된다. 이것은 일반 변수를 매개변수로 전달하는 경우와 다른데, 배열의 이름을 전달하는 것은 실제로 배열의 첫 번째 항목의 주소를 전달하는 것이기 때문이다. 프로그램 2.2는 배열을 복사하는 함수와 변수를 복사하는(실패함) 함수의 예를 보여주고 있다.

프로그램 2.2 함수의 매개변수로서의 변수와 배열

```
01 #include <stdio.h>
02
03 void copy_array(int a[], int b[], int len)
04 {
05       int i;
06       for (i = 0; i < len; i++)
07             b[i] = a[i];
08 }
09 void copy_variable(int a, int b)
10 {
11       b = a;
12 }
13
14 void main()
15 {
16       int A[5] = { 10, 20, 30 };
17       int B[5], i, x = 2018, y = 0;
18
19       copy_variable(x, y);              // 함수를 이용한 변수 복사(실패)
20       copy_array(A, B, 5);              // 함수를 이용한 배열 복사(성공)
21
22       printf("변수 복사 결과: x=%d, y=%d\n", x, y);
23       printf("배열 복사 결과: \n");
24       for (i = 0; i < 5; i++) {
25             printf("A[%d] = %d\t", i, A[i]);
26             printf("B[%d] = %d\n", i, B[i]);
27       }
28 }
```

코드 설명

3행 배열 a를 배열 b로 복사하는 함수. 배열이 길이도 전달해야 함.

6행 배열의 길이만큼 항목들을 복사함.

9~12행 변수 a를 b로 복사하려 함. a와 b가 17행의 x와 y의 복사본으로 새로운 변수임. 따라서 a를 b에 복사해도 변수 y의 값은 변하지 않음.

```
C:\WINDOWS\system32\cmd.exe
변수 복사 결과: x=2018, y=0
배열 복사 결과:
A[0] = 10       B[0] = 10
A[1] = 20       B[1] = 20
A[2] = 30       B[2] = 30
A[3] = 0        B[3] = 0
A[4] = 0        B[4] = 0
계속하려면 아무 키나 누르십시오 . . .
```

이 프로그램에서는 몇 가지 중요한 사항이 있다.

- 배열을 매개변수로 전달하는 것은 주소를 전달하는 것이다. 이 주소를 통해 배열의 모든 항목을 참조할 수 있다.
- 배열을 매개변수로 전달할 때에는 배열의 길이도 전달해야 한다. 그렇지 않으면 그 함수에서 배열의 길이를 알 수 없다.
- 변수를 전달하면 함수에서는 새로운 매개변수가 만들어지고 전달된 변수 값을 복사한다. 즉, x와 y에 대한 복사본 a와 b가 만들어진다. 따라서 함수에서 a와 b를 변경한다고 해서 x와 y가 변경되는 것은 아니다. 약간 어렵다면 C언어의 "함수"에서 "값에 의한 호출(call-by-value)" 부분을 복습하라.

2.3 구조체

복잡한 객체들은 보통 같은 자료형으로만 되어 있지는 않다. 예를 들어, "학생"이라는 추상 자료형을 만든다면 "학번"과 같은 정수형 요소와 "이름"과 같은 문자열, "평균 학점"과 같은 실수형 요소들이 섞여 있게 될 것이다. 배열이 같은 자료형의 데이터 모임이라면 **구조체(structure)**는 다양한 자료형의 데이터의 모임이다. 즉, 구조체는 기존의 자료형들을 조합하여 새로운 자료형을 만드는 방법이다. 이 책에서는 특정 자료 구조를 표현하기 위하여 구조체를 광범위하게 사용한다. 따라서 구조체를 잘 이해하고 활용할 수 있어야 한다.

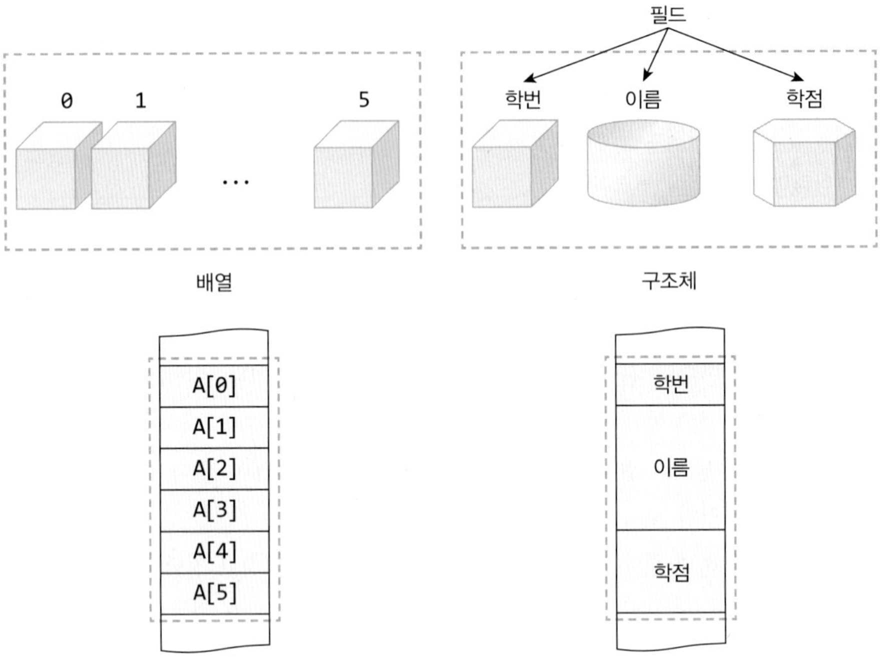

| 그림 2.5 배열과 구조체의 비교

구조체의 정의와 선언

구조체의 정의와 선언은 정확히 구분되어야 한다. 먼저 **구조체를 정의**하는 것은 기존의 자료형들을 조합해 새로운 유도 자료형을 정의하는 것을 말한다. **구조체를 선언**하는 것은 새로운 구조체 변수를 생성하는 것이다. 구조체는 사용하기 전에 반드시 정의되어야 한다. 구조체를 정의하는 형식은 다음과 같다.

```
struct 구조체이름 {
        자료형1 변수명1;
        자료형2 변수명2;
        ...
        자료형N 변수명N;
};
```

- 구조체이름: 새로운 자료형의 이름.
- 자료형1 ~ 자료형N: 각 필드의 자료형.
- 변수명1 ~ 변수명N: 각 자료형의 필드(멤버 변수라고도 함) 이름.

예를 들어, 학생의 정보를 저장하기 위한 구조체는 다음과 같이 정의할 수 있다.

```
struct Student {
    int id;             // 학생의 학번
    char name[20];      // 학생의 이름
    double score;       // 성적
};
```

이 문장은 새로운 유도 자료형인 “struct Student”를 정의한 것이다. 이제 다음과 같이 새로운 **구조체 a를 선언**(구조체 변수를 생성)할 수 있다.

```
struct Student a;
```

자료형의 이름이 “Student”가 아니라 “struct Student”인 것에 유의하라. 많은 경우 이것이 불편하므로 다음과 같이 typedef 문을 함께 사용하여 구조체를 정의한다.

```
typedef struct Student_t {
    int id;             // 학생의 학번
    char name[20];      // 학생의 이름
    double score;       // 키를 나타내는 실수값
} Student;
```

“Student”가 이제 구조체 “struct Student_t”의 별칭이 되었고, 하나의 자료형처럼 사용된다. 따라서 구조체 변수의 생성도 다음과 같이 단순화된다.

```
Student a;
```

구조체도 배열과 같이 선언과 동시에 다음과 같이 초기화할 수 있다. 이때, 중괄호 내의 값들은 구조체의 필드 순서대로 할당된다.

```
Student a = { 201803156, "홍길동", 96.3 };
```

구조체 변수명 바로 뒤에 **항목 연산자**(membership operator) '.'을 첨가한 후 멤버 변수의 이름을 적으면 그 변수에 접근할 수 있다. 다음은 구조체 변수 a의 필드를 참조하는 예를 보여준다.

```
a.id = 30830;
a.score =  92.3;
strcpy(a.name, "Jinyoung");            // a.name = "Jinyoung";은 오류 발생
```

마지막 문장에 유의하라. 문자열도 배열이므로 대입연산자를 이용해 한꺼번에 복사할 수는 없다. 다행히 C언어의 표준 라이브러리에서는 문자열과 관련된 여러 가지 함수들을 제공하는데, `strcpy()`를 이용해 문자열을 복사할 수 있다. 단, 문자열과 관련된 라이브러리 함수를 사용하기 위해서는 반드시 `<string.h>`를 파일에 포함시켜야 한다.

구조체의 연산

구조체 변수의 연산은 일반 변수의 연산과 차이가 있다. int 변수와 앞에서 정의한 구조체 Student의 변수를 선언한 문장은 다음과 같다.

```
int x, y=10;
Student a, b={ 201803156, "홍길동", 96.3 };
```

다음과 같은 대입 연산자를 사용할 수 있을까?

```
x = y;              // OK: int 변수의 복사
a = b;              // OK: 구조체 변수의 복사
```

이 문장들은 가능하다. 구조체에서 대입 연산은 가능하다. 물론 int와 같은 기본 자료형은 산술 연산이나 비교 연산 등 C언어에서 제공하는 대부분의 연산이 가능하다. 그렇다면 구조체에 대해서도 그럴까? 다음 문장이 가능할까?

```
if( a > b )         // 오류: 구조체의 비교연산 불가
    a += b;         // 오류: 구조체의 다른 대입 연산도 불가
```

이 문장들은 모두 불가능하다. 컴파일 오류를 발생시킨다. 왜 그럴까? 구조체의 비교 a > b를 생각해 보자. 무엇이 커야 a가 b보다 더 크다고 할 수 있을까? 학번이 높으면? 성적이 더 좋으면? 애매한 문제이다. 컴파일러가 알아서 할 수 있는 일이 아니다. 따라서 오류가 발생한다. 만약 구조체 변수를 비교하려면 개발자가 직접 비교 함수를 만들어야 한다. 예를 들어, 다음은 학번을 기준으로 구조체를 비교하는 함수의 예를 보여준다.

```
int compare(Student a, Student b) {
    return a.id - b.id;
}
```

이 함수는 a가 b보다 학번이 크면 양수를 반환하고, 같으면 0을, 작으면 음수를 반환한다. 결론적으로 구조체에서는 대입 연산자 =를 제외하고 일반적인 연산자들을 지원하지 않는다. 물론 구조체를 위한 연산자들, 예를 들어, 주소 추출 연산자 &나 항목 추출 연산자 * 연산자 등은 당연히 지원한다.

구조체를 포함하는 구조체와 구조체 배열

구조체를 포함한 구조체도 정의할 수 있다. 또한 구조체의 배열도 물론 가능하다. 다음은 Birthday라는 구조체를 먼저 정의하고, 이 구조체를 포함하는 구조체 Friend를 다시 정의한 예이다.

```
typedef struct {            // 별칭을 정의할 경우 구조체 이름을 생략할 수 있다.
    int month;
    int date;
} Birthday;                 // 구조체의 별칭을 Birthday로 정의

typedef struct {
    char name[20];
    Birthday birthday;
} Friend ;
```

구조체의 배열을 선언하는 것은 일반 자료형과 동일하다. 다음은 Friend의 배열을 만들고 사용한 예이다.

```
void main() {
    Friend list[100];                  // 구조체의 배열 선언
    list[0].birthday.month = 7;
    list[0].birthday.date = 5;
    strcpy(list[0].name,"Minyoung");
}
```

구조체와 함수

구조체도 함수의 매개 변수나 반환형으로 사용될 수 있다. 다음과 같이 실수부와 허수부를 멤버로 가지는 복소수 구조체를 정의하고, 복소수의 내용을 화면에 출력하는 함수 print_complex()와 복소수의 실수부와 허수부를 모두 0으로 초기화하는 함수 reset_complex()를 생각해 보자.

프로그램 2.3 함수의 매개변수로서의 구조체

```
#include <stdio.h>

typedef struct {
    double real;   // 복소수의 실수부
    double imag;   // 복소수의 허수부
} Complex;

void print_complex(Complex c) {
    printf("%4.1f + %4.1fi\n", c.real, c.imag);
}
void reset_complex(Complex c) {
    c.real = c.imag = 0.0;
}

void main() {
    Complex a = { 1.0, 2.0 };
    printf("초기화 이전: ");
    print_complex(a);              // 복소수 화면 출력
    reset_complex(a);              // 초기화가 되지 않음
    printf("초기화 이후: ");
    print_complex(a);              // 복소수 화면 출력
}
```

코드 설명

3-6행 실수부와 허수부를 멤버로 갖는 복소수 구조체 정의.

8-10행 복소수의 내용을 화면에 출력하는 함수. 복소수에 대한 설명을 문자열로 받기 위한 두 번째 매개변수에 유의할 것. 잘 동작하는 함수.

11-13행 복소수의 실수부와 허수부를 모두 0으로 초기화하려는 함수. 값에 의한 호출에 의해 원하는 바를 이루지 못하게 됨.

초기화 이후에 이 프로그램의 "`a = 0.0 + 0.0i`"를 출력할 것을 기대할 것이다. 그러나 실행 결과는 의외로 다음과 같다.

```
선택 C:\WINDOWS\system32\cmd.exe
초기화 이전: a =  1.0 +  2.0i
초기화 이후: a =  1.0 +  2.0i
계속하려면 아무 키나 누르십시오 . . .
```

일단, `print_complex()` 함수는 잘 동작한다. 문제는 초기화 함수이다. 초기화한 이후에도 원래의 복소수 값이 변하지 않았다. 왜 그럴까? 이것은 프로그램 2.2의 9행과 같은 이유이다. 즉, 값에 의한 호출 방식 때문이다. `main()`함수의 `a`가 `reset_complex()`의 `c`로 그대로 "전달"되는 것이 아니라, 새로운 복소수 (매개) 변수 `c`가 만들어지고 `a`의 내용이 `c`에 "복사"되기 때문이다. 즉, `a`와 `c`는 완전히 별개의 변수이고, 따라서 `c`를 수정한다고 `a`가 바뀌지는 않는다.

그렇다면 어떻게 해야 할까? 프로그램 2.2의 배열 복사 함수에서와 같이 매개변수로 전달되는 것이 구조체가 아니라 구조체의 주소가 되어야 하며, 이것은 포인터를 사용해야 하는 것을 의미한다. 이 책에서는 5장에서 포인터를 자세히 공부할 것이다. 따라서 4장까지는 구조체를 복사하는 방법을 이용한다. `print_complex()`는 문제없이 동작하는 것을 기억하라. 포인터를 자세히 몰라도 할 수 있는 프로그램은 많이 있다.

2.4 배열과 구조체의 응용: 다항식 프로그램

배열과 구조체를 사용하여 **다항식(polynomial)**을 표현하고 여러 가지 연산을 할 수 있는 프로그램을 구현해 보자. 변수(variable) x의 다항식 $p(x)$는 다음과 같이 $a_i x^i$ 형태의 항들의 합으로 구성된다.

$$p(x)=a_nx^n+a_{n-1}x^{n-1}+\cdots+a_1x+a_0$$

이때, a_i를 **계수**(coefficient), i를 **차수**(exponent)라 부르고, $p(x)$의 가장 큰 차수를 그 **다항식의 차수**(degree)라고 부른다.

다항식을 프로그램 안에서 표현하려면 어떻게 해야 할까? 여러 가지 자료구조로 표현할 수 있을 것이다. 표현하는 방법에 따라 연산의 편리성이나 필요한 저장 장소의 양에 차이가 있다. 우리가 자료구조를 공부하는 목적이 이런 문제를 해결하기 위해서이다.

다항식의 표현

아무래도 가장 간단한 방법은 다항식의 모든 계수들을 배열에 저장하는 방법일 것이다. 예를 들어 다항식 $p(x)=10x^5+6x+3$을 값이 0인 모든 계수를 포함하서 다시 기술하면 다음과 같다.

$$p(x)=10x^5+0x^4+0x^3+0x^2+6x^1+3x^0$$

이 식에서 계수의 리스트인 `( 10, 0, 0, 0, 6, 3 )`을 배열에 저장하는 방법을 생각할 수 있다. 물론 최고 차수도 저장하는 변수도 하나 있어야 한다. 결국 하나의 다항식을 위해 하나의 변수 `degree`(최고 차수)와 배열 `coef`(계수 배열)을 사용할 수 있다. 이들을 묶어서 하나의 구조체를 정의하고, 필요한 구조체 변수들을 선언해 사용하면 될 것이다. 다항식 구조체를 다음과 같이 정의하자.

```
#define MAX_DEGREE 101          // 다항식의 최고 차수 + 1
typedef struct {
    int degree;
    float coef[MAX_DEGREE];
} Polynomial ;
```

구조체가 정의되면 이제 구조체 변수를 선언하고 다항식을 표현할 수 있다. 이때 한 가지 더 결정할 것이 있다. 배열에 계수를 저장하는 순서이다.

한 가지 방법은 그림 2.6의 방법 1과 같이 `coef[0]`에 최고차항의 계수를 저장하고

coef[1]에 그 다음 차 등으로 하나씩 내려가면서 저장하는 방법이다. 그림에서 방법 2와 같이 다항식의 계수를 배열의 인덱스(요소 번호)와 동일하게 저장하는 방법도 가능하다.

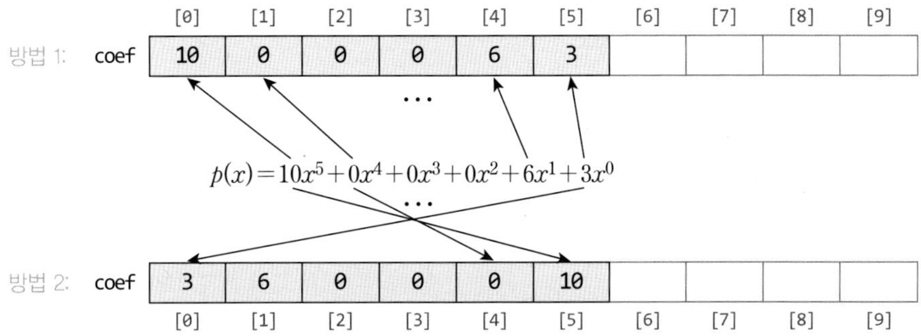

| 그림 2.6 배열을 이용한 다항식의 2가지 표현 방법

방법 1을 사용한다면, 다음과 같이 a에 다항식 $10x^5+6x+3$를 저장할 수 있다.

```
Polynomial a = { 5, { 10, 0, 0, 0, 6, 3} };
```

방법 2를 사용한다면, 다음과 같이 a에는 다음과 같이 저장되어야 한다.

```
Polynomial a = { 5, { 3, 6, 0, 0, 0, 10} };
```

어떤 방법을 사용해도 문제는 없으며 필요한 메모리도 동일하다. 그러나 함수마다 연산의 복잡성이 조금씩 달라진다. 방법 1이 생각하기는 편한 것 같지만 덧셈이나 곱셈과 같은 연산들을 구현하기 위해서는 방법 2가 좀 더 쉬울 것이다.

다항식의 구현

다항식 구조체를 이용하여 몇 가지 다항식 관련 함수들을 구현해 보자. 입력과 출력함수, 그리고 다항식의 덧셈만을 구현해 볼 것이다. 일단 계수 배열에는 방법 1과 같이 계수가 저장된다고 가정하자.

다항식 출력 함수 print_poly()

다항식의 출력 함수는 매개변수로 반드시 다항식 구조체를 받아야 할 것이다. 추가로 출력할 다항식에 대한 설명을 문자열로 전달받자. 이 함수는 다항식을 화면에 출력하기만 하면 되고, 결과를 반환할 필요는 없다.

프로그램 2.4 다항식의 화면 출력 함수

```
01 void print_poly(Polynomial p, char str[])
02 {
03     int i;
04     printf("\t%s", str);
05     for( i=0 ; i<p.degree ; i++)
06         printf("%5.1f x^%d + ", p.coef[i], p.degree-i);
07     printf( "%4.1f\n", p.coef[p.degree] );
08 }
```

코드 설명

1행 출력할 다항식과 다항식의 설명을 위한 문자열을 전달받음.

4행 먼저 설명을 출력함.

5-7행 그림 2.6의 방법 1과 같이 계수가 저장되어 있을 때 최고항부터 순서대로 계수를 출력함. 각 항의 차수가 (p.degree-i)인 것에 유의할 것.

7행 맨 마지막 상수항을 출력함.

만약 방법 2를 사용한다면 이 함수는 어떻게 변경되어야 할까? 반복문이 거꾸로 돌아야 할 것이다. 프로그램의 5~7행만 다음과 같이 수정하면 된다.

```
05 for( i=p.degree ; i>0 ; i--)
06     printf("%5.1f x^%d + ", p.coef[i], p.degree);
07 printf( "%4.1f\n", p.coef[0] );
```

다항식 입력 함수 read_poly()

사용자가 다항식을 키보드로 입력할 수 있는 함수를 만들어 보자. 가장 간단한 방법은 함수에서 다항식 구조체를 반환하도록 하는 것이다. 이 경우 매개변수는 필요 없다. 물론 전달받을 구조체의 주소를 매개변수로 전달하는 방법이 더 효율적이지만, 이 방법들은 포인터를 공부한 5장 이후에 사용한다.

사용자 입력을 위해서는 항상 사용자에게 어떤 일을 하라는 설명을 출력하는 것이 좋다. 그렇지 않으면 사용자는 프로그램이 실행되었을 때 무엇을 해야 할지 혼란스러울 것이다. 프로그램 2.5는 사용자에게 메시지를 출력하고, 다항식의 차수를 먼저 읽은 후, 이보다 하나 더 많은 계수를 순서대로 읽는 함수이다.

프로그램 2.5 다항식의 입력 함수

```
01  Polynomial read_poly()
02  {
03      int i;
04      Polynomial p;
05
06      printf("다항식의 최고 차수를 입력하시오: ");
07      scanf( "%d", &p.degree );
08      printf("각 항의 계수를 입력하시오 (총 %d개): ", p.degree+1);
09      for( i=0 ; i<=p.degree ; i++)
10          scanf( "%f", p.coef+i );
11      return p;
12  }
```

코드 설명

1행 사용자로부터 읽어들인 다항식 구조체를 반환함.

2행 구조체를 먼저 선언.

6-7행 다항식의 차수를 입력받음. 사용 메시지를 출력한 것에 유의할 것.

8-10행 각 항의 계수를 입력받음.

11행 최종적으로 읽은 다항식을 반환함.

만약 방법 2를 사용한다면 출력 함수에서와 같이 반복문의 방향이 바뀌어야 할 것이다. 입력 함수 측면에서는 방법 1이 편리하다.

두 다항식 합 add_poly()

다항식의 합을 구하는 함수에는 두 다항식 구조체가 전달되어야 할 것이다. 그리고 다른 구조체를 만들어 입력 다항식의 합을 저장한 후 반환하면 된다. 물론 p = a + b와 같이 다항식 a와 b를 더하더라도 a와 b의 내용은 변경되지 않아야 한다.

다항식의 덧셈은 약간 복잡한데, 알고리즘을 단순화하기 위해 다음과 같이 두 단계로 분리하자.

```
p = a + b      ==>  (1단계) p = a, (2단계) p += b
```

물론 다항식 a와 b 중에서 차수가 높은 다항식을 먼저 p에 복사해야 프로그램이 간단해진다. 프로그램 2.6은 다항식의 합을 구하는 함수이다.

프로그램 2.6 다항식의 합을 구하는 함수

```
01 Polynomial add_poly( Polynomial a, Polynomial b)
02 {
03     int i;
04     Polynomial p;
05     if (a.degree > b.degree) {
06         p = a;
07         for( i=0 ; i<=b.degree ; i++ )
08             p.coef[i+(p.degree-b.degree)] += b.coef[i];
09     }
10     else {
11         p = b;
12         for( i=0 ; i<=a.degree ; i++ )
13             p.coef[i+(p.degree-a.degree)] += a.coef[i];
14     }
15     return p;
   }
```

코드 설명

5-9행 a의 차수가 더 크면 p=a를 한 후에 p+=b를 함.

10-14행 b의 차수가 더 크면 p=b를 한 후에 p+=a를 함.

15행 최종적으로 합을 구한 다항식을 반환함.

6행과 11행에서 구조체를 복사하기 위해 대입연산자가 사용된 것에 유의하라. 구조체에 대해서는 대입연산자만을 사용할 수 있다. 8행과 13행에서 계수의 인덱스를 계산하는 식이 복잡한 것에 유의하라. 만약 방법 2를 사용한다면 계수의 인덱스 계산이 훨씬 단순해질 것이다.

전체 프로그램

이제 다항식의 합을 구하는 전체 프로그램을 구현해 보자. 앞에서 작성한 함수들을 이용하여 두 다항식 a와 b를 읽고, 합 c를 구한 후, 순서대로 화면에 출력하는 전체 프로그램은 프로그램 2.7과 같다.

프로그램 2.7 전체 다항식 프로그램

```
#include <stdio.h>
#define MAX_DEGREE 101

typedef struct {
	int degree;
	float coef[MAX_DEGREE];
} Polynomial;

Polynomial read_poly() {...}                                   // 프로그램 2.5
void print_poly(Polynomial p, char str[]) {...}                // 프로그램 2.4
Polynomial add_poly( Polynomial a, Polynomial b) {...}         // 프로그램 2.6

void main()
{
	Polynomial a, b, c;
	a = read_poly();
	b = read_poly();
	c = add_poly (a, b);
	print_poly(a," A = ");
	print_poly(b," B = ");
	print_poly(c,"A+B= ");
}
```

```
C:\WINDOWS\system32\cmd.exe
다항식의 최고 차수를 입력하시오: 3
각 항의 계수를 입력하시오 (총 4개): 1 2 3 4
다항식의 최고 차수를 입력하시오: 5
각 항의 계수를 입력하시오 (총 6개): 1 2 3 4 5 6
          A =   1.0 x^3 +   2.0 x^2 +   3.0 x^1 +  4.0
          B =   1.0 x^5 +   2.0 x^4 +   3.0 x^3 +   4.0 x^2 +   5.0 x^1 +  6.0
        A+B=    1.0 x^5 +   2.0 x^4 +   4.0 x^3 +   6.0 x^2 +   8.0 x^1 + 10.0
계속하려면 아무 키나 누르십시오 . . .
```

다른 연산들도 덧셈과 비슷하게 구현할 수 있겠지만, 곱셈과 같이 복잡한 연산을 구현하기 위한 인덱스의 계산은 방법 2가 훨씬 단순할 것이다.

희소 다항식의 표현

$10x^{100}+6$과 같은 다항식을 생각해 보자. 차수가 100으로 매우 큰데 비해 계수가 0이 아닌 항은 2개뿐이다. 이와 같이 대부분 항의 계수가 0인 다항식을 **희소 다항식**(Sparse Polynomial)이라 한다. 앞에서 구현한 다항식 프로그램으로 희소 다항식을 표현한다면 메모리의 낭비가 심하다. 예를 들어 $10x^{100}+6$에서는 101개의 항의 계수를 저장하기 위한 공간 중에서 실제로 2개만 사용되고 나머지는 모두 0으로 채워진다.

희소 다항식을 표현하는데 발생하는 메모리의 낭비를 줄이기 위해 다른 방법을 사용할 수 있다. 이것은 다항식의 모든 계수를 저장하는 것이 아니라 계수가 0이 아닌 항의 정보를 (계수, 지수)의 형식으로 저장하는 것이다. 예를 들어, $10x^{100}+6$은 ((10, 100), (6, 0))으로 표시하고, $10x^5+6x+3$은 ((10, 5), (6, 1), (3, 0))으로 나타내는 것이다. 그림 2.7은 다항식 $10x^{100}+6$의 표현을 위해 전체 계수를 저장하는 방법과 0이 아닌 항만을 저장하는 방법을 비교하여 보여주고 있다. 확실히 후자가 메모리 사용 측면에서 효율적인 것으로 보인다.

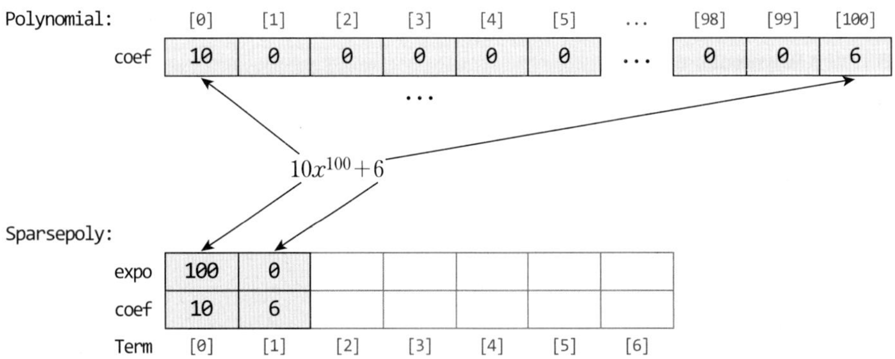

| 그림 2.7 희소 다항식을 표현하는 다른 방법. 0이 아닌 항의 정보(계수, 지수)만 저장함.

이와 같은 희소 다항식 처리를 위한 구조체는 어떻게 정의할 수 있을까? 2개의 구조체가 필요하다. 먼저 항의 정보를 (계수, 지수)의 형태로 저장하는 구조체를 다음과 같이 정의할 수 있다.

```
typedef struct {            // 하나의 항을 표현하는  클래스
    int    expon;           // 항의 지수
    float  coeff;           // 항의 계수
} Term;
```

이 구조체는 하나의 항만을 표현하므로 전체 희소 다항식을 나타내는 구조체를 추가로 정의해야 한다. 이것을 SparsePoly라 하자. 희소 다항식 구조체는 다음과 같이 Term의 배열을 갖는 구조가 되어야 한다. 물론 계수가 0이 아닌 항의 개수를 위한 멤버 변수도 필요하다.

```
typedef struct {                    // 희소 다항식 클래스
    int  nTerms;                    // 계수가 0이 아닌 항의 개수
    Term term[MAX_TERMS];           // 계수가 0이 아닌 항의 배열
} SparsePoly;
```

SparsePoly 관련 함수를 구현하는 것은 확실히 Polynomial에 비해 복잡해 질 것이다. 따라서 일반적인 다항식이거나 심하지 않은 희소 다항식은 Poynomial를 사용하는 것이 좋다. 만약 메모리의 제한이 큰 시스템이나 심한 희소 다항식이라면 SparsePoly가 더 효율적이다.

| 연습문제 |

1 int a[10][20]에서 배열이 차지하는 메모리 공간의 크기는 얼마인가? int형은 4바이트라고 하자.

① 200바이트 ② 400바이트
③ 600바이트 ④ 800바이트

2 float a[100]으로 선언된 배열의 시작 주소를 1000번지라고 할 때, 배열의 10번째 요소의 주소는 몇 번지인가?

① 1010번지 ② 1020번지
③ 1030번지 ④ 1040번지

3 다음 배열 중에서 크기가 가장 큰 배열은?

① int array1[10]; ② double array2[10];
③ char array3[40]; ④ float array4[10];

4 크기가 10인 배열 two[]를 선언하고 여기에 2의 제곱 값들을 저장해보자. 즉 배열의 첫 번째 요소에는 2^0을 저장하고 두 번째 요소에는 2^1값을 저장한다. 마지막 요소에는 2^9값을 저장한다. for 루프를 이용하여 two[] 배열의 전체 요소의 값을 출력하는 프로그램을 작성하라.

5 본문에서 구조체로 복소수를 나타낸바 있다(프로그램 2.3 참조). 여기서는 복소수 a와 복소수 b를 받아서 a+b를 계산하는 함수를 작성해보자. 함수는 구조체를 반환할 수 있다. 알다시피 복소수는 $real + imag*i$ 와 같은 형태를 갖는다.

```
Complex add_comple(Complex a, Complex b) {
    ...
}
```

6 크기가 n인 배열 array에서 임의의 위치 loc에 정수 value를 삽입하는 함수 insert()를 작성하라. 정수가 삽입되면 그 뒤에 있는 정수들은 한 칸씩 뒤로 밀려야 한다. 현재 배열에 들어 있는 원소의 개수는 items개라고 하자(items는 전역변수로 선언되어 있고 n에 비해 충분히 작다고 가정한다).

```
void insert(int array[], int loc, int value){
    ....
}
```

7 앞의 문제에서 구현한 insert() 함수의 시간 복잡도는?

8 크기가 n인 배열 array에서 임의의 위치 loc에 있는 정수를 삭제하는 함수 delete()를 작성하라. 정수가 삭제되면 그 뒤에 있는 정수들은 한 칸씩 앞으로 이동하여야 한다. 현재 배열에 들어있는 원소의 개수는 items개라고 하자(items는 전역변수로 선언되어 있고 n에 비해 충분히 작다고 가정한다).

```
int delete(int array[], int loc){
    ....
}
```

9 앞의 문제에서 구현한 delete() 함수의 시간 복잡도는?

프로그래밍 프로젝트

1 다항식과 관련된 다음 연산들을 프로그램 2.7에 추가하라.

(1) 두 다항식의 뺄셈(c = a - b)을 구하는 함수 **sub_poly()**를 구현하라.

```
Polynomial sub_poly( Polynomial a, Polynomial b)
```

(2) 두 다항식의 곱셈(c = a × b)을 구하는 함수 **mult_poly()**를 구현하라. 이 함수를 구현하기 위해 배열을 이용해 다항식을 표현하는 두 가지 방법(그림 2.6) 중에서 어떤 것이 유리한지 생각해 보라.

```
Polynomial mult_poly( Polynomial a, Polynomial b)
```

(3) 다항식의 연산 결과 최고차항의 계수가 0으로 변할 수 있다. 다항식의 계수를 분석해 최고차항의 계수가 0이 아닌 값이 나오도록 다항식의 멤버 값들을 변경하는 함수 **trim_poly()**을 구현하라.

```
void trimPoly( Polynomial* p );
```

```
Poly=  0.0 x^5 +  0.0 x^4 +   0.0 x^3 +   5.0 x^2 +   0.0 x^1 + 11.0
변경 후-->
Poly=  5.0 x^2 +   0.0 x^1 + 11.0
```

| Hint | 이 함수의 매개변수는 포인터형이 되어야 함을 유의하라. 다항식 구조체(객체)를 전달하는 것이 아니라 그 구조체의 주소를 전달하는 것이다. 포인터는 5장에서 다시 자세히 공부한다. 5장의 내용과 C언어 도서를 참고하여 이 함수를 구현하라. 그리고 다른 함수와는 달리 구조체가 아니라 구조체의 주소가 매개변수로 전달되어야 하는 이유를 생각해 보라.

(4) 다항식의 출력함수 `print_poly()`를 수정하여 계수가 0인 항은 출력되지 않도록 변경하라. 또한 계수가 1인 경우에는 1이 출력되지 않도록 변경하라.

```
void print_poly( Polynomial p, char str[]);
```

```
A+B=  3.0 x^5 +  1.0 x^4 +   0.0 x^3 +   5.0 x^2 +   0.0 x^1 + 11.0
변경 후-->
A+B=  3.0 x^5 +  x^4 +   5.0 x^2 +   11.0
```

2 [심화문제] 희소 다항식을 위한 구조체와 관련 함수를 구현하라.

(1) 각 항을 나타내는 `Term` 구조체를 설계하라.

(2) 희소 다항식을 위한 구조체 SparsePoly를 설계하고 관련 함수를 구현하라.

```
SparsePoly read_spoly();
SparsePoly add_spoly(SparsePoly a,SparsePoly b);
void printSPoly(SparsePoly p, char str[]);
```

CHAPTER 03

스택

학습목표

- 스택의 개념과 추상 자료형을 이해한다.
- 스택의 동작 원리를 이해한다.
- 배열을 이용한 스택의 구현 방법을 이해한다.
- 괄호 검사, 수식의 계산, 미로 탐색 등에 스택을 활용하여 문제를 해결할 수 있는 능력을 배양한다.

CHAPTER

3 스택

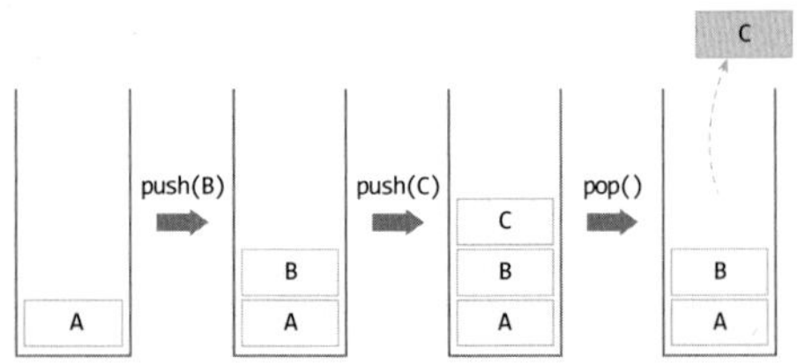

3.1 스택이란?

스택은 식당 주방에 쌓여있는 접시 더미를 생각하면 쉽게 이해할 수 있다. 접시를 닦는 사람은 방금 닦은 접시를 항상 접시 더미의 맨 위에 올려놓는다. 요리사는 요리를 담을 새 접시가 필요하면 항상 맨 위에 있는 접시를 꺼내 음식을 담아 손님들에게 제공한다. 접시를 닦아 넣거나 꺼낼 때 접시 더미의 중간에 있는 것들을 사용할 수도 있겠지만 이렇게 할 경우 매우 조심스럽고 번거로운 작업이 필요할 것이다. 따라서 가장 최근에 들어온 접시가 맨 위에 놓이고, 또 이 접시가 가장 먼저 사용된다. **스택**(stack)은 이와 같이 자료의 입출력이 **후입선출**(LIFO: Last-In First-Out)의 형태로 일어나는 자료 구조를 말한다.

| 그림 3.1 일상생활에서의 스택의 예(식당 주방에서 접시를 닦아 쌓는 사람과 접시를 꺼내 요리를 담는 주방장)

스택은 가장 먼저 입력된 데이터가 맨 아래에 쌓이고 가장 최근에 입력된 데이터가 가장 위에 쌓이는 구조를 가지고 있다. 스택에서의 입출력은 맨 위에서만 일어나고 스택의 중간에서는 데이터를 삽입하거나 삭제할 수 없다. 그림 3.2와 같이 스택에서 입출력이 이

연결 리스트를 이용해 스택을 구현하면 코드가 복잡해지지만 크기가 제한되지 않는 유연한 리스트를 구현할 수 있다. 즉, 필요할 때마다 중간에 속지를 추가해서 사용할 수 있는 바인더 공책과 비슷하다. 그리고, 크기의 제한이 없으므로 is_full 연산이 더 이상 필요가 없다. 이 장에서는 배열을 이용하여 스택을 구현한다. 연결 리스트로 구현하는 방법은 5장에서 포인터와 함께 다시 설명한다.

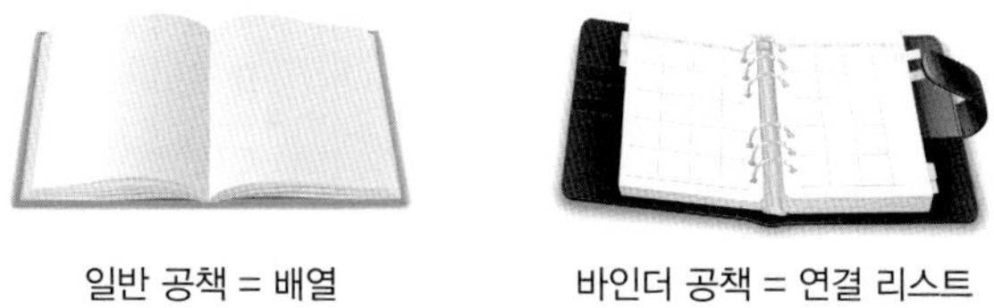

| 그림 3.5 배열과 연결리스트의 차이점

3.2 배열을 이용한 스택

스택을 가장 간단하게 구현할 수 있는 방법은 배열을 이용하는 것이다. 정수를 저장할 수 있는 스택을 생각해 보자. 그림 3.6은 배열을 이용한 스택의 구조를 보여준다. 스택 표현을 위해 다음과 같은 데이터가 필요하다.

- 정수 항목들을 저장할 배열이 있어야 한다. 이것을 data[MAX_STACK_SIZE]라 하자. 이때 상수 MAX_STACK_SIZE은 스택에 저장할 수 있는 최대 요소의 개수이고, 이 배열에 요소들이 순서대로 저장된다.
- 가장 최근에 입력된 항목의 위치를 가리키기 위한 변수가 필요하다. 이 변수를 top이라 한다. 스택 연산의 핵심 변수이다.

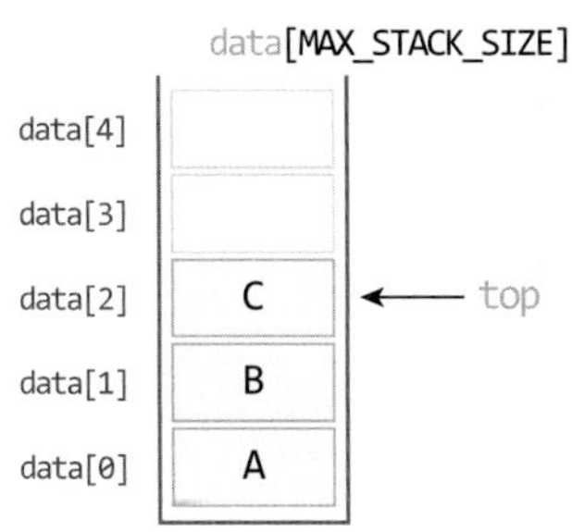

| 그림 3.6 배열을 이용한 스택의 구현

공백상태와 포화 상태 검사

그림 3.7은 스택의 공백 상태와 포화 상태를 나타내고 있다. **top**이 가장 최근에 입력된 항목의 위치이므로, 이 값이 −1이면 스택에는 항목이 하나도 없는 공백상태이다. 또한, **top**이 **MAX_STACK_SIZE-1**이면 스택은 포화상태가 된다.

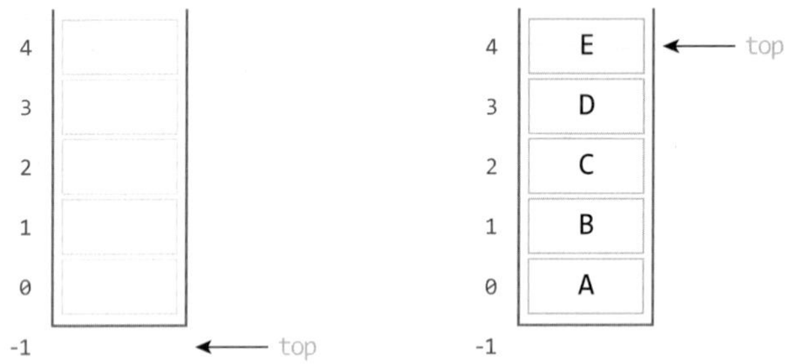

(a) 공백 상태 (b) 포화 상태

| 그림 3.7 스택의 공백상태와 포화상태(MAX_STACK_SIZE는 5이다.)

알고리즘 3.1, 3.2는 각각 스택의 공백상태와 포화상태를 검사하는 **is_empty()**와 **is_full()** 연산을 유사코드로 나타낸 것이다. 유사코드에서 =가 비교 연산을 의미하고, ←가 대입 연산을 나타내는 것을 기억하라.

| 알고리즘 3.1 스택의 is_empty() 연산

```
is_empty()

if top = -1
    then return TRUE
    else return FALSE
```

| 알고리즘 3.2 스택의 is_full() 연산

```
is_full()

if top = MAX_STACK_SIZE-1
    then return TRUE
    else return FALSE
```

스택의 초기화와 요소의 개수 검사

스택의 초기화는 스택을 공백상태로 만드는 것을 의미하므로 **init()** 연산에서는 **top**을 **-1**로 초기화하면 된다. 스택의 현재 요소의 개수는 항상 **top+1**이 된다. 따라서 **size()** 연산은 **top+1**을 반환하면 된다.

| 알고리즘 3.3 스택의 init() 연산

```
init()

top = -1;
```

| 알고리즘 3.4 스택의 size() 연산

```
size()

return top + 1
```

삽입 연산

push 연산을 생각해 보자. 스택에서는 항상 그림 3.8과 같이 새로운 항목 C가 스택의 맨 위에 올라가야 한다. 물론 **top**도 하나 증가시켜야 한다. 약간의 예외 상황도 고려해주어야 한다. 스택이 이미 포화상태이면 삽입이 불가능하기 때문이다.

알고리즘 3.5는 스택의 **push** 연산을 보여주고 있다. 먼저 **is_full()**을 통해 포화상태를 검사하고, 포화상태이면 오류 메시지만 출력한다. 그렇지 않으면 **top**을 먼저 하나 증가시킨 후 이 위치에 요소 x를 스택에 삽입한다. 이 순서에 유의하라. 삽입 연산 후 **top**은 여전히 가장 최근에 삽입된 요소의 위치를 가리킨다.

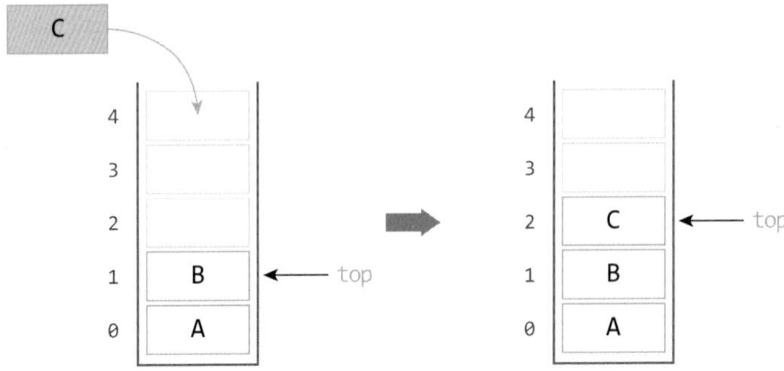

| 그림 3.8 스택의 push() 연산

| 알고리즘 3.5 스택의 push() 연산

```
push(x)

if is_full()
    then error "overflow"
    else top ← top + 1
        data[top] ← x
```

삭제 연산

pop()은 스택의 맨 위에 있는 요소를 꺼내서 반환하는 연산이다. 즉, top이 가리키는 요소를 꺼내서 반환하면 된다. 이때는 공백상태의 검사가 먼저 필요하다. 즉, is_empty()를 검사해 스택이 공백이면 오류 메시지만 출력한다. 공백이 아니면 top이 가리키는 값을 반환하고 top을 하나 감소시키면 된다.

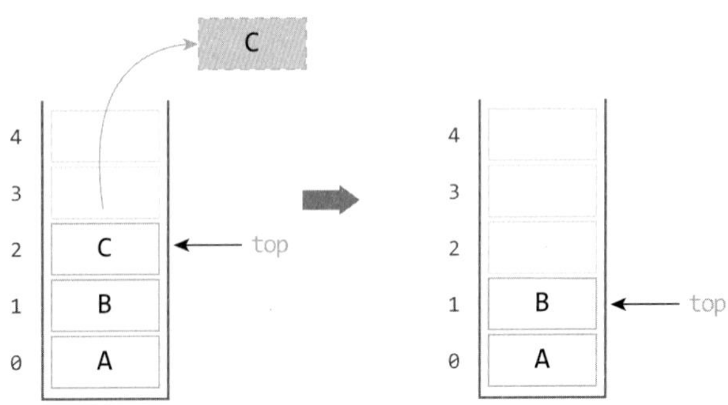

| 그림 3.9 스택의 pop 연산

| 알고리즘 3.6 스택의 pop() 연산

```
pop()

if is_empty()
    then error "underflow"
    else e ← data[top]
         top ← top-1
         return e
```

peek()는 pop()과 비슷하지만 맨 위의 항목인 data[top]을 반환하기만 하면 된다. 물론 pop()과 같이 공백상태의 검사는 필요하지만, top은 변하지 않는다.

3.3 스택의 구현: int 스택

이제 배열을 이용한 스택을 C로 구현해 보자. 자료구조의 핵심 기능에 집중하고 코드를 단순화하기 위해 다음과 같이 구현한다.

- 스택을 위한 데이터, 즉 data[]와 top은 모두 전역 변수로 선언한다.
- 스택의 연산들은 함수로 구현한다.

이미 알고리즘들을 모두 살펴보았으므로 함수의 구현은 그렇게 어렵지 않다. 그렇다면 스택 요소의 자료형은 무엇을 할까? 용도에 따라 무엇이든 저장할 수 있다. 이 장에서 다룰 예제에서는 int나 double형의 자료를 스택에 저장해야 할 것이다. 만약 미로 찾기 프로그램에 스택을 사용한다면 (x,y)와 같은 2차원 좌표를 저장해야 하는데, 이 경우 스택의 각 요소는 구조체가 되어야 할 것이다.

스택의 연산은 요소의 자료형과 관련이 없지만, C로 구현할 때에는 함수의 매개변수나 반환형에 영향을 줄 수밖에 없다. 예를 들어, int 스택에서는 push()함수로 int가 전달되어야(매개변수로) 하고, pop()이 int를 반환해야 하지만, double 스택에서는 push()의 매개변수나 pop()의 반환형이 모두 double이 되어야 한다. 따라서 코드를 보다 범용적으로 사용할 수 있도록 설계하자.

스택 항목의 자료형을 **Element**라 하자. **Element**는 응용에 따라 적절한 자료형으로 지정할 수 있는데, 다음과 같이 typedef나 전처리기 지시자인 #define을 사용할 수 있다.

```
#define Element int          // Element가 int를 의미함
typedef double Element;      // Element가 double를 의미함
#define Element Student      // Element가 구조체 Student를 의미함
```

스택 항목의 자료형이 **Element**이므로 스택의 모든 연산들은 **Element**를 기준으로 구현하면 된다. 이제 int를 저장하는 스택을 예로 들어보자. 스택을 위한 데이터를 선언하는 코드는 다음과 같다.

```
typedef int Element;
Element data[MAX_STACK_SIZE];
int top;
```

이제 함수들을 구현해 보자. 알고리즘 3.3과 3.4의 스택 초기화와 항목 개수 검사 함수는 너무 간단해서 다음과 같이 각각 한 줄로 구현해도 이상하지 않을 것이다.

```
void init_stack() { top = -1; }
int size() { return top+1; }
```

이들 함수는 함수 헤더부와 몸체부가 모두 구현된 완전한 함수이다. 알고리즘 3.1의 공백 상태 검사 함수는 다음과 같이 구현할 수 있다.

```
int is_empty()
{
    if( top == -1 )
        return 1;
    else
        return 0;
}
```

그런데, 이 함수에는 중복된 표현이 있다. C언어에서는 비교 연산의 결과가 참이면 1을 거짓은 0을 나타낸다. 따라서 연산 (top == -1)의 결과 자체가 1이 아니면 0이다. 따라서 함수에서 (top == −1)을 바로 반환하는 것이나 위의 함수는 동일하다. 즉, 위의 함수는 다음과 같은 한 줄 함수와 정확히 동일하다.

```
int is_empty() { return (top == -1); }
```

같은 방법으로 is_full()도 다음과 같이 구현할 수 있다.

```
int is_full() { return (top == MAX_STACK_SIZE-1); }
```

만약 이 코드가 복잡하고 이해가 어렵다면 위와 같이 여러 줄로 구현해도 된다. 그러나 소스코드가 길어지는 것이 가독성을 방해할 수 있으므로 이 책에서는 직관적으로 이해되는 간단한 함수에 대해서는 이와 같은 한 줄 함수를 광범위하게 사용한다.

다른 연산들은 더 복잡하므로 한 줄로 구현할 수 없다. 그러나 알고리즘을 보면서 구현하면 어렵지 않다. 프로그램 3.1은 int를 저장하는 스택을 구현하고 테스트한 전체 코드를 보여준다.

프로그램 3.1 배열을 이용한 int 스택의 구현

```
#include <stdio.h>
#include <stdlib.h>
#define MAX_STACK_SIZE 100             // 스택 요소 저장을 위한 배열의 크기
typedef int Element;                   // 스택 요소의 자료형 정의

Element data[MAX_STACK_SIZE];          // 실제 스택 요소의 배열
int top;                               // 실제 스택의 top

// 오류 상황 처리를 위한 함수. 메시지 출력 후 프로그램 종료.
void error( char str[] )
{
    printf("%s\n", str);
    exit(1);
}
```

```
// 스택의 주요 연산: 공통
void init_stack()    { top = -1; }
int is_empty()   { return top == -1; }
int is_full()    { return top == MAX_STACK_SIZE-1; }
int size()       { return top+1; }

void push ( Element e )
{
    if( is_full() )
        error ("스택 포화 에러");
    data[++top] = e;
}
Element pop ( )
{
    if( is_empty() )
        error ("스택 공백 에러");
    return data[top--];
}
Element peek ( )
{
    if( is_empty() )
        error ("스택 공백 에러");
    return data[top];
}

// 스택 테스트를 위한 코드: 요소 종류마다 수정
void print_stack(char msg[]) {
    int i;
    printf("%s[%2d]= ", msg, size()) ;
    for (i=0 ; i<size() ; i++ )
        printf("%2d ", data[i]);
    printf("\n");
}

void main()
{
    int i;
```

```
53
54        init_stack();
55        for( i=1 ; i<10 ; i++ )
56            push( i );
57        print_stack("스택 push 9회");
58        printf("\tpop() --> %d\n", pop());
59        printf("\tpop() --> %d\n", pop());
60        printf("\tpop() --> %d\n", pop());
61        print_stack("스택 pop  3회");
62    }
```

코드 설명

3행 스택의 최대 용량을 100으로 정함.

10–14행 오류 상황 처리를 위한 함수. 오류가 발생하면 이 함수를 호출하는데, 오류 메시지를 출력한 후 프로그램 종료하도록 구현함.

22–27행 스택의 삽입 연산. 알고리즘 3.5과 같이 포화상태가 아니면 항목을 삽입함. 매개변수가 Element인 것에 유의할 것. Element가 변경되어도 이 함수를 수정할 필요는 없음.

28–33행 스택의 삭제 연산. 알고리즘 3.6과 같이 공백상태가 아니면 맨 위의 항목을 꺼내 반환함. 반환형은 Element가 됨.

34–39행 peek()연산. pop()과 유사하나 top이 감소하지 않음.

42–48행 스택의 모든 항목을 출력하는 함수. 저장되는 항목의 자료형에 따라 46행의 출력 방법이 달라짐. 스택의 설명을 문자열 msg로 받아 이를 먼저 출력한 후 각 항목을 순서대로 출력함. 스택에 먼저 들어온 순서대로 출력되도록 구현된 것에 유의할 것.

50–62행 int 스택의 테스트 프로그램. 먼저 스택을 초기화(54행)한 후 1부터 9까지의 숫자를 순서대로 push()하고 스택의 상태를 출력함. 이후 세 번의 pop() 연산을 한 후 최종 스택의 상태를 출력함.

10~14행의 오류상황 처리 함수에 유의하라. 이 책에서는 오류상황이 발생하면 이 함수를 호출해 메시지를 출력하고 프로그램을 종료하는 것으로 단순하게 처리할 것이다. 스택의 테스트를 위해 9번의 삽입 연산과 3번의 삭제 연산을 하고, 스택의 상태를 출력하였다. 프로그램의 실행 결과는 다음과 같다.

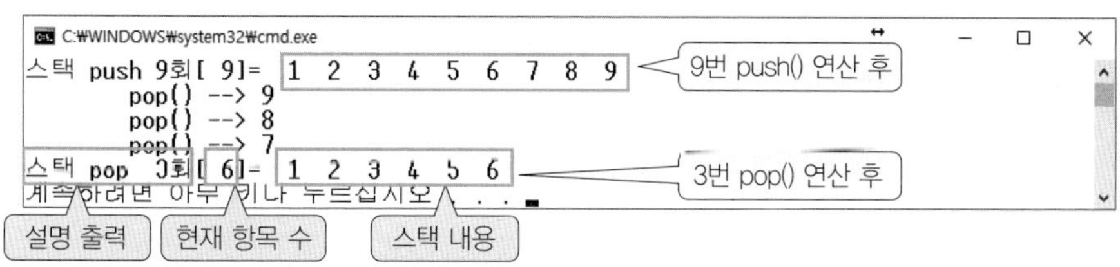

3.4 스택의 구현: 구조체를 저장하는 스택

만약 스택에 저장되어야 하는 값이 정수나 문자가 아니고 더 복잡한 구조를 갖는 항목이면 어떻게 해야 할까? 예를 들어, 학번, 이름, 학과를 저장하는 학생 정보를 스택에 저장해 보자. 이를 위해서는 구조체가 필요하다. 다음과 같이 학생 정보를 나타내는 구조체를 정의한다.

```
typedef struct Student_t {      // 학생정보 구조체 이름
    int  id;                    // 학번
    char name[32];              // 이름
    char dept[32];              // 소속 학과
} Student;
```

이제 스택에 **Student** 구조체를 저장하려고 한다. 앞 장에서 스택 항목의 자료형으로 **Element**를 사용한 것을 기억하라. **Element**가 **Student**를 나타내도록 하는 다음 문장만 추가하면 스택의 연산들을 그대로 사용할 수 있다.

```
typedef Student Element;        // 방법1: 키워드 typedef를 사용하는 방법
#define Element Student         // 방법2: 전처리 명령어 #define을 사용하는 방법
```

구조체를 저장하는 경우에도 스택의 기본 연산들에 대한 함수들은 그대로 사용할 수 있다. 물론 화면 출력을 위한 함수 **print_stack()**에서는 구조체를 출력하도록 약간의 코드가 수정되어야 한다. 프로그램 3.2는 학생 정보를 저장하는 스택과 사용 예를 보여주고 있는데, **main()**과 **get_student()**함수를 제외하고 int 스택과 차이나는 부분을 음영으로 표시하였다.

프로그램 3.2 배열을 이용한 Student 스택의 구현

```
#include <stdio.h>
#include <stdlib.h>
#include <string.h>
#define MAX_STACK_SIZE  100          // 스택 요소 저장을 위한 배열의 크기
typedef struct Student {             // 스택에 저장할 요소의 자료형
```

```
    int id;                           // 학번
    char name[32];                    // 이름
    char dept[32];                    // 소속 학과
} Student;                            // 스택 요소 저장을 위한 배열의 크기
typedef Student Element;              // 스택 요소의 자료형 정의
Element data[MAX_STACK_SIZE];         // 실제 스택 요소의 배열
int top;                              // 실제 스택의 top

// 다음 함수들은 프로그램 3.1에서와 동일함.
void error(char str[]) { ... }
void init_stack()   { ... }
int is_empty() { ... }
int is_full()  { ... }
int size()     { ... }
void push ( Element e ){ ... }
Element pop ( )     { ... }
Element peek ( )    { ... }

void print_stack(char msg[])
{
    int i;
    printf("%s[%2d]= ", msg, size()) ;
    for (i=0 ; i<size() ; i++ )
        printf("\n\t%-15d %-10s %-20s",
            data[i].id, data[i].name, data[i].dept);
    printf("\n");
}

Student get_student(int id, char name[], char dept[])
{
    Student s;
    s.id = id;
    strcpy(s.name, name);  // 문자열 복사. s.name = name은 오류
    strcpy(s.dept, dept);  // 문자열 복사. s.dept = dept는 오류
    return s;
}

void main()
```

```
44 {
45         init_stack( );
46         push( get_student(2018130007, "홍길동", "컴퓨터공학과") );
47         push( get_student(2018130100, "이순신", "기계공학과") );
48         push( get_student(2018130135, "김연아", "체육과") );
49         push( get_student(2018130135, "황희", "법학과") );
50         print_stack("친구 4명 삽입 후");
51         pop( );
52         print_stack("친구 1명 삭제 후");
53 }
```

코드 설명

5-9행 Student 구조체 정의.

10행 Element가 Student를 지정함. 이제 Element와 Student는 동일함.

15-22행 error()함수와 스택의 연산들. 자료형이 변경되어도 스택의 기본 연산은 변하지 않는 것에 유의할 것.

29-30행 항목을 출력하는 코드는 수정해야 함. 하나의 Student 정보를 한 줄에 출력함. printf()에서 줄 맞추기 방법("%-15d" 등)을 사용함.

34-41행 새로운 Student 객체를 만들어 반환하는 함수.

43-53행 테스트 프로그램. 스택을 초기화한 후 4명의 정보를 삽입하고, 1명을 삭제하는 과정을 보임.

---

get_student()는 매개변수를 이용해 Student 구조체를 만드는 함수이다. 학번과 이름, 학과를 전달받아 Student 객체를 만든 후 이를 반환한다. 따라서 main()함수에서 새로운 Student 객체를 쉽게 만들 수 있도록 한다. 만약 이 함수가 없다면 하나의 객체(46행)를 삽입하기 위해 다음 코드를 이용해야 한다.

```
Student s1 = { 2018130007, "홍길동", "컴퓨터공학과" };
push( s1 );
```

이 함수에서 문자열을 복사하기 위해 표준 라이브러리 함수인 strcpy()가 사용된 것에 유의하라. 문자 배열도 대입연산자로 복사할 수 없다. 이 함수를 사용하기 위해 3행에서 <string.h>가 포함되었다. 이 프로그램의 실행 결과는 다음과 같다.

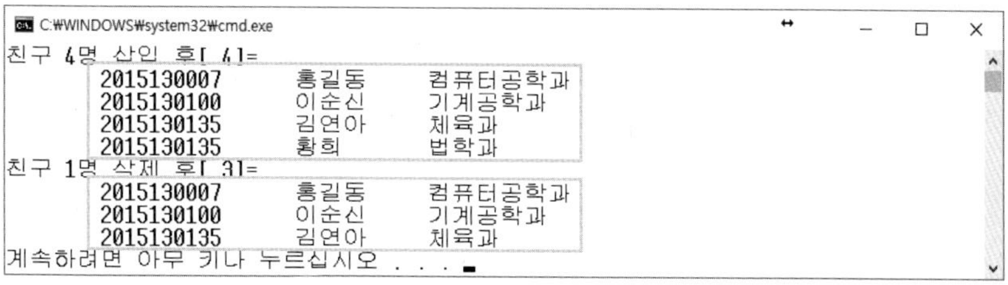

연결 리스트를 이용한 스택

앞에서 구현한 스택은 최대 MAX_STACK_SIZE개의 항목만을 저장할 수 있다. 만약 이런 제한을 없애려면 그림의 방법 3.12와 같이 연결 리스트를 이용한 **연결된 스택**(linked stack)으로 구현해야한다. 이 방법은 포인터 연산을 필요로 하는데, 5장에서 포인터를 자세히 다룬 후 구현해보기로 한다.

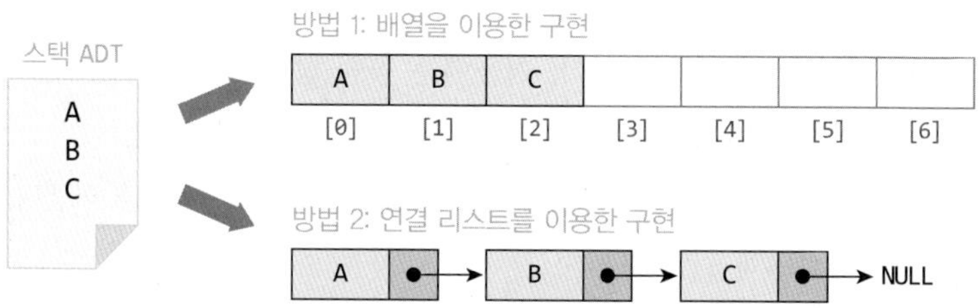

| 그림 3.10 스택 추상 자료형을 구현하는 2가지 방법: 배열을 이용하는 방법과 연결 리스트를 이용하는 방법

3.5 괄호 검사

프로그램의 소스 코드에서는 여러 가지 유형의 괄호들이 사용되는데, 같은 유형의 괄호가 쌍을 이루어야 한다. C언어 소스 코드에도 대괄호 [ ], 중괄호 { }, 소괄호 ( )가 사용되는데, 다음 조건을 맞추어 구성되어야 한다.

- 조건 1: 왼쪽 괄호의 개수와 오른쪽 괄호의 개수가 같아야 한다.
- 조건 2: 같은 타입의 괄호에서 왼쪽 괄호는 오른쪽 괄호보다 먼저 나와야 한다.
- 조건 3: 서로 다른 타입의 괄호 쌍이 서로를 교차하면 안 된다.

```
{ A[(i+1)]=0; }           → 오류 없음
if((i==0) && (j==0)       → 오류: 조건 1 위반
A[(i+1])=0;               → 오류: 조건 3 위반
```

괄호가 일치하지 않으면 잘못된 코드이기 때문에 컴파일러는 이것을 검사해야 하는데, 이와 같이 괄호 사용의 오류를 검사하기 위해 스택이 사용된다.

괄호 검사 알고리즘

위의 괄호들을 자세히 살펴보면 가장 가까운 거리에 있는 괄호들끼리 서로 쌍을 이루어야 됨을 알 수 있다. 따라서 입력 문자열에서 왼쪽 괄호가 나오면 스택에 삽입하고, 오른쪽 괄호가 나오면 스택에서 가장 최근에 삽입된 괄호를 꺼내 짝을 맞추어보면 오류를 검사할 수 있을 것이다. 구체적으로 알고리즘을 생각해 보자.

- 문자를 저장하는 스택을 준비한다. 처음에는 공백 상태가 되어야 한다.
- 입력 문자열을 하나씩 읽어 왼쪽 괄호를 만나면 스택에 삽입한다.
- 오른쪽 괄호를 만나면 pop()연산으로 가장 최근에 삽입된 괄호를 꺼낸다. 이때 스택이 비었으면 조건 2에 위배된다.
- 꺼낸 괄호가 오른쪽 괄호와 짝이 맞지 않으면 조건 3에 위배된다.
- 끝까지 처리했는데 스택에 괄호가 남아 있으면 조건 1에 위배된다.

하나의 조건이라도 위배하면 오류이므로 FALSE를 반환하고 그렇지 않으면 성공이므로 TRUE를 반환한다. 이상의 알고리즘을 유사코드로 정리하면 알고리즘 3.7과 같으며, 그림 3.11은 몇 가지 문장에 대한 이 알고리즘의 처리 과정을 단계별로 보여주고 있다.

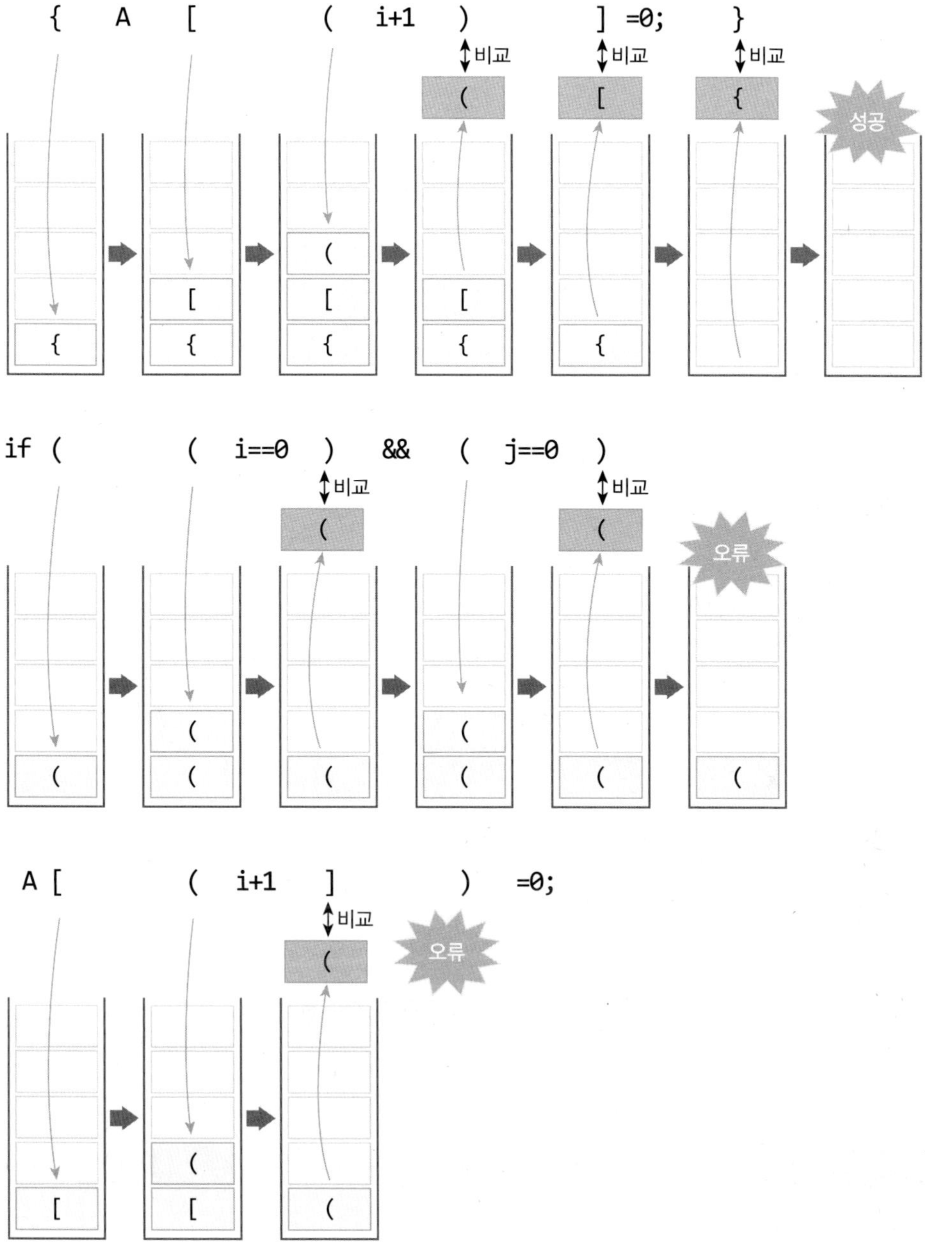

| 그림 3.11 괄호 검사 과정 예

| 알고리즘 3.7 괄호검사 알고리즘

```
check_matching(expr)

스택 초기화;
while (입력 expr의 끝이 아니면)
  ch ← expr의 다음 글자;
  switch(ch)
    case '(': case '[': case '{':
      ch를 스택에 삽입;
      break;
    case ')': case ']': case ']':
      if ( 스택이 비어 있으면 )
        then 오류;
        else 스택에서 open_ch를 꺼냄
             if (ch 와 open_ch가 같은 짝이 아니면)
                then 오류 보고;
      break;
if( 스택이 비어 있지 않으면 )
  then 오류 보고;
```

괄호 검사 프로그램 구현

이제 괄호 검사 프로그램을 구현해 보자. 먼저 스택에는 왼쪽 괄호들이 저장되어야 한다. 따라서 문자를 저장해야 하는데, char는 자동으로 int로 변환될 수 있으므로 프로그램 3.1의 int 스택을 그대로 사용해도 된다. 프로그램 3.3은 전체 괄호검사 프로그램을 보여준다.

프로그램 3.3 괄호 검사 프로그램

```
... // 프로그램 3.1의 1~39행 코드 추가

int check_matching(char expr[])
{
    int i = 0, prev;
    char ch;
```

```

    init_stack( );
    while( expr[i] != '\0' ) {
        ch = expr[i++];
        if( ch == '[' || ch == '(' || ch == '{' )
            push(ch);
        else if( ch == ']' || ch == ')' || ch == '}' ) {
            if( is_empty() )
                return 2;                   // 조건 2 위반
            prev = pop();
            if( ( ch == ']' && prev != '[' )
            ||  ( ch == ')' && prev != '(' )
            ||  ( ch == '}' && prev != '{' ) ) {
                return 3;                   // 조건 3 위반
            }
        }
    }
    if( is_empty()==0 ) return 1;           // 조건 1 위반
    return 0;                               // 괄호 정상
}

void main()
{
    char expr[4][80] = { "{A[(i+1)]=0;}", "if((i==0) && (j==0)",
                         "A[(i+1])=0;", "A[i] =f)(;" };
    int errCode, i;

    for( i=0 ; i<4 ; i++ ) {
        errCode = check_matching(expr[i]);
        if( errCode == 0 )
            printf(" 정상: %s\n", expr[i]);
        else
            printf(" 오류: %s (조건%d 위반)\n", expr[i], errCode);
    }
}
```

코드 설명

1행 이 위치에 프로그램 3.1의 1~39행 코드 추가.

5행 문자열 expr에 대한 괄호 검사 함수.

8행 스택을 초기화 함.

9행 문자열의 끝이 아닐 때 까지 반복문 수행.

11-12행 열리는 괄호이면 무조건 스택에 저장.

13행 닫히는 괄호이면.

14-15행 스택이 비었으면 조건 2 위반. 오류코드 반환.

16-21행 아니면 스택에서 하나를 꺼내 비교함. 만약 쌍이 맞지 않은 괄호이면 조건 3 위반. 오류코드를 반환.

24행 오류가 없는데 스택에 괄호가 남으면 조건 1 위반. 오류코드 반환.

25행 괄호 정상. 0을 반환함.

30-31행 네 개의 테스트 문자열 준비.

34-40행 각 문자열을 테스트하고 결과 출력.

이 프로그램의 실행 결과는 다음과 같다.

```
C:\WINDOWS\system32\cmd.exe
괄호정상: {A[(i+1)]=0;}
괄호오류: if((i==0) && (j==0) (조건1 위반)
괄호오류: A[(i+1])=0; (조건3 위반)
괄호오류: A[i] =f)(; (조건2 위반)
계속하려면 아무 키나 누르십시오 . . .
```

3.6 후위 표기 수식의 계산

수식의 계산에서도 스택이 이용된다. 보통 수식은 연산자와 피연산자를 이용해 나타내는데, 이들의 상대적인 위치에 따라 다음과 같이 나눌 수 있다.

- **전위(prefix) 표기법**: 연산자를 피연산자 앞에 표기한다.
  예: +AB, +5*AB
- **중위(infix) 표기법**: 연산자를 피연산자 사이에 표기한다.
  예: A+B, 5+A*B
- **후위(postfix) 표기법**: 연산자를 피연산자 뒤에 표기한다.
  예: AB+, 5AB*+

우리는 당연히 중위 표기법에 익숙하지만 컴파일러는 후위표기법을 좋아한다. 왜 그럴까? 후위 표기 수식은 컴퓨터 입장에서 여러 가지 장점이 있다. 중위 표기 수식 (A + B) * C를 생각해 보자. 괄호는 더하기 연산이 곱하기 연산보다 먼저 수행되어야 함을 나타낸다. 이에 대한 후위 표기식은 A B + C * 이다. 이 표기법은 다음과 같은 장점을 가진다.

- 괄호를 사용하지 않고도 계산해야 할 순서를 알 수 있다.
- 연산자의 우선순위를 생각할 필요가 없다. 식 자체에 우선순위가 이미 포함되어 있기 때문이다.
- 수식을 읽으면서 바로 계산할 수 있다. 중위 표현식은 괄호와 연산자의 우선순위 때문에 수식을 끝까지 읽은 다음에야 계산이 가능하다.

컴파일러는 이러한 장점 때문에 프로그램 개발자가 입력한 중위 표기 수식을 일단 후위 표기 수식으로 바꾸고, 변환된 후위 표기 수식을 계산하는 방법을 사용한다. 후위 표기 수식을 계산하는 방법을 살펴보자. 중위 표기 수식을 후위 표기법으로 변환하는 방법은 다음 절에서 다룬다.

후위 표기 수식의 계산 알고리즘

후위 표기 수식의 계산에도 스택이 사용된다. 계산을 위해 전체 수식을 왼쪽에서 오른쪽으로 스캔하는데, 스캔 과정에 피연산자가 나오면 무조건 스택에 저장한다. 연산자가 나오면 스택에서 피연산자 두 개를 꺼내 연산을 실행하고 그 결과를 다시 스택에 저장한다. 이 과정은 수식이 모두 처리될 때 까지 반복되고, 마지막으로 스택에는 최종 계산 결과만 하나 남는다. 예를 들어, 그림 3.12와 같이 후위 표기 수식 8 2 / 3 - 3 2 * +을 계산해 보자. 수식은 왼쪽부터 오른쪽으로 스캔하고 다음과 같이 처리된다.

- 8은 피연산자이므로 스택에 삽입하고, 2도 피연산자이므로 스택에 삽입한다.
- /는 연산자이므로 스택에서 2와 8을 순서대로 꺼내 나누기 연산을 하고 연산 결과인 8/2 = 4를 다시 스택에 삽입한다.
- 3은 피연산자이므로 스택에 삽입한다.
- – 는 연산자이므로 3과 4를 꺼내고, 4–3=1을 스택에 저장한다.
- 3과 2는 피연산자이므로 스택에 차례로 삽입한다.

- * 는 연산자이므로 2과 3를 꺼내고, 3*2=6을 스택에 저장한다.
- + 는 연산자이므로 6과 1를 꺼내고, 1+6=7을 스택에 저장한다.
- 스캔이 완료되었고, 스택에서 최종 계산 결과 7을 꺼내 반환한다.

이와 같은 계산 방법을 정리하면 알고리즘 3.8과 같다.

| 알고리즘 3.8 후위 표기 수식 계산 알고리즘

```
calc_postfix(expr)

스택 초기화;
for 항목 in expr
  do if (항목이 피연산자이면)
        then push(항목);
      else if (항목이 연산자 op이면)
        then second ← pop();
          first ← pop();
          temp ← first op second; // op 는 +-*/중의 하나
          push(temp);
result ← pop();
```

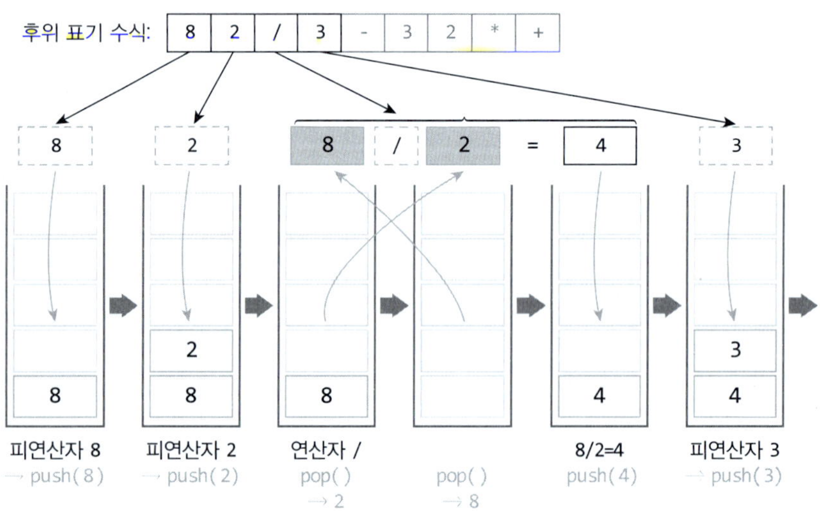

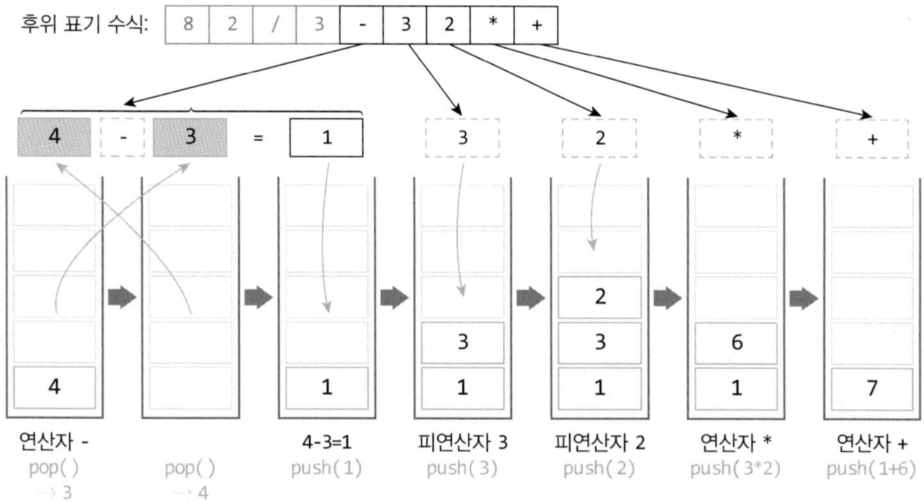

| 그림 3.12 후위 표기 수식 8 2 / 3 - 3 2 * + 의 전체 계산 과정

후위 표기 수식 계산 프로그램 구현

후위 표기 수식 계산 프로그램을 구현해 보자. 수식 계산에 사용되는 연산자는 사칙연산 +, −, *, /로 제한한다. 스택에는 무엇이 저장되어야 할까? 피연산자나 연산의 중간 결과 값이 저장된다. 그런데 나눗셈의 경우 피연산자를 정수로 제한하더라도 중간 결과 값이 실수가 될 수 있다. 따라서 스택에는 double을 저장하는 것이 자연스럽다. 다음 문장을 사용한다.

```
typedef double Element; // double 대신에 Element를 사용할 수 있음
```

calc_postfix()는 매개변수로 후위표기 수식 문자열을 받는다. 또한 최종 계산 결과를 반환해야 하므로 double을 반환한다. 프로그램 3.4는 전체 프로그램을 보여준다.

프로그램 3.4 후위 표기 수식의 계산 프로그램

```
#include <stdio.h>
#include <stdlib.h>
#define MAX_STACK_SIZE  100
typedef double Element;
```

```
05 ...  // 프로그램 3.1의 5~39행 코드 추가
06
07 double calc_postfix( char expr[] )
08 {
09     char c;
10     int  i = 0;
11     double    val, val1, val2;
12
13     init_stack( );
14     while( expr[i] != '\0' ) {
15         c = expr[i++];
16         if (c>='0' && c<='9') {
17             val = c - '0';
18             push( val );
19         }
20         else if( c=='+' || c=='-' || c=='*' || c=='/' ){
21             val2 = pop();
22             val1 = pop();
23             switch( c ) {
24                 case '+': push( val1 + val2); break;
25                 case '-': push( val1 - val2); break;
26                 case '*': push( val1 * val2); break;
27                 case '/': push( val1 / val2); break;
28             }
29         }
30     }
31     return pop();
32 }
33 void main()
34 {
35     char expr[2][80] = { "8 2 / 3- 3 2 * +", "1 2 / 4 * 1 4 / *" };
36
37     printf("수식: %s = %lf\n", expr[0], calc_postfix(expr[0]));
38     printf("수식: %s = %lf\n", expr[1], calc_postfix(expr[1]));
39 }
```

코드 설명

7행 후위 표기 수식의 계산 함수. 입력 수식을 문자열로 받음.

13행 스택 초기화.

14행 문자열의 끝이 아닐 때 까지 반복문 수행.

16-19행 만약 문자 c가 '0'~'9'이면 c에 대한 숫자를 c-'0'과 같이 계산하고, 이 숫자를 스택에 삽입함.

20-29행 문자 c가 사칙연산자이면 스택에서 두 항목을 pop()해서 연산하고 결과를 스택에 다시 push() 함. 이때 피연산자의 순서에 유의할 것. 다른 문자들은 모두 무시함.

31행 최종적으로 스택에 하나의 결과 값이 남고, 이를 반환함.

35-38행 두 개의 후위 표기 수식 문자열에 대해 계산하고, 결과를 출력함.

프로그램의 실행 결과는 다음과 같다.

```
C:\WINDOWS\system32\cmd.exe
수식: 8 2 / 3- 3 2 * + = 7.000000     계산 결과
수식: 1 2 / 4 * 1 4 / * = 0.500000
계속하려면 아무 키나 누르십시오 . . .
```

사실 이 프로그램에는 약간의 약점이 있다. 한 자리 숫자만을 계산할 수 있다는 것이다. 만약 12.345와 같이 여러 자리 숫자를 읽어 처리하려면 어떻게 할까? 프로그램이 좀 복잡해질 것이다. 수식이 문자열로 입력된다면 숫자가 시작된 위치부터 연결된 숫자의 끝을 찾아 한꺼번에 숫자로 변환해야 한다. 수식을 키보드로 입력한다면 읽은 문자가 숫자이면 이 숫자를 입력 버퍼로 되돌려주고 전체 숫자를 scanf("%lf", ...)로 한꺼번에 읽으면 된다. 이때 ungetc()함수를 사용해 문자를 입력 버퍼로 되돌려줄 수 있다.

3.7 중위 표기 수식의 후위 표기 변환

앞의 프로그램을 이용하면 사칙연산을 할 수는 있지만 컴퓨터와 달리 인간은 후위 표기에 익숙하지 않아 사용이 불편할 것이다. 사람들은 중위 표기에 익숙하므로 계산기 프로그램을 구현하려면 사람이 입력하는 중위 표기 수식을 컴퓨터가 계산할 수 있는 후위 표기식으로 변경하는 과정이 반드시 필요하다.

중위 표기의 후위 표기 변환 알고리즘

두 표기식의 공통점은 피연산자의 순서가 동일하다는 것이다. 물론 연산자들의 순서는 달

라진다. 연산자의 출력 순서는 연산자들의 우선순위 관계와 괄호에 의해 결정된다. 후위표기 변환에도 스택이 사용된다.

- 입력된 중위 표기 수식을 순서대로 하나씩 스캔한다.
- 피연산자를 만나면 바로 (후위 표기식으로) 출력하면 된다.
- 연산자를 만나면 어딘가에 잠시 저장해야 한다. 후위 표기에서는 연산자가 피연산자들 뒤에 나오기 때문이다. 따라서 적절한 위치를 찾을 때까지 출력을 보류하여야 한다. 연산자의 저장에는 스택이 사용된다.

예를 들어보자. a+b에서 a는 바로 출력되고 +는 저장되며 b도 출력되고, 최종적으로 저장되었던 +를 출력하면 후위 표기식 ab+가 된다. a+b*c의 경우, a, b, c는 그대로 출력되고 +와 *는 어딘가에 저장된다. 문제는 +연산자와 *연산자 중에서 어떤 것이 먼저 출력되어야 하는가이다. 연산자 우선순위와 괄호를 고려해야 한다. 다음 세 가지 경우를 생각해 보자.

예제 1) 중위 표기식 A+B*C 의 후위 수식 변환

그림 3.13을 보자. A, +, B 까지는 문제가 없다. 피연산자는 출력하고 연산자는 스택에 넣으면 된다. 문제는 * 에서이다. 연산자 우선순위를 생각해야 한다. +를 꺼내 먼저 출력하고 *를 넣으면 어떻게 될까? +가 먼저 계산되므로 잘못된 계산 결과가 나온다. 따라서 *를 + 위에 넣어야 한다. 규칙은 다음과 같다.

- 현재 연산자보다 우선순위가 높거나 같은 연산자는 모두 출력한 후 현재 연산자를 스택에 넣는다. 그림 3.13에서 스택에 있는 +가 *보다 우선순위가 낮기 때문에 +위에 *를 삽입한다.
- 우선순위가 같은 경우도 먼저 출력해야 한다. $a-b+c$같은 경우에 만약 $abc+-$로 출력한다면 문제가 발생한다. 따라서 우선순위가 같은 연산자는 먼저 나온 연산자가 먼저 처리되어야 하므로 꺼내서 출력하여야 한다.
- 입력 수식이 끝나면 스택의 남은 연산자들을 모두 pop() 해서 후위 표기식으로 출력한다.

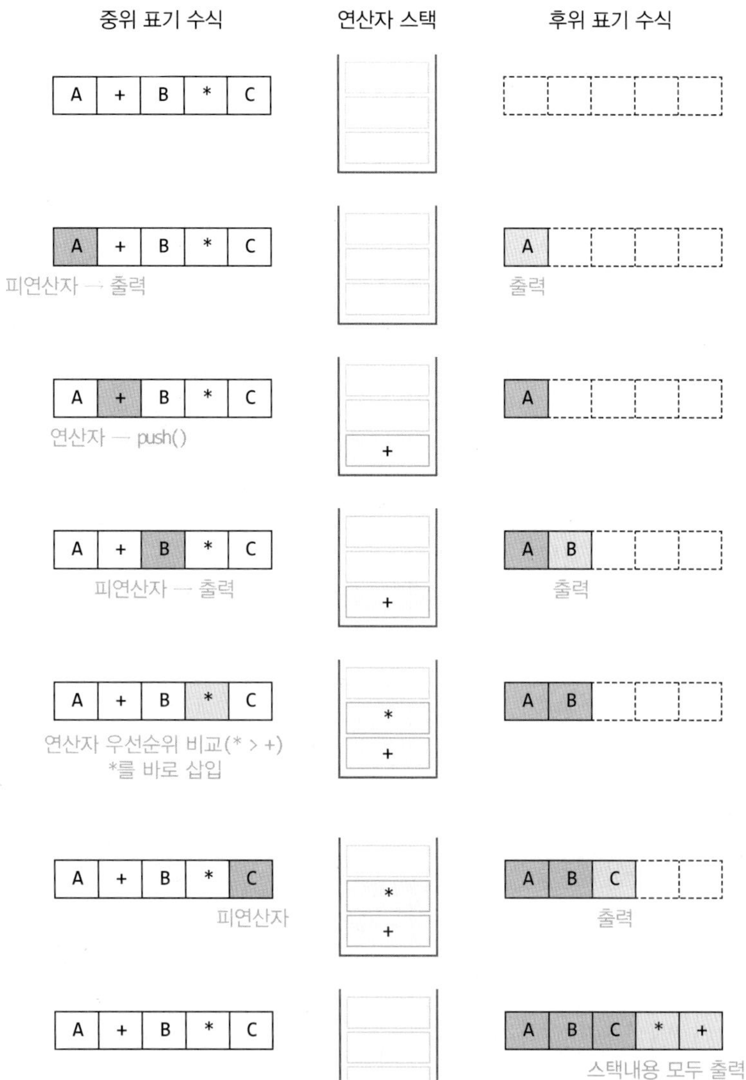

| 그림 3.13 중위 표기 수식의 후위 표기 변환 예제 1

예제 2) 중위 표기식 A*B+C 의 후위 수식 변환

A*B+C을 생각해 보자. 역시 **A**, *, **B** 까지는 문제가 없다. 다음으로 **+**가 들어오면 *가 스택에 들어가 있는 상태에서, **+**를 스택에 넣어도 될까? 안 된다. *가 **+**보다 우선순위가 높기 때문에 먼저 출력되어야하기 때문이다. 따라서 *를 꺼내 출력하고 난 다음에 **+**를 스택에 삽입한다.

| 그림 3.14 중위 표기 수식의 후위 표기 변환 예제 2

예제 3) 괄호를 포함한 수식 (A+B)*C 의 후위 수식 변환

괄호는 어떻게 처리해야 하는가? 왼쪽 괄호는 무조건 스택에 삽입한다. 왼쪽 괄호가 일단 스택에 삽입되면 우리는 왼쪽 괄호를 제일 우선순위가 낮은 연산자로 취급한다. 즉 다음에 만나는 어떤 연산자도 스택에 삽입된다. 오른쪽 괄호를 만나면 왼쪽 괄호가 삭제될 때까지 왼쪽 괄호위에 쌓여있는 모든 연산자들을 출력한다. 다음 그림은 입력 수식이 $(a+b)*c$일 때의 알고리즘의 진행을 보여준다.

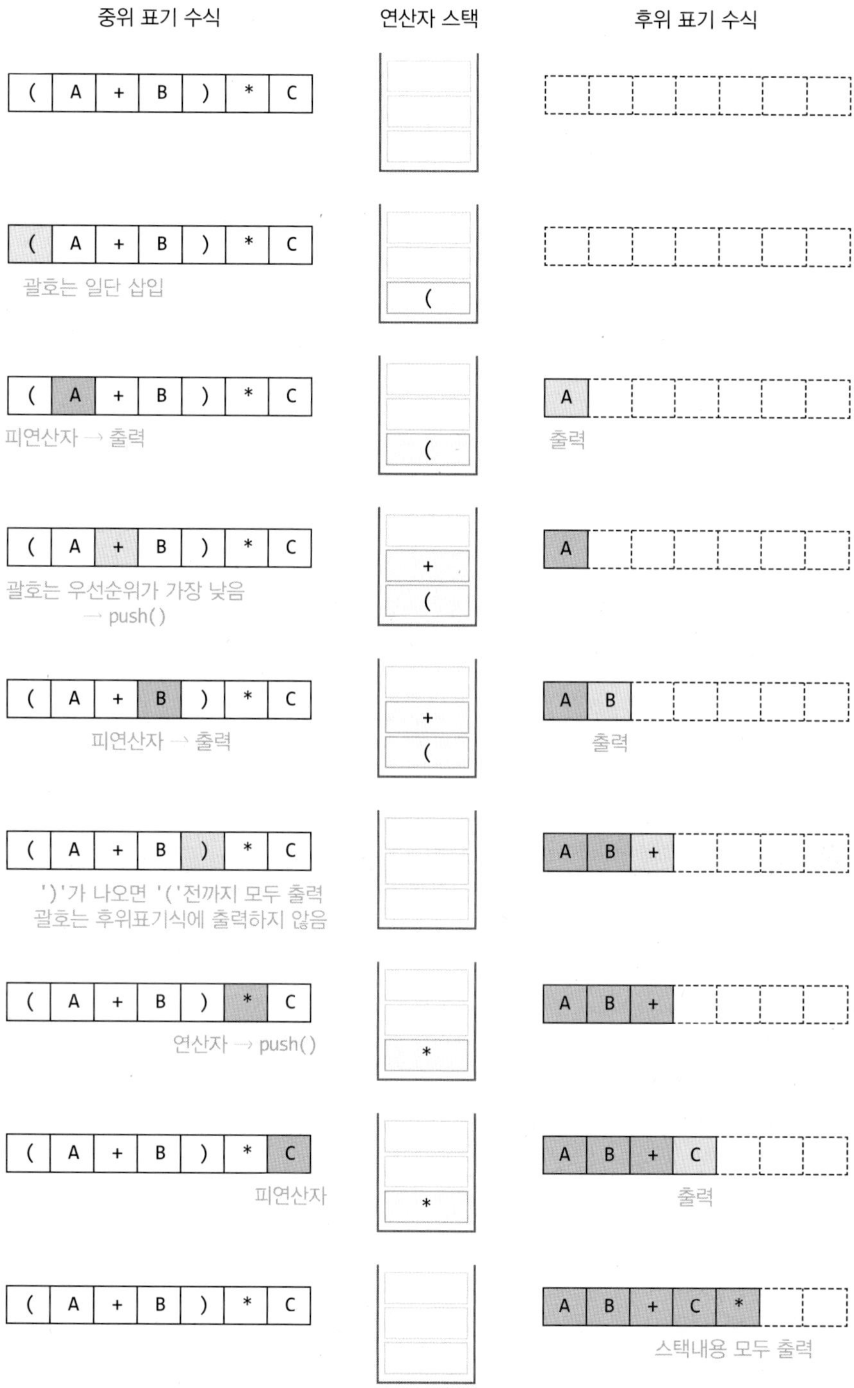

| 그림 3.15 괄호를 포함하는 수식의 후위 표기 변환 예제 3

지금까지 설명했던 규칙들을 이용해 알고리즘을 만들어 보면 다음과 같다.

| 알고리즘 3.9 중위 표기 수식을 후위 표기 수식으로 변환하는 알고리즘

```
infix_to_postfix(expr)

스택 초기화;
while (expr에 처리할 항이 남아 있으면)
    term ← 다음에 처리할 항;
    switch (term)
      case 피연산자:
        term을 출력;
        break;
      case 왼쪽 괄호:
        push(term);
        break;
      case 오른쪽 괄호:
        e ← pop();
        while( e ≠ 왼쪽괄호 )
          do e를 출력;
             e ← pop();
        break;
      case 연산자:
        while ( peek()의 우선순위 ≥ term의 우선순위 )
          do e ← pop();
             e를 출력;
        push(term);
        break;
while( not is_empty() )
     do e ← pop();
        e를 출력;
```

중위 표기 수식의 후위 표기 변환 프로그램 구현

후위 표기식으로 변환하는 프로그램을 구현해 보자. 스택에는 연산자(char)가 저장되어야 하는데, 프로그램 3.1의 int 스택을 그대로 사용해도 문제없다.

알고리즘에서 연산자의 우선순위를 비교해야 하는데, 이를 위해 연산자를 전달하면 우선순위가 반환되는 precedence()함수를 추가한다. 주 함수인 infix_to_postfix()에서 중위 표기 수식을 문자열로 입력받고, 함수 안에서 후위 표기 수식을 직접 출력하도록 구현하면 되기 때문에 함수에서 반환되어야 할 것은 없다. 프로그램 3.5는 중위 표기 수식을 입력받아 후위 표기식으로 변환하는 함수와 테스트 프로그램을 보여준다.

프로그램 3.5 중위 수식의 후위 표기 변환 프로그램

```
...    // 프로그램 3.1의 1~39행 코드 추가

int precedence( char op )
{
    switch (op) {
        case '(' : case ')' : return 0;
        case '+' : case '-' : return 1;
        case '*' : case '/' : return 2;
    }
    return -1;
}

void infix_to_postfix( char expr[] )
{
    int i = 0;
    char c, op;

    init_stack();
    while( expr[i] != '\0' ) {
        c = expr[i++];
        if ((c>='0' && c<='9')) {
            printf("%c ", c);
        }
        else if( c=='(' )
            push( c );
        else if( c==')' ) {
            while (is_empty( )==0) {
                op = pop();
                if( op== '(' ) break;
                else printf( "%c ", op );
```

```
31              }
32          }
33          else if( c=='+' || c=='-' || c=='*' || c=='/' ){
34              while ( is_empty() == 0 ) {
35                  op = peek( );
36                  if ( precedence(c) <= precedence(op) ) {
37                      printf( "%c ", op );
38                      pop( );
39                  }
40                  else break;
41              }
42              push( c );
43          }
44      }
45      while ( is_empty()==0 )
46          printf( "%c ", pop() );
47      printf("\n");
48  }
49
50  void main()
51  {
52      char expr[2][80] = { "8 / 2 - 3 + (3 * 2)", "1 / 2 * 4 * (1 / 4)" };
53
54      printf("중위수식: %s ==> 후위수식:", expr[0]);
55      infix_to_postfix(expr[0]);
56      printf("중위수식: %s ==> 후위수식:", expr[1]);
57      infix_to_postfix(expr[1]);
58  }
```

코드 설명

3-11행 연산자의 우선순위를 반환하는 함수. 괄호는 0, +와 -는 1, *와 /는 2로 처리. 숫자가 클수록 우선순위가 높음.

13행 중위 표기 수식을 후위 표기 수식으로 변환하는 함수.

21-23행 숫자(피연산자)이면 그대로 출력.

24-25행 열리는 괄호이면 무조건 스택에 삽입.

26-32행 ')'이면 '(' 위의 모든 연산자들을 pop해서 출력.

33-43행 사칙 연산이면, 스택 맨 위의 연산자가 자신보다 우선순위가 높거나 같을 때 까지 모두 pop해서 출력.

45-46행 스택에 남은 모든 연산자들을 꺼내서 출력.

프로그램의 실행 결과는 다음과 같다.

```
C:\WINDOWS\system32\cmd.exe
중위수식: 8 / 2 - 3 + (3 * 2) ==> 후위수식:8 2 / 3 - 3 2 * +
중위수식: 1 / 2 * 4 * (1 / 4) ==> 후위수식:1 2 / 4 * 1 4 / *
계속하려면 아무 키나 누르십시오 . . .
```

후위 표기 변환 결과

이 프로그램도 한 자리 숫자만을 처리할 수 있다는 약점이 있는데, 앞 절에서와 동일한 방법으로 확장할 수 있다. 이 프로그램의 결과를 프로그램 3.4에 입력하면 중위 표기 수식의 최종 계산 결과를 얻을 수 있다. 따라서 이 코드와 앞 절의 후위 표기 수식 계산 코드를 이용해 완전한 사칙연산 계산기 프로그램을 만들 수 있다.

연습문제

1 문자 A, B, C, D, E를 스택에 넣었다가 다시 꺼내어 출력하면 어떻게 되는가?

① A, B, C, D, E ② E, D, C, B, A
③ A, B, C, E, D ④ B, A, C, D, E

2 10, 20, 30, 40, 50을 스택에 넣었다가 3개의 항목을 삭제하였다. 남아 있는 항목은?

3 스택에서 사용되는 정보의 입출력 방법은 무엇인가?

① LIFO ② FIFO ③ FILO ④ LILO

4 다음 중 스택에 대한 올바른 설명을 모두 골라라.

① 스택는 FIFO(First-In First-Out)방식으로 동작한다.
② 스택은 양쪽 끝을 사용하여 입출력을 한다.
③ 함수 호출시 복귀 주소를 저장하는데 사용된다.
④ 배열을 사용하여 구현할 수 있다.

5 다음 중 배열로 구현된 스택에서 공백상태에 해당하는 조건은? 또 포화상태에 해당되는 조건은?

① top == -1
② top == 0
③ top == (MAX_STACK_SIZE-1)
④ top == MAX_STACK_SIZE

6 배열로 구현된 스택에 항목들을 삽입하고 삭제하는 연산은 시간 복잡도가 어떻게 되는가?

① $O(1)$ ② $O(\log_2 n)$ ③ $O(n)$ ④ $O(n^2)$

7 순서가 A, B, C, D로 정해진 입력 자료를 스택에 입력하였다가 출력할 때, 가능한 출력 순서의 결과가 아닌 것은? [기사 시험 기출문제]

① D, A, B, C ② A, B, C, D
③ A, B, D, C ④ B, C, D, A

| Hint | 이 문제는 상당히 혼돈스러운 문제이지만 정보처리기사 시험에 자주 출제되니 알아두자. 스택에 일부를 저장하고 꺼낼 수 있다는 점을 알아야 한다. 예를 들어서 A를 저장하고 다시 A를 꺼낼 수 있다. A, B를 저장하고 B를 먼저 꺼내고 A를 꺼낼 수도 있다.

8 스택(Stack)의 응용 분야로 거리가 먼 것은? [기사 시험 기출문제]

① 미로 찾기 ② 수식 계산 및 수식 표기법
③ 운영체제의 작업 스케줄링 ④ 서브루틴의 복귀번지 저장

9 스택에 대한 설명으로 틀린 것은?

① 입출력이 한쪽 끝으로만 제한된 리스트이다.
② head(front)와 tail(rear)의 2개 포인터를 갖고 있다.
③ LIFO 구조이다.
④ 배열로도 구현이 가능하다.

10 스택의 자료 삭제 알고리즘이다. ( ) 안 내용으로 가장 적합한 것은? (단, top: 스택 상단의 위치, S: 스택의 이름) [기사 시험 기출문제]

```
if top = -1
  then (      )
else {
   remove S(top)
   top = top-1
}
```

① Overflow ② top = top+1
③ Underflow ④ top = top−2

11 스택 알고리즘에서 T가 스택 상단의 위치이고, m이 스택의 길이일 때, 서브루틴 "AA"가 처리해야 하는 것은? [기사 시험 기출문제]

```
T ← T+1
if T >= m then goto AA
else STACK(T) ← item
```

① 오버플로 처리 ② 언더플로우 처리
③ 삭제 처리 ④ 삽입 처리

12 스택에서 삽입작업이 발생하면 top의 값은 어떻게 변경되는가?

① top==0 ② top==1
③ top = top-1 ④ top = top+1

13 다음과 같은 중위식 표현을 후위식으로 옳게 표현한 것은? [기사 시험 기출문제]

A*(B+C)/D–E

① +E–AB*CE/ ② ABC+*D/E–
③ +D/*E–ABC ④ ABC+D/*E–

14 괄호검사 프로그램에서 다음과 같은 수식이 주어졌을 경우, 알고리즘을 추적해서 각 단계에서의 스택의 내용을 그려라.

$$a\{b[(c+d)*e]-f\}$$

15 다음은 어떤 수식의 후위 표기이다. 이 때 최초로 수행되는 연산은 어느 것인가?

A	B	E	+	D	*	–

① B + E ② E + A
③ D * B ④ B * E

16 배열로 구현된 스택에 저장된 요소의 수를 반환하는 size 연산을 구현하여 보라.

17 다음과 같이 스택을 사용하는 프로그램이 하는 일은 무엇인가?

```
init_stack();
int n = 4096;
while (n > 0) {
    push(n % 2);
    n /= 2;
}
while (!is_empty())
     printf("%d", pop());
```

18 사용자로부터 문자열을 읽고 이것을 역순으로 출력하는 프로그램 reverse.c를 작성해보자. 스택을 사용한다.

19 회문(palindrome)이란 앞뒤 어느 쪽에서 읽어도 똑같은 단어나 문장을 의미한다. 예를 들면 "eye", "madam, I'm Adam", "race car" 등이다. 여기서 물론 구두점이나 스페이스, 대소문자 등은 무시하여야 한다. 스택을 이용하여 주어진 문자열이 회문인지 아닌지를 결정하는 프로그램을 작성하라.

| Hint | 많은 방법이 있을 수 있다. 스택에 삽입했다 꺼내면 순서가 반대로 된다는 것을 이용하여야 한다. 하나의 방법은 입력 문자열의 모든 문자를 스택에 삽입한 다음, 스택에서 문자들을 다시 꺼내면서 입력 문자열의 문자와 하나씩 맞추어보는 것이다. 만약 한 문자라도 맞지 않으면 회문이 아니다. 여기서 주의할 점은 스택에 삽입하기 전에 만약 문자가 스페이스거나 구두점 이면 스택에 삽입하지 말아야한다. 그리고 대소문자를 처리하기 위하여 문자들을 비교하기 전에 모든 문자를 소문자로 변경한다.

| 프로그래밍 프로젝트 |

1 프로그램 3.3의 괄호 검사 프로그램을 다음과 같이 확장하라.

(1) 프로그램 3.3의 check_matching()함수는 문자열을 입력으로 받아 괄호를 검사한다. 이 함수가 파일을 처리할 수 있도록 수정하라. 함수의 원형이 다음과 같이 변경되어야 한다. 매개변수가 괄호를 검사할 파일의 이름이 되어야 한다.

```
int check_matching(char filename[]);
```

| Hint | 파일을 열고 닫기 위해서는 fopen(), fclose()함수를 사용할 수 있고, 하나의 문자를 파일 포인터로부터 읽어들이기 위해서 getc() 함수를 사용할 수 있다.

(2) main()함수에서 지금까지 구현했던 소스코드의 이름으로 check_matching()함수를 호출하고, 각 소스코드에 괄호매칭 문제가 있는지를 검사하라. 대부분의 소스코드는 문제가 없다고 출력될 것이다.

(3) 프로그램 3.3의 소스코드를 검사하면 괄호 닫기에 문제가 발생할 것이다. 이것은 프로그램 3.3의 11행에서 발생하는 것으로, 작은따옴표 처리를 하지 않았기 때문이다. 즉, 작은따옴표 안의 괄호는 실제 괄호가 아니므로 괄호 검사에서 무시해야 하는데, 이를 처리하지 않았기 때문이다. 이 파일에서도 괄호 닫기 검사가 성공할 수 있도록 함수를 수정하라.

| Hint | 작은따옴표 사이의 문자들을 입력에서 무시하도록 하면 된다. 입력 문자가 작은따옴표인지를 비교할 때에는 이스케이프 시퀀스 '\'’를 사용하지 않고 이 문자에 대한 아스키코드 값인 39를 사용하는 것이 좋을 것이다.

(4) 큰따옴표 처리 기능을 추가하라. 예를 들어, 소스코드에 다음 문장이 추가되더라도 괄호매칭에는 문제가 없다고 판단되어야 한다.

```
printf(" 왼쪽 괄호 = (((((( ");
printf(" 오른쪽 괄호 = }}}}}} ");
```

| Hint | 큰따옴표가 한번 나오면 다시 나올 때까지 입력되는 모든 문자는 문자열로 생각하고 무시하면 된다.

(5) 주석 처리된 부분에 대해서는 괄호 검사를 하지 않도록 프로그램을 수정하라. 다음 문장은 괄호 닫기에 문제가 없다고 판단되어야 한다.

```
printf(" 왼쪽 괄호 = ( ");            // 왼쪽 괄호 ( 설명
printf(" 오른쪽 괄호 = } ");          /* 오른쪽 괄호 } 설명 */
```

| Hint | 한 줄 주석은 '\n'이 나올 때 까지 무시하면 되고, 여러 라인 주석은 /*이 시작된 후 처음 */이 나올 때 까지 모든 입력을 주석으로 판단하고 무시하면 된다. ungetc()함수를 사용하면 다음 글자를 읽고 입력 버퍼로 되돌릴 수 있다.

CHAPTER 04

큐

학습목표

- 큐의 개념과 추상 자료형을 이해한다.
- 배열을 이용한 큐의 구현 방법을 이해한다.
- 덱의 개념과 구현 방법을 이해한다.
- 큐를 이용하여 프로그래밍 할 수 있는 능력을 키운다.

CHAPTER

4 큐

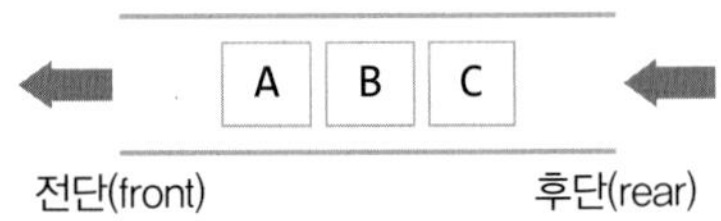

4.1 큐란?

스택이 나중에 들어온 데이터가 먼저 나가는 구조인데 비해 **큐**(queue)는 먼저 들어온 데이터가 먼저 나가는 자료구조이다. 이러한 특성을 **선입선출**(FIFO: First-In First-Out)이라고 한다. 큐의 대표적인 예로는 은행에서 서비스를 기다리는 고객들이나 매표소에서 표를 사기 위해 기다리는 사람들이 한 줄로 늘어선 열을 들 수 있다. 열에 있는 사람들 중 가장 앞에 있는 사람(가장 먼저 온 사람)이 가장 먼저 표를 사게 될 것이다. 나중에 온 사람들은 줄의 맨 뒤에 서야 할 것이다.

| 그림 4.1 일상생활에서의 큐

큐는 뒤에서 새로운 데이터가 추가되고 앞에서 데이터가 하나씩 삭제되는 구조를 가지고 있다. 구조상으로 큐가 스택과 다른 점은 스택에서는 삽입과 삭제가 같은 쪽에서 일어나지만 큐에서는 다른 쪽에서 일어난다는 것이다. 그림 4.2와 같이, 큐에서 삽입이 일어나는 곳을 **후단**(rear)라고 하고 삭제가 일어나는 곳을 **전단**(front)라고 한다.

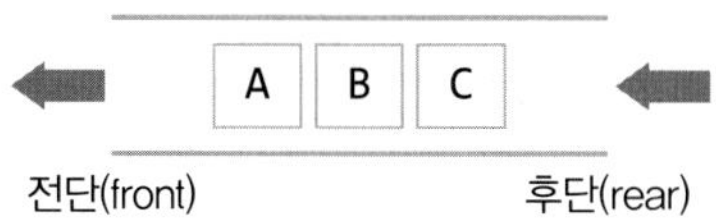

| 그림 4.2 큐의 구조

큐의 추상 자료형

큐에 저장하는 자료에도 특별한 제한이 없다. 큐의 연산들도 스택과 매우 유사하다. 큐의 추상 자료형을 정의하면 다음과 같다.

| ADT 4.1 Queue

데이터: 선입선출(FIFO)의 접근 방법을 유지하는 요소들의 모음

연산
- init(): 큐를 초기화한다.
- enqueue(e): 주어진 요소 e를 큐의 맨 뒤에 추가한다.
- dequeue(): 큐의 맨 앞 요소를 삭제하고 반환한다.
- is_empty(): 큐가 비어있으면 TRUE를 아니면 FALSE를 반환한다.
- peek(): 큐의 맨 앞 요소를 삭제하지 않고 반환한다.
- is_full(): 큐가 가득 차 있으면 TRUE를 아니면 FALSE를 반환한다.
- size(): 큐의 모든 요소들의 개수를 반환한다.

큐에서는 삽입과 삭제가 후단과 전단에서 각각 독립적으로 이루어지므로 양쪽의 위치를 기억해야 한다. 따라서 두 개의 변수가 필요하다. 스택에서는 상단만을 사용하므로 top이란 변수만 필요했던 것을 기억하라. 큐에서 삽입위치와 관련된 변수를 rear라 하고, 삭제위치와 관련된 변수를 front라 한다.

연산들도 스택과 거의 동일하다. is_empty()와 is_full()은 각각 큐의 공백 상태와 포화 상태를 검사한다. peek(), size() 연산도 스택과 동일한 의미를 갖는다. 큐에서도 가장 중요한 연산은 enqueue()와 dequeue()이다. enqueue()는 큐에 새로운 자료를 삽입하는 연산으로서 큐의 후단을 통해 요소를 추가한다. dequeue()는 큐의 전단에 있는 요소를 꺼내서 반환한다. 그림 4.3은 큐에서 일련의 삽입과 삭제가 이루어지는 과정을 보여주는데, 데이터들이 들어온 순서대로 나가는 것을 알 수 있다.

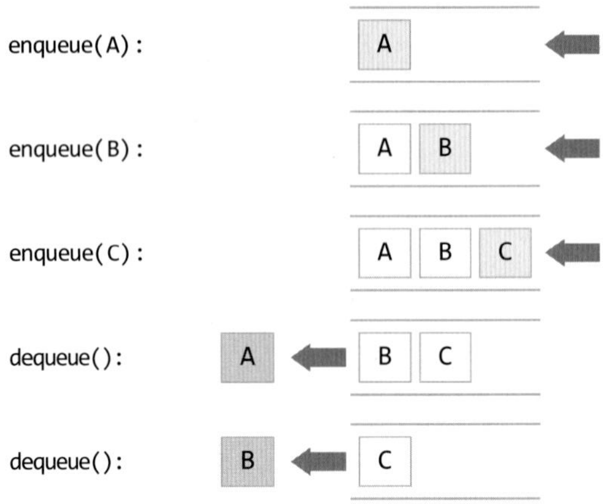

| 그림 4.3 큐의 삽입과 삭제 연산들

큐의 활용

일상생활에서 대부분의 일들이 먼저 들어온 순서대로 처리되는 것과 같이 컴퓨터에서도 큐는 매우 광범위하게 사용된다. 특히 컴퓨터 장치들 사이에서 데이터를 주고받을 때 각 장치들 사이에 존재하는 속도의 차이나 시간차이를 극복하기 위한 임시 기억 장치로 큐가 사용되는데, 이것을 보통 **버퍼**(buffer)라고 한다. 다음 그림은 큐를 사용한 **버퍼링**(buffering)의 개념을 보여주고 있다. 대부분의 장치에서 발생하는 이벤트는 오른쪽 그래프와 같이 시간에 따라 불규칙적으로 발생한다. 이에 비해 CPU와 같이 발생한 이벤트를 처리하는 장치는 일정한 처리 속도를 갖는다. 따라서 이 둘 사이의 속도 차이를 버퍼를 사용하여 해결한다.

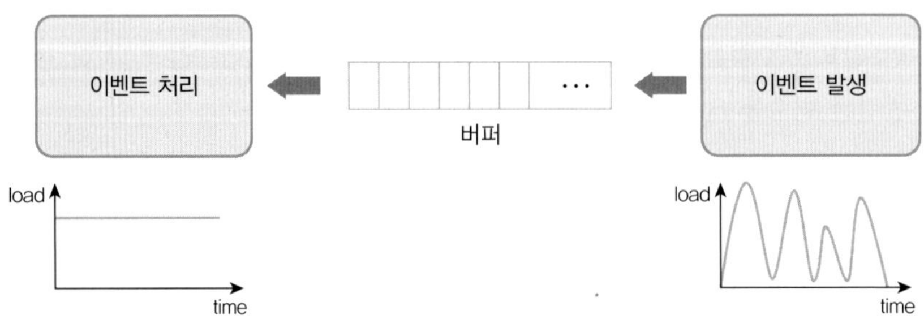

| 그림 4.4 버퍼링의 개념

이런 상황은 일상생활이나 컴퓨터에서 매우 광범위하게 발생하는데, 몇 가지 예를 들면 다음과 같다.

- 키보드와 컴퓨터 사이에 큐(입력 버퍼)가 필요하다. 컴퓨터가 다른 작업을 하고 있는 순간에 사용자가 키보드로 타이핑하더라도 입력된 키 정보를 잃어버리지 않아야 하므로 이것을 입력 버퍼에 저장한다. 버퍼에 저장된 정보는 컴퓨터가 현재 하던 작업을 끝낸 후 순서대로 가져가서 처리한다.
- 컴퓨터와 프린터 사이에 인쇄 작업 큐가 존재한다. 프린터는 CPU에 비해 상대적으로 속도가 느린데, CPU가 빠른 속도로 인쇄 데이터를 만들고, 이것을 인쇄 작업 큐에 저장한 후 다른 작업으로 넘어간다. 프린터는 일정한 속도로 인쇄 작업 큐에서 데이터를 가져와 인쇄한다.
- 실시간 비디오 스트리밍에서 다운로드 된 데이터가 비디오를 재생하기에 충분하지 않으면 순서대로 모아두었다가 충분한 양이 되었을 때 비디오를 복원하여 재생한다. 이것을 버퍼링이라고 한다.

컴퓨터를 이용하여 현실 세계의 실제상황을 시뮬레이션 하는 분야에서도 큐가 폭넓게 사용된다. 예를 들어 은행에서 대기표를 뽑고 기다리는 고객들, 공항에서 활주로를 이용해 이륙하는 비행기들, 인터넷에서 전송되는 데이터 패킷들을 모델링하는데 큐가 이용된다. 이러한 시뮬레이션을 잘 활용하면 은행이나 공항 시스템을 최적으로 설계하고 운영하는 방법을 찾을 수 있어 최소의 비용으로 최고의 수익을 올릴 수 있도록 해 준다.

큐도 프로그래머의 도구로서 폭넓게 이용되고, 배열과 연결 리스트를 이용하여 구현할 수 있다. 이 장에서는 배열을 이용한 구현을 자세히 알아본다. 연결 리스트를 이용한 구현은 5장에서 공부한다.

4.2 배열을 이용한 큐

선형 큐

배열을 이용하여 큐를 구현해 보자. 일단 큐에는 정수를 저장한다고 하자. 이를 위해서는 정수의 1차원 배열이 있어야 하고, 삽입과 삭제 연산을 위한 변수가 있어야 한다. 삭제를 위한 변수를 `front`라 하고, 삽입을 위한 변수를 `rear`라 하자. `front`는 큐의 첫 번째 요소를 가리키고 `rear`는 큐의 마지막 요소를 가리켜야 한다.

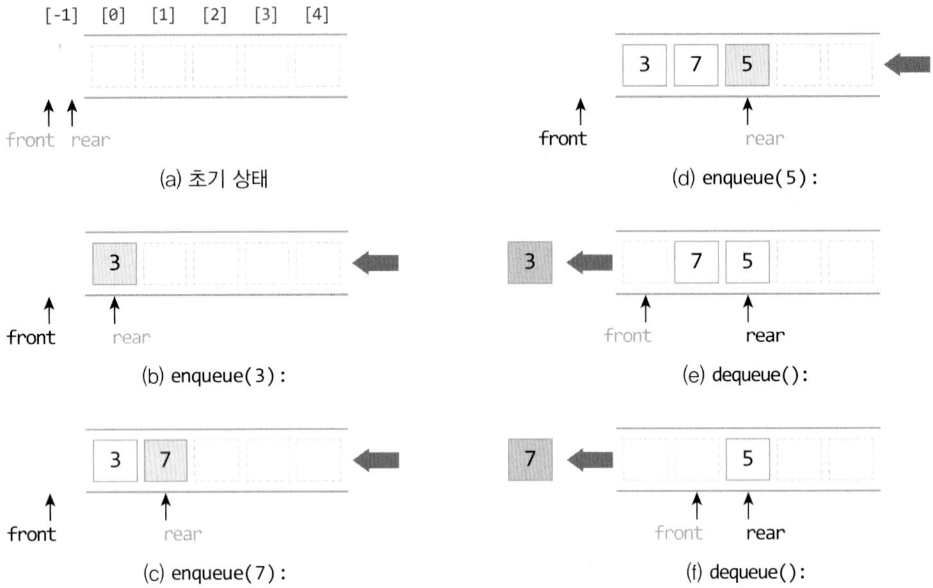

| 그림 4.5 배열을 이용한 선형 큐

그림 4.5의 큐를 살펴보자. 먼저 큐 객체가 생성되면 큐는 공백 상태가 되어야 하고 front와 rear의 초기 값은 -1이 된다. enqueue() 연산을 통해 데이터가 삽입되면 먼저 rear를 하나 증가하고 그 위치에 데이터를 저장한다. 삭제시에는 front를 먼저 하나 증가시키고 front가 가리키는 위치에 있는 요소를 삭제한다. 이와 같은 큐를 **선형큐**(linear queue)라고 한다. 그림 4.5는 선형큐에 3, 7, 5를 삽입하고 두 번의 삭제 연산을 수행하는 과정을 보여준다.

이와 같은 선형 큐는 이해하기는 쉽지만 문제가 있다. front와 rear의 값이 계속 증가만 한다는 것이다. 즉, 언젠가는 배열의 끝에 도달하게 되고 배열의 앞부분이 비어 있더라도 더 이상 삽입하지 못한다는 점이다. 따라서 그림 4.6과 같이 후단에 더 이상 삽입할 공간이 없으면 모든 요소들을 왼쪽으로 이동시켜야 한다. 이것은 매우 번거롭고 비효율적인 방법이다. 삭제 연산은 복잡도는 O(1)로 항상 일정한 시간을 보장하지만 삽입 연산의 시간 복잡도는 O(n)이 된다. 보다 효율적인 방법은 없을까?

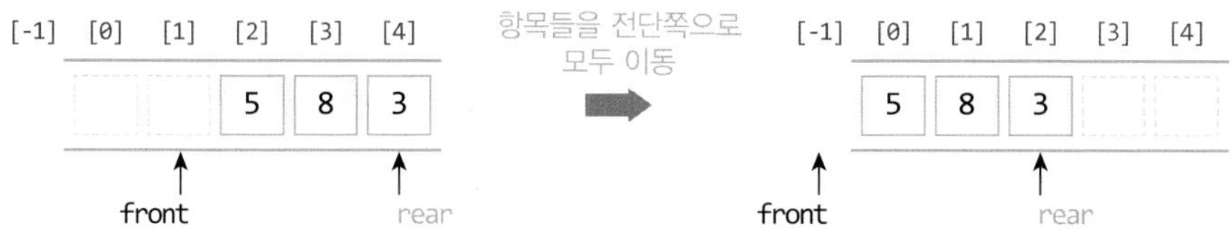

| 그림 4.6 선형큐에서 항목의 이동이 필요한 경우

원형 큐

배열을 선형으로 생각하지 않고 원형으로 생각하면 이 문제는 쉽게 해결된다. 즉, front와 rear의 값이 배열의 끝인 (MAX_QUEUE_SIZE-1)에 도달하면 다음에 증가되는 값은 0이 되도록 하는 것이다. 그림과 같이 배열의 처음과 끝이 원형으로 연결되어 있다고 생각하는 것이다. 물론 실제로 배열이 원형인 것은 아니다. 개념상으로 원형으로 배열의 인덱스를 변화시켜주는 것뿐이다.

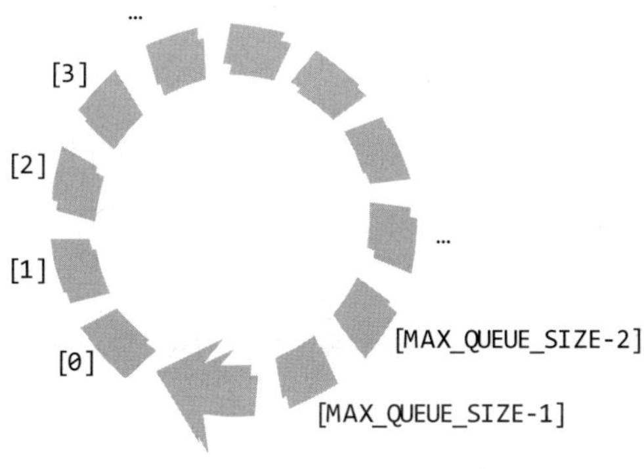

| 그림 4.7 원형 큐의 개념

원형큐에서는 front와 rear의 개념이 약간 변경된다. 먼저 초기 값은 -1이 아니고, front와 rear가 같은 위치를 가리키기만 하면 된다. 일단 모두 0이라 하자. front는 항상 큐의 첫 번째 요소의 하나 앞을, rear는 마지막으로 입력된 요소를 가리킨다. 그림 4.8은 원형 큐에 데이터가 삽입, 삭제될 때에 front와 rear가 어떻게 변화되는지를 보여주고 있다. 처음에 front, rear는 모두 0을 가리킨다. enqueue(A) 연산은 먼저 rear를 증가시키고 증가된 위치에 데이터 A를 삽입한다. enqueue(B) 연산을 통해 이제 rear는 2가 되었다. 삭제 연산 dequeue()에서는 먼저 front를 증가시키고 증가된 위치에서 데이터를 꺼낸다. 이제 front는 1이 되었다. 이런 식으로 삽입과 삭제를 아무리 반복하더라도 선형 큐

에서와 같은 요소들의 이동이 필요 없다. 이것은 그림 4.8에서 **front**와 **rear**의 값이 계속 증가하다가 7이 되면 다음 값은 0이 되어 배열의 범위 안에서 계속 움직이기 때문이다.

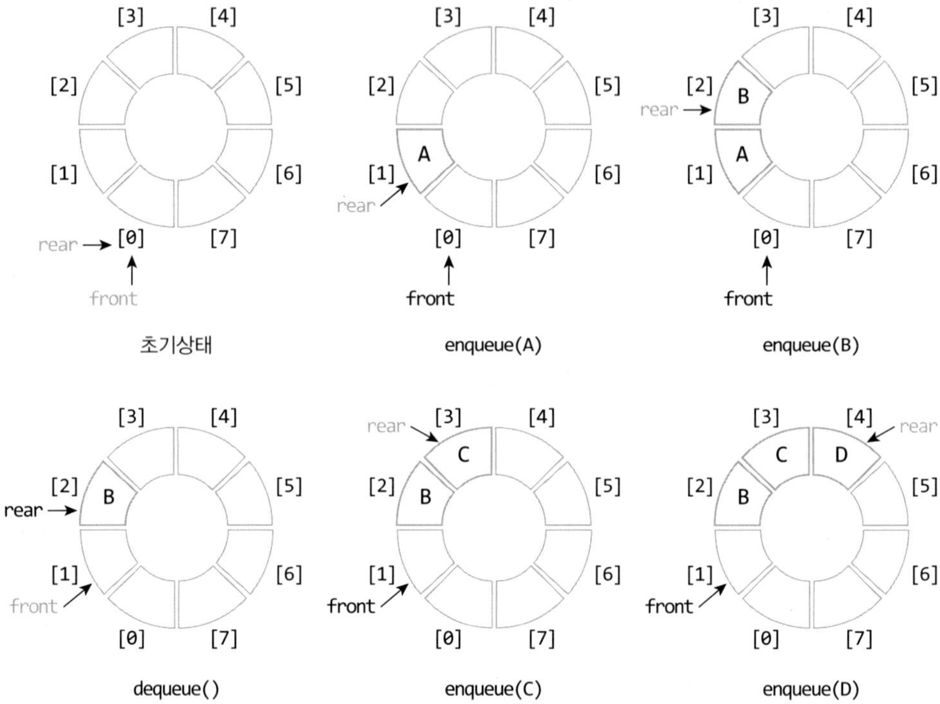

| 그림 4.8 원형 큐의 삽입, 삭제과정

공백상태와 포화상태

이제 큐의 공백 상태와 포화 상태를 생각해 보자. **front**와 **rear**의 값이 같으면 원형 큐가 비어 있는 공백 상태이다. 포화상태에 조심해야 한다. 원형 큐에서는 하나의 자리는 항상 비워두어야 한다. 왜냐하면 포화 상태와 공백 상태를 구별하기 위해서이다. 만약 한 자리를 비워두지 않는다면 그림 4.9의 (a)와 (c)처럼 공백 상태와 포화 상태를 구분할 수 없을 것이다. 따라서 원형 큐에서 **front==rear**이면 공백 상태가 되고 만약 **front**가 **rear**보다 하나 앞에 있으면 포화상태가 된다. 만약 큐의 요소들의 개수를 관리하는 추가적인 변수를 사용한다면 한 자리를 비워두지 않아도 된다. 그러나 이 방법은 추가적인 변수를 관리해야 하므로 프로그램이 더 복잡해 질 수 있다.

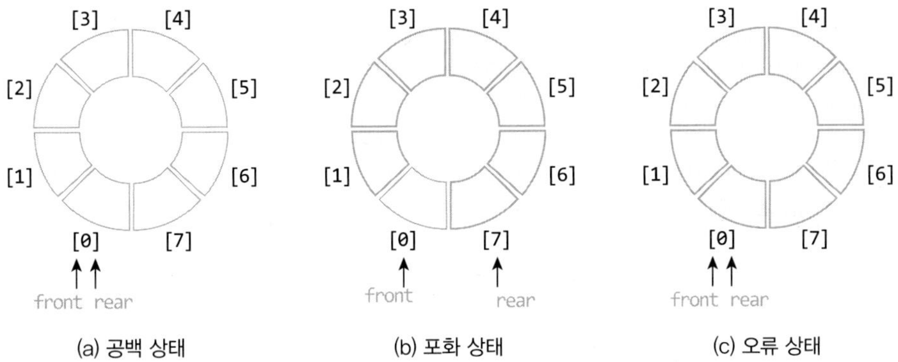

| 그림 4.9 원형 큐의 공백 상태와 포화 상태 및 오류 상태

알고리즘 4.1, 4.2는 각각 큐의 공백상태와 포화상태를 검사하는 연산을 유사코드로 나타낸 것이다. **front**가 **rear**보다 하나 앞에 있는 것을 검사하기 위한 **is_full()** 알고리즘에 유의하라. **rear**의 다음 위치는 **(real+1)**를 **MAX_QUEUE_SIZE**로 나눈 나머지이다. 나머지 연산자를 적용해야 하는데, C언어에서와 같은 %를 사용해 표현하였다.

| 알고리즘 4.1 큐의 is_empty() 연산

```
is_empty()

if front = rear
    then return TRUE
    else return FALSE
```

| 알고리즘 4.2 큐의 is_full() 연산

```
is_full()

if front = (rear+1) % MAX_QUEUE_SIZE
    then return TRUE
    else return FALSE
```

삽입과 삭제 연산

원형 큐의 삽입과 삭제 알고리즘을 유사코드로 나타내면 각각 알고리즘 4.3, 4.4와 같다. 삽입이나 삭제 전에 먼저 **front**와 **rear**를 원형 회전시켜서 하나 증가시키고 증가된 위치에 데이터를 삽입하거나 삭제해야 한다. 원형으로 회전시키기 위해 다음과 같이 **나머지 연산자** %를 사용할 수 있다.

```
front ← (front+1) % MAX_QUEUE_SIZE;
rear ← (rear +1) % MAX_QUEUE_SIZE;
```

위의 식에 의하여 **front**와 **rear**값은 (MAX_QUEUE_SIZE-1)에서 하나 증가되면 0으로 된다. 그림 4.9와 같은 큐에서 **front**와 **rear**값은 0, 1, 2, 3, 4, 5, 6, 7, 0과 같이 변화된다.

| 알고리즘 4.3 원형큐에서의 삽입 알고리즘

```
enqueue(x)

if is_full()
    then error "overflow"
    else rear ← (rear+1) % MAX_QUEUE_SIZE;
         data[rear] ← x;
```

| 알고리즘 4.4 원형큐에서의 삭제 알고리즘

```
dequeue()

if is_empty()
    then error "underflow"
    else front ← (front+1) % MAX_QUEUE_SIZE;
         return data[front];
```

초기화와 요소의 개수 검사

초기화는 공백상태로 만드는 것을 의미하므로 front와 rear를 동일한 값으로 설정하면 된다. 여기서는 모두 0으로 초기화한다. 항목의 개수는 좀 복잡해진다. 그림 8을 보면 기본적으로 real-front 개의 항목이 있는 것을 알 수 있다. 그러나 rear가 회전되어 front와 역전되면 문제가 발생한다. 이 경우 real-front는 음수가 되는데, 그림을 잘 살펴보면 여기에 전체 항목의 수를 더한 값이 항목의 개수가 되는 것을 알 수 있다. 따라서 size() 연산은 알고리즘 4.6과 같이 약간 복잡한 연산이 필요하다.

| 알고리즘 4.5 원형 큐의 init() 연산

```
init()

front = 0;
rear = 0;
```

| 알고리즘 4.6 원형 큐의 size() 연산

```
size()

return (rear-front + MAX_QUEUE_SIZE) % MAX_QUEUE_SIZE;
```

4.3 원형 큐의 구현

이제 배열을 이용해 원형 큐를 C언어로 구현해보자. 스택에서와 같이 자료구조의 핵심 기능에 집중하고 코드를 단순화하기 위해 큐를 위한 데이터, 즉 data[]와 front, rear는 모두 전역 변수로 선언하고, 연산들은 함수로 구현한다.

- 원형큐에 필요한 front와 rear는 int형으로 선언하면 된다.
- 스택에서와 같이 큐 항목의 자료형을 Element라 하면, data는 Element형 배열이 된다.

int 큐를 만들 것이므로 당연히 Element를 int로 지정해야 한다.

```
typedef int Element;
```

프로그램 4.1은 원형 큐를 구현하고 테스트하는 프로그램을 보여준다. 많은 코드가 프로그램 3.1의 스택과 유사하며, 짧은 함수는 한 줄로 나타내었다.

프로그램 4.1 원형 큐 프로그램

```
#include <stdio.h>
#include <stdlib.h>
#define MAX_QUEUE_SIZE  100

typedef int Element;
Element data[MAX_QUEUE_SIZE];         // 요소의 배열
int front;                            // 전단
int rear;                             // 후단

void error( char* str ) {...}         // 프로그램 3.1의 error()함수와 동일

// 큐의 주요 연산: 공통
void init_queue( )  { front = rear = 0; ; }
int is_empty()   { return front == rear; }
int is_full()    { return front == (rear+1)%MAX_QUEUE_SIZE; }
int size()       { return(rear-front+MAX_QUEUE_SIZE)%MAX_QUEUE_SIZE; }

void enqueue( Element val )
{
    if( is_full() )
        error("  큐 포화 에러");
    rear = (rear+1) % MAX_QUEUE_SIZE;
    data[rear] = val;
}
Element dequeue( )
{
    if( is_empty() )
        error("  큐 공백 에러");
```

```
29      front = (front+1) % MAX_QUEUE_SIZE;
30      return data[front];
31  }
32  Element peek( )
33  {
34      if( is_empty() )
35          error("  큐 공백 에러");
36      return data[(front+1) % MAX_QUEUE_SIZE];
37  }
38
39  // 큐 테스트를 위한 코드: 요소 종류마다 수정
40  void print_queue(char msg[]) {
41      int i, maxi = rear;
42      if (front >= rear) maxi += MAX_QUEUE_SIZE;
43      printf( "%s[%2d]= ", msg, size());
44      for( i = front+1 ; i<=maxi ; i++ )
45          printf("%2d ", data[i%MAX_QUEUE_SIZE]);
46      printf( "\n");
47  }
48
49  void main()
50  {
51      int i;
52
53      init_queue( );
54      for( i=1 ; i<10 ; i++ )
55          enqueue( i );
56      print_queue("선형큐 enqueue 9회");
57      printf("\tdequeue() --> %d\n", dequeue());
58      printf("\tdequeue() --> %d\n", dequeue());
59      printf("\tdequeue() --> %d\n", dequeue());
60      print_queue("선형큐 dequeue 3회");
61  }
```

코드 설명

3행 큐의 최대 용량을 선언.

10행 오류 처리 함수. 스택에서와 동일.

13행 초기화 함수. front와 rear가 같은 값이어야 함.

14행 공백상태 검사 함수. (front==rear)의 결과를 반환.

15행 포화상태 검사 함수. rear의 다음 위치가 front이면 포화상태가 됨.

16행 큐의 현재 항목의 수를 반환하는 함수. 계산 방법에 유의할 것.

18–24행 삽입 연산. 알고리즘 4.3의 구현. rear 변수를 원형으로 증가시킴.

25–31행 삭제 연산. 알고리즘 4.4의 구현. front 변수를 원형으로 증가시킴.

32–37행 peek 연산. 삭제 연산과 유사하지만 front 변수는 변화 없음.

40–47행 큐의 모든 항목을 출력하는 함수. i를 원형으로 증가시키는 코드에 유의할 것. 큐의 설명과 현재 항목 수를 먼저 출력하고, 이후 큐의 전체 항목을 화면에 출력함.

49–61행 int 큐 테스트 프로그램. 먼저 큐를 초기화(53행)한 후 1부터 9까지의 숫자를 순서대로 삽입하고 상태를 출력함. 이후 세 번의 삭제연산을 한 후 최종 큐의 상태를 출력함.

큐의 내용을 화면에 출력하기 위한 `print_queue()` 함수에서 반복문의 범위와 인덱스에 유의하라. `rear`와 `front`가 역전될 수 있어 스택보다 훨씬 복잡하다. 다음은 프로그램과 실행 결과를 보여준다.

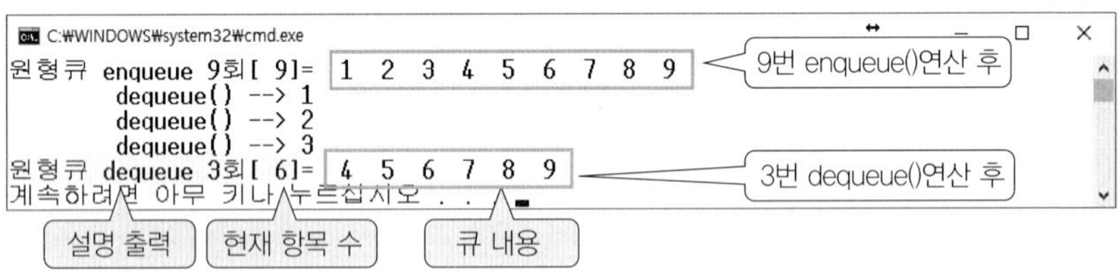

만약 큐에 저장되어야 하는 값이 프로그램 3.2의 `Student`와 같은 구조체인 경우도 문제는 없다. 자료형이 변경되더라도 큐의 핵심 연산은 동일하기 때문이다. 프로그램 3.2를 참고하여 구현해 보라.

배열을 이용하여 구현한 큐도 스택과 같이 크기가 제한된다는 약점이 있다. 이러한 문제를 해결하기 위해서는 연결리스트를 이용한 큐를 사용해야 한다. 연결된 큐를 구현할 때에는 `front`와 `rear`가 모두 포인터 변수가 되어야 한다. 연결된 큐를 구현하는 방법은 5장에서 공부한다.

4.4 덱이란?

덱(deque)은 double-ended queue의 줄임말로서 큐의 전단(**front**)과 후단(**rear**)에서 모두 삽입과 삭제가 가능한 큐를 의미한다. 그렇지만 여전히 중간에 삽입하거나 삭제하는 것은 허용하지 않는다. 그림 4.10은 덱의 구조를 보여준다.

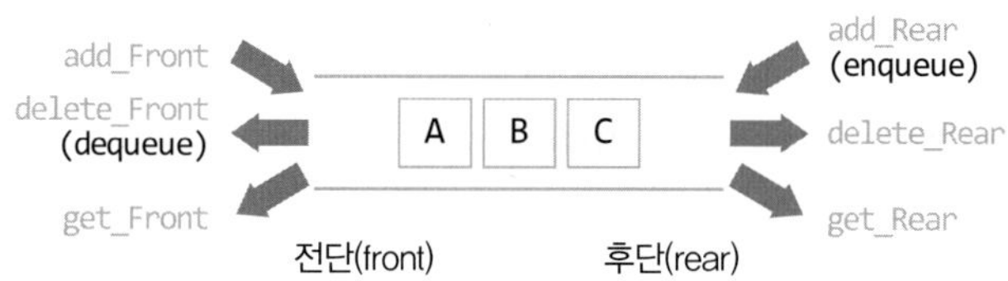

| 그림 4.10 덱의 구조

덱의 추상 자료형

덱을 추상 자료형으로 정의하면 다음과 같다.

| ADT 4.2 Deque

데이터: 전단과 후단을 통한 접근을 허용하는 요소들의 모음

연산
- `init()`: 덱을 초기화한다.
- `add_front(e)`: 주어진 요소 e를 덱의 맨 앞에 추가한다.
- `delete_front()`: 전단 요소를 삭제하고 반환한다.
- `add_rear(e)`: 주어진 요소 e를 덱의 맨 뒤에 추가한다.
- `delete_rear()`: 후단 요소를 삭제하고 반환한다.
- `get_front()`: 전단 요소를 삭제하지 않고 반환한다.
- `get_rear()`: 후단 요소를 삭제하지 않고 반환한다.
- `is_empty()`: 공백 상태이면 TRUE를 아니면 FALSE를 반환한다.
- `is_full()`: 덱이 가득 차 있으면 TRUE를 아니면 FALSE를 반환한다.
- `size()`: 덱 내의 모든 요소들의 개수를 반환한다.

덱은 스택과 큐의 연산들을 모두 가지고 있다. 예를 들면 **add_front**와 **delete_front** 연산은 스택의 **push**와 **pop** 연산과 동일하다. 또한 **add_rear** 연산과 **delete_front** 연산은 각각 큐의 **enqueue** 와 **dequeue** 연산과 같다. 추가로 덱은 **get_front**, **get_rear**, delete_rear 연산을 갖는다. 따라서 덱은 스택이나 큐에 비해 더 융통성이 많은 자료구조로 볼 수 있다. 만약, 덱의 전단과 관련된 연산들만을 사용하면 스택이 되고, 삽입은 후단, 삭제는 전단만을 사용하면 큐로 동작한다. 그림 4.11은 공백 상태의 덱에 일련의 연산들이 수행되는 예를 보여주고 있다. 덱을 구현하기 위해서도 배열과 연결 리스트를 사용할 수 있다. 이 장에서는 배열을 이용한 원형 덱을 살펴보자.

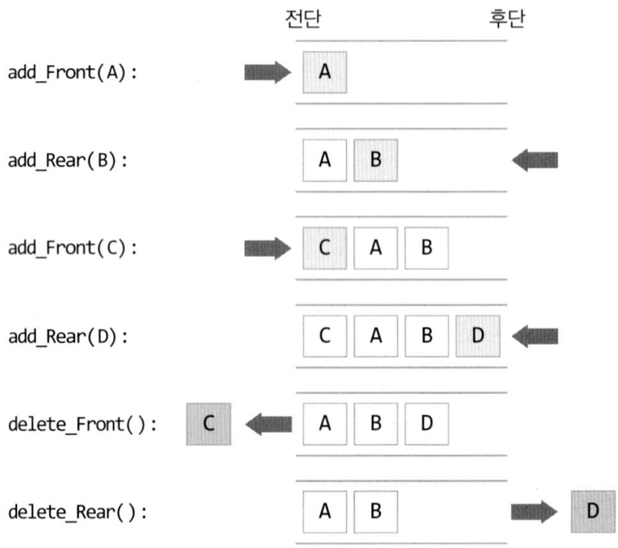

| 그림 4.11 덱에서의 일련의 연산

배열을 이용한 원형 덱

큐와 덱은 공통점이 많은데, 원형 큐를 확장하면 원형 덱도 손쉽게 구현할 수 있다.

- 덱도 큐와 같이 전단과 후단을 사용한다. 따라서 큐에서 사용한 배열 data와 front, rear를 그대로 사용하면 되고, 추가적인 데이터는 필요 없다.
- 덱의 많은 연산들은 큐와 이름과 동작이 모두 동일하다. 이런 연산에는 is_empty(), is_full(), size() 등이 있다.
- 덱의 다음 연산들은 큐와 알고리즘이 정확히 동일하다.
  - ✓ init_deque() : 원형큐의 init_queue()
  - ✓ print_deque(): 원형큐의 print_queue()
  - ✓ add_rear(): 원형큐의 enqueue()

✓ delete_front(): 원형큐의 dequeue()

✓ get_front(): 원형큐의 peek()

- 덱에서 추가된 연산에는 delete_rear(), add_front(), get_real()가 있다.

그림 4.12는 원형 덱에서의 몇 가지 연산을 보여주고 있다. get_rear()가 가장 간단한데, 공백상태가 아닌 경우 rear가 가리키는 항목을 반환하면 된다. delete_rear()와 add_front()에서는 원형 큐에서와 다르게 반대방향의 회전이 필요하다. front나 rear를 감소시켜야 하는데, 만약 음수가 되면 MAX_QUEUE_SIZE를 더해주어야 한다. 따라서 front나 rear는 다음과 같이 변경된다.

```
front ← (front-1 + MAX_QUEUE_SIZE) % MAX_QUEUE_SIZE;
rear ← (rear -1 + MAX_QUEUE_SIZE) % MAX_QUEUE_SIZE;
```

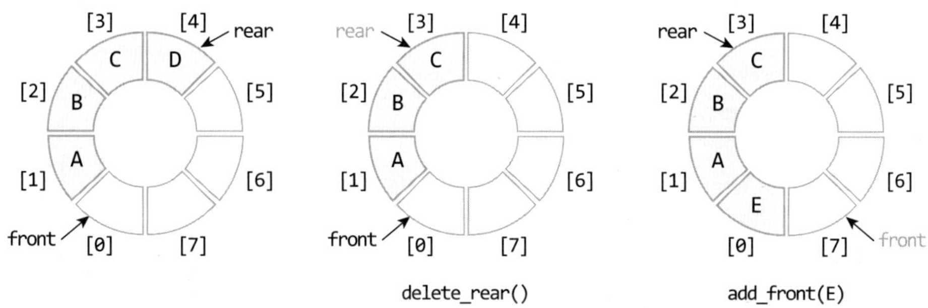

| 그림 4.12 원형 덱의 몇 가지 연산

4.5 덱의 구현

원형 덱은 프로그램 4.1의 코드를 이용하면 쉽게 구현할 수 있다. 일부의 함수는 그대로 사용하고, 일부 함수는 이름을 변경하며, 세 함수는 추가로 구현하면 된다. int를 저장하는 원형 덱 프로그램은 프로그램 4.2와 같다.

프로그램 4.2 원형 덱 프로그램

```
...   // 프로그램 4.1의 1~47행 추가

void init_deque( )          { init_queue( ); }
void add_rear(Element val) { enqueue( val);}
Element delete_front( )     { return dequeue(); }
Element get_front( )        { return peek(); }

void add_front( Element val )
{
    if( is_full() )
        error("  덱 포화 에러");
    data[front] = val;
    front = (front-1+MAX_QUEUE_SIZE) % MAX_QUEUE_SIZE;
}
Element delete_rear( )
{
    int prev = rear;
    if( is_empty() )
        error("  덱 공백 에러");
    rear = (rear-1+MAX_QUEUE_SIZE) % MAX_QUEUE_SIZE;
    return data[prev];
}
Element get_rear( )
{
    if( is_empty() )
        error("  덱 공백 에러");
    return data[rear];
}

void print_deque(char msg[])          { print_queue(msg); }
void main()
{
    int i;

    init_deque( );
    for( i=1 ; i<10 ; i++ ) {
```

```
37          if( i % 2 ) add_front( i );
38          else add_rear( i );
39      }
40      print_deque("원형 덱 홀수-짝수  ");
41      printf("\tdelete_front() --> %d\n", delete_front());
42      printf("\tdelete_rear () --> %d\n", delete_rear ());
43      printf("\tdelete_front() --> %d\n", delete_front());
44      print_deque("원형 덱 삭제-홀짝홀");
45  }
```

코드 설명

3행 덱의 초기화는 큐의 초기화와 동일하므로 관련 함수를 호출함.

4-6행 덱의 add_rear(), delete_front(), get_front()연산은 각각 큐의 enqueue(), dequeue(), peek()연산에 대응됨. 따라서 각 함수를 호출함.

8-14행 전단에 새로운 요소를 삽입하는 함수. 전단에 삽입을 위해서는 front가 원형으로 감소되어야 함. 13행의 front 처리에 유의할 것.

15-22행 후단 항목 삭제 함수. rear가 원형으로 감소되어야 함.

23-28행 후단의 항목을 반환하는 함수.

30행 덱의 출력은 큐의 출력 방법과 동일함.

다음은 프로그램 실행 결과를 보여준다. 1부터 9까지의 숫자를 삽입하는데 홀수는 전단을 통해 짝수는 후단을 통해 삽입한다. 또한 몇 번의 삭제 연산을 수행한 결과를 보여주고 있다.

```
C:\WINDOWS\system32\cmd.exe
원형 덱 홀수-짝수  [ 9]= 9  7  5  3  1  2  4  6  8
        delete_front() --> 9
        delete_rear () --> 8
        delete_front() --> 7
원형 덱 삭제-홀짝홀[ 6]= 5  3  1  2  4  6
계속하려면 아무 키나 누르십시오 . . .
```

연결된 덱의 구현

스택이나 큐와 같이 덱도 연결 리스트로 구현할 수 있다. 그러나 연결된 덱을 구현하는 것은 연결된 스택이나 큐에 비해 더 복잡하다. 스택이나 큐와는 달리 덱은 전단과 후단에서 모두 삽입, 삭제가 가능하기 때문에 하나의 노드에서 알아야 할 정보가 더 많다. 구체적으로는 선행노드와 후속노드를 가리키는 포인터 변수를 가져야 하는데, 이러한 구조를 **이중**

연결 리스트(double linked list)라고 부른다. 덱을 이중 연결 리스트로 구현하는 것은 6장에서 공부한다.

4.6 큐의 응용: 은행 시뮬레이션

시뮬레이션과 큐잉이론

시뮬레이션(simulation)은 모의실험을 의미하는데, 어떤 일을 실행하기에 앞서서 프로그램을 이용하여 가상으로 실험해 보고 처리 과정과 결과를 미리 분석해 보는 것을 말한다. 시뮬레이션을 위해서는 먼저 주어진 시스템을 수학적으로 모델링해야 하는데, 이러한 모델링에 사용되는 통계적 이론을 **큐잉이론**(queueing theory)이라 한다. 큐는 이와 같이 어떤 시스템을 컴퓨터를 이용하여 큐잉이론에 따라 시뮬레이션 하고, 이를 통해 시스템의 특성을 분석하는 데 이용된다.

이러한 모델은 보통 고객에 대한 서비스를 수행하는 **서버**(server)와 서비스를 받는 **고객**(client)들로 이루어지는데, 서버의 수가 제한되어 있으므로 고객들은 서비스를 받기 위하여 대기행렬에서 기다린다. 이러한 대기행렬이 큐로 구현되는데, 현실에서는 맛집이나 야구장 입장 등을 위한 줄을 의미한다.

은행 서비스 시뮬레이션

어떤 은행에 고객들이 들어와서 서비스를 받고 나가는 과정을 시뮬레이션 해 보자. 서비스를 받기위해 고객들이 기다려야 하는 시간은 고객 만족도 측면에서 매우 중요하다. 고객들이 많으면 창구를 늘려 고객들의 대기시간을 줄이는 것이 좋겠지만, 비용이 증가하게 될 것이므로 은행으로서는 마음대로 창구를 늘릴 수 없다. 은행은 창구를 늘리는 데에 따른 비용과 더 많은 고객을 받아서 발생되는 이윤을 동시에 고려해서 최적의 결론을 내려야 할 것이다.

| 그림 4.13 은행에서의 서비스 대기큐

여기서는 최대한 간단하게 설정하여 시뮬레이션의 핵심적인 내용만 알아보려고 한다. 은행이 창구수를 결정하는데 가장 중요한 정보가 평균 대기시간이라고 하고, 다음과 같은 시뮬레이션을 통해 이것을 구해보자.

- 대기행렬은 큐로 구현하고, 큐에 들어있는 고객들은 순서대로 서비스를 받는다.
- 한 고객의 서비스가 끝나면 다음(가장 먼저 들어온) 고객이 서비스를 받는다.
- 단순화를 위해 은행 창구는 하나라고 가정한다.

시뮬레이션에서는 난수 발생이 많이 사용된다. 고객들이 은행에 오는 것이 일정하지 않고 서비스에 필요한 시간도 각기 다를 것이기 때문이다. 시뮬레이션에는 이러한 이벤트 발생을 조절하기 위해 다양한 값(파라미터)들이 사용된다. 여기서는 다음 세 값을 사용자가 입력하도록 한다.

- 시뮬레이션 할 최대 시간 (예: 10 [단위시간])
- 단위시간에 도착하는 고객 수 (예: 0.5 [고객수/단위시간])
- 한 고객에 대한 최대 서비스 시간 (예: 5 [단위시간/고객])
- 고객들은 단위시간에 도착하는 고객 수를 바탕으로 무작위로 발생되며, 서비스 시간도 최대 서비스 시간 내에서 무작위로 결정된다.

시뮬레이션 구현

이제 시뮬레이션을 구현해 보자. 은행에 도착한 고객의 정보는 큐에 저장되어야 한다. 프로그램 4.1에서 구현한 원형 큐를 사용하면 된다. 고객의 정보는 어떻게 정의할까? 최소한 고객의 번호, 도착 시간, 서비스에 필요한 시간 등이 있어야 할 것이다. 따라서 다음과 같은 Customer 구조체를 정의해 사용하는 것이 좋다.

```
typedef struct BankCustomer {
    int  id;            // 고객 번호
    int  tArrival;      // 도착 시간
    int  tService;      // 서비스에 필요한 시간
} Customer;
```

큐는 프로그램 4.1의 원형 큐를 그대로 사용하면 되는데, 큐에 저장할 데이터가 Customer이므로 다음과 같이 Element를 지정한다.

```
typedef Customer Element;
```

시뮬레이션을 위한 고객 정보와 큐가 준비되면 마지막으로 실제 시뮬레이션 코드를 작성한다. 프로그램 4.3은 전체 시뮬레이션 프로그램을 보여주는데, 시뮬레이션을 위한 전역 변수들을 선언하고, 다음 함수들을 구현하였다.

- read_sim_params(): 시뮬레이션 파라미터를 사용자로부터 읽는 함수.
- insert_customer(): 새로운 고객이 들어온 경우에 대한 처리 함수
- run_simulation(): 시뮬레이션 주 함수

프로그램 4.3 은행 시뮬레이션 프로그램

```
#include <stdio.h>
#include <stdlib.h>
#define MAX_QUEUE_SIZE  100

typedef struct BankCustomer {
    int id;
    int tArrival;
    int tService;
} Customer;
typedef Customer Element;
```

```
...  // 프로그램 4.1의 6~37행 추가

int    nSimulation;         // 시뮬레이션 시간
double probArrival;         // 단위시간에 도착하는 평균 고객 수
int    tMaxService;         // 한 고객에 대한 최대 서비스 시간
int    totalWaitTime;       // 전체 대기 시간
int    nCustomers;          // 전체 고객의 수
int    nServedCustomers;    // 서비스를 받은 전체 고객 수

double rand0to1()    { return rand() / (double)RAND_MAX; }

void insert_customer(int arrivalTime)
{
    Customer a;
    a.id = ++nCustomers;
    a.tArrival = arrivalTime;
    a.tService = (int)(tMaxService*rand0to1()) + 1;
    printf("  고객 %d 방문 (서비스 시간:%d분)\n", a.id, a.tService);
    enqueue(a);
}
void read_sim_params()
{
    printf("시뮬레이션 할 최대 시간 (예:10) = ");
    scanf("%d", &nSimulation);
    printf("단위시간에 도착하는 고객 수 (예:0.5) = ");
    scanf("%lf", &probArrival);
    printf("한 고객에 대한 최대 서비스 시간 (예:5) = ");
    scanf("%d", &tMaxService);
    printf("=================================================\n");
}
void run_simulation()
{
    Customer a;
    int clock = 0;
    int serviceTime = -1;

    init_queue();
    nCustomers = totalWaitTime = nServedCustomers = 0;
```

```
    while (clock < nSimulation) {
        clock++;
        printf("현재시각=%d\n", clock);

        if (rand0to1() < probArrival)
            insert_customer(clock);
        if (serviceTime>0) serviceTime--;
        else {
            if (is_empty()) continue;
            a = dequeue();
            nServedCustomers++;
            totalWaitTime += clock - a.tArrival;
            printf("  고객 %d 서비스 시작 (대기시간:%d분)\n",
                a.id, clock - a.tArrival);
            serviceTime = a.tService - 1;
        }
    }
}

void print_result()
{
    printf("================================================\n");
    printf("  서비스 받은 고객수       = %d\n", nServedCustomers);
    printf("  전체 대기 시간           = %d분\n", totalWaitTime);
    printf("  서비스고객 평균대기시간 = %-5.2f분\n",
        (double)totalWaitTime / nServedCustomers);
    printf("  현재 대기 고객 수       = %d\n", nCustomers - nServedCustomers);

}
#include <time.h>
void main()
{
    srand( (unsigned int)time(NULL) );
    read_sim_params( );
    run_simulation();
    print_result();
}
```

코드 설명

13–18행 시뮬레이션 파라미터와 처리 결과를 위한 변수 선언.

20행 무작위로 0~1사이의 실수를 반환하는 함수.

22–30행 새로운 고객이 도착한 경우 현재 시각 정보와 함께 고객 정보를 만들어 큐에 삽입. 서비스 시간은 27행과 같이 난수로 결정함.

31–40행 사용자로부터 시뮬레이션 파라미터를 입력받는 함수.

41–66행 주 시뮬레이션 함수. 전체 시뮬레이션 시간만큼 반복문을 수행함. 매 반복마다 현재시각을 출력하고 새로운 고객이 왔는지를 확인함.

53–54행 새로운 고객이 있으면 insert_customer()를 호출해 큐에 추가함.

55행 현재 서비스 받고 있는 고객이 있으면 남은 서비스 시간을 줄여줌.

56–64행 현재 서비스를 받고 있는 고객이 없고, 기다리는 고객도 없으면 반복문 다시 수행함. 기다리는 고객이 있으면 가장 먼저 온 고객을 큐에서 꺼내 서비스를 시작함. 고객의 수와 시간 등의 정보를 갱신함.

68–77행 시뮬레이션 결과를 화면에 출력하는 함수.

은행 서비스 시뮬레이션의 실행 결과의 예는 다음과 같다.

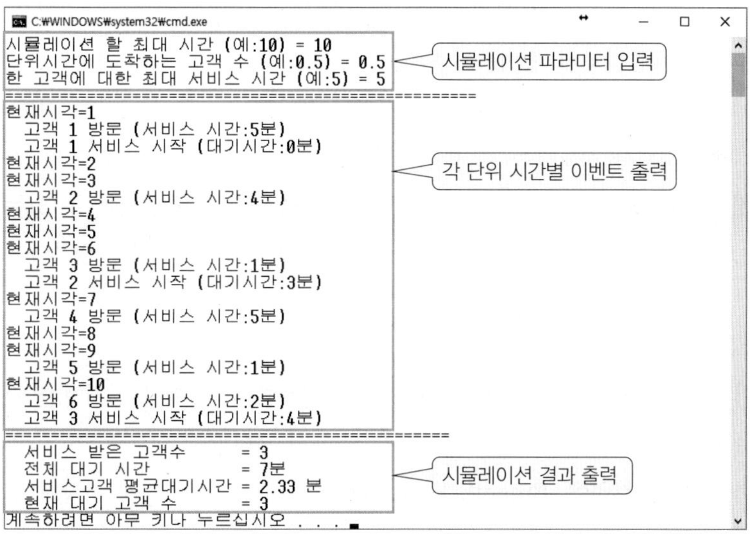

시뮬레이션 파라미터를 변경하면 결과도 달라질 것이다. 물론 같은 값을 사용하더라도 난수를 사용하므로 실행할 때 마다 동일한 결과가 나오지는 않는다. 시뮬레이션 결과에서 고객의 평균 대기시간이 가장 유용하게 사용될 것이다. 만약 여러 개의 창구를 포함하고, 더 실세와 유사한 상황을 보의실험하기 위해서는 보다 다양한 코드를 더 추가해야 한다.

4.7 덱의 응용: 미로 탐색 프로그램

미로 탐색 문제란 그림과 같이 미로에 갇힌 생쥐가 출구를 찾는 문제이다. 미로가 서로 연결된 여러 개의 작은 방 또는 칸으로 구성되어 있다고 가정하자.

| 그림 4.14 미로 탐색 문제

미로에서 출구를 찾기 위해 생쥐는 다양한 탐색 방법을 사용할 수 있다. 이것은 그래프 탐색 문제와 유사하며 다양한 방법들이 있다. 그래프 탐색은 11장에서 자세히 다룬다. 가장 간단한 탐색 방법은 시행착오를 이용하는 것으로 하나의 경로를 선택하여 시도해 보고 막히면 다시 다른 경로를 시도하는 것이다. 이때 현재의 경로가 막혔을 때 다시 선택할 수 있는 다른 경로들을 어딘가에 저장해야 한다. 저장된 경로를 모두 선택할 수 있는 방법이라면 경로를 어디에 저장하든지 출구를 찾을 수 있다! 전통적으로 그래프 탐색에서는 대표적인 두 가지 방법을 제공한다.

- **깊이 우선 탐색**(DFS, Depth First Search) **전략**: 가장 최근에 저장한 경로를 순서대로 선택하여 시도하는 방법. 스택을 이용해서 구현함.
- **너비 우선 탐색**(BFS, Breadth First Search) **전략**: 가장 먼저 저장된 경로를 선택하여 시도하는 방법. 큐를 이용해서 구현함.

깊이 우선 탐색을 더 구체적으로 생각해 보자. 현재 위치에서 갈 수 있는 방들의 좌표를 스택에 기억했다가 막다른 길을 만나면 가장 최근에 저장한 아직 가보지 않은 방으로부터 새로운 경로를 시작한다. 한번 가본 방은 다시 가면 안 되는데, 탐색이 무한 루프에 빠지지 않아야하기 때문이다. 따라서 방을 지나갈 때마다 표시를 해서 다시 가지 않도록 해야 한다. 현재위치가 출구가 아니면 이동이 가능한 이웃(상하좌우) 칸의 위치를 스택에 저장한다. 다음으로 스택에서 하나의 위치를 꺼내 현재의 위치로 설정하고, 같은 작업을 반복한다. 반복은 현재의 위치가 출구와 같거나 더 이상 갈 수 있는 위치가 없을 때까지 계속된다. 너비 우선 탐색은 경로 저장에 큐가 사용되는 것을 제외하고는 모든 것이 동일하다.

미로 탐색 알고리즘

이제 알고리즘을 생각해 보자. 모든 위치는 (행, 열)로 표시한다. 입구 위치를 스택(또는 큐)에 넣어주면 탐색이 시작된다. 현재 스택에는 입구 위치만 들어 있다. 스택이 공백상태가 아닌 동안 하나의 위치를 꺼내 탐색하는 과정을 반복한다. 만약 스택이 공백상태이면 이 미로에는 출구가 없다. 만약 현재 위치 (r,c)가 출구이면 탐색은 성공으로 끝난다. 그렇지 않으면 현재 위치의 이웃인 위, 아래, 왼쪽 오른쪽 방을 살펴본다. 만약 이 방이 아직 방문되지 않았고 갈 수 있는 방이라면 그 방의 위치를 모두 스택에 삽입한다.

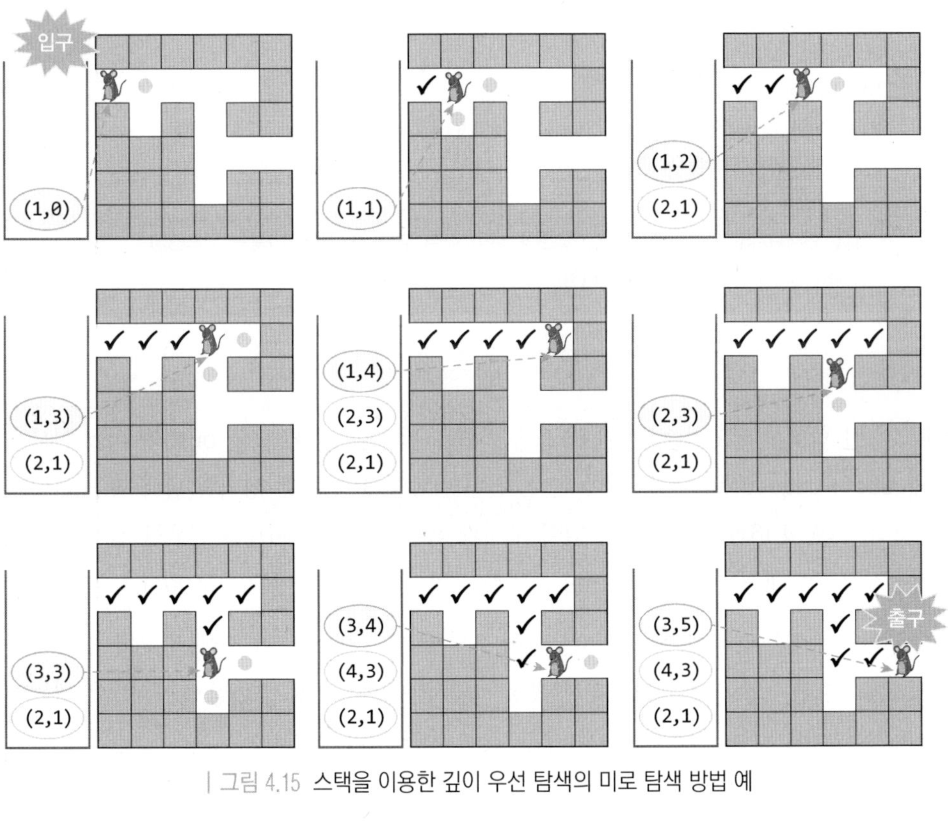

| 그림 4.15 스택을 이용한 깊이 우선 탐색의 미로 탐색 방법 예

그림 4.15는 스택을 이용한 깊이 탐색 과정을 보여준다. 최초의 위치인 (1,0)에서 갈수 있는 위치는 오른쪽 방향인 (1,1)뿐이다. 따라서 (1,1)은 아직 방문하지 않은 위치이므로 스택에 삽입된다. 여기서 (1,0)으로도 갈 수 있지만 이미 방문했기(✓) 때문에 스택에 삽입되지 않는다. 다음 단계는 스택에서 최근 위치 (1,1)를 꺼내 현재 위치로 만들고 (1,1)에서 갈 수 있는 모든 방을 탐색한다. (1,1)에서는 (2,1)과 (1,2)로 갈 수 있다. 이 위치들을 모두 스택에 저장한다. 다음에도 마찬가지로 스택의 맨 위에 있는 (1,2)를 꺼내 현재 위치로 만들고, 출구인지 검사한다. 출구가 아니면 다시 이동이 가능한 방들을 검사하고 위치를 스택에 저장한다. 한번 방문한 위치는 표시를 해서 다시 방문하지 않도록 한다. 이러한 과정을 출구에 도달할 때까지 반복한다. 이러한 탐색 방법을 유사코드로 표현하면 알고리즘 4.7과 같다.

| 알고리즘 4.7 미로 탐색 알고리즘 (깊이 우선 탐색)

```
depth_first_search()

스택과 출구의 위치 x를 초기화;
스택에 입구의 위치를 삽입;
while( is_empty() = false )
  do 현재위치 ← pop();
     if( 현재위치가의 출구이면 )
        then 성공;
     if( 현재위치의 위, 아래, 왼쪽, 오른쪽 방이 아직 방문되지 않았고 갈수 있으면 )
     then 그 위치들을 스택에 push();
실패;
```

너비 우선 탐색은 알고리즘 4.3에서 스택을 큐로 바꾸면 된다. 물론 push와 pop 연산은 enqueue와 dequeue로 수정되어야 한다. 간단한 예제를 통해 두 방식의 탐색 과정을 비교해 보자. 그림 4.16과 4.17은 각각 깊이 우선과 너비 우선으로 미로를 탐색한 결과를 보여준다. 각각 스택과 큐가 사용되었으며 스택과 큐의 내용 변화를 보여주고 있다.

이 예제에서는 깊이 우선 탐색이 8번 만에, 너비우선 탐색이 12번 만에 출구를 찾았으므로 DFS가 효율적으로 보인다. 그러나 항상 그렇지는 않다. 미로가 어떻게 구성되어 있는가에 따라서 너비 우선 탐색이 먼저 출구를 찾을 수도 있다. 또한 이웃 위치를 탐색하는 순서에 따라서도 결과가 달라진다. 그림은 현재 위치에서 상-하-좌-우 의 순서로 검사했지만 다른 순서, 예를 들어 상-우-하-좌 와 같이 탐색하면 스택이나 큐에 항목이 들어가는 순서가 달라지고, 그에 따라 출구를 찾는데 걸리는 시간이 달라질 수 있다. 그러나 연결된 출구가 하나뿐이라면 결국은 그 출구를 찾아준다.

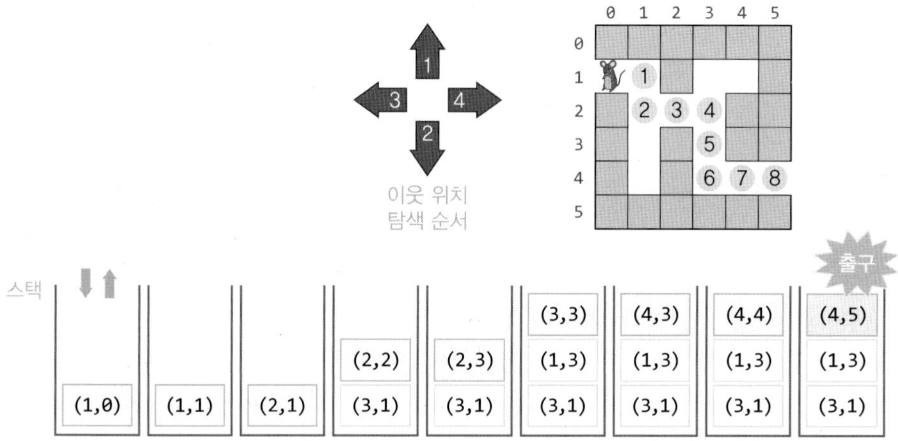

| 그림 4.16 깊이 우선 탐색에서의 스택의 내용 변화

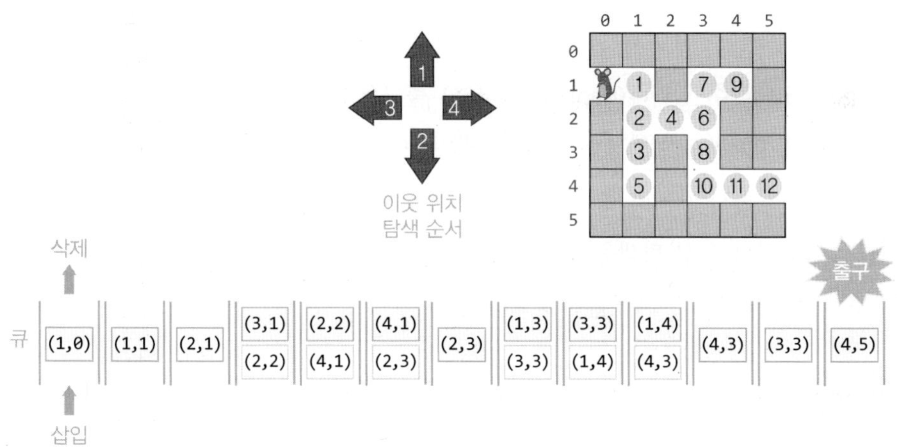

| 그림 4.17 너비 우선 탐색에서의 큐의 내용 변화

덱을 이용한 미로 탐색 알고리즘의 구현

덱을 이용해 미로탐색 알고리즘을 구현해 보자. 덱은 스택과 큐로 모두 사용할 수 있으므로 깊이 우선과 너비 우선 탐색을 모두 구현할 수 있다. 그런데 문제가 하나 있다. 덱의 항목으로 "위치"가 저장되어야 한다. 따라서 (행, 열)의 정보를 갖는 다음과 같은 구조체 Location2D를 사용하자. 물론 Element로 Location2D로 지정하여야 한다.

```
typedef struct {
    int  x;
    int  y;
} Location2D;
```

덱은 프로그램 4.2의 원형 덱를 그대로 사용하면 되고, 덱에 저장할 데이터가 이제 Location2D이므로 다음과 같이 Element를 지정한다.

```
typedef Location2D Element;
```

미로 맵 map은 2차원 char 배열을 사용한다. 배열에서 '0'은 갈 수 있는 방을 나타내고, 'e'와 'x'는 각각 입구와 출구를 나타낸다. 한번 지나간 방은 '.' 표시를 하여 지나갔음을 나타낸다. (x,y)가 갈 수 있는 방 위치인지를 검사하는 is_valid()함수에서는 (x,y)가 미로 맵의 내부이고 갈 수 있거나(map[y][x]=='0') 출구(map[y][x]=='x')이면 TRUE를 반환한다. getLocation2D(x,y) 함수는 (x,y)를 받아 Location2D 구조체를 반환한다.

이제 남은 것은 깊이 우선과 너비 우선 탐색 함수를 구현하는 것이다. 프로그램 4.4는 알고리즘 4.7의 깊이 우선 탐색을 구현한 DFS() 함수와 큐(덱을 큐로 사용)를 이용한 너비 우선 탐색 함수 BFS()를 보여주고 있다.

프로그램 4.4 미로 탐색 프로그램

```
#include <stdio.h>
#include <stdlib.h>
#define MAX_QUEUE_SIZE  100

typedef struct {
```

```c
    int  x;
    int  y;
} Location2D;
typedef Location2D Element;
...  // 프로그램 4.1의 6~37행 추가
...  // 프로그램 4.2의 3~28행 추가

#define   MAZE_SIZE 6
char map[MAZE_SIZE][MAZE_SIZE] = {
    {'1', '1', '1', '1', '1', '1'},
    {'e', '0', '1', '0', '0', '1'},
    {'1', '0', '0', '0', '1', '1'},
    {'1', '0', '1', '0', '1', '1'},
    {'1', '0', '1', '0', '0', 'x'},
    {'1', '1', '1', '1', '1', '1'},
};

Location2D getLocation2D(int x, int y) {
    Location2D p;
    p.x = x;
    p.y = y;
    return p;
}
int is_valid( int x, int y ) {
    if( x < 0 || y < 0 || x>=MAZE_SIZE || y>=MAZE_SIZE ) return 0;
    else return map[y][x] == '0' || map[y][x] == 'x' ;
}
int DFS()
{
    int x, y;
    Location2D here;

    init_deque( );
    add_rear( getLocation2D(0,1) );
    printf("DFS: ");
    while ( is_empty() == 0 ) {
        here = delete_rear( );
        printf("(%2d,%2d)", here.x,here.y);
```

```
            x = here.x;
            y = here.y;
            if( map[y][x] == 'x' ) return 1;
            else {
                map[y][x] = '.';
                if(is_valid(x-1, y)) add_rear(getLocation2D(x-1,y));
                if(is_valid(x+1, y)) add_rear(getLocation2D(x+1,y));
                if(is_valid(x, y-1)) add_rear(getLocation2D(x,y-1));
                if(is_valid(x, y+1)) add_rear(getLocation2D(x,y+1));
            }
        }
        return 0;
}

int BFS()
{
        int x, y;
        Location2D here;

        init_deque( );
        add_rear( getLocation2D(0,1) );
        printf("BFS: ");
        while ( is_empty( ) == 0 ) {
            here = delete_front( );
            printf("(%2d,%2d)", here.x,here.y);
            x = here.x;
            y = here.y;
            if( map[y][x] == 'x' ) return 1;
            else {
                map[y][x] = '.';
                if(is_valid(x-1, y)) add_rear(getLocation2D(x-1,y));
                if(is_valid(x+1, y)) add_rear(getLocation2D(x+1,y));
                if(is_valid(x, y-1)) add_rear(getLocation2D(x,y-1));
                if(is_valid(x, y+1)) add_rear(getLocation2D(x,y+1));
            }
        }
        return 0;
}
```

```
82
83 void main()
84 {
85     //printf("->%s\n", DFS() ? "성공" : "실패");
86     printf("->%s\n", BFS() ? "성공" : "실패");
87 }
```

코드 설명

38-39행 덱을 초기화 하고, 후단을 통해 입구 위치를 삽입.

41행 덱이 공백상태가 아닐 때 까지 반복 수행.

42행 먼저 가장 최근에 삽입한 항목을 가져옴.

46행 그 위치가 출구이면 탐색은 성공으로 종료됨.

47-53행 그렇지 않으면, 현재 위치를 지나왔다고 표시하고, 4 방향의 이웃 위치를 검사하여 갈 수 있는 위치이면 그 위치를 스택에 삽입함(add_rear()).

55행 스택이 공백상태가 되면 출구 탐색이 실패함.

58-81행 큐를 이용한 너비 우선 탐색 함수. DFS()함수와 65행의 출력문과 67행만 다름.

깊이 우선 탐색 함수 DFS()에서는 덱을 스택으로 사용해야 한다. 덱의 후단을 통해 입출력하려면 add_rear()와 delete_rear()를 사용하면 된다. DFS()에서는 덱을 만들어 초기화하고, 입구 위치를 덱에 넣는 것으로 시작한다. 이후 반복적으로 덱에서 하나의 위치를 꺼내 처리하면 된다. BFS()에서는 덱을 큐로 사용하고, delete_rear()를 사용하는 대신 delete_front()를 사용하면 된다.

DFS()의 BFS()의 실행 결과는 각각 다음과 같다.

```
C:\WINDOWS\system32\cmd.exe
DFS: ( 0, 1)( 1, 1)( 1, 2)( 1, 3)( 1, 4)( 2, 2)( 3, 2)( 3, 3)( 3, 4)( 4, 4)( 5,
4)->성공
계속하려면 아무 키나 누르십시오 . . .
```

```
C:\WINDOWS\system32\cmd.exe
BFS: ( 0, 1)( 1, 1)( 1, 2)( 2, 2)( 1, 3)( 3, 2)( 1, 4)( 3, 1)( 3, 3)( 4, 1)( 3,
4)( 4, 4)( 5, 4)->성공
계속하려면 아무 키나 누르십시오 . . .
```

4.8 전역 변수와 객체지향 프로그래밍

프로그래밍에 익숙한 독자라면 지금까지의 코드에 약간의 의문이 있었을지 모른다. 많은 경우 전역 변수를 사용했기 때문이다. 사실 프로그램에서 전역변수를 무절제하게 사용하는 것은 매우 좋지 않은 프로그래밍 습관이다.

전역변수는 함수들 사이에 관련성을 만들어 모듈화 된 프로그래밍을 방해할 수 있다. 즉, 어떤 함수가 오류 없이 동작하는가를 그 함수의 코드만으로 검증할 수 있어야 하는데, 전역변수를 사용하면 그 함수의 코드만 봐서는 오류의 유무를 판단할 수 없고 관련된 다른 함수들을 모두 확인해야 되는 것이다.

또 하나의 중요한 문제는 전역변수는 하나이기 때문에 스택이나 큐를 하나만 만들 수 있다는 것이다. 만약 스택이나 큐를 두 개 이상 사용하고 싶다면 지금까지의 코드들은 문제가 있다.

그렇다면 이 책에서는 왜 전역변수를 많이 사용할까? 이 책의 코드는 별로 의미가 없는 코드일까? 이 책에서 전역변수들을 많이 사용하는 이유는 크게 다음과 같이 두 가지로 나눌 수 있다.

| 그림 4.18 전역변수를 사용한 이유?

자료구조의 핵심 기능에 집중

자료구조의 핵심 기능에 집중하기 위해서이다. 추가적인 구조체와 함수의 복잡한 매개변수와 반환형은 초보자들이 자료구조의 핵심 기능을 이해하는데 방해가 된다. 따라서 최대한 해당 자료구조의 이해가 쉽도록 전역변수를 사용하였다. 함수의 매개변수와 반환형이 단순해지고, 추가적인 구조체가 필요 없어 더 쉽게 이해할 수 있을 것이다.

객체지향언어의 클래스로 쉽게 연결

전역변수와 관련 함수들은 C++이나 자바와 같은 객체지향언어의 클래스로 쉽게 변경할 수 있다. 자세한 내용은 객체지향언어를 공부해야 정확히 이해가 되겠지만, 대략적인 방법만 미리 알아보자. 방법은 다음과 같다.

- 자료구조를 하나의 클래스로 만든다.
- 자료구조와 관련된 전역 변수는 클래스의 멤버 변수로 만든다.
- 전역변수와 관련된 함수는 멤버 함수로 만든다.

전역 변수를 사용하는 지금까지의 코드를 확장하는 방법을 두 가지로 생각해 보자. 첫 번째 방법은 C++과 같은 객체지향언어로 변환하는 것이고, 두 번째 방법은 C언어에서 구조체를 사용하여 전역 변수들을 구조체 안에 넣어 사용하는 방법이다.

C++ 클래스를 이용한 원형큐 구현

예를 들어, 프로그램 4.1의 큐를 객체지향 언어인 C++를 이용해 클래스로 변경해 보면 프로그램 4.5와 같다.

프로그램 4.5 C++ 클래스로 구현한 원형 큐 프로그램

```
#include <stdio.h>
#include <stdlib.h>
#define MAX_QUEUE_SIZE  100
typedef int Element;

void error( char* str )
{
    fprintf(stderr, "%s\n", str);
    exit(1);
};

class Queue {
    Element   data[MAX_QUEUE_SIZE];
    int  front;
```

```
    int  rear;
public:
    void init_queue( ) { front = rear = 0; ; }
    int is_empty( ) { return front == rear;; }
    int is_full( ) { return (rear+1)%MAX_QUEUE_SIZE == front; }
    int size( ) { return (rear-front+MAX_QUEUE_SIZE)%MAX_QUEUE_SIZE;}

    void enqueue( Element val )
    {
        if( is_full() )
            error("  큐 포화 에러");
        rear = (rear+1) % MAX_QUEUE_SIZE;
        data[rear] = val;
    }
    Element dequeue( )
    {
        if( is_empty() )
            error("  큐 공백 에러");
        front = (front+1) % MAX_QUEUE_SIZE;
        return data[front];
    }
    Element peek( )
    {
        if( is_empty() )
            error("  큐 공백 에러");
        return data[(front+1) % MAX_QUEUE_SIZE];
    }
    void print_queue(char msg[]) {
        int i, maxi = rear;
        if (front >= rear) maxi += MAX_QUEUE_SIZE;
        printf( "%s[%2d]= ", msg, size());
        for( i = front+1 ; i<=maxi ; i++ )
            printf("%2d ", data[i%MAX_QUEUE_SIZE]);
        printf( "\n");
    }
};

void main()
```

```
53 {
54     int i;
55     Queue q;
56 
57     q.init_queue( );
58 
59     for( i=1 ; i<10 ; i++ )
60         q.enqueue( i );
61     q.print_queue("원형큐 enqueue 9회");
62     printf("\tdequeue() --> %d\n", q.dequeue());
63     printf("\tdequeue() --> %d\n", q.dequeue());
64     printf("\tdequeue() --> %d\n", q.dequeue());
65     q.print_queue("원형큐 dequeue 3회");
66 }
```

코드를 보면 클래스를 나태내는 블록(12~50행) 안에 전역변수와 함수들이 모두 그대로 옮겨진 것을 알 수 있다. 추가되는 코드는 12, 16, 50행 뿐이다. main()함수에서 큐 객체를 생성하고 함수를 호출하는 방법은 변경되어야 한다. 나머지는 동일하다. 이 프로그램의 실행 결과는 프로그램 4.1과 정확히 동일하다.

C언어의 구조체를 이용한 원형큐 구현

여러 개의 큐를 사용하기 위해 C++이나 Java를 먼저 배워야 한다면 배보다 배꼽이 더 클 수 있다. C 언어로도 이 문제를 해결할 수 있는 방법이 있다. 구조체를 사용해 전역 변수들을 구조체안에 넣는 것이다. 2장의 다항식 프로그램에서 이미 우리는 이 방법을 사용했었다. 만약 프로그램 4.1의 원형 큐에 이 방법을 적용한다면 코드는 다음과 같이 변경된다. 다음 코드에서 회색 부분이 모두 프로그램 4.1에서 변경되어야 하는 부분이다.

프로그램 4.6 C언어의 구조체를 이용해 구현한 원형 큐 프로그램

```
#include <stdio.h>
#include <stdlib.h>
#define MAX_QUEUE_SIZE  100

typedef int Element;
typedef struct CircularQueue {
    Element data[MAX_QUEUE_SIZE];  // 요소의 배열
    int  front;            // 전단
    int  rear;            // 후단
} Queue;

void error( char* str ) {...}        // 프로그램 4.1의 error()함수와 동일

// 큐의 주요 연산: 공통
void init_queue( Queue *q) { q->front = q->rear = 0; ; }
int is_empty(Queue *q) { return q->front == q->rear; }
int is_full(Queue *q) { return q->front == (q->rear+1)%MAX_QUEUE_SIZE; }
int size(Queue *q) { return(q->rear-q->front+MAX_QUEUE_SIZE)%MAX_QUEUE_SIZE;}

void enqueue( Queue *q, Element val )
{
    if( is_full(q) )
        error("  큐 포화 에러");
    q->rear = (q->rear+1) % MAX_QUEUE_SIZE;
    q->data[q->rear] = val;
}
Element dequeue( Queue *q )
{
    if( is_empty(q) )
        error("  큐 공백 에러");
    q->front = (q->front+1) % MAX_QUEUE_SIZE;
    return q->data[q->front];
}
Element peek( Queue *q )
{
    if( is_empty(q) )
```

```
        error("  큐 공백 에러");
    return q->data[(q->front+1) % MAX_QUEUE_SIZE];
}

// 큐 테스트를 위한 코드: 요소 종류마다 수정
void print_queue(Queue *q, char msg[]) {
    int i, maxi = q->rear;
    if (q->front >= q->rear) maxi += MAX_QUEUE_SIZE;
    printf( "%s[%2d]= ", msg, size(q));
    for( i = q->front+1 ; i<=maxi ; i++ )
        printf("%2d ", q->data[i%MAX_QUEUE_SIZE]);
    printf( "\n");
}

void main()
{
    int i;
    Queue q;

    init_queue( &q );
    for( i=1 ; i<10 ; i++ )
        enqueue(  &q, i );
    print_queue(&q, "선형큐 enqueue 9회");
    printf("\tdequeue() --> %d\n", dequeue(&q));
    printf("\tdequeue() --> %d\n", dequeue(&q));
    printf("\tdequeue() --> %d\n", dequeue(&q));
    print_queue( &q, "선형큐 dequeue 3회");
}
```

클래스로 구현할 때와 비교해서 훨씬 많은 코드가 수정되어야 하는 것에 유의하라. 코드 자체도 프로그램 4.1이나 클래스로 구현한 4.5보다 훨씬 복잡해 보인다. 여러 개의 큐를 동시에 사용하려면 프로그램 4.5나 4.6을 사용할 수 있지만, 만약 C언어만을 사용해야 한다면 어쩔 수 없이 프로그램 4.6을 사용할 수밖에 없다. 예를 들어, 프로그램 13.10의 기수정렬 알고리즘에서는 여러 개의 큐를 사용해야 되는데, 이 코드를 이용해 구현하였다.

이 책에서는 앞에서와 같이 전역변수를 많이 이용할 것이다. 그러나 이 책의 코드들은 쉽게 클래스로 일반화되거나, C언어의 구조체 형식으로 변환될 수 있다. 절대 의미가 없거나 좋지 않은 코드가 아니다. 이 책의 많은 자료구조와 코드들은 생능출판사의 "C++로 쉽게 풀어쓴 자료구조"란 책에서 객체지향언어인 C++를 이용해 다시 설명되고 있다. 이 책으로 자료구조를 먼저 공부하고, 그 책을 참조해 이 책에서 설명한 자료구조들이 어떻게 클래스로 구현되는지를 살펴보는 것도 객체지향언어와 C++를 공부하는 좋은 방법이 될 것이다.

| 연습문제 |

1 문자 A, B, C, D, E를 큐에 넣었다가 다시 꺼내어 출력하면 어떻게 되는가?

① A, B, C, D, E ② E, D, C, B, A

③ A, B, C, E, D ④ B, A, C, D, E

2 원형 큐의 front 와 rear 의 값이 각각 7과 2일 때, 이 원형 큐가 가지고 있는 데이터의 개수는? (단, MAX_QUEUE_SIZE는 12이고, front와 rear의 초기값은 0이다.)

3 10, 20, 30, 40, 50을 큐에 넣었다고 가정하고 3개의 항목을 삭제하였다. 남아 있는 항목은?

4 원형큐에서 front가 3이고 rear가 5라고 하면 현재 원형큐에 저장된 요소들의 개수는? (단, MAX_QUEUE_SIZE는 8이다.)

① 1 ② 2 ③ 3 ④ 4

5 다음 중 원형큐에서 공백상태에 해당하는 조건은? 또 포화상태에 해당되는 조건은?

① `front ==0 && rear == 0`

② `front == (MAX_QUEUE_SIZE-1) && rear == (MAX_QUEUE_SIZE-1)`

③ `front == rear`

④ `front == (rear+1) % MAX_QUEUE_SIZE`

6 다음과 같은 원형큐에서 (a)에서 (c)까지의 연산을 차례로 수행한다고 하자. 수행이 완료된 후의 큐의 상태를 그려라. 현재 front는 0이고 rear는 2라고 하자.

0	1	2	3	4
	B	C		

(a) A 추가

(b) D 추가

(c) 삭제

7 덱에 대하여 올바른 설명을 모두 골라라.

① 양쪽 끝에서 추가와 삭제가 가능하다.

② 배열로 구현될 수 없다.

③ 선형 자료구조이다.

8 큐에 항목들을 삽입하고 삭제하는 연산은 시간 복잡도가 어떻게 되는가?

① $O(1)$ ② $O(\log_2 n)$ ③ $O(n)$ ④ $O(n^2)$

9 크기가 5인 원형큐에 다음과 같이 삽입과 삭제가 되풀이되었을 경우에 각 단계에서의 원형 큐의 내용(1차원 배열의 내용, front와 rear의 값)을 나타내라.

```
enqueue(1);
enqueue(2);
enqueue(3);
dequeue();
enqueue(4);
```

10 2개의 스택을 사용하여 큐를 구현할 수 있을까? 가능하다. 두 개의 스택 Stack1과 Stack2가 있다고 가정하자. 입력이 들어오면 Stack1에 넣는다. 출력 요청이 들어보면 Stack2에서 요소를 꺼낸다. Stack2가 비어있을 때는 Stack1의 모든 요소를 꺼내서 Stack2에 넣는다. 프로그램으로 작성해보자.

11 피보나치 수열을 효과적으로 계산하기 위하여 큐를 이용할 수 있다. 만일 피보나치 수열을 순환에 의하여 계산하게 되면 경우에 따라서는 많은 순환 함수의 호출에 의해 비효율적일 수 있다. 이를 개선하기 위하여 큐를 사용하는데 큐에는 처음에는 F(0)와 F(1)의 값이 들어가 있어 다음에 F(2)를 계산할 때 F(0)를 큐에서 제거한다. 그 다음에 계산된 F(2)를 다시 큐에 넣는다. 피보나치 수열은 다음과 같이 정의된다. 큐를 이용하여 피보나치 수열을 계산하는 프로그램을 작성하라.

$$F(0)=0, \quad F(1)=1$$
$$F(n)=F(n-1)+F(n-2)$$

12 회문(palindrome)이란 앞뒤 어느 쪽에서 읽어도 똑같은 단어나 문장을 의미한다. 예를 들면 "eye". "madam", "radar" 등이다. 여기서 물론 구두점이나 스페이스, 대소문자 등은 무시하여야 한다. 덱을 이용하여 주어진 문자열이 회문인지 아닌지를 결정하는 프로그램을 작성하라. 다음 그림을 참조한다.

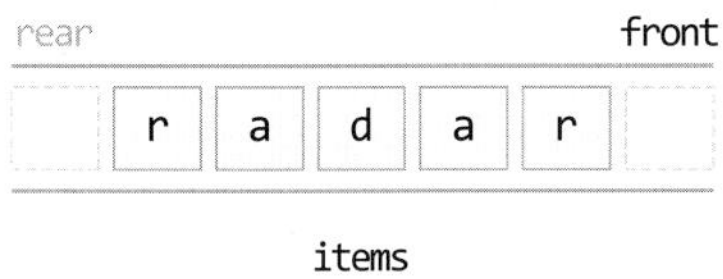

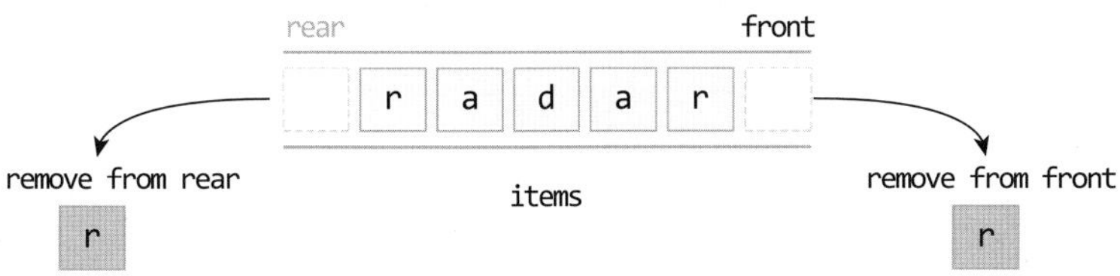

13 태스크(task) 스케줄링 알고리즘으로 A-Steal 알고리즘이 있다. A-Steal 알고리즘에서 각각의 CPU는 자신이 실행할 태스크가 저장된 덱(deque)을 가지고 있다. 각각의 CPU는 자신의 덱에 저장된 모든 태스크를 입력된 순서대로 처리한다. 만약 하나의 CPU가 자신의 모든 태스크를 처리했다면 다른 CPU가 실행할 태스크를 훔쳐서 실행할 수 있다. 이때 다른 CPU의 덱의 끝에 있는 요소를 가져온다. 유사코드를 이용해 A-Steal 알고리즘을 기술해 보라.

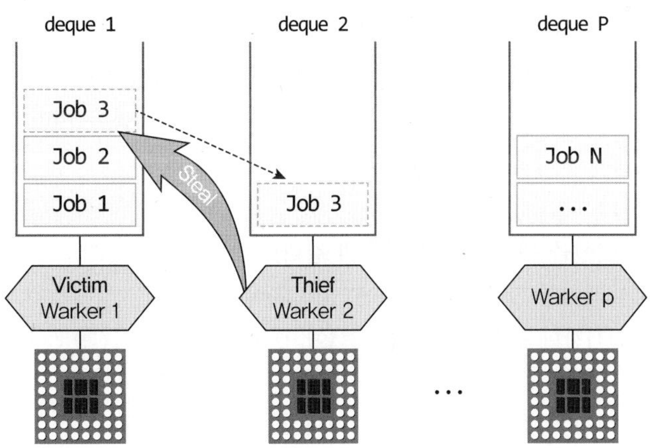

| 프로그래밍 프로젝트 |

1 가장 간단한 방법의 미팅 주선 프로그램을 만들려고 한다. 남학생과 여학생의 큐를 각각 만들어 학생이 등록하면 큐에 넣는다. 가장 먼저 등록한 남학생과 여학생을 뽑아 미팅을 주선하는 일을 반복한다. 만약 여학생 큐가 비었거나 남학생 큐가 비었으면 한쪽 큐에 있는 학생들은 기다려야 한다.

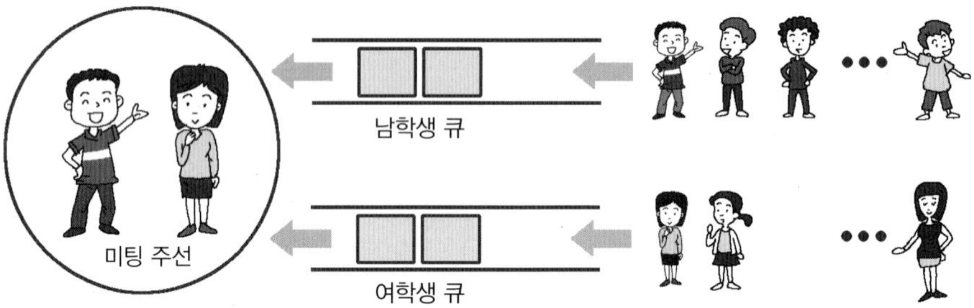

(1) 원형큐를 사용하여 남학생 큐와 여학생 큐를 구현하라. 하나의 프로그램에서 두 개의 큐를 사용하기 위해서는 프로그램 4.1을 수정하여 큐 구조체로 구현한 프로그램 4.6의 큐 구조체와 함수들을 사용해야 한다.

(2) 은행 서비스 시뮬레이션 프로그램을 참고하여 미팅 주선을 자동으로 시뮬레이션 할 수 있는 프로그램을 구현하라. 단, 단위 시간에는 한 명의 학생이 등록할 수 있고, 학생의 성별은 무작위로 선택한다. 남학생과 여학생의 이름은 미리 배열에 저장해 두고 프로그램에서 사용한다.

- 시뮬레이션을 위한 입력은 다음과 같다.
  - 시뮬레이션 할 최대 시간 (예: 100 [단위시간])
  - 단위시간에 등록하는 학생 수 (예: 0.5 [학생/단위시간])

- 시뮬레이션을 통해 다음과 같은 결과를 출력해야 한다.
  - 미팅 주선에 성공한 커플의 이름과 대기 시간
  - 탄생한 커플의 수, 대기 중인 학생의 수, 남녀 학생의 평균 대기 시간

프로그램의 실행 결과 예는 다음과 같다.

```
C:\WINDOWS\system32\cmd.exe
시뮬레이션 할 최대 시간 (예:20) = 20
단위시간에 도착하는 고객 수 (예:0.3) = 0.5
==========================================

[ 1]: 남학생 등록: 광만
[ 2]: 여학생 등록: 태수   ===> 커플탄생! 광만♥태수 (1, 0 기다림)
[ 3]:
[ 4]:
[ 5]:
[ 6]:
[ 7]:
[ 8]: 여학생 등록: 소정
[ 9]: 남학생 등록: 병길   ===> 커플탄생! 병길♥소정 (0, 1 기다림)
[10]: 남학생 등록: 용주
[11]:
[12]:
[13]: 여학생 등록: 은아   ===> 커플탄생! 용주♥은아 (3, 0 기다림)
[14]: 남학생 등록: 병길
[15]:
[16]:
[17]: 남학생 등록: 남용
[18]: 남학생 등록: 형석
[19]: 남학생 등록: 영규
[20]: 여학생 등록: 욱희   ===> 커플탄생! 병길♥욱희 (6, 0 기다림)
==========================================
  서비스 받은 커플수      = 4
  현재 대기 남학생 수     = 3
  현재 대기 여학생 수     = 0
  전체 남학생 대기 시간   = 16
  전체 여학생 대기 시간   = 1
  남학생 평균 대기 시간   = 2.29
  여학생 평균 대기 시간   = 0.25
계속하려면 아무 키나 누르십시오 . . .
```

05 CHAPTER

포인터와 연결리스트

학습목표

- 포인터의 개념을 이해한다.
- 포인터 관련 연산자를 이해하고 활용 능력을 기른다.
- 동적 메모리의 할당과 반납의 메커니즘을 이해한다.
- 연결 리스트의 개념을 이해한다.
- 스택과 큐를 연결 리스트로 구현하는 방법을 이해한다.
- 연결 리스트로 자료 구조를 구현하는 능력을 기른다.

CHAPTER

5 포인터와 연결리스트

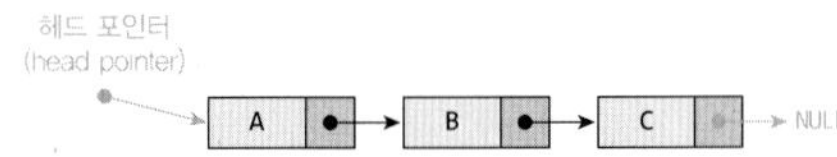

5.1 포인터

포인터는 C언어에서 매우 중요하고 어려운 개념이다. 이 장에서 포인터를 자세히 공부해보자. 편지 봉투에는 받는 사람의 주소를 적는 부분이 있는데, 여기에 어떤 주소를 적으면 그 주소로 편지가 배달된다. 하나의 편지에는 "수신인 주소"란이 하나이고, 하나의 주소만을 적어야 한다.

컴퓨터는 **메모리**(memory)란 저장 공간을 사용하고, 모든 메모리는 **주소**(address)를 갖는다. 변수나 배열은 메모리의 어떤 위치에 저장된다. 만약 주소를 알면 거기에 저장된 변수값을 참조할 수 있다. **포인터 변수**(pointer variable), 또는 **포인터**(pointer)는 이러한 메모리의 주소를 저장하기 위한 변수를 말한다. 포인터에도 모두 한 순간에는 하나의 주소가 들어간다. 포인터는 "가리킨다"는 동사 point에 er을 붙인 것으로, "가리키는 것"이란 의미이다.

보통 컴퓨터의 메모리는 바이트(8비트) 단위로 구성되어 있고 그림 5.1과 같이 각 바이트마다 순차적으로 주소가 매겨져 있다.

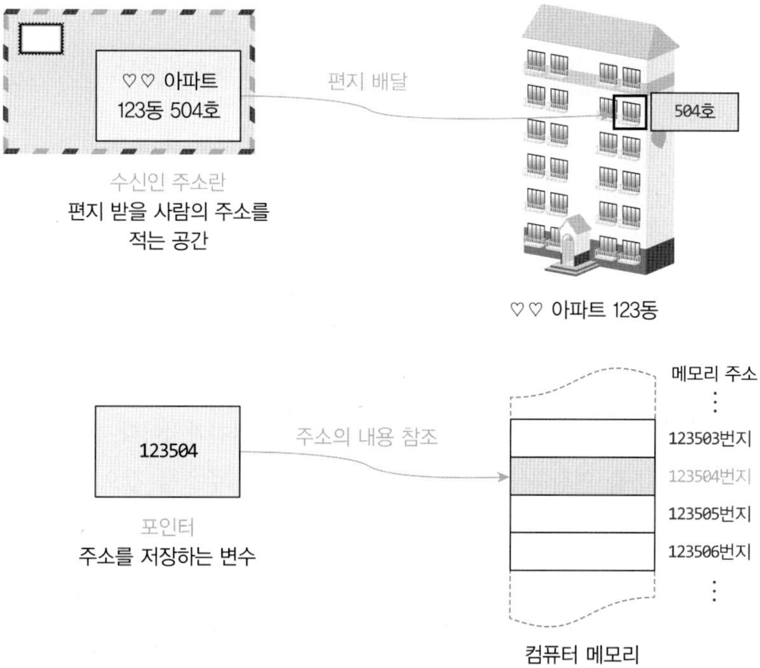

| 그림 5.1 편지봉투의 주소란과 포인터의 비교.

포인터 선언

포인터도 변수이므로 일반 변수와 같이 사용하기 전에 먼저 선언되어야 한다. 포인터는 항상 어떤 자료형의 변수를 가리키므로, 가리키는 자료형을 먼저 쓰고 *를 붙인 다음 변수 이름을 쓴다. 이때, *는 곱셈과는 전혀 상관이 없다.

```
int* pi;        // int 변수를 가리킬 목적의 포인터 pi를 선언
float *pf;      // float 변수를 가리킬 목적의 포인터 pf를 선언
```

*는 자료형이나 변수쪽에 모두 붙일 수 있다. 의미적으로는 첫 번째 방법이 자료형과 변수가 구분되어 훨씬 우수하다. 그러나 한 문장으로 여러 개의 포인터 변수를 선언하고자 할 때에는 두 번째 방법을 사용해야 한다.

```
char* p, q, r;      // p는 char* 변수, q와 r은 char 변수
char *p, *q, *r;    // p, q, r 모두 char*형 변수
```

이상의 포인터는 선언만 되었지 초기화되지 않았다. 포인터는 사용하기 전에 반드시 초기화해야 한다. 그림 5.2는 포인터를 선언하고 초기화하는 예를 보여준다.

| 그림 5.2 포인터의 선언과 초기화

모든 변수는 이름, 주소, 값을 갖는다. 이것은 포인터도 마찬가지이다. 포인터 p는 마지막 문장과 같이 **주소 추출** 연산자 &를 사용해 구한 변수 i의 주소를 값으로 갖고 나면 이제 사용할 수 있다. 드디어 포인터가 어떤 변수를 가리키게 된 것이다.

포인터의 활용

포인터가 가리키는 메모리의 내용을 추출하거나 변경하려면 역참조 연산자 *를 사용한다. 이제 다음 문장으로 변수 i의 값을 변경할 수 있다.

```
*p = 20;  // i = 20;과 동일한 문장
```

*p는 p가 가리키는 곳의 내용을 의미하므로 결국 *p와 변수 i는 완전히 동일하다. *p의 값을 변경하면 변수 i의 값도 바뀐다. 곱셈 기호 *가 여러 가지 방법으로 사용되어 약간 혼란스러울 수 있다. 다음 문장을 보고 이를 구분해 보자.

```
c = a * b;      // 곱셈 연산자로 사용된 *
int * p;        // 포인터 선언에 사용된 *
*p = 20;        // 포인터의 역참조 연산자로 사용된 *
```

비트단위 AND연산자 기호인 &도 두 가지 방법으로 사용되었다.

```
c = a & b;      // 비트단위 AND 연산자로 사용된 &
p= &i;          // 변수의 주소추출 연산자로 사용된 &
```

이들 기호가 사용된 형태에 따라 의미가 달라지는 것을 정확히 구분할 수 있어야 한다.

조금 더 복잡한 상황을 생각해 보자. 경우에 따라서는 어떤 포인터가 다른 포인터를 가리켜야 하는 경우도 발생한다. 이 경우 자료형은 어떻게 될까? `int` 변수를 가리키는 포인터 p가 있을 때, 이 포인터를 가리키는 포인터 pp를 선언해 보자. pp의 자료형은 무엇이 되어야 할까? p의 자료형에 *를 붙이면 된다. p의 자료형이 `int*`이므로 pp의 자료형은 `int**`가 된다.

```
int i = 10;
int* p = &i;
int** pp = &p;
```

| 그림 5.3 이중 포인터의 선언과 초기화

이중 포인터는 더 복잡해 보이지만, 원리를 생각하면 일반 포인터와 차이가 없다. 이름과 주소를 갖고, 어떤 포인터 변수가 저장된 주소를 값으로 갖는다. 역참조나 주소 추출 연산자도 동일하게 적용된다. 표 5.1은 그림 5.3의 코드에 나타난 각 변수의 자료형과 동일한 표현을 정리하였다.

| 표 5.1 변수, 포인터 변수 및 이중 포인터 변수

표현	자료형	동일한 표현
10	int (상수)	
i	int	*p, **pp
p	int*	*pp, &i
pp	int**	&p

포인터는 다음과 같이 여러 가지 자료형의 대상에 대해 선언될 수 있다.

```
void*  p;        // 임의 자료형의 주소를 저장하기 위한 포인터
int*   pi;       // int 변수의 주소를 저장하기 위한 포인터
float* pf;       // float 변수의 주소를 저장하기 위한 포인터
char*  pc;       // char 변수의 주소를 저장하기 위한 포인터
int**  pp;       // 포인터 변수의 주소를 저장하기 위한 포인터
```

```
Test*   ps;          // Test 구조체의 주소를 저장하기 포인터
void (*f)(int);      // int를 매개변수로 갖고 반환이 없는 함수의 주소를 저장하기 위한 포인터
```

void *p는 아무것도 가리키지 않는 포인터를 의미한다. void 포인터는 필요할 때마다 다음과 같이 다른 포인터로 바꾸어서 사용한다.

```
pi = (int*)p;        // p를 정수 포인터로 변경하여 pi로 대입
```

포인터 연산

포인터에 대한 연산은 보통의 연산과 다른 의미를 지닌다. 정수 포인터에 값을 더하거나 빼보자. 다음과 같이 정수 포인터를 생성하고 정수 변수를 가리키도록 하자.

```
int A[5];
int* pi;
pi = &A[2];
```

pi+1, pi-1의 값은 어떻게 될까? pi-1은 pi가 가리키는 객체 하나 앞에 있는 객체를 가리키고 pi+1은 pi가 가리키는 객체 하나 뒤에 있는 객체를 가리킨다. 즉 그림 5.4와 같이 pi+1은 A[3]를 pi-1은 A[1]을 가리킨다. 포인터에 대한 사칙 연산은 일반적인 사칙 연산과 다른 의미를 가진다.

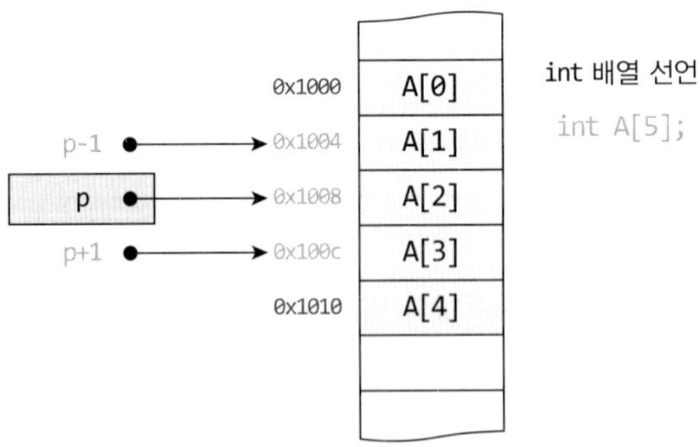

| 그림 5.4 포인터의 연산

다음의 문장들을 잘 구분하여 사용하여야 한다.

① p : 포인터
② *p : 포인터가 가리키는 값
③ *p++ : 포인터가 가리키는 값을 가져온 다음, 포인터를 한 칸 증가
④ *p-- : 포인터가 가리키는 값을 가져온 다음, 포인터를 한 칸 감소
⑤ (*p)++ : 포인터가 가리키는 값을 증가시킴

포인터와 배열

배열은 포인터와 밀접한 관계를 가진다. 왜냐하면 배열의 이름이 바로 포인터이기 때문이다. 배열 이름은 첫 번째 배열 원소의 주소와 같다. 사실 배열 이름은 상수 포인터이다. 즉 주소를 바꿀 수는 없다.

```
int A[5], *p, i=10;
p = A;          // 배열 이름이 포인터이므로 p에 복사.
p[3] = 20;      // 포인터를 배열처럼 사용 할 수 있음(A[3]=20과 동일)
p = &i;         // p에 변수 i의 주소 복사
*p = 30;        // i=30과 동일한 문장
A = &i;         // 오류: A의 주소를 바꿀 수는 없음(상수 포인터)
```

특히 포인터에 인덱스 연산자를 적용해 배열과 같이 사용할 수 있는 것에 유의하라.

포인터와 구조체

포인터는 구조체를 가리킬 수도 있다. 2장에서 공부한 다항식 구조체를 생각해 보자.

```
typedef struct {
    int degree;
    float coef[MAX_DEGREE];
} Polynomial ;
```

다음은 다항식 구조체 변수와 포인터를 선언하고 사용하는 방법을 보여주는데, 구조체라고 차이가 없다.

```
Polynomial a;
Polynomial* p;
p = &a;
a.degree = 5;
p->coef[0] = 1;
```

멤버를 선택하기 위해 구조체에서는 "."을 사용하지만 포인터에서는 "->" 연산자를 사용해야 한다. 다음의 네 가지 표현들은 모두 정확히 동일하다.

| 표 5.2 구조체와 포인터를 이용한 멤버 참조

구조체를 이용한 표현		포인터를 이용한 표현	
a.degree	(&a)->degree	p->degree	(*p).degree
a.coef[0]	(&a)->coef[0]	p->coef[0]	(*p).coef[0]

자체 참조 구조체

자체 참조 구조체(self-referential structure)는 멤버 중에 자기 자신을 가리키는 포인터가 한 개 이상 존재하는 특별한 구조체를 말한다. 다음은 연결 리스트에서 사용되는 노드 구조체의 예를 보여주고 있다.

```
typedef struct ListNode {
    char data[10];
    struct ListNode* link;
} Node;
```

이와 같은 자체 참조 구조체는 연결 리스트나 트리, 그래프 등에서 매우 광범위하게 사용된다.

포인터 사용시 주의점

포인터는 강력한 개념이지만 프로그램에서 오류를 발생시키는 원인이 되기도 하므로 매우 주의해야 한다. 특히 다음을 명심해야 한다.

① 포인터가 어떤 값을 가리키고 있지 않을 때는 NULL로 설정하는 것이 좋다.

```
int* pi=NULL;
```

② 초기화가 안 된 포인터 변수가 가리키는 곳에 자료를 저장하면 절대 안 된다. 예를 들어, 다음과 같은 코드는 포인터를 초기화시키지 않고 포인터가 가리키는 곳에 값을 대입하고 있어 매우 위험한 코드이다.

```
void main()
{
    char* pc;        // 포인터 pc는 초기화가 안 되어 있음
    *pc = 'E';       // 매우 위험한 코드
}
```

③ 자료형이 다른 포인터 사이의 변환에는 명시적인 형 변환을 사용한다. 다음은 정수 포인터를 실수 포인터로 바꾸는 예를 보여준다.

```
int* pi;
float* pf;
pf = (float*)pi;     // 명시적인 형 변환
```

포인터가 가장 필요한 경우는 다음절의 동적 메모리 할당이다. 그리고 동적 메모리 할당을 이용한 연결 리스트를 공부한다. 포인터는 어렵지만 대표적인 응용인 연결 리스트를 통해 포인터에 자신감을 가져보자.

5.2 동적 메모리 할당

프로그램에서 사용되는 변수나 객체들은 모두 자신만의 메모리를 갖는다. 예를 들어 `int x;` 란 문장이 실행되면 x라는 이름으로 int 형 크기의 메모리가 자동으로 만들어진다. 이후 `x = 10;` 등의 문장을 이용하여 이 변수를 사용할 수 있게 된다. 이와 같은 방법을 **정적 메모리 할당**(static memory allocation)이라고 한다.

- 필요한 메모리의 크기가 프로그램이 컴파일 될 때 결정되고 프로그램의 실행 중에 크기를 변경할 수 없다.
- 생성과 제거가 자동으로 이루어져 프로그램 개발자가 신경 쓸 필요가 없다.
- 변수를 선언만 하면 자동으로 메모리가 할당되고 해당 프로그램 블록이 끝나면 자

동으로 제거된다.

다음은 정적 메모리 할당의 예이다.

```
int i;          // int형 변수 i를 정적으로 할당
int* p;         // 포인터 변수 p를 정적으로 할당
int A[10];      // 길이가 10인 배열을 정적으로 할당
```

배열의 경우를 생각해 보자. 배열을 정적으로 할당하는 것은 매우 간단하지만 경우에 따라 비효율적일 수 있다. 특히, 입력의 크기를 미리 알 수 없는 경우에도 고정된 크기의 메모리를 할당할 수밖에 없다. 만약 할당된 크기보다 더 큰 입력이 들어온다면 처리하지 못할 것이다. 반대로 더 작은 입력이 들어온다면 남은 메모리 공간은 낭비될 것이다. 따라서 **동적 메모리 할당**(dynamic memory allocation) 방법이 필요하다.

만약 다음 문장이 가능하다면 동적 할당도 어렵지 않을 것이다. 그러나 이 문장은 컴파일 오류를 발생시킨다. 배열 선언에서 배열의 크기는 반드시 상수가 되어야 하기 때문이다.

```
int n=10;
int B[n];        // 컴파일 오류.
```

따라서 동적 할당을 위해서는 다음과 같은 새로운 방법이 필요하다.

- 동적 메모리 할당 라이브러리 함수를 사용해 메모리를 생성하고 해제해야 한다.
- 프로그램 실행 중에 필요한 메모리의 크기를 결정하고 시스템으로부터 할당받아서 사용할 수 있다. 사용하다가 더 이상 필요가 없으면 해제한다.
- 필요한 만큼만 할당하고 반납하므로 메모리를 매우 효율적으로 사용할 수 있다.
- 개발자가 메모리의 생성과 해제를 직접 관리해야 하는 번거로움이 있다.

동적 메모리 할당 라이브러리 함수

동적으로 메모리를 할당하여 주소를 반환하는 함수는 다음과 같다.

```
void* malloc(int size)
void* calloc(int num, int size)
```

• malloc()함수 : size 크기의 메모리 블록을 할당하고, 이 메모리 블록의 시작 주소를 반환한다. 이때 단위는 바이트(byte)이다. 반환하는 주소는 void* 형 이므로 적절한 자료형으로 형변환시켜서 사용한다. 만약 메모리의 확보가 불가능하면 NULL을 반환한다. 사용 예는 다음과 같다.

```
char* pc = (char*)malloc(5);                // 문자 5개를 저장할 공간 할당
int* pi = (int*)malloc(sizeof(int));        // int를 저장할 공간 할당
```

• calloc()함수 : 배열 형식의 메모리를 할당한다. 배열 요소의 크기는 size 바이트이고 개수는 num이 된다. 요소들이 0으로 초기화된다는 점만 다르다. 반환 값은 malloc함수와 동일하다.

메모리를 동적으로 해제하는 함수는 다음과 같다.

```
void free(void* ptr)
```

• free() 함수: 동적으로 할당되었던 메모리 블록을 시스템에 반납한다. ptr은 할당되었던 메모리 블록을 가리키는 주소값이다. 앞에서 할당한 pc와 pi가 가리키는 메모리를 해제하는 코드는 다음과 같다. 할당과는 달리 해제시에는 자료형을 명시할 필요가 없는 것에 유의하라.

```
free( pc );
free( pi );
```

포인터와 동적 메모리 할당

다음 문장들에는 문제가 있을까?

```
(int*)malloc(sizeof(int)*10);
(Polynomial*)malloc(sizeof(Polynomial));
```

이 문장들은 메모리를 할당하기만 하고, 반환되는 주소를 저장하지 않았다. 그러면 어떻게 될까? 할당된 메모리를 절대 사용할 수 없다. 주소를 알 수 없기 때문이다. 심지어 메모리를 해제할 수도 없다. 동적으로 할당된 메모리는 반드시 포인터에 저장해야 한다. 그래야 사용할 수도 있고 해제할 수도 있다.

```
int* pi = (int*)malloc(sizeof(int)*10);
Polynomial* pa = (Polynomial*)malloc(sizeof(Polynomial));
pi[3] = 10;            // 동적 할당된 메모리를 배열처럼 사용
pa->degree = 5;        // 동적 할당된 다항식 구조체의 멤버 변경
```

특히 세 번째 문장에 유의하라. 동적 할당한 메모리는 배열과 동일한 방법으로 사용할 수 있다. 마지막 문장은 동적으로 할당된 다항식 구조체의 멤버를 포인터를 이용해 수정하는 것이다. 이와 같이, 동적 할당은 다소 복잡하지만 할당된 메모리를 사용하는 것은 너무 쉽다. 사용 후 할당된 메모리를 해제(시스템에 반납)하는 문장은 다음과 같다.

```
free(pi);
free(pa);
```

약간 더 어려운 경우도 살펴보자. 구조체 배열도 동일한 방법으로 동적으로 할당하고 해제할 수 있다. 다항식을 10개 저장하기 위해 다항식 구조체 Polymomial의 배열을 동적으로 할당하고 사용하는 예는 다음과 같다.

```
Polynomial* list = (Polynomial*) malloc(sizeof(Polynomial)*10);
list[0].degree = 0;          // 0번째 다항식의 degree를 0으로 초기화
list[9].coef[2] = 3.1;       // 9번째 다항식의 2번째 계수를 3.1로 설정
...
free(list);                  // Poly배열을 동적으로 해제
```

이 코드에서 `list`는 구조체 배열이고, `list[k]`는 하나의 다항식 구조체이다. 멤버를 참조하고 배열을 동적으로 해제하는 코드에 유의하라.

5.3 연결 리스트

우리는 앞에서 스택과 큐 등의 자료구조를 배열을 이용하여 구현해보았다. 배열을 이용한 구현은 간단하다는 장점이 있지만 용량이 고정된다는 단점이 있다는 것을 알았다. 배열은 동적으로 크기를 늘리거나 줄일 수 없기 때문에 처음 할당한 공간이 가득 차면 더 이상 데이터를 더 추가할 수 없기 때문이다.

그렇다면 용량이 자동으로 변할 수 있는 보다 자유로운 방법은 없을까? **연결된 표현**(linked representation)을 사용하면 된다. 연결된 표현은 데이터와 링크로 구성되어 있고 링크가 노드들을 연결하는 역할을 한다. 용량이 고정되지 않으므로 연결된 표현은 스택이나 큐뿐만 아니라 리스트나 덱, 트리, 그래프 등 여러 가지의 자료구조를 구현하는데 널리 사용된다.

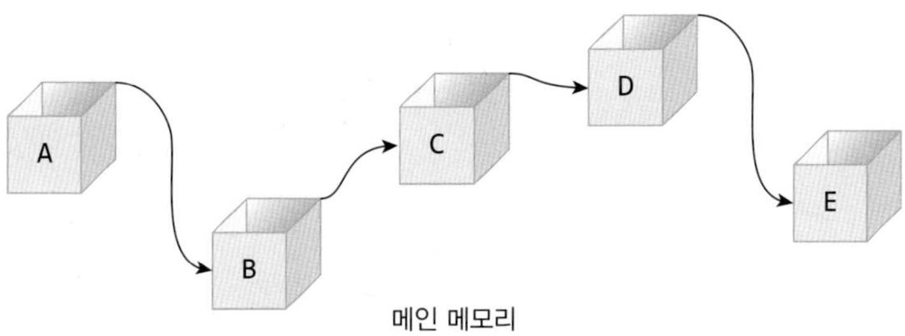

| 그림 5.5 연결된 표현

그림 5.5와 같이 연결된 표현은 줄로 연결된 상자(데이터)라고 생각할 수 있다. 연결된 표현의 특징은 다음과 같다.

- 데이터를 한군데 모아두는 것을 포기한다.
- 데이터들은 메인 메모리상의 어디에나 흩어져서 존재할 수 있다.
- 순서를 유지하기 위해 각각의 데이터는 다음 데이터를 가리키는 줄을 가진다.
- 첫 데이터에서부터 순서대로 줄을 따라가면 모든 데이터를 방문할 수 있다.

이와 같이 물리적으로 흩어져 있는 자료들을 서로 연결하여 하나로 묶는 방법을 **연결 리스트**(linked list)라고 한다. 이때, 상자를 연결하는 줄이 포인터가 되는데, 포인터를 사용하면 하나의 자료에서 다음 자료로 쉽게 이동할 수 있다. 배열에 비해 연결 리스트는 다음과 같은 장점이 있다.

- 크기가 고정되지 않는다. 배열을 사용하면 처음 선언한 크기로 고정되는데 비해 연결 리스트는 메모리를 할당할 수 있는 한 계속 자료를 넣을 수 있다.
- 중간에 자료를 삽입하는 것이 용이하다. 만약 배열에서 중간에 어떤 자료를 추가하려면 그 위치 이후의 모든 자료들을 뒤로 하나씩 복사한 후 그 자리에 자료를 넣어야 할 것이다(6장의 그림 6.5 참조). 그러나 연결 리스트에서는 이런 문제가 없다. 그림 5.6에서와 같이 데이터 B와 C사이에 데이터 N을 삽입하고자 하면 점선과 같이 B에서 N을 가리키도록 하고 N이 C를 가리키도록 링크만 수정해 주면 된다.

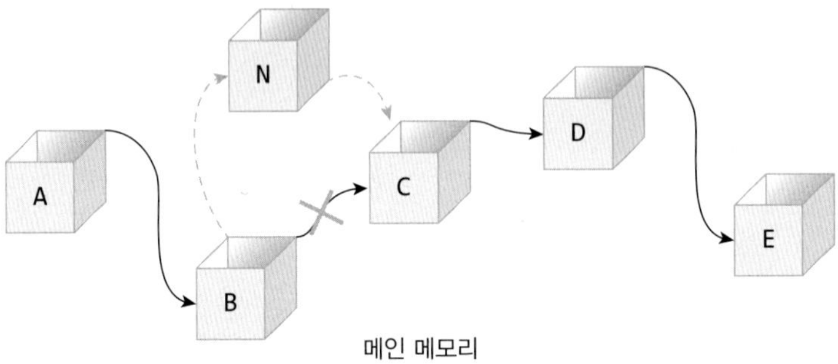

| 그림 5.6 연결 리스트에서의 삽입연산

- 삭제 연산도 마찬가지이다. 그림 5.7과 같은 연결 리스트에서 항목 C를 삭제하려고 하면 데이터들을 옮길 필요가 없이(6장의 그림 6.6 참조) 그냥 데이터들을 연결하는 줄만 수정하면 된다.

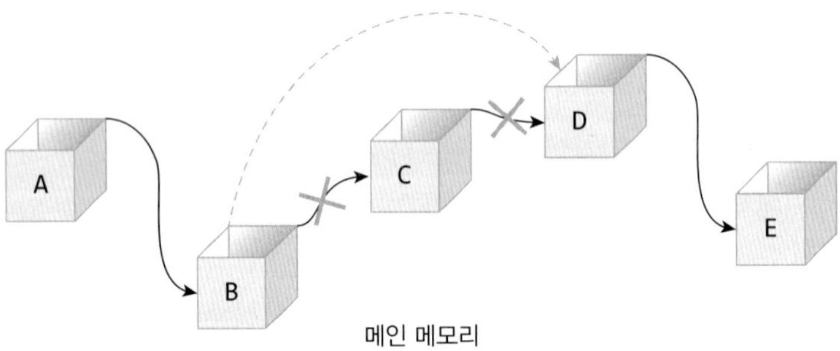

| 그림 5.7 연결 리스트에서의 삭제연산

• 데이터 저장을 위한 메모리를 공간이 필요할 때마다 동적으로 만들어 쉽게 추가할 수 있다는 것이다. 이것은 사용하지 않더라도 한꺼번에 많은 공간을 할당해야 하는 배열에 비해 상당한 장점이다.

그러나 연결 리스트는 이러한 장점에도 불구하고 배열에 비해 상대적으로 구현이 어렵고 오류가 발생하기 쉽다.

연결리스트의 구조

노드 (node)

앞의 그림에서의 상자를 컴퓨터 용어로 **노드**(node)라고 부른다. 연결 리스트는 노드들의 집합이며 이들은 데이터를 저장하고 있고 서로 연결되어 있다. 일반적인 노드는 그림 5.8과 같이 **데이터 필드**(data field)와 **링크 필드**(link field)로 구성되어 있다.

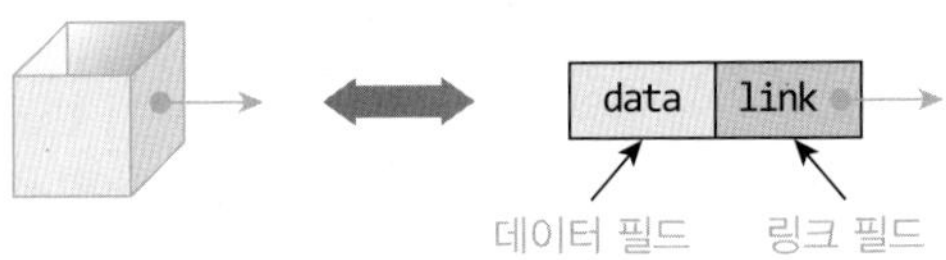

| 그림 5.8 연결 리스트에서의 노드의 구조

데이터 필드에는 우리가 저장하고 싶은 데이터가 들어간다. 이것은 정수가 될 수도 있고 구조체와 같은 복잡한 자료형이 될 수도 있다. 링크 필드에는 다른 노드를 가리키는, 즉 다른 노드의 주소를 저장하는 포인터 변수가 있다. 이 포인터를 이용하여 현재 노드에 연결된 다음 노드를 알 수 있다.

헤드 포인터 (head pointer)

연결 리스트는 첫 번째 노드를 알면 링크로 매달려 있는 모든 노드에 순차적으로 접근할 수 있다. 따라서 이 주소를 반드시 저장해야 한다. 연결 리스트에서 첫 번째 노드의 주소를 저장하는 포인터를 **헤드 포인터**(head pointer)라고 한다. 마지막 노드는 더 이상 연결할 노드가 없는데, 링크 필드의 값을 NULL로 설정하여 이 노드가 마지막임을 표현한다.

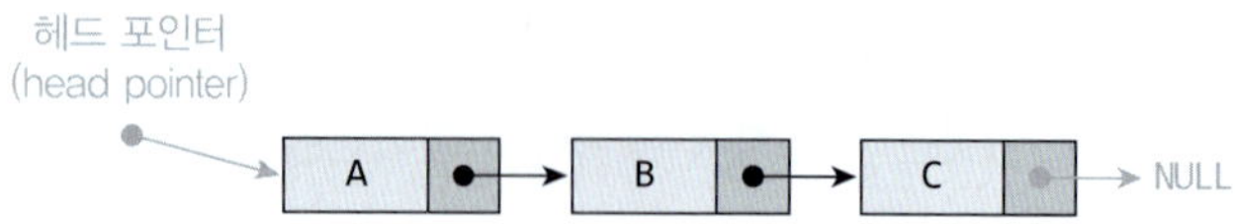

| 그림 5.9 연결 리스트에서의 헤드 포인터와 NULL 링크 필드

연결 리스트의 특징

연결 리스트는 다음과 같은 특징을 갖는다.

- 노드들은 메모리의 어느 곳에나 위치할 수 있다. 즉, 노드들의 주소가 연결 리스트 상의 순서와 동일하지 않다. 인접한 노드가 인접한 메모리에 있지도 않다.
- 연속적인 기억공간이 없어도 데이터를 저장하는 것이 가능하고 미리 공간을 확보할 필요도 없다. 필요할 때마다 동적으로 노드를 생성해 연결하기 때문이다.
- 링크 필드를 위한 추가 공간이 필요하다.
- 연산의 구현이나 사용 방법이 배열에 비해 복잡하다. 이것은 프로그래밍이 어려워지고 오류가 발생할 가능성도 많아지는 것을 의미한다.
- 오류가 없더라도 동적 할당과 해제가 너무 빈번하게 일어나면 메모리 관리를 위한 처리시간이 길어져 프로그램이 느려질 수 있는 단점도 있다.

연결리스트의 종류

연결 리스트에는 다음과 같은 3가지 종류가 있다. **단순 연결 리스트**(singly linked list)는 하나의 방향으로만 연결되어 있으며, 맨 마지막 노드의 링크 필드는 NULL값을 가진다. **원형 연결 리스트**(circular linked list)는 단순 연결 리스트와 같지만 맨 마지막 노드의 링크 값이 다시 첫 번째 노드를 가리킨다는 것이 다르다. **이중 연결 리스트**(doubly linked list)는 각 노드마다 링크 필드, 즉 포인터가 2개씩 존재한다. 따라서 각각의 노드는 **선행 노드**(previous node)와 **후속 노드**(next node)를 모두 가리킬 수 있다. 이 장에서는 단순 연결 리스트만을 다룬다.

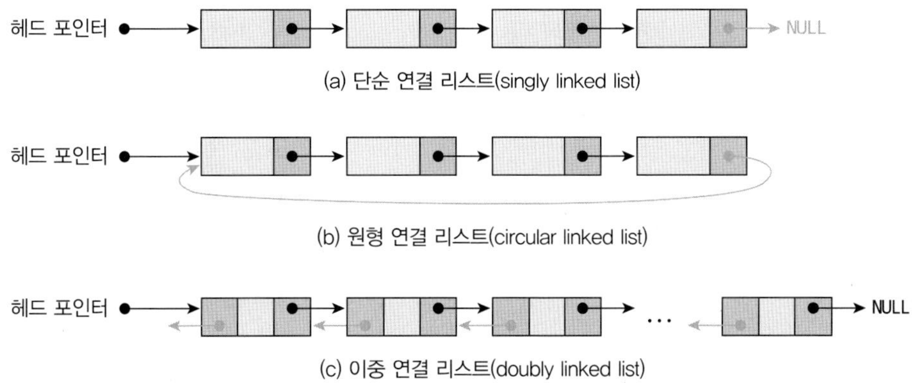

| 그림 5.10 연결 리스트의 3가지 종류

5.4 포인터의 응용: 연결리스트로 구현한 스택

연결된 스택의 구조

우리는 3장에서 배열을 이용해 스택을 구현하였다. 이제 연결 리스트로 스택을 다시 구현해 보자. 배열을 이용한 스택과는 달리 연결된 스택에서는 각 요소들을 한꺼번에 할당하지 않고 필요할 때 마다 하나씩 동적으로 할당한다. 연결된 스택에서는 **노드 구조체**를 추가로 정의해야 하는데, 스택에 저장할 요소 정보(데이터 필드)와 함께 다음 노드를 가리키기 위한 포인터(링크 필드)를 멤버로 가진다. int를 저장하는 스택의 경우 Element를 int로 지정하고, 다음과 같은 노드 구조체를 정의할 수 있다.

```
typedef int Element;                // 스택에 저장할 항목 자료형 지정
typedef struct LinkedNode {
    Element data;                   // 데이터 필드: 항목의 정보
    struct LinkedNode* link;        // 링크 필드(포인터): 다음 노드를 가리킴
} Node;
```

스택을 위한 데이터는 어떻게 될까? 배열의 경우 data배열과 top변수를 사용했다. 이제 배열이 아니므로 data는 필요 없다. 배열의 인덱스를 나타내던 top은 이제 **포인터**가 된다. 즉, 그림 5.11과 같이 첫 번째 노드를 가리켜야(첫 번째 노드의 주소를 저장함) 한다.

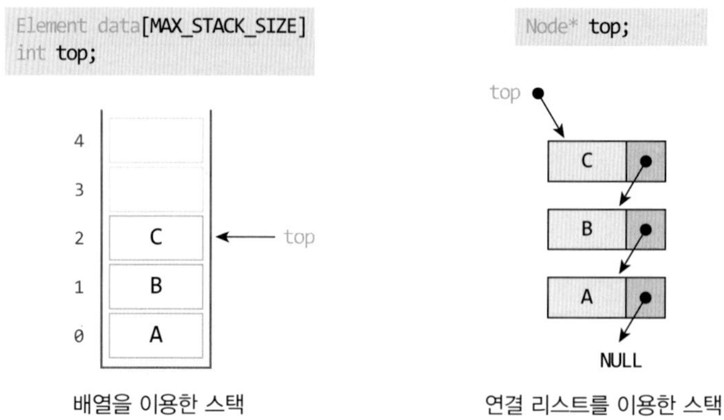

| 그림 5.11 배열을 이용한 스택과 연결리스트를 이용한 스택의 비교

결국, 연결 리스트로 구현한 스택에서 top은 **헤드 포인터**이다. 그리고 이것은 연결된 스택의 유일한 데이터이다. 다음과 같이 선언하면서 NULL로 초기화하는 것이 좋다.

```
Node* top = NULL;
```

연결된 스택의 연산

연결된 스택에서 연산들을 알아보자. 연결된 스택에서 공백상태는 헤드 포인터 top이 NULL값을 갖는 경우이다. 그리고 포화상태는 동적 메모리 할당만 된다면 노드를 생성할 수 있기 때문에 의미가 없다. 따라서 is_full()연산이 더 이상 필요 없다. 스택의 초기화는 공백상태로 만드는 것이므로 top에 NULL을 복사하면 된다. 삽입과 삭제는 좀 더 복잡해진다. 연결된 스택에서 이들 연산이 어떻게 이루어지는지 알아보자.

삽입 연산

먼저 그림 5.12와 같이 헤드 포인터 top이 노드 C를 가리키고 있고, C의 링크 필드가 노드 B를, B의 링크 필드가 다시 노드 A를 가리키고 있다고 하자. 이것은 스택에 노드 A, 노드 B, 노드 C가 순서대로 삽입된 상황이다. 노드 A의 링크 필드는 NULL 값을 갖는데, 이것은 더 이상 연결된 노드가 없다는 것을 의미한다.

새로운 노드 D를 스택에 삽입하는 연산을 생각해 보자. 연산이 성공하면 top은 노드 D를 가리키고, D는 C를 가리켜야 한다. 포인터 p가 노드 D를 가리키고 있다고 하면, 삽입 연산은 다음과 같이 두 단계로 이루어진다.

① 노드 D의 링크 필드가 노드 C를 가리키도록 함: p->link = top;

② 헤더 포인터 top이 노드 D를 가리키도록 함: top = p;

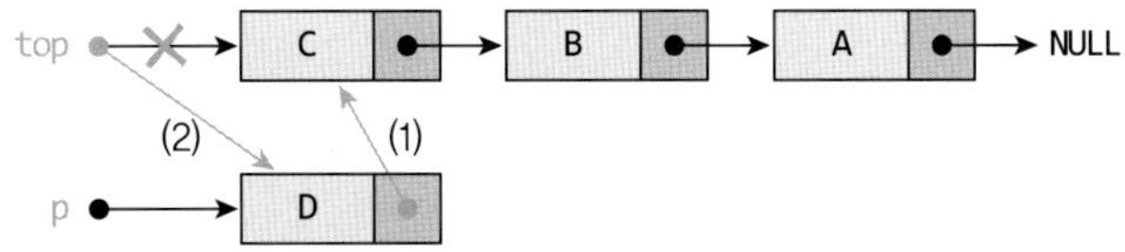

| 그림 5.12 연결된 스택의 삽입 연산: 노드 D를 스택에 삽입하는 과정

C언어로 이 연산을 구현할 때에는 먼저 한 가지 처리해야 하는 것이 있다. 전달된 항목을 저장할 노드 p를 동적으로 생성하는 것인데, 데이터 필드에 항목이 복사된다. 이후 그림 5.12와 같은 순서로 삽입한다.

프로그램 5.1 연결된 스택의 삽입 연산

```
void push(Element e)
{
    Node* p = (Node*)malloc(sizeof(Node));    // 노드 동적 할당
    p->data = e;                              // 데이터 필드 초기화

    p->link = top;  // 그림 5.12의 (1)
    top = p;        // 그림 5.12의 (2)
}
```

삭제 연산

그림 5.13은 삭제 연산 과정을 보여주고 있다. 스택에서의 삭제는 가장 최근에 삽입된 요소(노드 C)를 꺼내 반환하는 것이다. 삭제 연산 과정은 다음과 같다.

① 포인터 변수 p가 노드 C를 가리키도록 함: p = top;

② 헤더 포인터 top이 다음 노드를 가리키도록 함: top = p->next;

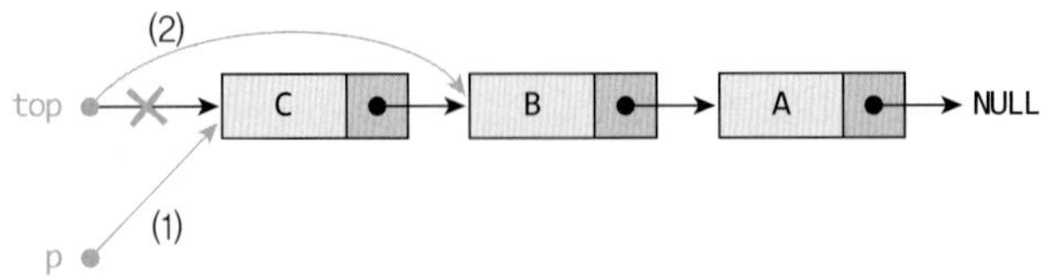

| 그림 5.13 연결된 스택의 삭제 연산: 스택 상단의 노드 C를 삭제하는 과정

이 연산을 구현할 때에도 처리해야 하는 것이 있는데, 메모리를 동적으로 해제하는 것이다. 항목을 반환해야 하므로 해제 전에 데이터 필드를 저장해두고, 노드를 해제한 후, 저장된 항목을 반환한다. 다음 코드에서 10행~12행의 항목 반환 방법에 유의하라.

프로그램 5.2 연결된 스택의 삭제 연산

```
01  Element pop()
02  {
03      Node* p;
04      Element e;
05      if (is_empty())
06          error("스택 공백 에러");
07
08      p = top;            // 그림 5.13의 (1)
09      top = p->link;      // 그림 5.13의 (2)
10      e = p->data;        // 항목 데이터를 복사해 둠.
11      free(p);            // 노드 동적 해제.
12      return e;           // 복사한 항목 데이터를 반환.
13  }
```

기타 연산들

peek() 연산은 top의 항목(데이터 멤버)을 반환하면 된다. 그러나 반드시 먼저 공백상태를 검사해야 한다.

연결된 스택에서는 노드를 동적으로 할당하므로 사용이 끝나면 개발자가 직접 남은 노드들을 모두 해제해야 한다. 따라서 destroy_stack()이란 연산을 추가하는데, 노드들은 한꺼번에 해제할 수 없으며, 노드를 동적으로 할당한 횟수와 동일하게 해제함수를 호출해야 한다. 개념은 복잡해 보이지만 방법은 쉽다. 스택이 공백상태가 아닐 동안 계속 **pop()**연산으로 노드를 꺼내고 해제하면 된다. 프로그램 5.2의 **pop()**에 노드의 동적 해제 기능이 포함된 것을 기억하라.

프로그램 5.3 연결된 스택의 기타 연산들

```
Element peek()
{
      if (is_empty())
            error("스택 공백 에러");
      return top->data;
}

void destroy_stack()
{
      while (is_empty() == 0)
            pop();
}
```

스택의 크기를 계산하는 **size()**함수는 좀 복잡해진다. 그림 5.14와 같이 **top**부터 하나씩 다음 노드를 따라가면서 몇 개의 노드가 연결되었는지 확인해야하기 때문이다. 마지막 노드는 링크 필드가 **NULL**인 것을 보고 알 수 있다.

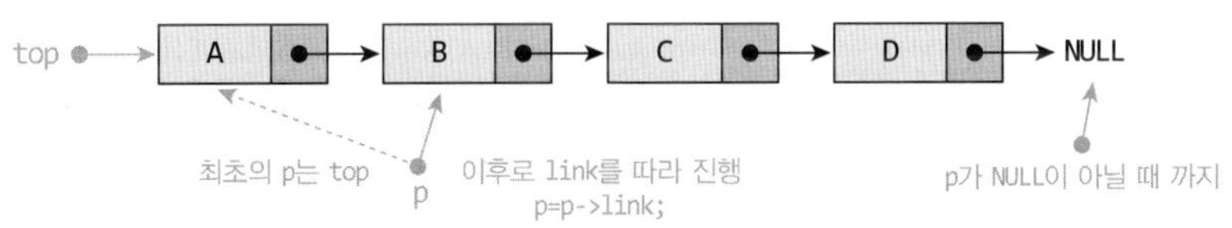

| 그림 5.14 연결된 스택에서 전체 노드 방문 방법

프로그램 5.4 연결된 스택의 항목개수 측정 연산

```
int size()
{
     Node *p;
     int count = 0;
     for (p = top; p != NULL; p = p->link) count++;
     return count;
}
```

전체 프로그램: int 스택

연결리스트를 이용한 int 스택의 전체 프로그램을 구현해 보자. 노드 구조체를 정의하고, 헤더 포인터를 선언한 후 연산들을 구현하면 된다. 스택의 모든 항목을 화면에 출력하는 print_stack() 연산은 size()와 같이 top부터 시작하여 모든 노드를 한 번씩 방문해야 한다. 이때 배열을 이용한 구현과 비교하면 항목의 출력순서가 반대인 것에 유의하라. 배열은 인덱스로 출력 방향을 쉽게 바꿀 수 있지만, 연결된 스택에서는 그렇지 않다. top에서 시작하는 것이 편리하지만, 반대 방향 출력은 아주 어렵다. 왜 그런지 생각해 보라. 프로그램 5.5는 연결된 스택 전체 프로그램을 보여준다. main()함수는 출력 메시지 내용과 마지막에 destroy_stack()을 호출한 것을 제외하고 프로그램 3.1과 정확히 동일하다. 이것은 스택의 구현 방법이 달라져도 사용자 입장에서의 인터페이스는 전적으로 동일한 것을 의미한다. 달라지는 것은 스택의 내부의 구현일 뿐이다.

프로그램 5.5 연결된 스택 테스트 프로그램

```
#include <stdio.h>
#include <stdlib.h>

typedef int Element;
typedef struct LinkedNode {
    Element data;                        // 데이터 영역
    struct LinkedNode* link;             // 다음 노드를 가리키는 포인터 변수
} Node;
Node* top = NULL;                        // 연결 리스트의 헤드 포인터
```

```
void error(char* str)
{
    fprintf(stderr, "%s\n", str);
    exit(1);
};

int is_empty() { return top == NULL; }
void init_stack() { top = NULL; }
int size(){...}                // 프로그램 5.4와 동일
void push(Element e){...}      // 프로그램 5.1과 동일
Element pop(){...}             // 프로그램 5.2와 동일
Element peek(){...}            // 프로그램 5.3과 동일
void destroy_stack(){...}      // 프로그램 5.3과 동일

void print_stack(char* msg)
{
    Node *p;
    printf("%s[%2d]= ", msg, size());
    for (p = top; p != NULL; p = p->link)
        printf("%2d ", p->data);
    printf("\n");
}

void main()
{
    int i;

    init_stack();
    for (i = 1; i<10; i++)
        push(i);
    print_stack("연결된스택 push 9회");
    printf("\tpop() --> %d\n", pop());
    printf("\tpop() --> %d\n", pop());
    printf("\tpop() --> %d\n", pop());
    print_stack("연결된스택 pop  3회");
    destroy_stack();
    print_stack("연결된스택 destroy ");
}
```

코드 설명

4-8행 Element지정 및 Node 구조체 선언.

9행 연결된 스택의 헤더 포인터 선언 및 NULL로 초기화.

17-18행 공백상태 검사와 초기화 함수.

25-32행 스택의 모든 노드 내용을 화면에 출력하는 함수. size()함수와 같이 모든 노드를 한 번씩 방문하기 위한 코드에 유의할 것. 이때 출력되는 순서는 배열에서와 달리 가장 최근에 입력된 항목부터인 것에 유의할 것.

34-48행 연결된 스택 테스트 프로그램. 프로그램 3.1의 main()함수와 동일하고, 마지막에 남은 노드의 동적 해제를 위한 destroy_stack() 함수를 호출함.

프로그램 3.1에 비해 코드가 다소 복잡해졌다. 결과는 다음과 같다.

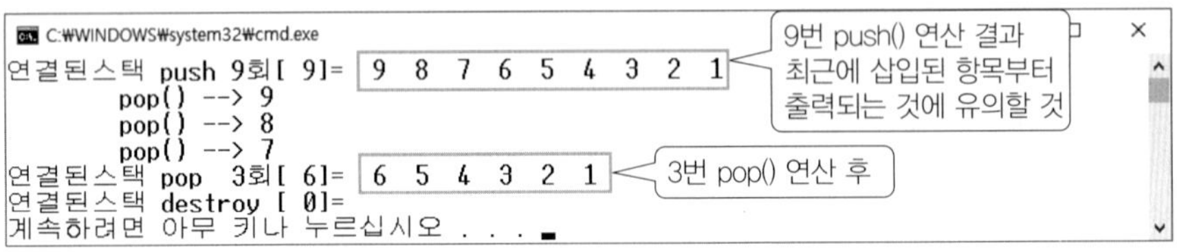

5.5 포인터의 응용: 연결리스트로 구현한 큐

연결된 큐의 구조

큐도 연결 리스트를 이용하여 구현할 수 있는데, 이러한 큐를 **연결된 큐**(linked queue)라고 한다. 연결된 큐도 크기가 제한되지 않고 필요한 메모리만 사용한다는 장점과, 코드가 더 복잡하고 링크 필드 때문에 메모리 공간을 조금 더 사용하는 단점이 있다.

연결된 큐도 메모리 공간에서 물리적으로 흩어져 있는 노드들로 이루어진다. 원형큐에서 front와 rear가 배열의 인덱스를 나타내는데 비해 연결된 큐에서 이들은 포인터 변수가 된다. 그림 5.15와 같이 **front**는 큐에 가장 먼저 삽입된 노드를, **rear**는 가장 최근에 삽입된 노드를 가리킨다. 각 노드들은 다음 노드를 가리키는 링크 필드를 가지며, 마지막(가장 최근에 삽입된 노드) 노드의 링크 필드는 **NULL**이 되어 더 이상 연결된 요소가 없음을 나타낸다.

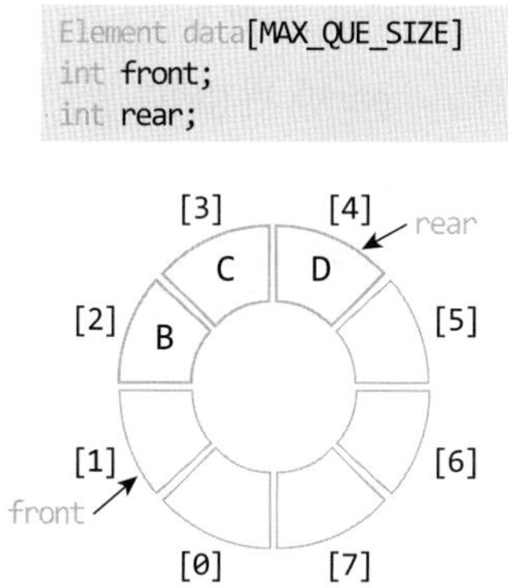

배열을 이용한 원형 큐

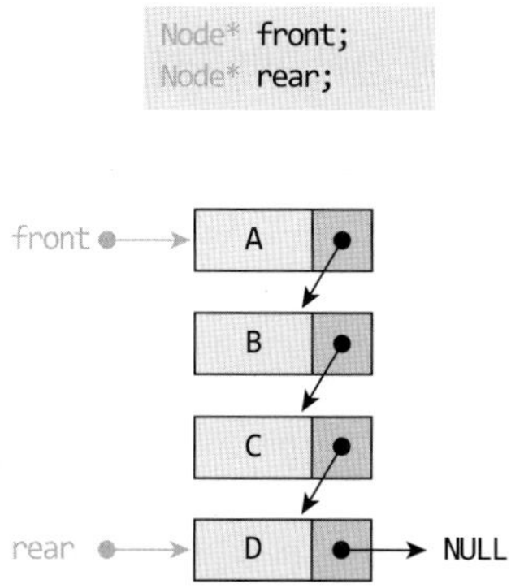

연결 리스트를 이용한 큐

| 그림 5.15 배열을 이용한 원형 큐와 연결리스트를 이용한 큐 비교

C언어로 int를 저장하는 연결된 큐를 표현해 보자. 노드의 구조체는 앞 절의 연결된 스택과 동일하다. 큐를 위한 데이터는 front와 rear이고, 이들은 다음과 같이 선언하면서 NULL로 초기화하는 것이 좋다.

```
Node* front = NULL;
Node* rear = NULL;
```

연결된 큐의 연산

연결된 큐에서 연산들을 알아보자. 공백상태는 front와 rear가 NULL이인 경우이다. 포화상태는 역시 의미가 없다. 큐의 초기화는 front와 rear를 모두 NULL로 설정하면 된다.

큐의 크기를 계산하는 size()는 스택의 경우와 거의 비슷하다. 차이는 front부터 하나씩 따라가는 것뿐이고, 마지막 노드는 링크 필드가 NULL인 것을 보고 알 수 있다. 큐를 동적으로 해제하는 delete_queue()도 스택과 거의 비슷하다. 큐가 공백상태가 아닐 동안 계속 dequeue()연산을 수행하면 된다. 삽입과 삭제는 역시 약간 복잡하다.

삽입 연산

연결된 큐에서의 삽입 연산은 연결 리스트의 후단(rear)에 새로운 노드를 추가하면 된다. 그림 5.16은 연결된 큐의 삽입 연산 과정을 보여준다. 만약 큐가 (a)와 같이 공백상태라면

front와 rear 모두 새로운 노드 p를 가리키도록 하면 된다. 만약 (b)와 같이 공백상태가 아니라면 다음과 같이 처리한다. front는 바뀌지 않고 rear만 변경된다.

① rear가 가리키는 노드 C가 노드 p를 가리키도록 함: `rear->link = p;`
② rear가 이제 노드 p를 가리키도록 함: `rear = p;`

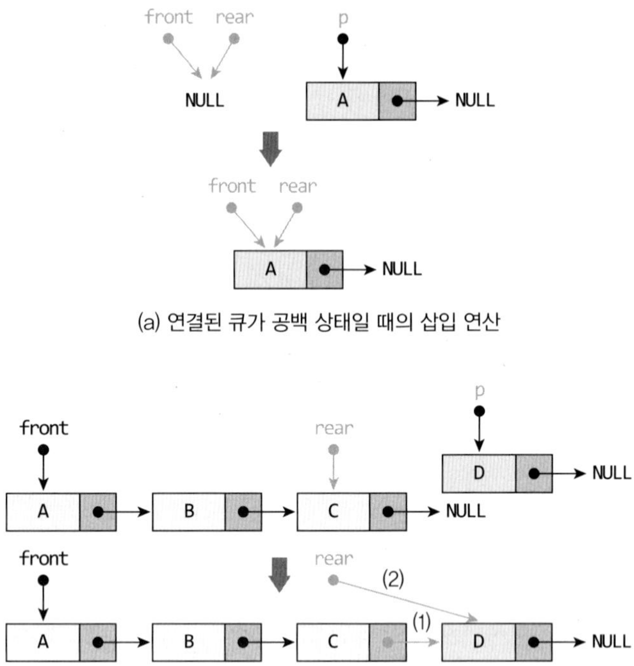

(a) 연결된 큐가 공백 상태일 때의 삽입 연산

(b) 연결된 큐가 공백 상태가 아닐 때의 삽입 연산

| 그림 5.16 연결된 큐의 삽입 연산

함수로 구현할 때에는 먼저 노드를 동적으로 할당하고 데이터 필드와 링크 필드를 초기화해야 한다. 초기화가 끝나면 그림 5.16과 같은 순서로 처리하면 된다.

프로그램 5.6 연결된 큐의 삽입 연산

```
void enqueue(Element e)
{
    Node* p = (Node*)malloc(sizeof(Node));    // 노드 동적 할당
    p->data = e;                              // 데이터 필드 초기화
    p->link = NULL;                           // 링크 필드 초기화

    if (is_empty()) front = rear = p;         // 그림 5.16의 (a)
    else {
        rear->link = p;                       // 그림 5.16 (b)의 (1)
        rear = p;                             // 그림 5.16 (b)의 (2)
    }
}
```

삭제 연산

큐에서 삭제 연산은 연결 리스트의 전단(front)에서 노드를 꺼내오면 된다. 그림 5.17은 삭제 연산의 과정을 보여준다. 삭제 연산은 먼저 큐가 공백상태인가를 검사하여야 한다. 만약 공백상태라면 당연히 오류가 되고, 오류 메시지를 출력하고 종료한다. 공백상태가 아니면 임시 포인터 p를 이용하여 다음과 같이 처리한다.

① front가 가리키는 노드 A를 p가 가리키도록 한다: `p = front;`
② front가 다음 노드 B를 가리키도록 한다: `front = p->link;`

만약 노드가 하나뿐이면 처리 후 front가 NULL이 되는데, 이 경우 그림의 (b)와 같이 rear도 NULL로 만들어주어야 한다. 프로그램 5.7은 삭제 연산을 코드를 보여주는데, 항목을 반환하기 위한 12~14행에 유의하라.

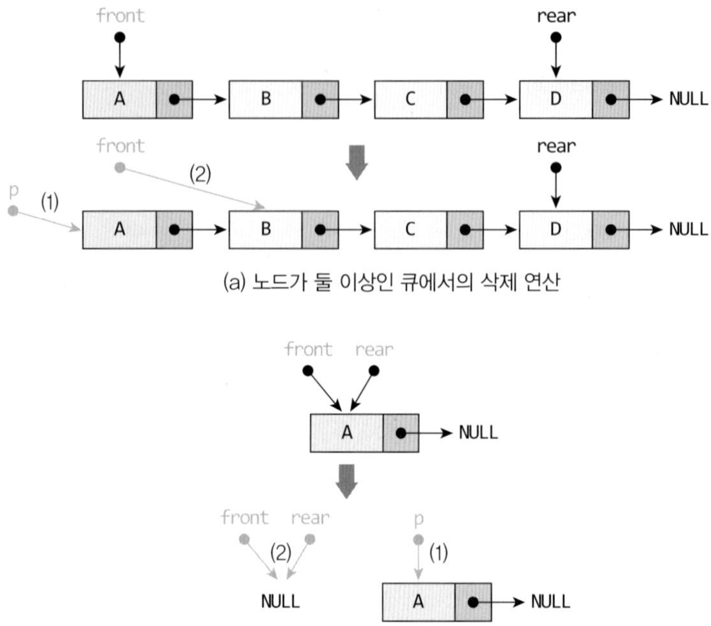

(a) 노드가 둘 이상인 큐에서의 삭제 연산

(b) 노드가 하나 있는 연결된 큐에서의 삭제 연산

| 그림 5.17 연결된 큐의 삭제 연산

프로그램 5.7 연결된 큐의 삭제 연산

```
Element dequeue()
{
    Node* p;
    Element e;

    if (is_empty())
        error("  큐 공백 에러");

    p = front;                          // 그림 5.17 (a)와 (b)의 (1)
    front = front->link;                // 그림 5.17 (a)와 (b)의 (2)
    if (front == NULL) rear = NULL;     // 그림 5.17 (b)의 (2)
    e = p->data;                        // p의 항목 복사
    free(p);                            // p를 동적 해제
    return e;                           // 복사된 항목을 반환
}
```

전체 프로그램: int 큐

연결 리스트를 이용해 int 큐를 구현해 보자. 노드 구조체를 정의하고, **front**와 **rear** 포인터를 선언한 후 큐 연산들을 함수로 구현해 주면 된다. 다음은 연결된 큐의 전체 프로그램을 보여준다. main()함수도 출력 메시지를 제외하면 원형 큐의 경우와 동일하다. 구현만 다르고 같은 인터페이스를 사용한다.

프로그램 5.8 연결된 큐 테스트 프로그램

```
#include <stdio.h>
#include <stdlib.h>

typedef int Element;
typedef struct LinkedNode {
    Element data;                   // 데이터 영역
    struct LinkedNode* link;        // 다음 노드를 가리키는 포인터 변수
} Node;
Node* front = NULL;
Node* rear = NULL;

void error(char str[]){...}         // 프로그램 5.1의 error()함수와 동일

int is_empty() { return front == NULL; }
void init_queue() { front = rear = NULL; }
int size()
{
    Node *p;
    int count = 0;
    for (p = front; p != NULL; p = p->link) count++;
    return count;
}
void enqueue(Element e){...}        // 프로그램 5.6의 함수와 동일
Element dequeue(){...}              // 프로그램 5.7의 함수와 동일
Element peek()
{
    if (is_empty())
        error("  큐 공백 에러");
```

```
29      return front->data;
30  }
31  void destroy_queue()
32  {
33      while (is_empty() == 0)
34          dequeue();
35  }
36
37  void print_queue(char* msg)
38  {
39      Node *p;
40      printf("%s[%2d]= ", msg, size());
41      for (p = front; p != NULL; p = p->link)
42          printf("%2d ", p->data);
43      printf("\n");
44  }
45
46  void main()
47  {
48      int i;
49      init_queue();
50
51      for (i = 1; i<10; i++)
52          enqueue(i);
53      print_queue("연결된큐 enqueue 9회");
54      printf("\tdequeue() --> %d\n", dequeue());
55      printf("\tdequeue() --> %d\n", dequeue());
56      printf("\tdequeue() --> %d\n", dequeue());
57      print_queue("연결된큐 dequeue 3회");
58      destroy_queue();
59      print_queue("연결된큐 destroy ");
60  }
```

코드 설명

9–10행 연결된 큐에서는 반드시 front와 rear를 NULL로 초기화해야 함.

14행 공백 상태를 검사함. front가 NULL인 경우가 공백 상태임.

15행 초기화 함수. front와 rear를 NULL로 설정.

16–22행 큐의 모든 노드의 개수를 계산하는 함수. 시작 포인터가 front인 점을 제외하면 스택에서와 코드가 동일함.

25–30행 peek 함수. 공백을 검사하고, front의 데이터 필드를 반환함.

31–35행 연결된 큐의 모든 노드를 동적으로 해제하는 코드. 공백상태가 아닐 때 까지 dequeue()연산 수행함.

37–44행 큐의 모든 내용을 화면에 출력하는 함수. front부터 출력됨.

46–57행 출력 메시지를 제외하고 프로그램 4.1과 동일.

원형큐인 프로그램 4.1과 동일한 연산을 한 결과는 다음과 같다. 마지막에 남은 노드들을 동적으로 해제하기 위해 destroy_queue()가 호출되었다.

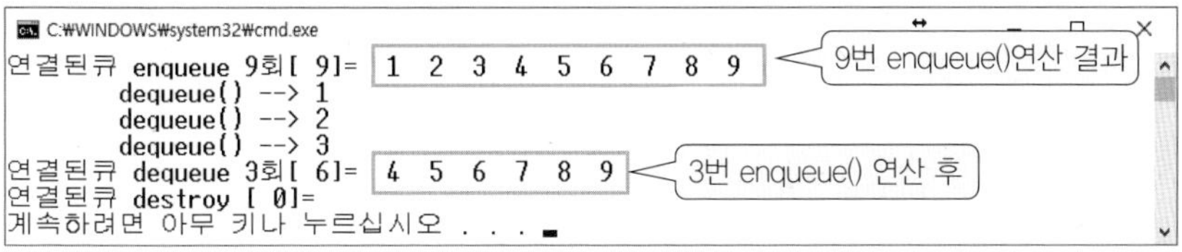

구조체 항목에 대한 연결된 큐 구현: 학생정보 큐

연결된 큐에도 구조체를 저장할 수 있다. 예를 들어, 학번, 이름, 학과를 저장하는 학생 정보를 연결된 큐에 저장해 보자. 학생정보 구조체는 다음과 같다.

```
typedef struct Student_t {          // 학생정보 구조체 이름
        int    id;                  // 학번
        char   name[32];            // 이름
        char   dept[32];            // 소속 학과
} Student;
```

Element는 Student를 나타내도록 다음과 같이 지정한다.

```
typedef Student Element;            // Student 대신에 Element를 사용할 수 있음
```

구조체를 저장하더라도 연결된 큐의 기본 연산들은 모두 그대로 사용한다. 화면 출력을 위한 print_queue()에서는 학생정보를 적절히 출력하도록 약간의 수정해야 한다. get_student()함수를 추가해야하는데, 필드 값들이 초기화 된 Student 구조체를 반환하기 위해서이다. 다음 프로그램은 연결 리스트를 이용한 학생정보 큐와 사용 예를 보여준다.

프로그램 5.9 학생 정보 큐 테스트 프로그램

```
#include <stdio.h>
#include <stdlib.h>
#include <string.h>

typedef struct Student {
    int id;            // 학번
    char name[32];     // 이름
    char dept[32];     // 소속 학과
} Student;
typedef Student Element;

... // 프로그램 5.8의 5행 ~ 35행 코드 추가

void print_queue(char* msg)
{
    Node *p;
    printf("%s[%2d]= ", msg, size());
    for (p = front; p != NULL; p = p->link)
        printf("\n\t%-15d %-10s %-20s",
            p->data.id, p->data.name, p->data.dept);
    printf("\n");
}
Student get_student(int id, char* name, char* dept)
{
    Student s;
    s.id = id;
    strcpy(s.name, name);
    strcpy(s.dept, dept);
    return s;
}

void main()
{
    init_queue();
    enqueue(get_student(2018130007, "홍길동", "컴퓨터공학과"));
    enqueue(get_student(2018130100, "이순신", "기계공학과"));
```

```
37        enqueue(get_student(2018130135, "김연아", "체육과"));
38        enqueue(get_student(2018130135, "황희", "법학과"));
39        print_queue("연결된 학생큐(4명 삽입)");
40        dequeue();
41        print_queue("연결된 학생큐(1명 삭제)");
42        destroy_queue();
43    }
```

코드 설명

3행 문자열 처리 함수 strcpy()를 사용하기 위해 포함함.

5-10행 큐에 저장할 데이터 정의.

14-22행 큐 내용 출력함수. 각 노드의 학생정보를 화면으로 출력함.

23-30행 학번, 이름, 학과를 이용해 학생정보 구조체를 만들어 반환함. 문자열의 복사를 위해 strcpy()함수를 사용함.

32-43행 연결 리스트로 구현된 학생정보 큐 테스트 프로그램. 35~38행과 같이 구조체를 만들어 enqueue로 삽입하는 코드에 유의할 것.

프로그램의 실행 결과는 다음과 같다.

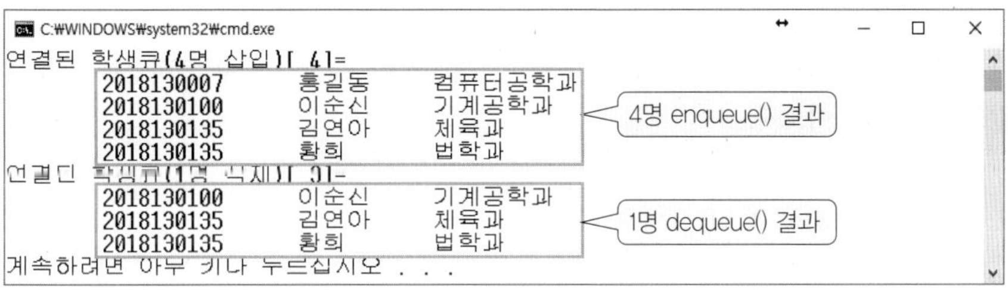

| 연습문제 |

1 다음 프로그램의 출력은 무엇인가?

```
int  value = 10, *temp;
temp = &value;
*temp = 20;
printf("value = %d, *temp = %d\n", value, *temp);
```

2 다음 문장이 실행된 후에 변수 a의 값을 80으로 변경하는 문장은?

```
int *p;
int a ;
a = 60;
p = &a;
```

① b = 80; ② *b= 80; ③ p=80 ④ *p=80;

3 다음의 함수 헤더를 사용하여 함수 swap()를 작성하라. swap() 함수를 사용하여 두 정수의 값을 서로 바꾸어보자.

```
void swap (int * p1, int * p2);

void  main () {
    int x=10;
    int y=20;

    swap( ... )

    printf("x=%d, y=%d \n", x, y);
}
```

4 다음 코드에는 어떤 오류가 있는가?

```
char ch = 'A';
double *p = &ch;
```

5 정수 변수의 주소를 출력하는 함수 print_address(int* px)를 작성하여 보자. main()에서 정수 변수를 만들고 10으로 초기화한 후, 변수의 값과 주소를 출력한다. 다음으로 print_address()에 변수의 주소를 전달하고, 이 함수에서 주소와 그 주소에 저장된 정수 값을 다시 출력하도록 하라.

6 전달된 정수 배열의 모든 요소 주소를 출력하는 함수 print_array(int a[], int len)를 작성해 보자. 이때, len은 배열 a의 길이를 의미한다. main()에서 정수 배열을 만들고 배열에 적당한 값을 저장한 후에 print_array()에 해당 배열을 전달해보자.

7 사용자가 입력하는 정수를 동적 메모리에 저장하는 프로그램을 작성해보자. 동적 메모리는 malloc()을 이용하여 생성한다.

```
정수의 개수: 5
정수 #1: 10
정수 #2: 20
정수 #3: 30
...
```

8 동적 메모리 할당을 이용하여서 사용자로부터 받은 연락처를 저장하고 출력하는 프로그램을 작성하라. 사용자로부터 먼저 연락처의 개수를 입력받도록 하라. 연락처의 많은 정보 중에서 이름과 휴대폰 번호만을 저장하도록 하자.

```
주소의 개수: 1
이름을 입력하시오: 홍길동
휴대폰 번호를 입력하시오: 010-123-4567
=================================
이름        휴대폰 번호
=================================
홍길동      010-123-4567
=================================
...
```

9 동적 메모리 할당을 이용하여 정수를 저장할 수 있는 동적 배열을 생성하여 다음과 같은 메뉴를 실행하는 프로그램을 작성하라.

```
================================
1. 크기가 n인 동적 배열을 생성
2. 배열을 난수로 채운다.
3. 배열의 각 원소를 출력한다.
4. 배열의 각 원소들의 합을 출력한다.
5. 동적 할당 공간을 반납한다.
================================
메뉴를 선택하시오: 1
```

10 회문(palindrome)이란 앞뒤 어느 쪽에서 읽어도 똑같은 단어나 문장을 의미한다. 예를 들면 "eye", "madam, "radar" 등이다. 여기서 물론 구두점이나 스페이스, 대소문자 등은 무시하여야 한다. 이번 장에서 학습한 연결된 스택을 이용하여 주어진 문자열이 회문인지 아닌지를 결정하는 프로그램을 작성하라.

11 사용자로부터 양의 정수들을 입력받아서 연결된 큐에 저장하고, 결과를 다음과 같이 출력하는 프로그램을 작성하라.

```
양의 정수를 입력하세요(종료: -1): 10
양의 정수를 입력하세요(종료: -1): 20
양의 정수를 입력하세요(종료: -1): 30
양의 정수를 입력하세요(종료: -1): -1
10->20->30->NULL
```

| Hint | 연결 리스트는 노드들로 구성되고 노드들은 포인터로 연결되어 있다.

프로그래밍 프로젝트

1 2차원 배열의 동적 할당과 해제를 이용하여 4.7절에서 소개한 미로 탐색 문제를 다음과 같이 보완하라.

(1) 다음과 같이 미로 맵 구조체를 정의하고 관련 함수의 원형을 선언하라.

```
typedef struct MazeMap {
    int          width;          // 미로의 너비
    int          height;         // 미로의 높이
    int**        map;            // 미로 맵
    Location2D enter;            // 미로의 입구
    Location2D exit;             // 미로의 출구
} Maze;
extern void init_maze(Maze* m, int w, int h);       // 미로 초기화(동적할당 포함)
extern void reset_maze(Maze* m);                    // 미로의 동적 해제
extern void load_maze(Maze* m, char* fname);        // 미로파일 읽기
extern void print_maze(Maze* m);                    // 미로 맵 화면출력
extern void search_exit(Maze* m);                   // 미로 탐색(깊이우선탐색)
```

| Hint | 2차원 배열의 동적 할당과 동적 해제를 이용하는 미로 초기화와 해제 함수는 다음과 같이 구현할 수 있다.

```
void init_maze(Maze* m, int w, int h)
{
        int i;
        m->width = w;
        m->height = h;
        m->map = (int**)malloc(sizeof(int*)*h);
        for (i = 0; i<h; i++)
                m->map[i] = (int*)malloc(sizeof(int)*w);
}
void reset_maze(Maze* m)
{
        int i;
        for (i = 0; i < m->height; i++)
                free(m->map[i]);
```

```
        free(m->map);
        m->map = NULL;
        m->width = m->height = 0;
}
```

(2) 미로 탐색 관련 함수들을 구현하라. `load_maze()`은 파일에 저장된 미로 맵을 읽어들인다. 미로 맵 파일의 형식은 다음과 같은데, 0은 벽을, 1은 갈 수 있는 길을, 5는 입구위치를, 그리고 9는 출구 위치를 나타낸다.

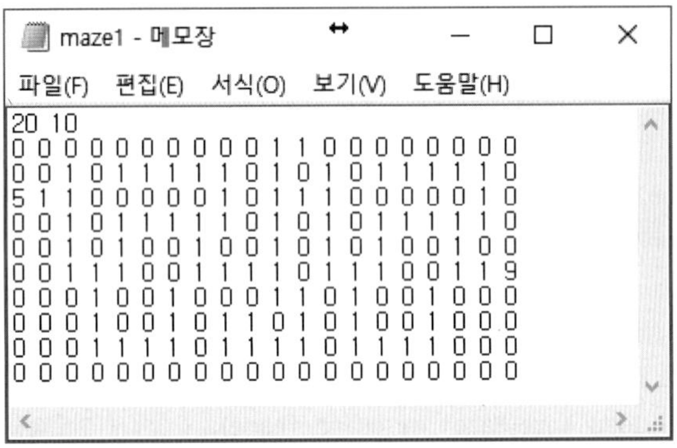

(3) `print_maze()`는 미로 맵을 화면에 출력한다. (2)의 미로를 출력한 결과는 다음과 같다.

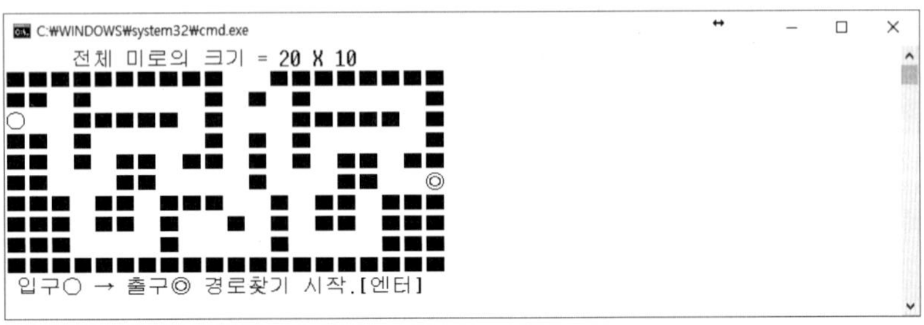

(4) search_exit()는 미로를 탐색해 출구를 찾는 함수이다. 다음은 깊이 우선 탐색 방법으로 미로를 탐색하고 있는 과정을 보여준다.

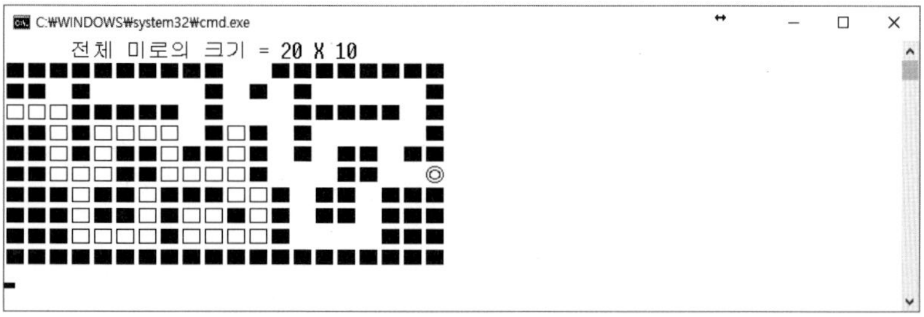

(5) 전체 프로그램은 다음과 같이 구현하라.

```
#include "Maze.h"
void main()
{
    Maze    maze;                    // 미로 객체 생성
    load_maze(&maze, "maze.txt"); // 미로 맵 정보 입력
    print_maze(&maze);               // 입력 미로 맵 화면 출력
    search_exit(&maze);              // 미로를 탐색해 출구를 찾음
    print_maze(&maze);               // 최적 미로 맵 화면 출력
}
```

최종 실행 결과는 다음과 같다.

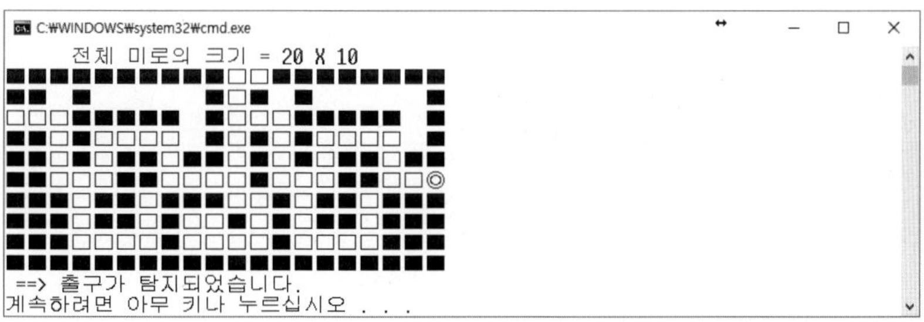

CHAPTER 06

리스트

학습목표

- 리스트의 개념과 추상 자료형을 이해한다.
- 리스트를 배열로 구현하는 방법을 이해한다.
- 리스트를 연결 리스트로 구현하는 방법을 이해한다.
- 시작 노드 표현 방법 2가지를 이해한다.
- 다양한 형태의 연결 리스트를 이해한다.
- 리스트를 이용한 프로그래밍 능력을 배양한다.

CHAPTER

6 리스트

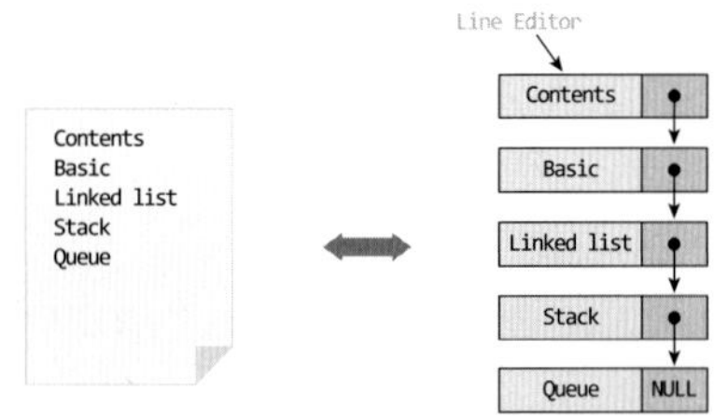

6.1 리스트란?

리스트(list) 또는 **선형 리스트**(linear list)는 우리들이 자료를 정리하는 방법 중의 하나이다. 그림 6.1처럼 우리는 일상생활에서 많은 리스트를 사용하고 있다. 예를 들어, 오늘 해야 할 일이나 슈퍼에서 사야할 물건들을 리스트로 정리한다. 리스트에는 보통 항목들이 차례대로 정리되어 있다. 리스트의 항목들은 순서 또는 위치를 가진다. 리스트는 기호로 다음과 같이 표현한다.

$$L = (item_0, item_1, item_2, \cdots, item_{n-1})$$

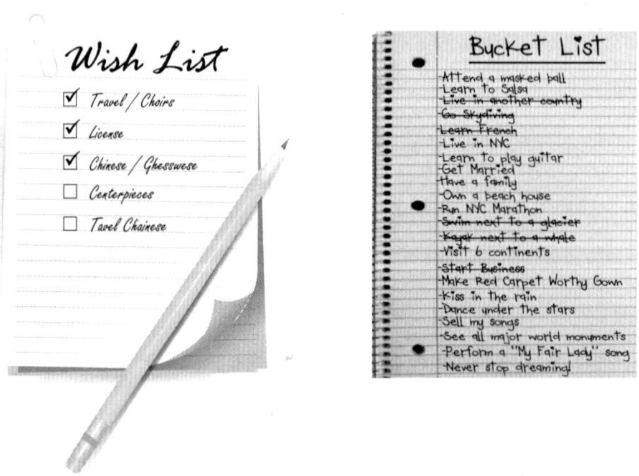

| 그림 6.1 생활속의 리스트 예: wish list, bucket list.

리스트는 집합과는 다르다. 집합은 각 항목 간에 순서의 개념이 없지만 리스트에 들어있는 항목들 사이에는 순서가 있다. 예를 들어, 휴대폰의 문자 메시지함도 하나의 리스트인데 최근에 수신된 메시지부터 순서대로 저장되어 있다. 다음은 대표적인 리스트의 예이다.

- 사고 싶은 물건들: (스마트폰, 자전거, 가방, ... , 신발)
- 이번 주에 해야 할 일들: (자료구조 숙제, 아르바이트, 집 청소, ... , 빨래)
- 가고 싶은 여행지들: (파리, 지리산, 마라도, ... , 안면도)
- 임의의 다항식의 각 항들: $(5x^3, 3x^2, 2x, 8)$

우리는 앞에서 스택과 큐, 덱을 공부했다. 리스트도 이들과 같이 항목들이 일렬로 순서대로 들어 있는 선형 자료구조이다. 그렇다면 이들 자료구조의 차이는 무엇일까? 답은 항목에 대한 접근 방법에 있다. 스택이나 큐에서 자료의 접근은 전단(front)이나 후단(rear)으로 제한되어 있었다. 즉 새로운 항목을 중간에 삽입하거나 중간에 있는 항목을 삭제하는 것을 허용하지 않았다. 그러나 리스트는 이러한 제한이 없다. 즉 임의의 위치에 있는 항목에 대한 연산을 허용한다. 따라서 선형 자료구조들 중에서 가장 활용이 자유롭다. 물론 편리한 만큼 고려해야 할 점들도 많다.

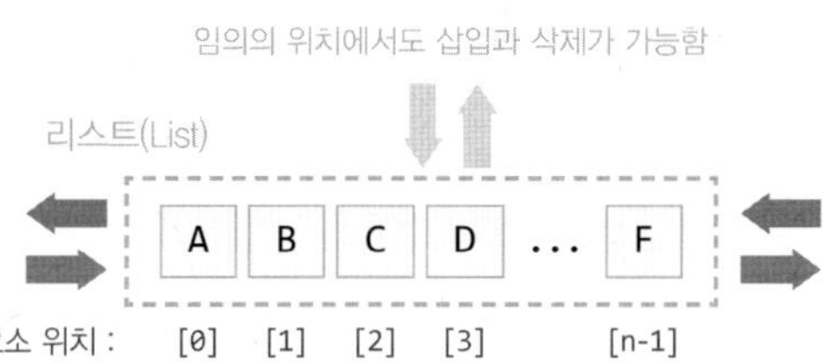

| 그림 6.2 리스트는 스택이나 큐와 달리 임의의 위치에서도 요소의 삽입과 삭제가 가능한 선형 자료구조이다.

5장에서 우리는 연결 리스트에 대해 공부했다. "연결 리스트"와 "리스트"란 용어가 약간 혼란스러울 수도 있을 것이다. 자료구조에서 "리스트"는 특정한 자료 구조를 말하고 "연결 리스트"는 어떤 자료 구조를 구현하는 "프로그래밍 기법"이라고 생각하면 된다. 스택이나 큐 등에 대응되는 용어가 리스트이고, 배열에 대응되는 용어가 연결 리스트라고 생각하자.

리스트의 추상 자료형

리스트에 보관할 수 있는 자료에도 제한이 없다. 사고 싶은 물건, 수신된 메시지, 죽기 전에 꼭 해야 할 일들, 가고 싶은 여행지 등 무엇이든 될 수 있다. 리스트로 할 수 있는 연산에는 무엇이 있을까? 보통 다음과 같은 연산이 필요할 것이다.

- 리스트의 어떤 위치에 새로운 항목을 삽입한다.
- 리스트의 어떤 위치에 있는 항목을 삭제한다.
- 리스트의 어떤 위치에 있는 항목을 반환한다.
- 리스트가 비었는지를 살핀다.
- 리스트가 가득 차있는지를 체크한다.
- 리스트안의 항목의 개수를 센다.
- 모든 항목을 삭제한다.
- 리스트에 어떤 항목이 있는지를 살핀다.
- 리스트의 어떤 위치에 있는 항목을 새로운 항목으로 대치한다.

이 외에도 리스트는 많은 추가적인 연산이 가능하다. 맨 앞(전단)이나 맨 뒤(후단)에 요소를 삽입하거나 삭제하는 연산과 같은 비교적 간단한 것에서부터 리스트의 모든 요소들을 어떤 기준으로 다시 정렬하거나, 두 개의 리스트를 합하는 연산들도 가능하다. 스택이나 큐에 비해 리스트에 대해 우리가 요구하는 연산이 많아진 것에 유의하라. 리스트는 이들보다 할 수 있는 일들이 훨씬 많다. 이제 리스트의 추상 자료형을 정의해 보자.

| ADT 6.1 List

데이터: 임의의 접근 방법을 제공하는 같은 타입 요소들의 순서 있는 모임

연산:
- init(): 리스트를 초기화한다.
- insert(pos, item): pos 위치에 새로운 요소 item을 삽입한다.
- delete(pos): pos 위치에 있는 요소를 삭제한다.
- get_entry(pos): pos 위치에 있는 요소를 반환한다.
- is_empty(): 리스트가 비어있는지를 검사한다.
- is_full(): 리스트가 가득 차 있는지를 검사한다.
- find(item): 리스트에 요소 item이 있는지를 살핀다.
- replace(pos, item): pos 위치에 있는 요소를 새로운 요소 item으로 바꾼다.
- size(): 리스트안의 요소의 개수를 반환한다.

리스트도 스택이나 큐와 같이 배열이나 연결 리스트로 구현할 수 있다. 배열을 이용하면 리스트를 가장 간단하게 구현할 수 있지만 저장할 수 있는 요소의 개수에 제한이 생긴다. 만약 아주 큰 배열을 사용한다면 넣을 수 있는 요소는 많아지지만 대부분의 경우 메모리의 낭비가 심할 것이다. 배열로 구현하면 추가적인 중요한 문제가 발생한다. 이것은 리스트가 임의의 위치에서도 삽입과 삭제를 할 수 있기 때문에 생기는 문제로, 많은 항목들을 이동해야 하는 심각한 상황이 발생한다.

결국 리스트는 대부분 포인터를 사용한 연결 리스트 방식으로 구현된다. 이 방법도 다시 단일 연결 리스트와 이중 연결 리스트 및 원형 연결 리스트도 나누어지는데, 각각의 장단점이 있다. 먼저 배열을 이용한 리스트의 구현 방법과 문제점을 알아보고, 다음으로 다양한 연결 리스트로 구현하는 방법을 자세히 공부한다.

6.2 배열로 구현한 리스트

리스트의 구조

리스트를 가장 간단하게 구현할 수 있는 방법은 배열을 이용하는 것이다. 정수를 저장할 수 있는 리스트를 생각해 보자. 먼저 정수의 1차원 배열이 있어야 할 것이다. 이를 **data[MAX_LIST_SIZE]**라 하자. 이때 **MAX_LIST_SIZE**는 배열의 크기를 나타내는 상수로 리스트의 최대 크기를 나타낸다. 이 배열에 리스트의 모든 요소들이 저장된다. 배열로 리스트를 구현하기 위해서는 현재 리스트에 저장된 요수의 개수를 나타내는 변수가 하나 더 필요하다. 이를 **length** 라 하자.

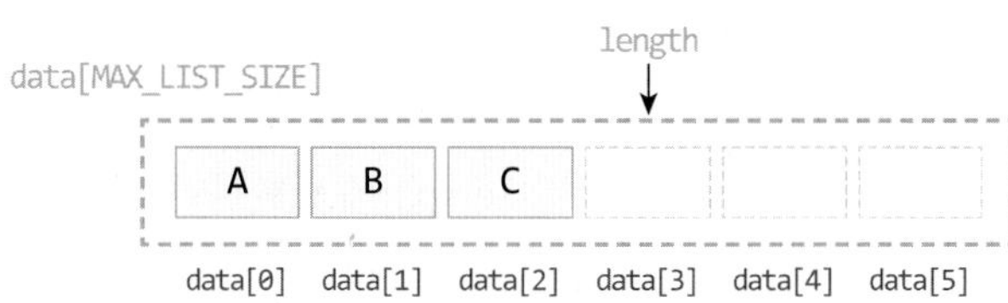

| 그림 6.3 배열을 이용한 리스트의 구조

그림 6.3은 배열을 이용한 리스트의 구조를 보여주고 있다. 모든 요소들은 배열의 첫 번째 위치부터 차곡차곡 저장되어야 하고, 중간에 비어있는 항목이 없어야 하는 것에 유의하라.

이것은 배열을 이용한 리스트의 기본 가정이다. **length** 변수는 새로운 요소가 리스트의 맨 뒤에 추가될 때 삽입되어야 하는 위치를 나타내게 된다.

이제 C언어로 리스트를 표현해 보자. 리스트에 저장할 항목의 자료형은 **Element**로 하고, 모든 연산은 **Element**를 기준으로 구현한다. 단순화를 위해 int를 저장하는 리스트를 구현하자. 리스트를 위한 데이터를 선언하는 코드는 다음과 같다. **length**는 **0**으로 초기화하는 것이 좋다.

```
typedef int Element;
Element data[MAX_LIST_SIZE];
int length = 0;
```

리스트의 연산

공백상태와 포화상태 검사

그림 6.4는 리스트의 공백 상태와 포화 상태를 보여주고 있다. 공백상태는 **length**가 0인지를 검사하고, 포화상태는 **length**가 MAX_LIST_SIZE인지를 검사하면 된다.

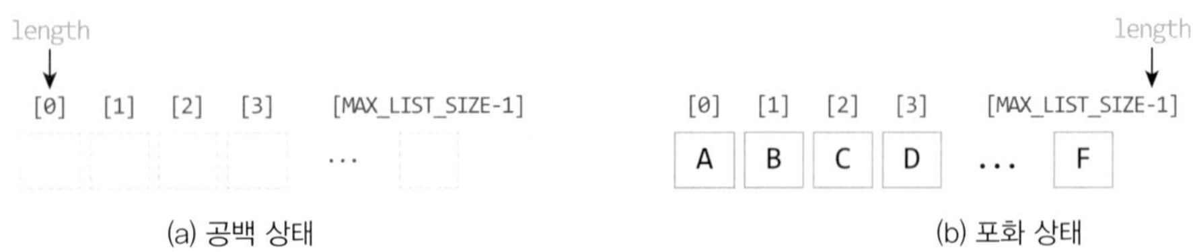

| 그림 6.4 리스트의 공백 상태와 포화 상태

단순한 연산들

- 리스트의 초기화 연산 **init_list()**에서는 **length**를 **0**으로 설정하면 되고, 리스트의 항목 수를 반환하는 **size()**에서는 **length**를 반환하면 된다.
- **id**번째 항목을 반환하는 연산 **get_entry(id)**는 **data[id]**이므로 이를 반환하면 되고, **id**번째 항목을 e로 교체하는 연산 **replace(id, e)**는 단순히 항목 e를 **data[id]**에 복사(**data[id]**←e)하면 된다.
- 배열을 이용한 리스트를 비우는 연산 **clear_list()**는 리스트의 초기화와 같이 **length**를 **0**으로 설정하면 된다.

삽입 연산

순서를 기다리며 줄을 서 있는데 중간에 누군가가 끼어들면 그 이후의 사람들은 순서가 한 칸씩 뒤로 밀리게 된다. 리스트의 삽입 연산도 이것과 같다. 그림 6.5와 같이 새로운 요소 N을 리스트의 2번 위치에 삽입하려고 한다. 2번 위치에 이미 C가 있으므로 N을 그냥 2번 위치에 복사하면 C가 없어지게 된다. 먼저 C 이후의 항목들을 한 칸씩 뒤로 모두 이동시켜야 한다. 이동 순서는? 맨 뒤쪽(E) 자료부터 이동해야 한다. 그렇지 않으면 이동 과정에 저장된 자료가 지워지게 된다. (c)와 같이 모든 이동이 끝나면 드디어 `pos` 위치에 새로운 항목을 복사할 수 있다. `length`를 증가시키는 것도 잊지 않아야 한다.

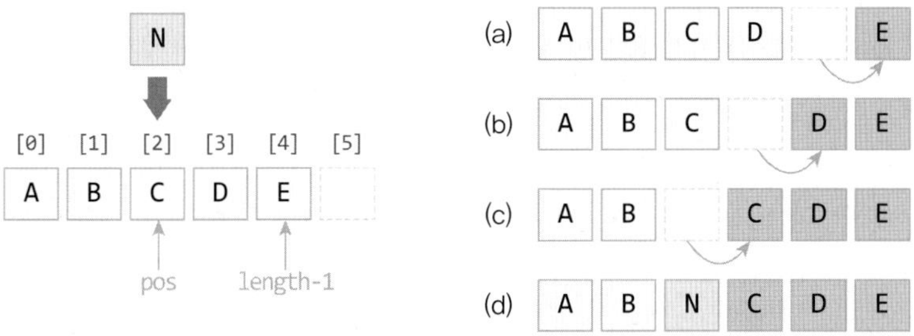

| 그림 6.5 배열로 구현된 리스트에서의 삽입과정

삽입 연산을 C언어 함수로 구현하면 프로그램 6.1과 같다. 실제로 구현할 때에는 리스트가 포화상태가 아닌지, 그리고 삽입하고자 하는 위치가 유효한지를 먼저 검사한 후 삽입이 가능한 경우에만 연산을 해야 한다. 4행을 확인하라.

프로그램 6.1 배열을 이용한 리스트의 삽입 연산

```
01 void insert( int pos, int e )
02 {
03     int i;
04     if( is_full()==0 && pos >= 0 && pos<=length ) {
05         for( i=length ; i>pos ; i-- )
06             data[i] = data[i-1];
07         data[pos] = e;
08         length++;
09     }
10     else error("포화상태 오류 또는 삽입 위치 오류");
11 }
```

모든 위치에 한 번씩 삽입한다고 가정하면 배열을 사용하여 리스트에서는 전체 항목수의 절반에 해당하는 항목들을 이동해야 한다. 따라서 삽입 연산의 시간복잡도가 $O(n)$이 되어 매우 비효율적이다.

삭제 연산

줄에서 중간에 한 사람이 빠지면 그 이후 사람들은 순서가 하나씩 빨라지게 된다. 리스트의 삭제연산도 마찬가지이다. 만약 그림 6.6에서 중간에 있는 항목 C를 삭제해 보자. C를 뺀다고 배열이 자동으로 재조정되는 것은 아니다. 뒤에 있는 항목들을 모두 앞으로 한 칸씩 옮겨야 한다. 이때는 순서는? 삭제할 항목의 바로 다음 위치부터 뒤로 가면서 처리해야 한다. 역시 이 순서를 지키지 않으면 항목들이 지워질 수 있다. 삭제가 끝나면 `length`를 감소시킨다.

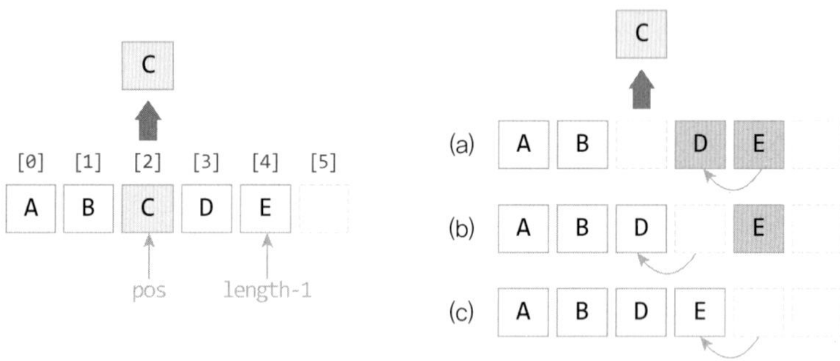

| 그림 6.6 배열로 구현된 리스트에서의 삭제과정

이 연산을 C언어 함수로 구현하면 프로그램 6.2와 같다. 삽입 연산에서와 마찬가지로 4행과 같이 삭제 전에 리스트가 공백이 아니고 유효한 삭제 위치인지를 검사해야 한다.

프로그램 6.2 배열을 이용한 리스트의 삭제 연산

```
01 void delete( int pos )
02 {
03     int i;
04     if( is_empty()==0 && 0<=pos && pos<length ) {
05         for(i=pos+1 ; i<length ; i++ )
06             data[i-1] = data[i];
```

```
            length--;
        }
        else error("공백상태 오류 또는 삭제 위치 오류");
}
```

삭제 연산도 평균적으로 전체 항목수의 절반에 해당하는 항목들을 이동해야 하고, 시간 복잡도가 $O(n)$이 되어 매우 비효율적이다.

탐색 연산

리스트에 어떤 항목 e를 찾아 위치를 반환하는 연산 find(e)는 모든 항목들에 대해 e와 같은지 비교하고, 같은 경우 그때의 인덱스 id를 반환하면 된다. 같은 항목이 없으면 -1을 반환한다. C언어로 이 연산을 구현하면 프로그램 6.3과 같다.

프로그램 6.3 배열을 이용한 리스트의 탐색 연산

```
int find( Element e )
{
    int i;
    for( i=0 ; i<length ; i++ )
        if( data[i] == e ) return i;
    return -1;
}
```

배열을 이용한 리스트 구현

전체 프로그램을 구현해 보자. 삽입연산, 삭제연산 및 탐색연산을 제외한 리스트의 연산들이 간단하므로 한 줄 함수로 구현한다. 리스트의 내용을 화면에 출력하기 위한 print_list()함수도 추가한다. 테스트를 위해 5번의 삽입 연산, 항목 대체 연산, 세 번의 삭제연산, 그리고 마지막으로 리스트 전체를 정리하는 연산을 수행한다. 그리고 각 연산의 결과를 화면에 출력한다. 프로그램 6.4는 배열로 구현한 리스트의 연산들과 이들을 테스트하는 코드이다.

프로그램 6.4 배열을 이용한 리스트 전체 프로그램

```
#include <stdio.h>
#include <stdlib.h>
#define MAX_LIST_SIZE    100

typedef int Element;
Element data[MAX_LIST_SIZE];
int length = 0;

void error( char* str )
{
    fprintf(stderr, "%s\n", str);
    exit(1);
};
void init_list()            { length = 0; }
void clear_list()           { length = 0; }
int is_empty()              { return length==0; }
int is_full()               { return length==MAX_LIST_SIZE;}
int get_entry(int id)       { return data[id]; }
void replace(int id, Element e) { data[id] = e; }
int size() { return length; }
void insert( int pos, int e ) {...}           // 프로그램 6.1의 함수 포함
void delete( int pos ) {...}                  // 프로그램 6.2의 함수 포함
int find( Element item ) {...}                // 프로그램 6.3의 함수 포함

void print_list(char* msg)
{
    int i;
    printf("%s[%2d]: ", msg, length);
    for (i = 0; i<length; i++)
        printf("%2d ", data[i]);
    printf("\n");
}

void main()
{
    init_list();

```

```
38        insert(0, 10);
39        insert(0, 20);
40        insert(1, 30);
41        insert(size(), 40);
42        insert(2, 50);
43        print_list("배열로 구현한 List(삽입x5)");
44
45        replace(2, 90);
46        print_list("배열로 구현한 List(교체x1)");
47
48        delete(2);
49        delete(size() - 1);
50        delete(0);
51        print_list("배열로 구현한 List(삭제x3)");
52
53        clear_list();
54        print_list("배열로 구현한 List(정리후)");
55    }
```

코드 설명

14-15행 초기화와 항목정리 함수. 모두 length를 0로 초기화해야 함.

16행 공백 상태 검사. length이 0이면 공백 상태임.

17행 포화 상태 검사. length가 MAX_LIST_SIZE이면 포화 상태임.

18행 id번째의 항목을 반환하는 함수, 배열을 사용하므로 직접 접근이 가능

19행 리스트의 id번째 항목을 e로 교체하는 함수.

21-23행 삽입, 삭제, 검색 함수.

25-32행 리스트의 모든 노드 내용을 화면에 출력하는 함수. 메시지와 전체 항목의 수를 출력한 다음 각 항목을 출력함.

34-55행 테스트 프로그램.

프로그램의 실행 결과는 다음과 같다.

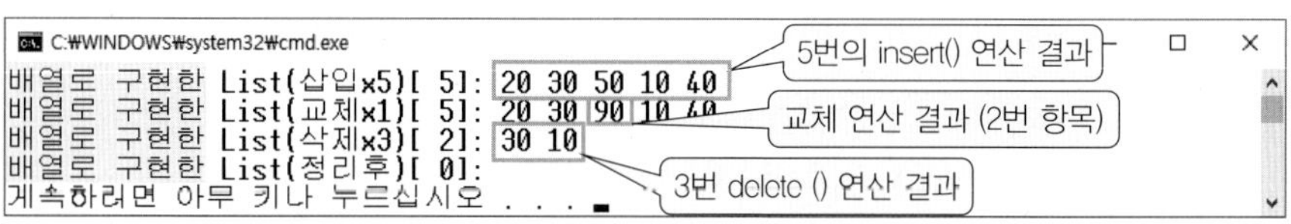

get_entry(id)연산에 주목하라. 배열을 이용한 리스트에서는 인덱스 id의 항목을 반환하는 것은 data[id]를 바로 반환하면 된다. 따라서 시간복잡도가 $O(1)$이고, 다음에 공부할 연결 리스트로 구현했을 때의 $O(n)$에 비해 매우 효율적이다.

6.3 연결 리스트로 구현된 리스트

리스트는 스택이나 큐와 같은 선형 자료구조이지만 중간에 요소를 삽입하거나 삭제할 수 있고, 이 때문에 배열로 구현하면 많은 자료의 이동이 필요해 비효율적이다. 연결 리스트를 이용하면 이 문제를 해결할 수 있다. 이제 연결 리스트를 이용해 자료구조 **리스트**(list)를 구현해 보자.

5장에서 공부한 연결 리스트는 물리적으로 흩어져 있는 자료들을 하나로 묶는 방법으로, 배열과는 달리 동적으로 크기가 변할 수 있는 자료에 적합하다. 리스트의 구현에 여러 종류의 연결 리스트(그림 5.10)를 사용할 수 있지만, 이 절에서는 그림 6.7과 같은 **단순 연결 리스트**(simply linked list)를 이용한다.

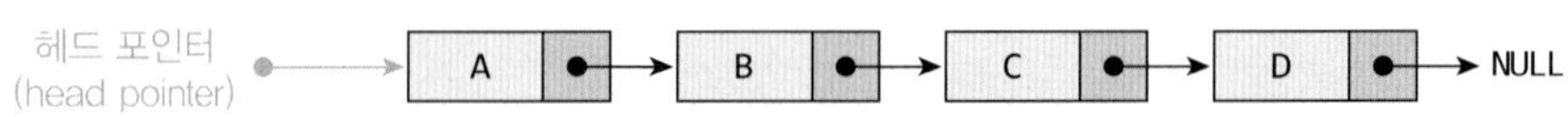

| 그림 6.7 단순 연결 리스트

리스트의 구조

연결 리스트에는 노드(node)가 사용되는데, 각 노드에는 항목의 자료를 저장하는 데이터 필드와 다음 노드를 가리키는 링크 필드가 있다. 그림 6.8은 리스트를 구현하는 두 가지 방법을 비교하고 있는데, 연결 리스트를 이용하면 더 이상 배열이 필요 없으며, 리스트의 시작은 나타내는 **헤드 포인터**(head pointer)만 있으면 된다. 노드들은 연속적으로 연결되어 있고, 마지막 노드의 링크 필드에는 NULL이 저장되어 더 이상 연결된 노드가 없음을 알린다.

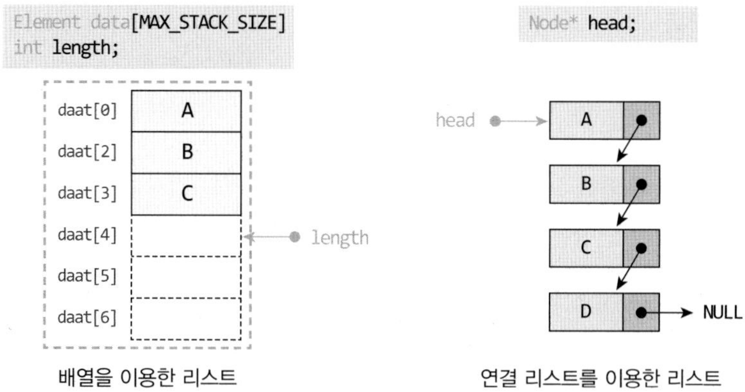

| 그림 6.8 배열과 단순 연결 리스트를 이용한 리스트의 구조 비교

연결 리스트로 리스트를 구현하기 위해 기본적으로는 헤드 포인터만 필요하다.

이제 C언어로 리스트를 표현해 보자. 리스트에 저장할 항목의 자료형은 **Element**로 하고, 단순화를 위해 **Element**는 int로 지정하자. 연결 리스트를 이용하기 위해서는 노드 구조체를 정의해야 하는데, 다음과 같이 5장에서와 동일하게 정의한다.

```
#define Element     int
typedef struct LinkedNode {
        Element data;                // 데이터 필드
        struct LinkedNode* link;     // 링크 필드
} Node;
```

리스트를 위해 필요한 데이터는 시작 노드의 주소뿐이다.

```
Node* head;          // 시작노드를 가리키기 위한 헤드포인터
```

이제 리스트의 연산들을 살펴보자.

단순한 연산들

가장 간단한 연산들은 다음과 같다.

- 공백상태 검사 연산 is_empty()는 head가 NULL인지를 검사하면 된다.
- 포화상태 검사 연산은 더 이상 의미가 없다.
- 리스트의 초기화 연산 init_list()에서는 head를 NULL로 만들면 된다.

다른 연산들은 배열을 이용한 경우에 비해 약간 더 복잡해진다. 먼저 리스트에서 pos번째 노드를 찾아 반환하는 get_entry(pos)를 생각해 보자. 배열에서는 인덱스로 항목들을 바로 참조($O(1)$) 할 수 있었다. 그러나 연결리스트에서는 시작노드부터 하나씩 따라가면서 pos번째의 노드를 찾아야 한다. 그림 6.9는 포인터 p를 이용해 각 노드를 방문하는 방법을 보여준다. 처음에는 p가 head가 되어야 하고, 매 반복마다 p=p->link가 되어야 한다.

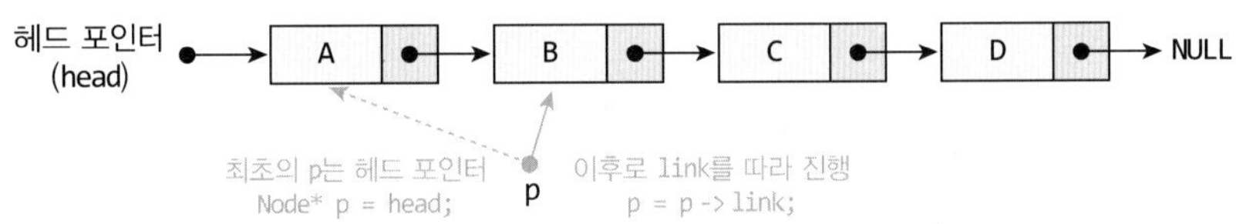

| 그림 6.9 연결 리스트의 각 노드를 방문하기 위한 포인터 p의 변화

이와 같은 방법으로 pos번째의 노드를 찾아 반환하는 함수는 다음과 같다. 배열을 이용한 리스트와는 달리 이제 이 연산의 시간복잡도는 $O(n)$이 된다.

프로그램 6.5 연결리스트를 이용한 리스트의 항목 참조 연산

```
Node* get_entry(int pos)
{
     Node* p = head;
     int i;
     for (i = 0; i<pos; i++, p = p->link)
          if (p == NULL) return NULL;
     return p;
}
```

리스트 항목 수를 계산 연산 size()은 head에서부터 하나씩 다음 노드를 따라가면서 몇 개의 노드가 연결되었는지 확인해야 한다. 마지막 노드의 링크 필드 NULL이므로, 이를 검사해서 반복을 종료하면 된다. 이 함수도 모든 항목들을 한 번씩 방문해야 하므로 시간복잡도가 $O(n)$이다. 코드는 다음과 같다.

프로그램 6.6 연결리스트를 이용한 리스트의 크기 연산

```
int size()
{
    Node* p;
    int count = 0;
    for (p = head; p != NULL; p = p->link)
        count++;
    return count;
}
```

pos 위치의 항목을 찾아 e로 교체하는 연산 replace(pos, e)를 위해서는 get_entry(pos)를 이용해 먼저 노드를 찾아야 한다. pos번째 노드가 NULL이 아니면 데이터필드를 e로 교체하면 된다. 리스트에서 항목이 e인 노드를 찾아 반환하는 find(e)연산은 head에서부터 순서대로 모든 노드를 방문하면서 검사하고, 만약 일치하는 노드가 있으면 반환한다. 만약 찾는 항목이 없으면 NULL을 반환해야 한다. 이들 연산은 다음과 같이 구현된다.

프로그램 6.7 연결리스트를 이용한 리스트의 항목 교체 및 탐색 연산

```
void replace(int pos, Element e)
{
    Node* node = get_entry(pos);
    if (node != NULL)
        node->data = e;
}
Node* find(Element e)
{
    Node* p;
    for (p = head; p != NULL; p = p->link)
```

```
            if (p->data == e) return p;
        return NULL;
}
```

리스트를 비우는 clear_list()연산은 동적으로 할당된 모든 연결된 노드를 해제해야 한다. 따라서 리스트가 공백상태가 아닐 동안 계속 맨 앞 노드를 삭제하면 된다. 만약 pos번째 항목을 삭제하는 delete(pos)연산이 있다면, 다음과 같이 구현된다.

프로그램 6.8 연결리스트를 이용한 리스트의 정리 연산

```
void clear_list()
{
        while (is_empty() == 0)
            delete(0);
}
```

이제 가장 중요한 연산만 남았다. 삽입 연산과 삭제 연산이다.

삽입연산

리스트의 삽입 연산을 살펴보자. 먼저 그림 6.10과 같이 노드 B와 노드 C 사이에 N을 삽입하려고 한다. (a)는 삽입 전, (b)는 삽입 후의 연결 리스트 모습을 보여준다. 이 연산을 위해서는 두 단계가 필요하다.

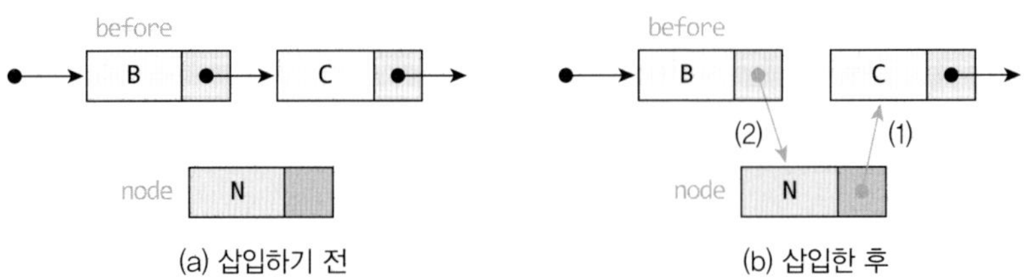

| 그림 6.10 단순 연결 리스트에서의 노드 삽입

① 먼저 노드 N이 노드 C를 가리키게 함: `node->link = before->link;`

② 노드 B가 노드 N을 가리키게 함: `before->link = node;`

연산의 이름을 insert_next(before,node)라 하자. before노드 다음에 node를 추가하는 연산이기 때문이다. 이 연산을 C언어로 구현하면 다음과 같다.

프로그램 6.9 연결리스트를 이용한 리스트의 노드 삽입 연산

```
void insert_next(Node *before, Node *node)
{
    if (node != NULL) {
        node->link = before->link;
        before->link = node;
    }
}
```

이 연산의 시간복잡도는 명백히 $O(1)$이다. 어떤 노드 다음에 새로운 노드를 삽입하는 것은 매우 효율적이다. 배열을 이용한 리스트에서는 항목의 이동이 필요해 이 연산이 $O(n)$이었던 것을 기억하라. 연결 리스트 방식의 가장 큰 장점이다.

만약 리스트이 pos번째에 어떤 항목을 삽입하려면 insert_next()만으로는 충분하지 않다. 이 연산은 before와 node를 알고 있는 경우에만 사용할 수 있다. 따라서 보다 일반적인 리스트 삽입 연산 insert(pos, e)를 생각해 보자. 이 연산은 pos위치에 항목 e를 삽입하는 연산이다. 어떻게 할까? 먼저 pos-1번째 항목을 찾아 insert_next()를 호출하면 된다. 그런데 약간 복잡한 문제가 있다.

- 리스트의 중간에 삽입하는 경우는 insert_next()만 호출하면 된다. head는 변하지 않는다.
- 리스트의 맨 앞에 넣는 경우는 insert_next()를 사용할 수 없고, head가 변경되어야 한다.

이 연산을 구현한 코드는 다음과 같다. 항목을 전달받아 노드를 동적으로 할당해야 하는 것에 유의하라.

프로그램 6.10 연결리스트를 이용한 리스트의 삽입 연산

```
01 void insert(int pos, Element e)
02 {
03     Node *new_node, *prev;
04
05     new_node = (Node*)malloc(sizeof(Node));
06     new_node->data = e;
07     new_node->link = NULL;
08
09     if (pos==0) {
10         new_node->link = head;
11         head = new_node;
12     }
13     else {
14         prev = get_entry(pos - 1);
15         if (prev != NULL)
16             insert_next(prev, new_node);
17         else free(new_node);
18     }
19 }
```

코드 설명

5-7행 새로운 노드를 할당하고 데이터 필드는 항목 val, 링크 필드는 NULL로 초기화함.

9-12: 리스트의 맨 앞에 삽입하는 경우는 new_node 다음에 head를 연결해 주고, 이제 head를 new_node로 교체해주면 됨.

13-18: 리스트의 중간에 삽입하는 경우는 pos-1 위치의 노드 prev를 찾고 insert_next(prev,new_node)를 호출하면 됨. 만약 prev가 NULL이라면 삽입이 불가능한 위치이므로 동적 할당한 Node를 해제해야 함.

삭제연산

삭제 연산도 연결 리스트에서 노드를 빼 내는 연산과 pos번째 노드를 삭제하는 연산으로 나누어 생각해 보자. 먼저 그림 6.11은 before와 after 사이에 있는 removed 노드를 꺼내는 연산을 보여준다. (a)는 빼내기 전이고 (b)는 빼낸 후의 연결 리스트 모습이다. 이 연산은 단순히 before 노드가 다음 노드로 after 노드를 가리키도록 변경하기만 된다. 연산의 입력으로는 before만 주어진다면, 전체 처리 과정은 다음과 같다.

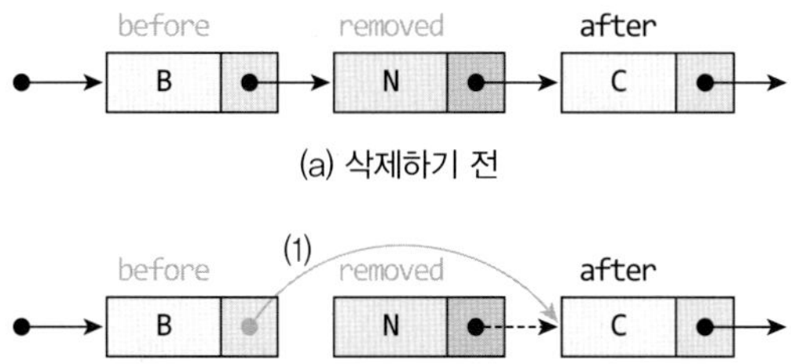

(a) 삭제하기 전

(b) 삭제한 후

| 그림 6.11 단순 연결 리스트에서의 노드 삭제

① 먼저 노드 **removed**가 N을 가리키도록 함: **removed = before->link;**

② **removed**가 **NULL**이 아닌 경우 노드 B가 노드 C를 가리키게 함: **before->link = removed->link;**

③ **removed**를 반환 함: **return removed;**

removed의 링크가 **after**를 계속 가리키고 있는 것은 무시해도 된다. 이 연산의 이름을 **remove_next(before)**라 하자. **before** 다음의 노드를 연결리스트에서 빼 내는 연산이기 때문이다. 이 연산을 C언어로 구현하면 다음과 같다.

프로그램 6.11 연결리스트를 이용한 리스트의 노드 삭제 연산

```
Node* remove_next(Node *before)
{
	Node* removed = before->link;
	if (removed != NULL)
		before->link = removed->link;
	return removed;
}
```

이 연산의 입력이 removed가 아니라 before임에 특히 유의하라. **removed**를 삭제하기 위해서는 **removed**가 아니라 선행 노드의 링크 필드가 변경되어야 한다. 문제는 단순 연결 리스트의 노드들은 선행 노드의 정보를 알 수 없다는 것이다. 따라서 어떤 노드를 삭제하기 위해서는 그 노드의 선행 노드를 알아야 하는 것을 명심하라. 만약 다음 절에서 공부할 이중 연결 리스트를 사용한다면 **removed**를 전달할 수도 있다. 모든 노드가 자신의 선행 노드를 알 수 있기 때문이다.

이 연산의 시간복잡도는 명백히 $O(1)$이다. 즉, 선행 노드를 알면 다음 노드를 삭제하는 것은 매우 효율적이다. 배열을 이용한 리스트에서는 삭제할 항목이나 선행 항목을 모두 알더라도 항목의 이동이 필요해 복잡도가 $O(n)$이었다.

이제 pos번째 항목을 삭제하는 delete(pos)를 알아보자. 이 연산은 pos위치의 노드를 연결 리스트에서 꺼내고, 메모리를 해제하는 연산이다. 일반적인 경우에는 pos-1번째 노드(before)을 찾고, remove_next()를 호출하고, 반환되는 노드를 해제하면 된다. 그런데 역시 맨 앞 노드의 삭제가 문제이다. -1번째 노드는 없으므로 before가 NULL이기 때문이다. 따라서 공백상태가 아니면서 pos가 0인 경우는 분리하여 처리해야 한다. 이 연산을 구현한 코드는 다음과 같다.

프로그램 6.12 연결리스트를 이용한 리스트의 삭제 연산

```
01 void delete(int pos)
02 {
03     Node* prev, *removed;
04 
05     if (pos == 0 && is_empty() == 0) {
06         removed = head;
07         head = head->link;
08         free(removed);
09     }
10     else {
11         prev = get_entry(pos - 1);
12         if (prev != NULL) {
13             removed = remove_next(prev);
14             free(removed);
15         }
16     }
17 }
```

코드 설명

5-9행 리스트가 공백상태가 아니면서 맨 앞 노드를 삭제하는 경우에 대한 처리. head를 removed에 복사하고, head는 다음 노드를 가리키게 한 다음 removed의 메모리를 해제함.

10-16행 그렇지 않으면 pos-1번째 노드를 찾아 이 노드가 NULL이 아니면 remove_next()로 연결리스트에서 꺼낸 후 메모리 해제함.

단순 연결 리스트를 이용한 전체 프로그램

이제 단순 연결 리스트를 이용한 리스트의 전체 프로그램을 구현해 보자. 앞에서 설명한 코드들과 함께 리스트의 전체 내용을 출력하는 print_list()함수를 추가한다. 테스트 프로그램은 배열을 이용한 리스트 프로그램과 전적으로 동일하다. 리스트의 추상 자료형을 배열로 구현하던지 연결리스트로 구현하던지 사용하는 방법은 동일하다. 프로그램 6.13은 전체 코드를 보여준다.

프로그램 6.13 단순연결리스트를 이용한 리스트 전체 프로그램

```
#include <stdio.h>
#include <stdlib.h>

typedef int Element;
typedef struct LinkedNode {
    Element data;
    struct LinkedNode* link;
} Node;
Node*   head = NULL;

void init_list()     { head = NULL; }
int is_empty()       { return head==NULL; }
Node* get_entry(int pos) {...}                // 프로그램 6.5의 함수 포함
int size() {...}                              // 프로그램 6.6의 함수 포함
Node* find(Element val){...}                  // 프로그램 6.7의 함수 포함
void replace(int pos, Element val){...}       // 프로그램 6.7의 함수 포함

void insert_next(Node *prev, Node *n) {...}   // 프로그램 6.9의 함수 포함
void insert(int pos, Element val) {...}       // 프로그램 6.10의 함수 포함
Node* remove_next(Node *prev) {...}           // 프로그램 6.11의 함수 포함
void delete(int pos) {...}                    // 프로그램 6.12의 함수 포함
void clear_list(){...}                        // 프로그램 6.8의 함수 포함
void print_list(char* msg)
{
    Node* p;
    printf("%s[%2d]: ", msg, size());
    for (p = head; p != NULL; p = p->link)
```

```
28              printf("%2d ", p->data);
29          printf("\n");
30  }
31
32  void main()
33  {
34          init_list( );
35          insert( 0, 10 );
36          insert( 0, 20 );
37          insert( 1, 30 );
38          insert( size(), 40 );
39          insert( 2, 50 );
40          print_list("단순연결리스트로 구현한 List(삽입x5)");
41
42          replace(2, 90);
43          print_list("단순연결리스트로 구현한 List(교체x1)");
44
45          delete( 2 );
46          delete( size()-1);
47          delete( 0);
48          print_list("단순연결리스트로 구현한 List(삽입x3)");
49
50          clear_list( );
51          print_list("단순연결리스트로 구현한 List(정리후)");
52  }
```

코드 설명

23-30행 리스트의 전체 내용을 화면에 출력하는 함수.

32-52행 테스트 함수. 동일한 추상 자료형을 구현했으므로 배열을 이용한 리스트의 테스트 함수와 출력 메시지를 제외하고 리스트를 사용하는 모든 코드는 동일함.

프로그램의 실행결과는 다음과 같다.

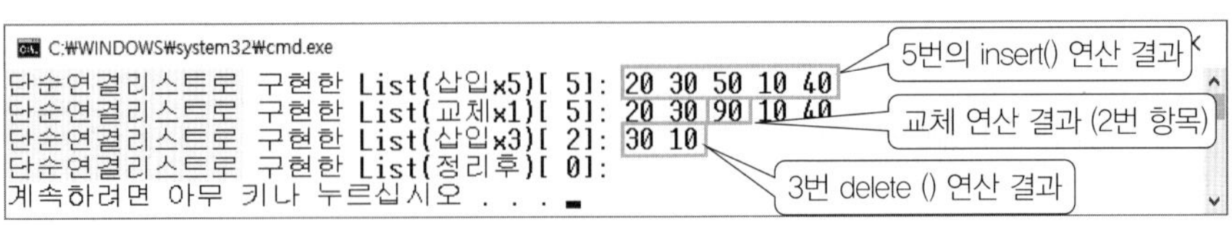

헤드 포인터와 헤드 노드

프로그램 6.10과 6.12의 삽입과 삭제 연산에서 맨 앞 노드의 처리가 까다로운 것을 알 수 있다. 이것을 단순화할 수 있는 좋은 방법이 있는데, 시작 노드를 위해 포인터 **head**를 사용하는 것이 아니라 다음과 같이 구조체 자체를 사용하는 것이다.

```
Node org;        // 헤드 노드 org. 실제 헤드 포인터는 org.link가 됨
```

이와 같은 노드를 헤드 노드**(head node)**라 부르는데, 데이터 필드는 의미가 없고 단지 링크 필드만을 사용한다. 즉, 헤더노드의 링크 org.link가 리스트의 실제 시작노드를 가리킨다. 그림 6.12는 헤드 포인터와 헤드 노드의 차이를 보여준다. 낭비되는 메모리는 크지 않으므로 무시할 수 있다.

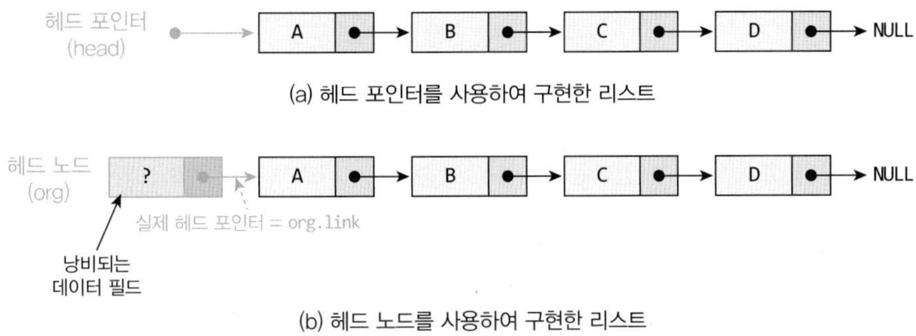

| 그림 6.12 연결 리스트에서 첫 번째 항목을 표현하기 위한 두 가지 방법

이 방법을 사용하려면 먼저 get_entry(-1)연산이 org의 주소를 반환하도록 수정해야 한다. 이렇게 되면 insert(pos, e)와 delete(pos) 연산이 간단해진다. 왜 그럴까? 이제 리스트의 모든 노드가 선행노드를 갖기 때문에, 노드의 위치와 상관없이 get_entry(pos-1)을 이용해 선행노드를 구할 수 있고, 따라서 insert_next()나 remove_next()를 적용할 수 있기 때문이다. 위의 프로그램을 이 방식으로 구현하고 코드의 차이를 확인해 보라.

6.4 다양한 형태의 연결 리스트

원형 연결 리스트(circular linked list)

원형 연결 리스트란 리스트의 마지막 노드의 링크가 첫 번째 노드를 가리키는 연결 리스트를 말한다. 즉, 마지막 노드의 링크 필드가 NULL이 아닌 첫 번째 노드 주소가 되는 리스트이다. 원형 연결 리스트의 장점은 한 노드에서 다른 모든 노드로의 접근이 가능하다는 것이다. 하나의 노드에서 링크를 계속 따라 가면 결국 모든 노드를 거쳐서 자기 자신으로 되돌아 올 수 있으므로 어떤 노드로도 갈 수 있다. 다음은 원형 연결 리스트의 구조를 보여주고 있다.

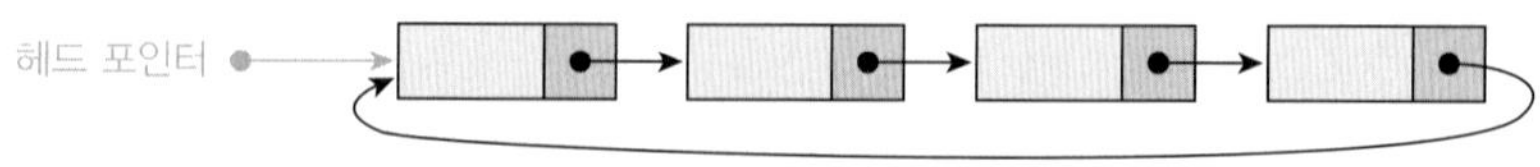

| 그림 6.13 원형 연결 리스트의 구조

원형 연결 리스트가 특히 유용한 경우는 리스트의 끝에 노드를 삽입하는 연산이 단순 연결 리스트보다 효율적일 수 있다는 것이다. 단순 연결 리스트에서 리스트의 끝에 노드를 삽입하려면 첫 번째 노드에서부터 링크를 따라서 노드의 개수만큼 진행하여 마지막 노드까지 간 다음에 삽입할 수 있다. 그러나 만약 원형 연결 리스트를 그림 6.14와 같이 변형한다면 상수 시간 안에 리스트의 끝에 노드를 삽입할 수 있다. 이 변형된 원형 연결 리스트에서 헤드 포인터는 실제로는 리스트의 마지막 노드를 가리키게 되고, 리스트의 첫 번째 노드는 그 다음 노드가 된다. 이렇게 함으로써 리스트의 마지막에 노드를 삽입하거나 삭제하기 위하여 리스트의 맨 끝까지 힘들게 찾아가지 않아도 된다.

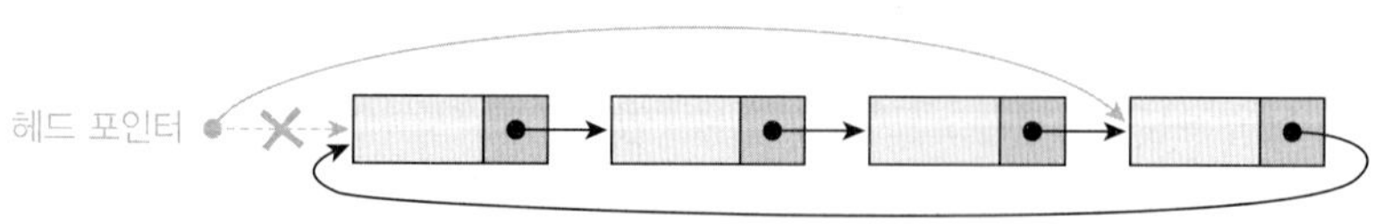

| 그림 6.14 변형된 원형 연결 리스트

이중 연결 리스트(doubly linked list)

단순 연결 리스트는 어떤 노드에서 후속 노드를 찾기는 쉽지만 선행 노드를 찾기는 매우 어렵다. 원형 연결 리스트에서도 거의 리스트의 전체의 노드를 거쳐서 돌아서 와야 한다.

따라서 응용 프로그램에서 특정 노드에서 양방향으로 자유롭게 움직일 필요가 있다면 단순 연결 리스트 구조는 부적합하다. **이중 연결 리스트**(doubly linked list)는 이러한 문제점을 해결하기 위하여 만들어진 자료구조이다.

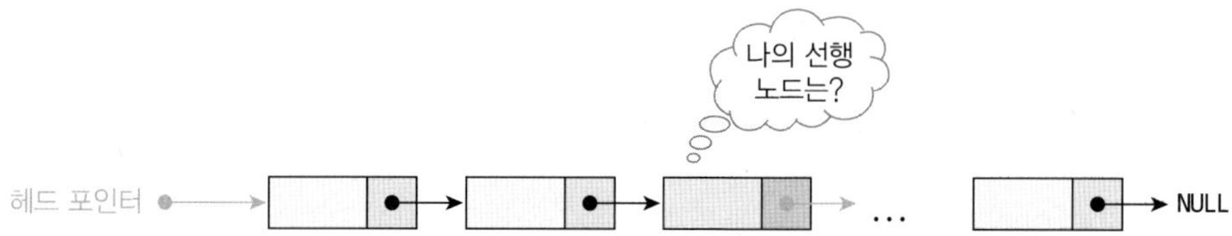

| 그림 6.15 단순 연결 리스트에서는 선행 노드를 찾는 것이 어렵다.

이중 연결 리스트는 하나의 노드가 선행 노드와 후속 노드에 대한 두 개의 링크를 가지는 리스트이다. 링크가 양방향이므로 양방향으로 검색이 가능하다. 단점으로는 공간을 많이 차지하고 코드가 복잡해진다는 것이다. 그럼에도 불구하고 여러 가지 장점이 많기 때문에 자주 사용된다. 그림 6.16은 이중 연결 리스트를 위한 노드의 구조를 보여주며, 그림 6.17은 이들을 연결한 이중 연결 리스트로 구현한 리스트를 보여주고 있다.

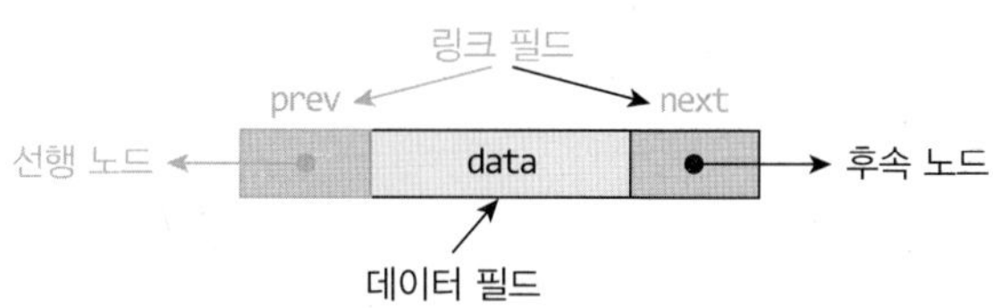

| 그림 6.16 이중 연결 리스트에서의 노드 구조

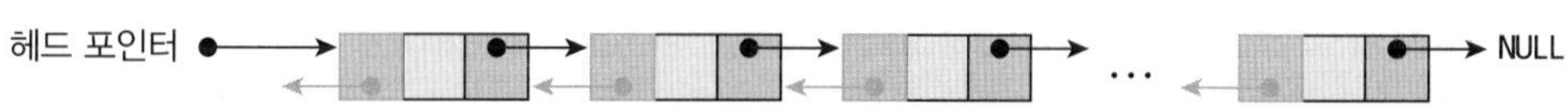

| 그림 6.17 이중 연결 리스트의 구조

C언어로 표현하면 노드 구조체가 다음과 같이 변경되어야 하고, 리스트를 위해 저장해야 할 데이터는 시작 노드의 주소뿐이다.

```
typedef struct DblLinkedNode {
        Element data;                         // 데이터 필드
        struct DblLinkedNode* prev;           // 선행노드
        struct DblLinkedNode* next;           // 후속노드 link가 아니라 next란 이름 사용
} Node;
```

이중 연결 리스트에서 어떤 노드의 포인터를 p라 하면, 다음의 관계가 항상 성립한다. 후속노드를 가리키는 링크필드의 이름이 `link`에서 `next`로 변경된 것에 유의한다.

```
p == p->next->prev == p->prev->next
```

삽입 연산

이중 연결 리스트의 삽입과 삭제 연산은 조금 더 복잡하다. 먼저 삽입 연산을 살펴보자. 어떤 노드(before) 다음에 새로운 노드 N을 추가하려고 한다. 이를 위해 다음과 같은 네 단계가 필요하다.

① N의 선행 노드를 before로 설정
② N의 후속 노드를 before의 후속 노드 설정
③ before의 후속 노드의 선행노드를 N으로 설정
④ before의 후속 노드를 N으로 설정

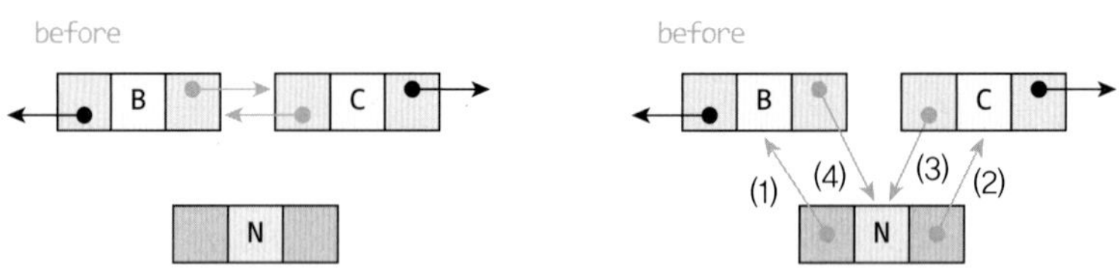

(a) B 다음에 새 노드 N을 삽입하기 전 (b) 삽입 후

| 그림 6.18 이중 연결 리스트의 노드 삽입

프로그램 6.14는 이중 연결 리스트의 삽입 과정을 함수로 구현하였다.

프로그램 6.14 이중 연결 리스트의 노드 삽입 과정

```c
void insert_next(Node *before, Node *n)
{
    n->prev = before;
    n->next = before->next;
    if (before->next != NULL) before->next->prev = n;
    before->next = n;
}
```

이 함수의 5행에 유의하라. before의 next가 NULL일 수도 있는데, 이때 before->next->prev = n; 문장을 실행하면 오류가 발생해 프로그램이 중단된다. 따라서 반드시 before의 next가 NULL이 아닌 경우에만 처리해야 한다.

삭제 연산

삭제 연산을 살펴보자. 이중 연결 리스트의 모든 노드는 자신의 선행 노드를 알 수 있다. 따라서 삭제 함수의 이름이 remove_next일 필요가 없다. 원하는 노드 자체를 리스트에서 삭제할 수 있기 때문이다. 노드의 삭제에는 두 단계가 필요하다. 그림 6.19는 현재 노드 N을 리스트에서 삭제하는 과정을 보여주고 있다.

① removed의 선행 노드의 후속 노드를 removed의 후속 노드로 설정
② removed의 후속 노드의 선행 노드를 removed의 선행 노드로 설정

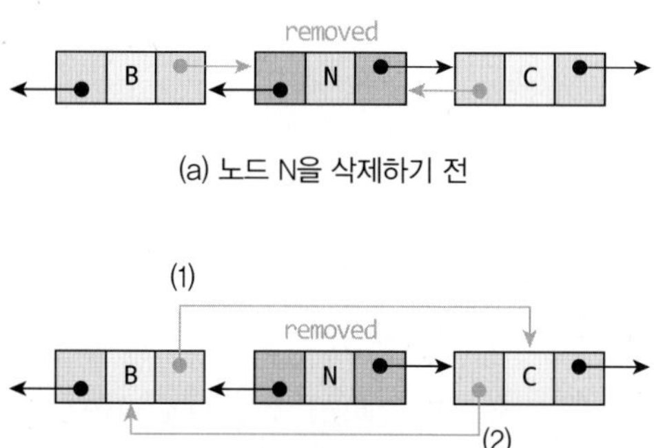

(a) 노드 N을 삭제하기 전

(b) 삭제 후

| 그림 6.19 이중 연결 리스트의 노드 삭제

프로그램 6.15 이중 연결 리스트의 노드 삭제 과정

```
void remove_curr(Node *n)
{
    if (n->prev != NULL) n->prev->next = n->next;
    if (n->next != NULL) n->next->prev = n->prev;
}
```

프로그램 6.15는 삭제 과정을 함수로 구현하였다. 역시 n의 prev나 next가 NULL일 수도 있으므로 이를 검사하고 처리해야 한다. 함수의 이름이 remove_curr()로 변경된 것에 유의하라. 단순 연결 리스트에서와 달리 이제 삭제하고자 하는 노드의 주소를 전달하면 된다.

전체 프로그램

이중 연결 리스트로 리스트를 구현해 보자. 이번에는 헤드 노드를 사용한다. get_head() 함수를 추가해 헤드 포인터인 org.next를 반환하도록 하였다. 앞에서 구현했던 size(), find(), print_list() 함수의 반복문에서 head를 모두 get_head()로 수정해야 한다.

프로그램 6.16 이중 연결 리스트를 이용한 리스트 프로그램

```c
#include <stdio.h>
#include <stdlib.h>

typedef int Element;
typedef struct DLinkedNode {
    Element data;
    struct DLinkedNode* prev;
    struct DLinkedNode* next;
} Node;
Node org;    // 헤드 노드 (헤드 포인터가 아님)

void init_list()     { org.next = NULL; }
Node* get_head()     { return org.next; }
int is_empty()       { return get_head()==NULL; }

Node* get_entry( int pos )
{
    Node* n = &org;
    int i = -1;
    for(i=-1 ; i<pos ; i++, n=n->next)
        if( n==NULL ) break;
    return n;
}
```

```
24 void replace(int pos, Element e) {...}          // 프로그램 6.7의 함수와 동일
25
26 // 다음 세 함수는 for문에서 head대신 get_head()를 사용하도록 수정해야 함.
27 // 또한 link는 모두 next로 수정함. 그 외는 전 코드와 동일
28 int size() {...}                                // 프로그램 6.6의 함수 수정
29 Node* find(Element e) {...}                     // 프로그램 6.7의 함수 수정
30 void print_list( char* msg ) {...}              // 프로그램 6.13의 함수 수정
31
32 void insert_next(Node *p, Node *n) { ... }      // 프로그램 6.14의 함수와 동일
33 void insert(int pos, Element e)
34 {
35     Node *new_node, *prev;
36
37     prev = get_entry(pos - 1);
38     if (prev != NULL) {
39         new_node = (Node*)malloc(sizeof(Node));
40         new_node->data = e;
41         new_node->prev = NULL;
42         new_node->next = NULL;
43
44         insert_next(prev, new_node);
45     }
46 }
47 void remove_curr(Node *n) {...}                 // 프로그램 6.15의 함수와 동일
48 void delete(int pos)
49 {
50     Node* n = get_entry(pos);
51     if( n != NULL )
52         remove_curr(n);
53 }
54 void clear_list() {...}                         // 프로그램 6.8의 함수와 동일
55
56 void main() {...}     // 출력 메시지를 제외하고 프로그램 6.13의 함수와 동일
```

코드 설명

5-9행 이중 연결 리스트를 위한 노드 구조체 선언.

10행 헤드 노드 선언. 헤더 포인터는 org.next가 됨.

12행 리스트의 초기화는 org.next를 NULL로 변경하는 것임.

13행 헤드 포인터 반환함수. org.next를 반환함.

16-23행 pos번째 노드 반환함수. 이제 pos가 -1이면 org의 주소를 반환함.

28-30행 이제 head가 get_head()함수로 변경되었으므로 반복문에서 이를 반영해야 함. 이 외에는 단순 연결 리스트에서의 함수와 동일함.

33-46행 이중 연결 리스트의 삽입 연산. 시작 노드 여부와 상관없이 pos-1위치의 노드를 찾고 insert_next()로 삽입할 수 있음.

48-53행 이중 연결 리스트의 삭제 연산. 시작 노드 여부와 상관없이 pos위치의 노드를 찾아 remove_curr()로 삭제할 수 있음.

56행 이중 연결 리스트의 테스트 프로그램. 출력 메시지에서 "이중연결리스트로 구현한"을 제외하면 프로그램 6.13과 동일함.

프로그램의 실행 결과는 다음과 같다.

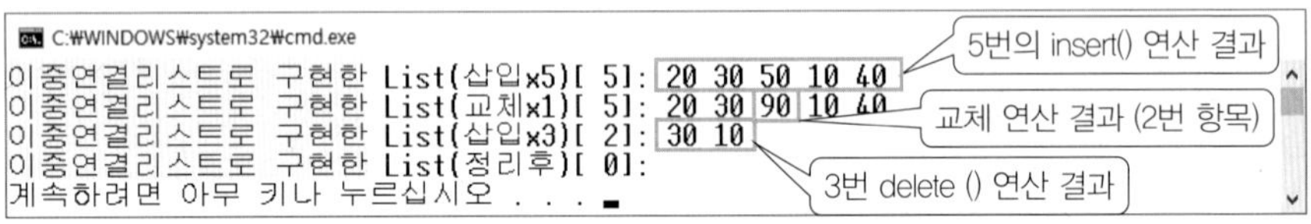

6.5 연결 리스트의 응용: 라인 편집기

연결 리스트를 이용하여 아주 간단한 텍스트 편집기를 만들어보자. 이 편집기는 **라인 편집기**(line editor)라고 불리는데 라인 단위로 입력이나 삭제를 할 수 있는 문서 편집기이다. 이 편집기는 고정된 수의 명령어들을 받아서 동작하며 커서를 사용하지 않는다. 따라서 현재 우리가 사용하고 있는 편집기와는 많은 차이가 있으나 이 예제로부터 더 복잡한 편집기의 기본적인 아이디어를 배울 수 있다.

라인 편집기는 기본적으로 연결 리스트의 기능들을 이용하여 구현할 수 있는데, 각 노드가 한 줄의 문장이 된다. 다음 그림은 연결 리스트로 구현된 라인 편집기의 구조를 설명하고 있다.

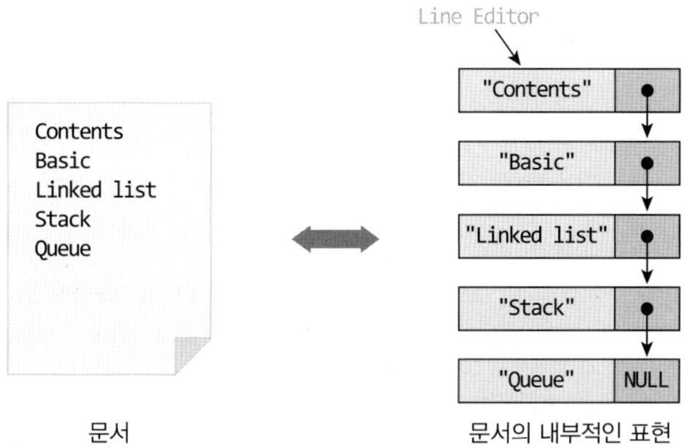

| 그림 6.20 단순 연결 리스트를 이용한 라인 편집기

라인 편집기가 다음과 같은 기능을 갖도록 설계하자.

(1) 한 라인 삽입: 행 번호와 문자열을 입력하면 그 행에 한 라인 추가
(2) 한 라인 삭제: 행 번호를 입력하면 그 행을 삭제
(3) 한 라인 변경: 행 번호와 문자열을 입력하면 그 행의 내용을 변경
(4) 현재 내용 출력: 현재 모든 행을 라인 번호와 함께 출력
(5) 파일 입력: 지정된 (Test.txt) 파일로부터 라인을 읽어 들임
(6) 파일 출력: 지정된 (Test.txt) 파일로 편집 내용을 저장

물론 파일 이름을 지정하지 않고 임의의 파일을 사용하도록 하는 것이 더 일반적일 것이다.

라인 편집기의 구현

먼저 한 줄의 문장을 저장하고 처리하기 위한 **Line** 구조체를 정의한다. **Element**는 이제 **Line**이 되어야 한다. **MAX_CHAR_PER_LINE**는 한 라인의 최대 길이로 1000으로 설정하였다.

```
typedef struct Line {
        char str[MAX_CHAR_PER_LINE];
} Line;
typedef Line Element;
```

리스트는 프로그램 6.13의 단순 연결 리스트를 그대로 사용하면 된다. 두 가지 함수를 추가하였다.

- 화면이나 파일로 리스트에 저장된 라인들을 출력하기 위해 **display()** 함수를 구현한다. 이 함수는 파일의 주소, 즉 파일 포인터(file pointer)를 매개변수로 받아 내용을 출력한다. 만약 파일 포인터가 **stdout**이면 내용을 화면으로 출력하라는 것이다. 각 라인은 먼저 줄 번호를 출력한 후 내용을 출력한다.
- 입력 버퍼의 내용을 비우기 위한 **my_flush()**함수를 추가한다. 이 함수는 '\n'이 나올 때 까지 표준 입력 버퍼(stdin)를 비운다.

프로그램 6.17 리스트를 이용한 라인 편집기 프로그램

```
#include <stdio.h>
#include <stdlib.h>

#define MAX_CHAR_PER_LINE 1000
typedef struct Line {
    char str[MAX_CHAR_PER_LINE];
} Line;
typedef Line Element;
typedef struct LinkedNode {
    Element data;
    struct LinkedNode* link;
} Node;
Node* head;                                  // 헤더 포인터를 사용함.

void init_list() {...}                       // 프로그램 6.13의 함수와 동일
int is_empty() {...}                         // 프로그램 6.13의 함수와 동일
Node* get_entry(int pos) {...}               // 프로그램 6.5의 함수와 동일
int size() {...}                             // 프로그램 6.6의 함수와 동일
void replace(int pos, Element val) {...}     // 프로그램 6.7의 함수와 동일
void insert_next(Node *prev, Node *n) {...}  // 프로그램 6.9의 함수와 동일
void insert(int pos, Element val) {...}      // 프로그램 6.10의 함수와 동일
Node* remove_next(Node *prev) {...}          // 프로그램 6.11의 함수와 동일
void delete(int pos) {...}                   // 프로그램 6.12의 함수와 동일
```

```
void clear_list() {...}                    // 프로그램 6.8의 함수와 동일

void display(FILE *fp)
{
    int i=0;
    Node* p;
    for( p = head ; p != NULL ; p=p->link, i++ ) {
        fprintf(stderr, "%3d: ", i);
        fprintf(fp, "%s", p->data.str);
    }
}

void my_fflush() { while (getchar() != '\n'); }

void main()
{
    char command;
    int pos;
    Line line;
    FILE *fp;

    init_list();
    do{
        printf("[메뉴선택] i-입력, d-삭제, r-변경, p-출력, l-파일읽기, s-저장, q-종료=> ");
        command = getchar();
        switch(command) {
        case 'i':
            printf("  입력행 번호: ");
            scanf("%d", &pos);
            printf("  입력행 내용: ");
            my_fflush(); // 입력 버퍼(키보드)에서 '\n'을 비움
            fgets(line.str, MAX_CHAR_PER_LINE, stdin);
            insert(pos, line);
            break;
        case 'd':
            printf("  삭제행 번호: ");
            scanf("%d", &pos);
            delete(pos);
```

```
62                  break;
63              case 'r':
64                  printf("  변경행 번호: ");
65                  scanf("%d", &pos);
66                  printf("  변경행 내용: ");
67                  my_fflush(); // 입력 버퍼(키보드)에서 '\n'을 비움
68                  fgets(line.str, MAX_CHAR_PER_LINE, stdin);
69                  replace(pos, line);
70                  break;
71              case 'l':
72                  fp = fopen("Test.txt", "r");
73                  if (fp != NULL) {
74                      while (fgets(line.str, MAX_CHAR_PER_LINE, fp))
75                       insert(size(), line);
76                      fclose(fp);
77                  }
78                  break;
79              case 's':
80                  fp = fopen("Test.txt", "w");
81                  if (fp != NULL) {
82                      display(fp);
83                      fclose(fp);
84                  }
85              case 'p': display(stdout);
86              }
87              my_fflush();        // 입력 버퍼(키보드)에서 '\n'을 비움
88          } while(command != 'q');
89      }
```

코드 설명

4행 데이터 멤버. 한 라인은 최대 1000자까지 저장할 수 있도록 함.

5-12행 Line 구조체를 정의하고, Element를 Line으로 지정함.

15-24행 리스트의 기본 연산들. 단순 연결 리스트 코드 사용.

26-34행 리스트에 저장된 내용을 파일 포인터로 보기 좋게 출력함. 줄 번호를 먼저 출력한 후 해당 라인을 출력함. 파일 출력을 위해 fprintf()함수를 사용함. 줄 번호는 표준 에러(stderr)로 출력하였음.

36행 입력 버퍼(키보드)에서 엔터('\n')가 나올 때까지 모든 입력을 비우는 함수. fflush(stdin)은 사용하지 않는 것이 좋음(VS2015 이후).

47–48행 메뉴를 출력하고 명령을 입력받음.

50–57행 입력 메뉴. 입력할 라인 번호와 내용을 입력받아 리스트의 insert() 연산을 이용해 추가함. 한 줄을 입력받기 위해 fgets()함수가 사용됨.

58–62행 삭제 메뉴. 삭제할 라인 번호를 입력받아 그 줄에 해당하는 리스트 항목을 삭제함. 리스트의 delete()연산 사용.

63–70행 라인 변경 메뉴. 변경할 라인 번호와 내용을 입력받아 그 줄에 해당하는 리스트 항목을 변경함. 리스트의 replace()연산 사용.

71–78행 "Test.txt"파일에서 모든 라인을 읽어 편집기에 삽입함.

79–84행 현재 편집기의 모든 라인을 "Test.txt"파일로 저장함. 파일을 저장 모드로 열고 display()함수를 이용해 파일로 저장함.

다음은 "Contents", "Basic", "스택, 큐, 덱", "연결 리스트"를 각각 입력한 후 화면으로 출력하고, 2번 라인을 삭제한 후의 결과를 출력한 예를 보여준다.

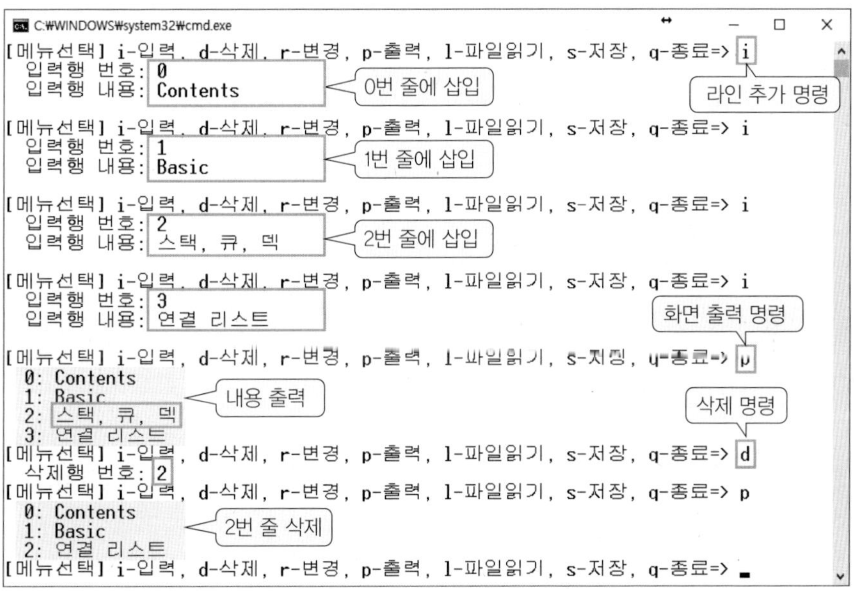

다음은 프로그램 6.17의 코드 일부가 저장된 Test.txt을 읽고 4번 줄을 `typedef`를 `#define`을 이용하는 문장으로 변경하는 예를 보여준다.

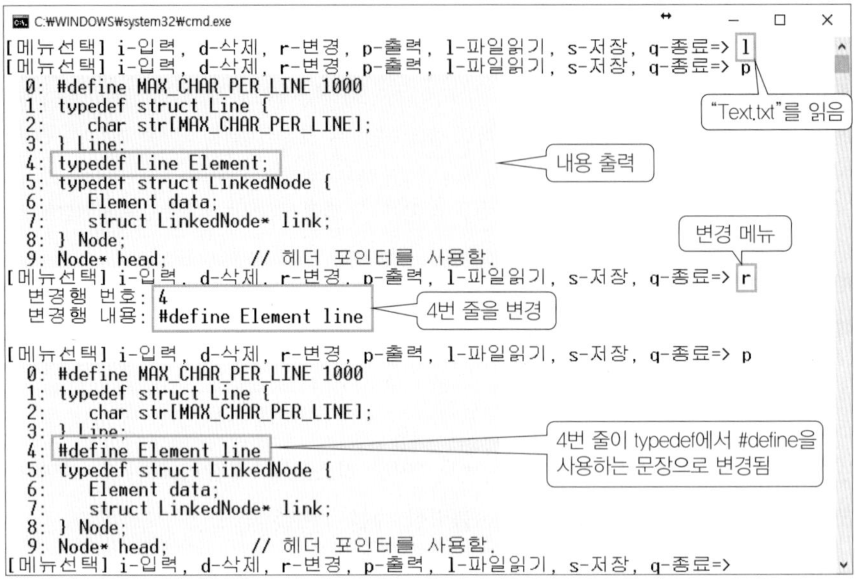
C:\WINDOWS\system32\cmd.exe
[메뉴선택] i-입력, d-삭제, r-변경, p-출력, l-파일읽기, s-저장, q-종료=> l
[메뉴선택] i-입력, d-삭제, r-변경, p-출력, l-파일읽기, s-저장, q-종료=> p
0: #define MAX_CHAR_PER_LINE 1000
1: typedef struct Line {
2: char str[MAX_CHAR_PER_LINE];
3: } Line;
4: typedef Line Element;
5: typedef struct LinkedNode {
6: Element data;
7: struct LinkedNode* link;
8: } Node;
9: Node* head; // 헤더 포인터를 사용함.
[메뉴선택] i-입력, d-삭제, r-변경, p-출력, l-파일읽기, s-저장, q-종료=> r
변경행 번호: 4
변경행 내용: #define Element line
[메뉴선택] i-입력, d-삭제, r-변경, p-출력, l-파일읽기, s-저장, q-종료=> p
0: #define MAX_CHAR_PER_LINE 1000
1: typedef struct Line {
2: char str[MAX_CHAR_PER_LINE];
3: } Line;
4: #define Element line
5: typedef struct LinkedNode {
6: Element data;
7: struct LinkedNode* link;
8: } Node;
9: Node* head; // 헤더 포인터를 사용함.
[메뉴선택] i-입력, d-삭제, r-변경, p-출력, l-파일읽기, s-저장, q-종료=>
"Text.txt"를 읽음
내용 출력
변경 메뉴
4번 줄을 변경
4번 줄이 typedef에서 #define을 사용하는 문장으로 변경됨

연습문제

1 단순 연결 리스트의 노드들을 포인터 p로 방문하고자 한다. 현재 p가 가리키는 노드에서 다음 노드로 가려면 어떤 코드를 사용해야 하는가?

① `p++;` ② `p--;` ③ `p=p->link;` ④ `p=p->data;`

2 다음과 같은 연결 리스트에 아래와 같은 코드를 실행한다고 하자. 실행이 끝난 후에 포인터 p가 가리키는 노드는 어떤 노드인가?

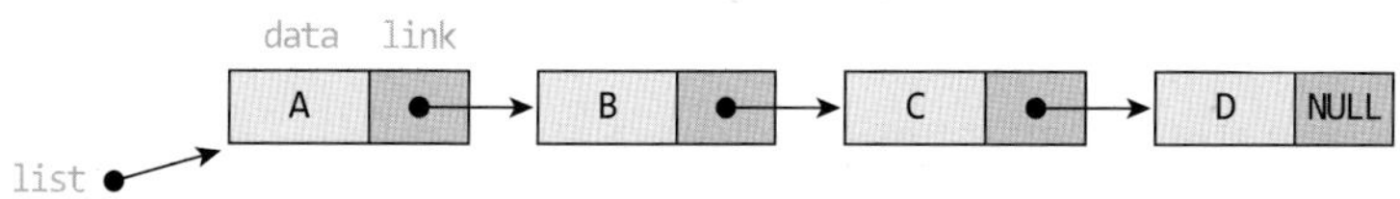


```
p = list;
while(p->link != NULL)
      p = p->link;
```

3 덱(deque: double-ended queue)은 삽입과 삭제가 양끝에서 임의로 수행되는 자료구조이다. 다음 그림과 같이 단순 연결리스트(singly linked list)로 덱을 구현한다고 할 때 O(1) 시간 내에 수행할 수 없는 연산은? (단, first와 last는 각각 덱의 첫 번째 원소와 마지막 원소를 가리키며, 연산이 수행된 후에도 덱의 원형이 유지되어야 한다) [국가시험 기출문제]

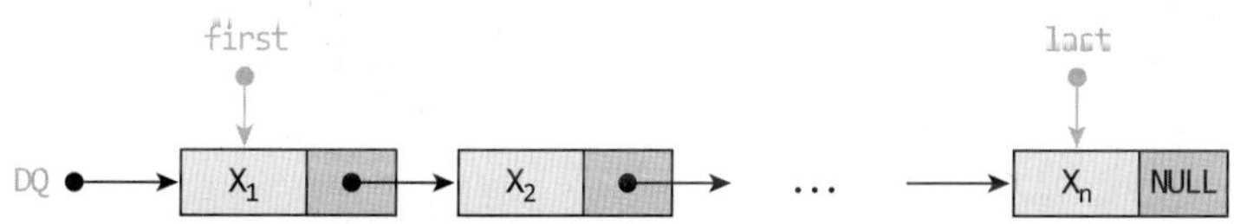

① insertFirst 연산: 덱의 첫 번째 원소로 삽입
② insertLast 연산: 덱의 마지막 원소로 삽입
③ deleteFirst 연산: 덱의 첫 번째 원소를 삭제
④ deleteLast 연산: 덱의 마지막 원소를 삭제

4 포인터를 이용하여 변수 2개의 내용을 서로 교환하는 void swap(int *px, int *py) 함수를 작성하고 테스트해보자.

```
void swap(int *px, int *py){
    ...
}
```

```
x : 3
y : 5
swap() 호출 후
x : 5
y : 3
```

5 포인터를 이용하여 주어진 문자열에서 랜덤하게 문자를 교환하는 프로그램을 작성해보자. 난수를 사용해보자.

```
문자열 abcd의 가능한 하나의 조합은 다음과 같다.
adcb
```

| Hint | 다음과 같은 함수를 사용하는 것을 고려해본다.

```
void swapChars(char *ch1, char *ch2)
{
    char tmp;
    tmp = *ch1;
    *ch1 = *ch2;
    *ch2 = tmp;
}
```

6 다음과 같이 연결 리스트에 사용자가 입력하는 값을 저장했다가 출력하는 프로그램을 작성하라.

```
노드의 개수 : 3
노드 #1 데이터 : 5
노드 #2 데이터 : 6
노드 #3 데이터 : 7
생성된 연결 리스트: 5->6->7
```

7 다음과 같이 연결 리스트의 맨 끝에 새로운 노드를 추가하는 프로그램을 작성해보자.

```
노드의 개수 : 3
노드 #1 데이터 : 5
노드 #2 데이터 : 6
노드 #3 데이터 : 7
끝에 추가할 데이터: 8
생성된 연결 리스트: 5->6->7->8
```

8 다음과 같이 생성된 연결 리스트의 맨 처음에 있는 노드를 삭제하는 프로그램을 작성해보자.

```
노드의 개수 : 3
노드 #1 데이터 : 5
노드 #2 데이터 : 6
노드 #3 데이터 : 7
생성된 연결 리스트: 5->6->7
첫 번째 노드 삭제 후 연결 리스트 : 6->7
```

9 연결 리스트에 정수가 저장되어 있다. 연결 리스트의 모든 데이터 값을 더한 합을 출력하는 프로그램을 작성하라.

```
노드의 개수 : 3
노드 #1 데이터 : 5
노드 #2 데이터 : 6
노드 #3 데이터 : 7
연결 리스트의 데이터 합: 18
```

10 연결 리스트에서 특정한 데이터 값을 갖는 노드의 개수를 계산하는 함수를 작성하라.

```
노드의 개수 : 3
노드 #1 데이터 : 5
노드 #2 데이터 : 5
노드 #3 데이터 : 7
탐색할 값을 입력하시오: 5
5는 연결 리스트에서 2번 나타납니다.
```

11 연결 리스트(linked list)의 "preNode" 노드와 그 다음 노드 사이에 새로운 "newNode" 노드를 삽입하기 위해 빈 칸 (ㄱ)에 들어갈 문장으로 옳은 것은?

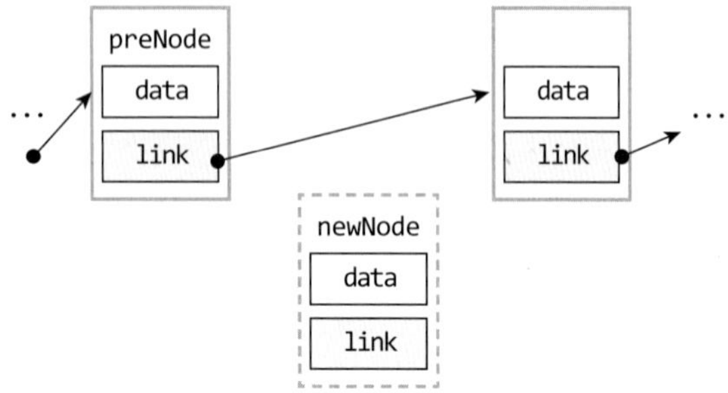


```
...
Node *newNode = (Node *)malloc(sizeof(Node));

                    (ㄱ)

preNode->link = newNode;
...
```

① newNode->link = preNode;

② newNode->link = preNode->link;

③ newNode->link->link = preNode;

④ newNode = preNode->link;

12 다음은 연결 리스트를 역순으로 변환하는 함수이다. 빈칸에 들어가야 하는 코드를 적어라. 아래 그림을 참고하라.

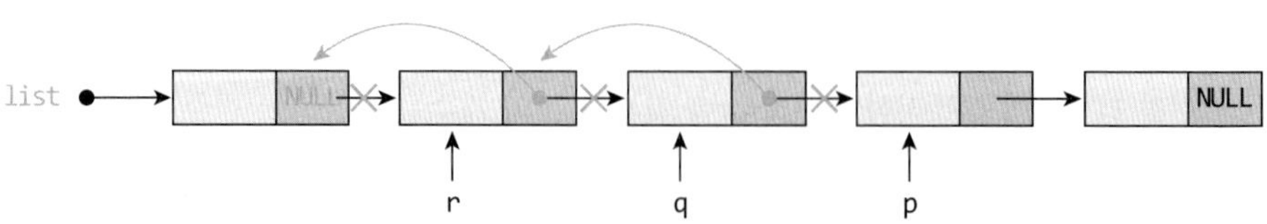

```
// (e1, e2, ···, en)을 (en, en-1, ···, e1)로 변환
Node *reverse(Node *list)
{
   // 순회 포인터로 p, q, r을 사용
   Node *p, *q, *r;
   p = list;              // p는 역순으로 만들 리스트
   q = NULL;              // q는 역순으로 만들 노드
   while (p != NULL){
       r = q;             // r은 역순으로 된 리스트. r은 q, q는 p를 차례로 따라간다.
       q = p;
       p = p->link;
       ____________;      // q의 링크 방향을 바꾼다.
    }

    return q;             // q는 역순으로 된 리스트의 헤드 포인터
}
```

프로그래밍 프로젝트

1 프로그래밍 프로젝트 2.2에서 구현한 희소 다항식 프로그램을 연결 리스트를 이용해 다시 구현하려고 한다. ($p(x) = 10x^{100}+6$과 같이 최고차항의 차수가 매우 크고 대부분 항의 계수가 0인 다항식을 희소 다항식이라 한다.)

(1) 각 항을 나타내는 **Term** 구조체와 **Node** 구조체를 설계하라.

(2) 하나의 다항식이 하나의 리스트로 표현될 것이므로 다항식의 연산을 구현하기 위해서는 여러 개의 리스트가 동시에 필요하다. 따라서 전역변수를 사용해 구현한 프로그램 6.13의 리스트를 구조체를 이용해 다시 구현해야 한다. 이를 위해 프로그램 4.5와 같이 클래스를 사용하거나, 구조체로 선형 큐를 구현한 프로그램 4.6을 참고할 수 있다. 프로그램 4.6을 참고하여 단순 연결 리스트로 구현한 리스트 구조체 **LinkedList**와 관련 함수를 구현하라. 구현된 리스트는 다음과 같이 선언하여 **SparsePoly**로도 사용될 수 있도록 하라.

```
typedef LinkedList SparsePoly;
```

(3) 희소 다항식을 위한 다음 함수들을 구현하라. 각 함수의 역할은 프로그래밍 프로젝트 2.2에서와 동일하다.

```
void read_spoly(SparsePoly* p);                                   // 입력
void add_spoly(SparsePoly* a,SparsePoly* b,SparsePoly* c); // 덧셈
void print_spoly(SparsePoly* p, char *str);                       // 출력
```

프로그램의 동작 예는 다음 그림과 같다.

```
C:\WINDOWS\system32\cmd.exe
계수 차수 입력(종료:-1): 3 12
계수 차수 입력(종료:-1): 2 8
계수 차수 입력(종료:-1): 1 0
계수 차수 입력(종료:-1): -1 -1
        입력 다항식:  3.0 x^12 +   2.0 x^8 +   1.0 x^0 +
계수 차수 입력(종료:-1): 8 12
계수 차수 입력(종료:-1): -3 10
계수 차수 입력(종료:-1): 10 6
계수 차수 입력(종료:-1): -1 -1
        입력 다항식:  8.0 x^12 +  -3.0 x^10 +  10.0 x^6 +
         A =   3.0 x^12 +   2.0 x^8 +   1.0 x^0 +
         B =   8.0 x^12 +  -3.0 x^10 +  10.0 x^6 +
         A+B=  11.0 x^12 +  -3.0 x^10 +   2.0 x^8 +  10.0 x^6 +   1.0 x^0 +
계속하려면 아무 키나 누르십시오 . . .
```

07 CHAPTER

순환

학습목표

- 순환의 개념을 이해한다.
- 순환 알고리즘의 구조 이해한다.
- 순환 알고리즘과 반복 알고리즘의 관계를 이해한다.
- 다양한 순환 호출 문제를 이해한다.
- 순환 호출의 응용 능력을 기른다.

CHAPTER

7 순환

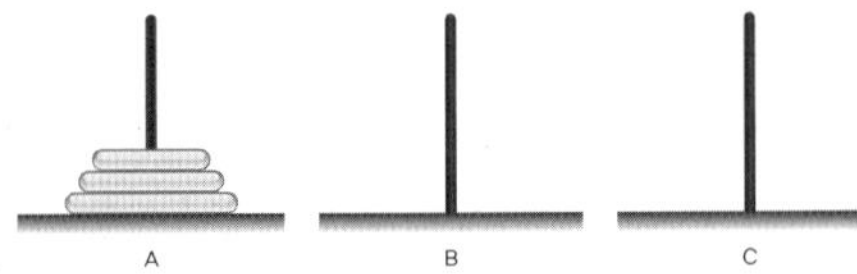

7.1 순환의 소개

순환(recursion), 또는 **재귀 호출**이란 어떤 알고리즘이나 함수가 자기 자신을 호출하여 문제를 해결하는 프로그래밍 기법이다. 이것은 좀 이상하게 보일 수도 있겠지만, 매우 흥미롭고 효과적인 프로그래밍 기법 중의 하나이다. 순환은 많은 문제들을 해결하는데 독특한 개념적인 프레임 워크를 제공하는데, 특히 다음 장에서 공부할 트리 구조에서 많이 사용된다. 트리를 배우기에 앞서 먼저 순환을 자세히 알아보자.

순환이란?

순환은 본질적으로 순환적인 문제나 그러한 자료구조를 다루는 프로그램에 적합하다. 예를 들어 정수의 팩토리얼(Factorial)은 다음과 같이 정의된다.

$$n! = \begin{cases} 1 & n=0 \\ n*(n-1)! & n \geq 1 \end{cases}$$

위의 정의에서 팩토리얼 $n!$을 정의하는데 다시 팩토리얼 $(n-1)!$이 사용된 것에 주목하라. 이러한 정의를 **순환적**이라 한다. 위의 정의에 따라 $n!$을 구하는 함수 `factorial(n)`을 제작하여 보자. $n!$을 계산하려면 먼저 $(n-1)!$을 구하고 여기에 n을 곱하면 된다. 그러면 $(n-1)!$은 어떻게 계산할 것인가? 일단 $(n-1)!$을 계산하는 함수 `factorial_n_1()`을 따로 제작하여 호출해서 계산하여 보자.

```
int factorial(int n)
{
    if( n == 1 ) return 1;                      // n==1 인 경우
    else return (n * factorial_n_1(n-1) );      // n >1 인 경우
}
```

그런데 이 함수의 헤더를 자세히 보니 n을 매개변수로 받아서 $n!$을 구하는 함수이다. 그렇다면 $(n-1)!$을 구하기 위해 이 함수를 그대로 사용하고, 매개변수만 $(n-1)$로 바꾸면 되지 않을까? 이것이 가능하다면 factorial_n_1()을 따로 만들 필요가 없는 것이다. 이를 바탕으로 함수를 다시 만들면 다음과 같다.

프로그램 7.1 순환적인 팩토리얼 계산 함수

```
int factorial(int n)
{
    if( n == 1 ) return 1;                      // n==1인 경우(종료 조건)
    else return (n * factorial(n-1) );          // n >1인 경우(순환 호출)
}
```

과연 위의 프로그램이 오류 없이 동작할 것인가? 놀랍게도 이 프로그램은 문제없이 동작한다.

| 그림 7.1 factorial(3)에서의 순환호출

만약 우리가 factorial(3)이라고 호출하였을 경우에 위의 프로그램에서 함수가 호출되는 순서를 자세히 살펴보자. 그림 7.2는 factorial(3)을 호출했을 때 순환 호출의 순

서를 보여준다. 먼저 **factorial(3)**을 수행하는 도중에 함수가 끝나기 전에 그림의 ① 과 같이 **factorial(2)**를 다시 호출하게 된다. 호출된 **factorial(2)**에서도 ②와 같이 **factorial(1)**을 다시 호출하게 된다. **factorial(1)**은 매개변수 **n**이 1이므로 첫 번째 if 문장이 참이 되고 따라서 더 이상의 순환적인 호출이 없이 그림의 ③과 같이 결과 값 1을 반환하게 된다. 이 값은 **factorial(2)**로 전달되고 **factorial(2)**는 여기에 2를 곱한 값인 2를 ④와 같이 **factorial(3)**으로 반환한다. **factorial(3)**은 이 값에 3을 곱한 6을 최종적으로 반환한다. 전체 계산 과정은 다음과 같다.

```
factorial(3) = 3 * factorial(2)
             = 3 * 2 * factorial(1)
             = 3 * 2 * 1
             = 3 * 2
             = 6
```

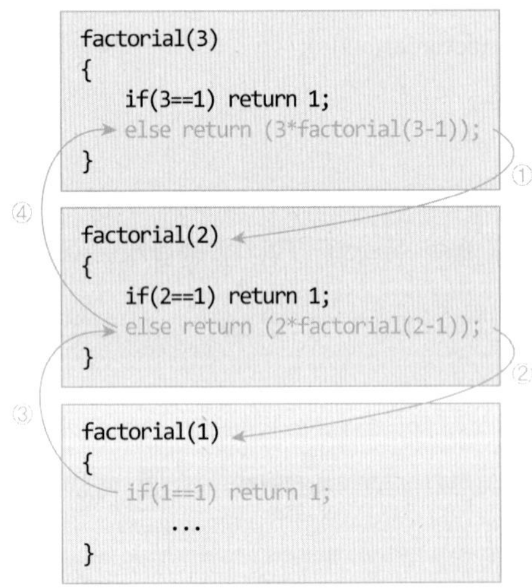

| 그림 7.2 factorial(3)에서의 함수 호출과 복귀 순서

순환 호출이 이루어지는 과정을 알기 위하여 다음과 같이 함수의 이름과 함수의 파라미터를 출력하는 문장을 **factorial** 함수의 처음에 넣어보자. 만약 factorial(3)을 호출한다면 다음과 같은 결과가 출력될 것이다.

프로그램 7.2 출력문이 추가된 순환적인 팩토리얼 계산 프로그램

```
int factorial(int n)
{
    printf("factorial(%d)\n",n);      // 순환호출 순서 확인을 위한 출력문
    if( n == 1 ) return 1;
    else return (n * factorial(n-1) );
}
void main() { factorial(3); }
```

```
C:\WINDOWS\system32\cmd.exe
factorial(3)
factorial(2)
factorial(1)
계속하려면 아무 키나 누르십시오 . . .
```

순환호출의 내부적인 구현

순환 호출이 발생하면 컴퓨터는 어떻게 처리할까? 먼저 함수의 호출 과정을 살펴보자. 컴퓨터에서 어떤 함수가 다른 함수를 호출하는 것이나 자기 자신을 다시 호출하는 것은 전혀 차이가 없다. A라는 함수에서 함수 B가 호출되면, 먼저 B가 끝나고 A의 처리 상황을 복원할 수 있도록 A의 복귀 주소와 사용하던 지역 변수 등의 자료를 모아 **활성 레코드**(activation record)를 준비하고 이를 시스템 스택에 저장한다. 이런 준비가 끝나면 B의 코드 시작 위치로 이동하여 처리를 시작한다. 이때, B가 자기 자신, 즉 A라도 전혀 문제가 없다. A의 시작 위치로 이동하는 것뿐이다. 호출된 함수 B가 끝나면 스택에서 복귀주소를 꺼내 자신을 호출한 함수 A로 되돌아간다. 그림 7.3은 `main()`에서 `factorial()`을 호출하고, 그 안에서 다시 순환적으로 `factorial()`을 호출했을 때의 시스템 스택의 변화를 보여준다. 순환호출이 중첩될수록 스택에는 활성 레코드들이 쌓이게 된다.

순환은 C, C++, Java 등 거의 모든 프로그래밍 언어에서 지원하지만 지역변수가 없거나 있더라도 정적으로 할당되는 일부 언어(FORTRAN, COBOL, BASIC)에서는 지원하지 않는다. 즉 함수호출마다 새로운 지역변수를 만들지 못하면 이전 호출과 구분할 수가 없고, 순환 호출이 불가능한 것이다.

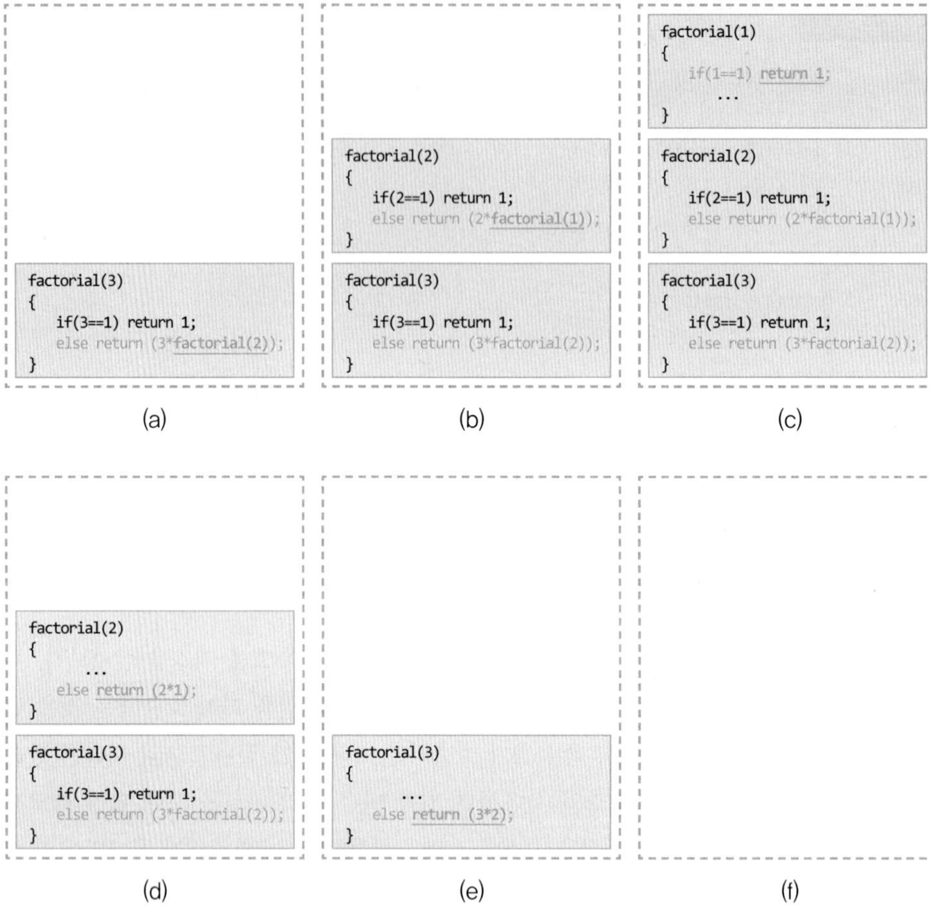

| 그림 7.3 factorial(3) 호출에서의 시스템 스택 변화과정

7.2 순환 알고리즘의 구조

순환 알고리즘은 그림 7.4와 같이 자기 자신을 순환적으로 호출하는 부분과 순환 호출을 멈추는 부분으로 구성되어 있다. 만약 순환 호출을 멈추는 부분이 없다면 시스템 스택을 다 사용할 때까지 순환적으로 호출되다가 결국 오류를 내면서 멈출 것이다.

```
int factorial(int n)
{
    if(n==1) return 1;               ← 순환을 멈추는 부분
    else return n*factorial(n-1);    ← 순환 호출을 하는 부분
}
```

| 그림 7.4 순환 알고리즘의 구조

다음과 같이 종료조건을 없애고 프로그램을 실행해 보자.

```
int factorial(int n)
{
    printf("factorial(%d)\n",n);
   // if( n == 1 ) return 1;
   // else
    return (n * factorial(n-1) );
}
```

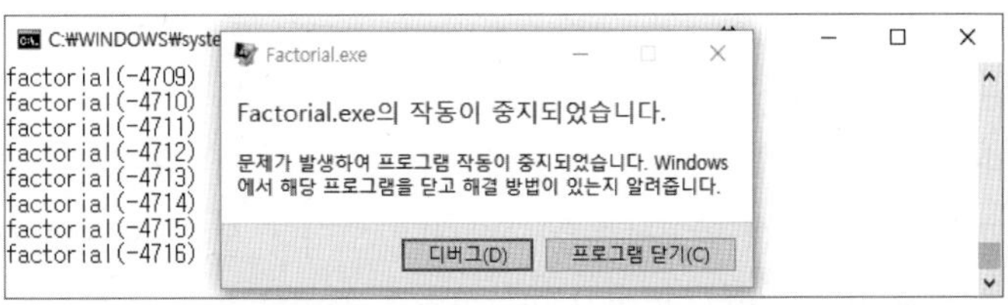

| 그림 7.5 종료 조건이 없어 불완전하게 종료된 프로그램의 예

그림 7.5와 같이 오류가 발생해 프로그램이 불완전하게 종료될 것이다. 따라서 반드시 순환호출에는 순환 호출을 멈추는 문장이 포함되어야 한다.

순환 ↔ 반복

지금까지는 같은 일을 되풀이하기 위해 **반복**(iteration)을 사용했다. 이것은 for 나 while 등의 반복문을 사용하는 것으로 반복횟수를 가지고 있는 변수를 사용하여 일정횟수동안이나 어떤 조건이 만족될 때 까지 반복하도록 했다. 많은 경우 이러한 반복 구조는 문제를 간결하고 효율적으로 해결할 수 있었다.

그러나 어떤 문제들은 반복을 사용하면 지나치게 복잡해지 경우도 있다. 이런 경우에는 **순환**(recursion)이 매우 좋은 해결책이 될 수 있다. 대표적인 예로 다음 장의 트리 알고리즘을 들 수 있다. 트리의 순회나 노드의 삽입연산 등 순환이 많이 사용되는데, 이들을 순환이 아니라 반복으로 구현하려면 코드가 매우 복잡해질 것이다. 따라서 순환은 본질적으로 순환적인 문제나 그러한 자료구조를 다루는 프로그램에 매우 효율적이다.

| 그림 7.6 반복과 순환

많은 경우 순환은 반복으로 변환할 수 있는데, 특히 순환호출이 끝에서 이루어지는 경우는 반복 알고리즘으로 간단히 바꿀 수 있다. 순환은 트리와 같은 특정한 문제에 대해 반복에 비해 훨씬 명확하고 간결한 알고리즘을 나타낸다. 그러나 실행속도 면에서는 함수 호출의 부담에 의해 반복보다 느리다. 따라서 알고리즘을 설명할 때는 순환으로 하고 실제 프로그램에서는 반복으로 바꾸어 코딩하는 경우도 있다. 물론 순환이 더 빠른 예제도 존재한다.

앞에서의 구현하였던 팩토리얼의 반복적인 정의를 살펴보자. 팩토리얼 함수는 다음과 같이 반복적으로도 정의되고, 프로그램 7.3과 같이 반복구조로 구현하는 것이 자연스럽다.

$$
\begin{aligned}
n! &= 1 && \text{if } n=0 \\
n! &= n*(n-1)*(n-2)*\cdots*1 && \text{if } n>0
\end{aligned}
$$

$n!=n^*(n-1)!$ ⟷ $n!=n^*(n-1)^*(n-2)^*...\ ^*1$

| 그림 7.7 팩토리얼의 순환적인 정의와 반복적인 정의.

프로그램 7.3 반복적인 팩토리얼 계산 함수

```
int factorial_iter(int n)
{
    int k, result=1;
    for( k=n ; k>0 ; k-- )
        result = result * k;
    return result;
}
```

분할정복(divide and conquer)

팩토리얼의 순환호출 함수를 보면 문제를 전혀 해결하지 않고 순환호출만 하는 것은 아니다. 전체 문제의 일부만을 먼저 해결한 다음, 순환 호출을 한다.

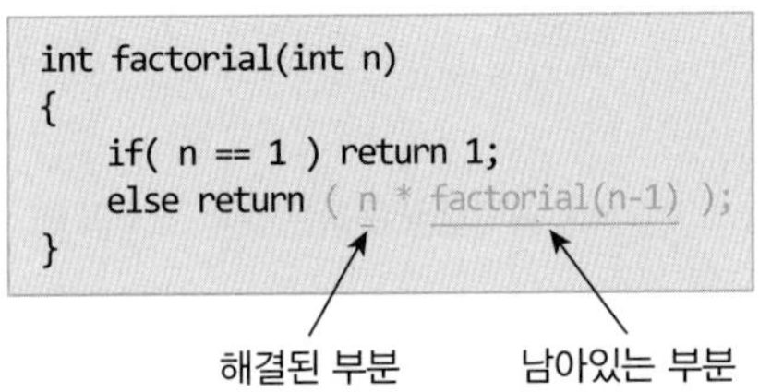

| 그림 7.8 순환은 문제를 나누어 해결하는 분할 정복 방법을 사용한다.

일부가 해결되면 남은 문제는 원래의 문제보다는 쉬워진다. 더 쉬워진 문제도 동일한 방법으로 처리한다. 이런 식으로 어떤 문제를 더 작은 동일한 문제들로 분해하여 해결하는 방법을 **분할정복**(divide and conquer)이라 한다. 순환호출이 일어날 때마다 문제의 크기가 반드시 작아져야 한다. 문제의 크기가 점점 작아지면 풀기가 쉬워지고 결국은 아주 풀기 쉬운 문제가 된다.

정수 리스트에서 최댓값을 구하는 문제를 순환을 사용하여 풀어보자. 물론 이 문제는 for와 같은 반복구조를 이용해 쉽게 구할 수도 있다. 몇 명의 학생들이 있고 각 학생들은 앞사람한테 받은 정수 리스트 중에서 첫 번째 정수와 나머지 정수들 중에서의 최댓값을 서로 비교해 둘 중에서 큰 값을 찾아 다시 앞사람한테 전달한다. 첫 번째 숫자를 제외한 나머지 정수들 중에서 최댓값을 찾는 문제는 다음 사람한테 미룬다. 각 학생들에게 주어지는 정수 리스트는 순환호출이 진행될수록 그 크기가 작아지고, 마지막 학생은 정수 한 개로 이루어진 리스트를 받게 된다. 마지막 학생의 문제는 너무 쉬워 더 이상 순환호출이 필요 없고, 결과를 앞사람에게 전달한다. 이런 식으로 찾은 최댓값을 앞사람에게 전달하고 맨 앞 학생은 전체 리스트의 최댓값을 선생님께 답할 수 있다. 순환이 진행될수록 문제의 크기가 작아진다.

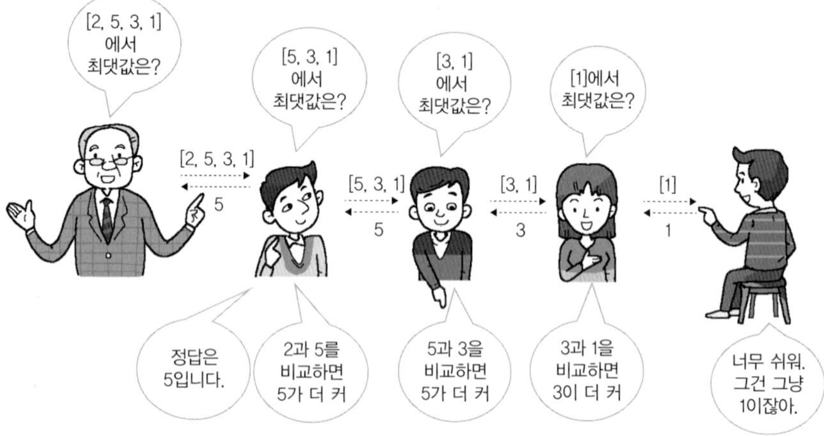

| 그림 7.9 최댓값을 구하는 순환 호출의 예

팩토리얼 함수 계산, 피보나치수열, 이항계수 계산, 각종 이진트리 알고리즘, 이진 탐색, 하노이 탑 등은 문제가 순환적으로 정의되어 있어 순환 알고리즘을 사용하는 것이 자연스럽다. 순환은 강력한 프로그래밍 도구로 많은 복잡한 알고리즘들을 매우 간단하게 해결할 수 있다.

순환 알고리즘의 성능

팩토리얼 예에서 반복과 순환의 성능을 분석하여 보자. 반복 알고리즘의 시간 복잡도는 어떻게 될까? `for`를 사용하여 n번 반복하므로 시간 복잡도는 $O(n)$이다. 팩토리얼의 순환 알고리즘 구현의 시간 복잡도는 어떻게 될까? 곱셈의 횟수로 생각해 보자. 순환에서는 한번 호출할 때마다 1번의 곱셈이 수행되고 전체 순환 호출이 n번이 일어나므로 역시 $O(n)$이다. 이 문제에서 반복 알고리즘과 순환 알고리즘이 시간 복잡도는 같다. 순환 호출의 경우 내부적으로 기억공간을 더 사용할 것이고, 실제 실행시간도 더 길다. 결국 순환 알고리즘은 이해하기 쉽다는 것과 쉽게 프로그램 할 수 있다는 장점이 있는 대신 수행 시간과 기억 공간의 사용에 있어서는 비효율적인 경우가 많다.

7.3 거듭제곱값 계산

흔하지는 않지만 순환적인 방법이 더 빠른 예도 있다. 숫자 x의 n 거듭제곱 값인 x^n을 구하는 함수를 작성하여 보자. 만약 순환을 생각하지 않고 작성한다면 당연히 다음과 같이 작성할 것이다. 물론 C언어의 수학 라이브러리 함수는 사용하지 않는다고 가정한다.

프로그램 7.4 반복적인 거듭제곱 계산 함수

```
double slow_power(double x, int n)
{
    int i;
    double result = 1.0;
    for( i=0 ; i<n ; i++)
        result = result * x;
    return result;
}
```

순환의 개념을 사용하여 x^n을 구하는 보다 효율적인 방법을 생각해 보자. 다음과 같은 알고리즘을 구상할 수 있다.

| 알고리즘 7.1 순환적인 거듭제곱 계산

```
power(x, n)

if n = 0
    then return 1;
else if n이 짝수
    then return power(x², n/2);
else if n이 홀수
    then return x*power(x², (n-1)/2);
```

$x^n = (x^2)^{n/2}$ 의 공식을 이용하여 n이 짝수인 경우에는 x^2을 먼저 계산한 후에 이 값을 $n/2$ 승 하는 것이다. n이 홀수인 경우에는 x^2를 $(n-1)/2$승하고 여기에 x를 곱해주면 마찬가지가 된다. 즉 n이 짝수이면 다음과 같이 계산한다.

$$
\begin{aligned}
\textbf{power}(x, n) &= \textbf{power}(x^2, n / 2) \\
&= (x^2)^{n/2} \\
&= x^{2(n/2)} \\
&= x^n
\end{aligned}
$$

만약 n이 홀수이면 다음과 같이 계산한다.

$$
\begin{aligned}
\textbf{power}(x, n) &= x \cdot \textbf{power}(x^2, (n-1) / 2) \\
&= x \cdot (x^2)^{(n-1)/2} \\
&= x \cdot x^{n-1} \\
&= x^n
\end{aligned}
$$

위의 알고리즘에서도 순환적으로 함수를 호출할 때 마다 문제의 크기가 줄어든다. 어떤 비율로 줄어드는가? 처음에는 n승이었다가 다음에 $n/2$승이 되고 또 $n/4$승이 되는 식이다. 문제의 크기가 하나씩 줄어드는 것이 아니라 절반씩 줄어든다! 위의 알고리즘을 이용하여 2^{10}을 계산하는 경우, 순환 호출이 일어나고 복귀하는 순서를 그림으로 나타내면 다음과 같다.

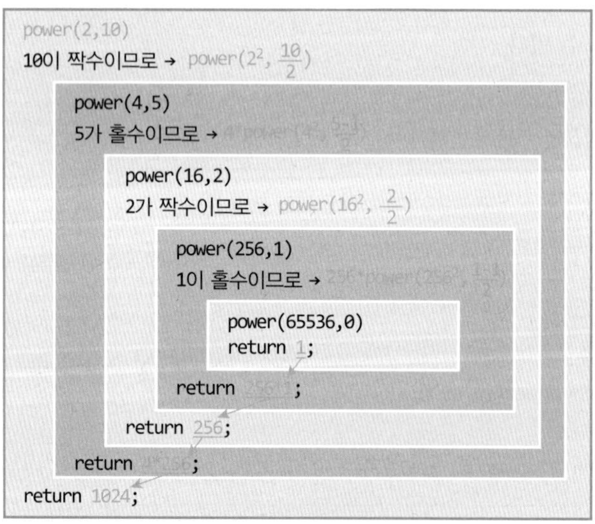

| 그림 7.10 거듭제곱을 구하는 순환 호출의 예

이 순환 알고리즘을 C 언어로 구현하면 다음과 같다.

프로그램 7.5 순환적인 거듭제곱 계산 함수

```
double power(double x, int n)
{
     if( n==0 ) return 1;
     else if ( (n%2)==0 )                    // n이 짝수인 경우
          return power(x*x, n/2);
     else
          return x*power(x*x, (n-1)/2);      // n이 홀수인 경우
}
```

반복적인 프로그램 7.4와 순환적인 7.5 중에서 어느 함수가 더 빠를까? 알고리즘은 더 복잡해보이고 게다가 함수 호출이라는 오버헤드도 있지만 놀랍게도 순환적인 power함수가 더 빠르다. 다음 그림은 실제로 이 함수들을 구현해 2^{500}을 1억 회 계산하는데 거린 시간을 clock() 함수로 측정한 결과이다. (물론 자료형의 크기 때문에 2^{500}은 오버플로가 발생해 결과가 정답과 다를 것이다. 실행 시간에만 의미를 두면 된다.)

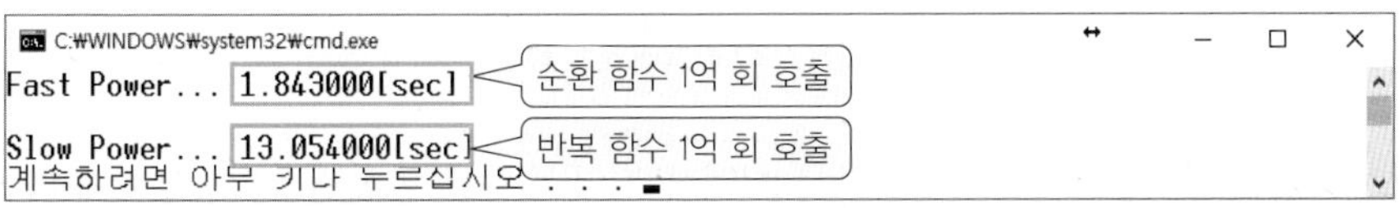

| 그림 7.11 power()와 slow_power()의 1억 회 실행시간 비교

이유가 무엇일까? 한 번의 순환 호출을 할 때마다 문제의 크기가 절반으로 줄어들기 때문이다. 즉 n이 100이라면 다음과 같이 문제의 크기가 줄어들게 된다.

```
100 -> 50 -> 25 -> 12 -> 6 -> 3 -> 1
```

n을 2의 거듭제곱 값의 하나인 2^k라고 가정하여 보자. 그러면 순환호출을 한번 할 때마다 n의 크기가 절반씩 줄어들게 되므로 다음과 같이 줄어든다.

$$2^k \to 2^{k-1} \to 2^{k-2} \to \cdots \to 2^1 \to 2^0$$

몇 번의 순환호출이 일어나게 되는가? 약 k번의 순환호출이 일어난다. $n=2^k$ 이므로 양변에 log 함수를 취하면 $\log_2 n=k$ 가 된다. n이 2의 거듭제곱이 아닌 경우는 어떻게 될까? 한 번의 순환 호출이 일어날 때마다 1번의 곱셈과 1번의 나눗셈이 일어나므로 전체 연산의 개수는 $k=\log_2 n$ 에 비례하게 될 것이고 따라서 시간 복잡도는 여전히 $O(\log_2 n)$ 이다.

반복적인 기법을 사용한 `slowPower()`의 시간 복잡도를 계산하자. 매 루프마다 한 번의 곱셈이 필요하고 루프의 개수는 정확히 n이 된다. 따라서 시간 복잡도는 $O(n)$ 이다.

7.4 피보나치수열의 계산

보통 순환을 사용하면 코드가 단순화되고 가독성이 높아지지만, 이것 때문에 같은 계산을 몇 번씩 반복해야 한다면 문제가 있을 것이다. 이러한 대표적인 예가 피보나치 수열이다. 피보나치수열은 다음과 같이 순환적으로 정의된다.

$$fib(n)=\begin{cases} 0 & n=0 \\ 1 & n=1 \\ fib(n-2)+fib(n-1) & otherwise \end{cases}$$

즉 일반적인 경우, 앞의 두 개의 숫자를 더해서 뒤의 숫자를 만들면 된다. 정의에 따라 수열을 만들어 보면 다음과 같다.

$$0, 1, 1, 2, 3, 5, 8, 13, 21, 34, 55, 89, \cdots$$

피보나치수열은 정의 자체가 순환적이다. 따라서 순환 호출을 사용하여 구현하는 것이 자연스럽다. 위의 정의를 이용해 피보나치 수열을 구현하면 다음과 같다.

프로그램 7.6 순환적인 피보나치수열 계산 함수

```
int fib(int n)
{
    if( n==0 ) return 0;
    if( n==1 ) return 1;
    return (fib(n-1) + fib(n-2));
}
```

이 함수는 단순하고 이해하기 쉽게 구현되었지만 매우 비효율적이다. 왜 그럴까? 그림 7.12를 보자. **fib(6)**을 호출하면 **fib(4)**가 두 번 반복하여 호출된다. **fib(3)**은 3번 호출되고 이런 현상은 순환호출이 깊어질수록 점점 심해진다. 따라서 상당히 비효율적이다. **fib(6)**을 구하기 위하여 **fib()**함수가 총 25번이나 순환 호출된 것에 유의하라. 근본적인 이유는 중간에 계산되었던 값을 기억하지 않고 다시 계산하기 때문이다. n이 작을 때는 중복계산이 비교적 작지만 n이 커지게 되면 엄청난 순환호출이 필요하게 된다. 예를 들어, n이 25이면 거의 25만 번의 호출을 해야 하고 n이 30이면 약 300만 번의 함수 호출이 필요하다. 따라서 n이 커지면 순환호출을 사용하여 피보나치수열을 계산하는 것이 거의 불가능해진다.

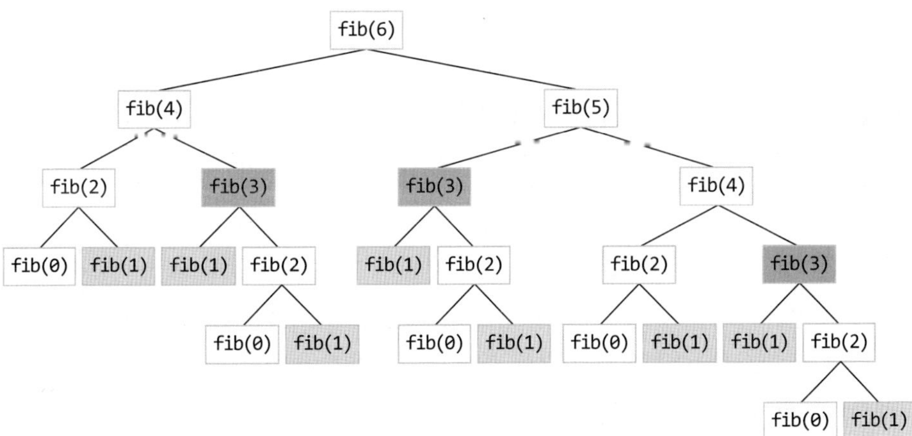

| 그림 7.12 순환을 이용한 피보나치수열 계산에서의 비효율성

그렇다면 피보나치수열을 계산하는데 다른 방법이 있을까? 물론 반복구조를 이용하여 다음과 같이 구현할 수 있다. 반복이 훨씬 효율적이다.

프로그램 7.7 반복적인 피보나치 수열 계산 함수

```
int fib_iter(int n)
{
      int i, tmp, current, last;
      if( n < 2 ) return n;
      else {
          last=0;
          current=1;
          for( i=2 ; i<=n ; i++ ) {
                tmp = current;
                current += last;
                last = tmp;
          }
          return current;
      }
}
```

7.5 순환의 응용: 하노이탑

순환의 파워를 가장 극명하게 보여주는 예제가 하노이 탑 문제이다. 고대 인도의 베나레스에는 세계의 중심이 있고, 그 곳에는 아주 큰 사원이 있었다. 이 사원에는 높이 50cm 정도 되는 다이아몬드 막대 3개가 있는데, 그 중 한 막대에는 천지 창조 때에 신이 구멍이 뚫린 64장의 순금으로 된 원판을 크기가 큰 것부터 아래에 놓이도록 하면서 차례로 쌓아 놓았다. 그리고 신은 승려들에게 밤낮으로 쉬지 않고 한 장씩 원판을 옮기어 빈 다이아몬드 막대 중 어느 한 곳으로 모두 옮겨 놓도록 명령하였다. 원판은 한 번에 한 개씩 옮겨야 하고, 절대로 작은 원판 위에 큰 원판을 올려놓을 수 없다(64개의 원판의 크기는 모두 다르다). 단, 원판의 이동 횟수는 최소로 한다.

고대 인도의 이 전설의 탑을 '**하노이의 탑**(The Tower of Hanoi)'이라고 부른다. 주어진 문제를 이해하기 위하여 원판의 개수가 3개인 경우를 살펴보자.

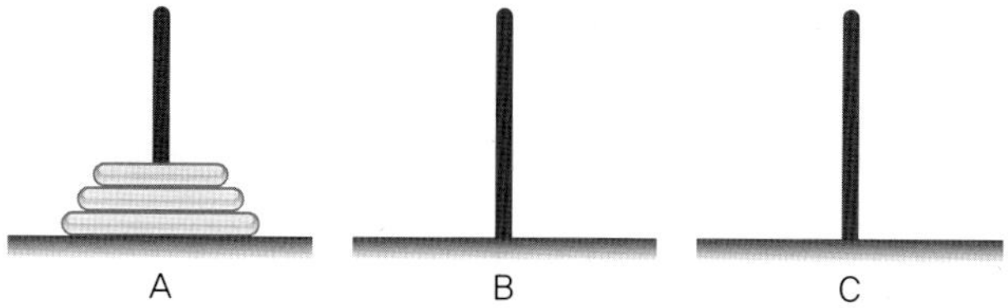

| 그림 7.13 3개의 원판을 가지는 하노이의 탑 문제

문제는 막대 A에 쌓여있는 원판 3개를 막대 C로 옮기는 것이다. 단, 다음의 조건을 지켜야 한다.

- 한 번에 하나의 원판만 이동할 수 있다
- 맨 위에 있는 원판만 이동할 수 있다
- 크기가 작은 원판위에 큰 원판이 쌓일 수 없다.
- 중간의 막대를 임시적으로 이용할 수 있으나 앞의 조건들을 지켜야 한다.

3개의 원판이 있는 경우에 대한 해답은 그림 7.14와 같다.

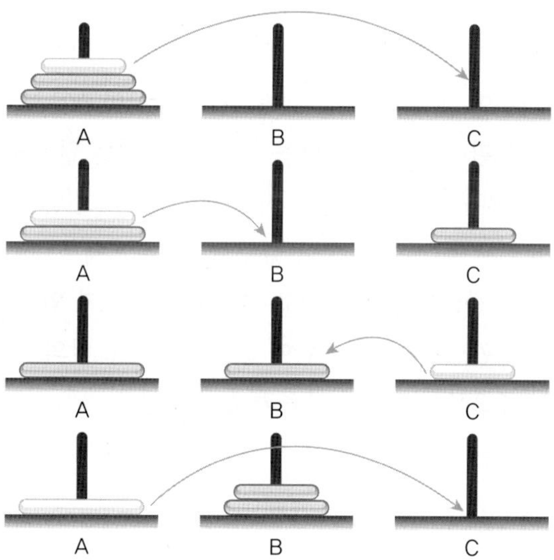

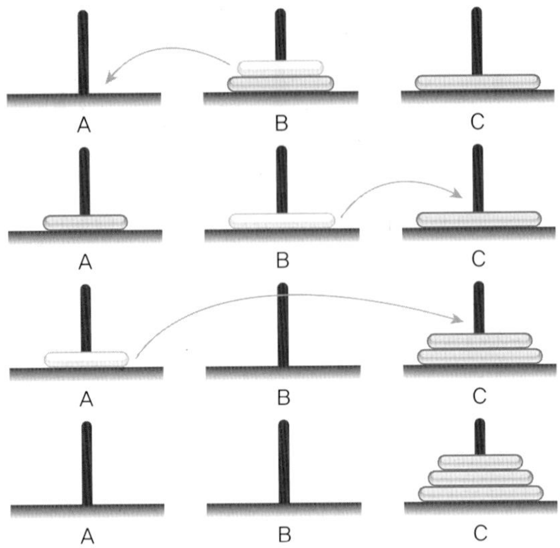

| 그림 7.14 3개의 원판을 가지는 하노이의 탑 문제의 해답

4개의 원판이 있는 경우에는 조금 더 복잡해진다. 만약 일반적으로 n개의 원판이 있는 경우를 해결하려면 상당히 복잡할 것이다.

자, 이 문제를 순환적으로 해결해 보자. 순환 알고리즘에서는 순환이 일어날수록 문제의 크기가 작아져야 한다. 이때 문제의 크기는 이동하여야 하는 디스크의 개수가 될 것이다. 다음과 같이 문제를 나누어 생각하여 보자. 즉 n개의 원판이 A에 쌓여있는 경우, 먼저 위에 쌓여 있는 n-1개의 원판을 B로 옮긴 다음, 제일 밑에 있는 원판을 C로 옮긴다. 그러고 나서 B에 있던 n-1개의 원판을 C로 옮긴다. 자 이제 n-1개의 원판을 옮길 수만 있으면 문제는 해결된다. n-1개의 원판을 A에서 B로 옮기는 문제나 B에서 C로 옮기는 문제는 동일하다. 전자의 경우 C를 임시로 사용하면 되고, 후자의 경우 A가 임시로 사용된다. 두 경우 모두 바닥에는 움직일 원판보다 더 큰 원판이 있을 것이므로 앞의 조건에 대해 걱정할 필요가 없다. 이를 알고리즘으로 나타내면 다음과 같다.

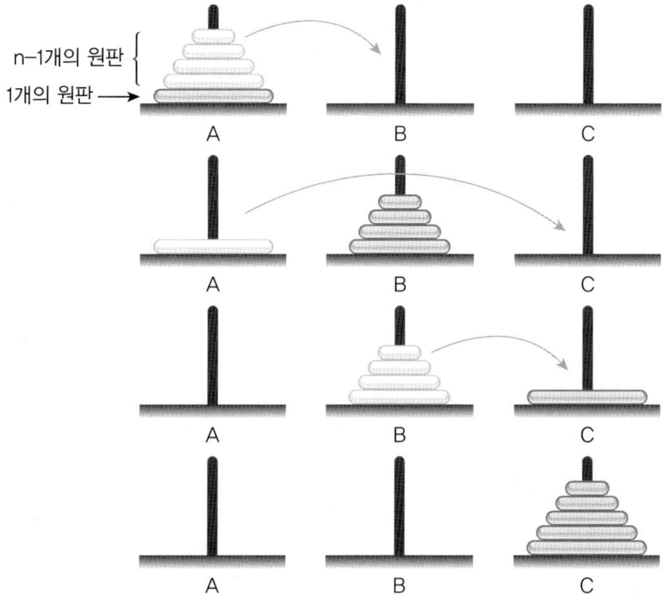

| 그림 7.15 n개의 원판을 가지는 하노이의 탑 문제의 해답

```
// 막대 from에 쌓여있는 n개의 원판을 막대 tmp를 사용하여 막대 to로 옮긴다.
void hanoi_tower(int n, char from, char tmp, char to)
{
    if (n==1){
        from에서 to로 원판을 옮긴다.
    }
    else{
        ① from의 맨 밑의 원판을 제외한 나머지 원판들을 tmp로 옮긴다.
        ② from에 있는 한 개의 원판을 to로 옮긴다.
        ③ tmp의 원판들을 to로 옮긴다.
    }
}
```

위의 유사 코드 중에서 ②는 1개의 원판을 이동하는 것이므로 매우 쉽고 문제는 n-1개의 원판을 이동하여야 하는 ①과 ③을 어떻게 해결하느냐 이다. 자세히 살펴보면 ①과 ③은 막대의 위치만 달라졌을 뿐 원래 문제의 축소된 형태라는 것을 발견할 수 있다. 즉 ①은 to를 사용하여 from에서 tmp로 n-1개의 원판을 이동하는 문제이고 ③은 from을 사용하여 tmp에서 to로 n-1개의 원판을 이동하는 문제이다. 따라서 이들은 순환호출을 사용하여 다음과 같이 다시 작성할 수 있다.

① from의 맨 밑의 원판을 제외한 나머지 원판들을 tmp로 옮긴다.

==> hanoi_tower(n-1, from, to, tmp);

③ tmp의 원판들을 to로 옮긴다.

==> hanoi_tower(n-1, tmp, from, to);

원판을 이동한다는 것은 그냥 화면에 어디서 어디로 이동한다고 출력해주면 된다. 복잡해 보였던 문제가 순환을 이용하여 의외로 매우 쉽게 해결되었다.

프로그램 7.8 하노이의 탑 문제 프로그램

```
#include <stdio.h>
void hanoi_tower(int n, char from, char tmp, char to)
{
	if( n==1 )
		printf("원판 1을 %c에서 %c으로 옮긴다.\n",from,to);
	else {
		hanoi_tower(n-1, from, to, tmp);
		printf("원판 %d을 %c에서 %c으로 옮긴다.\n",n, from, to);
		hanoi_tower(n-1, tmp, from, to);
	}
}
void main() { hanoi_tower(4, 'A', 'B', 'C'); }
```

```
C:\WINDOWS\system32\cmd.exe
원판 1을 A에서 B으로 옮긴다.
원판 2을 A에서 C으로 옮긴다.
원판 1을 B에서 C으로 옮긴다.
원판 3을 A에서 B으로 옮긴다.
원판 1을 C에서 A으로 옮긴다.
원판 2을 C에서 B으로 옮긴다.
원판 1을 A에서 B으로 옮긴다.
원판 4을 A에서 C으로 옮긴다.
원판 1을 B에서 C으로 옮긴다.
원판 2을 B에서 A으로 옮긴다.
원판 1을 C에서 A으로 옮긴다.
원판 3을 B에서 C으로 옮긴다.
원판 1을 A에서 B으로 옮긴다.
원판 2을 A에서 C으로 옮긴다.
원판 1을 B에서 C으로 옮긴다.
계속하려면 아무 키나 누르십시오 . . .
```

7.6 순환의 응용: 미로 탐색

미로 찾기 문제도 순환을 이용하여 구현할 수 있다. 4장에서 덱을 이용한 미로 탐색을 공부했는데, 덱을 스택처럼 사용하면 깊이 우선 탐색을 할 수 있고, 큐처럼 사용하면 너비 우선 탐색을 할 수 있었다. 순환을 이용하면 이런 자료구조를 사용하지 않고도 미로를 탐색할 수 있다. 다음은 순환으로 구현된 미로탐색 프로그램을 보여주고 있다. 어떤 위치에서 이웃하는 네 방향에 대해 순환호출이 이루어지는 것에 유의하라. 현재 위치가 출구의 위치와 동일하면 탐색 성공이며, 탐색이 성공하면 더 이상 순환호출을 하지 않도록 done 변수를 TRUE로 설정한다.

프로그램 7.9 순환을 이용한 미로 탐색 프로그램

```c
#include <stdio.h>
#define MAZE_SIZE   6
char map[MAZE_SIZE][MAZE_SIZE] = {
        {'1', '1', '1', '1', '1', '1'},
        {'e', '0', '1', '0', '0', '1'},
        {'1', '0', '0', '0', '1', '1'},
        {'1', '0', '1', '0', '1', '1',
        {'1', '0', '1', '0', '0', 'x'},
        {'1', '1', '1', '1', '1', '1'},
};
int xExit=5, yExit=4, done = 0;
int is_valid( int x, int y ) {
```

```
13         if( x < 0 || y < 0 || x>=MAZE_SIZE || y>=MAZE_SIZE ) return 0;
14         else return map[y][x] == '0' || map[y][x] == 'x' ;
15     }
16     void search_recur( int x, int y )
17     {
18         if( done ) return;
19         printf( "(%d,%d) ", x, y );
20         if( x==xExit && y==yExit ) {
21             done = 1;
22             return;
23         }
24         map[y][x] = '5';
25         if( is_valid(x-1, y) ) search_recur( x-1, y );
26         if( is_valid(x+1, y) ) search_recur( x+1, y );
27         if( is_valid(x, y-1) ) search_recur( x, y-1 );
28         if( is_valid(x, y+1) ) search_recur( x, y+1 );
29     }
30     // 순환적인 미로 탐색 주 함수
31     void main()
32     {
33         search_recur( 0, 1 );
34         if(done) printf("\n ==> 출구가 탐지되었습니다.\n");
35         else printf("\n ==> 출구를 찾지 못했습니다.\n");
36     }
```

코드 설명

11행 출구 위치와 done 변수 설정.

12-15행 (x,y)가 갈 수 있는 위치인지를 반환함. 프로그램 4.4와 동일.

16-29행 순환으로 구현한 미로 탐색 함수. 현재 좌표가 매개변수로 전달됨.

18행 이미 탐색에 성공했으면 더 이상 처리하지 않고 return.

19행 현재 위치를 화면에 출력.

20-23행 현재 위치가 출구이면 탐색 성공. done을 TRUE로 만들고 반환.

24행 현재 위치를 "방문함"으로 표시함.

25-28행 네 방향 이웃에 대해 순환 호출을 통해 미로를 찾음.

33행 시작 위치부터 출구 탐색 시작.

34-35행 탐색 결과 출력.

```
C:\WINDOWS\system32\cmd.exe
(0,1) (1,1) (1,2) (2,2) (3,2) (3,1) (4,1) (3,3) (3,4) (4,4) (5,4)
 ==> 출구가 탐지되었습니다.
계속하려면 아무 키나 누르십시오 . . .
```

이 프로그램은 스택을 사용하지 않았지만 실제로는 스택을 사용한 것과 동일하다. 즉, 함수 호출 과정에 자동으로 시스템 스택이 사용되기 때문이다. 따라서 순환 호출을 이용하면 깊이우선 탐색을 할 수 있게 된다. 순환 호출로 큐를 사용하는 너비우선 탐색은 불가능하다.

연습문제

1 다음의 순환호출 함수에서 잘못된 점은 무엇인가?

```
int recursive(int n)
{
    if( n==1 ) return 0;
    return n*recursive(n);
}
```

2 다음의 순환호출 함수에서 잘못된 점은 무엇인가?

```
int recursive(int n)
{
    printf("recursive(%d)\n", n);
    return n*recursive(n-1);
}
```

3 다음과 같은 순환적인 프로그램에서 sub(3)과 같이 호출할 때 함수 sub()가 호출되는 횟수는?

```
int sub(int n) {
    if( n == 0 ) return 0;
    return sub(n-1) + sub(n-2);
}
```

4 1부터 n까지의 숫자를 전부 합하여 반환하는 순환적인 함수를 작성하라.

```
//(1+ 2+ 3+ ...+ n)을 계산하여 반환한다.
int sum(int n)
{
    ...
}
```

5 다음 함수를 sum(5)로 호출하였을 때, 화면에 출력되는 내용과 함수의 반환값을 구하라.

```
int sum(int n)
{
    printf("%d\n", n);
    if( n<1 ) return 0;
    else return( n+sum(n-1) );
}
```

6 다음 함수에서 asterisk(5)와 같이 호출할 때 출력되는 *의 갯수는?

```
void asterisk(int i)
{
    if( i > 1 ){
        asterisk(i/2);
        asterisk(i/2);
    }
    printf("*");
}
```

7 순환을 사용하여 1부터 10까지를 화면에 출력하는 프로그램을 작성해보자.

```
자연수 : 1  2  3  4  5  6  7  8  9  10
```

8 순환을 사용하여 배열 요소를 역순으로 화면에 출력하는 프로그램을 작성하라.

```
요소 #3: 2
요소 #2: 4
요소 #1: 6
요소 #0: 8
```

9 다음을 계산하는 순환적인 프로그램을 작성하라.

```
1 + 1/2 + 1/3 + ... + 1/n
```

10 이항계수(binomial coefficient)를 계산하는 순환함수를 작성하라. 이항계수는 다음과 같이 순환적으로 정의된다. 반복함수로도 구현해보라.

$$ {}_{n}C_{k} = \begin{cases} {}_{n-1}C_{k-1} + {}_{n-1}C_{k} & \text{if } 0<k<n \\ 1 & \text{if } k=0 \text{ or } k=n \end{cases} $$

프로그래밍 프로젝트

1 순환적인 방법으로 피보나치수열을 호출하였을 때 함수가 중복되어 호출되는 것을 확인할 수 있도록 각 함수의 매개 변수별 호출 빈도를 측정해 출력하라.

예) n=10을 넣었을 때

Fibo(10) = 1번

Fibo(9) = ??번

...

Fibo(0) = ??번

2 자료형이 long인 경우 가장 큰 피보나치 수를 구하라.

3 문자열의 내용을 반대로 바꾸는 순환적인 함수 `reverse()`를 구현하라. 예를 들어 `reverse("ABCDE")`는 "EDCBA"를 반환해야 한다.

4 다음의 수식과 같이 순환적으로 표현되는 `Ackermann()` 함수를 구현하고 A(0,0)에서 A(3,4)까지의 결과를 구하라.

$$A(m,n)=\begin{cases} n+1 & \text{if } m=0 \\ A(m-1,1) & \text{if } m>0 \text{ and } n=0 \\ A(m-1,A(m,n-1)) & \text{if } m>0 \text{ and } n>0 \end{cases}$$

5 다음과 같은 모양을 출력하는 순환적인 함수를 작성하여라.

```
C:\WINDOWS\system32\cmd.exe
-------------------------------X--------------------------------
---------------X-------------------------------X----------------
-------X---------------X---------------X---------------X--------
---X-------X-------X-------X-------X-------X-------X-------X----
-X---X---X---X---X---X---X---X---X---X---X---X---X---X---X---X--
X-X-X-X-X-X-X-X-X-X-X-X-X-X-X-X-X-X-X-X-X-X-X-X-X-X-X-X-X-X-X-X-
계속하려면 아무 키나 누르십시오 . . .
```

이 함수의 원형(prototype)은 다음과 같다.

```
void draw_tree( int row, int left, int right);
```

- `row`: X를 그리는 행을 표시한다. 가장 위에 있는 행이 0이고 아래로 내려갈수록 숫자는 증가한다고 생각하자.
- `left`와 `right`: 각각 주어진 영역의 왼쪽 끝과 오른쪽 끝을 나타낸다.

CHAPTER 08

트리

학습목표

- 트리의 개념과 용어들을 이해한다.
- 이진트리의 표현 방법 2가지를 이해한다.
- 이진트리의 순회방법을 이해한다.
- 이진트리의 연산들을 이해한다.
- 이진트리를 이용한 문제해결 능력을 배양한다.

CHAPTER

8 트리

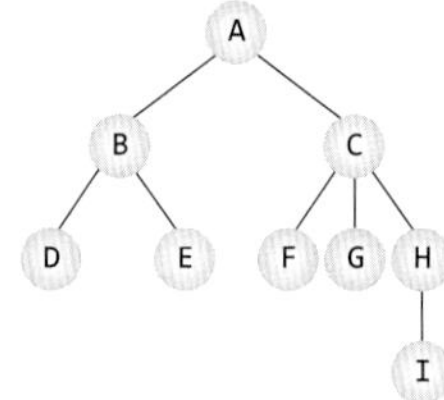

8.1 트리의 개념

지금까지 공부한 스택, 큐, 리스트는 모두 자료들이 일렬로 나열된 형태인 **선형 자료 구조**(linear data structure)이다. 만약 자료들이 선형이 아니라 **계층적인 구조**(hierarchical structure)를 가지고 있다면 어떻게 할까? 예를 들어, 컴퓨터의 폴더 구조나 가족의 가계도, 직장의 조직도 등과 같이 계층적인 관계를 가진 자료를 표현하고 싶은 경우에는 선형 구조만으로 충분하지 않다. **트리**(tree)는 이러한 계층적인 자료를 표현하는데 이용되는 자료 구조이다. 그림 8.1은 전형적인 계층적 자료 구조의 예를 보여준다. (a)는 회사 조직 체계를 트리 형태로 표현한 것인데, 이와 같은 계층적 구조를 트리라고 부르는 이유는 이들이 마치 실제 나무를 거꾸로 엎어놓은 것과 비슷한 모양을 하고 있기 때문이다.

컴퓨터의 폴더 구조 (b)도 전형적인 계층 구조이다. 인공 지능 문제에서도 의사 결정의 구조를 표현하기 위해 트리가 사용된다. 이러한 트리를 **결정 트리**(decision tree)라 하는데, (c)는 인공지능 바둑 프로그램의 거대한 결정트리의 일부분을 보여 준다.

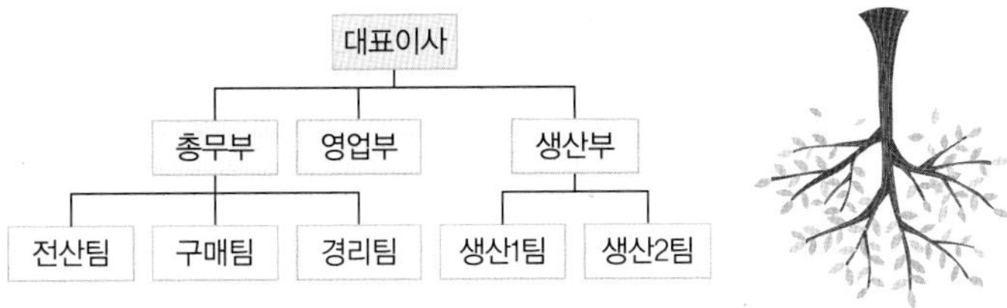

(a) 회사의 조직도

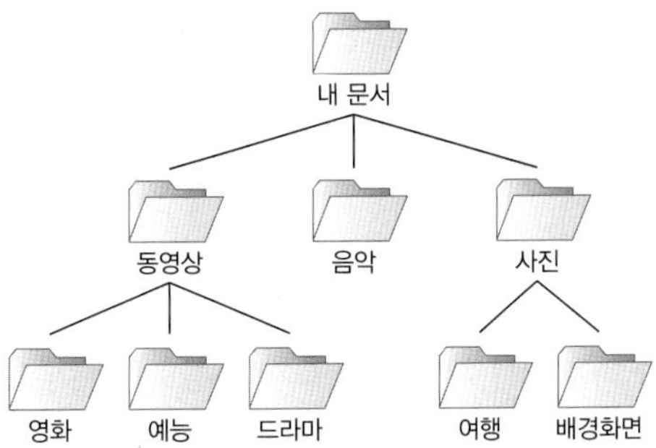

(b) 컴퓨터의 폴더 구조

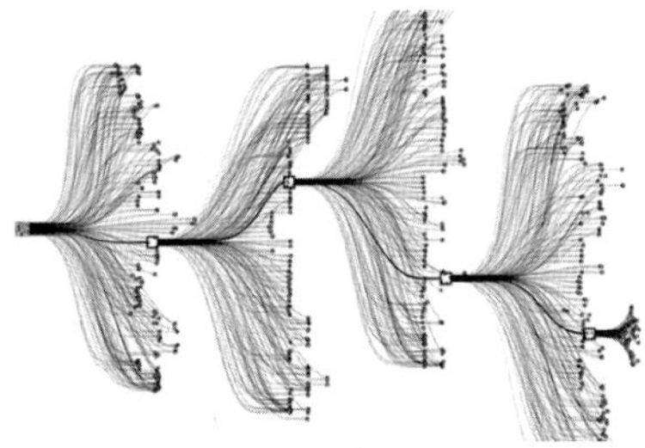

(c) 인공지능 바둑 프로그램의 거대한 결정 트리 (decision tree)

| 그림 8.1 트리의 예

트리의 용어들

트리와 관련된 용어들을 정의하여 보자. 그림 8.4와 같은 트리에서 A, B, C, D, E, F, G, H, I, J를 **노드**(node)라 부른다.

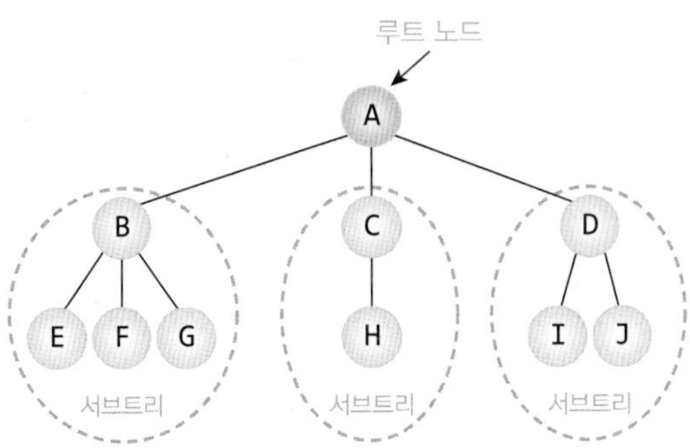

| 그림 8.2 트리의 용어: 루트, 서브트리

트리는 한 개 이상의 노드로 이루어지는데, 계층적인 구조에서 가장 높은 곳에 있는 노드를 **루트**(root) 노드라 부른다. 나머지 노드들은 **서브 트리**(subtree)라고 부르는데, 루트의

다음 레벨에 있는 노드들은 서브 트리들의 루트가 된다.

그림 8.2에서 루트 노드는 A이며, 다른 노드들은 {B, E, F, G}, {C, H}, {D, I, J}와 같이 3개의 집합으로 나누어지는데 이들을 A의 서브트리라고 한다. 서브 트리인 {B, E, F, G}의 루트는 다시 B가 되고 나머지 노드들은 3개의 서브트리, 즉 {E}, {F}, {G}로 나누어진다. {C, H}과 {D, I, J}도 같은 방법으로 루트와 서브트리로 다시 나누어질 수 있다.

- 트리에서 루트와 서브트리는 선으로 연결되는데, 이를 **간선** 또는 **에지**(edge)라고 한다.
- 트리의 노드들 사이에는 인간의 관계와 같이 부모, 형제, 조상 및 자손의 관계가 존재한다. 예를 들어, 그림 8.3에서 A는 B의 **부모 노드**(parent node)이고, 반대로 B는 A의 **자식 노드**(child node)이며, B와 C와 D는 **형제**(sibling)이다.
- **조상 노드**(ancestor node)는 임의의 노드 하위에서 루트 노드까지의 경로를 이루고 있는 노드들을 말하고, **자손 노드**(descendent node)는 임의의 노드 하위에 연결된 모든 노드들을 의미한다. 즉 어떤 노드의 서브 트리에 속하는 모든 노드들은 자손 노드이다.
- 자식 노드가 없는 노드를 **단말노드**(terminal node, 또는 leaf node)라고 하고, 그렇지 않으면 **비단말 노드**(nonterminal node)가 된다.

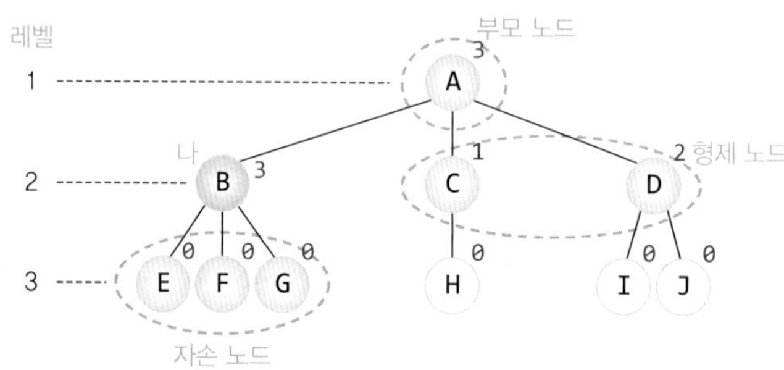

| 그림 8.3 트리의 용어: 레벨, 부모, 형제, 자손 노드

- 어떤 노드가 가지고 있는 자식의 수를 그 노드의 **차수**(degree)라 한다. 그림 8.3에서 루트 노드는 자식 노드가 3개이므로 차수가 3이고, { E, F, G, H, I, J }와 같은 단말노드들은 차수가 0이다.
- **트리의 차수**는 트리가 가지고 있는 노드의 차수 중에서 가장 큰 값이다. 그림에서 A

와 B 노드의 차수가 최대(3)이므로 전체 트리의 차수는 3이다.

- **레벨**(level)은 트리의 각층에 번호를 매기는 것으로서 루트의 레벨은 1이 되고 한 층씩 내려갈수록 1씩 증가한다. 그림에서 A의 레벨은 1이고 B, C, D의 레벨은 2이다.
- 트리의 **높이**(height)는 트리가 가지고 있는 최대 레벨을 말한다. 위의 트리의 높이는 3이다.
- 나무가 모이면 숲이 되듯이 트리들의 집합을 **포리스트**(forest)라고 한다.

| 예제 8.1

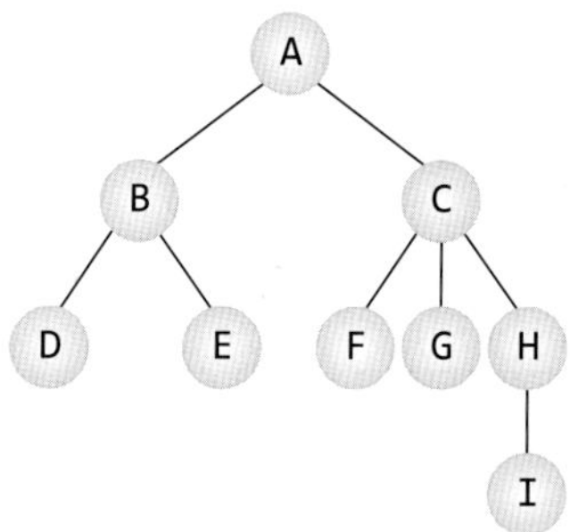

- A는 루트 노드이다.
- B는 D와 E의 부모노드이다.
- C는 B의 형제 노드이다.
- D와 E는 B의 자식노드이다.
- B의 차수는 2이다.
- 이 트리의 높이는 4이다.

트리의 종류

컴퓨터에서 트리를 표현하는 방법에는 여러 가지가 있다. 가장 일반적인 방법은 그림 8.4와 같이 노드 구조를 이용하여 표현하는 것이다. 각 노드는 항목 값을 저장하는 **데이터 필드**와 자식 노드를 가리키는 **링크 필드**를 갖는다. 이때 링크 필드의 개수는 자식 노드의 개수, 즉 노드의 차수가 되어야 한다. 그런데 이 방법은 문제가 있다. 일반적인 트리에서 각 노드들은 임의의 개수의 자식을 가질 수 있다는 것이다. 만약 링크를 배열로 표시한다면 노드마다 배열의 길이가 달라져야 한다.

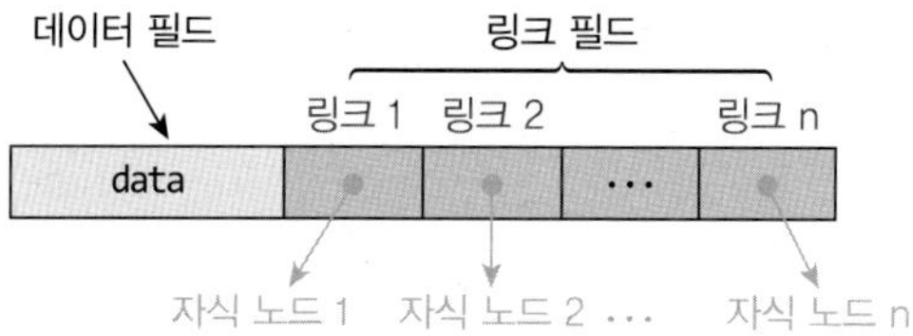

| 그림 8.4 일반 트리의 노드 구조. 링크 배열의 길이는?

임의의 차수를 갖는 트리를 나타내기 위해 그림 8.5와 같은 연결 리스트를 사용할 수도 있다. 이때, 각 노드는 첫 번째 자식 노드를 가리키는 링크(child)와 다음 형제를 가리키는 링크(sibling)를 갖게 되는데, 형제들은 서로 연결 리스트와 같은 방법으로 연결되고, 부모는 자식들을 순서대로 접근할 수 있다. 그렇지만 이 방법은 너무 복잡하다는 문제가 있다.

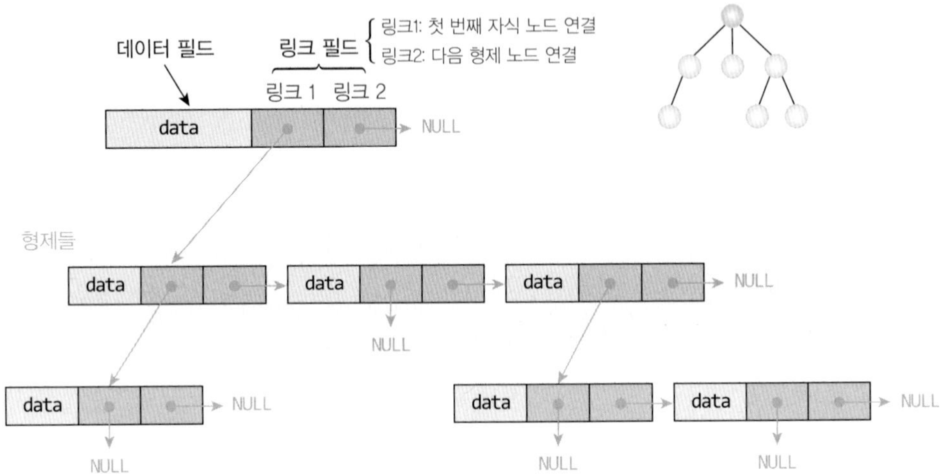

| 그림 8.5 일반 트리의 노드 구조. 너무 복잡함.

다행히 실제로는 그림 8.6과 같이 두 개의 자식 노드를 사용하는 **이진트리**(binary tree)가 많이 사용된다. 이진트리는 자식 노드의 개수가 항상 2개 이하인 트리를 말하는데, 부모는 왼쪽과 오른쪽 자식에 바로 접근할 수 있다. 이진트리는 가장 많이 사용되는 트리의 형태로 이 책에서는 이진트리만을 다루기로 한다.

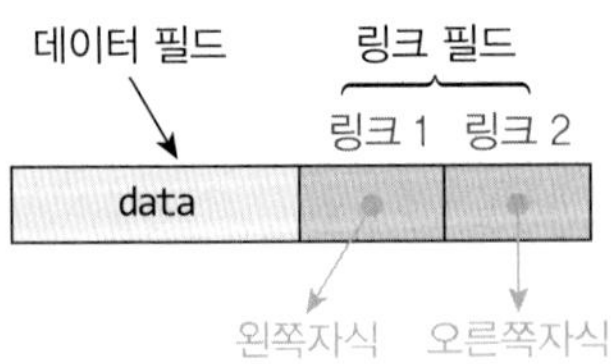

| 그림 8.6 이진트리의 노드 구조

8.2 이진트리

이진트리(binary tree)는 모든 노드가 2개의 서브 트리를 갖는 트리로, 이때 서브 트리는 공집합일 수도 있다. 모든 노드의 차수가 2 이하로, 최대 2개까지의 자식 노드를 가질 수 있는데, 자식들 사이에도 순서가 존재하므로 왼쪽 자식과 오른쪽 자식은 반드시 구별되어야 한다. 이진트리는 다음과 같이 순환적으로 정의된다.

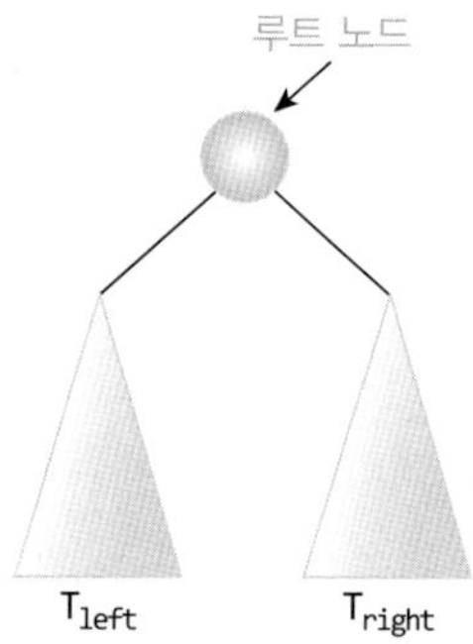

| 그림 8.7 이진트리의 정의

| 정의 8.1 **이진트리**

(1) 공집합이거나
(2) 루트와 왼쪽 서브 트리, 오른쪽 서브 트리로 구성된 노드들의 유한 집합으로 정의된다. 이진트리의 서브 트리들은 모두 이진트리여야 한다.

이진트리의 모든 서브 트리도 이진트리의 성질을 만족해야 하는데, 이 정의를 바탕으로 그림 8.8이 이진트리인지를 밑에서부터 위로 올라가면서 살펴보자.

- **SUB3**: 하나의 노드 D로만 이루어져 있다. 노드 D를 SUB3의 루트라고 생각하면 SUB3의 서브 트리는 공집합이다. 공집합도 이진트리이므로 정의 (2)에 의하여 SUB3는 루트와 공집합 서브 트리 2개를 가지는 이진트리이다.
- **SUB2**: SUB3과 같은 방법으로 이진 트리이다.
- **SUB1**: 루트 노드로 B를 갖고 SUB3와 공집합을 서브 트리로 가지므로 역시 이진트리이다.

- **전체 트리:** 루트 노드 A와 SUB1, SUB2의 두개의 서브 트리를 가지고 있다. SUB1과 SUB2가 이진트리이므로 전체 트리도 이진트리이다.

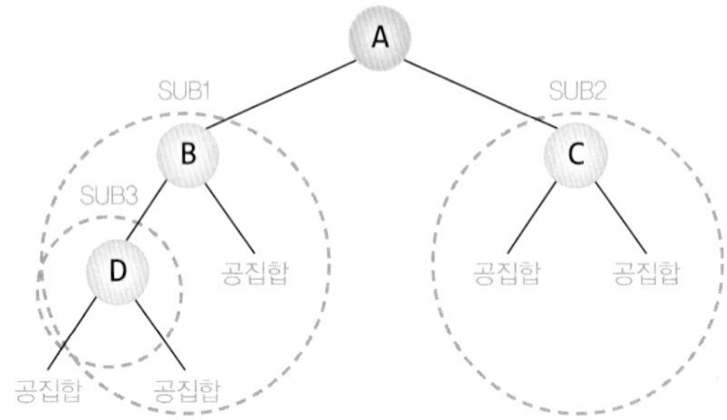

| 그림 8.8 이진트리 검증

그림 8.9는 수식을 표현하는 이진트리의 예를 보여주고 있다. 수식에서 각 연산자들은 하나 또는 2개의 피연산자를 가진다. 왼쪽 피연산자는 왼쪽 서브트리가 되고 오른쪽 피연산자는 오른쪽 서브트리로 표현된다. 단말 노드는 상수이거나 변수이다.

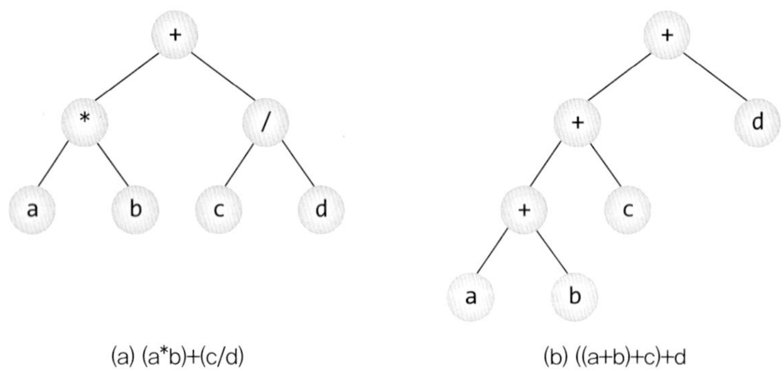

| 그림 8.9 이진트리의 예: 수식 트리

이진트리의 성질

- n개의 노드를 가진 트리는 $n-1$개의 간선을 가진다. 그 이유는 루트를 제외한 트리의 모든 노드가 하나의 부모노드를 가지기 때문이다. 부모와 자식 간에는 하나의 간선만이 존재한다. 따라서 간선의 개수는 $n-1$이다.

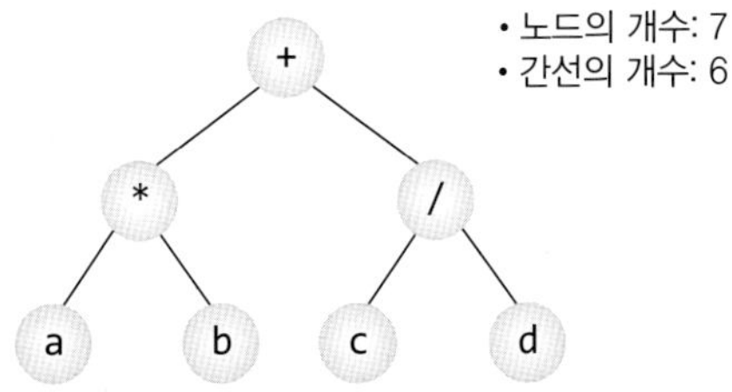

| 그림 8.10 노드의 개수와 간선의 개수와의 관계

- 높이가 h인 이진트리는 h개 이상, 2^h-1개 이하의 노드를 가진다. 한 레벨에는 적어도 하나의 노드는 존재해야 하므로 높이가 h인 이진트리는 최소한 h개의 노드를 가져야 한다. 또한 하나의 노드는 최대 2개의 자식을 가질 수 있으므로 레벨 i에서의 노드의 최대개수는 2^{i-1}이 된다. 따라서 높이가 h인 이진트리의 최대 노드 개수는 $\sum_{i=1}^{h} 2^{i-1}=2^h-1$이 된다.

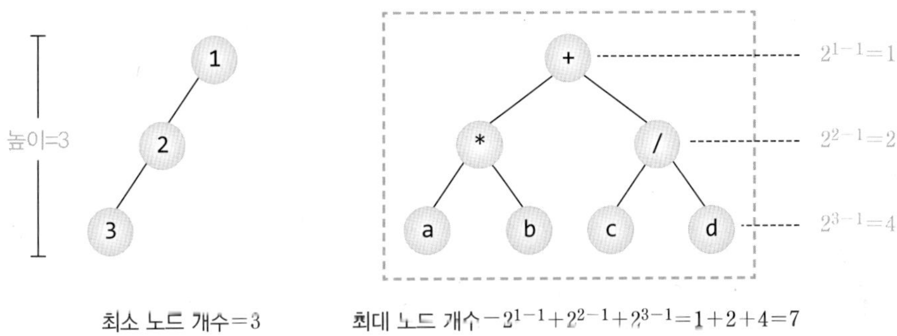

| 그림 8.11 같은 높이의 이진트리에서 노드의 최소 개수와 최대 개수

- n개의 노드를 가지는 이진트리의 높이는 $\lceil \log_2(n+1) \rceil$이상이고 n이하이다. 먼저, 한 레벨에서 최소한 하나의 노드는 있어야 하므로 높이가 n을 넘을 수는 없다. 앞의 성질에서 높이 h의 이진트리가 가질 수 있는 노드의 최댓값은 2^h-1이다. 따라서 $n \le 2^h-1$의 부등식이 성립하고 양변에 log를 취하면 $h \ge \log_2(n+1)$이 된다. h는 정수이므로 $h \ge \lceil \log_2(n+1) \rceil$이 된다.

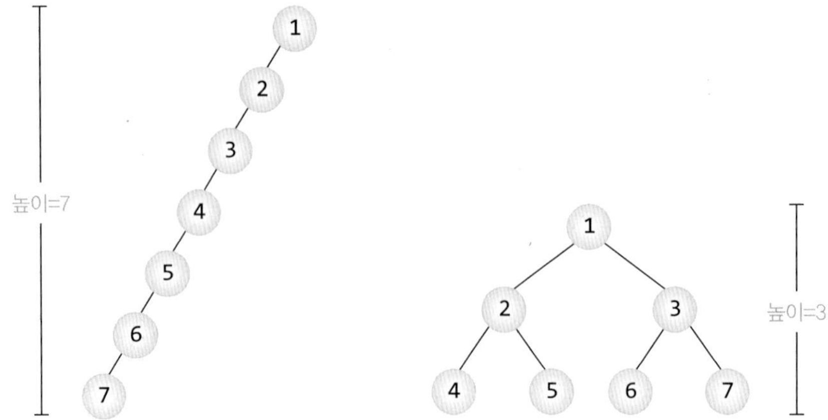

(a) 최대 높이 (b) 최소 높이

| 그림 8.12 노드의 개수가 동일한 이진트리에서의 높이의 차이

이진트리의 분류

이진트리는 형태에 따라 그림 8.13과 같이 포화 이진트리, 완전 이진트리와 기타 이진트리로 분류할 수 있다.

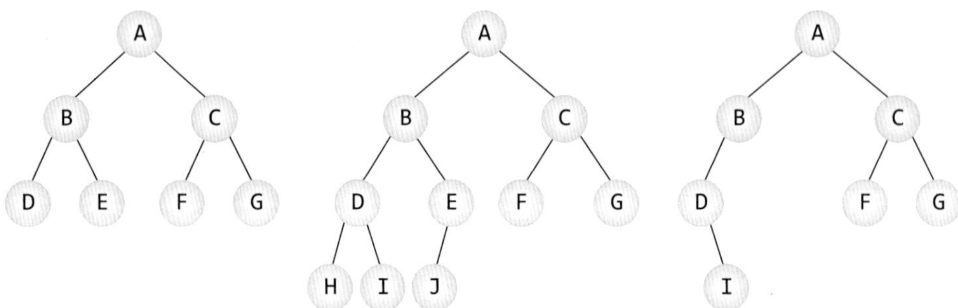

(a) 포화 이진트리 (b) 완전 이진트리 (c) 기타 이진트리

| 그림 8.13 이진트리의 종류

- **포화 이진트리**(full binary tree)는 트리의 각 레벨에 노드가 꽉 차있는 이진트리를 말한다. 즉 높이 k인 포화 이진트리는 정확하게 2^k-1개의 노드를 가진다. 그림 8.14는 높이가 4인 포화 이진트리이다. 일반적으로 포화 이진트리에서 노드의 개수는 다음과 같이 계산된다.

$$\text{전체 노드 개수: } 2^{1-1}+2^{2-1}+2^{3-1}+\cdots+2^{k-1}=\sum_{i=0}^{k-1}2^i=2^k-1$$

포화 이진트리에서는 그림 8.15와 같이 각 노드에 번호를 붙일 수 있다. 즉, 레벨 단위로 왼쪽에서 오른쪽으로 순서대로 번호를 붙이면 되는데, 이 번호는 항상 일정하다. 예를 들면, 루트 노드의 오른쪽 자식 노드의 번호는 항상 3이다.

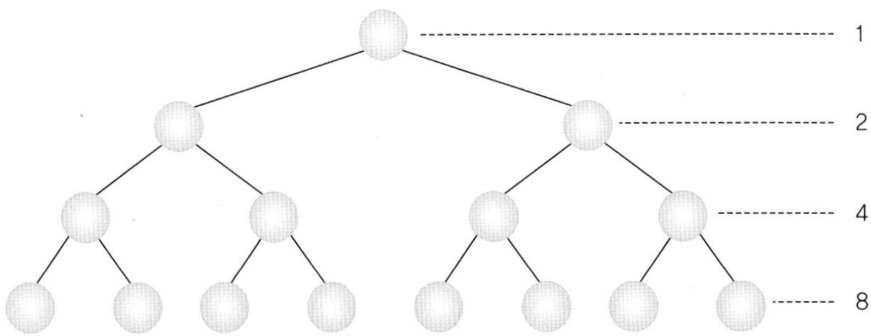

전체 노드 개수: $2^{1-1}+2^{2-1}+2^{3-1}+2^{4-1}=2^4-1=15$

| 그림 8.14 포화이진트리에서의 노드의 개수

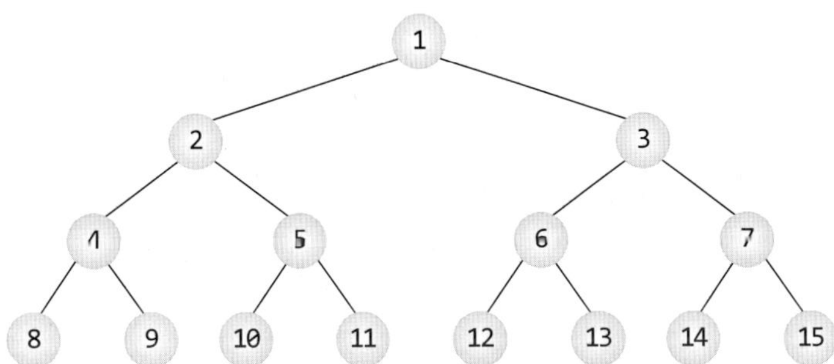

| 그림 8.15 포화이진트리에서의 노드의 번호

- **완전 이진트리**(complete binary tree)는 높이가 k인 트리에서 레벨 1부터 $k-1$까지는 노드가 모두 채워져 있고 마지막 레벨 k에서는 왼쪽부터 오른쪽으로 노드가 순서대로 채워져 있는 이진트리를 말한다. 마지막 레벨에서는 노드가 꽉차있지 않아도 되지만 중간에 빈곳이 있으면 안 된다. 따라서 포화 이진트리는 완전 이진트리이지만 그 역은 항상 성립하지는 않는다. 노드의 번호는 포화 이진트리와 같다. 그림 8.16의 (a)는 완전 이진트리이나 (b)는 마지막 레벨에서 중간이 비어 있으므로 완전

이진트리가 아니다. 10장에서 공부할 힙(heap)이 완전 이진트리의 대표적인 예이다.

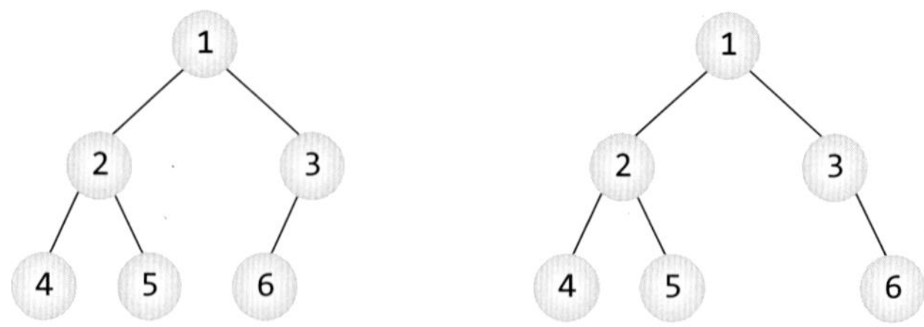

(a) 완전 이진트리 (b) 완전 이진트리가 아님

| 그림 8.16 완전 이진트리의 예

이진트리의 추상 자료형

이진트리를 추상 자료형으로 정의해 보자. 먼저 데이터는 이진트리의 정의 8.1을 바탕으로 순환적으로 정의할 수 있다. 연산에는 어떤 것들이 있을까? 선형 자료구조와 비슷하게 트리를 초기화하고 공백상태를 확인하는 연산들이 필요할 것이다. 이때, 공백상태는 트리에 노드가 하나도 없는 상태이다. 왼쪽과 오른쪽 서브트리가 주어지고 새로운 항목이 주어지면 이것을 루트로 하는 이진트리를 생성하는 연산도 필요하다. 또한 트리에서 루트 노드를 반환하거나 모든 노드를 방문하는 연산, 그리고 트리의 노드 수나 높이를 구하는 연산들도 가능하다. 이를 바탕으로 정의한 이진트리의 추상 자료형은 다음과 같다.

| ADT 8.1 Binary Tree

데이터: 노드의 집합. 공집합이거나, 루트노드와 왼쪽 서브트리, 오른쪽 서브트리로 구성됨. 모든 서브트리도 이진트리이어야 함.

연산
- `init()`: 이진트리를 초기화한다.
- `is_empty()`: 이진트리가 공백 상태인지 확인한다.
- `create_tree(e, left, right)`: 이진트리 `left`와 `right`를 각각 왼쪽과 오른쪽 자식으로 하고 `e`를 루트로 하는 이진트리를 생성한다.
- `get_root()`: 이진트리의 루트 노드를 반환한다.
- `get_count()`: 이진트리의 노드의 수를 반환한다.
- `get_leaf_count()`: 이진트리의 단말 노드의 수를 반환한다.
- `get_height()`: 이진트리의 높이를 반환한다.

그렇다면 노드의 삽입과 삭제는 어떨까? 트리는 선형적인 자료구조가 아니므로 노드의 삽입 위치를 지정하는 것이 간단하지 않다. 또한 어떤 위치에 노드가 삽입되면 트리의 구조가 바뀔 수 있고, 다른 노드들도 영향을 받게 된다. 삭제 연산도 마찬가지이다. 따라서 이진트리의 기본연산에서 제외하였다.

만약 이진트리가 구성될 때 어떤 규칙을 갖는다면 상황이 좀 달라진다. 다음 장에서 공부할 이진탐색트리에서는 노드의 삽입 위치를 지정할 필요가 없다. 따라서 노드의 삽입이나 삭제 연산이 가능한데, 다음 장에서 자세히 공부한다.

8.3 이진트리의 표현

이진트리도 선형 자료형에서와 마찬가지로 배열을 이용해 표현하거나 링크를 이용한 연결된 표현 방법으로 나타낼 수 있다.

배열 표현법

이 방법은 포화 이진트리나 완전 이진트리에 가장 적합하지만 일반 이진트리도 표현할 수 있다. 먼저 이진트리가 완전 이진트리라고 가정하고 트리의 높이에 따라 배열의 길이를 정한다. 만약 높이가 k이면 길이가 2^k-1인 배열이 필요하며, 이를 할당한 후 완전 이진트리의 번호대로 노드들을 저장하면 된다.

예를 들어, 그림 8.17 (a)에서 노드들은 완전 이진트리에서의 순서로 먼저 번호가 매겨진다. 이 번호를 인덱스로 사용해 배열의 해당 위치에 노드가 저장된다. 노드 A는 노드 번호가 1이므로 배열의 인덱스 1에 저장되었고 노드 B는 번호가 2이므로 배열의 인덱스 2에 저장되었다. 여기서 인덱스 0은 사용되지 않음을 유의하라. 0을 사용하지 않는 편이 계산을 간단하게 만든다. 이 방법은 그림 8.17 (b)와 같이 일반적인 이진트리도 저장할 수 있지만 그림의 빈칸과 같이 트리에 따라 기억공간의 낭비가 심해질 수 있다.

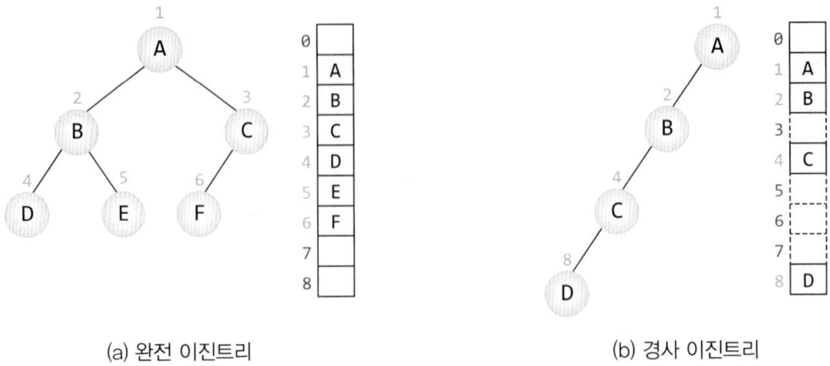

| 그림 8.17 완전 이진트리의 배열 표현법

배열 표현법에서 어떤 노드의 인덱스를 알면 그 노드의 부모나 자식의 인덱스를 계산할 수 있다. 방법은 다음과 같다.

- 노드 i의 부모 노드 인덱스 = i/2
- 노드 i의 왼쪽 자식 노드 인덱스 = 2i
- 노드 i의 오른쪽 자식 노드 인덱스 = 2i+1

그림 8.17 (a)에서 노드 B의 인덱스는 2이고 부모 노드인 A의 인덱스는 1이다. 노드 B의 왼쪽 자식 노드인 노드 D의 인덱스는 4이고 오른쪽 자식 노드인 노드 E의 인덱스는 5로서 위의 공식이 성립함을 확인할 수 있다. 부모 노드의 인덱스 계산에 정수간의 나눗셈이 사용된 것에 특히 유의하라. 예를 들어, 5/2는 2.5가 아니라 2이다. 이와 같은 배열 표현법은 간단하지만 기억공간의 낭비와 함께 표현할 수 있는 트리의 높이가 배열의 크기에 따라 제한되는 단점이 있다.

링크 표현법

링크 표현법은 연결 리스트를 이용한 선형 자료 구조의 표현 방식과 유사한데, 포인터를 이용해 노드와 노드를 연결하는 방법이다. 이진트리의 노드는 그림 8.18과 같이 데이터를 저장하는 필드와 두 개의 포인터 변수를 갖는다. 이들 포인터는 각각 왼쪽 자식 노드와 오른쪽 자식 노드를 가리킨다. 이와 같이 링크를 이용해 모든 부모와 자식 노드를 연결하게 되는데, 그림 8.17의 트리를 링크 표현법으로 다시 그려보면 그림 8.19와 같다.

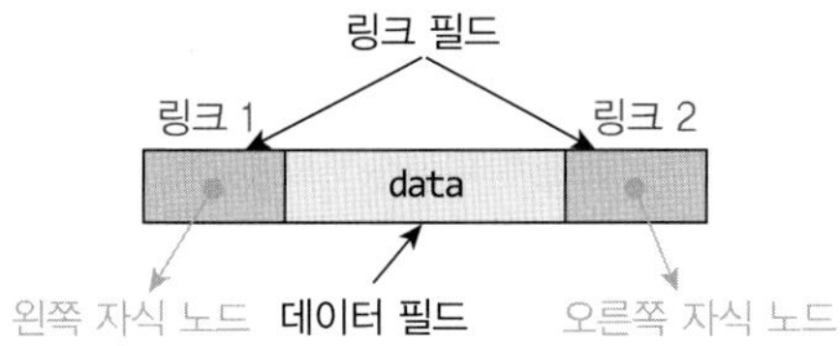

| 그림 8.18 링크표현법에서의 이진트리 노드의 구조

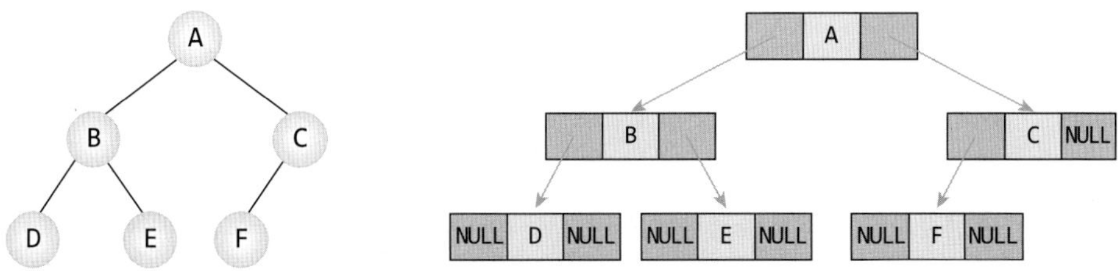

(a) 완전 이진트리(그림 8.17의 (a) 트리)

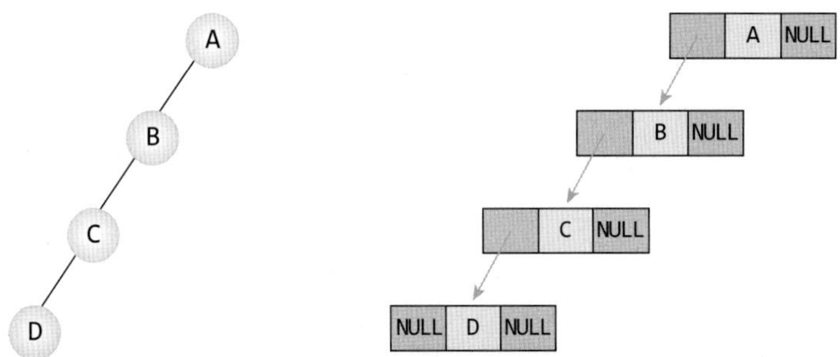

(b) 경사 이진트리(그림 8.17의 (b) 트리)

| 그림 8.19 이진트리의 링크 표현법

8.4 링크 표현법을 이용한 이진트리의 구현

링크 표현법을 C언어로 구현하기 위해서는 먼저 그림 8.18과 같은 노드 구조체를 선언해야 한다. 이진트리 노드를 위한 구조체의 이름은 **TNode**으로 하자. 트리에 저장하는 항목의 자료형은 **TElement**로 하고, typedef를 이용해 실제로 저장할 자료형을 지정하는데, 일단 char로 한다.

```
typedef char TElement;                    // 트리에 저장할 데이터의 자료형
```

```
typedef struct BinTrNode {
    TElement   data;                 // 노드에 저장할 데이터
    struct BinTrNode* left;          // 왼쪽 자식 노드의 포인터
    struct BinTrNode* right;         // 오른쪽 자식 노드의 포인터
} TNode;
```

하나의 트리를 나타내기 위한 유일한 데이터는 루트의 주소이다. 따라서 루트를 위한 포인터 변수를 다음과 같이 선언한다.

```
TNode*    root = NULL;               // 루트노드의 포인터
```

이제 트리 추상자료형의 연산들을 구현하자. 초기화와 공백검사, 루트노드 반환 함수는 간단해서 한 줄 코드로 작성한다. 왼쪽과 오른쪽 서브트리와 노드 정보를 받아 새로운 트리를 만드는 create_tree()는 동적 할당을 사용해야 한다.

main()에서는 그림 8.17(a)의 트리를 생성한다. create_tree() 연산을 이용해 서브트리들부터 하나씩 만들면서 병합해야 전체 트리가 만들어진다. main()의 아랫부분에 트리의 연산들을 테스트하는 코드를 추가하였다. 이 연산들은 다음절에서 공부한다. 이제 전체 프로그램은 다음과 같다.

프로그램 8.1 이진트리를 위한 노드 구조체와 기본 연산들

```
#include <stdio.h>
#include <stdlib.h>

typedef char TElement;
typedef struct BinTrNode {
    TElement   data;
    struct BinTrNode* left;
    struct BinTrNode* right;
} TNode;
TNode*   root;

void init_tree()     { root = NULL; }
int is_empty_tree() { return root==NULL; }
```

```
TNode* get_root()   { return root; }

TNode* create_tree(TElement val, TNode* l, TNode* r)
{
    TNode* n = (TNode*) malloc(sizeof(TNode));
    n->data = val;
    n->left = l;
    n->right = r;
    return n;
}

... // 트리의 추가 연산 코드 포함

void main()
{
    TNode *b, *c, *d, *e, *f;

    init_tree();
    d = create_tree('D', NULL, NULL );
    e = create_tree('E', NULL, NULL );
    b = create_tree('B', d, e );
    f = create_tree('F', NULL, NULL );
    c = create_tree('C', f, NULL );
    root = create_tree('A', b, c );

    // 트리 테스트 프로그램 추가
    printf("\n   In-Order : ");    inorder( root );
    printf("\n  Pre-Order : ");    preorder( root );
    printf("\n Post-Order : ");    postorder( root );
    printf("\nLevel-Order : ");    levelorder( root );
    printf("\n");

    printf(" 노드의 개수 = %d\n", count_node( root ));
    printf(" 단말의 개수 = %d\n", count_leaf( root ));
    printf(" 트리의 높이 = %d\n", calc_height( root ));
}
```

코드 설명

12행 트리를 초기화하는 함수. 공백트리로 만듦.

13행 트리의 공백상태를 검사하는 함수.

14행 트리의 루트 노드를 반환하는 함수.

16-23행 왼쪽과 오른쪽 서브트리와 노드의 데이터를 받아 새로운 트리를 만드는 함수. 새로운 트리의 루트 노드를 동적으로 할당하고, 데이터 필드와 링크 필드를 각각 초기화한 후 생성된 노드의 주소를 반환함.

25행 다음절에서 공부할 이진트리의 연산 함수들이 추가됨.

31-37행 8.17의 (a)와 같은 트리를 생성하는 과정. 6개의 노드로 이루어졌으며 모두 동적으로 생성됨. 트리를 만들기 위해 자식 노드들을 일일이 지정해 주고 있는 것에 유의할 것.

39-48행 다음절에서 공부할 이진트리의 연산들을 테스트하기 위한 코드.

이 프로그램에서 공백상태 검사함수 **is_empty_tree()**의 이름에 유의하라. 이것은 큐의 공백상태를 검사하는 **is_empty()**함수와의 이름 충돌을 피하기 위해서이다. 다음에 공부할 트리의 레벨 순회에서는 큐를 사용해야 하는데, 이미 큐에는 **is_empty()**함수가 정의되어 있고, 따라서 다른 이름을 사용해야 한다.

만약 C++를 사용한다면 좀 더 편리한 방법을 사용할 수 있다. 클래스의 멤버 함수로 구현하면 동일한 이름이 아무리 다른 클래스에 중복되어 사용되어도 문제가 없다. 클래스가 아니더라도 C++의 **함수중복**(function overloading) 기능을 사용할 수 있는데, 이것은 C언어와 달리 C++는 동일한 이름의 함수를 중복해서 만들 수 있도록 허용한다. 물론 매개변수의 자료형은 달라야 한다.

C++는 참과 거짓을 나타내기 위해 C언어에서 제공하지 않는 bool이란 자료형을 제공한다. 따라서 **is_empty_tree()**의 반환형을 int가 아니라 bool을 사용할 수 있다. 가능하다면 C++의 이러한 개선된 기능을 이용해 보는 것도 좋을 것이다. 비주얼 스튜디오에서는 파일의 확장자만 .c에서 .cpp로 변경하면 된다. 관련 내용은 C++ 도서를 참고하라.

8.5 이진트리의 순회

트리를 **순회**(traversal)한다는 것은 트리에 속하는 모든 노드를 한 번씩 방문하여 노드의 데이터를 목적에 맞게 처리하는 것을 의미한다. 예를 들어, 트리의 모든 항목들을 화면에 출력하기 위해서도 순회가 필요하다. 따라서 순회는 트리에서 가장 기본적인 연산이다. 선형 자료구조에서는 모든 항목들이 순차적으로 들어 있으므로 순회 방법이 단순하지만 트리는 그렇지 않다. 그림 8.20과 같이 동일한 트리에서도 여러 가지 순회방법이 존재한다.

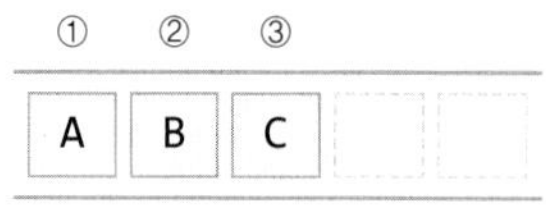

(a) 큐에서의 순회(선형 자료구조)

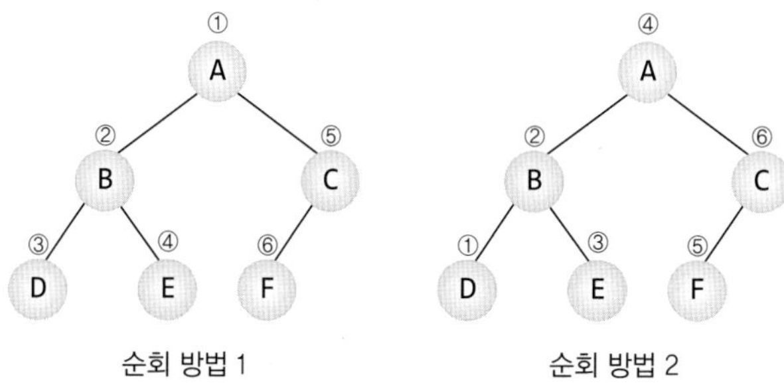

(b) 이진트리에서의 순회(비선형 자료구조)

| 그림 8.20 큐와 이진트리의 순회 방법 비교

이진트리의 표준 순회에는 전위, 중위, 후위의 3가지 방법이 있다. 이들은 루트와 왼쪽 서브트리, 오른쪽 서브트리를 각각 어떤 순서로 방문하느냐에 따라 구분된다. 루트를 방문하는 작업을 V, 왼쪽과 오른쪽 서브트리를 방문하는 작업을 각각 L과 R이라 하자. 이진트리의 기본 순회에는 다음과 같이 3가지 방법이 있다.

- **전위 순회**(preorder traversal) : VLR
- **중위 순회**(inorder traversal) : LVR
- **후위 순회**(postorder traversal) : LRV

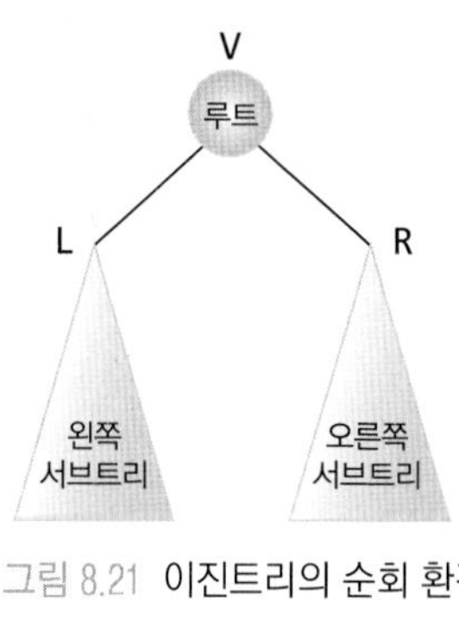

| 그림 8.21 이진트리의 순회 환경

그러면 각 서브 트리의 노드들은 또 어떤 식으로 방문할까? 이진트리에서는 각각의 서브 트리도 이진트리이다. 따라서 동일한 순회 방법을 적용된다. 예를 들어, 전위 순회의 경우 서브 트리에 들어 있는 노드들도 VLR의 순서대로 순회한다.

트리에서는 앞 장에서 공부했던 순환 기법을 많이 사용한다. 그림 8.22의 이진트리를 보면 전체 트리나 서브 트리나 그 구조는 완전히 동일한 것을 알 수 있다. 따라서 전체 트리 순회에 사용된 알고리즘을 똑같이 서브 트리에 적용할 수 있다. 물론 문제의 크기는 작아져야 한다. 따라서 순환이 최선의 해결책이다.

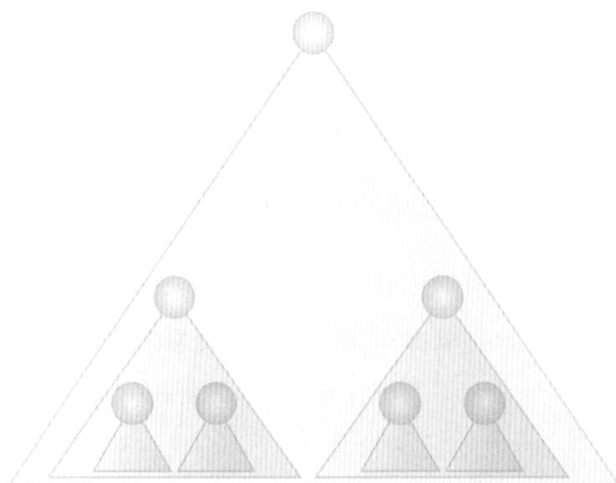

| 그림 8.22 전체 트리나 서브 트리나 구조는 동일하다.

전위 순회(preorder)

전위 순회는 루트를 먼저 방문하고 그 다음에 왼쪽 서브트리를 방문하고 오른쪽 서브트리를 마지막으로 방문하는 것이다. 알고리즘은 다음과 같다.

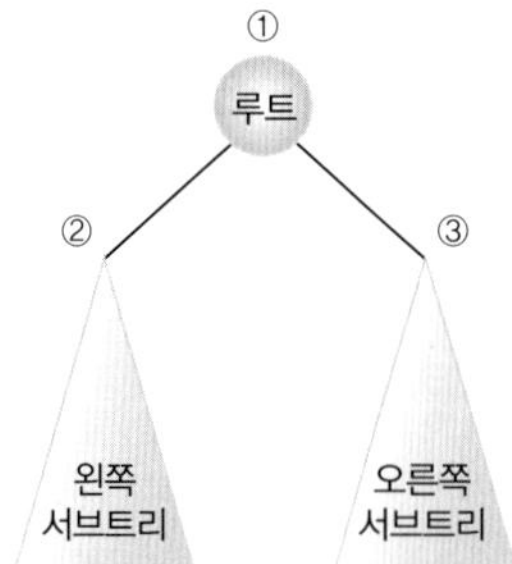

| 그림 8.23 전위 순회

| 알고리즘 8.1 트리 전위 순회 알고리즘

```
preorder(x)

if x≠NULL                      // x가 NULL이 아닐 때만 처리
    then print DATA(x);        // ① 루트(x) 노드 처리
         preorder(LEFT(x));    // ② 왼쪽 서브트리 방문
         preorder(RIGHT(x));   // ③ 오른쪽 서브트리 방문
```

전위순회에서 루트노드의 방문을 마쳤다고 가정하자. 그러면 왼쪽 서브트리를 방문할 차례이다. 그러면 왼쪽 서브트리의 어떤 노드를 먼저 방문하여야 할까? 왼쪽 서브트리도 하나의 이진트리이다. 따라서 전체트리와 똑같은 방식으로 서브트리를 방문하면 된다. 즉 왼쪽 서브트리의 루트를 먼저 방문하고 왼쪽 서브트리의 왼쪽 서브트리를 그 다음에, 마지막으로 왼쪽 서브트리의 오른쪽 서브트리를 방문하면 된다. 즉 모든 서브트리에 대하여 같은 알고리즘을 반복한다.

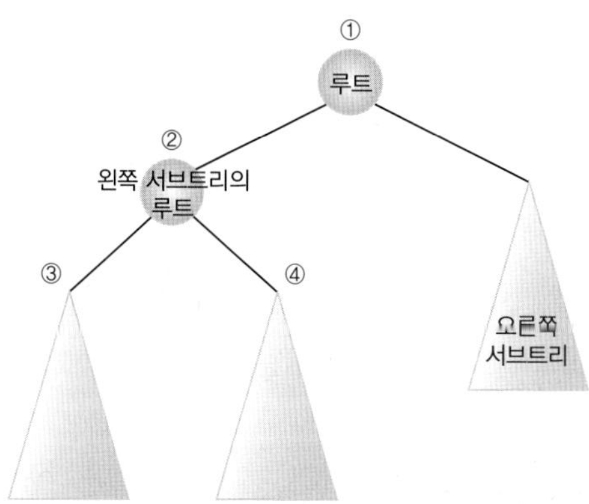

| 그림 8.24 전위 순회에서의 서브트리 방문

다음 코드는 이 알고리즘을 순환을 이용해 구현한 C언어 함수를 보여준다.

프로그램 8.2 이진트리의 전위 순회 함수

```
void preorder(TNode *n)
{
    if( n != NULL ) {
        printf("[%c] ", n->data);
        preorder(n->left);
        preorder(n->right);
    }
}
```

중위 순회(inorder)

중위 순회에서는 왼쪽 서브트리, 루트, 오른쪽 서브트리 순으로 방문한다. 알고리즘과 C로 구현한 함수는 다음과 같다.

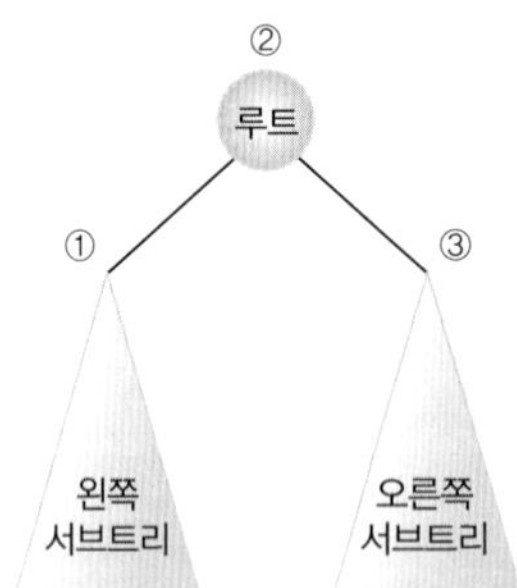

| 그림 8.25 중위 순회

| 알고리즘 8.2 트리 중위 순회 알고리즘

```
inorder(x)

if x≠NULL                      // x가 NULL이 아닐 때만 처리
    then inorder(LEFT(x));     // ① 왼쪽 서브트리 방문
         print DATA(x);        // ② 루트(x) 노드 처리
         inorder(RIGHT(x));    // ③ 오른쪽 서브트리 방문
```

프로그램 8.3 이진트리의 중위 순회 함수

```
void inorder(TNode *n)
{
    if( n != NULL ) {
        inorder(n->left);
        printf("[%c] ", n->data);
        inorder(n->right);
    }
}
```

후위 순회

후위순회는 왼쪽 서브트리, 오른쪽 서브트리, 루트 순으로 방문한다. 다음은 후위순회를 정리한 것이다.

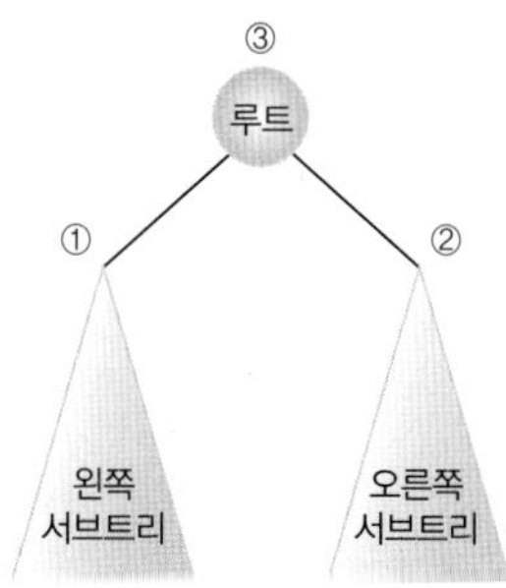

| 그림 8.26 후위 순회

| 알고리즘 8.3 트리 후위 순회 알고리즘

```
postorder(x)

if x≠NULL                              // x가 NULL이 아닐 때만 처리
   then   postorder(LEFT(x));          // ① 왼쪽 서브트리 방문
          postorder(RIGHT(x));         // ② 오른쪽 서브트리 방문
          print DATA(x);               // ③ 루트(x) 노드 처리
```

프로그램 8.4 이진트리의 후위 순회 함수

```
void postorder(TNode *n)
{
    if( n != NULL ) {
        postorder(n->left);
        postorder(n->right);
        printf("[%c] ", n->data);
    }
}
```

그림 8.27은 동일한 트리를 전위, 중위, 후위순회 방식으로 노드를 방문한 순서를 숫자로 표시하고 있다.

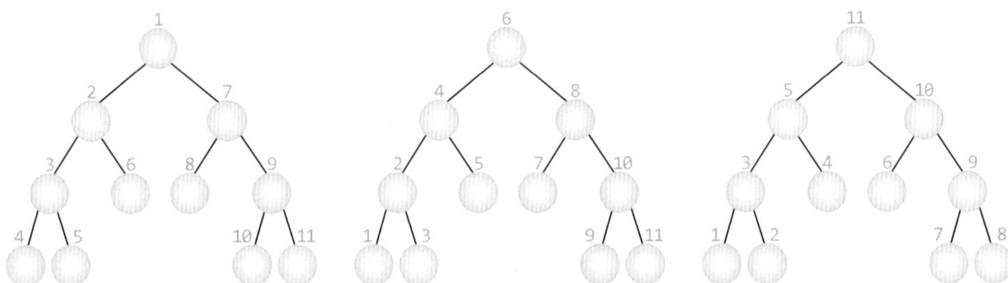

(a) 전위 순회 (b) 중위 순회 (c) 후위 순회

| 그림 8.27 전위, 중위, 후위순회에 따른 노드 방문 순서 비교

순회 방법의 선택

트리와 관련된 문제들 중에는 순회 알고리즘만 이용해도 해결되는 것들이 많다. 그렇다면 어떤 순회 방법을 사용해야 할까?

- 순서는 중요하지 않고 노드를 전부 방문하기만 하면 된다면 3가지의 방법 중에 어떤 것이든지 관계없다. 예를 들어, 트리의 모든 노드 값을 순서와 상관없이 출력해야 한다면 순회 방법은 중요하지 않다.
- 자식 노드를 처리한 다음에 부모 노드를 처리해야 하는 문제라면 당연히 후위순회를 사용하여야 한다. 예를 들어, 컴퓨터에서 각 폴더의 용량을 계산하려면 후위순회

를 사용하여야 한다. 하위 폴더의 용량이 계산되어야 이를 이용해 현재 폴더의 용량을 계산할 수 있기 때문이다.

- 부모 노드를 처리한 다음에 자식 노드를 처리해야 한다면 전위순회를 사용하여야 한다. 예를 들어, 모든 노드에서 레벨을 계산하기 위해서는 전위순회를 사용해야 한다. 루트 노드의 레벨이 1이 되고, 모든 노드들은 부모 노드의 레벨보다 1이 크기 때문이다.

레벨 순회

레벨 순회(level order)는 각 노드를 레벨 순으로 검사하는 방법이다. 루트 노드의 레벨이 1이고 아래로 내려갈수록 레벨은 증가한다. 동일한 레벨의 경우에는 좌에서 우로 방문한다. 레벨 순회는 큐를 사용한다.

알고리즘을 생각해 보자. 레벨 순회는 큐에서 노드를 하나 꺼내 방문하고 그 자식들을 큐에 삽입한다. 삽입에도 순서가 있다. 왼쪽 자식을 먼저 오른쪽 자식을 다음에 처리한다. 물론 자식이 없으면 삽입하지 않는다. 이 과정은 큐가 공백상태가 될 때 까지 반복한다. 처음에는 큐에 루트 노드만 들어 있다.

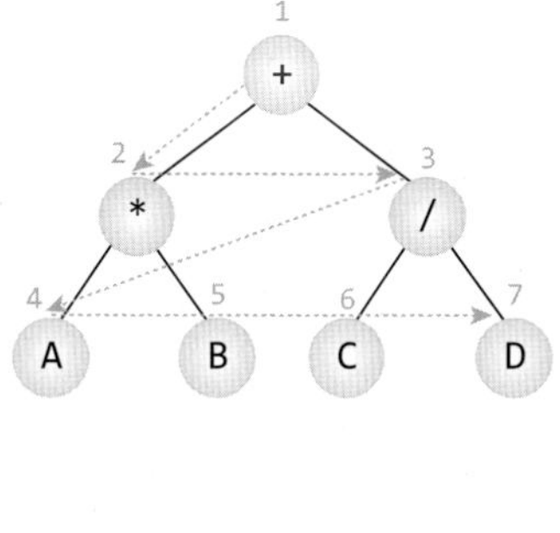

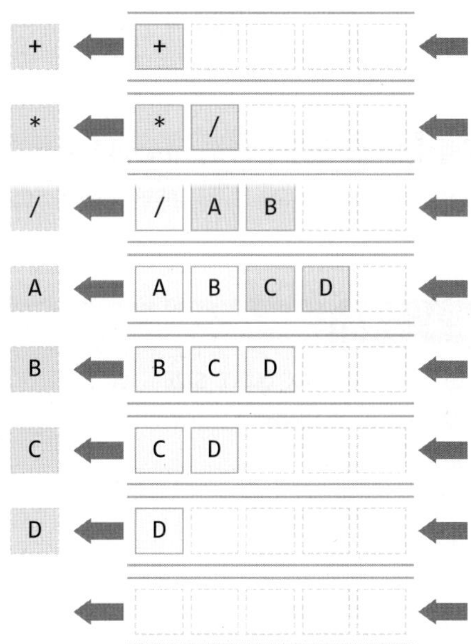

| 그림 8.28 레벨 순회의 예

그림 8.28을 예로 들어 보자. 먼저 루트 노드인 +가 큐에 입력된 상태에서 순회가 시작된다. 큐에서 하나를 삭제하면 +가 나오게 되고 노드 +를 방문한 다음, 노드 +의 왼쪽 자식 *와 오른쪽 자식 /를 큐에 삽입한다. 다시 큐에서 하나(*노드)를 꺼내고 같은 과정을 반복한다. 그림은 레벨 순회에서 큐의 변화 과정과 각각의 노드가 방문되는 순서를 나타내고 있다. 알고리즘 8.4는 이진트리의 레벨순회 알고리즘을 보여준다. 순환을 사용하지 않음에 유의하라.

| 알고리즘 8.4 트리 레벨 순회 알고리즘

```
level_order()

initialize queue;
if(root == NULL) then return;
enqueue(root);
while isEmpty(queue)≠TRUE do
    x ← dequeue(queue);
    if( x≠NULL) then
        print DATA(x);
        enqueue(LEFT(x));
        enqueue(RIGHT(x));
```

레벨 순회를 구현해 보자. 큐는 4장에서 구현한 원형 큐를 사용하면 된다. 큐에는 노드의 포인터가 저장되어야 한다. 레벨 순회는 다음과 같이 구현할 수 있다.

프로그램 8.5 이진트리의 레벨 순회 함수

```
#define MAX_QUEUE_SIZE   100
typedef TNode* Element;

 // 프로그램 4.1의 6~37행 추가

void levelorder(TNode *root)
{
      TNode* n;
```

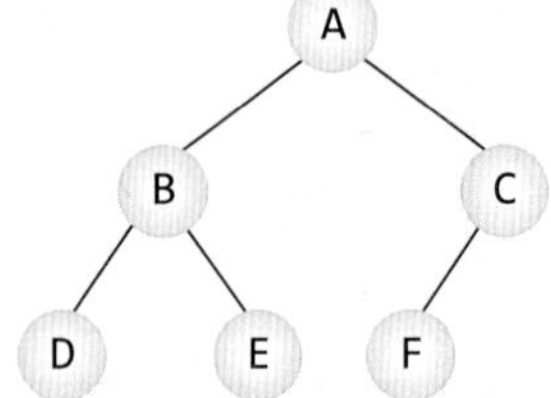

```
09
10        if( root == NULL ) return;
11        init_queue();
12        enqueue( root );
13        while ( !is_empty() ) {
14            n = dequeue();
15            if( n != NULL ) {
16                printf("[%c] ", n->data);
17                enqueue( n->left);
18                enqueue( n->right);
19            }
20        }
21    }
```

코드 설명

10행 공백 트리가 아닌 경우만 처리함.

11행 원형큐 초기화.

12행 최초에 큐에는 루트 노드만 들어있음.

13행 큐가 공백상태가 아닌 동안.

14행 큐에서 맨 앞의 노드 n을 꺼냄.

16행 먼저 노드의 정보를 출력. TElement가 TNode* 이므로 ->연산자를 사용해 노드의 데이터를 출력함.

17행 n의 왼쪽 자식 노드를 큐에 삽입.

18행 n의 오른쪽 자식 노드를 큐에 삽입.

동일한 트리에 대한 레벨 순회 결과를 보면 루트 노드부터 각 레벨별로 순차적으로 노드를 출력하는 것을 알 수 있다. 이것은 트리의 노드를 위에서 아래로, 좌에서 우로 출력하므로 다른 순회 방법에 비해 출력 결과를 이해하기가 비교적 쉽다. 다음은 그림 20의 이진트리를 네 가지 방법으로 순회한 결과를 보여준다.

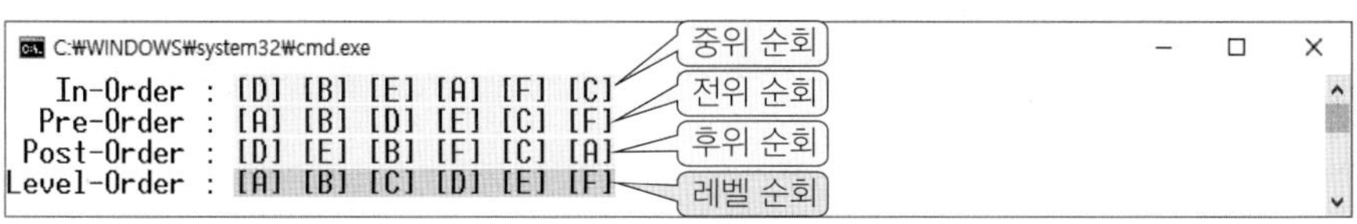

| 그림 8.29 그림 8.20의 이진트리에 대한 네 가지 순회 결과

8.6 이진트리 연산

이진트리의 ADT에서 정의한 몇 가지 다른 연산들을 구현해 보자.

노드 개수 구하기

이진트리의 전체 노드의 개수를 세기 위해서는 모든 노드들의 순회가 필요하다. 어떤 방법이 있을까? 순환을 사용하자. 어떤 노드를 루트로 하는 이진트리의 노드의 개수는 왼쪽 서브트리의 노드 개수와 오른쪽 서브트리의 노드 개수에 루트 노드를 더하면 된다. 이것은 후위 순회 방식의 순환 호출로 계산한다. 다음은 유사코드와 구현된 함수이다.

| 알고리즘 8.5 이진트리에서 노드 개수 구하는 알고리즘

```
count_node(x)

if x = NULL
    then return 0;
    else return 1+count_node(x.left)+count_node(x.right);
```

프로그램 8.6 이진트리에서 전체 노드의 개수를 구하는 순환 함수

```
01 int count_node(TNode *n)
02 {
03     if( n == NULL ) return 0;
04     return 1 + count_node(n->left) + count_node(n->right);
05 }
```

코드 설명

1행 순환을 이용하여 n을 루트로 하는 서브트리의 노드 수를 계산하는 함수.

3행 n이 NULL이면 공백 트리이므로 0을 반환함.

4행 공백트리가 아니면 왼쪽 서브 트리의 노드 수와 오른쪽 서브 트리의 노드 수를 구해 이를 합한 값에 1을 더한 값을 반환함.

사실 꼭 이 방법만 있는 것은 아니다. 약간 무식한 방법이지만, 전역변수로 count를 선언해 0으로 초기화하고, 임의의 순서로 노드들을 순회하면서 count를 증가시키는 방법도 가능은 하다. 순회가 끝나면 전역변수 count를 참조해야 할 것이다.

단말 노드 개수 구하기

단말 노드의 개수를 세기 위해서도 트리의 순회를 사용해야 한다. 만약 왼쪽자식과 오른쪽 자식이 동시에 NULL이면 되면 단말 노드이고, 1을 반환하면 된다. 아니면 비단말 노드이므로 각각의 서브트리에 대하여 순환 호출하여 반환되는 두 값을 더해 반환하면 된다. 다음은 유사코드와 구현된 함수이다.

| 알고리즘 8.6 이진 탐색 트리에서 단말 노드 개수 구하는 알고리즘

```
count_leaf(x)

if x = NULL then return 0;
if x.left=NULL and x.right=NULL
    then return 1;
    else return count_leaf(x.left) + count_leaf(x.right);
```

프로그램 8.7 이진트리의 단말 노드 개수를 구하는 순환 함수

```
01 int count_leaf(TNode *n)
02 {
03        if( n == NULL ) return 0;
04        if(n->left == NULL && n->right == NULL ) return 1;
05        else return count_leaf(n->left) + count_leaf(n->right);
06 }
```

코드 설명

3행 n이 NULL이면 공백 트리이므로 0을 반환.

4행 n이 단말 노드이면 1을 반환.

5행 단말 노드가 아니면 왼쪽 서브 트리의 단말 노드와 오른쪽 서브 트리의 단말 노드 개수를 합한 값을 반환함.

트리의 높이 구하기

트리의 높이를 구하는 알고리즘도 순환을 이용하여 해결할 수 있다. 트리의 높이도 기본적으로 후위 순회 방법을 사용해야 한다. 먼저 루트의 각 서브 트리에 대해 순환호출을 통해 높이를 구해야 현재 트리의 높이를 계산할 수 있다. 그러면 현재 트리의 높이는 어떻게 구할까? 트리의 높이는 왼쪽 서브트리와 오른쪽 서브트리 중에서 더 높은 트리를 먼저 찾고, 이 트리의 높이에 1을 더한 값이다. 서브 트리의 반환 값을 서로 더하는 것이 아닌 것에 유의하라. 다음은 높이를 구하는 알고리즘과 구현된 함수이다.

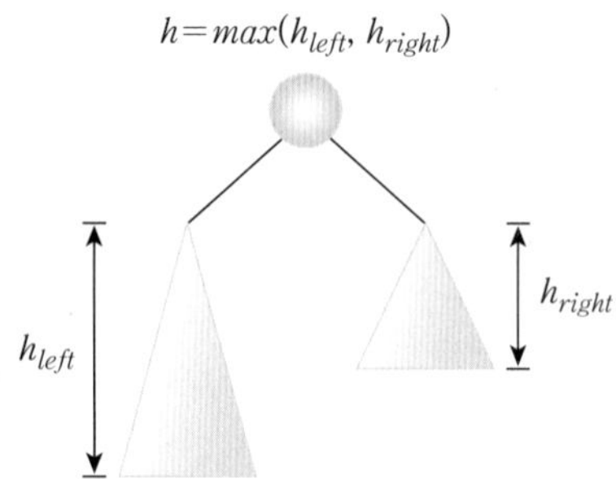

| 그림 8.30 트리의 높이 구하기

| 알고리즘 8.7 이진트리에서 높이를 구하는 알고리즘

```
getHeight(x)

if x = NULL
    then return 0;
    else return 1 + max(getHeight(x.left), getHeight(x.right);
```

프로그램 8.8 이진트리의 높이를 구하는 순환 함수

```
int calc_height(TNode *n)
{
    int hLeft, hRight;
    if( n == NULL ) return 0;
    hLeft  = calc_height(n->left);
    hRight = calc_height(n->right);
    return (hLeft>hRight) ? hLeft+1 : hRight+1;
}
```

코드 설명

4행 n이 NULL이면 공백 트리이므로 0을 반환함.

5–6행 왼쪽 서브트리와 오른쪽 서브트리의 높이를 각각 계산하여 저장.

7행 두 높이 중에서 더 높은 값에 1을 더해 반환.

8.7 이진트리 응용

■ 수식 트리

이진트리 순회는 **수식 트리**(expression tree)를 처리하는데 사용될 수 있다. 수식 트리는 산술식이나 논리식으로부터 만들어지는데, 피연산자들이 단말 노드가 되고 연산자는 비단말 노드가 된다. 각 이진 연산자에 대하여 왼쪽 서브 트리는 왼쪽 피연산자가 되며 오른쪽 서브 트리는 오른쪽 피연산자를 나타낸다.

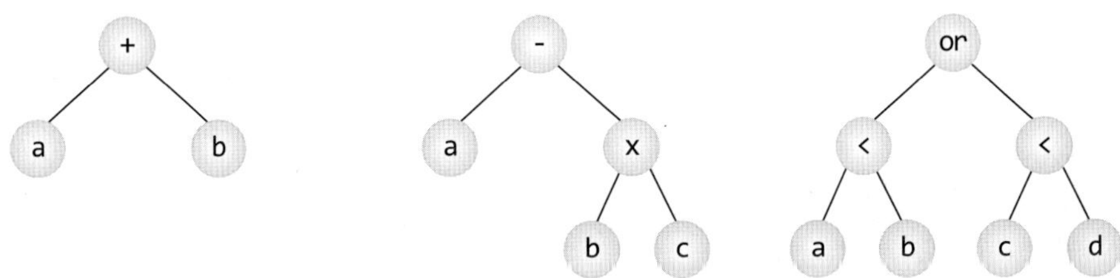

(a) (b) (c)

| 그림 8.31 수식트리의 예

이들 수식 트리를 전위, 중위, 후위의 순회방법으로 읽으면 각각 전위 표기수식, 중위 표기 수식, 후위 표기 수식이 된다.

| 표 8.1 각 수식 트리에 대한 전위, 중위, 후위 순회 결과

수식	a + b	a − (b × c)	(a < b) or (c < d)
전위 순회	+ a b	− a × b c	or < a b < c d
중위 순회	a + b	a − b × c	a < b or c < d
후위 수회	a b +	a b c × −	a b < c d < or

이진트리로 표현된 수식을 계산하여 보자. 3장에서 이미 스택을 이용해 후위 표기 수식을 계산해 보았다. 지금은 입력이 후위 표기 수식이 아니고 수식 트리임에 유의하라. 루트 노드는 연산자가 되어야 하고 이 연산자의 피연산자인 왼쪽과 오른쪽 서브 트리가 계산되면 전체 수식을 계산할 수 있다. 따라서 후위 순회 방법이 사용되어야 한다. 항상 자식 노드들을 먼저 처리하고 다음에, 루트 노드를 처리해야하기 때문이다.

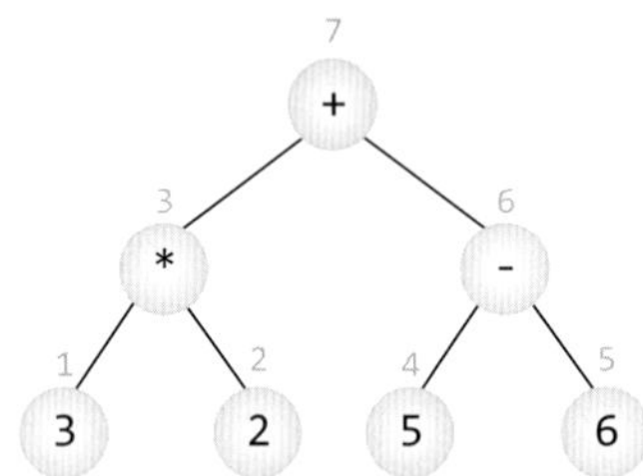

| 그림 8.32 수식트리의 계산 순서

수식 트리의 계산 알고리즘을 유사 코드로 살펴보면 다음과 같다.

| 알고리즘 8.8 수식 트리 계산 프로그램

```
evaluate(exp)

if exp = NULL
  then return 0;
  else x←evaluate(LEFT(exp));
       y←evaluate(RIGHT(exp));
       op←DATA(exp);
       return (x op y);
```

다음은 이 연산을 구현한 함수와 테스트 프로그램이다. 계산 결과는 5가 나온다.

프로그램 8.9 수식 트리의 계산 함수 및 테스트 프로그램

```c
#include <stdio.h>
#include <stdlib.h>

typedef int TElement;

... // 프로그램 8.1의 5~25행 추가

int evaluate(TNode *n)
{
    int op1, op2;
    if( n == NULL ) return 0;
    if(n->left == NULL && n->right == NULL) return n->data;
    else {
        op1 = evaluate(n->left);
        op2 = evaluate(n->right);
        switch(n->data){
            case '+': return op1+op2;
            case '-': return op1-op2;
            case '*': return op1*op2;
            case '/': return op1/op2;
        }
        return 0;
    }
}
void main()
{
    TNode *n1, *n2, *n3, *n4, *n5, *n6;

    n1 = create_tree ( 3 , NULL, NULL );
    n2 = create_tree ( 2 , NULL, NULL );
    n3 = create_tree ('*', n1, n2 );
    n4 = create_tree ( 5 , NULL, NULL );
    n5 = create_tree ( 6 , NULL, NULL );
    n6 = create_tree ('-', n4, n5 );
    root = create_tree ('+', n3, n6 );
    printf(" 계산 결과 = %d\n", evaluate(root));
}
```

코드 설명

8행 순환을 이용하여 수식 트리를 계산하는 함수.

11행 n이 NULL이면 공백 트리이므로 0을 반환함.

12행 단말 노드이면 피연산자이고, 따라서 그 노드의 값을 반환함.

13행 단말 노드가 아니면,

14-15행 왼쪽과 오른쪽 서브트리를 각각 계산하여 결과를 op1, op2에 저장. 이때 순환호출을 사용.

16-21행 n의 연산자를 검사하여, +, -, *, /인 경우 그에 따른 연산 (예: op1+op2)을 처리하고 결과를 반환함.

29-35행 그림 8.32의 수식 트리를 생성함.

36행 계산하고 결과를 출력함.

폴더 용량 계산

이진트리 순회는 컴퓨터에서 폴더의 용량을 계산하는데도 사용될 수 있다. 단, 이진트리를 사용하여야하기 때문에 하나의 폴더 안에 다른 폴더가 2개를 초과하여 있으면 안 된다. 예를 들어 다음과 같은 폴더 구조에서 루트 폴더인 "내 문서"의 용량을 알려면 어떻게 하여야 할까?

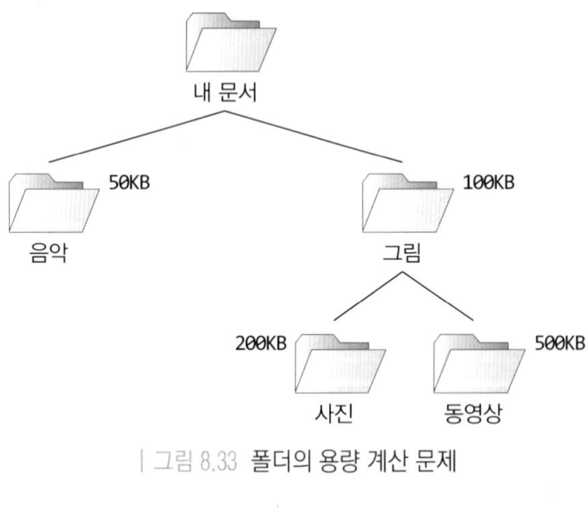

| 그림 8.33 폴더의 용량 계산 문제

하나의 폴더 안에 다른 폴더가 있을 수 있으므로 먼저 서브 폴더의 용량을 모두 계산한 다음에 루트 폴더의 용량을 계산하여야 할 것이다. 따라서 후위 순회를 사용하여야 하고, 순회 함수는 용량을 반환해야 한다. 다음은 후위 순회 방법으로 폴더의 용량을 계산하는 함수와 그림 8.33의 트리를 만들고 용량을 계산하는 프로그램을 보여주고 있다.

프로그램 8.10 폴더 용량 계산 함수 및 테스트 프로그램

```
01  ... // 프로그램 8.9의 1~6행 추가
02  int calc_size(TNode *n)
03  {
04      if( n == NULL ) return 0;
05      return n->data + calc_size(n->left) + calc_size(n->right);
06  }
07  void main()
08  {
09      TNode *m2, *m3, *m4, *m5;
10
11      m4 = create_tree ( 200, NULL, NULL );
12      m5 = create_tree ( 500, NULL, NULL );
13      m3 = create_tree ( 100, m4, m5 );
14      m2 = create_tree (  50, NULL, NULL );
15      root = create_tree(   0, m2, m3 );
16      printf(" 폴더 용량 = %d KB\n", calc_size(root));
17  }
```

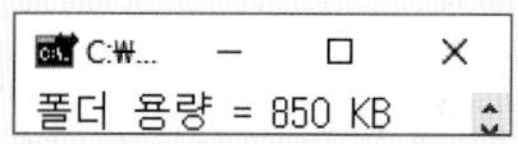

코드 설명

4행 n이 NULL이면 공백 트리이므로 0을 반환함.

5행 n의 전체 용량은 왼쪽 자식과 오른쪽 자식 폴더의 용량에 자신의 용량을 더해야 함. 이 값을 반환함.

11-15행 그림 8.33의 폴더 트리 생성.

16행 폴더의 용량을 계산하고 결과를 출력함.

| 연습문제 |

1 다음 트리에 대한 중위 순회 결과는? [정보처리기사 기출문제]

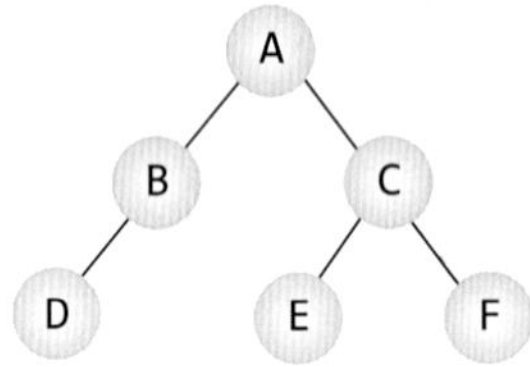

① A B D C E F ② A B C D E F

③ D B E C F A ④ D B A E C F

2 다음 트리를 전위 순회로 운행할 경우 다섯 번째로 탐색되는 것은? [정보처리기사 기출문제]

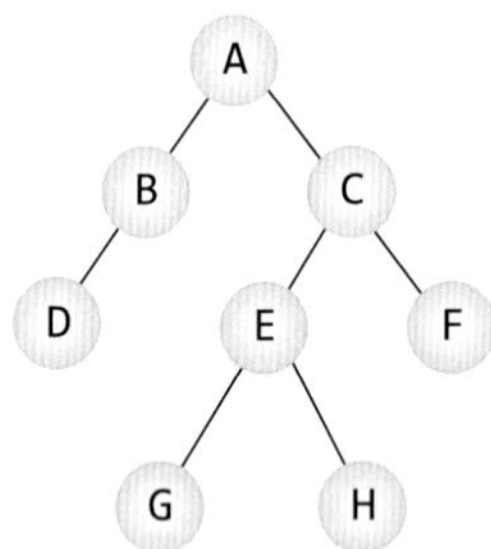

① C ② E ③ G ④ H

3 다음 그림과 같은 이진트리를 후위 순회(postorder traversal)한 결과는? [정보처리기사 기출문제]

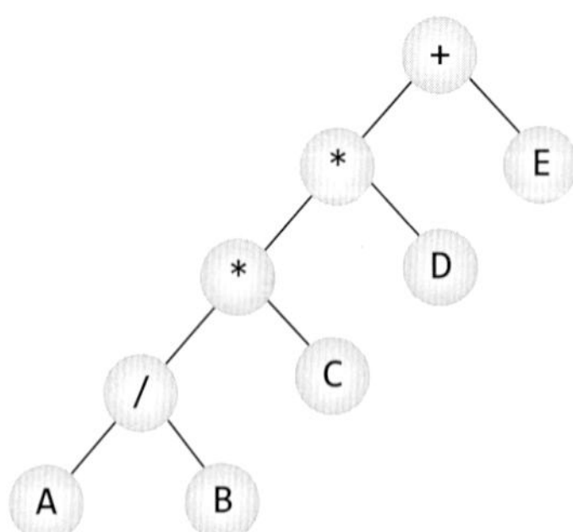

① + * * / A B C D E ② A / B * C * D + E

③ + * A B / * C D E ④ A B / C * D * E +

4 다음 트리에서 단말 노드 수는? [정보처리기사 기출문제]

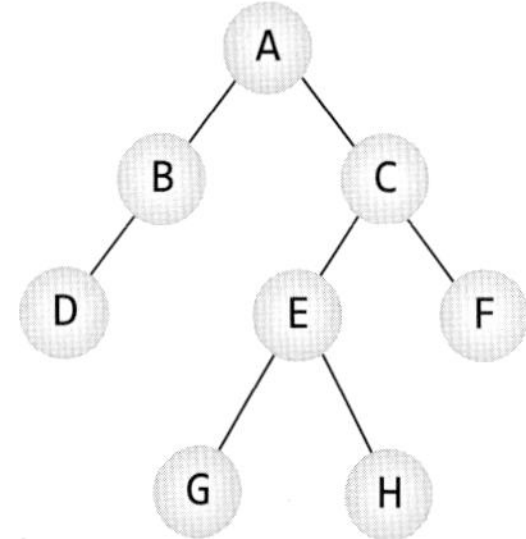

① 2　　② 3　　③ 4　　④ 8

5 다음 그림에서 트리의 차수는? [정보처리기사 기출문제]

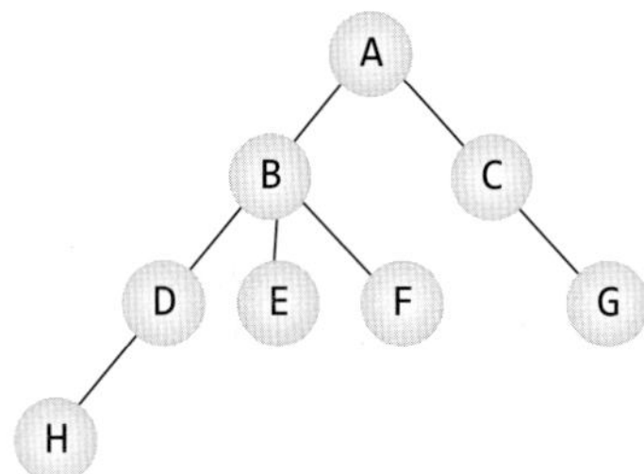

① 3　　② 4　　③ 6　　④ 8

6 메모리상에 배열로 저장할 때 가장 낭비가 큰 트리는?

① 경사 트리　　② 이진 트리
③ 포화 트리　　④ 완전 트리

7 다음 중 같은 개수의 노드가 저장되는 경우, 가장 높이가 작아지는 트리는?

① 이진 트리　　② 경사 이진 트리
③ 완전 이진 트리

8 다음 그림에서 트리의 차수(degree)와 단말(터미널) 노드의 개수는? [정보처리기사 기출문제]

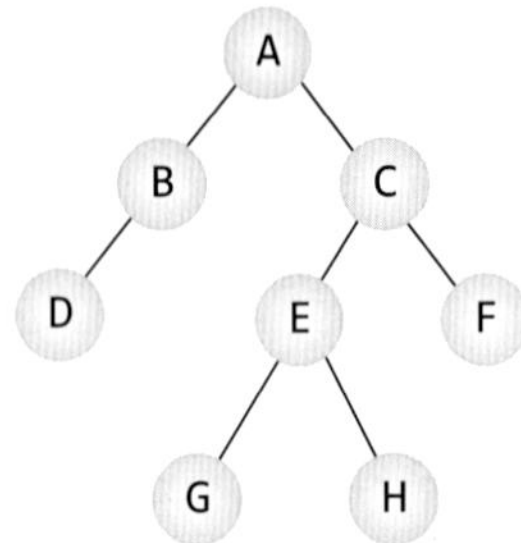

① 트리의 차수: 4, 단말 노드: 4 ② 트리의 차수: 2, 단말 노드: 4
③ 트리의 차수: 4, 단말 노드: 8 ④ 트리의 차수: 2, 단말 노드: 8

9 이진 트리에서 높이가 5일 때, 이 트리는 최대 몇 개의 노드를 가질 수 있는가?
① 26개 ② 8개 ③ 32개 ④ 31개

10 다음의 이진트리에 대하여 다음 질문에 답하라.

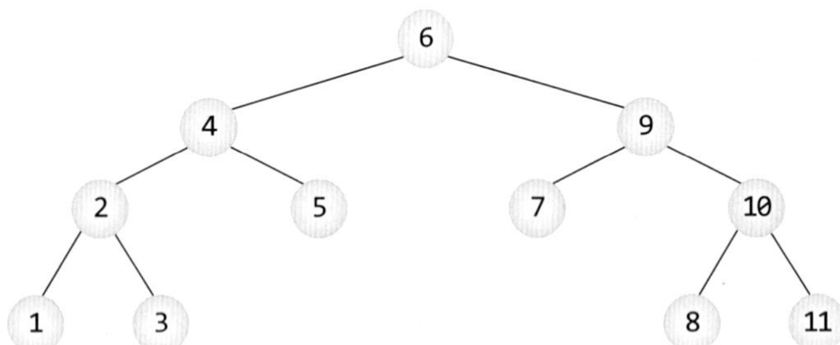

(1) 위의 트리를 1차원 배열로 표현하라.
(2) 위의 트리를 전위 순회한 결과를 써라.
(3) 위의 트리를 후위 순회한 결과를 써라.
(4) 위의 트리를 중위 순회한 결과를 써라.
(5) 위의 트리를 레벨 순회한 결과를 써라.

11 다음과 같은 함수가 아래에 표시된 이진트리의 루트 노드에 대해 호출된다고 하자. 함수가 반환하는 값은 무엇인가?

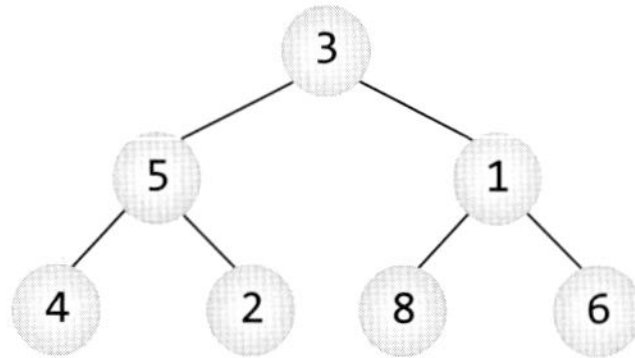


```
int mystery(TNode* p) {
    if (p == NULL)
        return 0;
    else if (p->left == NULL && p->right == NULL)
        return p->data;
    else
        return max(mystery(p->left), mystery(p->right));
}
```

12 주어진 이진트리에서 노드가 가지고 있는 값의 합을 계산하는 프로그램을 작성해보자.

```
노드의 합은 129입니다.
```

13 주어진 이진트리에서 노드가 가지고 있는 값이 주어진 value보다 작으면 노드의 값을 출력하는 프로그램을 작성해보자.

```
값을 입력하시오: 30
30보다 작은 노드: 10
30보다 작은 노드: 9
30보다 작은 노드: 29
...
```

프로그래밍 프로젝트

1 프로그램 8.1과 8.2에서 구현한 이진트리를 확장하여 다음의 연산들을 추가하고 동작을 확인하라.

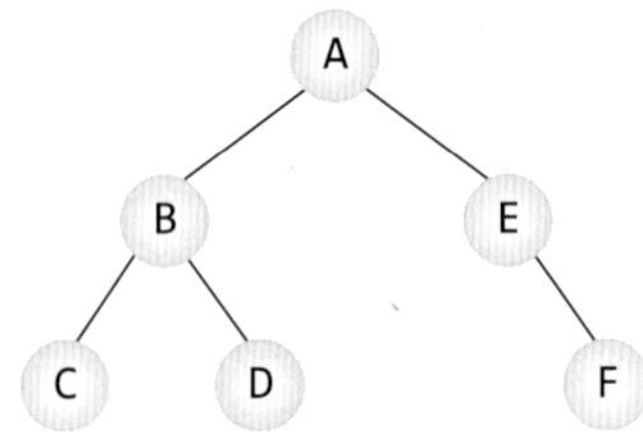

(1) 이진트리가 완전이진트리인지를 검사하는 다음 연산을 구현하라. 위의 트리는 완전이진트리가 아니므로 0(FALSE)이 반환되어야 한다.

```
int is_complete_binary_tree();
```

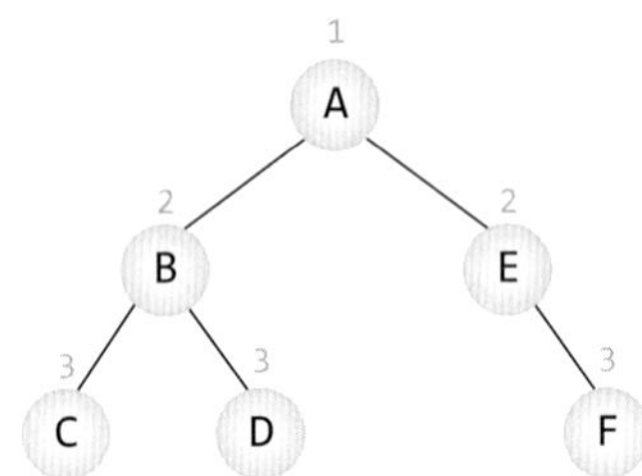

(2) 임의의 node의 레벨을 구하는 연산을 구현하라. 만약 node가 트리 안에 있지 않으면 0을 반환하라. 위의 이진트리에 대한 각 노드의 레벨은 오른쪽 그림과 같이 구해진다.

```
int level( TNode* node );
```

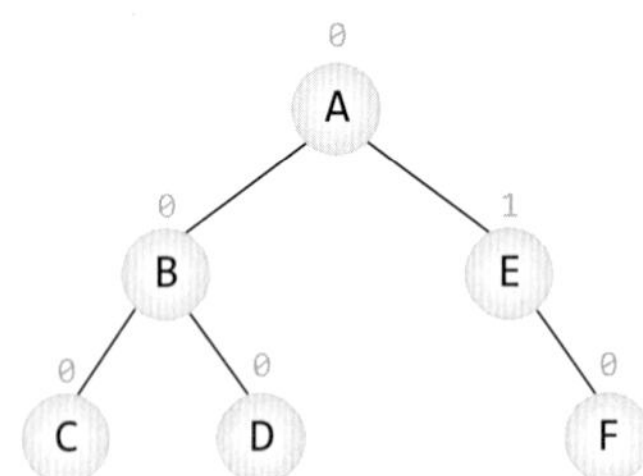

(3) 이진트리의 모든 노드에서 왼쪽 서브트리와 오른쪽 서브트리의 높이의 차이가 2보다 작으면 이 트리를 "균형 잡혀 있다(balanced)"라고 한다. 현재 이진트리가 균형 잡혀 있는지를 검사하는 다음 연산을 구현하라. 위의 트리는 높이의 차이가 1 이하로 균형 잡혀 있다.

```
int is_balanced();
```

(4) 이진트리에서 경로의 길이(path length)를 루트에서부터 모든 자식 노드까지의 경로의 길이의 합이라고 하자. 경로의 길이를 구하는 다음 연산을 구현하라. 위의 트리에서 경로의 길이는 0+1+1+2+2+2=8 이다.

```
int path_length();
```

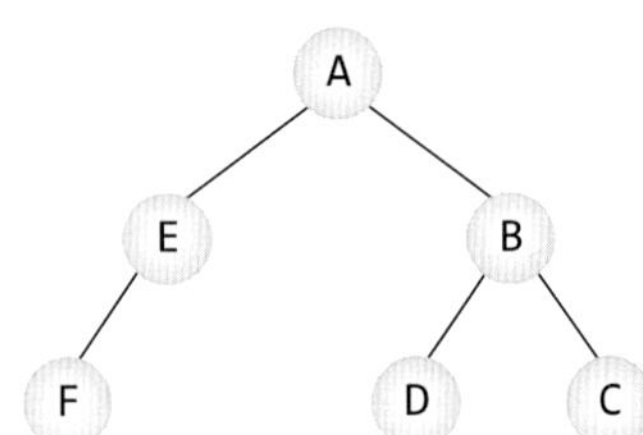

(5) 이진트리를 좌우로 대칭시키는 다음 연산을 구현하라. 위의 그래프에 대한 대칭 연산 결과는 오른쪽과 같다.

```
void reverse();
```

주어진 이진트리에 대해 모든 함수를 순서적으로 실행한 결과는 다음과 같다. 단, 맨 앞과 마지막에 트리의 형태를 알 수 있도록 레벨 순회한 결과를 추가하였다.

```
C:\WINDOWS\system32\cmd.exe
levelorder: [A] [B] [E] [C] [D] [F]
 완전 이진 트리가 아닙니다.
 노드의 레벨은 1.
 노드의 레벨은 2.
 노드의 레벨은 3.
 노드의 레벨은 3.
 노드의 레벨은 2.
 노드의 레벨은 3.
 균형잡힌 트리입니다.
 전체 경로의 길이는 8입니다.

 트리의 좌우를 교환합니다.
levelorder: [A] [E] [B] [F] [D] [C]
계속하려면 아무 키나 누르십시오 . . .
```

CHAPTER 09

이진탐색트리

학습목표

- 탐색의 개념을 이해한다.
- 이진탐색트리의 개념을 이해한다.
- 이진탐색트리의 연산들을 이해한다.
- 이진탐색트리의 효율성을 이해한다.
- 이진탐색트리를 이용한 문제해결 능력을 배양한다.
- 이진탐색트리 균형화의 의미를 이해한다.

CHAPTER

9 이진탐색트리

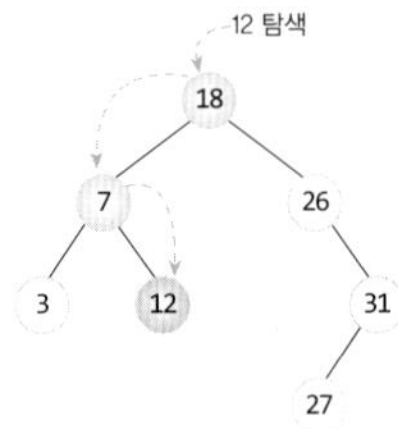

9.1 이진탐색트리

탐색(search)이란 작업은 우리 일상생활에서 매우 중요하다. 사전에서 단어를 찾고, 쇼핑몰에서 내가 원하는 가방을 검색하고, 맛집을 찾는 일들이 모두 탐색이다. 컴퓨터에서도 탐색은 가장 중요한 응용의 하나이고, 14장에서 다양한 방법들을 공부한다. 이 장에서는 탐색을 위해 특화된 이진트리인 이진탐색트리를 자세히 알아본다.

| 그림 9.1 탐색은 일상생활이나 컴퓨터에서 가장 중요한 작업의 하나이다.

컴퓨터에서 탐색은 **레코드**(record)의 집합에서 특정한 레코드를 찾아내는 작업을 말한다. 레코드는 하나 이상의 **필드**(field)로 구성된다. 예를 들어, 각 학생의 정보를 이진트리의 각 노드에 저장한다고 생각해 보자. 학생정보 구조체가 레코드에 해당하고, 구조체의 멤버 변수인 학번, 이름, 주소, 주민등록번호 등이 필드에 해당한다. 레코드를 서로 구별하려면 필드들 중에 서로 중복되지 않는 고유한 값을 가지는 필드가 있어야 하는데, 이를 **키**(key)라

고 부른다. 학생정보에서는 주민등록번호나 학번이 여기에 해당된다. 결국, 탐색은 주어진 키를 가진 레코드를 찾는 작업이고, 레코드가 노드에 저장되는 이진탐색트리에서는 주어진 키를 가진 노드를 찾아야 한다.

이진탐색트리의 정의

이진탐색트리(BST, Binary Search Tree)는 효율적인 탐색을 위한 이진트리 기반의 자료구조로, 다음과 같이 순환적으로 정의된다.

| 정의 9.1 **이진탐색트리**

- 모든 노드는 유일한 키를 갖는다.
- 왼쪽 서브 트리 키들은 루트 키보다 작다.
- 오른쪽 서브 트리의 키들은 루트의 키보다 크다.
- 왼쪽과 오른쪽 서브 트리도 이진탐색트리이다.

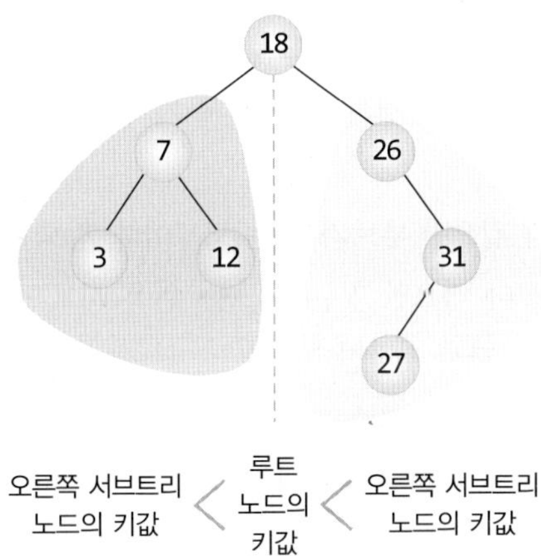

| 그림 9.2 이진탐색트리의 정의

예를 들어 그림 9.2의 트리는 이진탐색트리가 될까? 왼쪽 서브 트리에 있는 값들(3, 7, 12)은 루트 노드인 18보다 작다. 또 오른쪽 서브트리에 있는 값들(26, 31, 27)은 루트 노드인 18보다 크다. 이 성질은 모든 노드에서 만족된다. 따라서 이진탐색트리이다. 이 트리를 중위 순회 방법으로 순회하면 3, 7, 12, 18, 26, 27, 31과 같이 숫자의 오름차순으로 노드를

방문한다. 모든 이진탐색트리는 이러한 성질을 갖는데, 따라서 어느 정도 정렬된 상태를 유지하고 있다고 볼 수 있다.

9.2 이진탐색트리의 연산

이진탐색트리는 이진트리의 일종이므로 기본적인 연산은 이진트리와 동일하다. 추가적인 데이터를 필요로 하지도 않는다. 따라서 8장에서 공부한 순회나 연산들을 그대로 사용할 수 있다. 그런데, 이진트리에서 삽입과 삭제 연산을 구현하지 않았던 것을 기억하라. 선형 자료구조와는 달리 트리에서는 삽입이나 삭제를 위해 노드의 위치를 정하는 것이 쉽지 않다. 그러나 이진탐색트리에서는 이들 연산을 구체화 할 수 있다. 따라서 이진탐색트리에서는 삽입(insert), 삭제(delete)와 탐색(search) 연산에 집중하자. 이 연산들은 모두 이진탐색트리의 조건을 유지하면서 처리되어야 한다.

탐색 연산

이진탐색트리에서 키값으로 key를 가진 노드를 탐색하려고 한다. 탐색은 항상 루트노드에서 시작하는데, 루트노드와의 비교 결과는 다음 세 가지 중의 하나이다.

- key가 루트의 키값과 같으면 루트가 찾는 노드이다. 탐색은 성공이다.
- key가 루트의 키값보다 작으면 찾는 노드는 왼쪽 서브트리에 있다. 탐색을 루트의 왼쪽 자식을 기준으로 다시 시작한다.
- key가 루트의 키값보다 크면 찾는 노드는 오른쪽 서브트리에 있다. 탐색을 루트의 오른쪽 자식을 기준으로 다시 시작한다.

루트 아래의 노드에서도 같은 과정을 되풀이한다. 이러한 과정을 알고리즘으로 나타내면 다음과 같다.

| 알고리즘 9.1 이진탐색트리의 탐색 알고리즘

```
search (root, key)

if root = NULL
     then return NULL;
if key = KEY(root)
     then return root;
     else if key < KEY(root)
        then return search(LEFT(root), key);
        else return search(RIGHT(root), key);
```

다음 그림은 이 알고리즘으로 이진탐색트리에서 12를 찾는 과정을 보여준다.

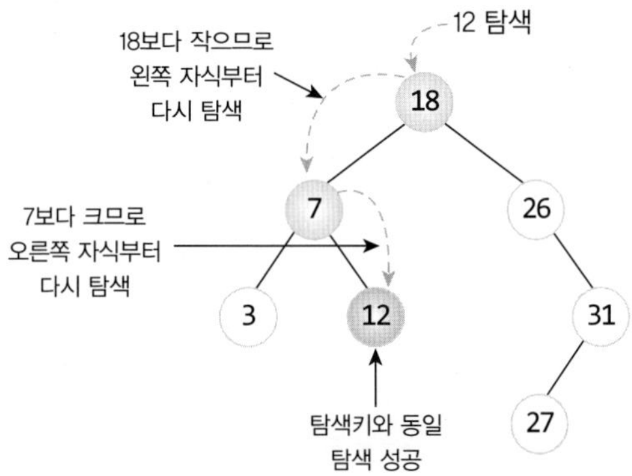

| 그림 9.3 이진탐색트리에서의 탐색연산 과정

이와 같은 탐색이 가능하기 위해서는 이 트리가 주어진 키 값에 대해 이진탐색트리 조건에 맞게 구성되어 있어야 한다는 것을 명심하라. 프로그램 9.1은 이 알고리즘을 C언어로 구현한 코드이다. 탐색키는 정수라고 가정하자. 이 함수는 알고리즘과 동일하게 순환적으로 구현되었는데, 매개변수로 루트노드의 주소와 탐색키가 전달된다. 탐색이 성공하면 해당 노드의 주소가 반환되고, 그렇지 않으면 NULL이 반환된다.

프로그램 9.1 이진탐색트리의 순환적인 탐색함수

```
01 TNode* search( TNode *n, int key )
02 {
03     if (n == NULL ) return NULL;
04     else if   (key== n->data) return n;
05     else if (key < n->data) return search( n->left, key );
06     else return search( n->right, key );
07 }
```

코드 설명

3행 root가 NULL이면 탐색 실패. NULL 반환.

4행 탐색키 key가 노드 n의 키 값과 같으면 탐색 성공. n을 반환함.

5행 탐색키 key가 노드 n의 키 값보다 작으면 n의 왼쪽 서브트리에서 탐색을 진행해 결과를 반환함. 이때 search() 함수를 순환 호출함.

6행 탐색키 key가 노드 n의 키 값보다 크면 n의 오른쪽 서브트리에서 탐색을 진행해 결과를 반환함. 역시 search() 함수를 순환 호출함.

알고리즘 9.1은 반복적인 방법으로도 변환할 수 있는데, 사실 효율성만을 따진다면 반복적인 함수가 더 우수하다. 다음은 반복적으로 구현한 탐색 함수이다.

프로그램 9.2 이진탐색트리의 반복적인 탐색함수

```
01 TNode* search_iter( TNode *n, int key )
02 {
03     while(n != NULL){
04         if( key == n->data ) return n;
05         else if( key < n->data ) n = node->left;
06         else n = node->right;
07     }
08     return NULL;
09 }
```

코드 설명

3행 n이 NULL이 아닐 동안 반복.

4행 key가 n의 키와 동일하면 탐색 성공. n을 반환.

5행 key가 n의 키보다 작으면 n을 왼쪽 자식으로 이동 후 3행 반복.

6행 key가 n의 키보다 크면 n을 오른쪽 자식으로 이동 후 3행 반복.

8행 탐색이 실패하면 NULL 반환.

이진탐색트리는 키값을 기준으로 정렬되어 있다. 그렇다면 키가 아닌 다른 필드를 이용한 탐색은 가능할까? 가능은 하지만 탐색의 효율은 떨어진다. 일반적인 순회 알고리즘을 사용하여 모든 노드를 순서대로 검사해야하기 때문이다.

삽입 연산

이진탐색트리에 노드를 삽입하기 위해서는 먼저 탐색을 수행하는 것이 필요하다. 이유는 이진탐색트리에서는 같은 키 값을 갖는 노드가 없어야하고 또한 탐색에 실패한 위치가 바로 새로운 노드를 삽입하는 위치가 되기 때문이다.

그림 9.4는 이진탐색트리에 노드 9를 삽입하는 과정을 보여준다. 먼저 (a)와 같이 루트에서부터 9를 탐색해본다. 만약 탐색이 성공하면 이미 9가 트리 안에 존재하는 것이고, 키가 중복되므로 삽입이 불가능하다. 만약 9가 트리 안에 없으면 어디선가 탐색이 실패로 끝날 것이다. 바로 실패로 끝난 위치가 9가 있어야 할 곳이다. 따라서 그림 9.6 (b)와 같이 탐색이 실패로 끝난 위치인 12의 왼쪽에 9를 삽입하면 된다.

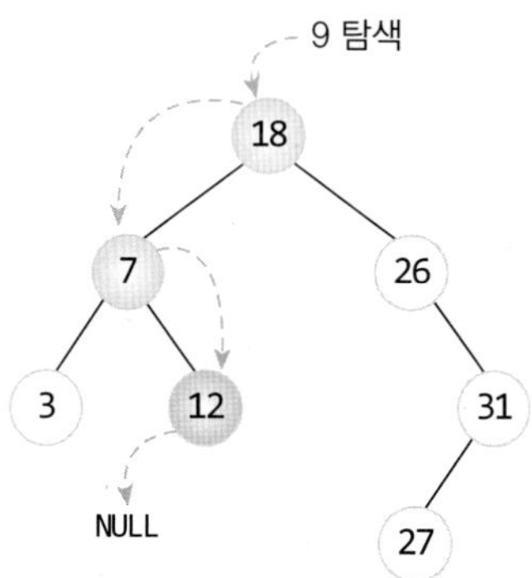

(a) 탐색을 먼저 수행

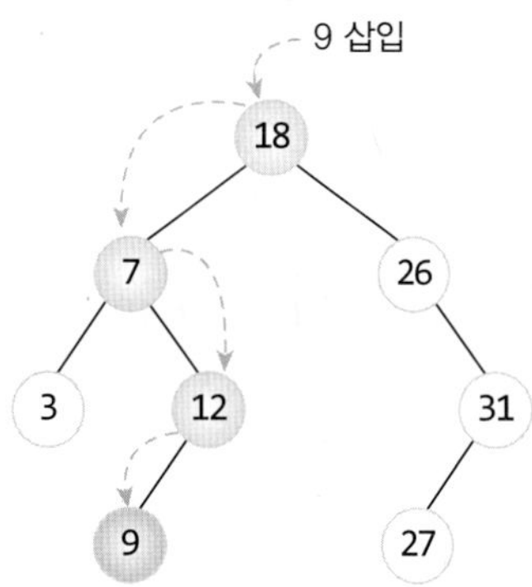

(b) 탐색이 실패한 위치에 9를 삽입

| 그림 9.4 이진탐색트리에서의 삽입연산

다음은 루트노드가 root인 이진탐색트리에 새로운 노드 n을 삽입하는 알고리즘을 보여주는데, 이 알고리즘도 순환적으로 기술되었다.

| 알고리즘 9.2 이진탐색트리 삽입 알고리즘

```
insert (root, n)

if KEY(n) = KEY(root)                   // root와 키가 같으면
    then return;                        // return
else if KEY(n) < KEY(root) then         // root보다 키가 작으면
    if LEFT(root) = NULL                // root의 왼쪽 자식이
        then LEFT(root) ← n;            // 없으면 n이 왼쪽 자식
        else insert(LEFT(root),n);      // 있으면 순환 호출
else                                    // root보다 키가 크면
    if RIGHT(root) = NULL
        then RIGHT(root) ← n;
        else insert(RIGHT(root),n);
```

다음은 알고리즘 9.2를 구현한 코드를 보여주고 있다.

프로그램 9.3 이진탐색트리의 삽입함수

```
01 int insert( TNode* r, TNode* n )
02 {
03     if( n->data == r->data ) return 0;
04     else if( n->data < r->data ) {
05         if( r->left == NULL ) r->left = n;
06         else insert( r->left, n );
07     }
08     else {
09         if( r->right== NULL ) r->right = n;
10         else insert( r->right, n );
11     }
12     return 1;
13 }
```

코드 설명

1행 노드 r을 루트로 하는 이진탐색트리에 노드 n을 삽입하는 함수. 순환으로 구현함.

3행 노드 n의 키가 루트 노드의 r의 키 값과 같으면 중복된 노드가 이미 트리에 존재하는 경우이므로 삽입하지 않음. 삽입 실패. 0을 반환.

4–7행 n의 키가 r의 키보다 작은 경우. 만약 왼쪽 자식 노드가 없으면 n이 r의 왼쪽 자식 노드가 됨. 만약 왼쪽 자식이 있으면 insert 함수를 순환적으로 호출하여 삽입하도록 함.

8–11행 n의 키가 r의 키보다 큰 경우. 만약 오른쪽 자식 노드가 없으면 n이 r의 오른쪽 자식 노드가 되고, 그렇지 않으면 insert 함수를 순환적으로 호출하여 삽입하도록 함.

12행 삽입 성공. 1을 반환.

삭제 연산

노드를 삭제하는 것은 이진탐색트리에서 가장 복잡한 연산이다. 노드의 삭제 후에도 이진탐색트리의 특성을 반드시 유지해야하기 때문이다. 노드의 삭제에는 다음의 3가지 경우를 고려하여야 한다.

- Case1: 단말 노드를 삭제하는 경우
- Case2: 자식이 하나인 노드를 삭제하려는 경우.
- Case3: 두 개의 자식을 모두 갖고 있는 노드를 삭제하려는 경우.

case1: 단말 노드의 삭제

가장 간단한 상황이다. 자식노드가 없기 때문에 그 노드만 지우면 되기 때문이다. 그러나 트리에서 단말 노드를 없애는 것도 그렇게 간단하지는 않다. 그림 9.5와 같이 링크 표현법으로 나타낸 이진탐색트리에서 단말 노드인 30이나 22를 없애는 방법을 생각해 보자.

- 노드 30을 없애려면 부모인 26의 오른쪽 자식 링크를 NULL로 변경해야 한다.
- 노드 22를 지우려면 부모인 26의 왼쪽 자식을 NULL로 변경해야 한다.

어떤 노드를 삭제하기 위해서는 기본적으로 부모 노드도 알아야 한다. 실제로 변경되는 것도 부모의 링크 필드이다. 노드를 트리에서 삭제한 후 동적으로 해제하는 마무리 과정도 있어야 한다.

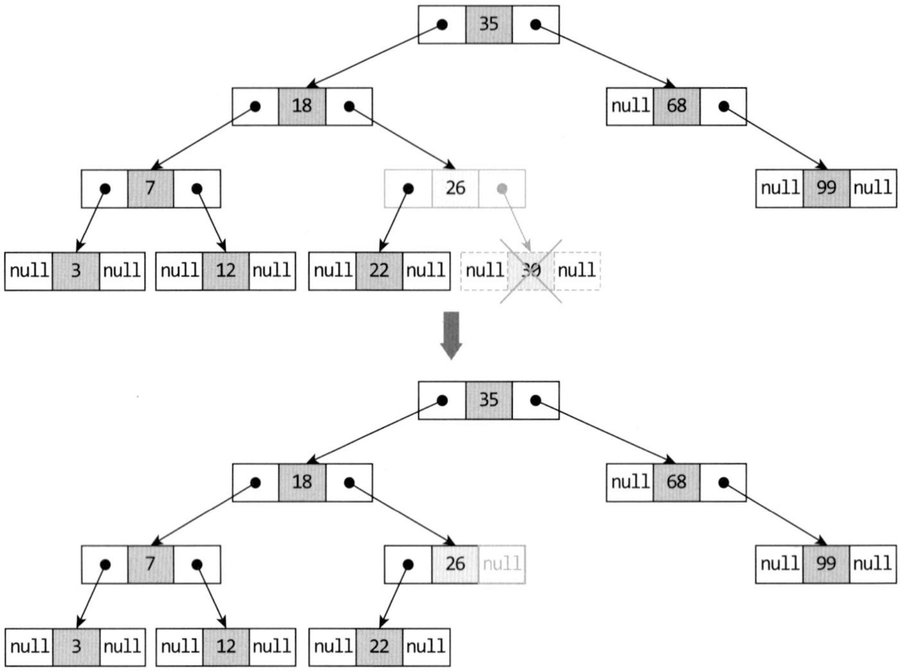

| 그림 9.5 Case1: 단말 노드의 삭제 과정 (30 삭제)

case2: 자식이 하나인 노드의 삭제

이 경우도 그다지 복잡하지 않다. 삭제할 노드의 자식이 하나뿐이면 자신을 삭제하고 유일한 자식을 부모 노드에 연결해주면 된다. 예를 들어, 그림 9.6과 같이 68 노드를 삭제하는 경우 부모인 35의 오른쪽 자식으로 유일한 자식 99를 연결해 주면 된다. 99가 큰 서브 트리의 루트더라고 전혀 문제가 없다. 99는 바뀌는 것이 없기 때문이다. 이 경우도 개념적으로는 간단하지만, 다음을 고려해야 한다.

- 삭제할 노드의 자식이 왼쪽 자식일 수도 있고 오른쪽 자식일 수도 있다.
- 삭제할 노드가 부모의 왼쪽 자식일 수도 있고 오른쪽 자식일 수도 있다.

따라서 실제로 구현할 때에는 노드의 위치를 고려해서 처리해야 한다.

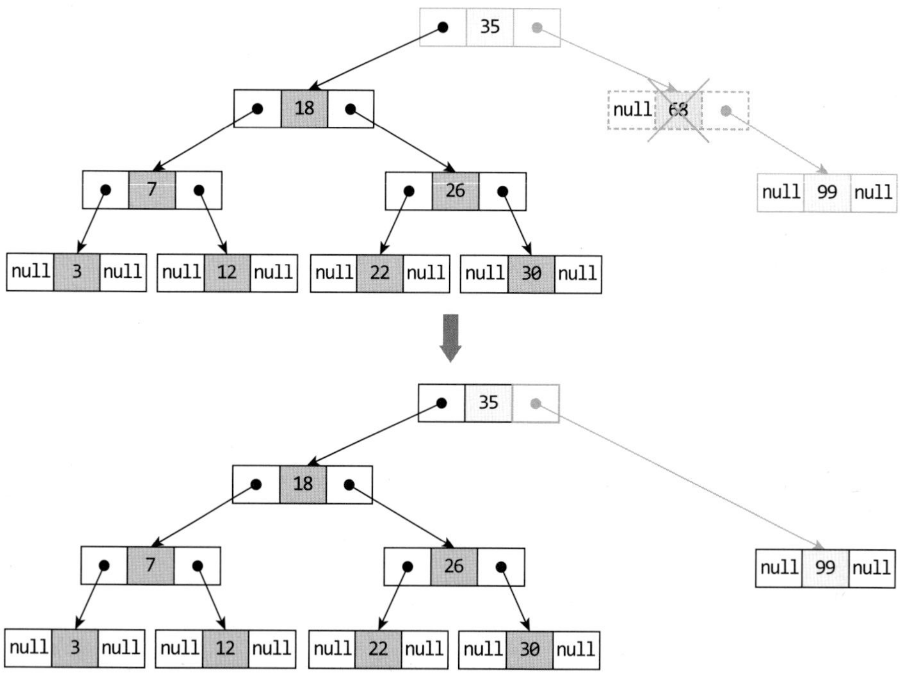

| 그림 9.6 Case2: 삭제노드가 하나의 서브트리를 가지고 있는 경우 (68 삭제)

case3: 두 개의 자식을 모두 갖는 노드의 삭제

가장 복잡하지만 재미있는 경우이다. 그림 9.7의 (b)에서 18을 없애려고 할 때, 7이나 26을 18위치로 끌어오면 될까? 안 된다. 만약 7을 18위치로 끌어오면 이제 7의 자식이 26까지 세 개가 되고, 이제 이 트리는 더 이상 이진트리가 아니다. 이 상황을 처리하기 위한 기본적인 아이디어는 다음과 같다.

- 먼저 삭제할 노드를 대신할 적절한 후계자 노드를 찾는다. 예를 들어, 9.7의 (b)에서 12가 적절한 후계자 노드라고 하자.
- 노드를 삭제하는 대신에 후계자 노드를 삭제위치로 복사한다. 이것은 링크는 변경하지 않고 노드의 데이터 영역만 복사하는 것을 말한다. 예를 들어, 그림에서는 12를 18위치에 복사한다.
- 마지막으로 후계자로 사용한 노드를 삭제한다. 그림에서 12 노드를 삭제한다.

그렇다면 어떤 노드가 적절한 "후계자 노드"일까? "삭제되는 노드와 가장 값이 비슷한 노드"가 정답이다. 그래야만 다른 노드를 이동시키지 않아도 이진탐색트리가 그대로 유지될 수 있기 때문이다. 그러면 이러한 노드는 어디에 있을까? 그림 9.7을 보면 왼쪽 서브트리에서 가장 큰 값이나 오른쪽 서브트리에서 가장 작은 값이 루트 노드(삭제되는 노드)와 가장 가깝다는 것을 알 수 있다. 왼쪽 서브트리에서 가장 큰 값은 왼쪽 서브트리의 가장 오른쪽에 있는 노드이며 오른쪽 서브트리에서 가장 작은 값은 오른쪽 서브트리의 가장 왼쪽에 있는 노드이다. 또한 이들 노드는 이진탐색트리를 중위 순회했을 때, 각각 삭제할 노드의 바로 앞과 뒤에 방문되는 노드이다. 따라서 삭제 노드 위치로 가져오더라도 전체 이진탐색트리를 변경할 필요가 없는 매우 적절한 "후계자 노드"이다.

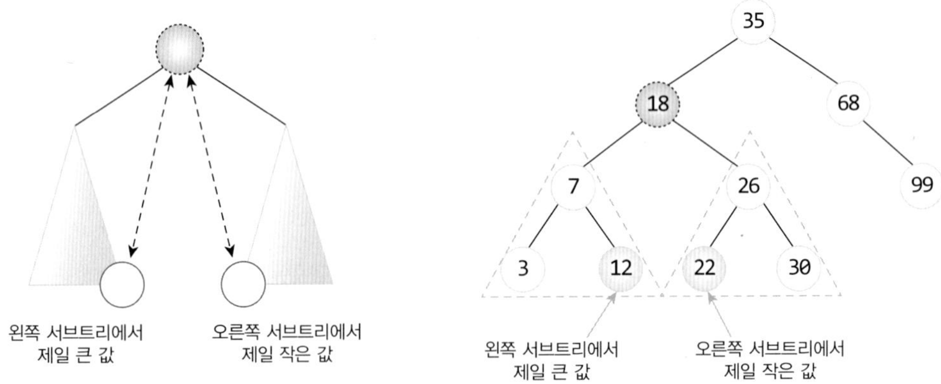

(a) 가능한 후계자 노트

(b) 18의 후계자는 12나 22가 됨

| 그림 9.7 두 개의 자식을 모두 갖는 노드의 삭제 시 가능한 후계자 노드

그렇다면 선택 가능한 두 개의 후계자 중에서 어느 노드를 선택할까? 어느 것을 선택하여도 상관이 없다. 예를 들어, 그림 9.7(b)에서 12나 22 중 어느것이나 18위치에 올 수 있다. 여기서는 오른쪽 서브 트리에서 제일 작은 값을 후계자로 하자.

그러면 후계자 노드는 어떻게 찾을까? 삭제되는 노드의 오른쪽 서브트리에서 가장 작은 값을 갖는 노드는 오른쪽 서브 트리에서 왼쪽 자식 링크를 타고 NULL을 만날 때까지 계속 진행하면 된다. 그림 9.8은 이와 같은 후계자 노드 탐색 과정을 보여준다.

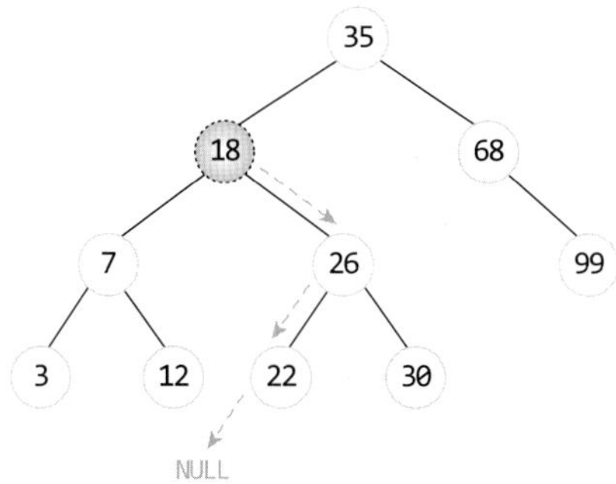

| 그림 9.8 후계자 노드 탐색 방법

이와 같은 설명은 크게 어렵지 않아 보일 수 있다. 그러나 구현은 훨씬 복잡하다. 일단 삭제를 위해 필요한 정보가 더 많아진다. 그림 9.8의 이진탐색트리를 링크 표현법으로 나타낸 그림 9.9에서 노드 18을 삭제하는 과정을 생각해 보자.

- 후계자 노드 22와 그의 부모노드 26을 찾는다.
- 후계자 노드 22를 삭제할 노드 18에 복사한다.
- 후계자의 부모 26의 왼쪽 자식을 후계자 노드 22의 오른쪽 자식으로 변경한다. 후계자로 선택된 22의 오른쪽 자식이 있을 수 있음에 유의하라.

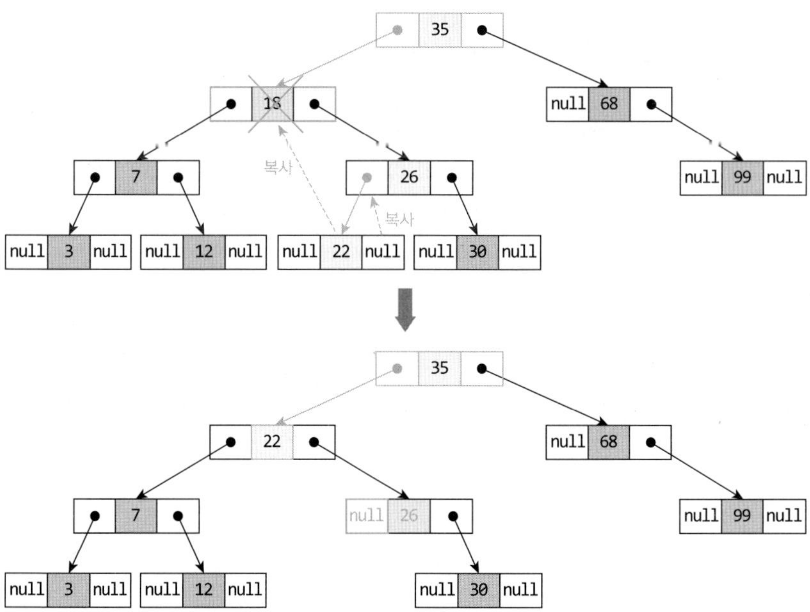

| 그림 9.9 Case3: 삭제노드가 두 개의 서브트리를 가지고 있는 경우 (18 삭제)

프로그램 9.4는 이진탐색트리의 삭제 연산을 구현한 코드이다. 삽입이나 탐색과 달리 이 함수에는 순환이 사용되지 않았다. 이 함수의 매개 변수에도 유의하라. 삭제할 노드와 함께 부모 노드의 주소도 함께 제공해야 한다.

프로그램 9.4 이진탐색트리의 삭제함수

```
void delete ( TNode *parent, TNode *node)
{
     TNode *child, *succ, *succp;

     // case 1
     if((node->left == NULL && node->right == NULL)) {
          if( parent == NULL ) root = NULL;
          else {
               if( parent->left == node )
                     parent->left  = NULL;
               else parent->right = NULL;
          }
     }
     // case 2
     else if( node->left==NULL || node->right==NULL) {
          child = (node->left != NULL) ? node->left : node->right;
          if( node == root ) root = child;
          else {
               if( parent->left == node )
                     parent->left = child;
               else parent->right= child;
          }
     }
     // case 3
     else {
          succp = node;
          succ = node->right;
          while (succ->left != NULL) {
               succp = succ;
               succ = succ->left;
          }
```

```
32             if( succp->left == succ )
33                 succp->left = succ->right;
34             else succp->right = succ->right
35
36             node->data = succ->data;
37             node = succ;
38         }
39         free(node);
40     }
```

코드 설명

1행 삭제 함수. node와 parent는 각각 삭제할 노드와 부모 노드임.

6-13행 case1의 node가 단말 노드인 경우를 구현. 만약 node가 트리의 루트이면 (parent가 NULL이면) 이제 트리의 루트가 NULL이 되고 공백트리가 됨. 그렇지 않은 경우 node가 parent의 왼쪽 자식인지 오른쪽 자식인지에 따라 parent의 해당 자식 노드를 NULL로 만듦.

15-23행 case2: 왼쪽 자식이나 오른쪽 자식중 하나만 있는 경우.

16행 child에 node의 유일한 자식 주소를 복사.

17행 만약 node가 루트 노드이면 이제 child가 루트노드가 됨.

18행 만약 node가 루트 노드가 아니면,

19-21행 node가 parent의 왼쪽 자식이면 child가 parent의 왼쪽 자식이 되고, node가 오른쪽 자식이면 child도 parent의 오른쪽 자식이 됨.

25-38행 case3: 삭제하려는 노드가 두개의 자식이 모두 있는 경우.

26-27행 후계노드와 그의 부모노드 포인터 초기화.

28-31행 오른쪽 서브트리의 가장 작은(왼쪽으로 진행) 노드를 찾아감. 최종적으로 succ는 후계노드(오른쪽 서브트리의 가장 작은 노드)가 되고 succp는 succ의 부모 노드가 됨.

32-34행 succ가 succp의 왼쪽 자식이면 succp의 왼쪽 자식으로 succ의 오른쪽 자식을 연결함. 그렇지 않으면 succp의 오른쪽 자식으로 succ의 오른쪽 자식을 연결함. (succ는 왼쪽 자식이 없음)

36-37행 삭제할 노드 node에 후계 노드 succ의 데이터 멤버를 복사함. 실제로 node를 삭제하는 것이 아니라 succ의 내용을 node에 복사하고 succ를 삭제하는 것에 특히 유의할 것.

39행 노드를 동적으로 해제함.

이진탐색트리 전체 프로그램

지금까지 공부한 탐색, 삽입 및 삭제 연산을 알아보았다. 그런데 프로그램에서 이 함수들을 바로 사용하기는 어렵다. 따라서 응용 프로그램에서 이들을 쉽게 사용할 수 있도록 다음과 같은 인터페이스를 위한 함수를 만들자.

- **search_BST(int key):** key를 전달하면 전체 트리에서 해당 노드를 찾는다. 이때 **search()** 연산을 사용한다. 탐색이 성공한 경우와 실패한 경우에 대해 각각 화면으로 출력한다.
- **insert_BST(int key):** key를 가진 노드를 생성하고 이진탐색트리에 삽입한다. 이 함수에서 **insert()**연산을 사용한다. 화면 출력은 없다.
- **delete_BST(int key):** key를 전달 노드를 전체 트리에서 찾아 삭제한다. 이 함수에서 **delete()**연산을 사용한다. 삭제할 노드가 없는 경우 화면으로 메시지를 출력한다.

프로그램 9.5는 이진탐색트리의 동작을 테스트하기 위한 전체 프로그램을 보여준다. 먼저 그림 9.8과 같은 트리를 구성하기 위해 10개의 노드를 삽입한 후 여러 가지 방법으로 트리를 순회한 결과를 출력한다. 중위 순회의 결과는 정렬이 되어 있어야 함에 유의하라. 전체 노드의 수와 단말 노드의 수 그리고 트리의 높이를 출력해 트리의 형태를 짐작할 수 있도록 하였다.

다음으로 탐색 연산을 위해 트리 안에 있는 키 값인 26과 없는 값인 25를 가진 노드를 찾는다. 마지막으로 3 가지 경우에 대한 삭제 연산을 테스트하고, 루트 노드에 대한 삭제를 시도한다. 레벨 순회를 통해 삭제 전과 후에 트리가 변한 모습을 보여주고, 마지막으로 최종 트리의 정보를 출력하였다. 이를 위해 앞 장에서 구현한 노드와 트리에 대한 대부분의 코드가 포함되어야 한다.

프로그램 9.5 이진탐색트리 테스트 프로그램

```
#include <stdio.h>
#include <stdlib.h>

typedef int TElement;

... // 프로그램 8.1의 5~24행 추가
```

```
... // 프로그램 8.2~8.8 추가

// 이진탐색트리 탐색
TNode* search( TNode *n, int key ) {...}       // 프로그램 9.1과 동일
void search_BST(int key)
{
    TNode* n = search(root, key);
    if (n != NULL)
        printf("[탐색 연산] : 성공 [%d] = 0x%x\n", n->data, n);
    else
        printf("[탐색 연산] : 실패: No %d!\n", key);
}

// 이진탐색트리 삽입
int insert( TNode* r, TNode* n )  {...}        // 프로그램 9.3과 동일
void insert_BST(int key)
{
    TNode* n = create_tree(key, NULL, NULL);
    if (is_empty_tree())
        root = n;
    else if (insert(root, n) == 0)
        free(n);
}

// 이진탐색트리 삭제
void delete ( TNode *parent, TNode *node) {...}        // 프로그램 9.4과 동일
void delete_BST( int key )
{
    TNode *parent = NULL;
    TNode *node = root;

    if( node == NULL ) return;
    while( node != NULL && node->data != key ) {
        parent = node;
        node = (key < node->data) ? node->left : node->right;
    }
    if( node == NULL )
        printf(" Error: key is not in the tree!\n");
```

```
        else delete ( parent, node );
}

void main()
{
        // 삽입 연산 테스트
        printf("[삽입 연산] : 35 18  7 26 12  3 68 22 30 99");
        init_tree();
        insert_BST( 35);      insert_BST( 18);
        insert_BST( 7 );      insert_BST( 26);
        insert_BST( 12);      insert_BST( 3 );
        insert_BST( 68);      insert_BST( 22);
        insert_BST( 30);      insert_BST( 99);

        // 트리 정보 출력
        printf("\n   In-Order : "); inorder( root );
        printf("\n  Pre-Order : "); preorder( root );
        printf("\n Post-Order : "); postorder( root );
        printf("\nLevel-Order : ");  levelorder( root );

        printf("\n 노드의 개수 = %d\n", count_node( root ));
        printf(" 단말의 개수 = %d\n", count_leaf( root ));
        printf(" 트리의 높이 = %d\n", calc_height( root ));

        // 탐색 연산 테스트
        search_BST(26);
        search_BST(25);

        // 삭제 연산 테스트
        printf("\noriginal bintree: LevelOrder: "); levelorder( root );
        delete_BST( 3 );
        printf("\ncase1: < 3> 삭제: LevelOrder: "); levelorder( root );
        delete_BST( 68);
        printf("\ncase2: <68> 삭제: LevelOrder: "); levelorder( root );
        delete_BST( 18);
        printf("\ncase3: <18> 삭제: LevelOrder: "); levelorder( root );
        delete_BST(35);
        printf("\ncase3: <35> root: LevelOrder: "); levelorder( root );
```

```
83
84        // 최종 트리 정보 출력
85        printf("\n 노드의 개수 = %d\n", count_node( root ));
86        printf(" 단말의 개수 = %d\n", count_leaf( root ));
87        printf(" 트리의 높이 = %d\n", calc_height( root ));
88 }
```

코드 설명

4행 이진탐색트리 노드의 데이터 필드에는 int를 저장함.

6-7행 이진트리의 코드를 그대로 사용함.

11-18행 탐색 연산의 인터페이스 함수. root에서부터 key를 탐색하고, 탐색 결과를 화면에 출력함.

22-29행 삽입 연산의 인터페이스 함수. key를 받아 새로운 노드를 만들고, 이진탐색트리가 공백상태이면 root로 설정하고, 아니면 insert()연산을 이용해 트리에 삽입함. 만약 중복이 발생해 삽입이 불가능하면 새로 생성한 노드를 삭제함.

33-46행 삭제 연산의 인터페이스 함수. root에서부터 key를 가진 노드와 부모 노드를 찾고, 있으면 delete()연산을 이용해 삭제함. 삭제할 노드가 없으면 메시지를 출력함.

48-88행 이진탐색트리의 테스트 프로그램.

이 프로그램의 실행 결과는 다음과 같다.

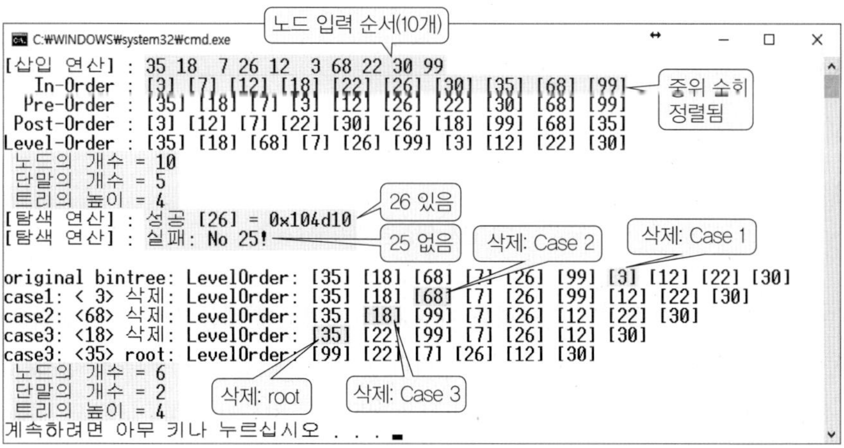

| 그림 9.10 이진탐색트리 테스트 프로그램 실행 결과

9.3 이진탐색트리의 성능 분석

이진탐색트리에서의 탐색, 삽입, 삭제 연산의 시간 복잡도는 트리의 높이를 h라고 했을 때 $O(h)$가 된다. 따라서 n개의 노드를 가지는 이진탐색트리의 경우, 일반적인 이진트리의 높이가 $\log_2 n$이므로 이진탐색트리 연산의 평균적인 경우의 시간 복잡도는 $O(\log_2 n)$이다. 이것은 선형 탐색의 시간 복잡도 $O(n)$과 비교하면 탁월한 것이다. 만약 4 Giga개의 노드가 있다면 선형 탐색이 $2^{32}=4,294,967,296$번의 비교연산이 필요한데 비해 이진탐색트리에서는 32번 만에 결과를 찾는다.

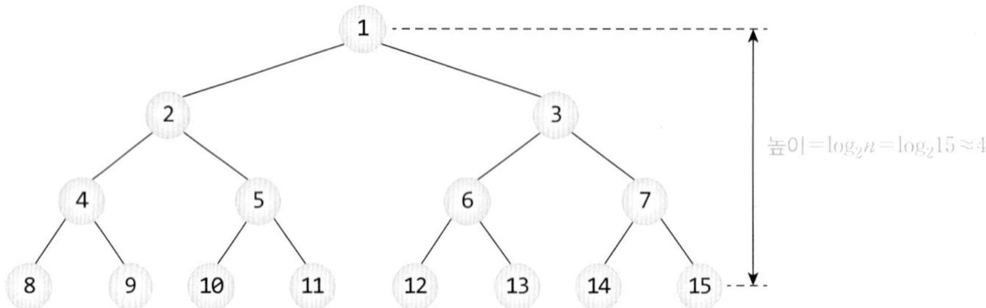

| 그림 9.11 이진탐색트리의 높이

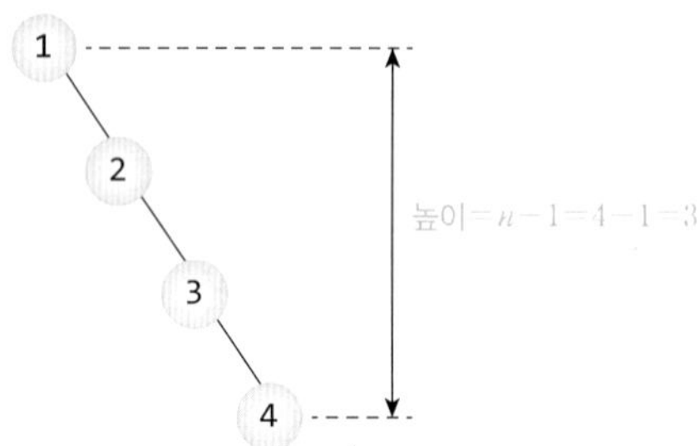

| 그림 9.12 경사 이진탐색트리의 높이

물론 이것은 좌우의 서브 트리가 균형을 이루고 있는 경우에 해당한다. 만약 한쪽으로 치우치는 완전한 경사 이진트리일 경우에는 트리의 높이가 n과 같게 되어 탐색, 삭제, 삽입시간이 선형 탐색과 같은 $O(n)$이 된다. 따라서 선형탐색에 비하여 전혀 시간적인 이득이 없다. 결국, 이진탐색트리의 효율을 높이기 위해서는 가능한 한 트리가 좌우로 균형 잡히게 만들어야 한다.

이진탐색트리를 만들면서 트리의 높이를 $\log_2 n$으로 한정시키는 균형기법도 있다. 이들을 균형 트리라고 하는데, AVL트리를 비롯한 여러 기법들이 개발되었다.

9.4 심화 학습: 균형 이진탐색트리

이진탐색트리에서는 균형을 유지하는 것이 무엇보다 중요하다. 트리의 균형 기법을 알아보자. 이 방법들은 상당히 복잡하기 때문에 모든 주제를 다루지는 않고 AVL 트리에 대해서만 알아본다.

AVL 트리란?

AVL 트리은 Adelson-Velskii와 Landis에 의해 제안된 트리로 각 노드에서 왼쪽 서브 트리의 높이와 오른쪽 서브 트리의 높이 차이가 1 이하인 이진탐색트리를 말한다. 이 트리는 트리가 비균형 상태로 되면 스스로 노드들을 재배치하여 균형 상태로 만든다. AVL 트리는 항상 균형 트리를 보장하기 때문에 $O(\log n)$의 탐색 시간을 보장한다. 삽입과 삭제 연산도 $O(\log n)$ 시간 안에 할 수 있다.

그림 9.13에서 (a)는 모든 노드에서 양쪽 서브 트리의 높이의 차이가 1이하이다. 그러나 (b)는 노드 7에서 왼쪽 서브 트리의 높이가 3인 반면 오른쪽 서브 트리의 높이가 1이므로 균형을 이루지 못하고 따라서 AVL 트리가 아니다.

먼저 **균형 인수**(balance factor)를 정의하자. 균형 인수는 **(왼쪽 서브 트리의 높이 - 오른쪽 서브 트리의 높이)**로 정의되는데, **모든 노드의 균형 인수가 ±1 이내이면 AVL 트리**이다. 그림에서 각 노드 옆의 숫자가 균형인수를 나타내는데, (b)의 트리는 노드 5와 7이 균형 인수가 2이기 때문에 AVL 트리가 아니다.

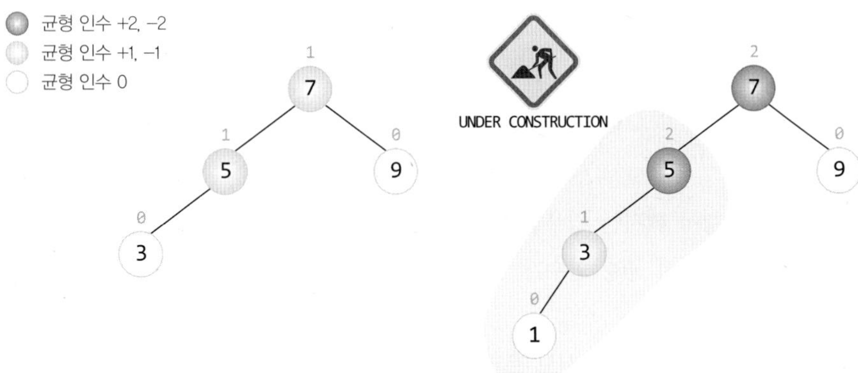

(a) AVL 트리의 예 (b) AVL 트리가 아닌 예

| 그림 9.13 AVL 트리와 비 AVL 트리의 예

AVL트리의 탐색 연산은 일반 이진탐색트리의 탐색 연산과 동일하다. 균형이 깨질 수 있는 연산은 삽입과 삭제 연산이다. 삽입 연산만 알아보자.

AVL 트리의 삽입 연산

하나의 노드가 삽입되면 삽입되는 위치에서 루트까지의 경로에 있는 모든 조상 노드들의 균형 인수가 영향을 받는다. 따라서 불균형 상태(균형 인수가 ±2)로 변한 가장 가까운 조상 노드의 서브 트리들에 대하여 다시 균형을 잡아야 한다. 그 외의 다른 노드들은 변경할 필요가 없다. 다시 그림 9.13으로 돌아가자. 균형을 이룬 트리인 (a)에 노드 1을 삽입하면 트리는 (b)처럼 노드 5와 노드 7이 균형 인수가 2가 되어 균형이 깨진다. 따라서 균형이 깨어진 가장 가까운 조상 노드인 5를 루트로 하는 서브트리의 노드들을 재배치하여 균형 상태로 만들어야 한다.

그러면 어떻게 하면 균형이 깨진 트리를 다시 균형 있게 만들 수 있을까? 이를 해결하는 방법은 서브 트리를 회전시키는 것이다. 앞의 그림에서 노드 1, 3, 5를 오른쪽으로 회전시키면 그림 9.14처럼 되어서 다시 균형 트리가 된다. 다른 노드들은 변경시키지 않음을 유의하라. 물론 이진탐색트리 조건을 만족한다.

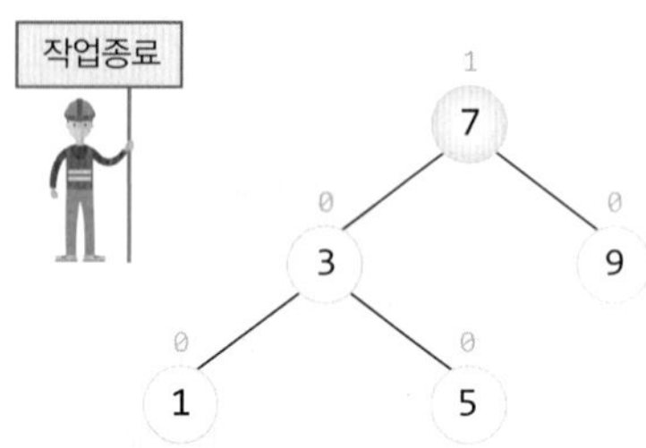

| 그림 9.14 그림 9.13의 (b) 트리를 회전으로 다시 균형 트리로 만드는 예

AVL 트리에서 균형이 깨지는 경우는 다음의 4가지의 타입이 있다. 새로 삽입된 노드 N으로부터 가장 가까우면서 균형 인수가 ±2가 된 조상 노드를 A라고 하자.

- LL 타입: N이 A의 왼쪽 서브 트리의 왼쪽 서브 트리에 삽입된다.
- LR 타입: N이 A의 왼쪽 서브 트리의 오른쪽 서브 트리에 삽입된다.
- RR 타입: N이 A의 오른쪽 서브 트리의 오른쪽 서브 트리에 삽입된다.

• RL 타입: N이 A의 오른쪽 서브 트리의 왼쪽 서브 트리에 삽입된다.

LL과 RR은 대칭이고 역시 LR과 RL도 대칭이다. 이제 트리를 다시 균형 시키자. 다음은 각각의 경우에 대하여 균형트리로 다시 만드는 방법이다.

• LL 회전: A부터 N까지의 경로상의 노드들을 오른쪽으로 회전시킨다.
• LR 회전: A부터 N까지의 경로상의 노드들을 왼쪽-오른쪽으로 회전시킨다.
• RR 회전: A부터 N까지의 경로상의 노드들을 왼쪽으로 회전시킨다.
• RL 회전: A부터 N까지의 경로상의 노드들을 오른쪽-왼쪽으로 회전시킨다.

한번만 회전시키는 것을 단순 회전(single rotation)이라고 하는데 LL 회전, RR 회전이 여기에 속한다. 이 경우, 탐색 순서를 유지 하면서 부모와 자식의 위치를 교환하면 된다. 두 번의 회전이 필요한 것을 이중 회전(double rotation)이라고 하며 LR 회전, RL 회전이 여기에 속한다. 마찬가지로 LL 회전과 RR 회전은 방향만 반대이고 대칭이며 LR 회전과 RL 회전도 마찬가지이다.

LL 회전

그림 9.15 (a)는 LL 타입의 경우로, 노드 6은 균형 인수가 2로서 불균형하다. 만약 6과 5를 바꾸면(즉 오른쪽으로 "회전"을 시키면) 다시 균형 트리를 만들 수 있다. "회전"은 루트와 자식 노드를 바꾸는 것을 의미한다

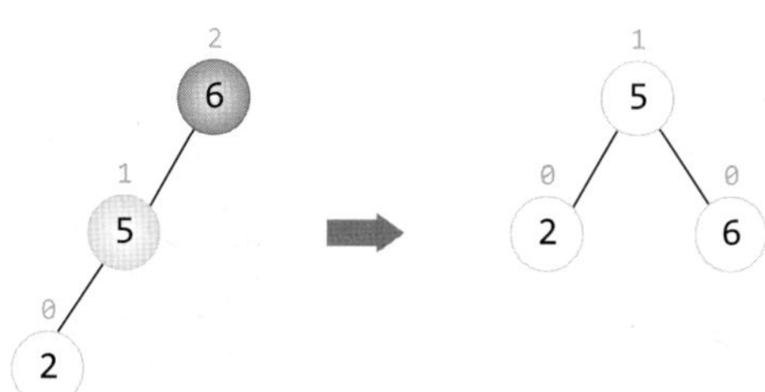

| 그림 9.15 LL 회전

보다 일반적인 경우를 생각해 보자. 일반적인 LL 타입은 조상 노드 A의 왼쪽 서브 트리의 왼쪽 서브 트리에 노드가 추가됨으로 해서 발생한다. LL 회전은 그림 9.16처럼 노드들을 오른쪽으로 회전시키면 된다.

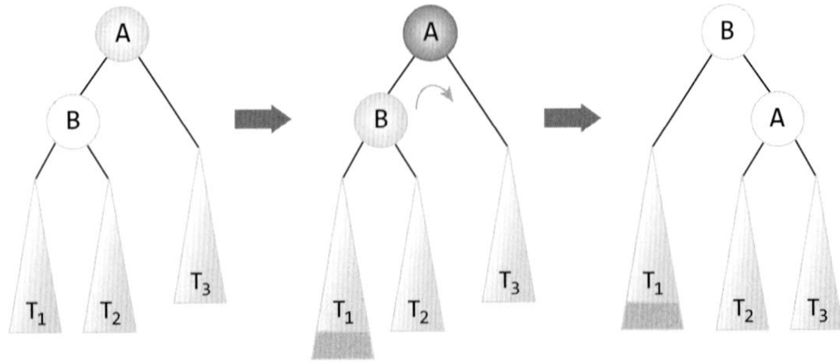

| 그림 9.16 일반적인 경우의 LL 회전

이 연산을 함수로 구현하면 다음과 같다.

프로그램 9.6 AVL 트리의 LL 회전 함수

```
TNode *rotateLL(TNode* A) {
    TNode* B = A->left;
    A->left = B->right;
    B->right = A;
    return B;
}
```

RR 회전

그림 9.17은 왼쪽 회전의 경우로 트리를 왼쪽으로 한번 회전하면 균형을 맞추게 된다.

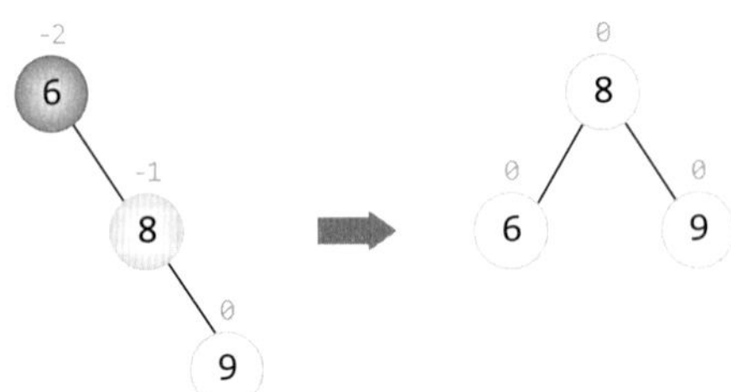

| 그림 9.17 RR 회전

RR 타입은 조상 노드 A의 오른쪽 서브 트리의 오른쪽 서브 트리에 노드가 추가됨으로 해서 발생한다. 일반적인 경우의 RR 타입은 그림 9.18처럼 노드 A와 B의 위치를 바꾸어 주고 서브 트리들을 그림처럼 정리하면 균형 트리가 된다.

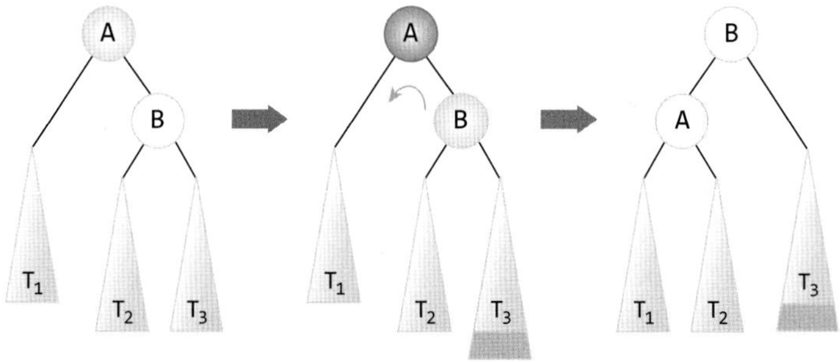

| 그림 9.18 일반적인 경우의 RR 회전

프로그램 9.7 AVL 트리의 RR 회전 함수

```
TNode *rotateRR( TNode* A) {
      TNode* B = A->right;
      A->right = B->left;
      B->left = A;
      return B;
}
```

RL 회전

RL 타입은 그림 9.19와 같이 조상 노드 A의 오른쪽 자식의 왼쪽 서브 트리에 노드가 추가됨으로 인해 발생한다. RL 회전은 균형 트리를 만들기 위하여 2번의 회전이 필요하다. RL 회전은 LL 회전을 한 다음, RR 회전을 하면 된다.

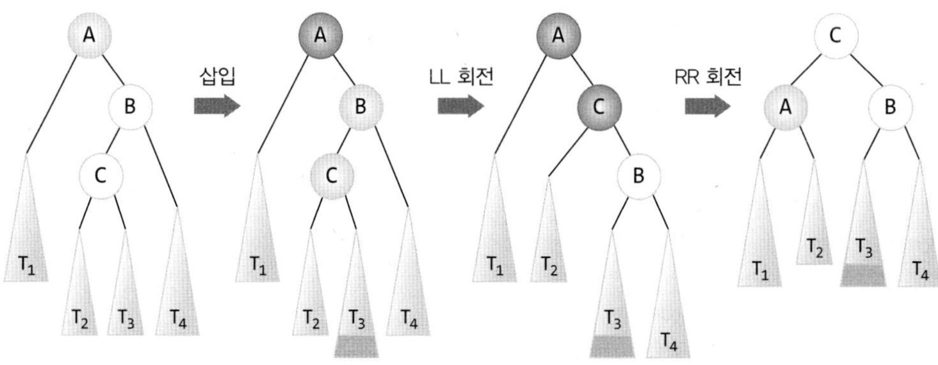

| 그림 9.19 일반적인 RL 회전

다음은 RL 회전 함수이다. 앞에서 구현한 단순 회전 함수를 호출하여 사용하는 것에 유의하라.

프로그램 9.8 AVL 트리의 RL 회전 함수

```
TNode *rotateRL( TNode* A ) {
      TNode* B = A->right;
      A->right = rotateLL(B);
      return rotateRR(A);
}
```

LR 회전

LR 타입은 그림 9.20과 같이 A의 왼쪽 자식의 오른쪽 서브 트리에 노드가 추가됨으로 해서 발생한다. LR 회전은 균형 트리를 만들기 위하여 2번의 화전이 필요하다. LR 회전은 RR 회전을 한 다음, LL 회전을 하면 된다.

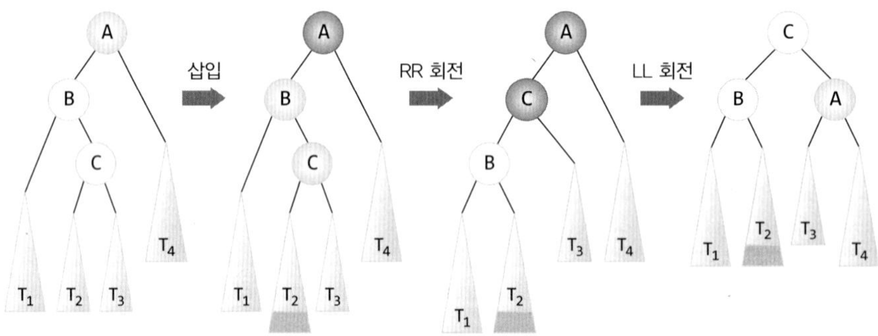

| 그림 9.20 일반적인 LR 회전

다음은 단순 회전 함수를 사용해서 구현한 LR 회전 함수이다.

프로그램 9.9 AVL 트리의 LR 회전 함수

```
TNode *rotateLR( TNode* A ) {
      TNode* B = A->left;
      A->left = rotateRR(B);
      return rotateLL(A);
}
```

종합적인 예제로 다음과 같은 데이터가 순서대로 주어졌다고 가정하고 AVL 트리가 만들어지는 과정을 살펴보자.

(7, 8, 9, 2, 1, 5, 3, 6, 4)

7과 8을 삽입하면 그림 9.21의 (a)와 (b)가 된다. 9를 삽입할 경우, 7의 오른쪽 서브 트리는 높이가 2가 되고 왼쪽 서브 트리는 0이 되므로 트리의 균형이 깨지게 된다. 따라서 균형을 이루기 위해서 (c)와 같이 노드 {7, 8, 9}를 RR 회전시킨다. 이어서 2는 별 문제없이 삽입되고 1의 삽입으로 트리가 다시 균형을 잃는다. 이번에는 트리를 LL 방향으로 회전시킨다. 이들 회전은 모두 새로 삽입된 노드로 부터 ±2의 균형 인수를 가지는 가장 가까운 조상 노드에 대하여 이루어진 것이다. 5의 삽입으로 다시 트리는 균형을 잃게 되는데 이번에는 한 방향으로 균형을 잃은 것이 아니기 때문에 약간 복잡해진다. 이 경우, 3개의 노드 {8, 2, 7}을 그림과 같이 LR 회전시켜야 한다. 이어서 3과 6은 문제없이 삽입되고 4가 삽입되면 다시 균형을 잃게 되고 이 경우, 노드 {2, 5, 3}을 그림과 같이 LR 회전시켜 재균형을 이루게 된다.

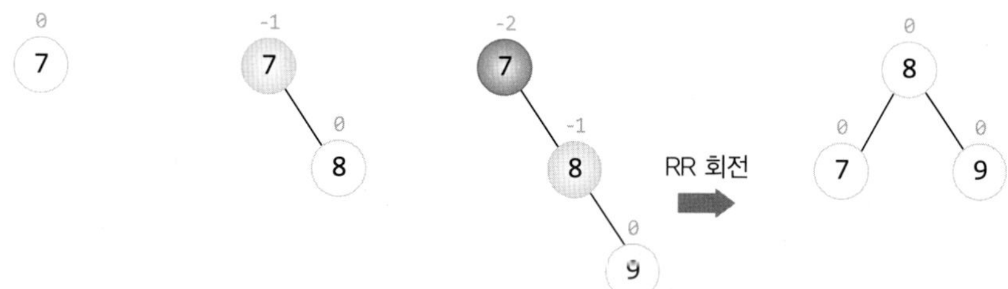

(a) 7삽입 (b) 8삽입 (c) 9삽입

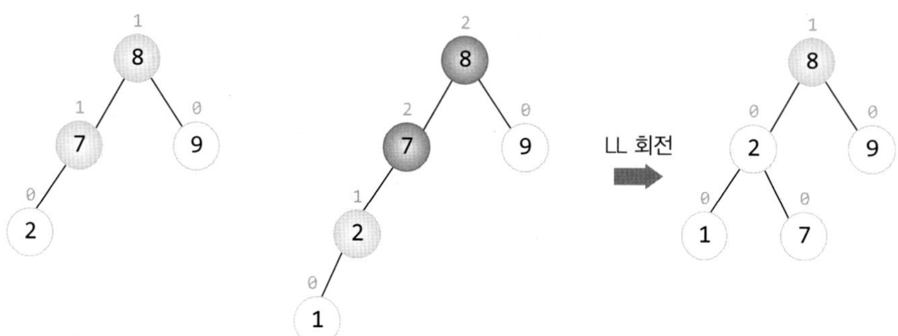

(d) 2삽입 (e) 1삽입

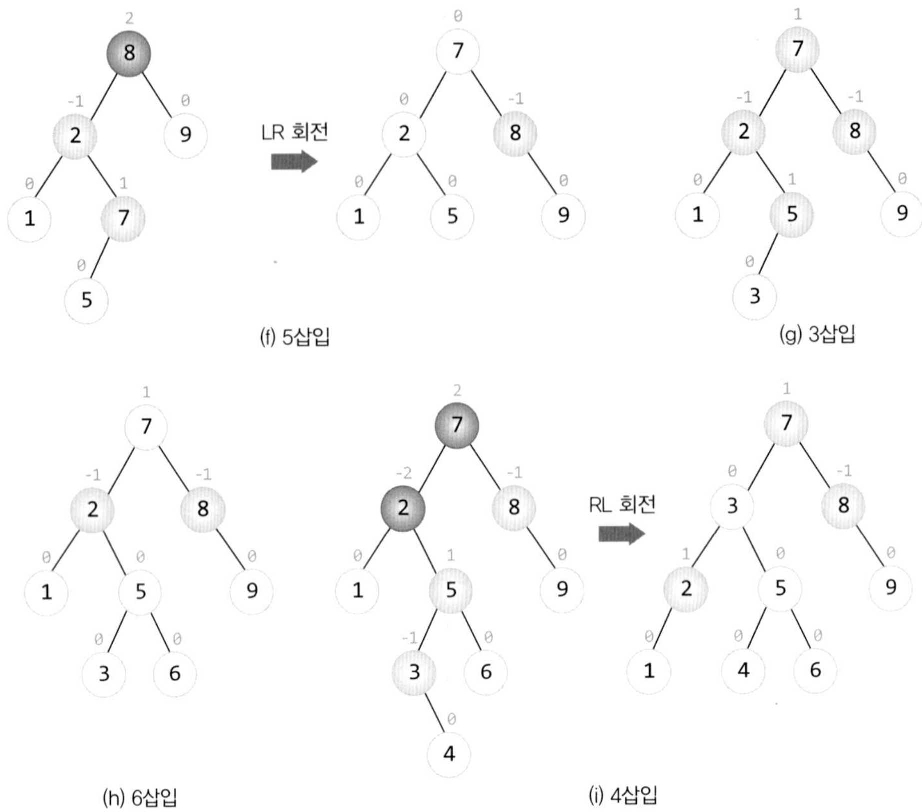

| 그림 9.21 AVL 트리구축 예

9.5 이진탐색트리의 응용: 나의 단어장

이진탐색트리를 이용해 단어장 프로그램을 구현하여 보자. 트리의 각 노드의 데이터 필드(레코드)에는 "단어(word)"부분과 "의미(meaning)"부분을 갖도록 하고, "단어"를 키로 사용하자. 이를 위한 구조체는 다음과 같으며, **TElement**는 이제 int가 아니라 **Record**가 되어야 한다.

```
typedef struct DicRecord {
    char word[MAX_WORD_SIZE];            // 단어: 키
    char meaning[MAX_MEANING_SIZE];      // 의미
} Record;
typedef Record TElement;                 // 노드에 저장되는 데이터
```

단어장 프로그램의 기능과 main()함수

단어장은 이진탐색트리로 구축될 것이고, 노드에 레코드가 저장된다. 단어장의 최종적인 기능을 다음과 같이 정의한다.

- 입력 (i) : 단어와 의미를 입력하여 하나의 노드 추가
- 삭제 (d) : 단어를 입력하면 해당 노드를 찾아 트리에서 제거
- 단어 탐색 (w) : 단어를 입력하면 해당 "단어"의 노드를 찾아 "의미"를 출력
- 의미 탐색 (m) : 의미를 입력하면 해당 "의미"의 노드를 찾아 "단어"를 출력
- 사전 출력 (p) : 사전의 모든 단어를 알파벳 순서대로 화면에 출력
- 종료 (q) : 프로그램을 종료

이러한 기능을 위해 main()함수는 다음과 같이 구현할 수 있다.

프로그램 9.10 단어장 프로그램의 main() 함수

```
// 이진탐색트리를 사용하는 영어 사전 프로그램
void main()
{
    char command, word[80], meaning[200];

    do{
        printf("[사용법] i-추가 d-삭제 w-단어검색 m-의미검색 p-출력 q-종료 =>");
        command = getche();         // 명령 입력
        printf("\n");

        switch (command){
        case 'i':                   // 새로운 단어-의미 입력
            printf("  > 삽입 단어: "); gets(word);
            printf("  > 단어 의미: "); gets(meaning);
            insert_word(word, meaning);
            break;
        case 'd':                   // 기존 단어 삭제
            printf("  > 삭제 단어: "); gets(word);
            delete_word(word);
```

```
                break;
            case 'p':           // 전체 단어장 출력
                print_dic();
                break;
            case 'w':           // 단어로 검색
                printf("  > 검색 단어: "); gets(word);
                search_word(word);
                break;
            case 'm':           // 의미로 검색
                printf("  > 검색 의미: "); gets(word);
                search_meaning(word);
                break;
            }
        } while (command != 'q');
}
```

사용법을 화면에 출력하고 키보드 입력을 기다린다. 일반적으로 키보드로 하나의 문자를 입력받을 때 키보드를 치는 순간 동작이 되지 않고 엔터키를 쳐야 동작이 되는데, getche() 함수는 키보드를 치는 것을 감지하여 엔터키 없이 바로 한 키보드 문자를 입력받는다. 이를 위해 <conio.h>를 포함하여야 한다. gets(word)는 한 줄의 문자열을 받아 문자열 word에 저장한다. 나머지 함수들은 각각의 기능을 위한 이진탐색트리 인터페이스 함수이다.

기본 연산: 검색, 삽입, 삭제

노드에 저장될 데이터의 자료형이 바뀌더라도 기본 연산의 동작은 변화가 없다. 그렇지만 비교연산을 위한 부분이 수정되어야 한다. 탐색을 위한 키가 int형인 경우는 비교연산자를 사용하면 되지만, 키가 문자열인 경우는 다른 방법을 사용해야 한다. 문자열 비교를 위해 strcmp()를 사용하자. 조심해야 하는 부분이 있다. strcmp()는 두 문자열이 같은 경우 0을 반환하고, 그렇지 않은 경우 문자열의 사전적인 순서에 따라 양수나 음수를 반환한다는 것이다. 따라서 프로그램 9.1의 탐색 연산 함수가 다음과 같이 변경되어야 한다. 음영으로 처리된 부분에 유의하라. 이제 키와 레코드의 "단어"부분을 strcmp()로 비교한다.

프로그램 9.11 단어장을 위한 탐색 연산(단어로 탐색)

```
TNode* search(TNode *n, char* key)
{
      if (n == NULL) return NULL;
      else if (strcmp(n->data.word, key) ==0) return n;
      else if (strcmp(n->data.word, key)  <0) return search(n->left, key);
      else return search(n->right, key);
}
```

프로그램 9.3의 삽입 연산도 마찬가지이다. 이제 다음과 같이 레코드의 "단어"부분을 비교하여 삽입할 위치를 찾도록 다음과 같이 수정해야 한다.

프로그램 9.12 단어장을 위한 삽입 연산

```
void insert( TNode* r, TNode* n )
{
      int ret = strcmp(r->data.word, n->data.word);

      if (ret == 0) return;
      if (ret < 0) {
            if (r->left == NULL) r->left = n;
            else insert(r->left, n);
      }
      else {
            if (r->right == NULL) r->right = n;
            else insert(r->right, n);
      }
}
```

다행히 기본 연산들 중에 삭제연산은 수정할 부분이 없다. 프로그램 9.4를 그대로 사용하면 된다. 그런데 단어장의 기능 중에 "의미 탐색"이 있다. 프로그램 9.12는 "단어"를 키로 이진탐색트리에 노드를 추가한다. 따라서 "단어 탐색"은 프로그램 9.11의 함수를 사용하면 된다. 그렇다면 "의미 탐색"은 어떻게 구현할 수 있을까? 트리의 모든 노드를 방문하면서 하나씩 비교해보아야 한다. 따라서 효율적이지 않다. 이때 방문에는 어떤 순회 알고리즘을 사용해도 문제없다. 의미를 이용해 노드를 찾는 순환함수는 다음과 같이 구현할 수 있다.

프로그램 9.13 단어장을 위한 탐색 연산(의미로 탐색)

```
static TNode* search1(TNode *n, char* meaning)
{
	TNode* m;
	if (n == NULL) return NULL;
	if (strcmp(n->data.meaning, meaning) == 0) return n;

	m = search1(n->left, meaning);
	if (m != NULL) return m;
	else return search1(n->right, meaning);
}
```

이제 단어장을 위한 기본 연산들은 구성되었다. 이제 프로그램 9.10에서 사용된 인터페이스 함수만 만들면 된다.

삽입 인터페이스: insert_word(word, meaning)

이 함수는 단어와 의미를 전달받아 레코드와 노드를 생성하고 이진탐색트리에 삽입하는 함수이다. 트리가 공백상태이면 생성된 노드가 `root`가 되고, 아닌 경우 `insert()`함수를 이용해 노드를 삽입한다. 코드는 다음과 같다.

프로그램 9.14 단어장의 삽입 인터페이스 함수

```
TNode* insert_word(char* key, char* val)
{
	TNode* n;
	Record r;
	strcpy(r.word, key);
	strcpy(r.meaning, val);
	n = create_tree(r, NULL, NULL);
```

```

    if (is_empty_tree()) root = n;
    else insert(root, n);
    return root;
}
```

삭제 인터페이스: delete_word(word)

단어를 전달받아 해당 노드를 찾아 트리에서 삭제하는 함수이다. 프로그램 9.5의 **delete_BST()**와 유사하지만 키의 비교 방법이 달라져야 한다. 코드는 다음과 같다.

프로그램 9.15 단어장의 삭제 인터페이스 함수

```
void delete_word(char* key)
{
    TNode *parent = NULL;
    TNode *n = root;
    int ret;

    while (n != NULL) {
        ret = strcmp(n->data.word, key);
        if (ret == 0) break;
        parent = n;
        n = (ret < 0) ? n->left : n->right;
    }
    if (n == NULL)
        printf(" Error: key is not in the tree!\n");
    else delete(parent, n);
}
```

탐색 인터페이스: search_word(word), search_meaning(word)

단어나 의미를 받아 해당 노드를 찾고, 결과를 화면에 출력하는 함수이다. 단어로 탐색하는 경우는 **search()**연산을 사용하고, 의미로 찾는 경우는 **search1()**을 사용해야 한다. "단어"를 기준으로 이진탐색트리가 구축되기 때문에 "단어"를 이용한 탐색의 시간 복잡도는 $O(\log_2 n)$ 이고, "의미"로 탐색할 경우는 $O(n)$ 이 된다.

프로그램 9.16 단어장의 탐색 인터페이스 함수들

```
void search_word(char *word)
{
    TNode *n = search(root, word);
    if (n != NULL) {
        printf("    >> ");
        printf(" %12s : %-40s\n", n->data.word, n->data.meaning);
    }
    else printf("    >> 등록되지 않은 단어: %s\n", word);
}
void search_meaning(char *m)
{
    TNode *n = search1(root, m);
    if (n != NULL) {
        printf("    >> ");
        printf(" %12s : %-40s\n", n->data.word, n->data.meaning);
    }
    else printf("    >> 등록되지 않은 의미: %s\n", m);
}
```

출력 인터페이스: print_dic()

단어장의 모든 단어와 의미를 화면에 출력하는 인터페이스 함수이다. 모든 노드를 방문하기 위해 중위순회를 사용하면 단어가 정렬된 순서로 화면에 출력된다. 이를 위해 구현된 함수는 다음과 같다.

프로그램 9.17 단어장의 출력 인터페이스 함수들

```
void inorder(TNode *n)
{
    if (n != NULL) {
        inorder(n->left);
        printf(" %12s : %-40s\n", n->data.word, n->data.meaning);
        inorder(n->right);
    }
}
```

```
void print_dic()
{
    printf("    >> 나의 단어장:\n");
    if (root != NULL) inorder(root);
}
```

전체 프로그램은 다음과 같다.

프로그램 9.18 단어장 프로그램

```
#include <stdio.h>
#include <stdlib.h>
#include <conio.h>
#include <string.h>
#define MAX_WORD_SIZE 40
#define MAX_MEANING_SIZE 200
typedef struct DicRecord {
    char word[MAX_WORD_SIZE];
    char meaning[MAX_MEANING_SIZE];
} Record;

typedef Record TElement;
typedef struct BinTrNode {
    TElement data;
    struct BinTrNode* left;
    struct BinTrNode* right;
} TNode;
TNode* root = NULL;
int is_empty_tree() {...}                                  // 프로그램 8.1과 동일
TNode* create_tree(TElement val, TNode* l, TNode* r) {...} // 프로그램 8.1과 동일
TNode* search(TNode *n, char* key)                         // 프로그램 9.11과 동일
void insert( TNode* r, TNode* n ) {...}                    // 프로그램 9.12와 동일
void delete ( TNode *parent, TNode *node) {...}            // 프로그램 9.4와 동일
TNode* search1(TNode *n, char* key) {...}                  // 프로그램 9.13과 동일
void inorder(TNode *n) {...}                               // 프로그램 9.17과 동일

```

```
TNode* insert_word(char* key, char* val) {...} // 프로그램 9.14와 동일
void delete_word(char* key) {...}              // 프로그램 9.15와 동일
void search_word(char *word) {...}             // 프로그램 9.16과 동일
void search_meaning(char *m) {...}             // 프로그램 9.16과 동일
void print_dic() {...}                         // 프로그램 9.17과 동일

void main() {...}                              // 프로그램 9.10과 동일
```

프로그램의 실행 결과는 다음과 같다. 먼저 6개의 단어와 의미 쌍을 삽입하고 전체 내용을 출력한다. 다음으로 등록되지 않은 단어 "queue"와 등록된 단어인 "binary search tree"를 탐색한다. "연결 리스트"란 의미의 단어를 탐색하고, 두 개의 단어를 삭제하며, 마지막으로 최종 단어장을 화면에 출력한다.

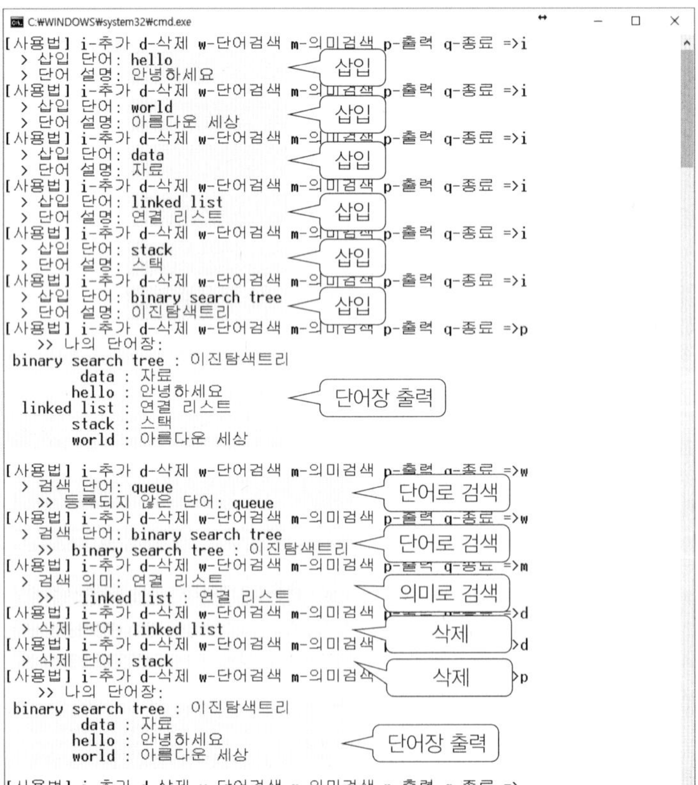

| 그림 9.22 단어장 프로그램의 실행 결과 예

연습문제

1 배열에 정렬된 값이 들어 있는 경우에 우리는 이진 탐색이라는 효과적인 탐색 기법을 사용할 수 있다. 하지만 배열의 특성상 중간에서 요소를 삽입하거나 삭제하는 것은 비효율적이다. 이진탐색트리는 삽입이나 삭제가 비교적 효율적으로 이루어진다. 크기가 n인 이진탐색트리에서 다음 표를 채워보자.

알고리즘	평균의 시간복잡도	최악의 시간복잡도
탐색연산	O(logn)	O(n)
삽입연산		
삭제연산		

2 이진탐색트리의 높이가 5일 때, 이 트리는 최대 몇 개의 노드를 가질 수 있는가?

3 이진탐색트리가 공백상태로부터 다음과 같은 순서로 노드들이 추가된다. 생성되는 이진탐색트리를 그려라.

```
11, 6, 8, 19, 4, 10, 5, 17, 43, 49, 31
```

4 다음의 이진탐색트리에 7을 추가하면 트리는 어떻게 될까?

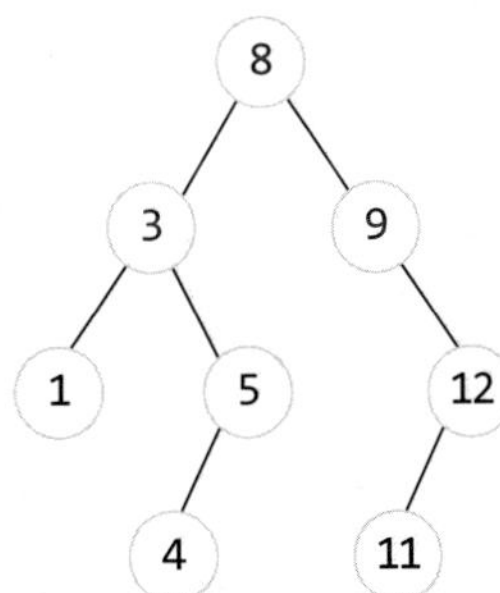

5 4번의 이진탐색트리에서 8을 가지고 있는 노드를 삭제한 후에 트리를 재구성하면 어떻게 될까?

6 4번의 이진탐색트리에서 4를 탐색할 때 거치는 노드들을 나열하라.

7 다음 데이터들이 어떤 순서로 이진탐색트리에 입력되었을 경우, 가장 균형잡힌 트리가 되는가?

```
10, 5, 6, 13, 15, 8, 14, 7, 12, 4
```

8 문제 7의 데이터가 어떤 순서로 입력되었을 경우에 가장 불균형한 이진탐색트리가 되는가?

9 숫자들이 들어 있는 이진탐색트리를 중위 순회하면 정렬된 숫자가 얻어진다. 이를 이용하여 다음 배열에 들어 있는 숫자들을 정렬시키는 함수를 작성하여 보라. 배열에 들어 있는 숫자들을 이진탐색트리에 추가한 후에 트리를 중위 순회하면서 숫자들을 출력한다. 단 숫자들은 중복되지 않는다고 가정하자.

0	1	2	3	4	5	6	7	8	9	10
11	3	4	1	56	5	6	2	98	32	23

10 이진탐색트리를 사용하여 우선순위 큐를 구현할 수도 있다. 우선순위 큐란 항목들이 우선순위를 가지고 있고 우선순위가 가장 큰 항목이 먼저 삭제되는 큐이다. 이진탐색트리에서 가장 큰 값을 찾으려면 어떻게 해야 하는가?

11 이진탐색트리의 가장 큰 용도가 map(사전)이라는 자료구조를 구현하는 것이다. 본문에서 우리는 단어장을 구현해보았다. 여기서는 이진탐색트리를 이용하여 친구들의 연락처를 저장하고 탐색하는 프로그램을 작성해보자.

```
삽입(i), 탐색(s), 삭제(d): i
친구의 이름: 홍길동
친구의 전화번호: 010-1234-5678

삽입(i), 탐색(s), 삭제(d): i
친구의 이름: 김철수
친구의 전화번호: 010-1234-5679

삽입(i), 탐색(s), 삭제(d): s
친구의 이름: 김철수
김철수의 전화번호: 010-1234-5679
...
```

프로그래밍 프로젝트

1 순차 탐색은 정렬되지 않은 배열에서 탐색하고자 하는 키 값을 배열의 각 요소와 순차적으로 비교하여 탐색하는 방법을 말한다. 일반 배열에서의 순차 탐색과 이진탐색트리, 그리고 AVL트리의 성능 측정하고 비교하여 보자.

(1) 다음과 같은 순차탐색 함수 sequeutial_search()를 작성하라.

```
// int 배열 list의 순차 탐색 함수
int sequential_search(int list[], int n, int key)
{
    for(int i=0; i<n; i++)
        if(list[i]==key)
            return i;       // 탐색에 성공하면 키값의 인덱스 반환
    return -1;              // 탐색에 실패하면 -1 반환
}
```

(2) 길이가 10,000,000인 int 배열 list를 선언하고 랜덤한 정수를 발생시켜 배열에 저장한다. n을 500,000부터 500,000씩 배열의 길이를 넘지 않을 때 까지 증가시키면서 길이가 n인 배열에서의 순차탐색 실행 시간을 측정하라. 가능한 한 평균적인 탐색 시간을 측정하기 위해 하나의 n에서 순차탐색을 100회 반복하여 탐색에 걸린 평균 시간을 측정하라. 실험 결과를 선 그래프로 나타내고 시간 복잡도 $O(n)$으로 동작하는지 확인하라. 다음은 실행결과의 예를 보여준다.

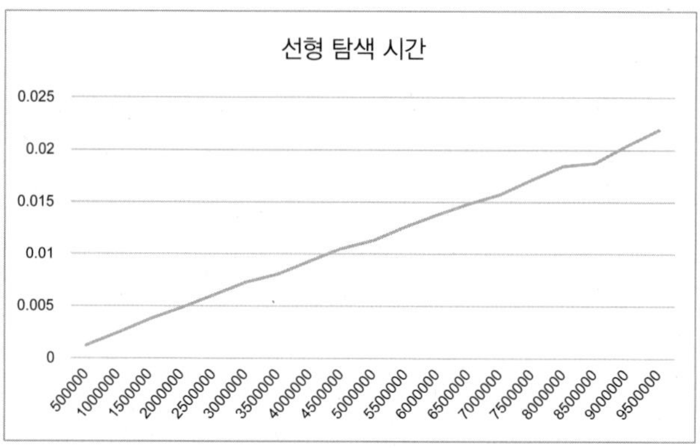

(3) 이진탐색트리에 (2)에서 사용한 배열 `list`의 항목들을 하나씩 삽입하고 임의의 값을 탐색하려고 한다. 트리에 2,000개씩 항목을 추가할 때 마다(n이 2000씩 증가) 전체 삽입에 걸린 시간과 탐색 시간을 측정하라. 탐색 시간은 매우 짧을 것이기 때문에 앞에서의 동일한 n에서 순차 탐색에서와 비슷하게 1,000,000회 반복하고 평균 시간을 측정하라. 이 과정을 n이 100,000이 될 때 까지 반복하라.

(4) 동일한 처리를 AVL트리에 대해 수행하라. 이진탐색트리와 AVL트리의 실험 결과를 선 그래프로 나타내고 탐색의 시간 복잡도가 $O(\log_2 n)$으로 동작하는지 확인하라. 순차탐색에 비해 얼마나 빨라지는지를 확인하고, AVL트리가 빠른 이유를 설명하라. 다음은 측정 결과의 예를 보여준다.

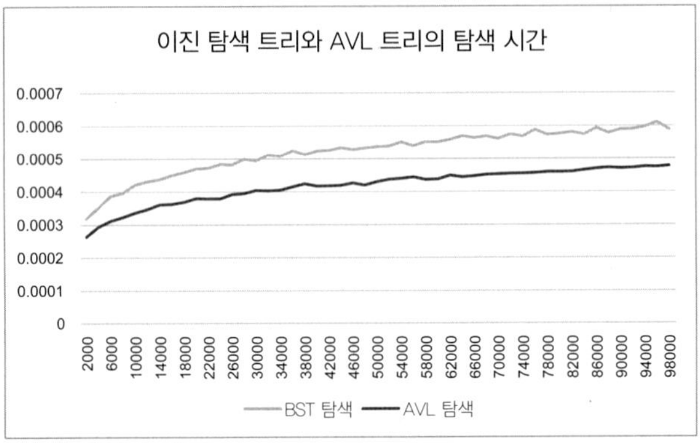

또한 삽입 연산의 실행 시간 측정 결과를 그래프로 나타내고 결과를 분석하라. 다음은 측정 결과의 예를 보여준다.

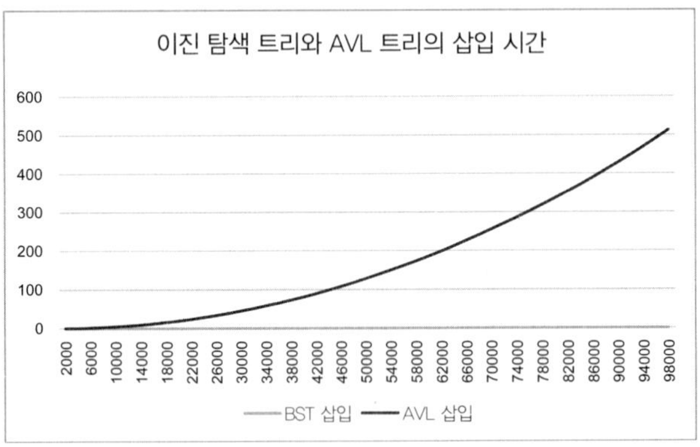

10

CHAPTER

우선순위 큐

학습목표

- 우선순위 큐의 개념을 이해한다.
- 다양한 우선순위 큐 구현 방법의 장단점을 이해한다.
- 힙의 동작 원리를 이해한다.
- 힙의 효율성을 이해한다.
- 힙의 배열을 이용한 구현을 이해한다.
- 힙을 이용한 허프만 코드 구현을 이해한다.

CHAPTER

10 우선순위 큐

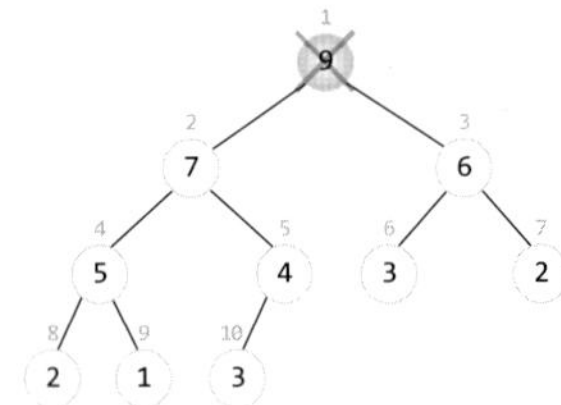

10.1 우선순위 큐

소방차나 119 구급차와 같은 긴급 차량들은 다른 차들에 비해 도로 교통법에 의해 높은 **우선순위(priority)**를 갖는다. 따라서 도로에 먼저 진입한 차량들도 이들 차량이 나타나면 길을 양보해야 한다. 컴퓨터에서도 우선순위의 개념이 필요할 때가 종종 있다. 예를 들면, 운영 시스템에서 시스템 프로세스는 응용 프로세스보다 더 높은 우선순위를 갖는다. 따라서 자료구조에서도 이러한 우선순위를 지원하는 것이 필요하다.

| 그림 10.1 도로에서 자동차 우선순위의 예

우선순위 큐는 이러한 우선순위의 개념을 큐에 도입한 자료구조이다. 보통의 큐는 먼저 들어온 데이터가 먼저 나가는 구조(FIFO)인데 비해, **우선순위 큐(priority queue)**는 모든 데

이터가 우선순위를 가지고 있고, 들어온 순서와 상관없이 우선순위가 높은 데이터가 먼저 출력되는 구조이다.

| 표 10.1 스택, 큐, 우선순위 큐 비교

자료구조	삭제되는 요소
스택	가장 나중에 들어온 데이터
큐	가장 먼저 들어온 데이터
우선순위 큐	가장 우선순위가 높은 데이터

우선순위 큐는 사실 가장 일반적인 큐로 볼 수 있다. 이것은 우선순위 큐를 사용하여 스택이나 큐를 얼마든지 구현할 수 있기 때문이다. 예를 들어 데이터가 들어온 시각이 빠른 것을 높은 우선순위로 생각하면 큐처럼 동작하고, 반대로 늦게 들어온 것을 높은 우선순위로 처리하면 스택으로 사용할 수 있다.

우선순위 큐는 컴퓨터의 여러 분야에서 다양하게 이용되는데 시뮬레이션이나 네트워크 트래픽 제어, 운영 체제에서의 작업 스케줄링, 수치 해석적인 계산 등에서 활용된다. 이러한 우선순위 큐는 배열, 연결 리스트 등의 여러 가지 방법으로 구현이 가능하지만 가장 효율적인 구조는 **힙**(heap)이다. 따라서 이 장에서는 힙을 중점적으로 알아본다.

우선순위 큐의 추상 자료형

우선순위 큐는 우선순위를 갖는 요소들의 모임이다. 연산은 스택이나 큐와 유사한데, 우선순위 큐에서도 가장 중요한 연산은 삽입과 삭제이다. 우선순위 큐는 삭제 연산에서 어떤 요소가 먼저 삭제되는가에 따라 최소 우선순위 큐와 최대 우선순위 큐로 나누어진다. 최대 우선순위 큐는 우선순위가 가장 높은 요소가 먼저 삭제되고, 최소 우선순위 큐는 가장 우선순위가 낮은 요소를 먼저 삭제한다. 다음은 최대 우선순위 큐의 추상 자료형을 정의한 것이다.

| ADT 10.1 Priority Queue

데이터: 우선순위를 가진 요소들의 모음

연산
- `init()`: 우선순위 큐를 초기화 한다.
- `insert(item)`: 우선순위 큐에 항목 `item`을 추가한다.
- `delete()`: 가장 우선순위가 높은 요소를 꺼내서 반환한다.
- `find()`: 가장 우선순위가 높은 요소를 삭제하지 않고 반환한다.
- `is_empty()`: 우선순위 큐가 공백상태인지를 검사한다.
- `is_full()`: 우선순위 큐가 포화상태인지를 검사한다.

10.2 우선순위 큐의 구현 방법

우선순위 큐를 구현하는 방법은 여러 가지가 있는데 배열, 연결 리스트, 힙 등을 이용할 수 있다.

정렬되지 않은 배열을 사용하는 방법

- 정렬되지 않은 배열을 사용하게 되면 삽입은 가장 간단하다. 그냥 기존의 요소들의 맨 끝에 붙이면 된다. 따라서 삽입의 시간 복잡도는 $O(1)$이다.
- 삭제 연산은 복잡해진다. 가장 우선순위가 높은 요소를 삭제하는 경우, 배열이 정렬되어 있지 않으므로 처음부터 끝까지 모든 요소들을 스캔하면서 가장 우선순위가 높은 요소를 찾아야하기 때문이다. 따라서 삭제의 복잡도는 $O(n)$이 된다. 물론 요소가 삭제된 다음, 뒤에 있는 요소들을 앞으로 한 칸씩 이동시켜야 하는 부담도 남아있다.

정렬된 배열을 사용하는 방법

- 정렬된 배열을 사용하면 삽입이 복잡해진다. 삽입할 요소를 배열 내의 요소들과 하나씩 비교해서 삽입 위치를 찾아야하기 때문이다. 제 위치에 삽입되어야 전체 배열이 계속 정렬된 상태를 유지할 수 있다. 삽입 위치를 찾기 위해 순차탐색이나 14장에서 공부할 이진탐색을 사용할 수도 있다. 삽입 위치를 찾은 다음에는 그 위치 이

후의 모든 요소들을 한 칸씩 뒤로 이동시켜서 빈자리를 만든 다음, 삽입해야 한다. 따라서 결국 삽입 연산의 시간 복잡도는 $O(n)$이다.
- 삭제는 간단하다. 배열이 정렬되어 있으므로 맨 뒤에 위치한 요소를 삭제하면 된다. 이 경우 삭제의 시간 복잡도는 $O(1)$이다.

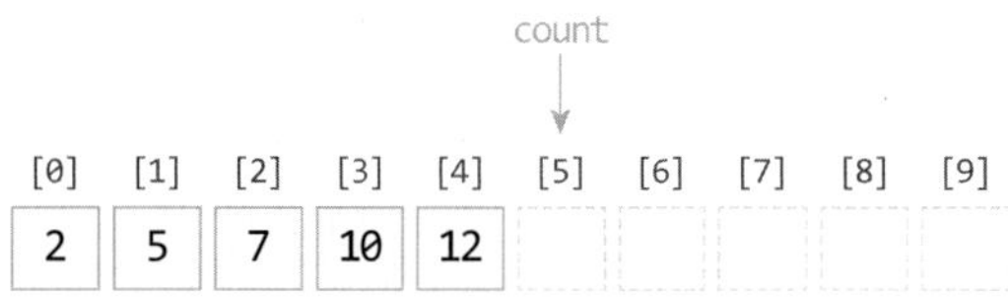

| 그림 10.2 정렬된 배열로 구현된 우선순위 큐

연결 리스트를 사용하는 방법

연결 리스트를 이용하는 방법도 배열의 경우와 크게 다르지 않다. 정렬된 상태로 연결 리스트를 유지할 수도 있고 정렬이 안 된 채로 연결 리스트를 사용할 수 있다.

- 정렬이 안 된 리스트라면 삽입시에 첫 번째 노드로 삽입하는 것이 유리하다. 물론 배열과 달리 다른 노드들의 이동은 필요 없다. 따라서 시간 복잡도는 $O(1)$이다. 삭제시에는 포인터를 따라서 모든 노드를 방문하고 가장 우선순위가 높은(낮은) 노드를 찾아야 한다. 이 경우 시간 복잡도는 $O(n)$이 될 것이다.
- 정렬이 된 리스트를 사용한다면 우선순위가 가장 높은 요소를 첫 번째 노드로 만드는 것이 유리하다. 삭제의 시간 복잡도는 $O(1)$이다. 삽입시에는 우선순위 값을 기준으로 삽입위치를 찾아야 하므로 시간 복잡도는 $O(n)$이 된다.

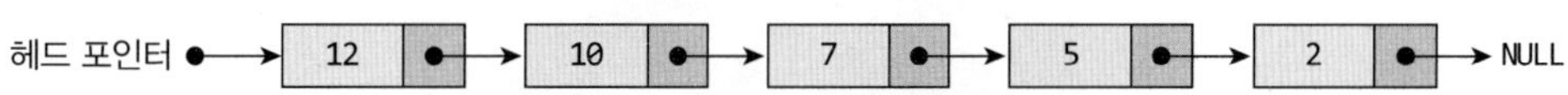

| 그림 10.3 정렬된 연결 리스트로 구현된 우선순위 큐

결과적으로 배열 사용 방법과 시간복잡도 차이는 없다.

힙을 사용하는 방법

힙(heap)는 완전 이진트리의 일종으로 우선순위 큐를 위해 만들어진 자료구조이다. 힙은 일종의 반 정렬 상태를 유지한다. 즉 요소들이 완전히 정렬된 것은 아니지만 전혀 정렬되지 않은 것도 아닌 상태를 이용해 우선순위 큐를 구현한다. 힙의 시간 복잡도는 삽입과 삭제 모두 $O(\log_2 n)$으로 다른 방법보다 상당히 유리하다. $O(n)$과 $O(\log_2 n)$은 엄청난 차이가 있다는 것을 기억하라. 만약 n이 1024이고 $O(n)$ 알고리즘이 1024초가 걸린다면 $O(\log_2 n)$ 알고리즘은 10초에 불과하다.

| 표 10.2 우선순위 큐를 구현하는 여러 가지 방법의 비교

표현 방법	삽 입	삭 제
정렬 안 된 배열	$O(1)$	$O(n)$
정렬 안 된 연결 리스트	$O(1)$	$O(n)$
정렬된 배열	$O(n)$	$O(1)$
정렬된 연결 리스트	$O(n)$	$O(1)$
힙	$O(\log_2 n)$	$O(\log_2 n)$

10.3 힙(Heap)

힙(heap)을 영어사전에 찾아보면 "더미"리고 되어 있다. 컴퓨터 분야에서 힙은 완전이진트리 기반의 "더미"와 모습이 비슷한 특정한 자료 구조를 의미한다.

| 그림 10.4 일상생활에서의 힙(더미)의 예

힙은 여러 개의 값들 중에서 가장 큰 값이나 가장 작은 값을 빠르게 찾아내도록 만들어진 자료 구조이다. 힙은 부모 노드의 키 값이 자식 노드의 키 값보다 항상 큰(또는 작은) 이진트리를 말한다. 그림 10.5와 같은 트리가 힙이다. 이진탐색트리와는 달리 힙 트리에서는 중

복된 값을 허용한다.

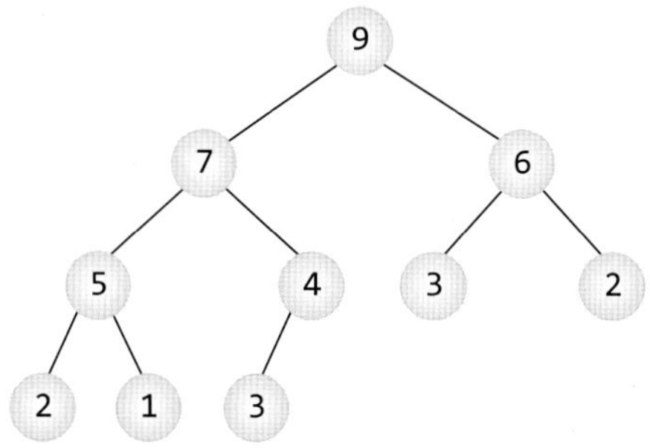

(a) 최대 힙(max heap)

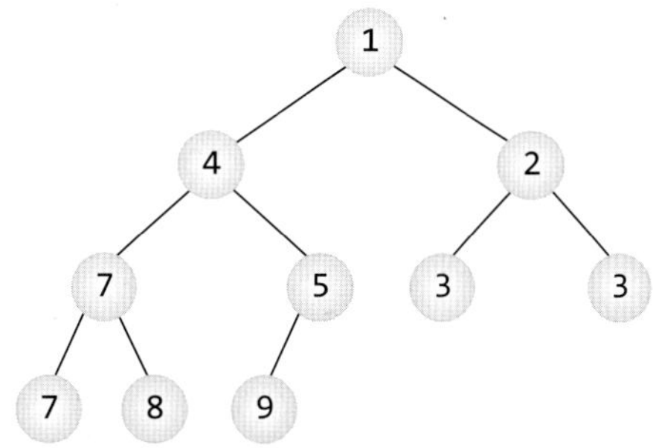

(b) 최소 힙(min heap)

| 그림 10.5 힙 트리의 예

힙은 큰 값이 상위 레벨에 있고 작은 값이 하위 레벨에 있다는 정도의 느슨한 정렬 상태를 유지한다. 힙의 목적이 삭제 연산에서 가장 큰 값을 효율적으로 찾아내기만 하면 되는 것이므로 전체를 정렬할 이유는 없다.

그림 10.5는 두 가지 종류의 힙 트리를 보여준다. (a)와 같이 부모 노드의 키 값이 자식 노드보다 큰 경우를 **최대 힙(max heap)**이라 부르고, 반대로 (b)와 같이 부모의 키 값이 자식보다 작은 것을 **최소 힙(min heap)**이라 부른다.

- 최대 힙(max heap)

  부모 노드의 키 값이 자식 노드의 키 값보다 크거나 같은 완전 이진트리

  $$key(\text{부모 노드}) \geq key(\text{자식 노드})$$

- 최소 힙(min heap)

  부모 노드의 키 값이 자식 노드의 키 값보다 작거나 같은 완전 이진트리

  $$key(\text{부모 노드}) \leq key(\text{자식 노드})$$

이들은 단지 부등호만 달라지고 나머지는 완전히 동일하다. 따라서 특별한 언급이 없으면 힙을 최대 힙이라고 가정하자. 힙은 완전이진트리(complete binary tree)이다. 그림 10.6은 힙의 특성을 만족하는 것처럼 보이지만 완전이진트리가 아니기 때문에 힙이 아니다.

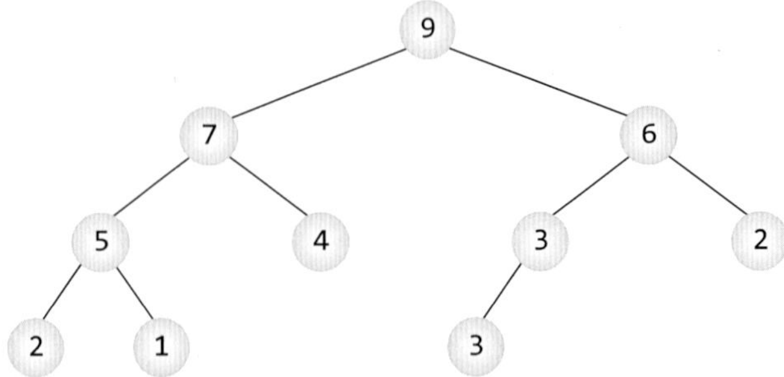

| 그림 10.6 힙이 아닌 예 (완전이진트리가 아님)

힙의 표현 방법

힙도 이진트리이므로 그림 10.7에서처럼 차례대로 번호를 붙일 수 있다. 또한 완전이진트리이기 때문에 각각의 노드에 중간에 비어 있는 요소가 없다. 이 번호를 배열의 인덱스로 생각하면 배열에 힙의 노드들을 저장할 수 있다. 따라서 힙을 저장하는 효과적인 자료구조는 배열이다. 프로그램 구현을 쉽게 하기 위해 배열의 첫 번째 인덱스인 0는 사용하지 않는다. 트리의 모든 위치의 노드 번호는 새로운 노드가 추가되더라도 변하지 않는다. 예를 들어 루트 노드의 왼쪽 자식의 번호는 항상 2번이며 오른쪽 자식은 항상 3번이다.

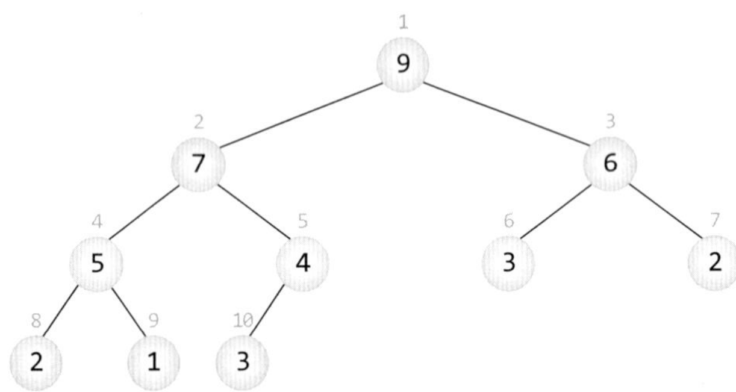

0	1	2	3	4	5	6	7	8	9	10	11
	9	7	6	5	4	3	2	2	1	3	

| 그림 10.7 배열을 이용한 힙의 구현

배열을 이용하여 힙을 표현하면 자식과 부모 노드의 위치(인덱스)를 쉽게 계산할 수 있다. 어떤 노드의 왼쪽이나 오른쪽 자식의 위치는 다음과 같이 계산된다.

- 왼쪽 자식의 인덱스 = (부모의 인덱스)×2
- 오른쪽 자식의 인덱스 = (부모의 인덱스)×2 + 1

어떤 노드의 부모의 인덱스를 알고 싶으면 다음과 같은 식을 이용한다.

- 부모의 인덱스 = (자식의 인덱스)/2

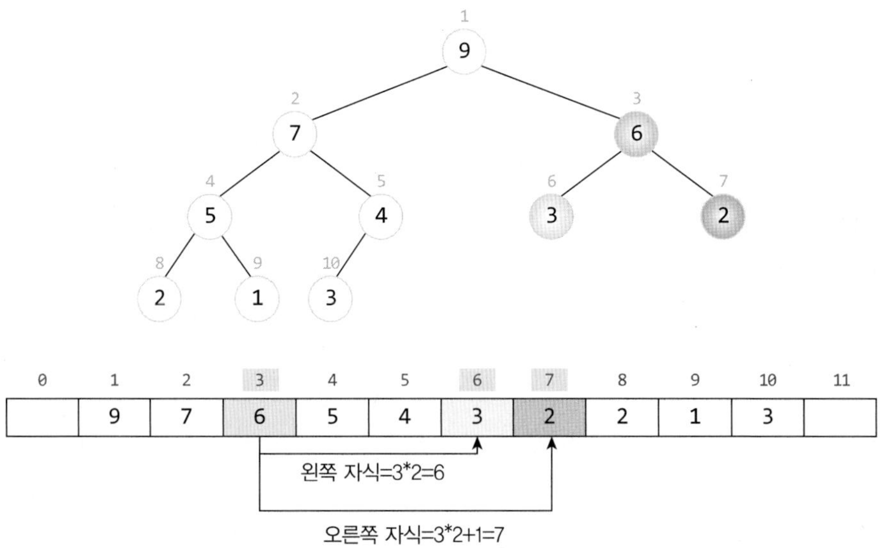

| 그림 10.8 힙 트리에서의 자식과 부모노드의 위치(인덱스) 관계

배열을 이용한 힙의 구조

힙의 삽입과 삭제 연산을 자세히 알아보기 전에 힙을 위한 데이터와 기본 연산들을 C언어로 구현하자. 먼저 힙에 저장할 항목의 자료형을 **HNode**라 하자. **HNode**는 응용에 따라 적절한 자료형으로 지정할 수 있는데, int를 저장하는 힙에서 **HNode**는 다음과 같이 선언한다.

```
typedef int HNode;        // 힙에 저장할 항목의 자료형
#define Key(n)  (n)       // 힙 노드 n의 키값
```

전처리기 함수 Key(n)는 힙 노드 n의 우선순위를 반환한다. 힙에서 모든 항목들은 우선순위 값을 가져야 함을 기억하라. 만약 힙에 int를 저장한다면 그 값(n) 자체가 우선순위가 된다. 만약 힙에 여러 개의 필드를 가진 구조체가 저장된다면 필드들 중에서 키 필드의 값을 반환하도록 이 전처리기 함수를 수정하면 된다.

이제 힙을 표현하기 위해 필요한 데이터를 생각해 보자. 힙의 현재 크기와 힙 노드이 배열만 있으면 될 것이다. 이들은 다음과 같이 선언한다.

```
HNode heap[MAX_HEAP_NODE];          // 배열을 이용해 구현한 힙(힙노드 배열)
int heap_size;                      // 힙의 크기
```

힙에서 i번째 노드의 부모 노드와 왼쪽 자식, 오른쪽 자식을 구하는 함수를 각각 Parent(i), Left(i), Right(i)라 하고, 이들을 매크로 함수로 구현한다. 초기화와 공백상태, 포화상태 검사 및 가장 우선순위가 높은 노드를 반환하는 함수는 다음 프로그램과 같이 구현할 수 있다.

프로그램 10.1 배열을 이용한 힙의 기본 틀

```
#include <stdio.h>
#include <stdlib.h>
#define MAX_HEAP_NODE   200

void error(char str[]){...}             // 프로그램 3.1의 함수와 동일

typedef int HNode;
#define Key(n)    (n)

HNode heap[MAX_HEAP_NODE];
int heap_size;

#define Parent(i) (heap[i/2])           // i의 부모 노드
#define Left(i) (heap[i*2])             // i의 왼쪽 자식 노드
#define Right(i) (heap[i*2+1])          // i의 오른쪽 자식 노드

void init_heap() { heap_size = 0; }
```

```
18 int is_empty_heap() { return heap_size == 0; }
19 int is_full_heap() { return (heap_size == MAX_HEAP_NODE - 1); }
20 HNode find_heap() { return heap[1]; }
```

코드 설명

7행 힙 노드에는 `int`를 저장.

8행 힙 노드의 우선순위 값을 반환하는 매크로 함수.

10–11행 힙을 위한 데이터. 힙 노드 배열과 힙의 크기.

13행 i번째 노드의 부모 노드를 반환하는 매크로 함수.

14–15행 i번째 노드의 왼쪽 자식과 오른쪽 자식 노드를 반환하는 함수.

17행 힙의 초기화 함수. heap_size를 0으로 설정함.

18행 공백 상태 검사 함수. heap_size가 0이면 공백 상태임.

19행 포화 상태 검사 함수. 포화상태가 `heap_size==MAX_HEAP_NODE-1` 임에 유의할 것. (배열의 0번 요소를 사용하지 않음)

20행 힙에서 루트(최대 또는 최소 우선순위) 노드 반환 함수.

10.4 힙의 연산

삽입 연산

힙에 새로운 요소를 삽입하는 삽입 연산은 그림 10.9와 같이 회사에서 신입 사원이 들어오면 일단 말단 위치에 앉힌 다음에, 신입 사원의 능력을 봐서 위로 승진시키는 과정과 유사하다.

| 그림 10.9 힙 트리에서의 삽입연산은 신입사원을 일단 말단자리에 앉힌 다음, 능력에 따라 승진시키는 것과 유사하다.

힙에 새로운 요소가 들어오면, 일단 새로운 노드를 힙의 마지막 노드의 다음 위치에 삽입한다. 이렇게만 두면 더 이상 힙 트리의 성질이 만족되지 않는다. 따라서 삽입 후에 새로운 노드를, 부모 노드들과 교환해서 힙의 성질을 만족시켜 주는 과정이 필요하다. 이것을 업힙(up-heap)이라고 한다. 그림 10.8과 같은 최대 힙에 8을 삽입한다고 가정하자.

(1) 먼저 번호순으로 가장 마지막 위치에 이어서 새로운 요소 8이 삽입된다.

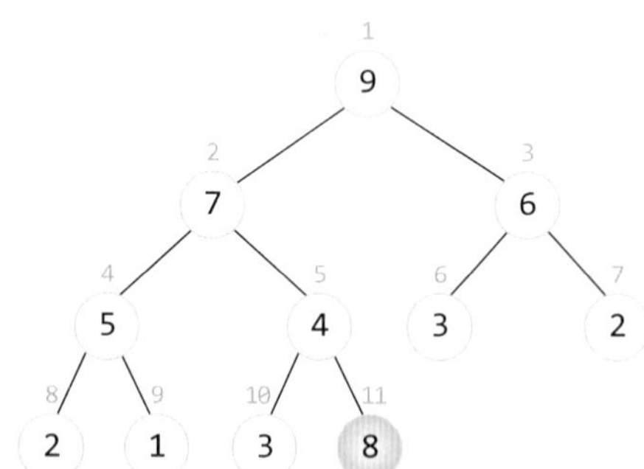

| 그림 10.10 최대 힙 트리의 삽입 연산: 1단계

(2) 부모 노드 4와 비교하여 삽입 노드 8이 더 크므로 교환한다.

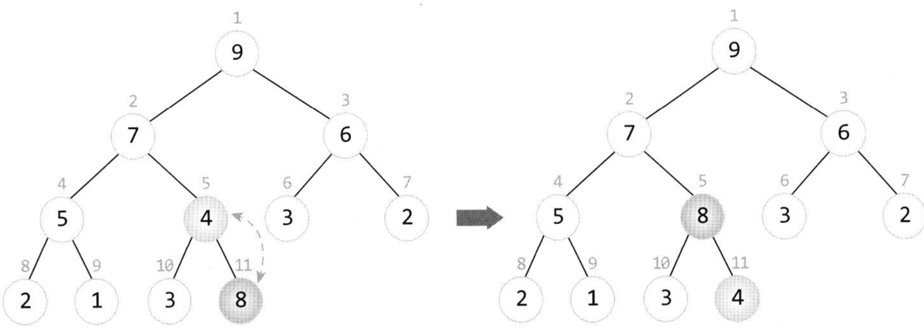

| 그림 10.11 최대 힙 트리의 삽입 연산: 2단계

(3) 부모 노드 7과 비교하여 삽입 노드 8이 더 크므로 교환한다.

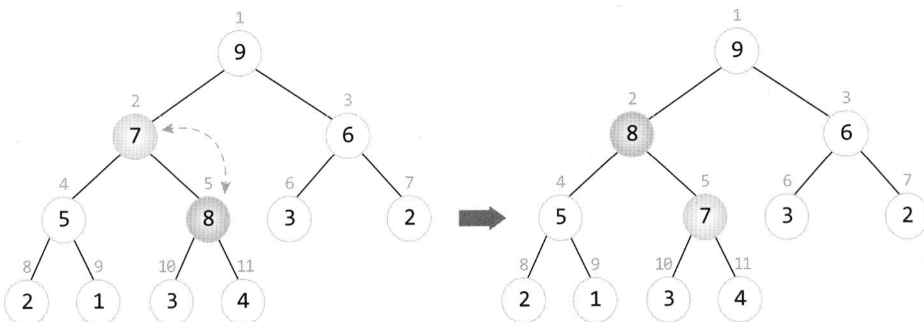

| 그림 10.12 최대 힙 트리의 삽입 연산: 3단계

(4) 삽입 노드 8이 부모 노드 9보다 작으므로 더 이상 교환하지 않는다.

이와 같은 우선순위 큐의 삽입 절차를 유사 코드로 기술하면 다음과 같다.

| 알고리즘 10.1 최대 힙에서의 삽입 알고리즘

```
insert(node)

heap_size ← heap_size + 1;
i ← heapSize;
heap[i] ← node;
while i ≠ 1 and KEY(heap[i]) > KEY(Parent(i)) do
      heap[i] ↔ Parent(i);
      i ← PARENT(i);
```

이 알고리즘을 함수로 구현하면 프로그램 10.2와 같다. 알고리즘에서 ↔기호는 노드를 서로 교환하는 것을 나타내지만, 실제 구현에서 매번 노드를 교환할 필요가 없다. 이동 횟수를 줄이기 위해 교환이 아니라 그냥 부모 노드만을 끌어내린 다음에 삽입될 위치가 정해지면 그때 새로운 노드를 그 위치로 복사한다. 이를 C언어로 구현하면 다음과 같다.

프로그램 10.2 최대 힙 트리의 삽입 함수

```
01 void insert_heap( HNode n )
02 {
03     int i;
04     if( is_full_heap() ) return;
05     i = ++(heap_size);
06     while( i!=1 && Key(n) > Key(Parent(i))) {
07         heap[i] = Parent(i);
08         i /= 2;
09     }
10     heap[i] = n;
11 }
```

코드 설명

1행 힙 트리에 새로운 노드 n을 삽입하는 함수

4행 포화상태이면 삽입할 수 없음.

5행 힙 크기를 하나 증가시킴.

6행 i가 루트 노드가 아니고 n의 key가 i의 부모보다 크면,

7행 i의 부모 노드를 i위치로 끌어내림.

8행 한 레벨 위로 승진함.

10행 최종 위치에 데이터를 복사함.

삭제 연산

힙에서 삭제 연산은 루트 노드를 삭제하는 것이다. 최대 힙에서는 루트가 최댓값을 가지므로 루트 노드를 삭제하고 힙의 성질을 계속 유지하기 위해 힙 트리를 재구성해야 한다. 힙 트리의 재구성을 위한 기본 아이디어는 그림 10.13과 같이 회사에서 사장의 자리가 비게

되면 먼저 제일 말단 사원을 사장 자리로 올린 다음에 순차적으로 강등시키는 것과 비슷하다. 이 과정을 다운힙(down-heap)이라 한다.

| 그림 10.13 힙 트리에서의 삭제연산은 사장 자리가 비게 되면 말단사원을 일단 사장자리에 앉힌 다음, 능력에 따라 강등시키는 것과 유사하다

다음의 힙 트리에서 루트 노드를 삭제해 보자.

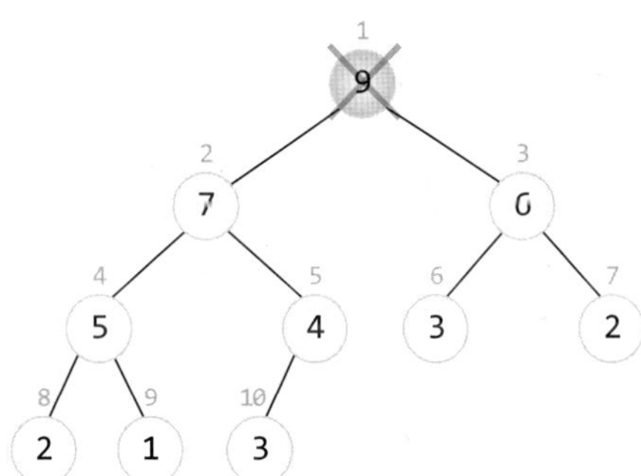

| 그림 10.14 최대 힙 트리의 삭제연산

(1) 루트 노드를 삭제하고 빈 루트 노드 자리에는 힙의 마지막 노드를 가져온다.

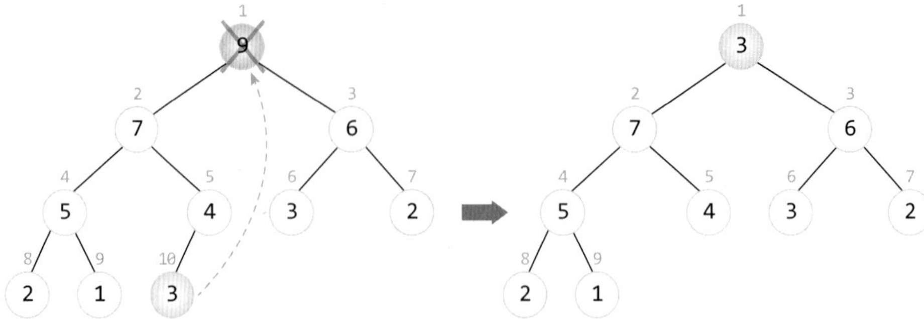

| 그림 10.15 최대 힙 트리의 삭제 연산: 1단계

(2) 새로운 루트인 3과 자식 노드들을 비교해보면 자식 노드가 더 크기 때문에 교환이 일어난다. 이때, 자식 중에서 더 큰 노드와 비교하고 교환해야 함에 유의하라. 따라서 3과 7이 교환된다.

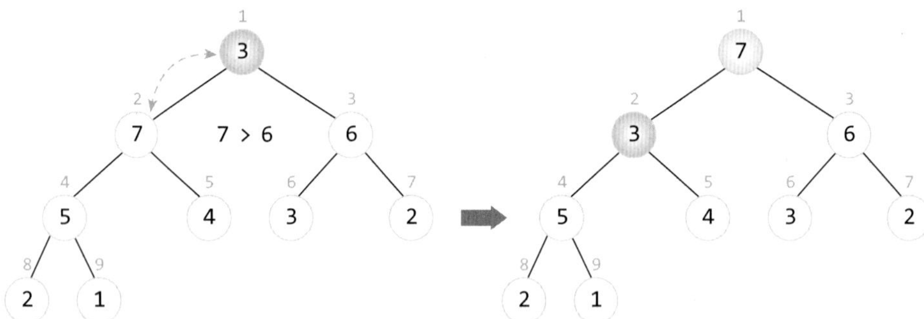

| 그림 10.16 최대 힙 트리의 삭제 연산: 2단계

(3) 아직도 3이 자식 노드보다 더 작기 때문에 3과 자식 노드 5를 교환한다.

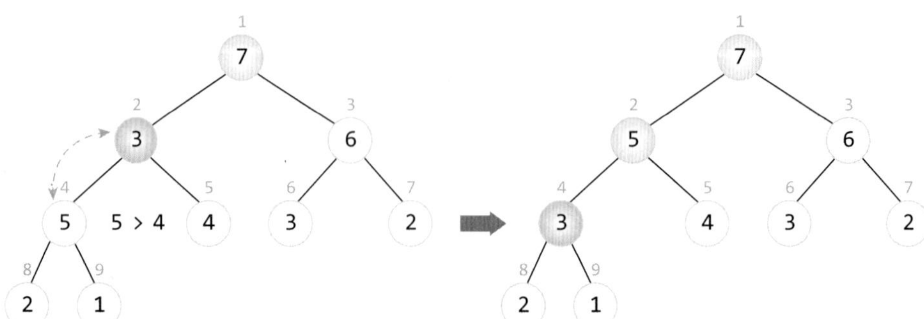

| 그림 10.17 최대 힙 트리의 삭제 연산: 3단계

(4) 3이 자식 노드인 2와 1보다 크기 때문에 더 이상의 교환은 필요 없다.

위의 과정을 유사 코드로 살펴보면 다음과 같다.

| 알고리즘 10.2 힙 트리에서의 삭제 알고리즘

```
remove()

root ← A[1];
A[1] ← A[heapSize];
heapSize ← heapSize-1;
i ← 2;
while i ≤ heapSize do
      if i < heapSize and A[i] > A[i+1]
         then largest ← i
         else largest ← i+1
      if A[PARENT(largest)] > A[largest]
         then break;
      A[PARENT(largest)] ↔ A[largest];
      i ← LEFT(largest);
return root;
```

삭제 함수를 구현한 코드는 다음과 같다.

프로그램 10.3 최대 힙 트리의 삭제 함수

```
HNode delete_heap()
{
     HNode hroot, last;
     int parent = 1, child = 2;

     if( is_empty_heap() )
          error ("힙 트리 공백 에러");

     hroot = heap[1];
     last = heap[heap_size--];
```

```
11        while( child <= heap_size ){
12            if(child<heap_size && Key(Left(parent))<Key(Right(parent)))
13                child++;
14            if( Key(last) >= Key(heap[child]) )
15                break;
16            heap[parent] = heap[child];
17            parent = child;
18            child *= 2;
19        }
20        heap[parent] = last;
21        return hroot;
22    }
```

코드 설명

1행 힙 트리의 삭제 함수.

4행 parent를 루트 위치로, child를 parent의 왼쪽 자식으로 초기화함.

6-7행 공백상태이면 오류이므로 오류메시지 출력 후 종료.

9행 삭제 연산에서는 루트노드를 반환하므로 루트를 hroot에 저장한다.

10행 힙의 마지막 요소를 last에 복사한다.

11행 힙 트리를 벗어나지 않는 동안.

12-13행 현재 노드의 자식들 중에서 더 큰 자식을 찾음. 최종적으로 child 는 더 큰 자식 노드의 인덱스가 됨.

14-15행 마지막 노드가 더 큰 자식보다 크면 이동 완료. 루프를 빠져나감.

16-18행 아니면 한 단계 아래로 이동.

20행 마지막 노드를 최종 위치에 저장

21행 저장해 둔 루트 노드 hroot를 반환함.

전체 프로그램

다음 프로그램은 최대 힙의 삽입과 삭제 연산을 테스트하는 코드이다. 최대 힙이므로 값이 큰 순서대로 삭제된다.

프로그램 10.4 최대 힙 트리 테스트 프로그램

```
01 ...                                   // 프로그램 10.1 코드 추가
02 void insert_heap( HNode n ){...}      // 프로그램 10.2 함수와 동일
03 HNode delete_heap(){...}              // 프로그램 10.3 함수와 동일
04
05 void print_heap( )
06 {
07     int i, level;
08     for(i=1, level=1 ; i<= heap_size ; i++){
09         if( i == level ) {
10             printf("\n");
11             level *= 2;
12         }
13         printf("%2d ", Key(heap[i]));
14     }
15     printf("\n-----------");
16 }
17 void main()
18 {
19     init_heap();
20     insert_heap(2 );      insert_heap(5 );
21     insert_heap(4 );      insert_heap(8 );
22     insert_heap(9 );      insert_heap(3 );
23     insert_heap(7 );      insert_heap(3 );
24     print_heap();
25
26     delete_heap( );     print_heap( );
27     delete_heap( );     print_heap( );
28     printf("\n");
29 }
```

코드 설명

5-16행 힙 트리의 내용을 화면에 출력하는 함수. 레벨 단위로 출력함.

19행 힙 트리 초기화.

20-24행 8개의 노드 삽입(3은 중복). 삽입 후 힙 트리를 출력함.

26-27행 삭제연산 실행 후 힙 트리 출력.

프로그램의 실행 결과는 다음과 같다.

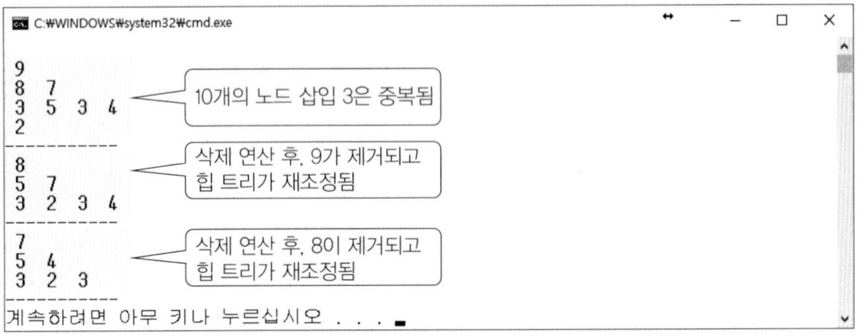

힙의 복잡도 분석

힙의 삽입과 삭제 연산의 시간 복잡도를 분석하여 보자. 삽입 연산에서 새로운 요소가 힙 트리를 타고 올라가면서 부모 노드들과 교환을 하게 되는데 최악의 경우, 루트 노드까지 올라가야 하므로 거의 트리의 높이에 해당하는 비교 연산 및 이동 연산이 필요하다. 힙이 완전이진트리임을 생각하면 힙의 높이는 $\log_2 n$가 되고 따라서 삽입의 시간 복잡도는 $O(\log_2 n)$이다. 삭제도 마찬가지로 마지막 노드를 루트로 가져온 후에 자식 노드들과 비교하여 교환하는 부분이 가장 시간이 걸리는 부분인데 이 역시 최악의 경우, 가장 아래 레벨까지 내려가야 하므로 역시 트리의 높이만큼의 시간이 걸린다. 따라서 삭제의 시간 복잡도도 $O(\log_2 n)$이다.

10.5 힙의 응용: 힙 정렬

힙을 이용하면 데이터를 간단하게 정렬할 수 있다. 힙을 사용하는 정렬 알고리즘을 힙 정렬이라고 하는데, 방법은 다음과 같다.

(1) n개의 요소를 하나씩 힙에 삽입한다.
(2) 힙에서 n번에 걸쳐 하나씩 요소들을 삭제하고 출력한다.

힙은 삽입과 삭제에 모두 $\log_2 n$ 만큼의 시간이 소요되는 것을 공부했다. (1)번 삽입 과정에서는 n번 요소를 삽입하고, (2)번 삭제 과정에서는 n번 요소를 삭제하므로 정렬에 필요한 전체 시간은 $n\log_2 n + n\log_2 n$에 비례하게 된다. 따라서 힙 정렬의 시간 복잡도는 $O(n\log_2 n)$이다. 이것은 삽입 정렬과 같은 대부분의 간단한 정렬 알고리즘이 $O(n^2)$인 것을 생각하면 매우 효율적인 방법이다. 힙 정렬이 특히 유용한 경우는 전체 자료를 정렬하는 것이 아니라 전체에서 가장 큰 값 몇 개만 필요할 때이다.

다음은 배열을 오름차순으로 정렬하는 힙 정렬 프로그램이다. 최대힙을 사용했기 때문에 삭제연산에서 나오는 값을 배열의 뒤쪽부터 저장한 것에 유의하라.

프로그램 10.5 힙 정렬 프로그램

```
...                                   // 프로그램 10.1 코드 추가
void insert_heap( HNode n ){...}      // 프로그램 10.2 함수와 동일
HNode delete_heap(){...}              // 프로그램 10.3 함수와 동일

void print_array(int a[], int n, char* msg)
{
    int i;
    printf("%10s: ", msg);
    for (i = 0; i<n; i++)
        printf("%3d", a[i]);
    printf("\n");
}

void main()
{
    int  i, data[10];

    for( i=0 ; i<10 ; i++ )
        data[i] = rand() % 100;

    print_array(data, 10, "정렬 전");
    init_heap();

    for (i = 0; i<10; i++)
```

```
25            insert_heap(data[i]);              // 배열 항목들을 힙에 넣음
26        for (i = 9; i >= 0; i--)
27            data[i] = Key(delete_heap());      // 힙에서 꺼내 배열에 다시 저장
28
29        print_array(data, 10, "정렬 후");
30    }
```

코드 설명

5-12행 배열을 보기 좋게 화면에 출력하는 함수.

18-19행 난수를 이용해 배열을 초기화 함.

21행 정렬 전의 배열을 출력.

22행 힙 초기화.

24-25행 배열의 모든 원소를 힙에 삽입함. 삽입 순서는 상관없음.

26-27행 힙에서 원소를 하나씩 꺼내 배열의 뒤쪽부터 다시 저장. 최대힙을 사용했기 때문에 큰 원소들 순서대로 나옴.

29행 정렬 후의 배열을 출력.

```
C:\WINDOWS\system32\cmd.exe
  정렬 전:  41 67 34  0 69 24 78 58 62 64
  정렬 후:   0 24 34 41 58 62 64 67 69 78
계속하려면 아무 키나 누르십시오 . . .
```

10.6 힙의 응용: 허프만 코드

영어 단어들을 공부하다 보면 알파벳 'e'가 많이 나오는 것에 비해 'z'가 들어 있는 단어는 많지 않음을 알 수 있다. 만약 어떤 문서에 있는 각 알파벳의 빈도를 알 수 있다면 이진트리를 이용하여 이 문서를 압축하여 용량을 줄일 수 있다. 이런 종류의 이진트리를 허프만 코딩 트리라고 부른다.

어떤 영문 신문에 실린 기사에서 분석한 각 문자의 빈도수가 그림 10.18과 같다고 가정하자. 테이블의 각 숫자들은 영문 텍스트에서 해당 글자가 나타나는 빈도수(frequencies)이다. e의 빈도가 123인데 비해 z는 1인데, 이것은 e가 123배 더 많이 사용되었다는 것을 의미한다. 우리가 흔히 사용하는 아스키(ASCII) 코드는 모든 문자를 동일한 비트수로 표현

한다. 이것은 압축의 관점에서는 적절하지 않다. 많이 사용되는 문자는 적은 비트수를 부여하고 그렇지 않은 문자는 많은 비트수를 부여할 수 있다. 다음 두 가지 방법을 생각해보자. e와 z만을 표현하려고 한다.

A	80
B	16
C	32
D	36
E	123
F	22
G	16
H	51
I	71
...	
Z	1

| 그림 10.18 허프만 코드를 위한 빈도수 분석

(1) 모든 문자를 7비트로 표현: 7bit * (e 123회 + z 1회)

(2) e는 2비트로, z를 20비트로 표현: 2bit * (e 123회) + 20bit * (z 1회)

첫 번째 방법은 868비트가 필요한데 비해 두 번째 방법은 266 비트만 있으면 동일한 단어를 표현할 수 있다. 따라서 데이터를 압축할 때는 아스키(ASCII) 코드와 같은 고정길이코드를 사용하지 않고 가변길이코드를 흔히 사용한다. 각 글자의 빈도수에 따라서 가장 많이 등장하는 글자에는 짧은 비트열을 사용하고 잘 나오지 않는 글자에는 긴 비트열을 사용하여 전체의 크기를 줄이는 방법이다.

예를 들어 만약 텍스트가 A ~ J로만 이루어져 있고 각 글자의 빈도수가 다음 표와 같다고 가정하자. 10가지 문자를 표현하기 위해 고정 길이 코드를 사용하면 최소 4 비트(2^4=16가지 표현 가능)가 필요하다. 만약 오른쪽과 같은 가변 길이 코드를 사용하면 글자마다 코드의 비트수가 달라진다. 고정 길이 코드에 비해 어떤 문자(A, E등)는 더 적은 비트를 사용하고 어떤 문자(G, J등)는 더 많은 비트로 표현된다.

| 표 10.3 빈도수가 알려진 문자에 대한 고정길이코드와 가변길이코드의 비교

글자	빈도수	고정 길이 코드			가변 길이 코드		
		코드	비트수	전체 비트수	코드	비트수	전체 비트수
A	17	0000	4	68	00	2	34
B	3	0001	4	12	11110	5	15
C	6	0010	4	24	0110	4	24
D	9	0011	4	36	1110	4	36
E	27	0100	4	108	10	2	54
F	5	0101	4	20	0111	4	20
G	4	0110	4	16	11110	5	20
H	13	0111	4	52	010	3	39
I	15	1000	4	60	110	3	45
J	1	1001	4	4	11111	5	5
합계	100			400			292

100개의 문자로 이루어진 전체 텍스트를 표현하기 위한 비트수를 계산해 보자. 각 코드의 비트수를 빈도수에 곱하여 모두 더하면 전체 비트수가 계산된다. 고정길이의 경우 모든 글자가 4비트이므로 전체 비트수는 4*100으로 400비트가 필요하다. 가변길이 코드에서는 292비트만 있으면 동일한 텍스트를 표현할 수 있다. (실제로는 각각의 문자에 대해 사용한 코드표가 있어야 하지만, 전체 텍스트가 충분히 길다면 이는 무시할 수 있다.)

그러면 실제로 단어를 어떻게 표현하고 읽는지를 살펴보자. "FACE"란 단어의 경우 다음 그림과 같이 표현된다.

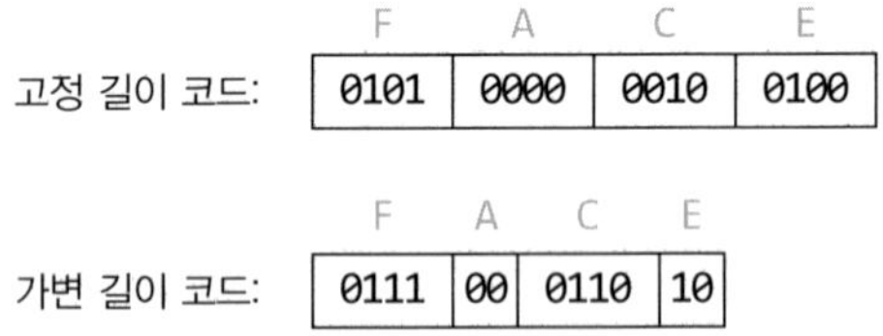

| 그림 10.19 "FACE"를 표 10.3의 코드로 표현하는 방법

먼저, 고정길이 코드에서는 0101 0000 0010 0100과 같이 순서대로 4비트씩 끊어서 코드를 적거나 읽으면 된다. 가변길이 코드로 코딩된 011100011010는 어떻게 해독할까? 한 비

트씩 읽으면서 코드 테이블에 코드가 있으면 한 문자로 처리한다. 예를 들어 첫 문자인 0은 테이블에 없으므로 다음 코드까지 읽는다. 01도 테이블에 없다. 011도 마찬가지이다. 마지막으로 0111은 테이블에서 F에 해당하는 코드이다. 따라서 첫 문자는 4비트를 사용한 F가 된다. 이 방법을 계속 진행하면 "FACE"라는 원문을 추출할 수 있다.

이런 해독과정을 가능하려면 표 10.3과 같이 모든 가변길이 코드가 다른 코드의 첫 부분이 아니어야 한다. 코딩된 비트열을 왼쪽에서 오른쪽으로 조사해 보면 정확히 하나의 코드만 일치하는 것을 알 수 있다. 이런 종류의 코드를 **허프만 코드**(Huffman codes)라고 하고, 허프만 코드를 만들기 위하여 이진트리를 사용할 수 있다.

허프만 코드 생성 방법

허프만 코드를 만드는 절차를 살펴보자. 그림 10.20은 알파벳 's', 'i', 'n', 't', 'e'에 대한 빈도수를 나타낸다고 하자.

- 1단계: 각 문자별로 노드를 생성. 노드의 값은 빈도수가 됨. 각 노드는 모두 독립적인 트리의 루트가 됨.

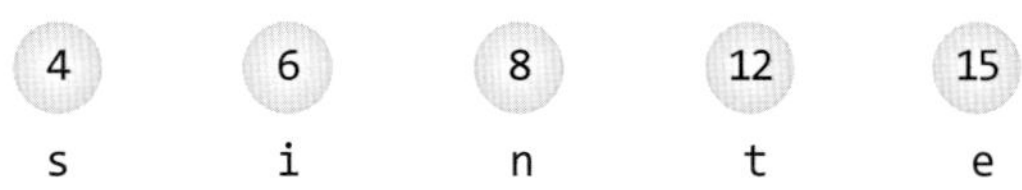

| 그림 10.20 허프만 코드 생성 과정: 1단계

- 2단계: 가장 작은 빈도수의 루트 2개를 찾아 묶어 이진트리를 구성. 이때 루트의 값은 자식 노드의 값의 합이 됨. 이제 10, 8, 12, 15를 루트로 하는 4개의 트리가 남음.

| 그림 10.21 허프만 코드 생성 과정: 2단계

- 3단계: 남은 트리에서 가장 작은 빈도수의 루트를 2개 찾아 묶어 이진트리를 구성. 10과 8이 선택되고, 이제 18, 12, 15를 루트로 하는 3개의 트리가 남음.

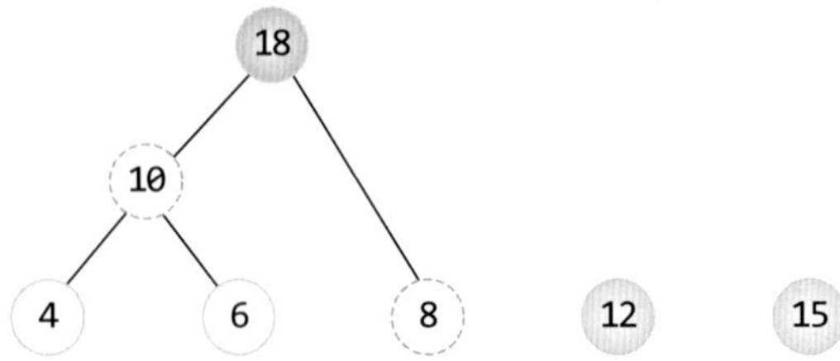

| 그림 10.22 허프만 코드 생성 과정: 3단계

- 4단계: 남은 트리에 대해서도 동일한 처리를 함. 12와 15가 선택되고, 이제 18과 27의 루트로 하는 2개의 트리만 남음.

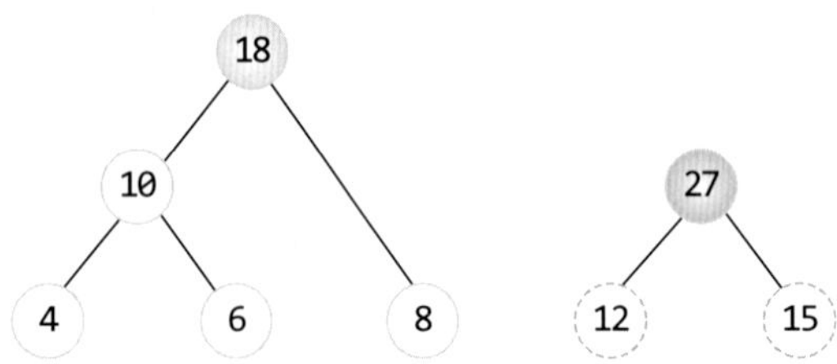

| 그림 10.23 허프만 코드 생성 과정: 4단계

- 5단계: 마지막으로 18과 27을 묶음. 최종 허프만 트리는 1개가 됨.

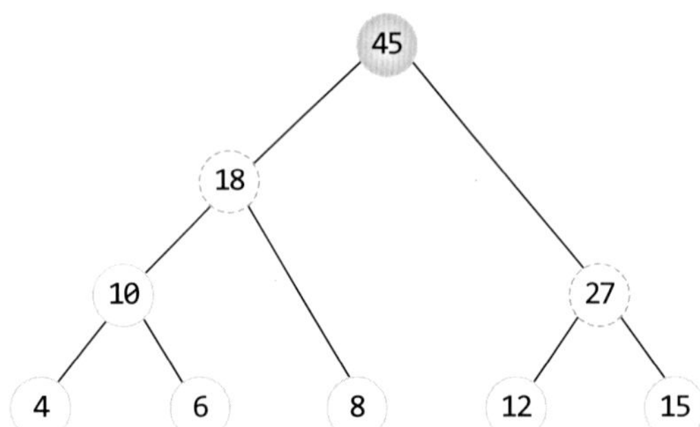

| 그림 10.24 허프만 코드 생성 과정: 5단계

- 6단계: 마지막으로 코드를 할당함. 트리에서 왼쪽 간선은 비트 1을 나타내고 오른쪽 간선은 비트 0을 나타낸다고 하고, 루트에서부터 그 노드로 이동하면서 코드를 순서대로 적으면 각 문자별로 최종 코드가 됨.

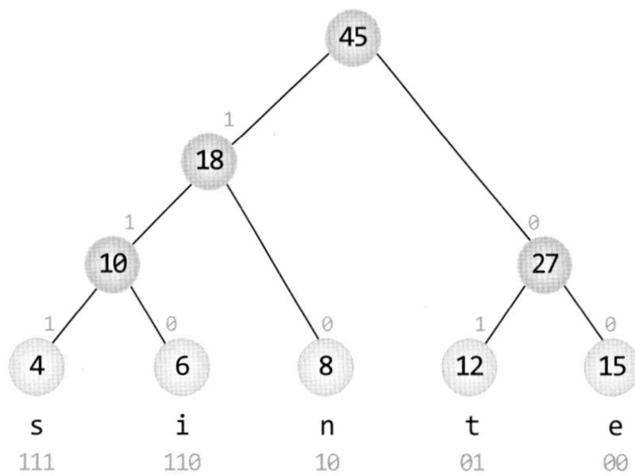

| 그림 10.25 허프만 코드 생성 과정: 6단계

허프만 코드 구현

허프만 코드 알고리즘에서 여러 문자의 빈도수들 중에서 가장 작은 2개를 찾는 과정이 있다. 이때 힙 트리를 이용할 수 있다. 여기서는 최소 힙을 이용하여야 함에 유의하라. 프로그램 10.6은 최소 힙을 사용하여 허프만 코드를 구하는 프로그램이다. 최대 힙과 차이나는 부분은 7행, 25행, 27행의 비교연산자 부등호의 방향뿐이다.

허프만 트리를 만드는 함수 **make_tree()**에서는 각 문자의 빈도수를 입력 받아 모든 노드를 힙에 삽입한다. 다음으로 현재 힙에서 최소 노드 두 개를 뽑고 이들을 묶어 하나의 노드를 다시 힙에 삽입하는 과정을 반복한다. 전체 문자의 수가 n개인 경우 이 과정을 n-1번 실행하면 최종적으로 허프만 코드가 만들어진다.

프로그램 10.6 허프만 코딩 트리 생성 프로그램

```
01 ...                          // 프로그램 10.1 코드 추가
02 void insert_heap(HNode n)
03 {
04     int i;
05     if (is_full_heap()) return;
06     i = ++(heap_size);
07     while (i != 1 && Key(n) < Key(Parent(i))) {
08         heap[i] = Parent(i);
09         i /= 2;
10     }
```

```
    heap[i] = n;
}

HNode delete_heap()
{
    HNode hroot, last;
    int parent = 1, child = 2;

    if( is_empty_heap() )
        error ("힙 트리 공백 에러");

    hroot = heap[1];
    last = heap[heap_size--];
    while( child <= heap_size ){
        if(child<heap_size && Key(Left(parent))>Key(Right(parent)))
            child++;
        if( Key(last) <= Key(heap[child]) )
            break;
        heap[parent] = heap[child];
        parent = child;
        child *= 2;
    }
    heap[parent] = last;
    return hroot;
}

void make_tree(int freq[], int n)
{
    HNode e1, e2;
    int i;

    init_heap();
    for (i = 0; i<n; i++)
        insert_heap(freq[i]);

    for (i = 1; i<n; i++){
        e1 = delete_heap();
        e2 = delete_heap();
```

```
49
50             insert_heap(Key(e1) + Key(e2));
51             printf(" (%d+%d)\n", Key(e1), Key(e2));
52         }
53 }
54
55 int main()
56 {
57     char label[] = { 'A', 'B', 'C', 'D', 'E' };
58     int  freq[] = { 15, 12, 8, 6, 4 };
59     make_tree(freq, 5);
60 }
```

코드 설명

7, 25, 27행 부등호의 방향이 바뀐것에 유의할 것.

43-44행 모든 빈도를 힙에 삽입함.

46-52행 n-1번 병합 과정을 처리함.

47-48행 최소 힙에서 우선순위가 가장 낮은 두 개의 노드를 꺼냄.

50행 꺼낸 두 노드를 합하고, 합한 노드를 힙에 다시 삽입.

51행 합해진 노드의 빈도를 화면에 출력.

58행 5개 문자의 빈도수를 나타내는 배열.

59행 허프만 트리를 생성함.

프로그램의 실행 결과에서는 최소 빈도수의 노드들이 합해지는 과정을 보여준다. 만약 이 프로그램으로 만들어진 트리에서 각 문자별 가변길이 코드를 만들기 위해서는 추가적인 코드가 필요할 것이다.

```
C:\WINDOWS\system32\cmd.exe
 (4+6)
 (8+10)
 (12+15)
 (18+27)
계속하려면 아무 키나 누르십시오 . . .
```

연습문제

1 힙 트리에서 노드가 삭제되는 위치는 어디인가?

① 루트 ② 마지막 노드
③ 가장 최근에 삽입된 노드. ④ 가장 먼저 삽입된 노드

2 힙을 배열로 표현할 수 있는 이유는 무엇인가?

① 완전 이진 트리이기 때문에
② 어느 정도 정렬되어 있기 때문에
③ 이진 트리이기 때문에
④ 히프 조건을 만족하기 때문에

3 힙 연산 중에서 하나의 노드가 삽입되거나 삭제되는 시간은 무엇에 비례하는가?

① 노드의 개수 ② 트리의 높이
③ 항상 일정하다. ④ 예측 불가능하다.

4 다음 중 힙 정렬이 특히 유용하게 사용될 수 있는 경우는?

① 데이터 100개중에서 오름차순으로 20개만 뽑고자 할때
② 비교적 데이터의 개수가 적을 때
③ 정렬의 대상이 되는 레코드의 크기가 클 때
④ 데이터가 역순으로 정렬되어 있을 때

5 최소 힙에서 가장 작은 데이터가 있는 노드는?

① 마지막 노드 ② 첫 번째 노드 ③ 중간 노드 ④ 알 수 없다.

6 최소 힙을 구현한 배열 a의 내용이 다음과 같을 때 해당하는 힙 트리를 그려라.

	0	1	2	3	4	5	6	7	8	9	10
a[i]		2	9	18	6	15	7	3	14		

(1) 이 힙에서 삭제 연산을 한번 수행한 후의 배열의 내용을 적어라.
(2) 이 힙에서 데이터 7을 삽입한 후의 배열의 내용을 적어라.

7 다음의 최소 힙 트리에서 답하라.

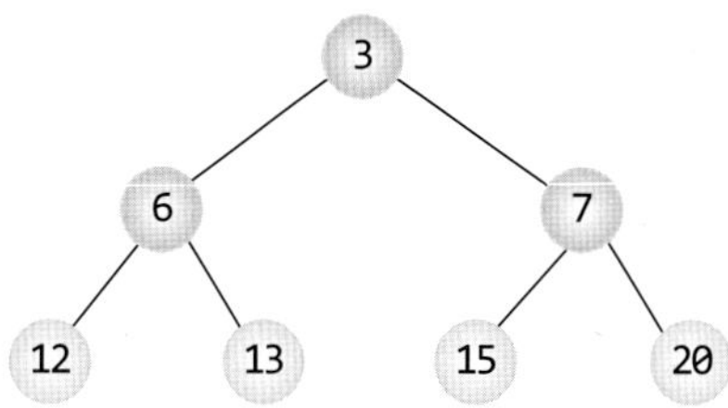

(1) 2를 삽입하였을 경우, 힙 트리를 재구성하는 과정을 보여라.
(2) 삭제연산이 한번 이루어진 다음에 힙을 재구성하는 과정을 보여라.

8 다음의 파일에 대하여 다음 물음에 답하라.

```
10, 40, 30, 5, 12, 6, 15, 9, 60
```

(1) 위의 파일을 순차적으로 읽어서 최대 힙 트리를 구성하라. 공백 트리에서 최대 히프 힙 트리가 만들어지는 과정을 보여라.
(2) 구성된 최대 힙 트리가 저장된 배열의 내용을 표시하라.
(3) 구성된 최대 힙 트리에서 최댓값을 제거한 다음 재정비하는 과정을 설명하라.

9 자신이 할일에 우선순위를 매겨서 힙에 저장했다가 우선순위 순으로 꺼내서 출력하는 프로그램을 작성하여 보자.

```
삽입(i), 삭제(d): i
할일: 이메일 작성
우선순위: 10

삽입(i), 삭제(d): i
할일: 청소하기
우선순위: 3

삽입(i), 삭제(d): d
제일 우선 순위가 높은 일은 "이메일 작성"
...
```

프로그래밍 프로젝트

1 힙을 이용하지 않고 우선순위 큐를 작성하려고 한다. 정렬되지 않은 1차원 배열을 이용해 우선순위 큐 구조체 MaxPriorityQueue와 관련 함수를 다음과 같이 작성하라. 단, 우선순위가 높은 순으로 출력되도록 한다.

```
typedef struct MaxPriorityQueue {
    int     elem[MAX_ELEMENT];
    int     size;
} MaxPriorityQueue;

void insertMaxPQ(MaxPriorityQueue* pq, int val);  // 삽입 함수
int removeMaxPQ(MaxPriorityQueue* pq);            // 최대 항목 삭제 함수
int findMaxPQ(MaxPriorityQueue* pq);              // 최대 항목 반환 함수
void displayMaxPQ(MaxPriorityQueue* pq);          // 모든 항목 출력
```

2 정렬된 연결 리스트를 이용하여 우선순위 큐 클래스 MinPriorityQueue를 다음과 같이 작성하라. 단, 우선순위가 낮은 순으로 출력되도록 한다.

```
typedef List MinPriorityQueue;

void insertMinPQ(MinPriorityQueue* pq, int val);  // 삽입 함수
int removeMinPQ(MinPriorityQueue* pq);            // 최소 항목 삭제 함수
int findMinPQ(MinPriorityQueue* pq);              // 최소 항목 반환 함수
void displayMinPQ(MinPriorityQueue* pq);          // 모든 항목 출력
```

3 배열로 표현된 완전이진트리 a가 힙 조건을 만족하는지를 검사하는 다음 함수를 순환적인 방법으로 구현하고 테스트하라.

```
int isMinHeapRecur ( int a[], int size, int id ); // 최소힙 검사(순환)
int isMaxHeapRecur ( int a[], int size, int id ); // 최대힙 검사(반복)
```

4 3번 문제의 함수를 반복적인 방법으로 구현하고 테스트하라.

```
int isMinHeapIter ( int a[], int size );          // 최소힙 검사(순환)
int isMaxHeapIter ( int a[], int size );          // 최대힙 검사(반복)
```

11 CHAPTER

그래프

학습목표

- 그래프의 개념을 이해한다.
- 그래프를 표현하는 2가지 방법을 이해한다.
- 그래프의 탐색 방법을 이해한다.
- 그래프 탐색을 이용한 문제해결 능력을 배양한다.
- 다양한 문제에 그래프를 활용할 수 있는 능력을 기른다.

CHAPTER

11 그래프

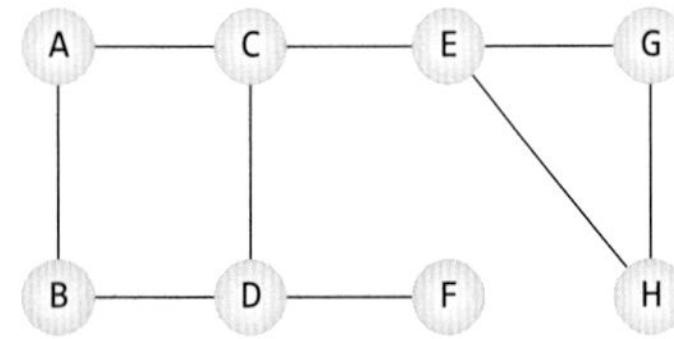

11.1 그래프란?

그래프(graph)는 요소들이 서로 복잡하게 연결되어 있는 관계를 표현하는 자료구조이다. 예를 들어, 지하철 노선도는 많은 역들이 어떻게 연결되어 있는지를 알려주며, 소셜 네트워크 서비스의 인맥 지도는 사람들의 복잡한 친구 관계를 표현한다. 그래프로 표시된 지도를 이용해 어떤 도시에서 다른 도시로 갈 수 있는 가장 가까운 경로를 찾을 수도 있다. 그래프는 앞에서 공부한 선형 자료구조들이나 트리보다 더 일반화 된 자료구조를 제공하고 많은 분야에서 널리 사용되고 있다.

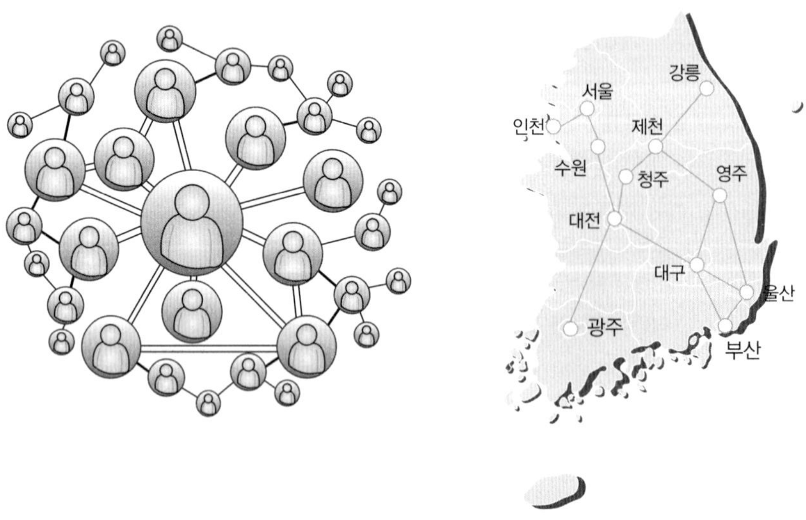

| 그림 11.1 그래프의 예: 소셜네트워크의 인맥지도와 우리나라 지도

전기회로도 그래프로 표현된다. 그래프를 이용해 각 소자들이 어떻게 연결되어 있는지를 알 수 있고, 회로가 제대로 동작할지를 분석할 수 있다. 이와 같은 문제들은 공통적으로 다양한 객체들이 서로 연결되어 있는 구조를 갖는다. 그래프는 이런 구조를 표현할 수 있는 훌륭한 논리적 도구이다. 사실 지금까지 공부했던 선형 자료구조들이나 트리도 그래프의 한 종류로 볼 수 있다. 그래프와 관련된 다양한 문제를 연구하는 학문 분야를 **그래프 이론**(graph theory)이라 부르는데, 컴퓨터 분야의 활발한 연구 주제중 하나이다. 이 장에서 그래프의 표현 방법과 기본적인 알고리즘을 살펴보자.

그래프의 역사

그래프는 수학자 오일러(Euler)에 의해 처음 창안되었다. 오일러는 그림 11.2와 같은 지형에서 "모든 다리를 한번만 건너서 출발했던 장소로 돌아올 수 있는가"라는 문제가 답이 없다는 것을 그래프 이론을 통해 증명하였다.

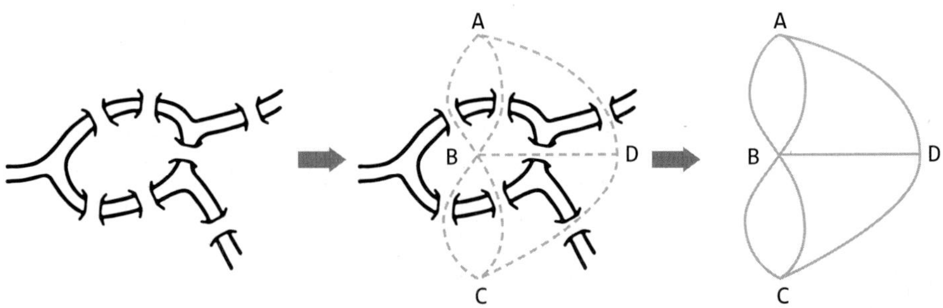

| 그림 11.2 모든 다리를 한번만 건너 돌아오는 오일러 문제에 대한 그래프 표현.

오일러는 이 문제에서 핵심적이고 중요한 것은 "A, B, C, D의 위치가 어떠한 관계로 연결되었는가?" 라고 생각하고, "위치"라는 객체는 **정점**(vertex)으로, 위치간의 관계인 "다리"는 **간선**(edge)으로 표현하여 그림의 오른쪽과 같은 그래프(graph) 문제로 변환하였다. 오일러는 이러한 그래프에 존재하는 모든 간선을 한번만 통과하면서 처음 정점으로 되돌아오는 경로를 **오일러 경로**(Eulerian tour)라 정의하고, 그래프의 모든 정점에 연결된 간선의 개수가 짝수일 때만 오일러 경로가 존재한다는 오일러의 정리를 증명하였다. 따라서 그림 11.2의 그래프는 오일러의 정리에 의해 오일러 경로가 존재하지 않는다는 것을 복잡한 시행착오를 거치지 않고도 손쉽게 알 수 있다.

그래프는 **정점**(vertex)과 **간선**(edge)의 집합으로 구성되고, 수학적으로는 G = (V, E)와 같이 표시한다. 여기서, V(G)는 그래프 G의 정점들의 집합을, E(G)는 그래프 G의 간선들의 집합을 의미한다. 정점은 여러 가지 특성을 가질 수 있는 객체를 의미하고, 간선은 이러한 객체 정점들 간의 관계를 의미하는데, 정점 A와 정점 B를 연결하는 간선은 (A, B)와 같이 정점의 쌍으로 표현한다. 정점은 **노드**(node)라고도 불리며, 간선은 **링크**(link)라고도 불린다.

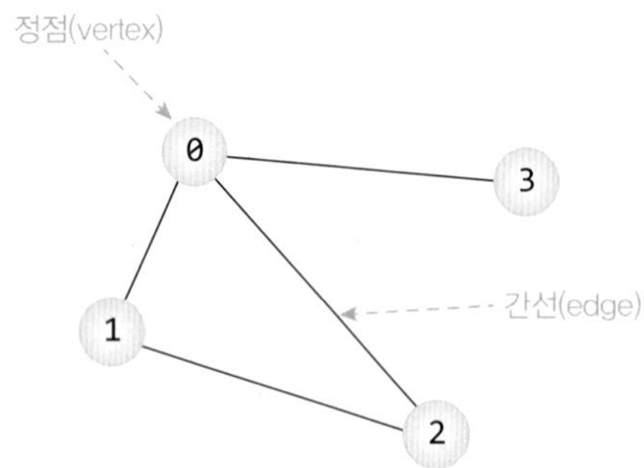

| 그림 11.3 정점과 간선

그래프는 그림으로 시각적으로 표현하기도 하지만 시각적인 형태가 그래프의 정의는 아니다. 예를 들어, 그림 11.4 (a)의 그래프 G1과 (b)의 G2가 시각적으로는 서로 다르게 보이지만 실제로는 동일한 그래프를 나타낸다. 그래프는 오직 정점과 간선의 집합이며, 그래프의 시각적 표현은 이해를 돕는 역할만을 하는 것을 명심하라.

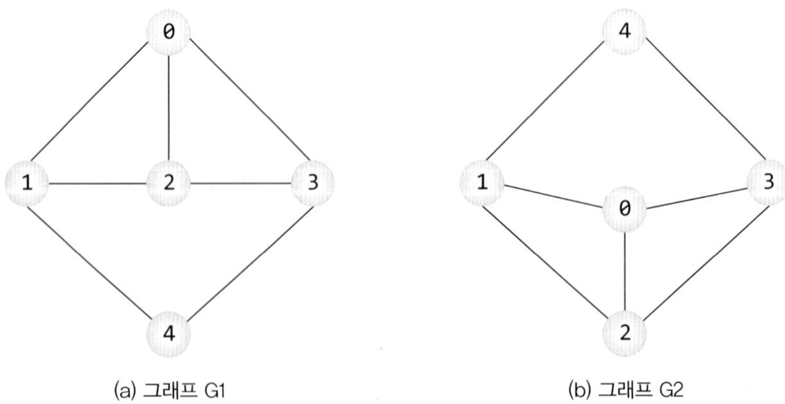

| 그림 11.4 동일한 그래프를 다르게 그린 예

그래프의 종류

그래프는 간선의 종류에 따라 몇 가지로 구분된다.

무방향 그래프(undirected graph)

간선에 방향이 표시되지 않은 그래프를 무방향 그래프라 한다. 하나의 간선은 양방향으로 갈수 있는 길을 의미하고 (A, B)와 (B, A)는 동일한 간선이 된다. 그림 11.5의 G1과 G2가 무방향 그래프의 예인데, 이들을 정점과 간선의 집합으로 표현하면 다음과 같다.

```
V(G1)= {0, 1, 2, 3},      E(G1)= {(0, 1), (0, 2), (0, 3), (1, 2), (2, 3)}
V(G2)= {0, 1, 2, 3},      E(G3)= {(0, 1), (0, 2))}
```

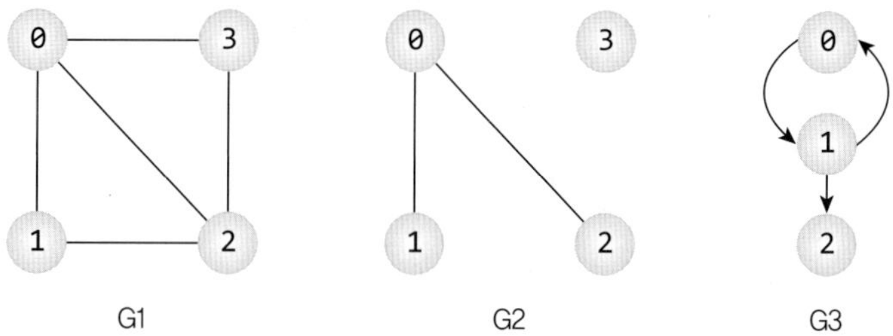

| 그림 11.5 그래프의 예제

방향 그래프(directed graph)

간선에 방향성이 존재하는 그래프를 방향 그래프라 한다. 간선은 보통 화살표로 표시되는데, 일방통행 도로와 마찬가지로 한쪽 방향으로만 갈 수 있음을 의미한다. 정점 A에서 정점 B로만 갈 수 있는 간선은 〈A, B〉로 표시한다. 방향 그래프에서 〈A, B〉와 〈B, A〉는 서로 다른 간선이다. 그림 11.5의 G3는 방향 그래프의 예를 보여주는데, 다음과 같이 정점과 간선의 집합으로 표현된다.

```
V(G2)= {0, 1, 2},        E(G2)= {<0, 1>, <1, 0>, <1, 2>}
```

가중치 그래프(weighted graph)

간선에 비용이나 가중치가 할당된 그래프를 가중치 그래프(weighted graph) 또는 네트워크(network)라 한다. 간선이 두 정점간의 연결 유무뿐만 아니라 연결 강도까지 나타낼 수 있어 보다 복잡한 관계를 표현할 수 있다. 그림 11.6은 가중치 그래프의 예를 보여준다. 가중치 그래프는 도시와 도시를 연결하는 도로의 길이, 회로 소자의 용량, 통신망의 사용료 등을 추가로 표현할 수 있으므로 그 응용 분야가 보다 광범위하다.

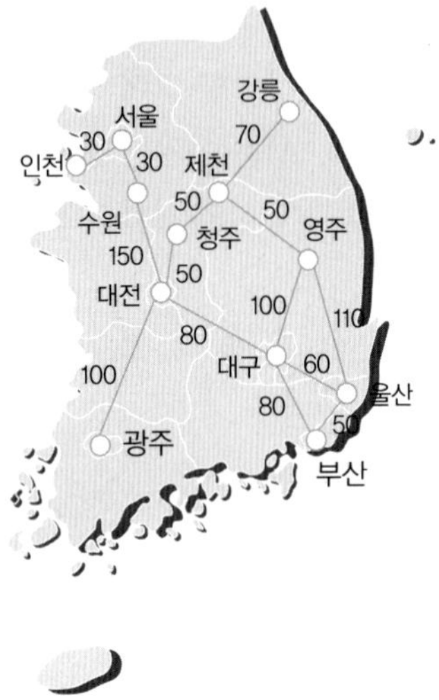

| 그림 11.6 가중치 그래프의 예

부분 그래프(subgraph)

그래프 G를 구성하는 정점의 집합 V(G)와 간선의 집합 E(G)의 부분 집합으로 이루어진 그래프를 부분 그래프라 한다. 그림 11.7은 원래의 그래프 (a)에 대한 몇 가지 부분 그래프를 보여주고 있다.

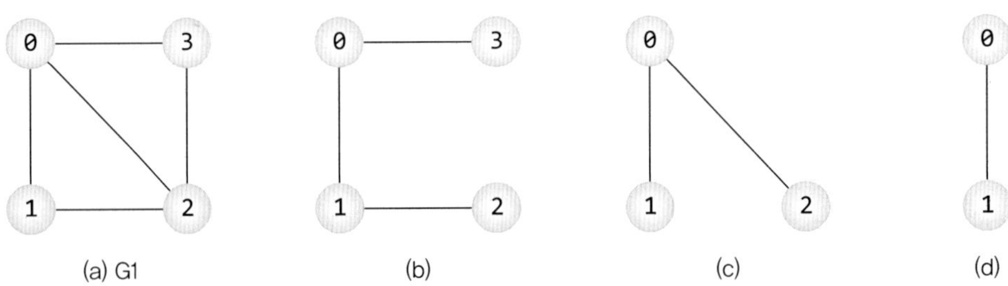

| 그림 11.7 원래의 그래프 G1에 대한 몇 개의 부분 그래프 (b), (c), (d)

그래프의 용어

그래프에서 자주 사용되는 용어들을 살펴보자.

- **인접 정점(adjacent vertex)**: 간선에 의해 직접 연결된 정점을 말한다. 그림 11.7 (a)의 그래프 G1에서 정점 1의 인접 정점은 정점 0과 정점 2이다.
- **정점의 차수(degree)**: 그 정점에 연결된 간선의 수를 말한다. 무방향 그래프에서는 정점에 인접한 정점의 수를 말하는데, G1의 정점 0은 차수가 3이다. 무방향 그래프에서는 모든 정점의 차수를 합하면 간선 수의 2배가 된다. 이것은 하나의 간선이 두 개의 정점에 인접하기 때문이다. 방향 그래프에서는 외부에서 오는 간선의 수를 진입 차수(in-degree)라 하고 외부로 향하는 간선의 수를 진출 차수(out-degree)라 한다. 그림 11.5의 방향 그래프 G3에서 정점 1은 진입 차수가 1, 진출 차수가 2이다. 방향 그래프에 있는 정점의 진입 차수 또는 진출 차수의 합은 방향 그래프의 간선의 수가 된다. 방향 그래프 G3의 간선의 수는 진입차수의 합이나 진출차수의 합과 같은 3이다.
- **경로(path)**: 간선을 따라 갈 수 있는 길을 말하며, 정점의 나열로 표시된다. 무방향 그래프에서 정점 s로부터 정점 e까지의 경로는 정점의 나열 s, v_1, v_2, ..., v_k, e로서, 나열된 정점들 간에는 반드시 간선 (s, v_1), (v_1, v_2), ... , (v_k, e)가 존재해야 한다. 만약 방향 그래프라면 $\langle a, v_1 \rangle$, $\langle v_1, v_2 \rangle$, ... , $\langle v_k, e \rangle$가 있어야 한다. 그래프 G1에서 0, 1, 2, 3은 경로지만 0, 1, 3, 2는 경로가 아니다. 왜냐하면 간선 (1, 3)이 존재하지 않기 때문이다.
- **경로의 길이**: 경로를 구성하는데 사용된 간선의 수를 말한다.
- **단순 경로(simple path)와 사이클(cycle)**: 경로 중에서 반복되는 간선이 없는 경로를 단순 경로라 한다. 그리고 단순 경로의 시작 정점과 종료 정점이 같다면 이러한 경로를 사이클이라 한다. 그래프 G1에서 경로 1, 0, 2, 3 는 단순 경로이고 경로 1, 0, 2, 0은 단순 경로가 아니다. 그래프 G1에서 경로 0, 1, 2, 0은 사이클이 된다. 또 그래프 G3에서 경로 0, 1, 0도 사이클이 된다.

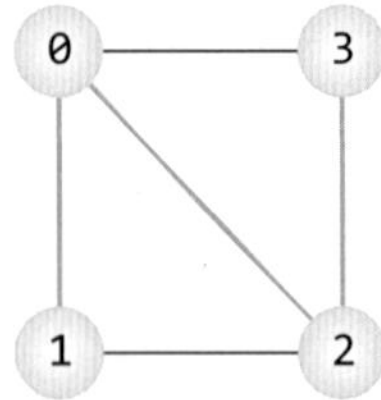

단순경로 1, 0, 2, 3

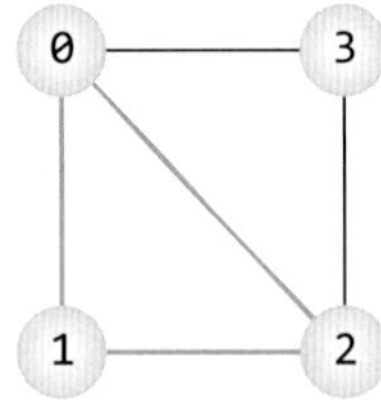

사이클 0, 1, 2, 0

| 그림 11.8 단순 경로와 사이클

- **연결 그래프(connected graph)**: 그래프 G의 모든 정점들 사이에 경로가 존재하면 G를 연결 그래프라 부른다. 이 그래프에는 떨어진 정점이 없다. 그렇지 않은 그래프는 비연결 그래프라고 한다. 그림 11.5에서 G2가 비연결 그래프이다.
- **트리(Tree)**: 그래프의 특수한 형태로서 사이클을 가지지 않는 연결 그래프를 트리라 한다. 그림 11.7의 부분 그래프 (b), (c), (d)는 모두 연결되어 있을 뿐만 아니라 사이클이 없으므로 트리이다.
- **완전 그래프(complete graph)**: 모든 정점 간에 간선이 존재하는 그래프를 완전 그래프(complete graph)라고 한다. 무방향 완전 그래프의 정점 수를 n이라고 하면, 하나의 정점은 $n-1$개의 다른 정점으로 연결되므로 간선의 수는 $n\times(n-1)/2$가 된다. 만약 완전 그래프에서 $n=4$라면 간선의 수는 $(4\times3)/2=6$이다.

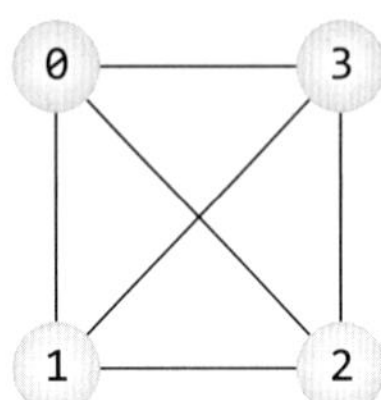

| 그림 11.9 완전 그래프의 예

그래프의 추상 자료형

그래프를 추상 자료형으로 정의해보면 다음과 같다.

| ADT 11.1 Graph

데이터: 정점의 집합과 간선의 집합

연산
- `init()`: 그래프를 초기화한다.
- `is_empty()`: 그래프가 공백 상태인지 확인한다.
- `insert_vertex(v)`: 그래프에 정점 v를 삽입한다.
- `insert_edge(u,v)`: 그래프에 간선 (u,v)를 삽입한다.
- `delete_vertex(v)`: 그래프의 정점 v를 삭제한다.
- `delete_edge(u,v)`: 그래프 g의 간선 (u,v)를 삭제한다.
- `adjacent(v)`: 정점 v에 인접한 모든 정점의 집합을 반환한다.

그래프에 정점을 추가하려면 **insert_vertex** 연산을 사용하고 간선을 추가하려면 **insert_edge** 연산을 사용한다. 간선은 2개의 정점을 이용하여 표현된다. 간선은 그 자체만 삭제될 수 있지만, 정점이 삭제되면 그와 연결된 모든 간선도 함께 삭제되어야 하는 것에 유의하라.

그래프를 표현하는 방법에는 배열을 사용하는 인접 행렬(adjacency matrix)과 연결 리스트를 사용하는 인접 리스트(adjacency list)의 두 가지가 있다. 각 방법을 자세히 살펴보자.

11.2 인접 행렬을 이용한 그래프의 표현

그래프 G를 인접 행렬로 표현해 보자. 정점의 개수가 n이라면 $n \times n$의 2차원 배열 형태인 **인접 행렬**(adjacency matrix)이 사용된다. 이 행렬을 M이라 하면 M의 각 원소들은 다음과 같은 값을 갖는다.

```
if(간선 (i, j)가 그래프에 존재)      M[i][j] = 1,
otherwise                           M[i][j] = 0.
```

우리가 다루는 그래프에서는 자체 간선(자신에서 출발해서 자신으로 들어오는 간선)을 허용하지 않으므로 인접 행렬의 대각선 성분은 모두 0으로 표시한다.

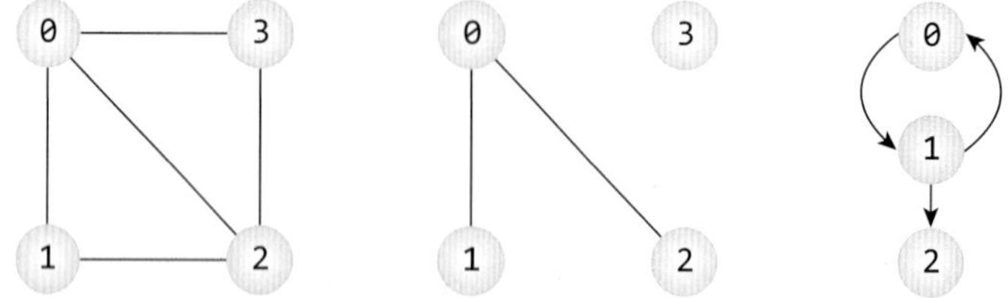

	0	1	2	3
0	0	1	1	1
1	1	0	1	0
2	1	1	0	1
3	1	0	1	0

(a)

	0	1	2	3
0	0	1	1	0
1	1	0	0	0
2	1	0	0	0
3	0	0	0	0

(b)

	0	1	2
0	0	1	0
1	1	0	1
2	0	0	0

(c)

| 그림 11.10 인접행렬을 이용한 그래프 표현

- **무방향 그래프**: 그림 11.10의 (a), (b)와 같이 무방향 그래프의 인접 행렬은 대칭 행렬이 된다. 이것은 간선 (i, j)가 정점 i에서 정점 j로의 연결뿐만 아니라 정점 j에서 정점 i로의 연결을 동시에 의미하기 때문이다. 따라서 무방향 그래프의 경우, 배열의 상위 삼각이나 하위 삼각만 저장하면 메모리를 절약할 수 있다.
- **방향 그래프**: 그림 11.10 (c)는 방향 그래프를 나타낸다. 방향 그래프의 인접 행렬은 일반적으로 대칭이 아니다.
- **가중치 그래프**: 만약 그래프의 간선들이 가중치를 가지고 있다면 행렬의 각 항목의 의미가 달라진다. 즉 0과 1이 아니라 해당 간선의 가중치 값이 저장되어야 한다. 이 경우 정점간의 간선이 없는 경우에 대한 처리에 조심해야 하는데, 단순히 0으로 처리할 경우 문제가 발생할 수 있기 때문이다. 다음 장에서 다시 자세히 설명하기로 한다.

n개의 정점을 가지는 그래프를 인접 행렬로 표현하기 위해서는 간선의 수에 무관하게 항상 n^2개의 메모리 공간이 필요하다. 인접 행렬을 이용하면 두 정점을 연결하는 간선의 존재 여부를 $O(1)$ 시간에 알 수 있다는 장점이 있다. 즉 정점 u와 정점 v를 연결하는 정점이 있는지를 알려면 M[u][v]의 값을 조사하면 바로 알 수 있다. 또한 정점의 차수는 인접 행렬의 행이나 열을 조사하면 알 수 있으므로 $O(n)$의 연산에 의해 알 수 있다. 정점 i에 대한 차수는 다음과 같이 인접 배열의 i번째 행에 있는 값을 모두 더하며 된다.

$$degree(i)=\sum_{k=0}^{n-1}M[i][k]$$

반면에 그래프에 존재하는 모든 간선의 수를 알아내려면 인접 행렬 전체를 조사해야 하므로 n^2번의 조사가 필요하게 되어 $O(n^2)$의 시간이 요구된다.

인접 행렬을 이용한 그래프의 구현

인접 행렬을 이용해서 하나의 그래프를 표현하기 위해서는 다음과 같은 데이터가 필요하다.

- 그래프의 정점의 개수(**vsize**)가 필요하다. int형으로 변수 선언한다.
- 인접행렬을 위한 2차원 배열(**adj[][]**)이 있어야 한다. **adj[i][j]**는 **i**번째 정점과 **j**번째 정점간의 간선의 유무 또는 간선의 가중치를 나타낸다. 따라서 int형 2차원 배열로 선언한다.
- 그래프의 정점에도 다양한 데이터를 저장할 수 있다. 이를 위한 1차원 배열(**vdata[]**)를 가질 수 있다. 즉, **vdata[i]**는 **i**번째 정점의 데이터이다. 정점이 특별한 데이터를 갖지 않아도 된다면 이것은 생략할 수 있다.

정점의 자료형을 **VtxData**라 하고, 일단, 정점에 하나의 문자를 저장한다고 가정하자. 인접 행렬을 이용한 그래프를 위한 데이터는 다음과 같이 정의할 수 있다.

```
typedef char VtxData;               // 그래프 정점에 저장할 데이터의 자료형
int adj[MAX_VTXS][MAX_VTXS];        // 인접 행렬
int vsize;                          // 전체 정점의 개수
VtxData vdata[MAX_VTXS];            // 정점에 저장할 데이터 배열
```

그래프 연산들은 추상 자료형을 바탕으로 구현할 수 있다. 공백상태와 포화상태의 검사, 그래프 초기화와 함께 정점과 간선의 삽입 함수는 다음과 같이 구현할 수 있다.

프로그램 11.1 인접 행렬을 이용한 그래프 데이터와 기본 연산

```
#include <stdio.h>
#include <stdlib.h>
#define MAX_VTXS    256

void error(char str[]) {...}           // 프로그램 3.1의 함수와 동일

typedef char VtxData;                  // 그래프 정점에 저장할 데이터의 자료형
int adj[MAX_VTXS][MAX_VTXS];           // 인접 행렬
int vsize;                             // 전체 정점의 개수
VtxData vdata[MAX_VTXS];               // 정점에 저장할 데이터 배열

int is_empty_graph() { return (vsize == 0); }
int is_full_graph() { return (vsize >= MAX_VTXS); }
void init_graph()
{
    int i, j;
    vsize=0;
    for(i=0 ; i<MAX_VTXS; i++)
    for(j=0 ; j<MAX_VTXS; j++)
        adj[i][j] = 0;
}
void insert_vertex( VtxData name )
{
    if (is_full_graph())
        error("Error: 그래프 정점의 개수 초과\n");
    else
        vdata[vsize++] = name;
}
void insert_edge( int u, int v, int val )
{
    adj[u][v] = val;
}
void insert_edge2( int u, int v, int val )
{
    adj[u][v] = adj[v][u] = val;
}
```

코드 설명

12-13행 그래프의 공백 상태(size==0)와 포화상태 검사 함수.

14-21행 그래프 초기화 함수. 정점의 수와 모든 간선들을 초기화 함.

22-28행 그래프에 이름이 name인 정점을 추가하는 함수.

29-36행 간선의 삽입 함수. 두 가지인 것에 유의할 것. insert_edge()는 방향성 간선 〈u,v〉를 삽입하고, insert_edge2()는 무방향 간선 (u,v)를 삽입함.

이 코드에서 삭제와 관련된 함수들은 구현하지 않은 것에 유의하라. 간선의 삭제는 간단하지만 정점의 삭제는 생각보다 복잡하다. 예를 들어, 정점 하나를 삭제하면 관련된 간선들도 모두 삭제되어야 하고, 그래프의 정점 수도 변경되어야 한다. 이 장에서는 다루는 응용에서는 정점이나 간선의 삭제가 필요하지 않으므로 이들을 구현하지 않는다.

이 함수들을 이용해 그림 11.11의 그래프를 만들고 출력하는 프로그램을 구현해 보자. 그래프의 출력함수 `print_graph()`도 추가되어야 한다. 전체 프로그램은 다음과 같다.

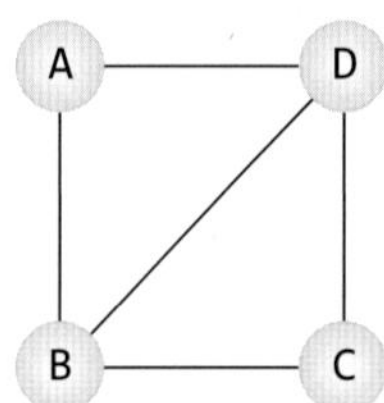

| 그림 11.11 인접행렬을 이용한 그래프 표현

프로그램 11.2 인접 행렬을 이용한 그래프 표현 프로그램 예

```
...                              // 프로그램 11.1의 코드 포함

void print_graph( char* msg )
{
    int i, j;
    printf("%s", msg);
    printf("%d\n", vsize);
    for( i=0 ; i<vsize ; i++ ) {
        printf("%c  ", vdata[i]);
        for( j=0 ; j<vsize ; j++ )
            printf(" %3d", adj[i][j]);
```

```
12              printf("\n");
13          }
14  }
15  void main()
16  {
17          int i;
18  
19          init_graph();
20          for( i=0 ; i<4 ; i++ )
21              insert_vertex( 'A'+i );
22  
23          insert_edge2(0,1, 1);
24          insert_edge2(0,3, 1);
25          insert_edge2(1,2, 1);
26          insert_edge2(1,3, 1);
27          insert_edge2(2,3, 1);
28          print_graph("그래프(인접행렬)\n");
29  }
```

코드 설명

3-14행 그래프를 화면으로 출력하는 함수. 먼저 메시지와 정점의 개수를 출력하고 각 정점의 이름과 간선 정보를 나타내는 인접 행렬을 출력함. 출력 예는 다음과 같음.

```
4
A  0 1 0 1
B  1 0 1 1
C  0 1 0 1
D  1 1 1 0
```

19행 인접 행렬을 이용한 그래프 초기화.

20-21행 4개의 정점 삽입. 정점의 이름으로 'A'~'D'를 사용.

23-27행 그래프에 양방향 간선 5개를 삽입.

28행 그래프를 화면으로 출력.(표준 출력인 stdout으로 출력)

```
C:\WINDOWS\system32\cmd.exe
그래프(인접행렬)
4
A    0  1  0  1
B    1  0  1  1
C    0  1  0  1
D    1  1  1  0
계속하려면 아무 키나 누르십시오 . . .
```

이 프로그램은 잘 동작하지만 문제점이 있다. 원하는 그래프를 입력하기 위해서는 20-27 행과 같은 코드를 매번 넣어야 할 것이고, 이것은 매우 불편한 일이다. 따라서 파일 입력을 사용하자. 이렇게 되면 그래프의 다양한 연산을 구현하고 테스트하는 과정이 간편해질 것이다. 이를 위해서는 그래프 표현 파일의 형식을 결정해야 한다. 그림 11.12와 같은 형식의 파일을 읽을 수 있도록 함수를 추가한다.

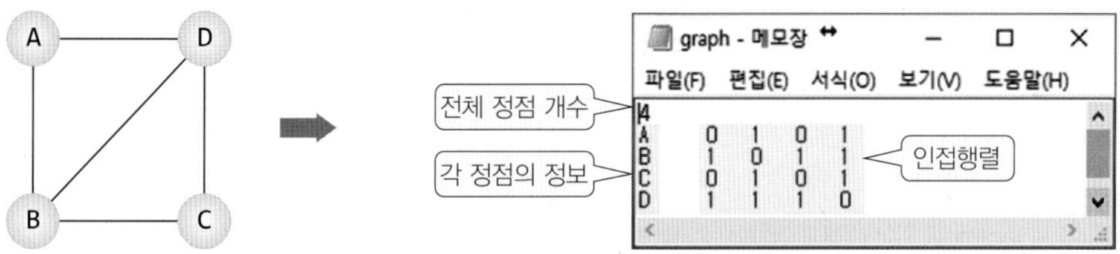

| 그림 11.12 그래프 파일의 형식 (graph.txt)

구현한 파일 입력 함수는 다음과 같고, 실행 결과는 프로그램 11.2와 동일하다.

프로그램 11.3 인접행렬을 이용한 그래프의 파일 입력 테스트 프로그램

```
...                                         // 프로그램 11.1의 코드 포함
void print_graph( char* msg ){...}          // 프로그램 11.2의 함수와 동일

void load_graph ( char *filename)
{
    int i, j, val, n;
    char str[80];
    FILE *fp = fopen(filename, "r");
    if( fp != NULL ) {
        init_graph();
        fscanf(fp, "%d", &n);
        for(i=0 ; i<n ; i++ ) {
            fscanf(fp, "%s", str);
```

```
14                  insert_vertex( str[0] );
15                  for(j=0 ; j<n ; j++){
16                      fscanf(fp, "%d", &val);
17                      if( val != 0 )
18                          insert_edge ( i, j, val);
19                  }
20              }
21              fclose(fp);
22          }
23  }
24  void main()
25  {
26          load_graph("graph.txt");
27          print_graph("그래프(인접행렬)\n");
28  }
```

코드 설명

4행 파일 filename을 읽어 그래프 객체를 초기화하는 함수

8행 파일을 열어 포인터를 만듦 (읽기 모드).

10행 그래프를 초기화 함.

11행 정점의 개수를 먼저 읽어 들임. 그림 11.12의 파일 형식을 참고할 것

13-14행 정점의 이름을 읽고 정점을 그래프에 삽입함. 파일에서 먼저 하나의 문자열을 읽고 문자열의 첫 번째 문자를 정점의 이름으로 설정한 것에 유의할 것. 문자로 읽을 경우 '\n'에 의한 문제 상황이 발생할 수 있음.

15-19행 하나의 정점에 대해 다른 정점과의 연결 관계를 읽어 들여 연결이 있으면 간선을 삽입함.

21행 처리가 끝났으면 파일을 닫음.

26-27행 "graph.txt"에서 그래프를 읽어 화면으로 출력함.

11.3 인접 리스트를 이용한 그래프의 표현

인접 리스트(adjacency list)는 그래프의 각 정점에 인접한 정점들을 연결 리스트로 표현하는 방법이다. 연결 리스트의 노드들은 인접 정점 정보를 저장하는데, 그래프에는 이러한 각 인접 리스트에 대한 헤더 포인터를 배열로 갖는다. 따라서 정점의 번호만 알면 각 정점

의 연결 리스트에 쉽게 접근할 수 있다.

무방향 그래프의 경우 간선 (i, j)가 추가되면 정점 i의 연결 리스트에 j 노드를 추가해야 하고, 정점 j의 연결 리스트에도 i 노드를 추가해야 한다. 물론 인접 리스트에 노드를 추가하는 방법에 따라 연결 리스트 내에서 정점들의 순서가 달라질 수 있지만 이러한 순서는 중요하지 않다.

정점의 수가 n개이고 간선의 수가 e개인 무방향 그래프를 표시하기 위해서는 n개의 연결 리스트가 필요하고, n개의 헤더 포인터와 $2e$개의 노드가 필요하다. 따라서 인접 행렬 표현은 정점의 개수에 비해 간선의 개수가 매우 적은 **희소 그래프**(sparse graph)의 표현에 적합하다.

그래프에 간선 (i, j)의 존재 여부나 정점 i의 차수를 알기 위해서는 인접 리스트에서의 정점 i의 연결 리스트를 탐색해야 하므로 연결 리스트에 있는 노드의 수만큼, 즉 정점 차수만큼의 시간이 필요하다. 즉 n개 정점과 e개의 간선을 가진 그래프에서 전체 간선의 수를 알아내려면 헤더 노드를 포함하여 모든 인접 리스트를 조사해야 하므로 $O(n+e)$의 연산이 요구된다.

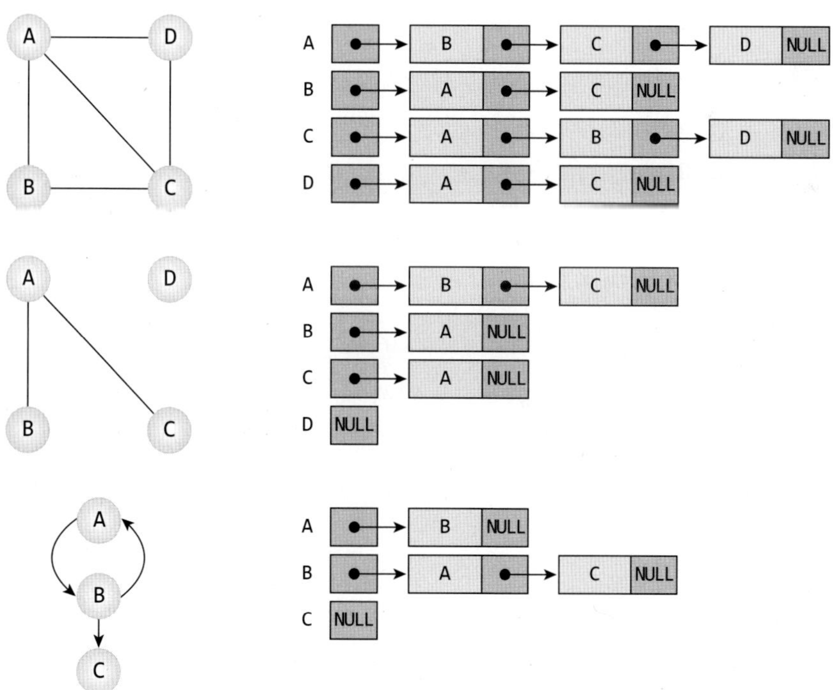

| 그림 11.13 인접리스트를 이용한 그래프 표현

인접 리스트를 이용한 그래프의 구현

인접 리스트를 이용한 그래프에서 노드는 그림 11.13과 같이 단순 연결 리스트의 노드와 동일하다. 노드 구조체에는 데이터 필드에 정점의 인덱스가 저장되며, 링크 필드는 다음 노드를 가리킨다. 노드 구조체를 다음과 같이 **GNode**로 정의하자.

```
typedef struct GraphNode {
    int id;                        // 정점의 id
    struct GraphNode* link;        // 다음 노드의 포인터
} GNode;
```

인접 리스트를 이용한 그래프 구조체에도 정점의 개수와 각 정점의 이름이 인접 리스트와 같이 선언되어야 한다. 그리고 인접 행렬 대신에 각 정점에 대한 인접 리스트를 가져야 한다. 이것은 GNode*의 배열이 되어야 하는데, 배열의 각 항목이 하나의 정점에 대한 인접 리스트의 헤더 포인터이다. 즉, adj[i]는 이제 i번째 정점의 인접 리스트에 대한 헤더 포인터를 의미한다. 그래프 관련 함수들은 인접 행렬의 경우와 거의 동일하다. 인접 리스트를 이용한 그래프의 데이터와 기본 연산은 다음과 같다.

프로그램 11.4 인접 리스트를 이용한 그래프의 데이터와 기본 연산

```
#include <stdio.h>
#include <stdlib.h>
#define MAX_VTXS    256

void error(char str[]) {...}           // 프로그램 3.1의 함수와 동일

typedef struct GraphNode {
    int id;                            // 정점의 id
    struct GraphNode* link;            // 다음 노드의 포인터
} GNode;

typedef char VtxData;                  // 그래프 정점에 저장할 데이터의 자료형
GNode*  adj[MAX_VTXS];                 // 각 정점의 인접 리스트
int     vsize;                         // 정점의 개수
VtxData vdata[MAX_VTXS];               // 정점에 저장할 데이터 배열
```

```
16
17 int is_empty_graph() { return (vsize == 0); }
18 int is_full_graph() { return (vsize >= MAX_VTXS); }
19
20 void init_graph( )
21 {
22     int i;
23     vsize=0;
24     for(i=0 ; i<MAX_VTXS ; i++ )
25         adj[i] = NULL;
26 }
27 void reset_graph()
28 {
29     int i;
30     GNode* n;
31     for(i=0 ; i<vsize ; i++ ) {
32         while( adj[i] != NULL ) {
33             n = adj[i];
34             adj[i] = n->link;
35             free( n );
36         }
37     }
38     vsize = 0;
39 }
40 void insert_vertex( char name ) {...} // 프로그램 11.1의 함수와 동일
41 void insert_edge( int u, int v )
42 {
43     GNode* n = (GNode*)malloc(sizeof(GNode));
44     n->link = adj[u];
45     n->id = v;
46     adj[u] = n;
47 }
```

코드 설명

7–10행 인접 리스트를 이용한 그래프를 위한 노드 구조체. 단순 연결 리스트의 노드 구조체와 동일함.

13행 인접 리스트를 이용한 그래프를 위한 포인터 배열. adj[i]가 이제 i번째 정점의 인접 리스트에 대한 헤더 포인터가 됨.

17–18행 그래프의 공백 상태(vsize==0)와 포화상태 검사 함수.

20–26행 그래프 초기화 함수. 모든 노드에 대해 인접 리스트 헤더 포인터를 NULL로 초기화해야 함

27–39행 인접 리스트의 모든 노드를 동적으로 해제하는 함수. 각 노드에 대한 인접 리스트가 NULL이 아니면 연결된 모든 노드들을 동적으로 해제함. 최종적으로 vsize를 0으로 초기화.

40행 정점 삽입 함수. 인접 행렬의 코드와 동일.

41–47행 방향성 간선의 삽입함수. 새로운 노드를 생성함. 노드의 인덱스는 v가 되고, link는 u번째 정점의 인접 리스트 헤더 포인터임. 최종적으로 만들어진 새로운 노드가 u번째 정점의 새로운 헤더 포인터가 됨. 즉 삽입은 리스트의 전단에서 처리됨.

화면 출력 함수와 파일 입력 함수도 구현한다. 처리하는 파일의 형식은 그림 11.12와 동일하다.

프로그램 11.5 인접 리스트를 이용한 그래프의 파일 입력 테스트 프로그램

```
...                              // 프로그램 11.4의 코드 포함
void print_graph( char* msg )
{
    int i;
    GNode* v;
    printf("%s%d\n", msg, vsize);
    for( i=0 ; i<vsize ; i++ ) {
        printf("%c  ", vdata[i]);

        for( v=adj[i] ; v != NULL ; v=v->link )
            printf("   %c", vdata[v->id]);
        printf("\n");
    }
}

void load_graph ( char *filename)
{
    int i, j, val, n;
    char str[80];
    FILE *fp = fopen(filename, "r");
    if( fp != NULL ) {
        init_graph();
```

```
23            fscanf(fp, "%d", &n);
24            for(i=0 ; i<n ; i++ ) {
25                fscanf(fp, "%s", str);
26                insert_vertex( str[0] );
27                for(j=0 ; j<n ; j++){
28                    fscanf(fp, "%d", &val);
29                    if( val != 0 )
30                        insert_edge ( i, j );
31                }
32            }
33            fclose(fp);
34        }
35    }
36    void main()
37    {
38        load_graph( "graph.txt");
39        print_graph("그래프(인접리스트)\n");
40    }
```

코드 설명

2-14행 화면 출력 함수.

6행 메시지와 정점의 수를 먼저 출력함.

7-13행 각 정점에 대해, 정점 정보를 먼저 출력한 후 인접 리스트를 따라가면서 연결된 정점의 이름을 출력함.

16-35행 그래프 파일 입력 함수. 인접 행렬 방식에서 사용한 그림 11.12와 같은 형식의 파일을 읽어 들이는 것에 유의할 것.

사용 방법이 프로그램 11.3과 동일한 것에 주목하라. 실제로 구현하는 방법이 다르더라도 인터페이스를 동일하게 제공하면 사용 방법은 동일하다. 이 프로그램의 실행 결과는 다음과 같다.

```
선택 C:₩WINDOWS₩system32₩cmd.exe
그래프(인접리스트)
4
A      D   B
B      D   C   A
C      D   B
D      C   B   A
계속하려면 아무 키나 누르십시오 . . .
```

11.4 그래프의 탐색

그래프 탐색은 가장 기본적인 연산으로 하나의 정점에서 시작하여 모든 정점들을 한 번씩 방문하는 작업이다. 실제로 많은 그래프 문제들이 단순히 정점들을 탐색만으로 해결된다. 예를 들어, 전자회로에서도 어떤 두 단자가 서로 연결되어 있는지를 판단하는 것은 그래프 탐색만으로 가능하다. 미로에서 출구를 찾는 일도 그래프 탐색으로 해결할 수 있다. 기본적인 그래프 탐색 방법에는 깊이 우선 탐색과 너비 우선 탐색의 두 가지가 있다.

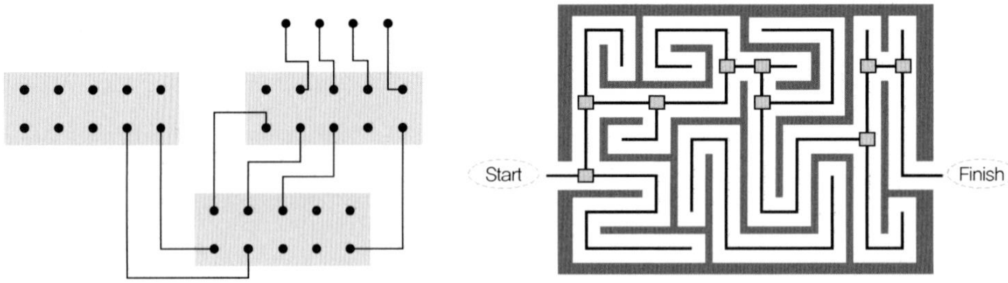

(a) 전자회로의 단자 간의 연결성 검사 (b) 미로 탐색

| 그림 11.14 그래프 탐색의 응용

깊이 우선 탐색

깊이 우선 탐색(depth first search, DFS)은 스택을 이용한 미로 탐색과 유사하다. 미로를 탐색할 때 한 방향으로 갈 수 있을 때까지 계속 가다가 더 이상 갈 수 없게 되면 다시 가장 가까운 갈림길로 돌아와서 다른 방향을 다시 탐색하는 방법으로 출구를 찾을 수 있었다.

그래프에서 깊이 우선 탐색은 먼저 시작 정점에서부터 임의의 인접한 정점으로 깊이 탐색을 진행한다. 이때 방문한 정점은 반드시 방문되었다는 표시를 해야 하고, 탐색은 아직 방문하지 않은 인접 정점으로만 가능하다. 만약 더 이상 방문하지 않은 인접 정점이 없으면 가장 마지막에 만났던 정점으로 되돌아간다. 거기서 다시 아직 방문하지 않은 인접 정점을 찾아 다시 동일한 방법의 탐색을 진행한다. 이 방법은 가장 최근에 만났던 갈림길로 되돌아가야 하므로 스택을 사용하여 구현할 수 있지만, 순환 알고리즘의 형태로 다음과 같이 간단하게 나타낼 수도 있다.

| 알고리즘 11.1 깊이 우선 탐색 알고리즘

```
depth_first_search(v)

    v를 방문되었다고 표시;
    for all u ∈ (v에 인접한 정점) do
       if (u가 아직 방문되지 않았으면)
           then depth_first_search(u)
```

그림 11.15의 그래프에서 생각해 보자. A를 시작 정점으로 선택하였다. 이미 방문한 정점은 회색으로, 현재 방문 중인 정점은 파란색 원으로 표시하였고 점선 화살표는 이미 방문한 정점 방향의 간선을 의미한다. 굵은 실선 화살표는 실제로 다음에 방문하는 간선을 의미한다.

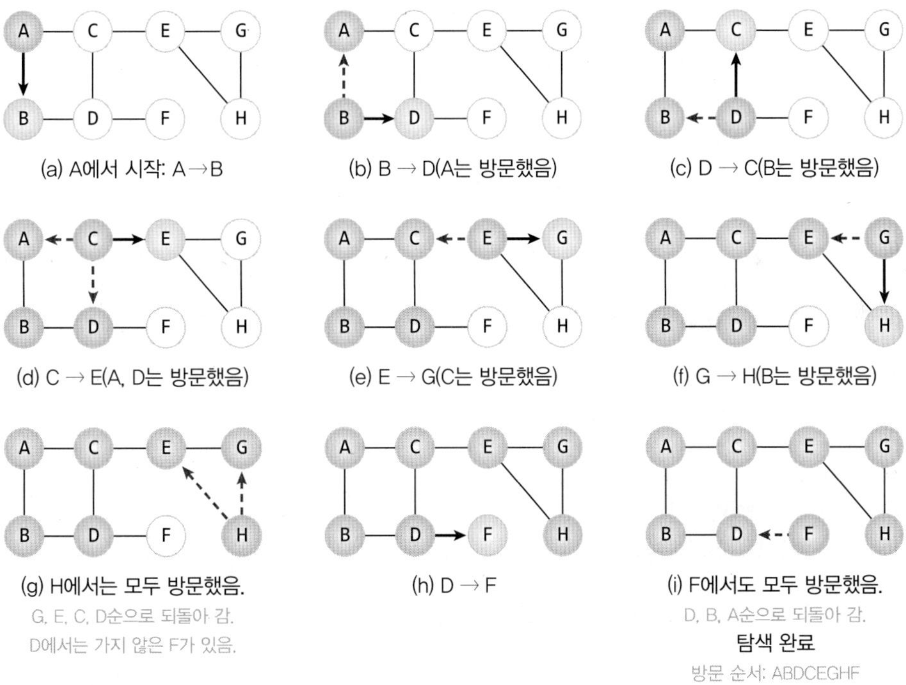

(a) A에서 시작: A→B

(b) B → D(A는 방문했음)

(c) D → C(B는 방문했음)

(d) C → E(A, D는 방문했음)

(e) E → G(C는 방문했음)

(f) G → H(B는 방문했음)

(g) H에서는 모두 방문했음.
G, E, C, D순으로 되돌아 감.
D에서는 가지 않은 F가 있음.

(h) D → F

(i) F에서도 모두 방문했음.
D, B, A순으로 되돌아 감.
탐색 완료
방문 순서: ABDCEGHF

| 그림 11.15 깊이 우선 탐색의 과정

A에서 시작하여 B, D, C, E, G, H순으로 순환 호출을 진행하는데, H에서 더 이상 가지 않은 인접 정점이 없다. 이제 함수를 리턴하여 이전의 갈림길로 되돌아간다. 이것은 스택

의 pop연산과 동일하다. G, E, C, D 순으로 되돌아가는데, D에서 아직 방문하지 않은 길이 있으므로 여기서 다시 F로 탐색을 진행한다. 이제 F에서도 더 이상 방문하지 않은 정점이 없으므로 D, B, A 순으로 되돌아가서 탐색이 완료된다.

인접 행렬을 이용한 그래프의 깊이 우선 탐색

깊이 우선 탐색을 스택을 이용하거나 순환 호출을 이용하여 구현할 수 있다. 여기서는 알고리즘 11.1과 같이 순환 호출을 이용하여 구현하자. 정점의 방문 여부를 기록하기 위해 배열 **visited**를 사용하는데, 그래프 객체가 생성될 때 모든 정점의 **visited** 값을 **FALSE**로 초기화해야 한다. 어떤 정점을 방문하면 그 정점의 **visited** 값을 **TRUE**로 변경한다. 이 배열의 자료형은 int를 사용한다. 인접행렬을 이용한 깊이 우선 탐색 프로그램은 다음과 같다.

프로그램 11.6 인접 행렬을 이용한 그래프의 깊이 우선 탐색 프로그램

```
...                                             // 프로그램 11.1의 코드 포함
void load_graph ( char *filename){...}          // 프로그램 11.3의 함수와 동일

int  visited[MAX_VTXS];
void reset_visited()
{
    int i;
    for( i=0 ; i<vsize ; i++ )
        visited[i] = 0;
}
void DFS( int v)
{
    int w;
    visited[v] = 1;
    printf("%c ", vdata[v]);
    for( w=0 ; w<vsize ; w++)
        if( adj[v][w]!=0 && visited[w]==0)
            DFS( w );
}
void main()
{
    load_graph( "graph.txt" );
```

```
23        reset_visited( );
24        printf("DFS ==> ");
25        DFS( 0 );
26        printf("\n");
27    }
```

코드 설명

4행 각 정점의 방문 여부를 기록하기 위한 배열.

5-10행 방문 여부를 기록하는 배열을 초기화하는 함수. 모든 노드를 방문하지 않았다고 생각하고 0으로 처리.

11-19행 깊이 우선 탐색 함수.

14-15행 먼저 현재 정점 v를 방문했다고 표시하고, 정점 이름을 출력.

16-18행 모든 정점들에 대해, 현재 정점과 연결되어 있고 아직 가지 않은 정점이면, 순환 호출로 다시 탐색함.

22행 그림 11.16의 그래프를 파일에서 읽음.

23-25행 방문 기록 배열을 초기화한 후 깊이 우선 탐색.

프로그램의 테스트를 위해 그림 11.16과 같은 그래프를 사용하였다.

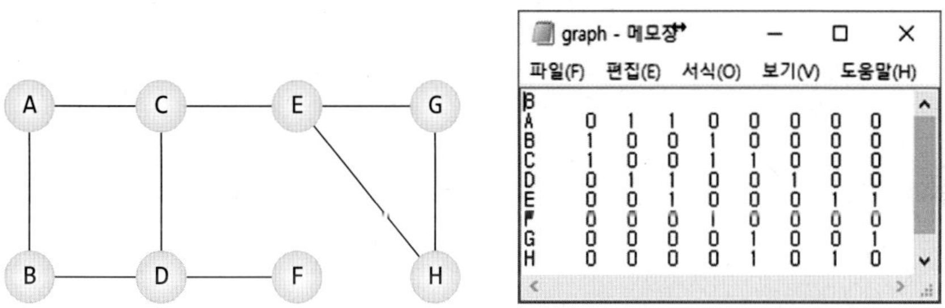

| 그림 11.16 탐색에 사용된 그래프와(좌) 파일에 저장된 형식(우) (graph.txt)

이 프로그램의 실행 결과는 다음과 같다. 그림 11.15와 같이 정점 A부터 깊이우선탐색으로 방문한 정점들의 이름이 순서대로 나열되는 것을 알 수 있다.

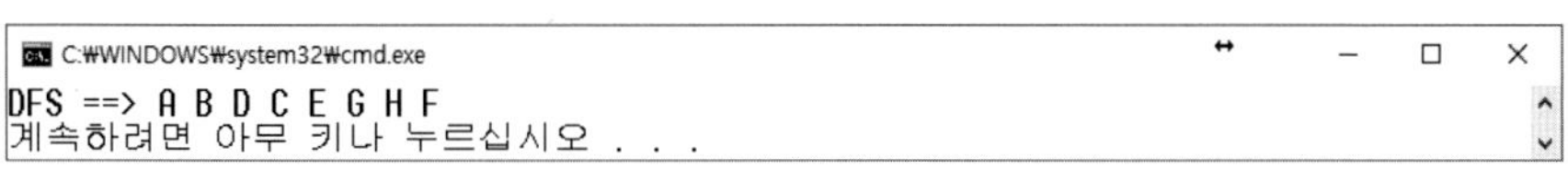

인접 리스트를 이용한 그래프의 깊이 우선 탐색

인접 리스트를 이용한 그래프에서도 동일한 알고리즘을 적용해 보자. 기본적인 구조는 프로그램 11.6과 동일하지만 인접 정점들을 찾는 반복문에서 약간의 차이가 있다. 구현된 프로그램은 다음과 같다.

프로그램 11.7 인접 리스트를 이용한 그래프의 깊이 우선 탐색 프로그램

```
01  ...                                        // 프로그램 11.4의 코드 포함
02  void load_graph ( char *filename){...}     // 프로그램 11.5의 함수와 동일
03
04  int  visited[MAX_VTXS];
05  void reset_visited(){...}                  // 프로그램 11.6의 함수와 동일
06
07  void DFS( int v) {
08      GNode *p;
09      visited[v] = 1;
10      printf("%c ", vdata[v]);
11      for( p=adj[v] ; p!=NULL ; p=p->link )
12          if(visited[p->id] == 0)
13              DFS( p->id );
14  }
15  void main() {...}                          // 프로그램 11.6의 함수와 동일
```

코드 설명

1행 인접 리스트를 이용한 그래프 헤더 파일 포함

2-4행 각 정점의 방문 여부를 기록하기 위한 배열과 방문 여부를 기록하는 배열을 초기화하는 함수는 프로그램 11.6과 동일.

11행 헤더 포인터를 시작으로 모든 연결된 노드들에 대해서

12행 아직 방문하지 않은 정점이면

13행 순환 호출로 다시 탐색함.

15행 main()함수도 프로그램 11.6과 동일.

동일한 그래프에 대한 실행 결과는 다음과 같다. 인접 행렬을 이용한 방법과 결과가 다른 것에 유의하라. 이것은 인접 리스트의 노드 순서가 정점 인덱스의 역순으로 들어 있기 때

문이다. 프로그램 11.4의 insert_edge()함수에서 노드의 삽입이 연결 리스트의 전단에서 이루어진 것을 확인하라.

```
C:\WINDOWS\system32\cmd.exe
DFS ==> A C E H G D F B
계속하려면 아무 키나 누르십시오 . . .
```

깊이 우선 탐색의 분석

깊이 우선 탐색은 그래프의 모든 간선을 조사하므로 정점의 수가 n이고 간선의 수가 e인 그래프를 깊이 우선 탐색은 하는 시간은 그래프가 인접리스트로 표현되어 있다면 $O(n+e)$이고, 인접 행렬로 표시되어 있다면 $O(n^2)$이다. 이는 희소 그래프인 경우 깊이 우선 탐색은 인접 리스트의 사용이 인접행렬의 사용보다 시간적으로 유리함을 뜻한다.

너비 우선 탐색

너비 우선 탐색(breadth first search: BFS)은 시작 정점으로부터 가까운 정점을 먼저 방문하고 멀리 떨어져 있는 정점을 나중에 방문하는 순회 방법이다. 너비 우선 탐색을 위해서는 가까운 거리에 있는 정점들을 차례로 저장하고, 들어간 순서대로 꺼낼 수 있는 자료구조가 필요하다. 물론 **큐**(queue)가 사용된다. 즉, 정점들이 방문될 때마다 큐에 인접 정점을 삽입하고, 더 이상 방문할 인접 정점이 없는 경우 큐의 맨 앞에서 정점을 꺼내 그 정점과 인접한 정점들을 차례대로 방문한다. 초기 상태의 큐에는 시작 정점만이 저장되고, 너비우선 탐색 과정은 큐가 공백 상태가 될 때까지 계속한다.

그림 11.17을 보자. 처음에는 큐에 A만 들어있다. 큐에서 A를 꺼내 인접 정점을 순서대로 방문한다. 이제 큐에는 [B, C]가 순서대로 들어있다. 다시 큐에서 B를 꺼내고 B에서 갈 수 있는 인접 정점을 방문하고 큐에 삽입한다. 이제 큐에는 [C, D]가 들어있다. 이 과정을 큐가 공백상태가 될 때 까지 진행한다. (f) 상태에서 다음으로 F가 큐에서 꺼내지는데, 이미 모두 방문했으므로 더 이상 큐에 삽입할 정점이 없다. 이와 같이 큐의 모든 요소들이 처리되어 큐가 공백상태이면 탐색은 종료된다. 다음은 너비 우선 탐색의 유사 코드이다.

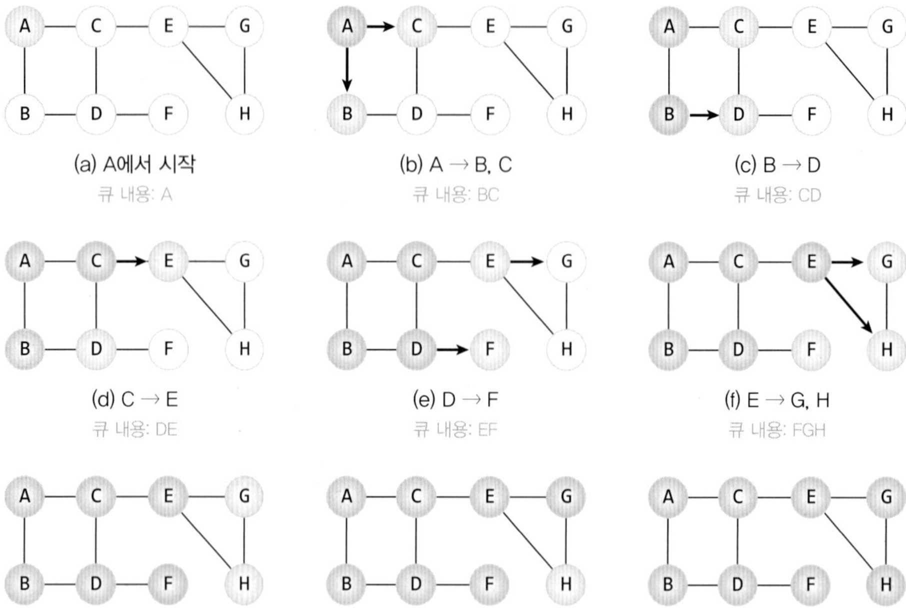

(a) A에서 시작
큐 내용: A

(b) A → B, C
큐 내용: BC

(c) B → D
큐 내용: CD

(d) C → E
큐 내용: DE

(e) D → F
큐 내용: EF

(f) E → G, H
큐 내용: FGH

(g) F에서는 모두 방문했음.
큐 내용: GH

(h) G에서는 모두 방문했음.
큐 내용: H

(i) H에서도 모두 방문했음.
큐 공백 상태 → 탐색 완료
방문 순서: ABDCEGHF

| 그림 11.17 너비 우선 탐색

| 알고리즘 11.2 너비 우선 탐색 알고리즘

```
breadth_first_search(v)

    v를 방문되었다고 표시;
    큐 Q에 정점 v를 삽입;
    while (not is_empty(Q)) do
        Q에서 정점 w를 삭제;
        for all u ∈ (w에 인접한 정점) do
            if (u가 아직 방문되지 않았으면)
                then  u를 큐에 삽입;
                      u를 방문되었다고 표시;
```

너비 우선 탐색의 특징은 시작 정점으로부터 거리가 가까운 정점의 순서로 탐색을 진행한다는 것이다. 여기서 거리란 시작정점으로부터 어떤 정점까지의 경로 중 가장 짧은 경로의 길이를 뜻한다. 즉, 너비우선 탐색은 거리가 d인 정점들을 모두 방문한 다음, 거리가 (d+1)인 정점들을 모두 방문하게 된다. 거리가 0인 시작정점으로부터 거리가 1인 모든 정점, 거리가 2인 모든 정점, 거리가 3인 모든 정점 등의 순서대로 방문한다.

인접 행렬을 이용한 그래프의 너비 우선 탐색

인접 행렬을 이용한 그래프 클래스에 너비 우선 탐색 함수를 추가해 보자. 큐는 4장에서 구현한 원형 큐를 사용하면 된다. 정점의 방문 여부를 기록하는 **visited**는 깊이우선탐색에서와 동일하게 사용된다. 구현된 프로그램은 다음과 같다.

프로그램 11.8 인접 행렬을 이용한 그래프의 너비 우선 탐색 프로그램

```
...                                              // 프로그램 11.1의 코드 포함
void load_graph ( char *filename){...}           // 프로그램 11.3의 함수와 동일

int  visited[MAX_VTXS];
void reset_visited(){...}                        // 프로그램 11.6의 함수와 동일

// 선형큐 데이터와 함수 추가
...                                              // 프로그램 4.1의 3~37행 추가.

void BFS( int v)
{
    int w;
    visited[v] = 1;
    printf("%c ", vdata[v]);
    init_queue( );
    enqueue( v );
    while(!is_empty()){
        v = dequeue();
        for(w=0; w<vsize; w++)
            if(adj[v][w] != 0 && visited[w]==0){
                visited[w] = 1;
                printf("%c ", vdata[w]);
                enqueue(w);
            }
```

```
25          }
26  }
27  void main()
28  {
29          load_graph( "graph.txt" );
30          reset_visited( );
31          printf("BFS ==> ");
32          BFS( 0 );
33          printf("\n");
34  }
```

코드 설명

8행 원형 큐 데이터와 함수들을 포함.

10–26행 너비 우선 탐색 함수.

13–14행 현재 정점 v를 방문했다고 표시하고 화면에 출력함.

15–16행 큐를 초기화 하고 시작 정점을 큐에 삽입.

17행 큐가 공백 상태가 아닐 때 까지

18행 큐에서 하나의 정점 v를 꺼냄.

19행 모든 정점들에 대해서,

20행 그 정점이 v와 연결되어 있고 방문되지 않았으면

21–22행 방문했다고 표시하고, 정점 이름을 화면에 출력.

23행 이 정점을 큐에 삽입함.

```
C:\WINDOWS\system32\cmd.exe
BFS ==> A B C D E F G H
계속하려면 아무 키나 누르십시오 . . .
```

인접 리스트를 이용한 그래프의 너비 우선 탐색

동일한 알고리즘을 인접 리스트로 구현된 그래프에 적용한 코드는 다음과 같다. 역시, 인접 정점을 찾는 반복문에 유의해야 한다.

프로그램 11.9 인접리스트를 이용한 그래프의 너비 우선 탐색 프로그램

```
...                                         // 프로그램 11.4의 코드 포함
void load_graph ( char *filename){...}      // 프로그램 11.6의 함수와 동일

int  visited[MAX_VTXS];
void reset_visited(){...}                   // 프로그램 11.6의 함수와 동일

// 선형큐 데이터와 함수 추가
...                                         // 프로그램 4.1의 3~37행 추가.

void BFS( int v)
{
	GNode *w;
	visited[v] = 1;

	printf("%c ", vdata[v]);
	init_queue( );
	enqueue( v );
	while(!is_empty()){
		v = dequeue();
		for( w=adj[v] ; w!=NULL ; w=w->link ) {
			if(!visited[w->id]){
				visited[w->id] = 1;
				printf("%c ", vdata[w->id]);
				enqueue(w->id);
			}
		}
	}
}
void main() {...}                           // 프로그램 11.8의 함수와 동일
```

```
C:\WINDOWS\system32\cmd.exe
BFS ==> A C B E D H G F
계속하려면 아무 키나 누르십시오 . . .
```

이 프로그램의 실행 결과도 프로그램 11.8과 약간 차이가 있는 것을 알 수 있다. 그러나 그래프에서 순서를 따라가 보면 이 결과도 맞는 것을 알 수 있다. 이러한 차이는 동일한 큐

에 정점을 삽입하는 순서의 차이에 따라 발생하는데, 인접 행렬과 달리 인접 리스트의 노드 순서가 정점 인덱스의 역순으로 삽입되기 때문이다.

너비 우선 탐색의 분석

너비 우선 탐색은 그래프가 인접 리스트로 표현되어 있으면 전체 수행시간이 $O(n+e)$이며, 인접행렬로 표현되어 있는 경우는 $O(n^2)$ 시간이 걸린다. 너비우선 탐색도 깊이우선 탐색과 같이 희소 그래프를 사용할 경우 인접리스트를 사용하는 것이 효율적이다.

11.5 연결 성분 검사

그래프 탐색의 응용으로 그래프의 연결 성분들을 찾아보자. **연결 성분(connected component)**이란 최대로 연결된 부분 그래프를 말한다. 예를 들어 그림 11.19의 그래프에는 2개의 연결된 부분 그래프, 즉 2개의 연결 성분이 있다.

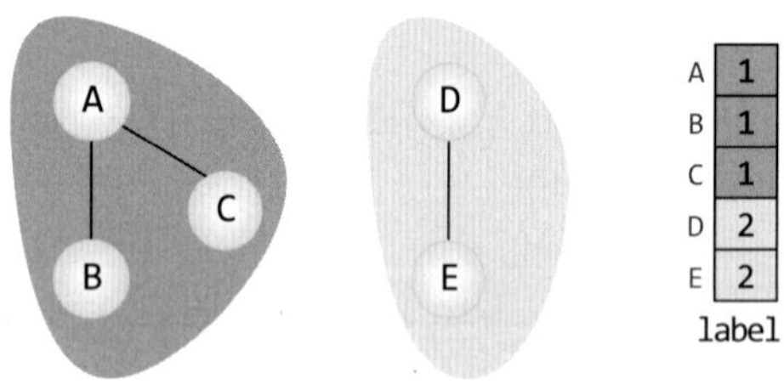

| 그림 11.18 연결 성분

연결 성분을 찾기 위해서 깊이 우선이나 너비 우선 탐색을 모두 이용할 수 있다. 여기서는 깊이우선탐색을 사용하자. 먼저 그래프상의 임의의 정점을 선택하고, 깊이우선탐색을 통해 연결되어 있는 모든 정점들을 출력한다. 더 이상 연결된 정점이 없으면 그래프에서 아직 방문되지 않은 다른 정점을 선택해 동일한 과정을 되풀이한다. 이 과정을 그래프의 모든 정점이 방문될 때까지 반복하면 모든 연결 성분들을 찾을 수 있다.

이제 프로그램을 구현하자. 연결 성분 탐색을 위해서는 각 정점마다 색(연결된 성분의 번호)을 저장할 공간이 필요하다. 이것을 `label`라 하고, 배열을 이용해 선언한다. 최종적으로 `label[i]`에는 `i`번째 정점의 색이 저장된다. 인접 행렬을 이용해 구현한 프로그램은 다음과 같다. 연결성분탐색 주 함수와 깊이우선탐색으로 정점을 방문하면서 각 정점을 색칠하는 labelDFS() 함수를 DFS()를 수정하여 구현하였다.

프로그램 11.10 인접 행렬을 이용한 그래프의 연결 성분 탐색 프로그램

```
...                                            // 프로그램 11.1의 코드 포함
void load_graph ( char *filename){...}         // 프로그램 11.3의 함수와 동일
int  visited[MAX_VTXS];
void reset_visited(){...}                      // 프로그램 11.6의 함수와 동일

int  label[MAX_VTXS];
void labelDFS( int v, int color)
{
    int w;
    visited[v] = 1;
    label[v] = color;
    printf("%c ", vdata[v]);

    for( w=0 ; w<vsize ; w++)
        if( adj[v][w]!=0 && visited[w]==0)
            labelDFS( w, color );
}
void find_connected_component()
{
    int i, count = 0;

    reset_visited();
    for(i=0; i<vsize ; i++) {
        if( visited[i]==0)
            labelDFS(i, ++count);
    }
    printf("\n그래프 연결성분 개수 = %d\n", count);
    for( i=0 ; i<vsize ; i++ )
        printf( "%c=%d ", vdata[i], label[i] );
    printf( "\n" );
}

void main()
```

```
34  {
35      int i;
36
37      init_graph();
38      for( i=0 ; i<5 ; i++ )
39          insert_vertex( 'A'+i );
40      insert_edge2(1,0,1);
41      insert_edge2(2,0,1);
42      insert_edge2(3,4,1);
43
44      print_graph("그래프(연결성분테스트)\n");
45      find_connected_component();
46  }
```

코드 설명

6행 정점의 색상을 저장할 label 배열 선언.

7-17행 DFS()함수를 수정하여 구현. 깊이 우선 탐색을 수행하면서 방문한 정점에 color를 칠함.

18행 그래프 연결성분 주 함수

20행 최초에는 연결 성분의 수 = 0

23-26행 모든 정점이 방문될 때 까지 labelDFS()함수 실행

28-30행 결과 출력.

37-42행 그림 11.18의 그래프를 생성함.

44-45행 그래프를 출력하고, 연결 성분을 찾음.

프로그램의 실행결과는 다음과 같다.

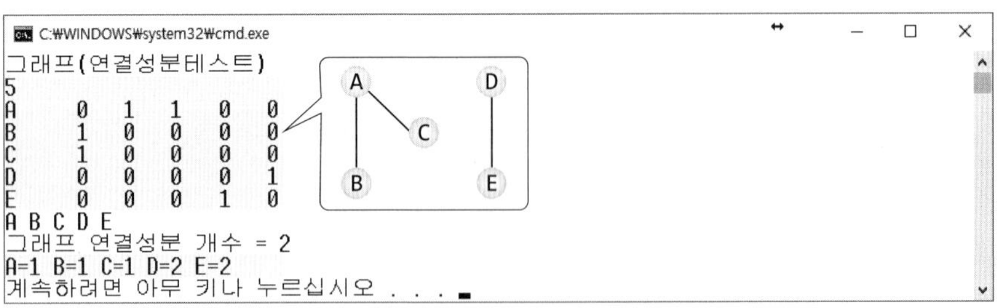
```
C:\WINDOWS\system32\cmd.exe
그래프(연결성분테스트)
5
A     0   1   1   0   0
B     1   0   0   0   0
C     1   0   0   0   0
D     0   0   0   0   1
E     0   0   0   1   0
A B C D E
그래프 연결성분 개수 = 2
A=1 B=1 C=1 D=2 E=2
계속하려면 아무 키나 누르십시오 . . .
```

11.6 신장 트리

신장 트리(spanning tree)란 그래프내의 모든 정점을 포함하는 트리다. 신장 트리도 트리의 일종이므로 모든 정점들이 연결되어 있고 사이클이 없어야 한다. 신장 트리는 그래프에 있는 n개의 정점을 정확히 $(n-1)$개의 간선으로 연결한다. 신장 트리를 찾기 위해 깊이 우선 탐색이나 너비 우선 탐색을 이용할 수 있다. 하나의 그래프에는 많은 신장 트리가 가능한 것에 유의하라. 그림 11.19는 (a)의 연결그래프에 대한 신장 트리의 예를 보여준다.

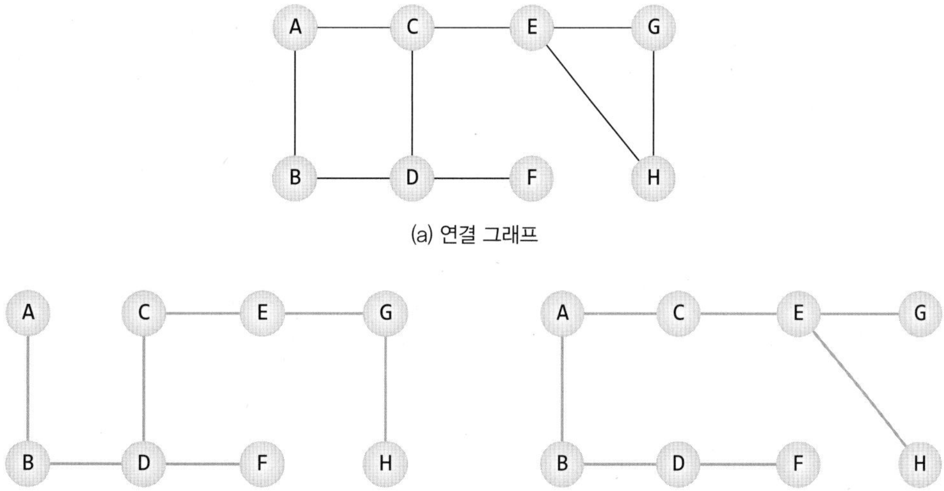

(a) 연결 그래프

(b) 신장 트리의 예(DFS에서의 간선)

(c) 신장 트리의 예(BFS에서의 간선)

| 그림 11.19 신장 트리의 예

신장 트리는 깊이 우선이나 너비 우선 탐색 도중에 사용된 간선들만 모으면 된다. 그림 11.19 (b)는 깊이 우선 탐색 때 사용된 간선으로만 만들어진 신장 트리이고 (c)는 너비 우선 탐색 때 사용된 간선으로만 만들어진 신장 트리이다. 깊이우선탐색으로 신장트리를 구하는 순환 알고리즘은 다음과 같다.

| 알고리즘 11.3 신장 트리

```
spanning_tree_DFS(v)

    v를 방문되었다고 표시;
    for all u ∈ (v에 인접한 정점) do
```

```
if (u가 아직 방문되지 않았으면)
    then    (v,u)를 신장 트리 간선이라고 표시;
            spanning_tree_DFS(u);
```

11.7 위상 정렬

그림 11.20의 (a)는 컴퓨터 관련 여러 과목들에 대해 선후수 관계를 보여주는 표이다. 이 표는 (b)와 같이 방향 그래프로 그리면 과목간의 연결 관계를 한눈에 알아볼 수 있다. 예를 들어, 자료구조를 수강하려면 먼저 컴퓨터개론을 수강해야 하고, 인공지능을 수강하려면 자료구조, 알고리즘, 운영체제를 모두 먼저 수강해야 한다. 학위를 취득하려면 모든 교과목들을 순서에 따라 모두 수강해야 한다.

이러한 방향 그래프에서 간선 〈u, v〉가 있다면 "정점 u는 정점 v를 선행한다"고 말한다. 방향 그래프에 존재하는 각 정점들의 선행 순서를 위배하지 않으면서 모든 정점을 나열하는 것을 방향 그래프의 **위상 정렬**(topological sort)이라고 한다.

과목번호	과목명	선수과목
A	컴퓨터 개론	없음
B	이산수학	없음
C	자료구조	A
D	알고리즘	A, B, C
E	운영체제	B
F	인공지능	C, D, E

(a) 교과목의 선후수 관계표

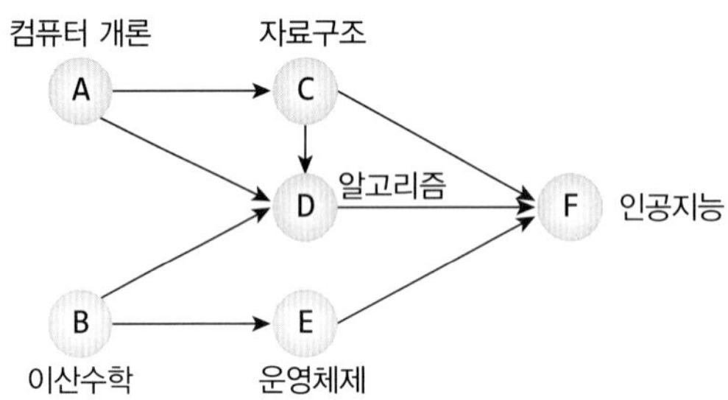

(b) 방향 그래프로 표시한 선후수 관계

| 그림 11.20 교과목의 선후수 관계 표현 방법

그림 11.20의 그래프에서는 많은 위상 정렬이 가능하다. 예를 들어, 〈A,B,C,D,E,F〉나 〈B,A,C,D,E,F〉 등이 가능하다. 〈C,A,B,D,E,F〉는 위상 순서가 아니다. 왜냐하면 간선 〈A,C〉가 있으므로 A를 수강한 후 C를 수강해야 하는데 A 보다 먼저 C를 수강했기 때문이다.

방향 그래프의 위상 정렬 알고리즘을 생각해 보자. 먼저, 진입 차수가 0인 정점을 선택하고, 선택된 정점과 여기에 부착된 모든 간선을 삭제한다. 이때, 삭제되는 간선과 연결된 남아있는 정점들의 진입차수를 변경한다. 이 과정을 반복하여 모든 정점이 삭제되면 알고리즘이 종료된다. 전체 과정에서 정점이 삭제되는 순서가 위상 순서(topological order)가 된다.

진입 차수 0인 정점이 여러 개 존재할 경우 어느 정점을 선택하여도 무방하다. 따라서 하나의 그래프에는 여러 개의 위상순서가 존재한다. 만약 그래프에 남아 있는 정점 중에 진입 차수 0인 정점이 없다면 위상 정렬은 불가능하다. 이것은 그래프에 사이클이 존재하는 것이고, 모든 과목이 선수 과목을 갖는 것을 말한다.

그림 11.21는 위상 정렬 과정의 예를 보여준다. 진입 차수가 0인 정점 B를 시작으로 정점 B와 간선을 제거하면, 다음 단계에서 정점 E의 진입 차수가 0이 되고, 후보 정점은 A, E가 된다. 만약 정점 E를 선택하면 다음 단계에서는 오직 정점 A만이 후보가 된다. 다음에 정점 A가 선택되고 정점 C가 진입 차수가 0가 되어 선택 가능하게 된다. 다음에 정점 C, 정점 D, 정점 F를 선택하면 〈B,E,A,C,D,F〉가 된다.

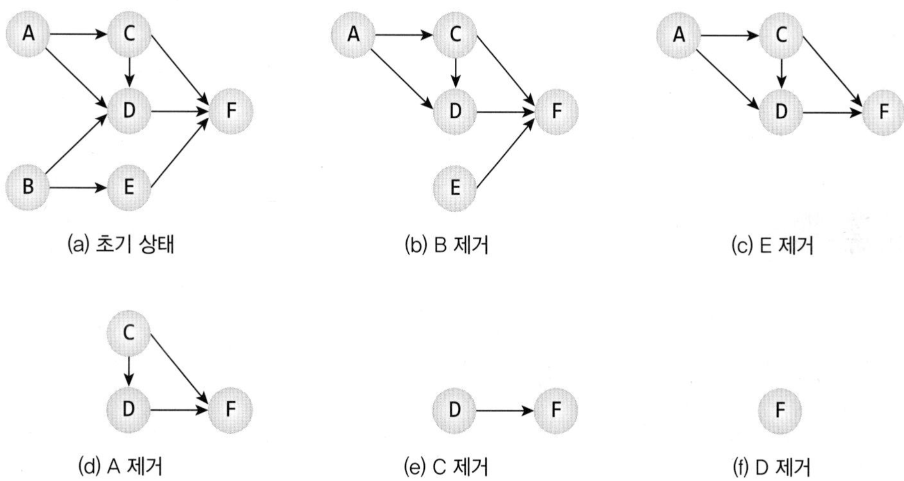

| 그림 11.21 위상 정렬 과정의 예: B,E,A,C,D,F

앞에서 설명한 방법을 알고리즘으로 나타내면 다음과 같다.

| 알고리즘 11.4 그래프 위상 정렬 알고리즘

```
topological_sort()

for i←0 to |V| do
    if 모든 정점이 선행 정점을 가지면
        then 사이클이 존재하고 위상 정렬 불가;
    선행 정점을 가지지 않는 정점 v 선택;
    v를 출력;
    v와 v에서 나온 모든 간선들을 그래프에서 삭제;
```

인접 리스트를 이용한 그래프로 위상 정렬 알고리즘을 구현해 보자. 각 정점의 진입 차수를 기록하기 위해 **inDeg**라는 1차원 배열을 사용한다. **inDeg[i]**는 정점 **i**로 들어오는 간선들의 개수이며, **inDeg[i]**가 0이면 i가 후보 정점이 된다. 진입차수가 0인 정점들을 저장하기 위해 스택을 사용하자. 물론 큐와 같은 다른 자료 구조를 사용해도 되고, 다른 위상 순서가 나올 수도 있다. 매 단계에서 스택에서 하나의 정점을 꺼내어 출력하고 그 정점에 인접해있는 정점들의 **inDeg** 배열값을 감소시킨다. 이러한 과정은 전체 정점이 출력이 될 때까지 계속된다. 만약 전체 정점이 출력되지 못하면 그래프에 사이클이 존재하여 위상 정렬 순서가 존재하지 않는 것이다.

프로그램 11.11 그래프 위상 정렬 프로그램

```
...                                          // 프로그램 11.4의 코드 포함
// 스택 데이터와 함수 추가
...                                          // 프로그램 3.1의 3~39행 추가.

void topological_sort( )
{
    GNode*   p;
    int i, u, w, inDeg[MAX_VTXS];

    for( i=0 ; i<vsize ; i++ ) inDeg[i] = 0;
    for( i=0 ; i<vsize ; i++ ) {   // 모든 정점의 진입 차수를 계산
        p = adj[i];
        while ( p != NULL ) {
```

```
14                 inDeg[p->id]++;
15                 p = p->link;
16             }
17         }
18         init_stack();
19         for( i=0 ; i<vsize ; i++ )              // 진입 차수가 0인 정점을 스택에 삽입
20             if( inDeg[i] == 0 ) push( i );
21 
22         while( !is_empty( ) ) {                 // 위상 순서를 생성
23             w = pop( );
24             printf(" %c ", vdata[w]);
25             for(p=adj[w]; p != NULL ; p=p->link) {
26                 u = p->id;
27                 inDeg[u]--;                     // 진입 차수를 감소
28                 if(inDeg[u] == 0) push( u );
29             }
30         }
31         printf("\n");
32 }
33 
34 void main()
35 {
36         int i;
37 
38         init_graph();
39         for( i=0 ; i<6 ; i++ )
40             insert_vertex( 'A'+i );
41         insert_edge( 0, 2 );  insert_edge( 0, 3 );      insert_edge( 1, 3 );
42         insert_edge( 1, 4 );  insert_edge( 2, 3 );      insert_edge( 2, 5 );
43         insert_edge( 3, 5 );  insert_edge( 4, 5 );
44 
45         printf("Topological Sort:\n");
46         topological_sort( );
47 }
```

코드 설명

1–2행 연결 리스트를 이용한 그래프와 배열을 이용한 스택을 사용함.

5행 위상 정렬 함수 구현.

8행 정점의 진입 차수를 저장할 inDeg 배열 선언.

10-17행 모든 정점의 진입차수 계산.

18-20행 스택을 초기화하고, 진입차수가 0인 모든 정점을 스택에 삽입.

22행 스택이 공백이 아닐 때 까지.

23-24행 스택에서 하나의 정점 w를 뽑아서 출력하고,

25-29행 w와 인접하는 모든 정점의 진입차수 감소시킴. 감소된 진입 차수가 0이 되는 정점은 다시 스택에 삽입.

38-43행 그림 11.20의 (b)와 같은 그래프를 생성함.

프로그램의 실행 결과는 다음과 같다.

```
C:\WINDOWS\system32\cmd.exe
Topological Sort:
 B  E  A  C  D  F
계속하려면 아무 키나 누르십시오 . . .
```

연습문제

1 다음 그래프를 인접 행렬과 인접 리스트로 표현해보자.

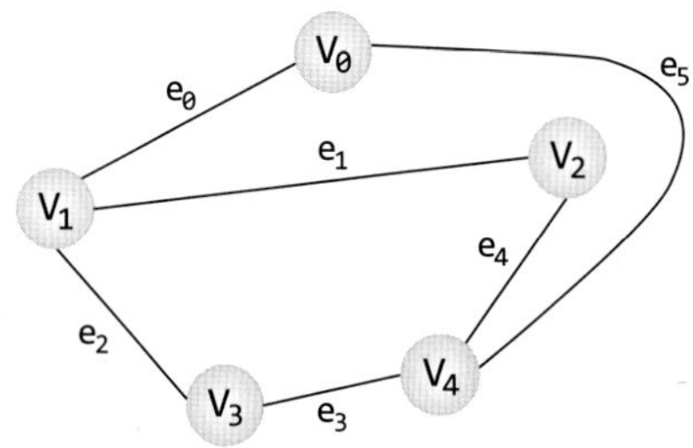

2 다음 그래프를 인접 행렬과 인접 리스트로 표현해보자.

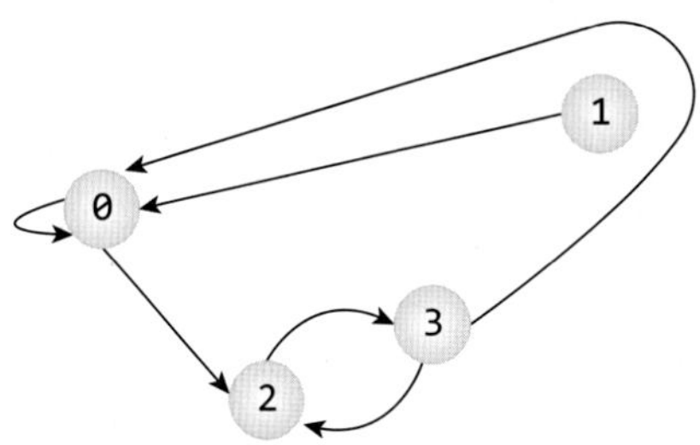

3 다음 그래프를 정점 S에서 출발하여 깊이 우선 탐색을 하는 경우의 방문순서를 표시하라. 그래프는 인접 행렬로 표현되었다고 가정한다.

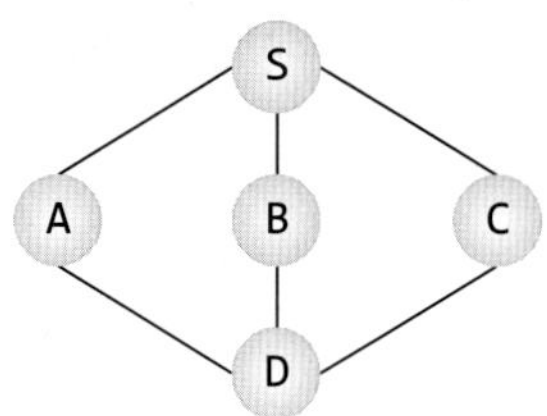

4 3번 그래프를 정점 S에서 출발하여 너비 우선 탐색을 하는 경우의 방문순서를 표시하라. 그래프는 인접 행렬로 표현되었다고 가정한다.

5 정점의 개수를 n, 간선의 개수를 e라고 할 때, 인접 행렬에서 특정 정점의 차수를 계산하는 연산의 시간 복잡도는?

① $O(\log_2 n)$ ② $O(n)$ ③ $O(n+e)$ ④ $O(e)$

6 다음의 인접 리스트는 어떤 그래프를 표현한 것이다. 이 그래프를 정점 A에서부터 깊이 우선 탐색할 때, 정점이 방문되는 순서로 옳은 것은?

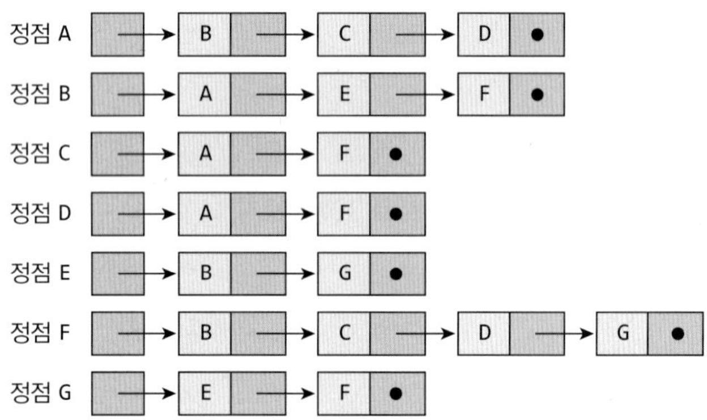

● 은 NULL을 의미함

① A → B → C → D → F → G → E
② A → D → C → B → F → E → G
③ A → B → C → D → E → F → G
④ A → B → E → G → F → C → D

7 다음의 그래프에 대하여 답하라. 그래프는 인접 행렬로 표현되어 있다고 가정하라.

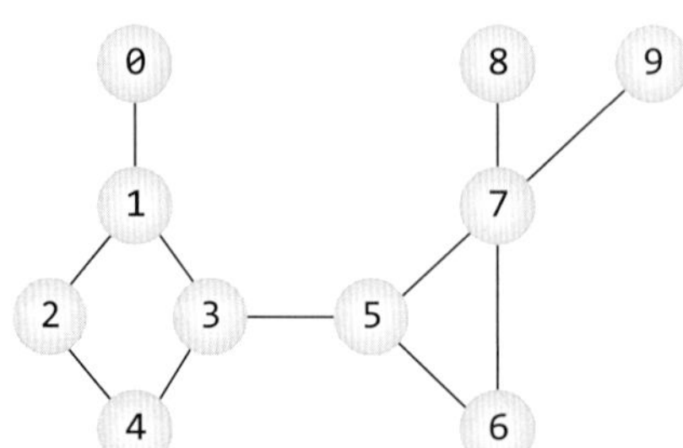

(1) 정점 3에서 출발하여 깊이 우선 탐색을 한 경우의 방문순서
(2) 정점 3에서 출발하여 너비 우선 탐색을 한 경우의 방문순서

8 사람들 사이의 친구 관계도 그래프로 표시할 수 있다. 다음과 같은 친구 관계를 그래프로 표현해보자.

- Bob: Alice와 친구
- Alice: Bob, Claire, Frank와 친구
- Claire: Alice, Frank, Esther, Dennis와 친구
- Esther: Claire, Dennis와 친구
- Dennis: Claire, Esther, George와 친구
- George: Dennis, Frank와 친구
- Frank: Alice, Claire, George와 친구

9 다음의 그래프에서 가능한 신장 트리를 하나만 구해보자.

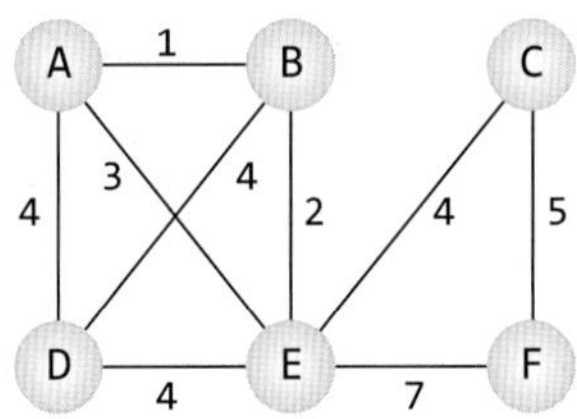

10 다음의 그래프에 대하여 위상 정렬을 수행해보자.

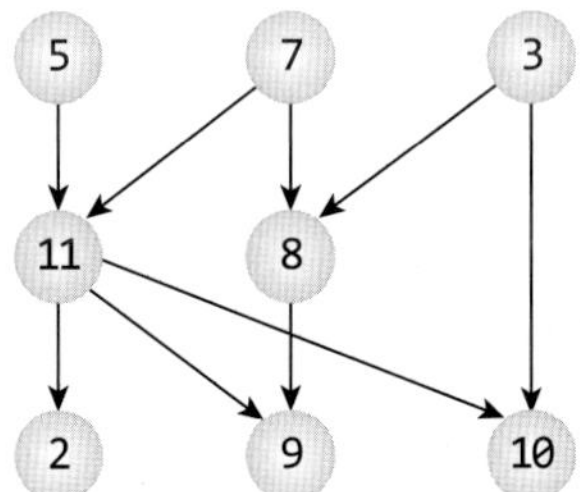

프로그래밍 프로젝트

1 무작위로 그래프를 생성하는 함수를 구현하려고 한다.

(1) 정점의 수와 간선의 수를 입력하면 무작위로 그래프를 발생시키는 함수를 구현하라. 단, 정점 사이에 중복된 간선을 존재하지 않아야 한다. 생성된 그래프를 화면에 출력하라. 정점의 이름은 'A'부터 시작하여 하나씩 증가시킨다.

```
void random_graph( int nVtx, int nEdge );
```

(2) (1)을 이용하여 무작위로 그래프를 발생시키고 프로그램 11.10의 연결 성분 탐색을 참고하여 연결된 성분의 개수를 출력하라.

(3) (1) 알고리즘을 보완하여 모든 정점이 연결된 "연결 그래프"를 무작위로 발생시키는 다음 함수를 구현하라. (2)와 같이 연결 성분 탐색을 이용하여 연결된 성분의 개수가 1이 되는지 확인하라.

```
void random_connected_graph( int nVtx );
```

실행 결과의 예는 다음과 같다.

```
선택 C:₩WINDOWS₩system32₩cmd.exe
(11.1-1) randomGraph()
6
A    0   0   0   1   0   1
B    0   0   0   0   1   1
C    0   0   0   0   0   0
D    1   0   0   0   0   0
E    0   1   0   0   0   0
F    1   1   0   0   0   0

(11.1-2) 연결된 성분 개수
그래프 연결성분 개수 = 2
A=1 B=1 C=2 D=1 E=1 F=1

(11.1-3) randomConnectedGraph()
6
A    0   0   0   1   1   1
B    0   0   1   0   0   0
C    0   1   0   0   1   1
D    1   0   0   0   0   1
E    1   0   1   0   0   0
F    1   0   1   1   0   0
그래프 연결성분 개수 = 1
A=1 B=1 C=1 D=1 E=1 F=1
```

2 연결된 그래프의 간선들 중에서 그 간선을 제거하면 연결이 끊어지는 간선 (u, v)를 브리지(bridge)라고 한다. 주어진 그래프에서 브리지의 전체 개수를 찾아내는 함수를 작성하라.

```
int findBridge ( );
```

앞의 연결 그래프에 대한 실행 결과는 다음과 같다.

```
선택 C:\WINDOWS\system32\cmd.exe
(11.2) Bridge 검사
 Bridge1: C-B
```

3 무작위로 연결된 그래프를 생성하고 그래프 알고리즘을 적용하려고 한다.

(1) n개의 정점을 갖는 연결 그래프를 발생시키고 깊이 우선 탐색을 적용하여 정점을 방문하는 순서를 출력하라.

(2) 정점의 개수를 증가시키면서 (1)의 과정을 반복하고, 각 정점의 개수에 대한 깊이 우선 탐색 연산의 실행 시간을 측정하라. 그 결과를 선 그래프로 그리고 시간 복잡도를 설명해 보라. 다음은 측정 결과의 예를 보여준다.

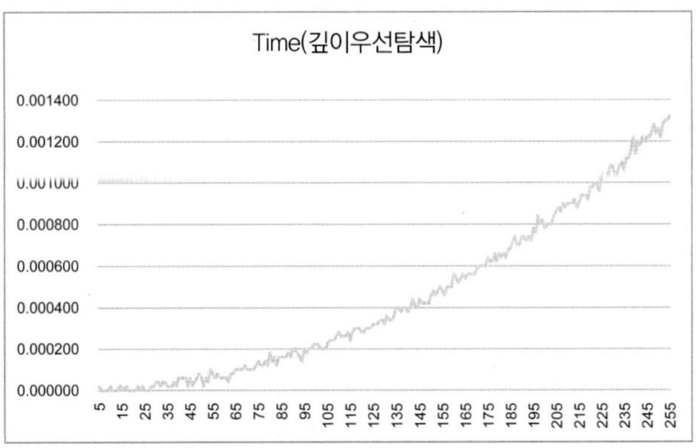

CHAPTER 12

가중치 그래프

학습목표

- 가중치 그래프의 개념을 이해한다.
- 가중치 그래프를 표현하는 방법을 이해한다.
- 최소 비용 신장 트리 알고리즘을 이해한다.
- 최단 경로 알고리즘을 이해한다.
- 가중치 그래프를 이용한 문제해결 능력을 배양한다.

CHAPTER

12 가중치 그래프

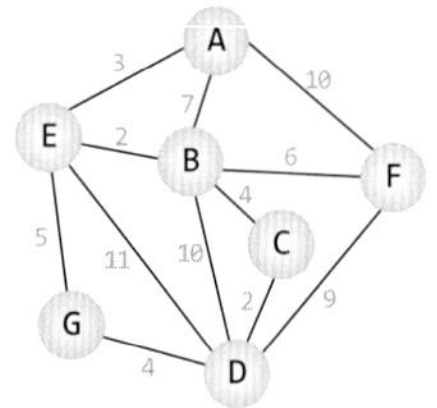

12.1 가중치 그래프란?

간선에 비용이나 가중치가 할당된 그래프를 **가중치 그래프**(weighted graph)라고 한다. 가중치 그래프는 정점 사이의 연결 정보뿐만 아니라 연결에 필요한 비용을 함께 표현하는데, 그림 12.1은 가중치 그래프의 예이다. 이 그래프는 국내 주요 도시의 고속도로 연결 상황을 보여주는데, 정점은 도시를 나타내고, 간선은 두 도시를 직접 연결하는 고속도로를 의미한다. 이때, 간선의 가중치는 연결된 두 도시의 거리나 이동 비용 등이 될 수 있다.

| 그림 12.1 국내 주요 도시의 고속도로 연결 정보를 나타내는 가중치 그래프

가중치 그래프는 수학적으로 G = (V, E, w)와 같이 표현된다. V(G)는 그래프 G의 정점들의 집합을, E(G)는 그래프 G의 간선들의 집합을 의미하고, w(e)는 간선 e의 **강도(weight)**, **비용(cost)** 또는 **길이(length)**라고 부른다. 어떤 가중치 그래프의 경로를 $p=(v_0, v_1, v_2, \cdots, v_k)$라고 한다면, **경로의 강도**(또는 비용, 길이) w(p)는 다음과 같이 경로 상의 모든 간선의 강도 합으로 표현된다.

$$w(p)=\sum_{i=1}^{k} w(v_{i-1}, v_i)$$

가중치 그래프의 응용 분야는 매우 다양하다. 예를 들어, 인터넷 망과 같은 컴퓨터 네트워크를 표현하기 위해 그래프를 사용한다고 하자. 한 컴퓨터에서 다른 컴퓨터로 패킷을 효율적으로 전송하기 위해서는 가장 빠른 길을 찾아야 할 것이다. 그런데 전체 네트워크에서 어떤 연결 부분은 광통신을 이용해 구축하여 전송 속도가 빠르지만, 어떤 연결은 전화망을 이용해 매우 느릴 수 있다. 이런 경우 그래프의 모든 간선에 동일한 가중치를 부여하는 것은 적절하지 않다. 간선마다 연결 속도가 다르므로, 속도에 따라 다른 가중치가 부여되는 가중치 그래프로 표현하는 것이 더 적절할 것이다. 이 장에서 가중치 그래프를 표현하는 방법과 응용들을 살펴보자.

12.2 가중치 그래프의 표현

우리는 11장에서 인접행렬과 인접리스트를 이용해 그래프를 표현했다. 인접행렬의 값은 0 또는 1로 간선의 유무만을 나타내었다. 이제 인접행렬을 이용해 가중치그래프를 표현해 보자. 이 장에서는 인접리스트 방식은 고려하지 않는다.

그렇다면 어떻게 가중치 그래프를 나타낼 수 있을까? 가장 간단한 방법은 인접행렬과 같은 크기의 가중치행렬을 하나 더 사용하는 것이다. 즉, 인접행렬은 간선의 유무만을 나타내고, 가중치행렬은 간선의 가중치를 나타낸다.

다른 방법도 가능하다. 인접행렬에 가중치를 바로 저장하는 것이다. 즉, adj[u][v]가 그래프의 u번째 정점에서 v번째 정점으로 가는 간선의 가중치를 나타내도록 하는 것이다. 그렇다면 간선의 유무는 어떻게 표시할 수 있을까? 만약 가중치가 항상 어떤 범위 내의 값을 가진다고 가정하면 이 문제가 해결된다. 이 책에서는 다음과 같이 가중치의 범위를 정하고, 인접행렬만을 이용해 가중치 그래프를 표현한다. 이때, 상수 `INF`는 응용에 따라 적절히 선택할 수 있다.

- 간선이 있는 경우: 인접행렬의 값이 `0~INF` 사이. `0 < adj[u][v] < INF`
- 간선이 없는 경우: 인접행렬의 값이 `INF` 이상. `adj[u][v] >= INF`

그림 12.2는 가중치 그래프와 이를 인접 행렬로 표현한 예를 보여준다.

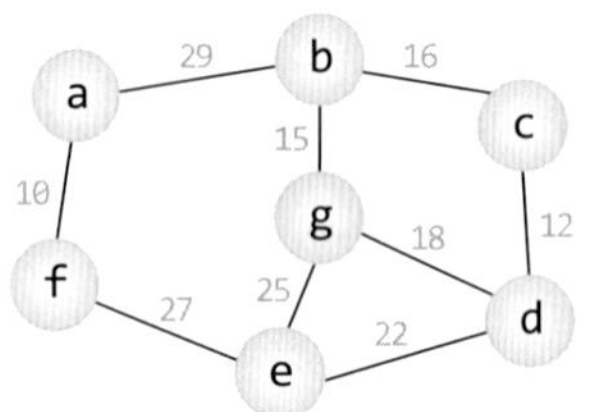

	A	B	C	D	E	F	G
A	0	29	∞	∞	∞	10	∞
B	29	0	16	∞	∞	∞	15
C	∞	16	0	12	∞	∞	∞
D	∞	∞	12	0	22	∞	18
E	∞	∞	∞	22	0	27	25
F	10	∞	∞	∞	27	0	∞
G	∞	15	∞	18	25	∞	0

| 그림 12.2 인접행렬을 이용한 가중치 그래프의 표현

인접 행렬을 이용한 가중치 그래프의 구현

인접행렬로 가중치그래프를 표현하는 경우도 프로그램 11.1을 그대로 사용할 수 있다. 그래프 표현을 위해 추가적으로 필요한 데이터도 없으며, 기본 함수에도 차이가 없다. 변경되어야 하는 것은 가중치 그래프의 입력과 출력 부분이다.

그림 12.2의 가중치 그래프를 그림 12.3의 (a)와 같은 형식으로 파일에 저장하고, (b)와 같이 화면에 출력하는 함수를 구현해 보자. 파일에서는 간선이 없는 부분을 INF가 아니라 0으로 처리한 것에 유의하라.

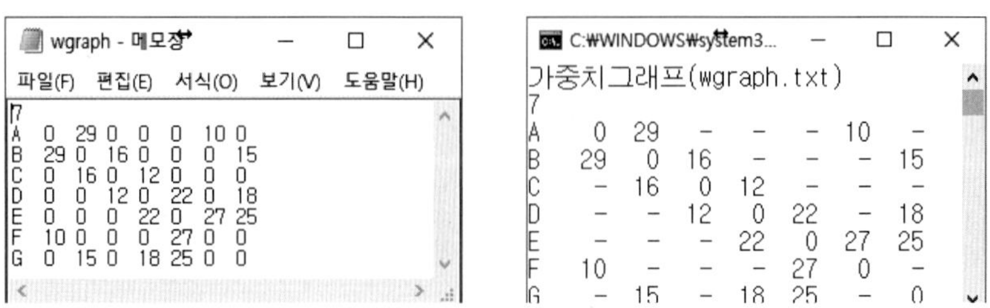
```
wgraph - 메모장
파일(F) 편집(E) 서식(O) 보기(V) 도움말(H)
7
A  0  29 0  0  0  10 0
B  29 0  16 0  0  0  15
C  0  16 0  12 0  0  0
D  0  0  12 0  22 0  18
E  0  0  0  22 0  27 25
F  10 0  0  0  27 0  0
G  0  15 0  18 25 0  0
```

```
C:₩WINDOWS₩system3...
가중치그래프(wgraph.txt)
7
A    0  29   -   -   -  10   -
B   29   0  16   -   -   -  15
C    -  16   0  12   -   -   -
D    -   -  12   0  22   -  18
E    -   -   -  22   0  27  25
F   10   -   -   -  27   0   -
G    -  15   -  18  25   -   0
```

| 그림 12.3 가중치 그래프의 파일 형식과 화면 출력

이와 같은 파일 입력과 화면 출력 함수와 테스트 프로그램은 다음과 같다.

프로그램 12.1 인접 행렬로 구현된 가중치 그래프 테스트 프로그램

```
...                // 프로그램 11.1의 인접행렬을 이용한 그래프 코드 포함

#define INF 9999

void load_wgraph ( char *filename)
{
    int i, j, val, n;
    char str[80];
    FILE *fp = fopen(filename, "r");
    if( fp != NULL ) {
        init_graph();
        fscanf(fp, "%d", &n);
        for(i=0 ; i<n ; i++ ) {
            fscanf(fp, "%s", str);
            insert_vertex( str[0] );
            for(j=0 ; j<n ; j++){
                fscanf(fp, "%d", &val);
                if (i != j && val == 0)
                    adj[i][j] = INF;
                else adj[i][j] = val;
            }
        }
        fclose(fp);
    }
}
void print_wgraph(char* msg)
{
    int i, j, val;
    printf("%s%d\n", msg, vsize);
    for (i = 0; i<vsize; i++) {
        printf("%c  ", vdata[i]);
        for (j = 0; j < vsize; j++) {
            val = adj[i][j];
            if (i == j) printf("  0 ");
```

```
35                 else if (val >= INF) printf("  - ");
36                 else printf("%3d ", val);
37             }
38             printf("\n");
39         }
40 }
41 void main()
42 {
43     load_wgraph("wgraph.txt");
44     print_wgraph("가중치그래프(wgraph.txt)\n");
45 }
```

코드 설명

5-25행 가중치 그래프 파일 입력 함수.

18-20행 파일에서 i!=j 이고 입력 값이 0이면 간선이 없는 것으로 간주하고 INF값을 복사함. 그렇지 않으면 읽은 값을 복사.

26-40행 가중치 그래프 화면 출력 함수. 34-36행의 출력 코드에 유의할 것.

이 프로그램의 실행 결과는 그림 12.3의 오른쪽과 동일하다.

12.3 최소비용 신장트리

통신망, 도로망, 유통망 등은 대개 길이, 구축비용, 전송 시간 등의 가중치를 간선에 할당한 가중치 그래프로 표현할 수 있다. 이러한 망을 가장 적은 비용으로 구축하고자 한다면, 네트워크에 있는 모든 정점들을 가장 적은 수의 간선과 비용으로 연결하는 **최소비용 신장트리**(MST: minimum spanning tree)가 필요하다. 최소비용 신장트리는 신장트리 중에서 사용된 간선들의 가중치 합이 최소인 신장트리를 말한다.

최소비용 신장트리의 응용분야는 다양하다. 예를 들어, 도시들을 모두 연결하면서 도로의 길이가 최소가 되도록 하거나, 배관작업에서 모두를 연결하면서 파이프의 길이를 최소화하기 위해 사용할 수 있다. 그림 12.4는 통신망 구축의 예를 보여주는데, 모든 사이트가 연결되도록 하면서 비용이 가장 적게 드는 연결 방법을 구하려면 최소비용 신장트리의 문제를 풀어야 한다.

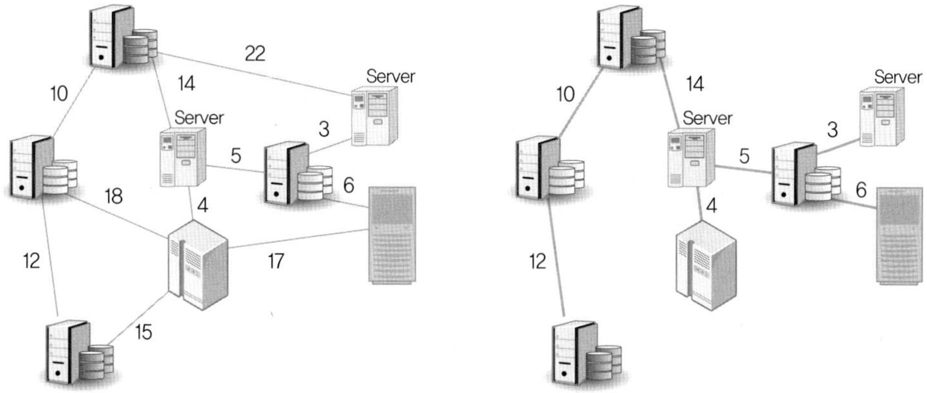

(a) 사이트 사이의 연결 비용

(b) 최소 비용의 통신망

| 그림 12.4 최소 신장 트리의 응용: 통신망구축

최소비용 신장트리를 구하는 방법에는 Kruskal과 Prim의 알고리즘이 있다. 이 들은 모두 간선의 가중치의 합이 최소이어야 하고, 반드시 $(n-1)$개의 간선만 사용하며, 사이클이 포함되어서는 안 된다는 조건들을 적절히 이용하고 있다.

Kruskal의 MST 알고리즘

Kruskal의 알고리즘은 탐욕적인 방법(greedy method)이라는 알고리즘 설계에서 중요한 기법 중의 하나를 사용한다. 이것은 어떤 결정을 해야 할 때마다 "그 순간에 최적"이라고 생각되는 것을 선택하는 방법이다. 물론 순간에 최적이라고 판단했던 선택을 모아 최종적인 답을 만들었을 때 이것이 "궁극적으로 최적"이라는 보장은 없다. 따라서 탐욕적인 방법은 항상 최적의 해답을 주는지를 반드시 검증해야 한다. 다행히 Kruskal의 알고리즘은 최적의 해답을 주는 것으로 증명되어 있다.

| 그림 12.5 탐욕적인 알고리즘의 비유

Kruskal의 알고리즘은 각 단계에서 사이클을 이루지 않는 최소 비용 간선을 선택한다. 이러한 과정을 반복하여 그래프의 모든 정점을 최소비용으로 연결하는 최적 해답을 구한다. Kruskal의 알고리즘을 자연어로 나타내면 알고리즘 12.1과 같다.

| 알고리즘 12.1 Kruskal의 최소 비용 신장 트리 알고리즘

kruskal()

1. 그래프의 모든 간선을 가중치에 따라 오름차순으로 정렬한다.
2. 가장 가중치가 작은 간선 e를 뽑는다.
3. e를 넣어 신장트리에 사이클이 생기면 넣지 않고 2번으로 이동한다.
4. 사이클이 생기지 않으면 최소 신장 트리에 삽입한다.
5. n-1개의 간선이 삽입될 때 까지 2번으로 이동한다.

그림 12.6의 그래프에서 이 알고리즘의 동작 순서를 생각해 보자.

- 단계 0: 먼저 간선들을 가중치의 오름차순으로 정렬.
- 단계 1: 간선 (a, f) 선택. 사이클이 없으므로 삽입. MST 전체 간선 1개.
- 단계 2: 간선 (c, d)를 선택. 사이클이 없으므로 삽입. 전체 간선 2개.
- 단계 3: 간선 (b, g)를 선택. 사이클이 없으므로 삽입. 전체 간선 3개.
- 단계 4: 간선 (b, c)를 선택. 사이클이 없으므로 삽입. 전체 간선 4개.
- 단계 5: 간선 (d, g) 선택. 사이클 b, c, d, g, b가 형성됨. 따라서 무시함.

- 단계 6: 간선 (d, e) 선택. 사이클이 없으므로 삽입. 전체 간선 5개.
- 단계 7: 간선 (e, g) 선택. 사이클 e, g, b, c, d, e가 형성됨. 따라서 무시함.
- 단계 8: 간선 (e, f) 선택. 사이클이 없으므로 삽입. 전체 간선 6개. 종료.

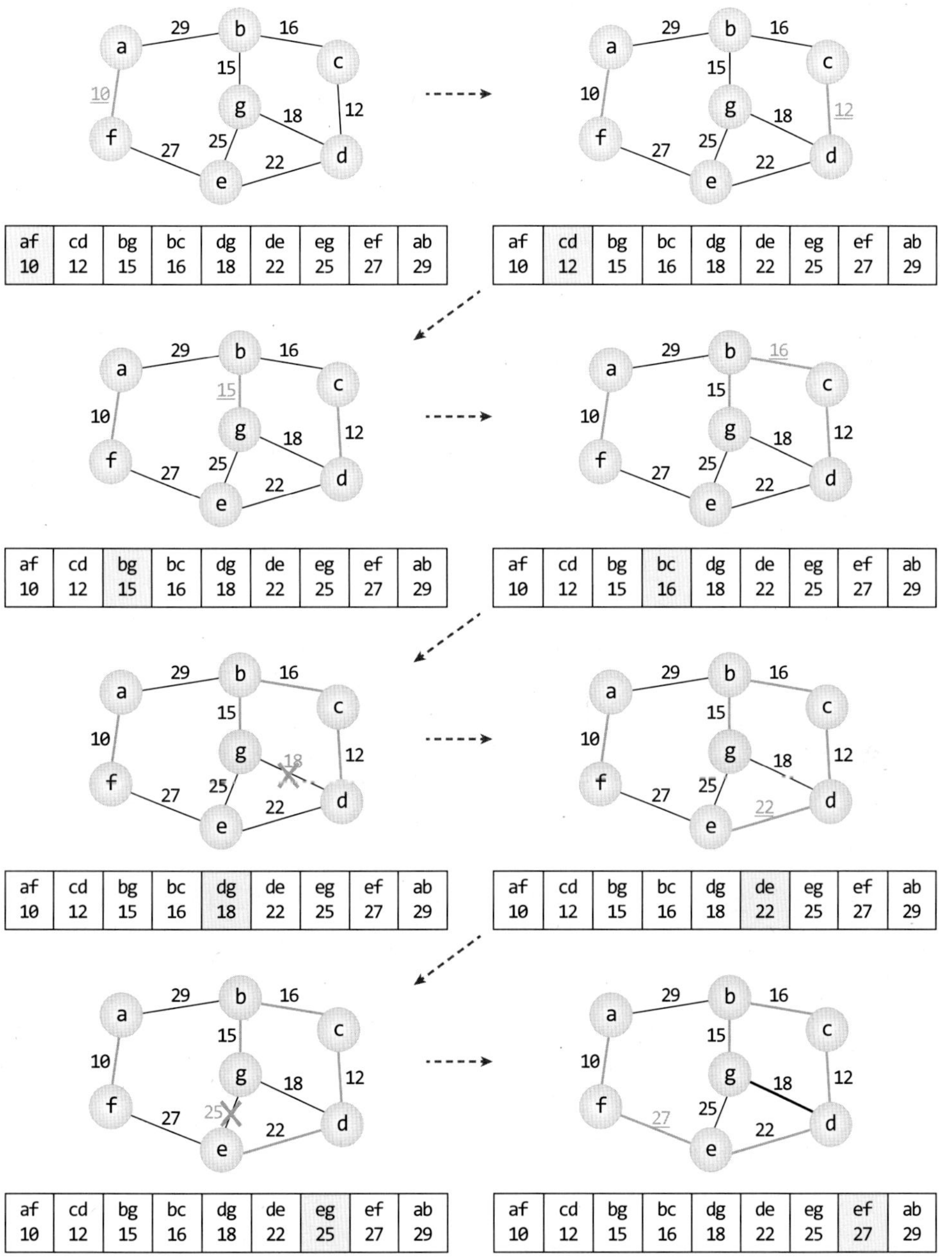

| 그림 12.6 Kruskal 알고리즘의 동작 과정

Kruskal의 알고리즘은 간단해 보이지만 아직 해결하지 못한 부분이 있다. 사이클이 생기는지를 검사하는 방법이다. 이미 선택된 간선들의 집합에 새로운 간선을 추가할 때 사이클을 생성하는 지를 검사하여야 한다. 새로운 간선이 이미 다른 경로에 의하여 연결되어 있는 정점들을 연결하면 사이클이 만들어진다. 즉 그림 12.7의 (a)처럼 간선의 양끝 정점이 같은 집합에 속하면 간선을 추가하였을 경우, 사이클이 형성된다. 반면 (b)처럼 간선이 서로 다른 집합에 속한 정점을 연결하는 경우 사이클이 형성되지 않는다. 따라서 지금 추가하고자 하는 간선의 양끝 정점이 같은 집합에 속해있는지를 먼저 검사하여야 한다. 이 검사를 위한 알고리즘을 Union-Find라 부르는데, Kruskal의 알고리즘에서만 사용되는 것이 아니라 일반적으로 널리 사용되는 방법이다.

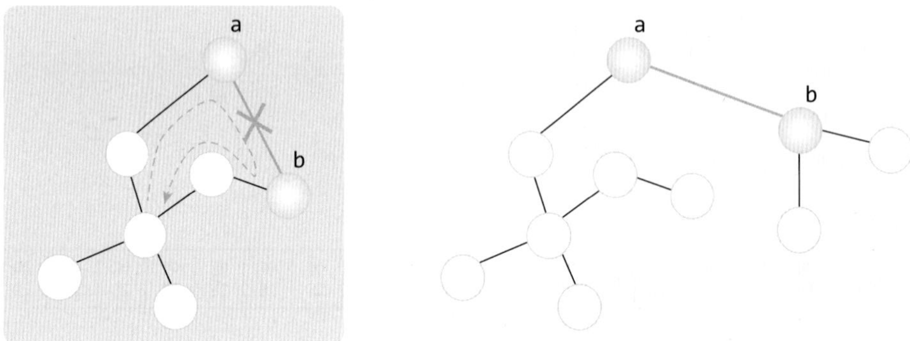

(a) 사이클 형성 (b) 사이클 형성되지 않음

| 그림 12.7 간선을 추가할 때의 사이클 검사

Union-Find 연산

사이클의 검사를 위해 먼저 union-find의 개념을 알아보자. **union(x, y)**은 원소 x와 y가 속해있는 집합을 입력으로 받아 이들의 합집합을 만드는 연산이다. **find(x)** 연산은 여러 집합들 중에서 원소 x가 속해있는 집합을 반환하는 연산이다. 다음과 같이 6개의 정점 집합을 예로 들어보자.

{1}, {2}, {3}, {4}, {5}, {6}

여기에 union(1, 4)와 union(5, 2)를 하면 정점 집합들은 다음과 같이 변경된다.

{1, 4}, {5, 2}, {3}, {6}

여기에서 find(2)를 하면 {5, 2}가 반환된다. 이들 네 개의 집합이 있을 때 union(4, 5)와 union(3, 6)을 다시 수행하면 전체 집합은 다음과 같다.

{1, 4, 5, 2}, {3, 6}

이때, 집합을 구현하는 데는 여러 가지 방법을 사용할 수 있다. 비트 벡터, 배열, 연결 리스트 등을 이용할 수도 있지만, 가장 효율적인 방법은 트리이다. 이 경우 하나의 트리가 하나의 집합을 나타내고 트리의 노드들이 집합의 원소가 된다. 집합은 트리의 루트에 의하여 대표된다.

예를 들어 {1, 4}, {5, 2}, {3}, {6}은 다음 그림과 같이 표현되고 이어서 union(4, 5)와 union(3, 6)을 한다면 다음과 같이 트리가 변화하게 된다. find(4)를 한다면 루트인 정점2가 집합의 대표로 반환되게 된다.

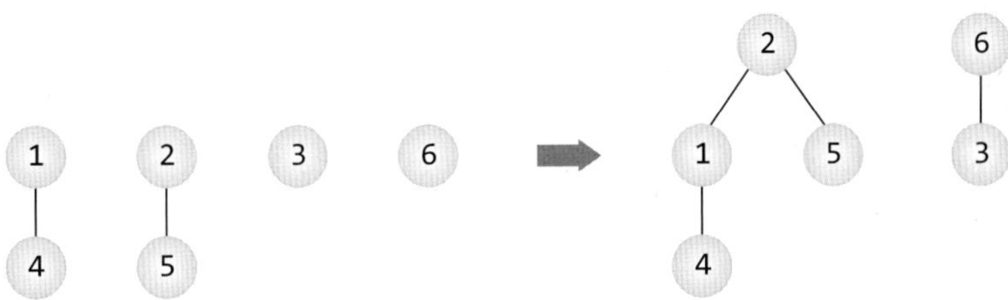

{1, 4}, {5, 2}, {3}, {6} ==> {1, 4, 5, 2}, {3, 6}

| 그림 12.8 union 연산의 예: union(4, 5)와 union(3, 6) 처리 전과 처리 후

Union과 find연산을 구현하면 다음과 같다. 그래프의 모든 정점에 대해 부모 노드의 인덱스를 저장하기 위해 `parent`배열을 사용하고, 현재 집합의 개수를 `set_size`로 나타낸다. 초기화 함수에서는 모든 정점들이 루트가 되도록 한다.

프로그램 12.2 Union-find 연산의 구현

```
01 int        parent[MAX_VTXS];            // 각 노드의 부모노드 인덱스
02 int        set_size;                    // 전체 집합의 개수
03
04 void init_set ( int nSets)
05 {
06     int i;
07     set_size = nSets;
08     for( i=0 ; i<nSets ;i++ )
09         parent[i] = -1;                 // 맨 처음에는 모든 정점이 각각 고유의 집합
10 }
11 int find_set( int id)
12 {
13     while ( parent[id] >= 0 ) id = parent[id];
14     return id;
15 }
16 void union_set(int s1, int s2)
17 {
18     parent[s1] = s2;
19     set_size--;
20 }
```

코드 설명

1-2행 각 정점의 부모 정점의 인덱스를 저장하는 배열과 집합의 수를 저장할 변수를 선언함.

4-10행 정점 집합의 초기화 함수. 최초에는 모든 정점이 고유의 집합이 되므로 집합의 수는 정점수와 동일함. 또한 모든 정점이 고유의 집합을 이루고 있으므로 parent[i]를 −1로 설정.

11-15행 정점 id가 속한 집합의 루트를 찾아 인덱스를 반환. id가 루트가 아니면(parent[id]가 −1이 아니면) 계속 루트를 찾아가고, 최종적인 id를 반환함.

16-20행 두 집합 s1과 s2를 합하는 함수. parent[s1]에 s2를 저장함. s1은 이제 더 이상 루트가 아니고, s2로 대표되는 집합에 포함됨. 집합의 개수도 하나 줄어들어야 함.

Kruskal 알고리즘의 구현

다시 Kruskal의 알고리즘으로 돌아가자. 이제, 간선 (u,v)를 추가할 때 사이클이 존재하는지를 검사하기 위해 union-find 연산을 사용하면 된다. 사이클 검사과정을 중심으로 Kruskal의 알고리즘을 다시 기술하면 다음과 같다.

- 초기에는 모든 정점이 각각 고유한 집합이다.
- 최소 가중치 간선 (u, v)가 선택되면 u와 v가 각각 속한 집합을 찾는다. 이때 find(u)와 find(v) 연산을 수행한다.
- 두 집합이 같으면 사이클이 발생하는 상황이므로 이 간선을 버린다.
- 두 집합이 다르면 간선을 삽입하고 집합을 하나로 합친다. 이때 union(u,v) 연산을 사용한다.

예를 들어, 그림 12.8의 오른쪽 그래프가 현재까지 만들어진 트리라고 하자. 이때 간선 (3, 5)를 삽입하면 사이클이 생기지 않는다. find(3)과 find(5)가 다른 값을 반환하기 때문이다. 이것은 3과 5가 다른 집합에 있는 것을 의미한다.

만약 간선 (4, 5)를 삽입하면 어떻게 될까? find(4)과 find(5)가 같은 값인 2를 반환한다. 이것은 이들이 같은 집합에 속한다는 것을 의미한다. 따라서 사이클이 생기고, 이 간선은 버려야 한다.

이제 Kruskal 알고리즘을 구현하자. 매 반복마다 가장 가중치가 작은 간선을 뽑아야 하므로, 간선을 정렬해야 한다. 이를 위해 13장에서 공부할 정렬 알고리즘을 사용할 수도 있지만, 10장에서 공부한 힙을 사용하는 것도 좋은 방법이다. 여기서는 가중치가 작은 간선을 뽑아야 하기 때문에 최소 힙을 사용하자.

힙에는 어떤 정보가 들어가야 할까? 간선에 대한 정보가 들어가야 하고, 간선의 가중치가 키 값이 되어야 한다. 따라서 힙 노드의 구조체와 키 값을 구하는 매크로 함수는 다음과 같이 정의된다.

```
typedef struct HeapNode {          // 힙에 저장할 항목의 자료형
    int     key;                   // 간선의 가중치
    int     v1;                    // 한쪽 정점의 인덱스
    int     v2;                    // 다른 쪽 정점의 인덱스
} HNode;
#define Key(n)  (n.key)            // 힙 노드 n의 키 값: 간선의 가중치
```

힙에 간선들을 모두 삽입한 후 하나씩 꺼내면 항상 현재의 가장 가중치가 작은 간선이 나온다. 힙 관련 코드는 프로그램 10.6과 같은 최소 힙 코드를 사용하면 된다. 전체 프로그램은 다음과 같다.

프로그램 12.3 Kruskal의 최소비용 신장트리 프로그램

```
...                                        // 프로그램 11.1의 인접행렬을 이용한 그래프 코드 포함
#define INF 9999
void load_wgraph (char *filename){...}     // 프로그램 12.1의 함수와 동일

// Union-Find 연산 관련 코드
...                                        // 프로그램 12.2의 코드 포함

// 최소힙 관련 코드
#define MAX_HEAP_NODE   200
typedef struct HeapNode {                  // 힙에 저장할 항목의 자료형
    int       key;
    int       v1;
    int       v2;
} HNode;
#define Key(n) (n.key)                     // 힙 노드 n의 키값
...                                        // 프로그램 10.1의 10-20행 추가
void insert_heap(HNode n){...}             // 프로그램 10.6의 함수와 동일
HNode delete_heap(){...}                   // 프로그램 10.6의 함수와 동일

// kruskal의 최소 비용 신장 트리 프로그램
void Kruskal( )
{
    int i, j, edgeAccepted=0, uset, vset;
    HNode e;

    init_heap();
    init_set( vsize);

    for( i=0 ; i<vsize-1 ; i++ )
        for( j=i+1 ; j<vsize ; j++ )
            if (adj[i][j] < INF) {
                e.key = adj[i][j];
                e.v1 = i;
                e.v2 = j;
                insert_heap(e);
            }
```

```
37
38         while( edgeAccepted < vsize-1 ){
39              e = delete_heap( );
40              uset = find_set( e.v1 );
41              vset = find_set( e.v2 );
42
43              if( uset != vset ){
44                   printf( "간선 추가 : %c - %c (비용:%d)\n",
45                        vdata[e.v1], vdata[e.v2], e.key);
46                   union_set(uset, vset);
47                   edgeAccepted++;
48              }
49         }
50    }
51    void main()
52    {
53         load_wgraph( "graph.txt" );
54         printf("MST By Kruskal's Algorithm\n");
55         Kruskal();
56    }
```

코드 설명

23행 초기에는 선택된 간선의 수 edgeAccepted = 0이 됨.

26-27행 간선을 가중치에 따라 정렬하기 위해 최소 힙과, union-find 연산을 위한 초기화. 초기 정점 집합의 수는 그래프 정점의 수와 동일

29-36행 최소 힙에 모든 간선을 삽입함. 간선의 가중치가 key값이 됨.

38행 정점의 수 - 1번 다음 과정을 반복.

39행 힙에서 최소 가중치 간선 e 추출.

40-41행 e의 양쪽 끝 정점이 속한 정점 집합의 루트를 찾음.

43행 두 집합이 같은 집합이 아니면,

44-45행 간선 추가 메시지 출력.

46행 두 집합 uset과 vset을 합함.

47행 선택된 간선의 수 증가.

53행 가중치 그래프 "graph.txt"를 읽음. (그림 12.6의 그래프)

55행 Kruskal 알고리즘 실행.

```
C:\WINDOWS\system32\cmd.exe
MST By Kruskal's Algorithm
간선 추가 : A - F (비용:10)
간선 추가 : C - D (비용:12)
간선 추가 : B - G (비용:15)
간선 추가 : B - C (비용:16)
간선 추가 : D - E (비용:22)
간선 추가 : E - F (비용:27)
```

실행 결과를 보면 그림 12.6의 결과와 동일한 순서로 간선이 추가되는 것을 확인할 수 있다. Kruskal의 알고리즘의 시간 복잡도는 간선들을 정렬하는 시간에 좌우된다. 따라서 퀵 정렬이나 최소 히프와 같은 효율적인 정렬 알고리즘을 사용한다면 Kruskal의 알고리즘의 시간 복잡도는 $O(|E|\log_2|E|)$이다.

Prim의 MST 알고리즘

Prim의 알고리즘은 하나의 정점에서부터 시작하여 트리를 단계적으로 확장해나가는 방법이다. 처음에는 시작 정점만이 트리에 포함된다. 다음으로 현재까지 만들어진 트리에 인접한 정점들 중에서 간선의 가중치가 가장 작은 정점을 선택하여 트리를 확장한다. 이 과정은 트리가 n-1개의 간선을 가질 때까지 계속된다. 이 알고리즘을 자연어로 나타내면 다음과 같다.

| 알고리즘 12.2 Prim의 최소비용 신장트리 알고리즘

Prim()

1. 그래프에서 시작 정점을 선택하여 초기 트리를 만든다.
2. 현재 트리의 정점들과 인접한 정점들 중에서 간선의 가중치가 가장 작은 정점 v를 선택한다.
3. 이 정점 v와 이때의 간선을 트리에 추가한다.
4. 모든 정점이 삽입될 때 까지 2번으로 이동한다.

Kruskal의 알고리즘은 간선을 기반으로 하는데 비해 Prim의 방법은 정점을 기반으로 한다. 다음 그래프에서 동작 순서를 생각해 보자.

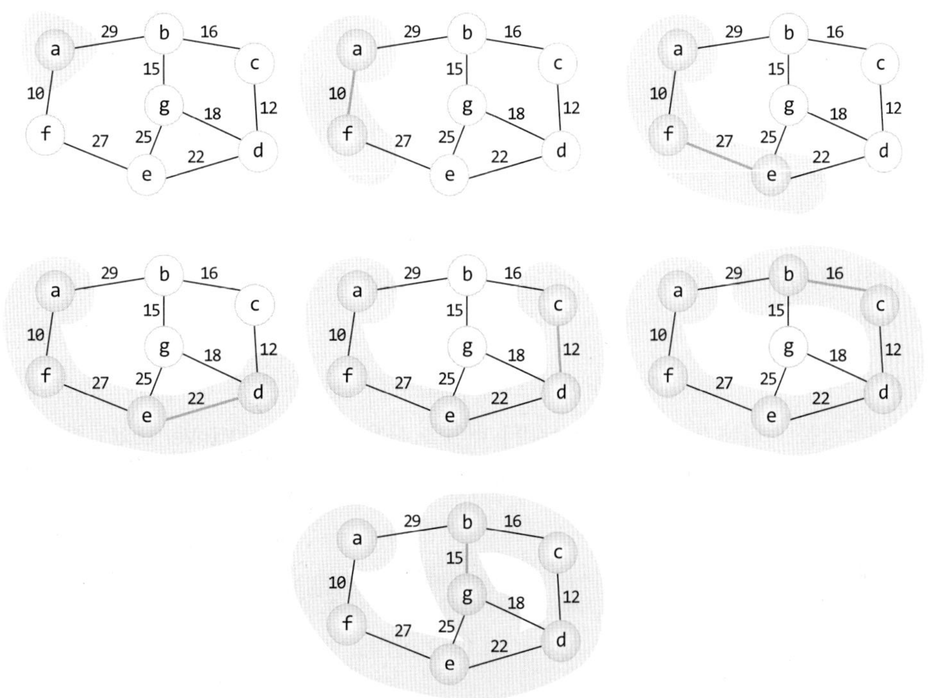

| 그림 12.9 Prim의 최소비용 신장 트리 알고리즘의 처리 과정

- 단계 1: 시작 정점 a를 선택하고 트리에 넣는다. 전체 정점 1개.
- 단계 2: 트리(음영 영역)와 이웃한 정점 f와 b 중에서 간선의 가중치가 작은 f를 선택하고 f와 간선 (a, f)를 트리에 넣는다. 전체 정점 2개.
- 단계 3: 트리와 이웃한 정점 b와 e 중에서 간선의 가중치가 작은 e를 선택하고 e와 간선 (f, e)를 트리에 넣는다. 전체 정점 3개.
- 단계 4: 트리와 이웃한 정점 b, d, g 중에서 간선의 가중치가 작은 d를 선택하고 d와 간선 (e, d)를 트리에 넣는다. 전체 정점 4개.
- 단계 5-7: 같은 방법으로 정점 c, b, g를 순서대로 트리에 넣는다. 모든 노드라 삽입되었으므로 종료.

Prim 알고리즘의 구현

알고리즘 12.2는 간단하지만 구현을 위해서는 고려해야 할 사항이 있다. 현재의 MST에 인접한 정점들 중에서 가장 가까운 정점을 찾는 과정이다. 이를 위해 거리를 저장할 **dist**라는 배열이 사용된다. 즉, **dist[i]**는 현재의 MST에서 **i**번째 정점까지의 지금까지 알려진 가장 가까운 거리를 저장한다. 처음에는 시작 정점만 값이 0이고 나머지 정점의 **dist**는 무한대가 된다.

정점들이 MST에 추가되면서 각 정점의 **dist** 값은 변경된다. 트리에 정점 **u**가 추가된다고 생각해 보자. 당연히 **dist[u] = 0**으로 변경된다. **u**와 인접한 정점 **v**는 어떻게 될까? 기존의 **dist[v]**와 간선 **(u,v)**의 가중치를 비교해보아야 한다. 만약 후자가 더 적다면 **dist[v]**는 간선 **(u,v)**의 가중치로 갱신되어야 한다. 이 과정은 모든 정점이 MST에 포함될 때 까지 진행하면 된다.

다음은 Prim의 알고리즘은 구현한 코드이다. **dist[]** 배열과 함께 각 정점이 MST에 포함되었는지를 나타내기 위해 **selected[]** 배열을 사용하였다. **getMinVertex()** 함수에서 MST에 포함되지 않은 정점 중에서 거리가 최소인 것을 찾는다.

프로그램 12.4 Prim의 최소비용 신장트리 프로그램

```
...                         // 프로그램 11.1의 인접행렬을 이용한 그래프 코드 포함
#define INF 9999
void load_wgraph ( char *filename){...} // 프로그램 12.1의 함수와 동일

int selected[MAX_VTXS];
int dist[MAX_VTXS];
int getMinVertex()
{
    int v, minv=0, mindist= INF;
    for( v=0 ; v<vsize ; v++ )
        if (!selected[v] && dist[v]<mindist) {
            mindist = dist[v];
            minv = v;
        }
    return minv;
}

// Prim의 최소 비용 신장 트리 프로그램
void Prim()
{
    int i, u, v;
```

```
22
23      for(i=0 ; i<vsize ; i++) {
24          dist[i] = INF;
25          selected[i] = 0;
26      }
27      dist[0]=0;
28
29      for(i=0 ; i<vsize ; i++){
30          u = getMinVertex();
31          selected[u] = 1;
32          if( dist[u] == INF ) return;
33          printf("%c ", vdata[u]);
34
35          for( v=0; v<vsize; v++)
36              if( adj[u][v] != INF)
37                  if( !selected[v] && adj[u][v]< dist[v] )
38                      dist[v] = adj[u][v];
39      }
40      printf("\n");
41  }
42  void main()
43  {
44      load_wgraph( "graph.txt" );
45      printf("MST By Prim's Algorithm\n");
46      Prim();
47  }
```

코드 설명

5-6행 정점이 선택되었는지, 그리고 정점까지의 거리를 위한 배열 선언.

7-16행 그래프에서 MST에 포함되지 않은 정점들 중에서 MST와의 거리가 최소인 정점을 찾는 함수. 찾아진 정점의 인덱스를 반환함.

23-26행 selected와 dist배열을 초기화.

27행 시작 정점(0)의 dist를 0으로 설정.

29행 그래프의 정점 수만큼 반복함.

30행 포함되지 않은 정점들 중에서 MST와의 거리가 최소인 정점 u를 찾음.

31행 u도 MST에 포함시킴.

32행 u가 MST에 연결되어 있지 않은 경우, 예외 상황이므로 return 처리.

35–38행 u의 인접 정점들에 대한 dist 값 갱신. 지금까지 선택되지 않은 정점 v에 대해 지금까지 알고 있던 최소 거리 dist[v]보다 간선 (u,v)의 가중치가 더 작으면 dist[v]를 갱신.

```
C:\WINDOWS\system32\cmd.exe
MST By Prim's Algorithm
A F E D C B G
계속하려면 아무 키나 누르십시오 . . .
```

실행 결과 그림 12.9의 순서와 동일하게 간선이 추가되는 것을 확인할 수 있다. Prim의 알고리즘은 주 반복문이 정점의 수 n만큼 반복하고, 내부 반복문이 n번 반복하므로 $O(n^2)$의 시간 복잡도를 가진다. Kruskal의 알고리즘은 복잡도가 $O(e \log_2 e)$이므로 정점의 개수에 비해 간선의 개수가 매우 적은 희박한 그래프(sparse graph)를 대상으로 할 경우에는 Kruskal의 알고리즘이 적합하고, 반대로 간선이 매우 많은 그래프의 경우에는 Prim의 알고리즘이 유리하다고 볼 수 있다.

12.4 최단 경로

최단 경로(shortest path) 문제는 가중치 그래프에서 정점 u와 정점 v를 연결하는 경로 중에서 간선들의 가중치 합이 최소가 되는 경로를 찾는 문제이다. 이 문제에서 간선의 가중치는 보통 비용이나 거리, 시간 등을 나타낸다. 그림 12.10은 인터넷에서 제공되는 전자지도에서 최단경로를 탐색한 예를 보여주고 있다.

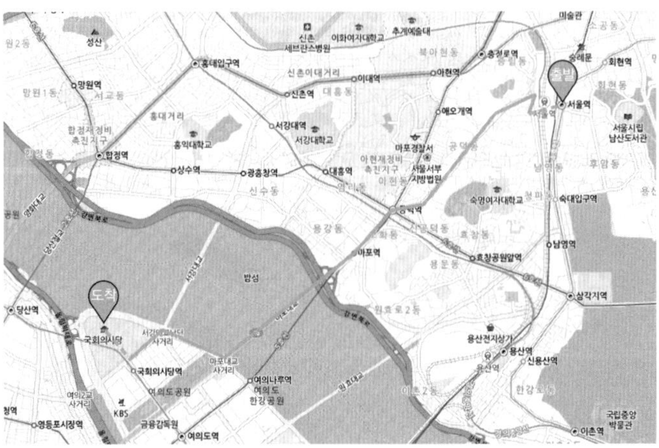

| 그림 12.10 최단경로의 예

지도를 가중치 그래프로 나타낸다고 생각해 보자. 그래프에서 정점은 각 도시들을 나타내고 가중치는 한 도시에서 다른 도시로 이동하는 거리를 의미한다. 최단 경로 문제는 도시 u에서 도시 v로 가는 경로들 중에서 전체 거리가 최소가 되는 경로를 찾는 것이다. 예를 들어, 그림 12.11의 가중치 그래프에서 정점 A에서 정점 D로 가는 몇 가지 경로들과 경로의 비용을 계산해 보자.

- 경로1: (A,B,C,D): 비용 = 7 + 4 + 2 = 13
- 경로2: (A,E,B,C,D): 비용 = 3 + 2 + 4 + 2 = 11
- 경로3: (A,F,B,D): 비용 = 10 + 6 + 10 = 26

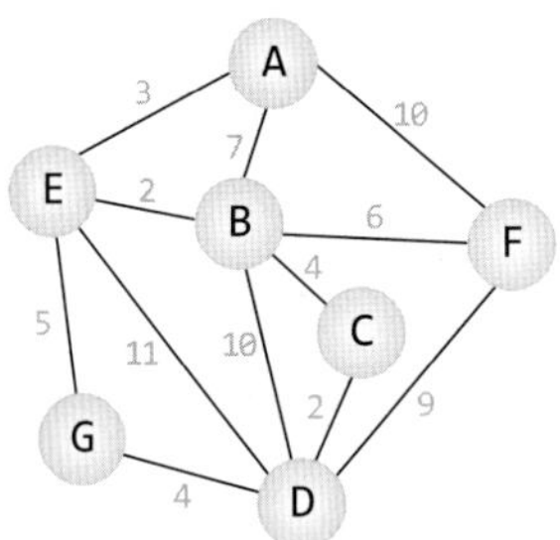

	A	B	C	D	E	F	G
A	0	7	∞	∞	3	10	∞
B	7	0	4	10	2	6	∞
C	∞	4	0	2	∞	∞	∞
D	∞	10	2	0	11	9	4
E	3	2	∞	11	0	∞	5
F	10	6	∞	9	∞	0	∞
G	∞	∞	∞	4	5	∞	0

| 그림 12.11 가중치 그래프와 가중치 인접 행렬

물론 이 외에도 다른 경로들이 있다. 이들 중에서 경로2가 전체 비용(또는 거리)이 11로 최단 거리이다. 그러면 어떤 방법으로 가중치 그래프에서 정점들 사이의 최단 경로를 구할 수 있을까? Dijkstra와 Floyd의 두 가지의 알고리즘이 있다. **Dijkstra 알고리즘**은 하나의 시작 정점에서 다른 정점까지의 최단 경로를 구한다. 이에 비해 **Floyd 알고리즘**은 모든 정점에서 다른 모든 정점까지의 최단 경로를 구할 수 있는 방법이다.

가중치는 앞에서와 마찬가지로 2차원 배열 형태의 인접 행렬에 저장되어 있다고 가정하자. 정점 u와 정점 v사이에 간선이 없다면 무한대 값(INF)이 저장된다. 인접 행렬에서 대각선 요소들, 즉 자신에서 자신으로 가는 간선은 가중치를 0으로 하자. 이때 중요한 가정은 간선의 가중치는 반드시 양수이어야 하며 음수는 허용하지 않는다는 것이다.

Dijkstra의 최단 경로 알고리즘

Dijkstra의 최단 경로 알고리즘은 하나의 시작 정점 v에서 모든 다른 정점까지의 최단 경로를 찾는 알고리즘이다. 먼저 집합 S를 시작 정점 v로부터의 최단경로가 이미 발견된 정점들의 집합이라고 하자. 이 알고리즘에서는 S에 있는 정점만을 거쳐서 다른 정점으로 가는 최단거리를 기록하는 배열을 사용한다. 이것은 Prim의 MST 알고리즘에서와 비슷하다. 이 배열을 `dist`라고 하자. 당연히 시작 정점 v에서의 `dist[v] = 0`이며, 다른 정점에 대한 `dist`값은 시작정점과 해당 정점간의 간선의 가중치 값이 된다. 가중치는 인접 행렬에 저장되므로 인접 행렬을 `weight`이라 하면 최초에는 모든 정점 `w`에 대해 `dist[w] = weight[v][w]`가 된다. 정점 `v`에서 정점 `w`로의 직접 간선이 없을 경우에는 무한대의 값을 저장한다.

시작단계에서는 아직 최단경로가 발견된 정점이 없으므로 S = {v} 일 것이다. 즉 처음에는 시작정점 v를 제외하고는 최단거리가 알려진 정점이 없다. 알고리즘이 진행되면서 최단거리가 발견되는 정점들이 하나씩 S에 추가된다.

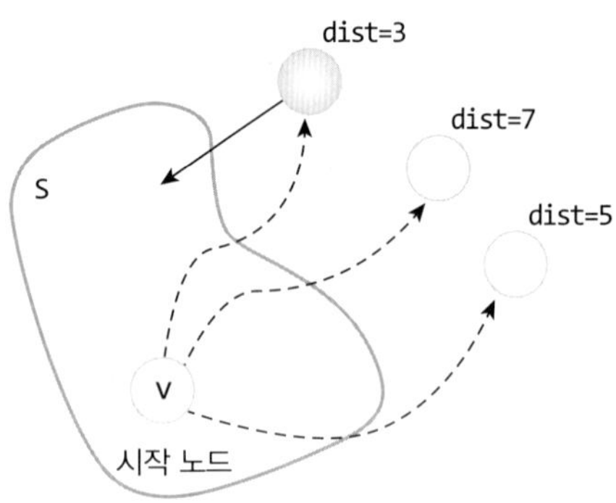

| 그림 12.12 최단 경로 알고리즘의 첫 단계

알고리즘의 매 단계에서 S안에 있지 않은 정점들 중에서 가장 `dist`값이 작은 정점을 그림 12.12과 같이 S에 추가한다. 과연 이렇게 해도 문제가 없을까?

그림 12.13을 생각해 보자. 시작 정점 v에서 정점 u까지의 최단거리는 경로 ①이 다. 만약 v에서부터 S에 포함되지 않은 정점 w를 거쳐서 u로 가는 더 짧은 경로가 있다고 가정해 보자. 그러면 정점 v에서의 정점 u까지의 거리는 정점 v에서 정점 w까지의 거리 ②와 정점 w에서 정점 u로 가는 거리③을 합한 값이 될 것이다. 그러나 경로 ②는 경로 ①보다 항상 길 수 밖에 없다. 왜냐하면 현재 `dist`값이 가장 작은 정점은 u이기 때문이다. 그렇더라도

만약 경로 ③이 음수를 갖는다면 ②+③이 ①보다 작을 수 있다. 그러나 가중치에는 음수를 허용하지 않는다. 따라서 ②+③은 항상 ①보다 클 수밖에 없다. 따라서 이 알고리즘은 문제가 없다.

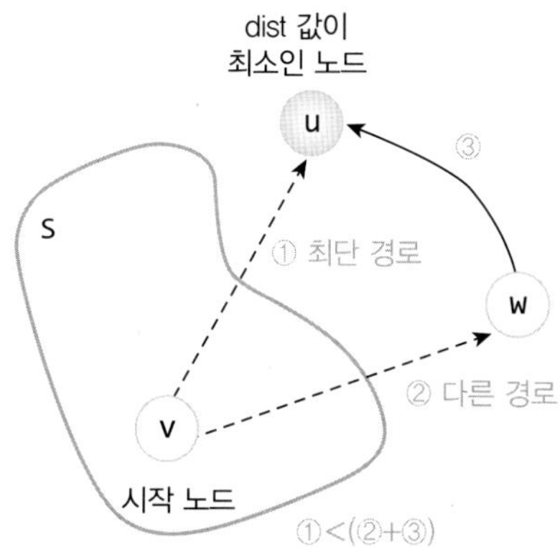

| 그림 12.13 최단 경로 알고리즘에서의 최단경로 증명

새로운 정점 u가 S에 추가되면, S에 있지 않은 다른 정점들의 **dist**값을 수정해야 한다. 새로 추가된 정점 u를 거쳐서 정점까지 가는 거리와 기존의 거리를 비교하여 더 작은 거리로 **dist**를 수정한다. 즉 다음과 같은 수식을 이용한다.

```
dist[w] = min(dist[w], dist[u]+weight[u][w])
```

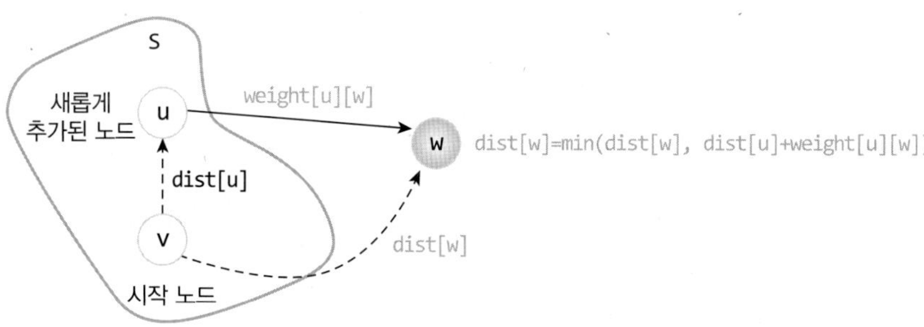

| 그림 12.14 최단 경로 알고리즘에서의 distance값 갱신

이상과 같은 최단 거리 알고리즘을 정리하면 다음과 같다.

| 알고리즘 12.3 최단거리 알고리즘

```
// 입력: 가중치 그래프 G, 가중치는 음수가 아님.
// 출력: dist 배열, dist[u]는 v에서 u까지의 최단 거리이다.
shortest_path_dijkstra(v)

    S←{v}
    for 각 정점 w∈G do
        dist[w]←weight[v][w];
    while 모든 정점이 S에 포함되지 않으면 do
        u←집합 S에 속하지 않는 정점 중에서 최소 distance 정점;
        S←S∪{u}
        for u에 인접하고 S에 있지 않은 각 정점 z do
            if dist[u]+weight[u][z] < dist[z]
                then dist[z]←dist[u]+weight[u][z];
```

다음의 예제 그래프를 이용하여 알고리즘의 실행 과정을 알아보자. dist(A)는 정점 A의 dist 값을 의미하고, w(A,B)는 간선 (A,B)의 가중치를 나타낸다.

STEP 1: 초기 상태에는 S에 A만 들어 있다. dist는 모두 A에서 그 정점으로 가는 거리 w(A,v)가 된다.

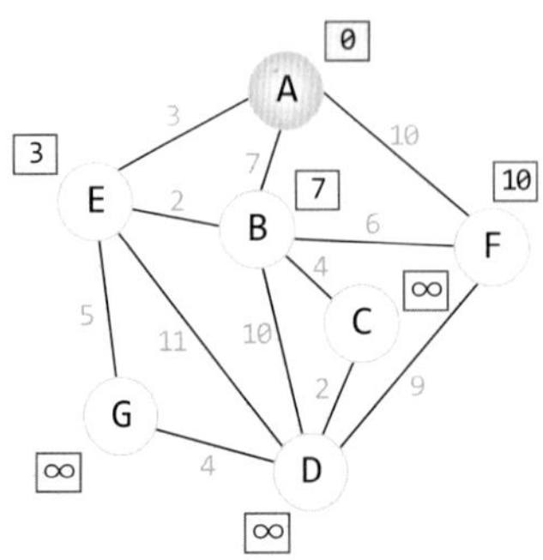


```
S={A}

dist(A)=w(A,A)=0
dist(B)=w(A,B)=7
dist(C)=w(A,C)=∞
dist(D)=w(A,D)=∞
dist(E)=w(A,E)=3
dist(F)=w(A,F)=10
dist(G)=w(A,G)=∞
```

STEP 2: dist 배열에서 가장 작은 정점 E를 S에 추가한다. 이제 E까지의 거리는 확정된다. S에 포함되지 않은 나머지 정점에 대해서는 현재까지의 dist(v)와 새로 추가된 E에 의해 바뀔 수 있는 거리 dist(E)+w(E,v)를 비교하여 작은 값으로 dist(v)를 갱신한다.

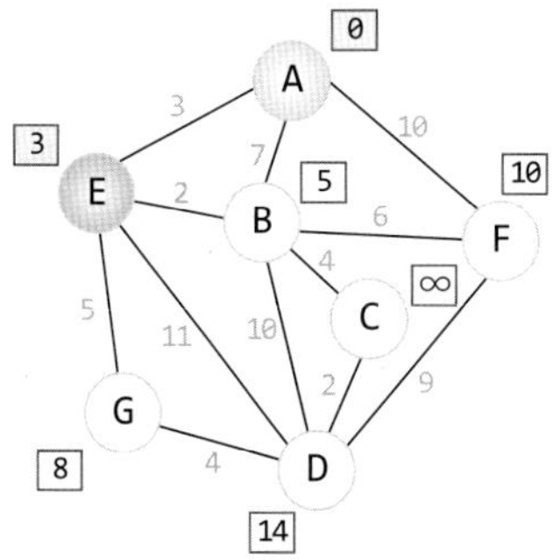


```
S={A, E}

dist(A)=0
dist(B)=min(dist(B),dist(E)+w(E,B))=min(7,3+2)=5
dist(C)=min(dist(C),dist(E)+w(E,C))=min(∞,3+∞)=∞
dist(D)=min(dist(D),dist(E)+w(E,D))=min(∞,3+11)=14
dist(E)=w(A,E)=3
dist(F)=min(dist(F),dist(E)+w(E,F))=min(10,3+∞)=10
dist(G)=min(dist(G),dist(E)+w(E,G))=min(∞,3+5)=∞
```

STEP 3: 같은 방법으로 dist 값이 가장 작은 B가 S에 추가된다. 나머지 정점의 dist 값을 갱신한다.

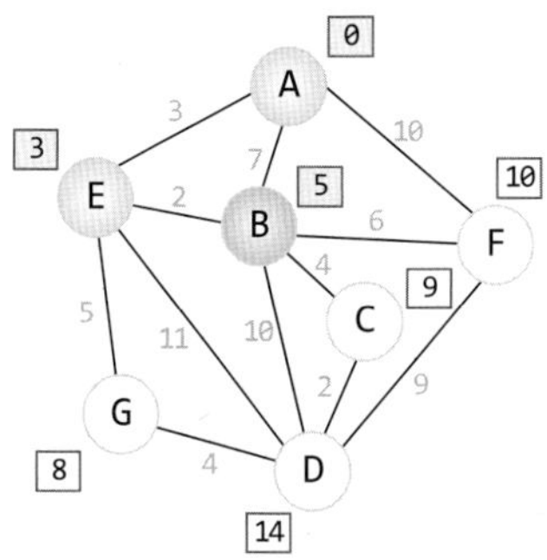


```
S={A, E, B}

dist(A)=0
dist(B)=5
dist(C)=min(dist(C),dist(B)+w(B,C))=min(∞,5+4)=9
dist(D)=min(dist(D),dist(B)+w(B,D))=min(14,5+10)=14
dist(E)=3
dist(F)=min(dist(F),dist(B)+w(B,F))=min(10,5+6)=10
dist(G)=min(dist(G),dist(B)+w(B,G))=min(8,5+∞)=10
```

STEP 4: 같은 방법으로 G가 S에 추가된다.

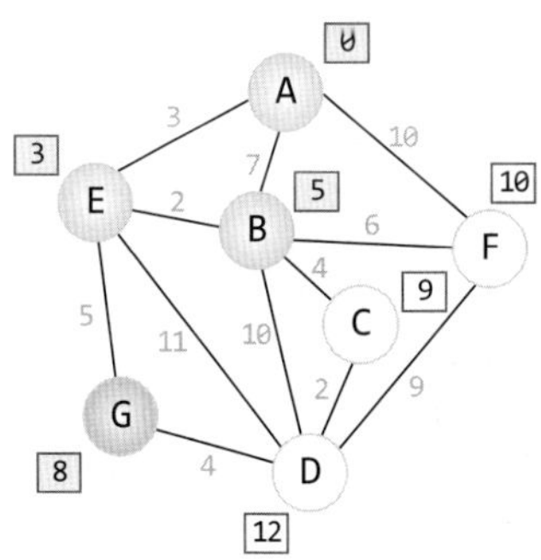


```
S={A, E, B, G}

dist(A)=0
dist(B)=5
dist(C)=min(dist(C),dist(G)+w(G,C))=min(9,8+∞)=9
dist(D)=min(dist(D),dist(G)+w(G,D))=min(14,8+4)=12
dist(E)=3
dist(F)=min(dist(F),dist(G)+w(G,F))=min(10,8+∞)=10
dist(G)=8
```

STEP 5: 같은 방법으로 C가 S에 추가된다. 이제 거리가 확정되지 않은 정점은 D와 F만 남았다.

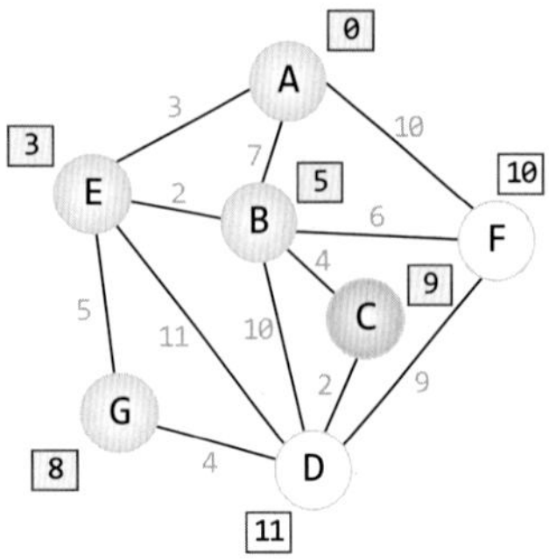

S={A, E, B, G, C}

dist(A)=0
dist(B)=5
dist(C)=9
dist(D)=min(dist(D),dist(C)+w(C,D))=min(12,9+2)=11
dist(E)=3
dist(F)=min(dist(F),dist(C)+w(C,F))=min(10,9+∞)=10
dist(G)=8

STEP 6: 같은 방법으로 F가 S에 추가된다.

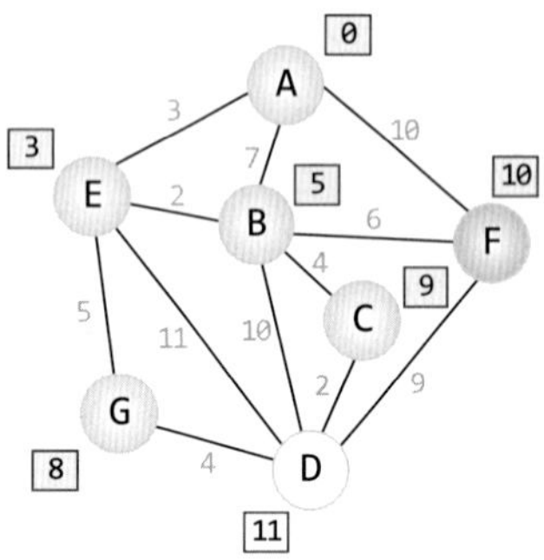

S={A, E, B, G, C, F}

dist(A)=0
dist(B)=5
dist(C)=9
dist(D)=min(dist(D),dist(F)+w(F,D))=min(11,10+9)=11
dist(E)=3
dist(F)=10
dist(G)=8

STEP 7: 마지막으로 D가 S에 추가되고, 남은 정점은 없다. A에서 모든 정점들까지의 거리가 확정되었다.

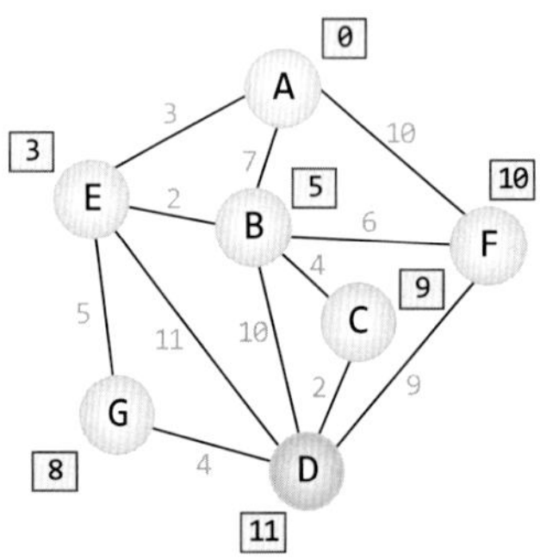

S={A, E, B, G, C, D}

dist(A)=0
dist(B)=5
dist(C)=9
dist(D)=11
dist(E)=3
dist(F)=10
dist(G)=8

알고리즘 수행 결과로써 배열 dist에 A에서부터 다른 모든 정점으로의 최단 경로 거리를 저장하게 된다.

Dijkstra 알고리즘의 구현

Dijkstra 알고리즘의 주 함수인 `shortest_path_dijkstra()` 함수는 `start` 정점에서부터 다른 모든 정점까지의 최단 경로를 계산한다. 알고리즘을 구현하기 위해서는 다음의 세 가지 배열이 추가로 필요하다.

- `dist[]`: 시작정점으로부터의 최단경로 거리를 저장
- `found[]`: 방문한 정점 표시를 위해 사용
- `path[]`: 경유 정점을 저장

`choose_vertex()`는 방문하지 않은 정점들 중에서 최단 경로 거리가 가장 작은 정점을 찾아 반환한다. 단계별 중간 결과를 보이기 위한 `print_step()`함수를 제공했고, 최종적으로 두 점 사이의 최단경로 출력을 위해 `print_shortest_path()`함수를 구현했다. 전체 프로그램은 다음과 같다.

프로그램 12.5 Dijkstra의 최단 경로 프로그램

```
...                          // 프로그램 11.1의 인접행렬을 이용한 그래프 코드 포함
#define INF 9999
void load_wgraph (char *filename){...}         // 프로그램 12.1의 함수와 동일

int path[MAX_VTXS];
int dist[MAX_VTXS];
int found[MAX_VTXS];
void print_step(int step)                      // 진행 단계별 상황출력
{
    int i;
    printf(" Step%2d:", step);
    for( i=0 ; i<vsize ; i++)
        if (dist[i] == INF ) printf("  INF");
        else printf("%5d", dist[i]);
    printf("\n");
}
void print_shortest_path(int start, int end) // 최종 경로 출력
{
```

```
    printf("[최단경로: %c---%c] %c", vdata[end], vdata[start], vdata[end]);
    while (path[end] != start) {
        printf("-%c", vdata[path[end]]);
        end = path[end];
    }
    printf("-%c\n", vdata[path[end]]);
}
int choose_vertex()
{
    int i, min = INF, minpos = -1;

    for( i=0 ; i<vsize ; i++ )
        if( dist[i]< min && ! found[i] ){
            min = dist[i];
            minpos=i;
        }
    return minpos;
}
// Dijkstra의 최단경로
void shortest_path_dijkstra( int start )
{
    int i, u, w;
    for( i=0 ; i<vsize ; i++) {
        dist[i] = adj[start][i];
        path[i] = start;
        found[i] = 0;
    }
    found[start] = 1;
    dist[start] = 0;

    for( i=0 ; i<vsize ; i++ ) {
        print_step(i + 1);                          // 진행상황 출력용
        u = choose_vertex();
        found[u] = 1;

        for( w=0 ; w<vsize ; w++) {
            if( found[w] == 0 ) {
                if( dist[u] + adj[u][w] < dist[w] ) {
```

```
57                      dist[w] = dist[u] + adj[u][w];
58                      path[w] = u;
59                  }
60              }
61          }
62      }
63  }
64  void main()
65  {
66      int i;
67
68      load_wgraph( "wgraph_sp.txt" );
69      printf("Shortest Path By Dijkstra Algorithm\n");
70      shortest_path_dijkstra( 0 );
71
72      for (i = 1; i<vsize; i++)
73          print_shortest_path(0, i); // 0부터 i까지의 최단경로 출력
74  }
```

코드 설명

5행 시작 정점에서부터의 최단 경로의 거리.

6행 정점의 방문 여부.

7행 경로 저장.

8-16행 현재의 dist 배열을 화면에 출력하는 함수.

17-25행 최단 경로 출력 함수.

26-36행 최단 경로가 찾아진 정점 집합 S에 속하지 않는 정점들 중에서 현재의 dist값이 가장 작은 정점의 인덱스를 반환하는 함수.

38행 시작 정점을 start로 하는 Dijkstra의 최단 경로 알고리즘 처리 함수.

41-45행 dist[], found[], path[]배열을 초기화.

46-47행 시작 정점 처리. dist[start]=0, found[start]=TRUE.

49행 모든 정점이 S에 포함될 때 까지.

50행 현재 상황 출력. 현재 단계와 dist 배열 출력.

51행 S에 포함되지 않은 정점들 중에서 dist가 가장 작은 정점 u를 찾음.

52행 u를 S에 포함시킴. found[u]=TRUE;

54-55행 S에 포함되지 않은 모든 정점 w에 대해서.

56–59행 조건 (dist[u]+adj[u][w]<dist[w])를 만족하면 dist[w]를 갱신. path[w]에 추가.

68–70행 그림 12.11과 동일한 그래프를 읽고 0부터 모든 정점까지의 최단 경로를 구함.

72–73행 0부터 모든 정점까지의 path를 화면에 출력.

프로그램의 실행 결과는 다음과 같다.

```
선택 C:\WINDOWS\system32\cmd.exe
Shortest Path By Dijkstra Algorithm
 Step 1:     0     7   INF   INF     3    10   INF
 Step 2:     0     5   INF    14     3    10     8
 Step 3:     0     5     9    14     3    10     8
 Step 4:     0     5     9    12     3    10     8
 Step 5:     0     5     9    11     3    10     8
 Step 6:     0     5     9    11     3    10     8
 Step 7:     0     5     9    11     3    10     8
[최단경로: B---A] B-E-A
[최단경로: C---A] C-B-E-A
[최단경로: D---A] D-C-B-E-A
[최단경로: E---A] E-A
[최단경로: F---A] F-A
[최단경로: G---A] G-E-A
계속하려면 아무 키나 누르십시오 . . .
```

각 단계별 dist[] 배열의 값 변화

A부터 모든 정점까지의 최단 경로

Dijkstra 알고리즘은 시작정점에서부터 다른 모든 정점까지의 최단 경로의 거리 정보를 제공한다. 그리고 최솟값을 선택하는 choose_vertex()를 우선순위 큐로 대치하면 좀 더 효율적으로 실행시킬 수 있다. 그래프에 n개의 정점이 있다면, 최단 경로 알고리즘은 주 반복문을 n번 반복하고 내부 반복문을 2n번 반복하므로 $O(n^2)$의 시간 복잡도를 가진다.

Floyd의 최단 경로 알고리즘

만약 그래프의 모든 정점들 사이의 최단 경로를 구하려고 한다면 Dijkstra 알고리즘을 정점의 수만큼 반복하여 실행하면 된다. 그러나 간단한 알고리즘도 있다. Floyd 알고리즘은 그래프의 모든 정점사이의 최단경로를 한꺼번에 찾아준다.

Floyd의 최단경로 알고리즘은 2차원 배열 A를 이용하여 3중 반복을 하는 루프로 구성되어 있다. 알고리즘 자체는 아주 간단하다. 먼저 인접 행렬 **weight**는 다음과 같이 만들어진다. **u==v**이면 **weight[u][v]=0**으로 하고 만약 두 정점 **u, v** 사이에 간선이 존재하지 않으면 **weight[u][v]=∞**라고 하자. 정점 **u**와 **v** 사이에 간선이 존재하면 물론 **weight[u][v]**는 간선 **(u,v)**의 가중치가 된다. Floyd의 알고리즘은 다음과 같이 간단한 삼중 반복문으로 표현된다. A의 초기 값은 인접 행렬인 **weight**가 된다.

| 알고리즘 12.4 Floyd의 최단 경로 알고리즘

```
shortest_path_floyd()

    for k ← 0 to n - 1
    for i ← 0 to  n - 1
       for j ← 0 to n - 1
           A[i][j] = min(A[i][j], A[i][k] + A[k][j])
```

위의 알고리즘을 설명하기 위하여 $A^k[i][j]$를 0부터 k까지의 정점만을 이용한 정점 i에서 j까지의 최단 경로라고 하자. 우리가 원하는 답은 $A^{n-1}[i][j]$가 된다. 왜냐하면 $A^{n-1}[i][j]$은 0부터 n−1까지의 모든 정점을 이용한 최단 경로이기 때문이다. Floyd 알고리즘의 핵심적인 내용은 $A^{-1} \to A^0 \to A^1 \to A^2 \to \cdots \to A^{n-1}$ 순으로 최단 거리를 구는 것이다. A^{-1}는 weight 배열의 값과 같다.

예전에 배웠던 수학적인 귀납법과 비슷한 방법으로 생각하여 보자. 먼저 A^{k-1}까지는 완벽한 최단 거리가 구해져서 있다고 가정하자. 일반적으로 그림 12.15와 같이 k번째 정점이 추가로 고려되는 상황을 생각하여 보자. 0부터 k까지의 정점만을 사용하여 정점 i에서 정점 j로 가는 최단 경로는 다음의 2가지의 경우로 나누어서 생각할 수 있다.

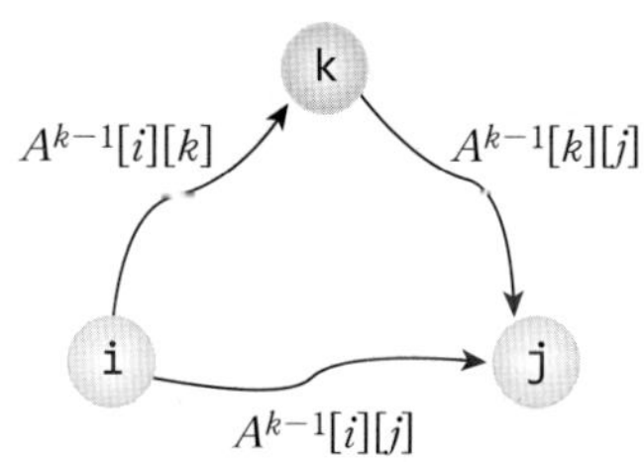

| 그림 12.15 Floyd 알고리즘

(1) 정점 k를 거치지 않는 경우: $A^k[i][j] \leftarrow A^{k-1}[i][j]$

(2) 정점 k를 통과하는 경우: $A^k[i][j] \leftarrow A^{k-1}[i][k] + A^{k-1}[j][k]$

따라서 최종적인 최단거리는 다음과 같이 당연히 (1)과 (2)중에서 더 적은 값이 될 것이다.

$$A^k[i][j] \leftarrow \min\left(A^{k-1}[i][j],\ A^{k-1}[i][k] + A^{k-1}[j][k]\right)$$

이것은 정점 k를 경유하는 것이 보다 좋은 경로이면 $A^{k-1}[i][j]$의 값이 변경되고, 그렇지 않으면 이전 값을 유지한다는 의미이다.

그림 12.16은 예제 그래프에 대해 A 배열이 변경되는 모습을 보여준다.

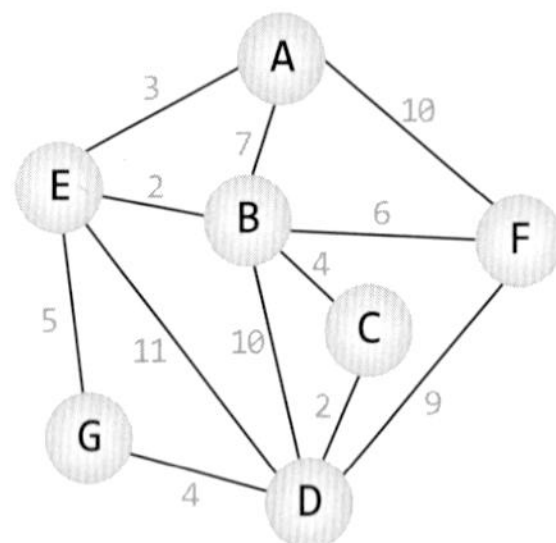


```
C:₩WINDOWS₩system32₩cmd.e...
최단거리(wgraph_sp.txt)
7
A    0    7    -    -    3   10    -
B    7    0    4   10    2    6    -
C    -    4    0    2    -    -    -
D    -   10    2    0   11    9    4
E    3    2    -   11    0   13    5
F   10    6    -    9   13    0    -
G    -    -    -    4    5    -    0
Shortest Path By Floyd Algorithm
====================================
    0    7  INF  INF    3   10  INF
    7    0    4   10    2    6  INF
  INF    4    0    2  INF  INF  INF
  INF   10    2    0   11    9    4
    3    2  INF   11    0   13    5
   10    6  INF    9   13    0  INF
  INF  INF  INF    4    5  INF    0
====================================
    0    7   11   17    3   10  INF
    7    0    4   10    2    6  INF
   11    4    0    2    6   10  INF
   17   10    2    0   11    9    4
    3    2    6   11    0    8    5
   10    6   10    9    8    0  INF
  INF  INF  INF    4    5  INF    0
====================================
    0    7   11   13    3   10  INF
    7    0    4    6    2    6  INF
   11    4    0    2    6   10  INF
   13    6    2    0    8    9    4
    3    2    6    8    0    8    5
   10    6   10    9    8    0  INF
  INF  INF  INF    4    5  INF    0
====================================
    0    7   11   13    3   10   17
    7    0    4    6    2    6   10
   11    4    0    2    6   10    6
   13    6    2    0    8    9    4
    3    2    6    8    0    8    5
   10    6   10    9    8    0   13
   17   10    6    4    5   13    0
====================================
    0    5    9   11    3   10    8
    5    0    4    6    2    6    7
    9    4    0    2    6   10    6
   11    6    2    0    8    9    4
    3    2    6    8    0    8    5
   10    6   10    9    8    0   13
    8    7    6    4    5   13    0
====================================
    0    5    9   11    3   10    8
    5    0    4    6    2    6    7
    9    4    0    2    6   10    6
   11    6    2    0    8    9    4
    3    2    6    8    0    8    5
   10    6   10    9    8    0   13
    8    7    6    4    5   13    0
====================================
    0    5    9   11    3   10    8
    5    0    4    6    2    6    7
    9    4    0    2    6   10    6
   11    6    2    0    8    9    4
    3    2    6    8    0    8    5
   10    6   10    9    8    0   13
    8    7    6    4    5   13    0
계속하려면 아무 키나 누르십시오 . . .
```

| 그림 12.16 Floyd 알고리즘 처리 결과의 예

Floyd 알고리즘의 구현

다음 프로그램은 Floyd의 최단 경로 알고리즘을 구현한 코드를 보여준다. 진행 과정을 보여주기 위한 함수 printA()를 제공한다.

프로그램 12.6 Floyd의 최단 경로 프로그램

```c
...                                  // 프로그램 11.1의 인접행렬을 이용한 그래프 코드 포함
#define INF 9999
void load_wgraph (char *filename){...}          // 프로그램 12.1의 함수와 동일

int  A[MAX_VTXS][MAX_VTXS];                     // 최단경로 거리
void printA( )
{
     int i, j;
     printf("====================================\n");
     for( i=0; i<vsize; i++){
          for(j=0; j<vsize; j++) {
               if( A[i][j] == INF ) printf(" INF ");
               else printf("%4d ", A[i][j]);
          }
          printf("\n");
     }
}
void shortest_path_floyd()
{
     int i, j, k;

     for( i=0 ; i<vsize ; i++ )
     for( j=0 ; j<vsize ; j++ )
          A[i][j] = adj[i][j];

     for(k=0 ; k<vsize ; k++ ){
          for( i=0; i<vsize ; i++ )
          for (j = 0; j < vsize; j++) {
               if (A[i][k]+A[k][j] < A[i][j])
                    A[i][j] = A[i][k] + A[k][j];
          }
```

```
32              printA();                              // 진행상황 출력용
33          }
34  }
35
36  void main()
37  {
38          load_wgraph("wgraph_sp.txt");
39          print_wgraph("최단거리(wgraph_sp.txt)\n");
40
41          printf("Shortest Path By Floyd Algorithm\n");
42          shortest_path_floyd( ) ;
43  }
```

코드 설명

5행 A 행렬. 최종적으로 이 행렬에 정점 간의 최단 거리가 저장됨.

6–17행 현재의 A 행렬을 화면에 출력하는 함수.

18–34행 Floyd의 최단 경로 탐색 알고리즘 구현 함수.

22–24행 A 행렬의 초기 값을 인접 행렬의 가중치 값으로 설정.

26행 각 정점에 대해서. (그림 12.15의 k 정점)

27–28행 모든 정점 쌍 (i,j)에 대해서.

29–30행 현재 알고 있는 i에서 j로 가는 최단 경로에 비해 k를 거치는 경로의 길이가 더 짧으면 (i,j)에 대한 최단 경로 길이를 갱신함.

26행 현재의 A를 화면에 출력함.

프로그램의 실행 결과는 그림 12.16과 같다. Dijkstra의 알고리즘의 경우 하나의 정점에서 출발하여 모든 정점까지의 최단 경로를 찾는데 $O(n^2)$의 시간이 걸린다. 따라서 모든 정점에서 출발한다면 알고리즘 n번 반복해야 하므로 전체 복잡도가 $O(n^3)$이 된다. 이에 비해, Floyd의 알고리즘은 한 번에 모든 정점 간의 최단 경로를 구한다. 그리고 3중 반복문을 사용하여 시간 복잡도가 $O(n^3)$이 된다. 따라서 Dijkstra 알고리즘과의 차이는 없다고 볼 수 있다. 그러나 Floyd의 알고리즘은 매우 간결한 반복 구문을 사용한다는 특징이 있다.

| 연습문제 |

1 다음의 방향 그래프에 대하여 다음 사항을 계산해보자.

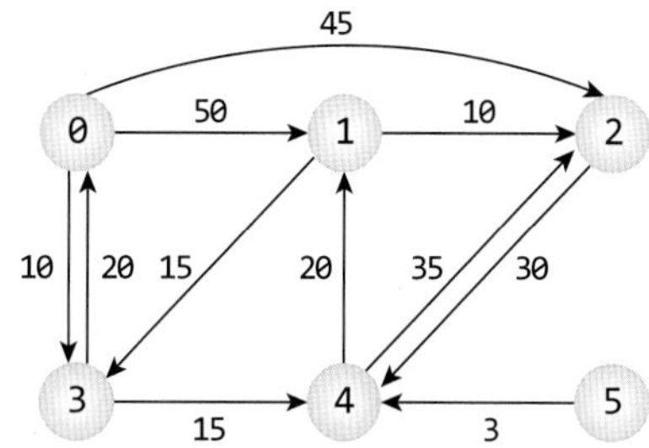

(1) 인접 행렬 표현

(2) 인접 리스트 표현

2 아래의 네트워크에 대하여 Kruskal의 MST 알고리즘을 이용해서 최소비용 신장 트리가 구성되는 과정을 보여라.

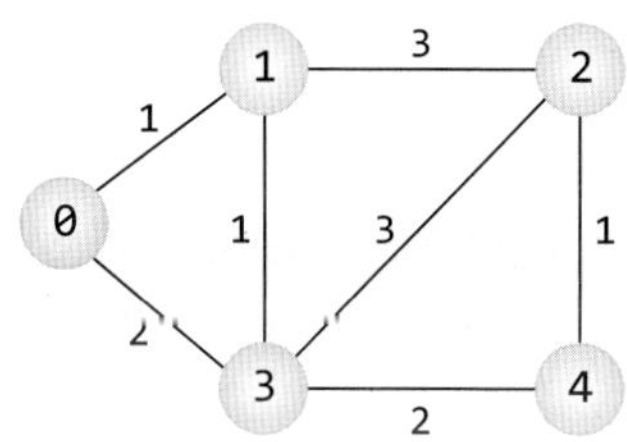

3 문제 2의 네트워크에 대하여 Prim의 MST 알고리즘을 이용해서 최소비용 신장 트리가 구성되는 과정을 보여라(0번 정점으로 시작할 것).

4 다음 가중 그래프에서 최소 비용 신장 트리를 얻기 위하여 노드 a에서 시작하여 Prim 알고리즘을 적용할 때 신장 트리의 최소 비용과 세 번째로 선택된 간선을 순서대로 나열한 것은? [공무원 시험 기출 문제]

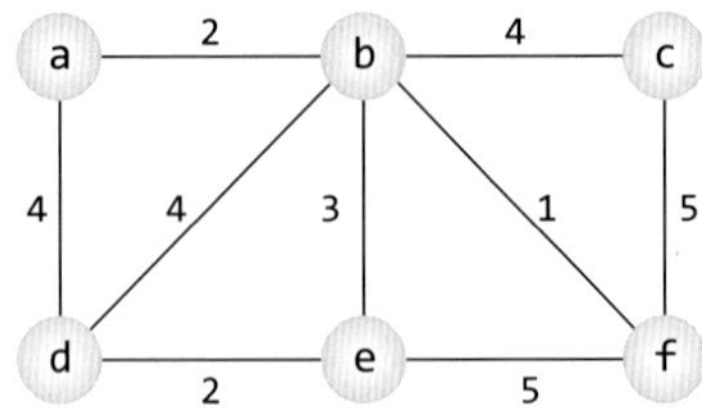

① 12, (b, e)   ② 13, (b, e)

③ 12, (d, e)   ④ 13, (d, e)

5 다음 그래프에서 Dijkstra 알고리즘을 이용하여 정점 1부터 정점 5까지의 최단 거리를 계산해보자. 알고리즘의 각 단계를 그려보자.

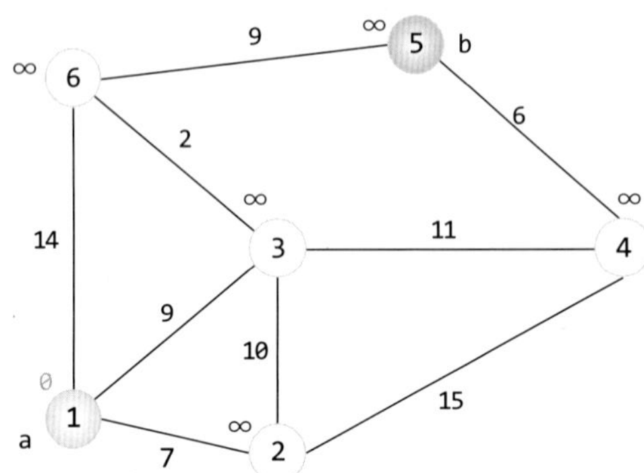

6 가중치가 부여된 그래프가 주어진다. 이 그래프에서 최소 신장 트리의 간선 가중치 합계를 계산하는 프로그램을 작성해보자. 입력은 다음과 같다.

```
4 5
1 4 6
4 2 9
4 3 8
2 3 6
1 3 7
```

처음 숫자 4는 그래프 정점의 개수이다. 두 번째 숫자 5는 간선의 개수이다. 다음 줄부터는 a, b, w와 같은 형식으로 숫자들이 입력된다. 이것은 정점 a와 정점 b를 연결하는 간선의 가중치가 w라는 것을 나타낸다. 프로그램의 출력은 다음과 같다.

```
최소 비용 신장 트리 간선의 합 = 19
```

7 최단 경로 알고리즘은 지도상에서 두 지점 간의 최단 경로를 계산할 때 사용된다. 아래와 같은 지도가 있다고 하자.

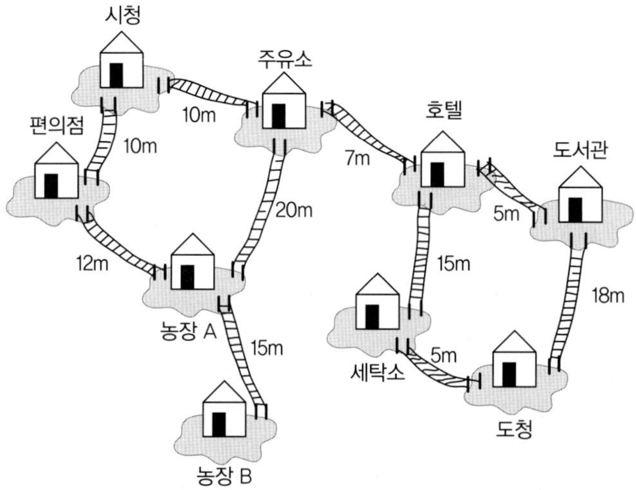

도서관에서 다른 지점으로의 최단 경로를 찾는 문제를 그래프를 이용해서 해결해보자.

프로그래밍 프로젝트

1 무작위로 가중치 그래프를 발생시키고 최소 비용 신장트리와 최단거리 알고리즘을 테스트하려고 한다.

(1) 무작위로 가중치 그래프를 발생시키는 함수를 구현하라. 단, 그래프는 완전 그래프(complete graph)가 되도록 하며, nVtx는 그래프의 정점 수를 나타낸다.

```
void randomCompleteWGraph( int nVtx );
```

(2) (1)의 결과를 이용하여 가중치 그래프를 무작위로 발생시키고 Kruskal과 Prim의 최소 신장 트리 알고리즘을 실행하여 동작을 확인하라. 그래프 정점의 개수를 증가시키면서 각 알고리즘의 실행시간을 측정하고 선 그래프로 그려라. 다음은 정점의 개수(가로축)에 대한 실행시간 측정 결과의 예를 보여준다.

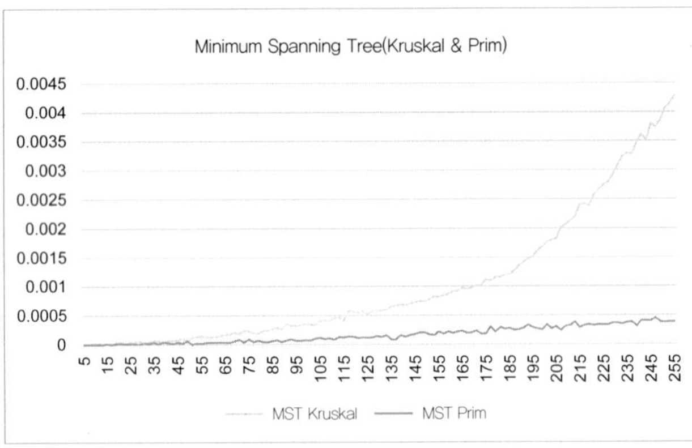

(3) 동일한 방법으로 가중치 그래프를 무작위로 발생시키고, Dijkstra와 Floyd의 최단거리 알고리즘을 실행하여 동작을 확인하라. 그래프 정점의 개수를 증가시키면서 각 알고리즘의 실행시간을 측정하고 선 그래프로 그려라. 다음은 정점의 개수(가로축)에 대한 실행시간 측정 결과의 예를 보여준다.

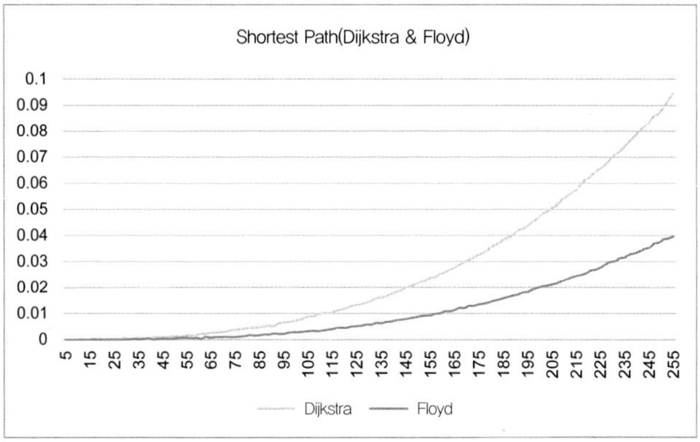
Shortest Path(Dijkstra & Floyd)
0.1
0.09
0.08
0.07
0.06
0.05
0.04
0.03
0.02
0.01
0
5
15
25
35
45
55
65
75
85
95
105
115
125
135
145
155
165
175
185
195
205
215
225
235
245
255
Dijkstra
Floyd

13

CHAPTER

정렬

학습목표

- 정렬의 개념을 이해한다.
- 각 정렬 알고리즘의 동작 원리를 이해한다.
- 각 정렬 알고리즘의 장점과 단점을 이해한다.
- 각 정렬 알고리즘의 효율성을 이해한다.
- 각 정렬 알고리즘의 구현 방법을 이해한다.

CHAPTER

13 정렬

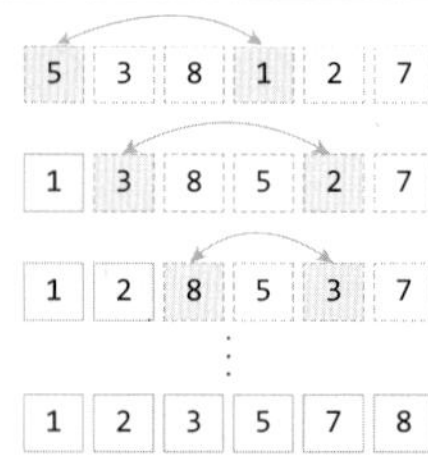

13.1 정렬이란?

정렬(sorting)은 순서가 없는 사물들을 순서대로 재배열하는 것이다. 이때 순서에는 **오름차순**(ascending order)과 **내림차순**(descending order)이 있다. 그림 13.1은 말들을 키를 기준으로 오름차순으로 정렬한 결과를 보여준다. 비교할 수 있는 것이면 무엇이든 정렬의 기준이 될 수 있다. 예를 들어, 책은 '제목'이나 '저자명', '발간연도' 등을 기준으로 오름차순이나 내림차순으로 정렬할 수 있다.

| 그림 13.1 정렬의 예

인터넷 쇼핑몰에서는 물건들을 '판매인기순'이나, '가격낮은순', '상품평순', '신규상품순' 등으로 정렬할 수 있고, 엑셀 프로그램으로 성적처리를 하는 경우에도 '학번', '기말성적', '실습성적' 등을 기준으로 정렬할 수 있다. 이와 같이 정렬은 컴퓨터에서 가장 기본적이고 중요한 알고리즘의 하나이다.

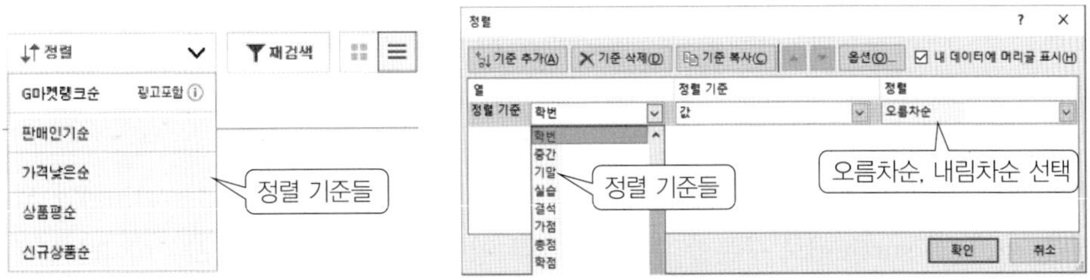

| 그림 13.2 다양한 정렬 기준들. 인터넷 쇼핑몰의 상품 정렬기준(gmarket.com)과 엑셀 프로그램에서의 정렬 기능

정렬은 자료의 탐색에서도 매우 중요하다. 사전에서 우리가 단어를 쉽게 찾을 수 있는 것은 단어들이 **알파벳순**으로 정렬되어 있기 때문이다. 만약 사전이 정렬되어 있지 않다면 어떤 단어를 빨리 찾는 것은 거의 불가능할 것이다. 컴퓨터도 마찬가지이다. 정렬되어 있지 않은 자료에 대해서는 탐색의 효율성이 크게 떨어진다.

보통 정렬시켜야 될 대상을 **레코드(record)**라고 부른다. 레코드는 여러 개의 필드로 이루어지는데, 그림 13.3과 같은 학생의 레코드에서 이름, 학번, 주소, 연락처 등이 필드가 된다. 여러 필드들 중에서 특정한 레코드를 식별해주는 역할을 하는 것을 **키(key)**라고 한다. 학생의 레코드에서는 학번이 키가 될 수 있다. 결국 정렬이란 레코드들을 키 값의 순서로 재배열하는 것이다.

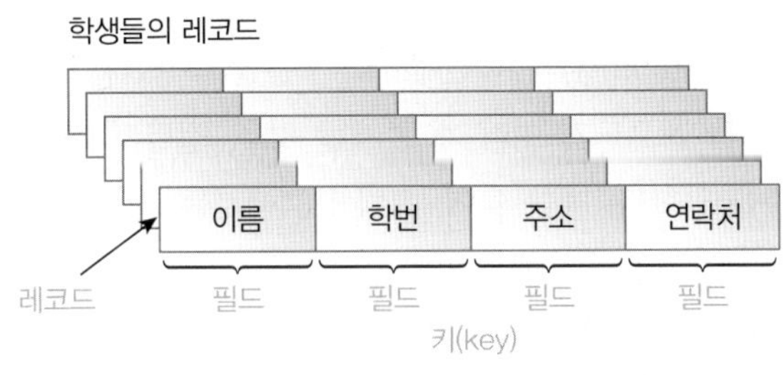

| 그림 13.3 정렬의 대상은 레코드

정렬 알고리즘은 다양하지만 모든 상황에서 최상의 성능을 보여주는 최적 알고리즘은 존재하지 않는다. 따라서 현재의 프로그램 실행 환경에서 가장 효율적인 정렬 알고리즘을 선택해야 한다. 보통 정렬 알고리즘의 효율성 평가 기준으로 비교나 이동 연산의 횟수를 사용하지만, 이들을 정확하게 계산하기는 힘들기 때문에 빅오 표기법을 이용해 근사적으로 표현한다.

정렬 알고리즘의 분류

정렬 장소에 따른 분류

정렬 알고리즘을 먼저 정렬이 수행되는 장소에 따라 **내부 정렬**(internal sorting)과 **외부 정렬**(external sorting)로 구분할 수 있다. 내부 정렬은 정렬하기 전에 모든 데이터가 메인 메모리에 올라와 있는 정렬을 의미한다. 반면, 외부정렬은 외부 기억 장치에 대부분의 데이터가 있고 일부만 메모리에 올려놓은 상태에서 정렬을 하는 방법으로 대용량 자료를 정렬하는데 적합하다. 이 책에서는 내부 정렬만을 다루기로 한다.

구현 복잡도와 알고리즘 효율성에 따른 분류

정렬 알고리즘은 크게 두 가지로 나누어진다. 단순하지만 비효율적인 방법과 복잡하지만 효율적인 방법이다. 보통 효율적인 알고리즘은 구현하기가 까다롭지만 정렬할 레코드의 수가 많다면 이 방법들을 사용하는 것이 좋을 것이다.

- 단순하지만 비효율적인 방법: 삽입정렬, 선택정렬, 버블 정렬 등
- 복잡하지만 효율적인 방법: 퀵 정렬, 힙 정렬, 병합정렬, 기수 정렬 등

안정성에 따른 분류

정렬 알고리즘은 **안정성**(stability)의 측면에서도 구분할 수 있다. 안정성이란 입력 데이터에 동일한 키 값을 갖는 레코드가 여러 개 존재할 경우, 정렬 후에도 이들의 상대적인 위치가 바뀌지 않는 것을 말한다. 예를 들어, 그림 13.4에서는 키 값 30을 갖는 두 레코드의 위치가 정렬 후에 바뀌었으므로 안정성이 없는 정렬 방법이다. 안정성을 충족하는 정렬에는 삽입정렬, 버블정렬, 병합정렬 등이 있다.

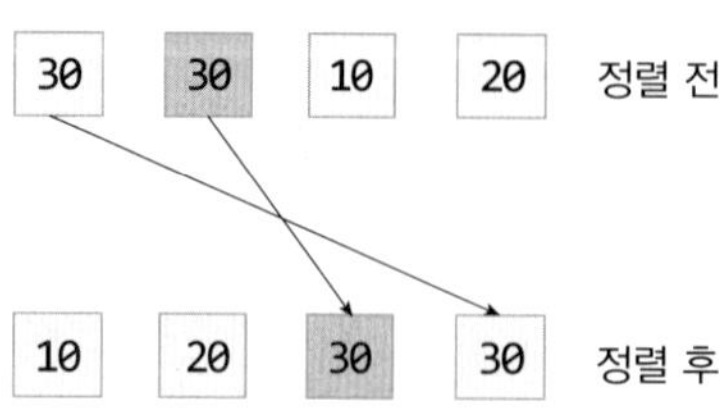

| 그림 13.4 안정하지 않은 정렬의 예

대부분의 정렬 알고리즘은 기본적으로 키를 비교하여 정렬하지만 기수 정렬은 비교가 아니라 키 값에 따라 레코드를 분배하는 방법으로 정렬한다. 키를 비교하는 방식들도 다시 여러 종류로 구분할 수 있는데, 항목들을 교환하는 알고리즘(선택, 버블, 퀵)들과, 적절한 위치에 삽입하는 알고리즘(삽입, 셸), 자료를 먼저 분할한 다음 병합하면서 정렬하는 알고리즘(병합) 등 다양한 방법이 있다. 이들 각 알고리즘을 자세히 알아보자. 정렬 알고리즘의 설명을 쉽게 하기 위해 정렬의 대상은 정수이며, 이들은 1차원 배열에 저장되어 있다고 가정한다.

13.2 선택 정렬

선택 정렬(selection sort)은 전체 숫자들 중에서 가장 작은 숫자를 반복적으로 선택해 앞쪽으로 옮기는 방법을 사용한다. 전체 숫자들은 그림 13.5와 같이 정렬된 부분(왼쪽 리스트)과 정렬되지 않은 부분(오른쪽 리스트)으로 나눌 수 있고, 맨 처음에는 모든 숫자가 오른쪽 리스트에 들어 있다. 선택 정렬은 오른쪽 리스트에서 가장 작은 숫자를 선택하여 왼쪽 리스트로 이동하는 작업을 반복한다. 이것은 오른쪽 리스트가 공백상태가 될 때 까지 되풀이된다.

왼쪽 리스트 (정렬된 리스트)	오른쪽 리스트 (정렬 안 된 리스트)	설명
( )	(5,3,8,1,2,7)	초기상태
(1)	(5,3,8,2,7)	1선택
(1,2)	(5,3,8,7)	2선택
(1,2,3)	(5,8,7)	3선택
(1,2,3,5)	(8,7)	5선택
(1,2,3,5,7)	(8)	7선택
(1,2,3,5,7,8)	()	8선택

| 그림 13.5 선택 정렬의 원리

실제로 선택 정렬을 구현하기 위해 두 개의 배열을 사용할 필요는 없다. 그림 13.6과 같이 정렬이 안 된 리스트에서 최솟값이 선택되면 이 값을 배열의 첫 번째 요소와 교환하면 되

기 때문이다. 최솟값 1과 첫 번째 요소 5를 교환하면 전체 배열은 정렬된 부분과 되지 않은 부분으로 나뉜다. 다음에는 두 번째 요소부터 나머지들 중에서 가장 작은 값을 선택하고 선택된 값을 두 번째 요소와 교환한다. 전체 요소의 개수가 n이면 이 절차를 n-1번만 반복하면 전체 리스트가 정렬된다.

| 그림 13.6 선택 정렬의 과정

선택 정렬 알고리즘은 다음과 같다.

| 알고리즘 13.1 선택 정렬 알고리즘

```
selection_sort(A, n)

for i←0 to n-2 do
      least ← A[i],A[i+1],...,A[n-1] 중에서 가장 작은 값의 인덱스;
      A[i]와 A[least]의 교환;
      i++;
```

입력 배열 이외에 추가적인 메모리가 필요하지 않은 것에 유의하라. 이러한 방법들을 제자리 **정렬**(in-place sorting)이라고 한다.

선택 정렬의 구현

알고리즘을 C언어로 구현해 보자. 요소의 교환을 위해 매크로 함수 **SWAP()**을 사용하였다. 앞으로 설명할 모든 정렬 알고리즘의 처리과정과 결과를 확인하기 위해 **printArray()**와 **printStep()** 함수를 추가하였다. 두 함수는 모두 배열의 내용을 화면에 출력하는데, **printArray()**는 문자열 str을 먼저 화면에 출력하고, **printStep()**은 단계를 출력한 후 전체 배열을 출력한다. 구현된 선택정렬 프로그램은 다음과 같다.

프로그램 13.1 선택 정렬 함수와 전체 선택 정렬 프로그램

```c
#include <stdio.h>
#define SWAP(x,y,t)  ((t)=(x),(x)=(y),(y)=(t))

void printArray(int arr[], int n, char *str)
{
    int i;
    printf("%s = ", str);
    for (i = 0; i<n; i++) printf("%3d", arr[i]);
    printf("\n");
}
void printStep(int arr[], int n, int val)
{
    int i;
    printf("  Step %2d = ", val);
    for (i = 0; i<n; i++) printf("%3d", arr[i]);
    printf("\n");
}

// 선택 정렬 함수
void selection_sort (int list[], int n)
{
    int i, j, least, tmp;
    for( i=0 ; i<n-1 ; i++) {
        least = i;
        for(j=i+1; j<n; j++)                       // 최소값 탐색
            if(list[j]<list[least]) least = j;
        SWAP(list[i],list[least],tmp);             // 배열 항목 교환
```

```
28            printStep(list, n, i+1);                  // 중간 과정 출력용 문장
29        }
30  }
31  void main()
32  {
33        int  list[9] = { 5, 3, 8, 4, 9, 1, 6, 2, 7 };
34        printArray( org, 9, "Original " );            // 정렬 전 배열 출력
35        selection_sort( list, n );                    // 선택 정렬 실행
36        printArray( list, n, "Selection" );           // 정렬 후 배열 출력
37  }
```

앞으로 학습할 다른 정렬에서도 전체 프로그램의 구조는 이 프로그램과 동일하다. 단지 main() 함수의 35행에서 함수의 이름만을 수정한다. 그림 13.7은 선택 정렬의 처리과정과 결과를 보여주고 있다.

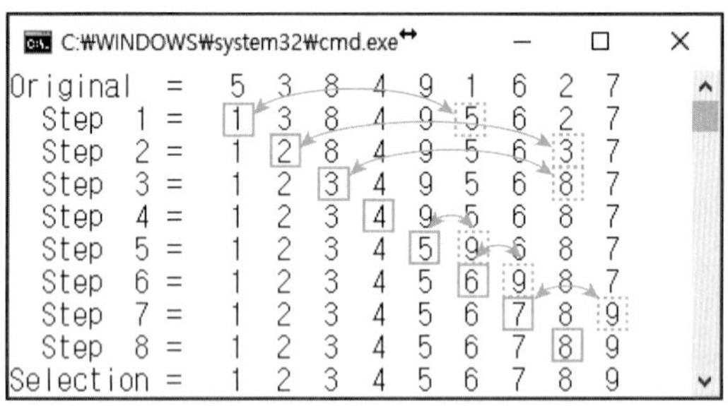

| 그림 13.7 선택 정렬 처리 과정과 결과

선택정렬의 시간 복잡도

선택 정렬의 시간 복잡도를 분석하기 위해 프로그램 13.1의 선택정렬의 함수에서 비교 연산(26행)과 교환 연산(27행)의 횟수를 각각 구해보자. 먼저 비교 연산은 이중 루프 내에 존재하는데, 외부 루프(23행)는 n–1번 반복하고, 내부루프(25행)는 0에서 n–2까지 변하는 i에 대하여 $(n-1)-i$번 반복된다. 따라서 전체 비교횟수는 다음과 같다.

$$(n-1)+(n-2)+\cdots+1=n(n-1)/2=O(n^2)$$

24행의 교환 연산은 외부 루프의 횟수만큼 반복되고, 한번의 SWAP()에 3번의 이동이 필요하므로 전체 이동횟수는 $3(n-1)$이 된다. 따라서 이 알고리즘의 시간 복잡도는 $O(n^2)$이다. 선택 정렬은 효율적인 알고리즘도 아니고 안정성을 만족하지도 않는다. 그러나 알고리즘이 매우 간단하고, 자료 이동 횟수가 미리 결정된다는 장점을 갖는다.

13.3 삽입 정렬

삽입 정렬(insertion sort)은 카드를 정렬하는 방법과 유사하다. 손 안에 정렬된 카드가 있고, 카드를 추가로 한 장씩 더 받을 때 마다 그 카드를 올바른 자리에 넣는 것이다. 물론 삽입 후에도 전체 카드는 정렬이 되어 있어야 한다. 이 과정을 새로 받는 모든 카드에 대해 수행하면 전체 카드가 정렬된다.

| 그림 13.8 삽입 정렬의 예

배열에서도 마찬가지이다. 그림 13.9와 같이 정렬이 안 된 부분의 숫자를 정렬된 부분의 적절한 위치를 찾아 삽입하는 과정을 반복한다. 한 번의 삽입 과정이 끝나면 선택 정렬에서와 같이 정렬된 부분의 크기는 하나 커지고, 정렬이 안 된 부분의 크기는 하나 줄어든다. 이 과정을 정렬되지 않은 요소가 하나도 없을 때까지 반복하면 전체 리스트가 정렬된다.

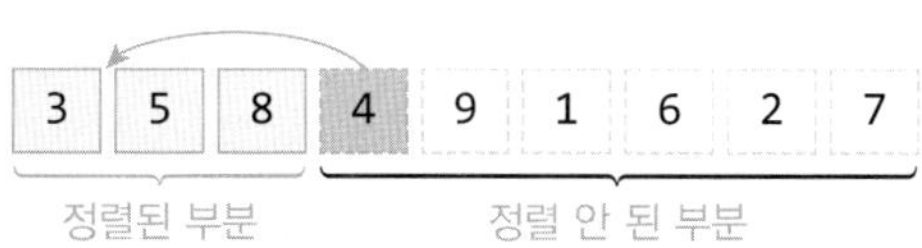

| 그림 13.9 삽입 정렬의 원리

그런데, 숫자를 끼워 넣는 과정이 문제이다. 예를 들어, 그림 13.9에서 4를 3과 5 사이에 삽입하기 위해서는 삽입할 항목(4) 보다 큰 항목들(8,5)을 모두 한 칸씩 뒤쪽으로 이동해야 한다. 그림 13.10은 이 과정을 보여주고 있는데, 정렬된 부분의 맨 뒤쪽 항목부터 처리해야 되는 것에 유의하라.

| 그림 13.10 삽입 정렬에서 한 번의 삽입과정

그림 13.11은 배열 (5,3,8,4,9,1,6,2,7)을 삽입 정렬하는 과정의 일부를 보여준다.

| 그림 13.11 삽입 정렬의 전체 처리과정

삽입정렬 알고리즘은 다음과 같다.

| 알고리즘 13.2 삽입정렬 알고리즘

```
insertion_sort(A, n)

for i←1 to n-1 do
    key←A[i];
    j←i-1;
    while j≥0 and A[j]>key do
        A[j+1]←A[j];
        j←j-1;
    A[j+1]←key
```

삽입 정렬의 구현

이 알고리즘을 구현한 코드는 다음과 같고, 그림 13.12는 프로그램 13.1과 동일한 데이터에 대해 이 함수를 적용한 실행 결과를 보여준다.

프로그램 13.2 삽입 정렬 함수

```
void insertion_sort (int list[], int n)
{
    int i, j, key;
    for(i=1; i<n; i++){
        key = list[i];
        for(j=i-1 ; j>=0 && list[j] > key ;j--)
            list[j+1] = list[j];                    // 레코드의 오른쪽 이동
        list[j+1] = key;
        printStep(list, n, i);                      // 중간 과정 출력용 문장
    }
}
```

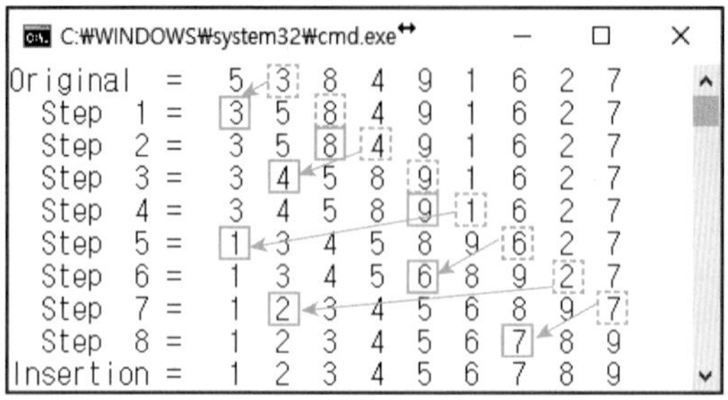

| 그림 13.12 삽입 정렬 프로그램 실행 결과

삽입 정렬의 시간 복잡도

삽입 정렬의 복잡도는 입력 자료의 구성에 따라서 달라진다. 먼저 입력 자료가 이미 **정렬되어 있는 경우**는 가장 빠르다. 내부 루프가 모든 항목에서 한 번 만에 빠져나올 것이기 때문이다. 삽입 정렬의 외부 루프는 $n-1$번 실행되고 각 단계에서 1번의 비교와 2번의 이동만 이루어지므로 총 비교횟수는 $n-1$번, 총 이동횟수는 $2(n-1)$번이 되어 이 경우의 시간 복잡도는 $O(n)$이다.

최악의 경우는 입력 **자료가 역으로 정렬된 경우이**다. 각 단계에서 앞에 놓인 자료들은 전부 한 칸씩 뒤로 이동하여야 한다. 따라서 외부 루프안의 각 반복마다 i번의 비교가 수행되므로 총 비교횟수는 다음과 같다.

$$\sum_{i=0}^{n-1} i = 1+2+\cdots+(n-1) = \frac{n(n-1)}{2} = O(n^2)$$

총 이동횟수는 외부 루프의 각 단계마다 $i+2$번의 이동이 이루어지므로 다음과 같다.

$$\frac{n(n-1)}{2} + 2(n-1) = \frac{n^2+3n-4}{2} = O(n^2)$$

삽입 정렬은 비교적 많은 레코드들의 이동을 포함한다. 결과적으로 삽입정렬은 레코드 양이 많고 특히 레코드 크기가 클 경우에 적합하지 않음을 알 수 있다. 반면에 알고리즘이 간단하므로 레코드의 수가 적을 경우 효과적일 수 있다. 특히 삽입정렬은 대부분의 레코드가 이미 정렬되어 있는 경우에는 효율적인 알고리즘이 될 수 있다.

13.4 버블 정렬

버블 정렬(bubble sort)은 인접한 2개의 레코드를 비교하여 크기가 순서대로 되어 있지 않으면 서로 교환하는 방법이다. 이러한 **비교-교환** 과정은 리스트의 왼쪽 끝에서 시작하여 오른쪽 끝까지 진행한다. 비교-교환 과정(스캔)이 한번 완료되면 가장 큰 레코드가 리스트의 오른쪽 끝으로 이동된다. 이것은 마치 물속에서 거품(bubble)이 보글보글 떠오르는 것과 유사하여 버블정렬이라 부른다. 비교-교환 과정은 더 이상 교환이 일어나지 않을 때까지 계속된다.

그림 13.13은 버블 정렬의 한 번의 스캔 과정을 보여준다. 먼저 5와 3을 비교하면 5가 더 크므로 서로 교환하고, 다음으로 5와 8을 비교하면 8이 더 크므로 교환 없이 다음 단계로 진행한다. 이러한 과정이 반복되면 배열에서 가장 큰 값인 9가 오른쪽 끝으로 이동하게 된다.

| 그림 13.13 버블 정렬의 스캔 과정과 각 스캔 결과

리스트를 한번 스캔하면 오른쪽 끝에 가장 큰 레코드가 위치하게 되고 전체 리스트는 오른쪽의 정렬된 부분과 정렬이 안 된 왼쪽 부분으로 나누어진다. 이러한 스캔 과정은 더 이상 교환이 일어나지 않을 때 까지 수행된다. 그림 13.13의 경우 6번의 스캔 만에 교환이 발생하지 않는 상황이 되었고, 정렬은 완료된다.

| 알고리즘 13.3 버블 정렬 알고리즘

```
bubble_sort(A, n)

for i←n-1 to 1 do
    bChanged ← FALSE;
    for j←0 to i-1 do
            if( A[j] > A[j+1] )
                    A[i]와 A[j+1]을 교환;
                    bChanged ← TRUE;
            if( bChanged == FALSE ) return;
            j++;
      i--;
```

버블정렬의 구현

프로그램 13.3 버블 정렬 함수

```
void bubble_sort (int list[], int n)
{
    int i, j, bChanged, tmp;
    for( i=n-1 ; i>0 ; i-- ){
        bChanged = 0;
        for( j=0 ; j<i ; j++ )
            if (list[j]>list[j + 1]) {
                SWAP(list[j],list[j+1],tmp);
                bChanged = 1;                  // 교환 발생
            }
        if (!bChanged) break;                  // 교환이 없으면 종료
        printStep(list, n, n - i);             // 중간 과정 출력용 문장
    }
}
```

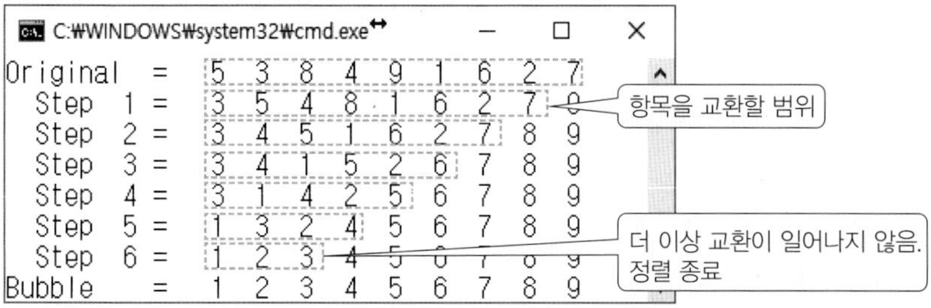

| 그림 13.14 버블 정렬의 프로그램 실행 결과

버블정렬의 시간 복잡도

버블 정렬의 비교 횟수와 이동 횟수를 계산하여 보자. 버블 정렬의 비교횟수는 최악의 경우 다음과 같다.

$$\sum_{i=1}^{n-1} i = \frac{n(n-1)}{2} = O(n^2)$$

따라서 시간 복잡도는 $O(n^2)$이다. 어떤 경우가 최악일까? 최악의 경우는 입력 자료가 역순으로 정렬되어 있는 경우에 발생한다. 최선의 경우는 입력 자료가 이미 정렬이 되어 있는 경우로 한 번의 스캔 만에 알고리즘이 종료된다. 버블 정렬은 매우 단순하지만 효율적이지는 않다. 그러나 입력 데이터가 어느 정도 정렬되어 있는 경우에 효과적으로 사용될 수 있다.

13.5 함수 포인터를 사용한 정렬

지금까지 설명한 모든 알고리즘은 오름차순으로 데이터를 정렬했다. 만약 반대로 정렬하기 위해서는 어떻게 할 수 있을까? 하나의 방법은 동일한 함수를 만들고 비교의 방향을 반대로 하면 된다. 더 나은 방법은 비교 함수를 따로 만들어 주고, 정렬 함수를 호출할 때 **매개변수로 함수 포인터를 전달하는 방법**이다. 비교 함수는 다음과 같이 만들 수 있다.

```
int ascend (int x, int y) { return y - x; }  // 오름차순 비교함수
int descend(int x, int y) { return x - y; }  // 내림차순 비교함수
```

ascend()와 descend()는 각각 매개변수 x와 y가 같으면 0을 다르면 양이나 음의 값을 반환하는 함수이다. 이제 정렬 함수에서는 항목의 키 값을 직접 비교하지 않고 이 함수를 이용해 비교한다. 물론 정렬 함수의 매개변수로 비교함수를 전달해야 한다. 프로그램 13.4는 프로그램 13.2의 삽입 정렬을 비교함수를 이용하는 방법으로 변경한 코드이다.

프로그램 13.4 함수 포인터를 매개 변수로 받는 삽입 정렬 함수

```
01  // 함수 포인터를 매개변수로 받는 삽입정렬 함수
02  void insertion_sort_fn (int list[], int n, int (*f)(int,int))
03  {
04      int i, j, key;
05      for(i=1; i<n; i++){
06          key = list[i];
07          for(j=i-1 ; j>=0 && f(list[j],key) < 0 ;j--)
08              list[j+1] = list[j];                // 레코드의 오른쪽 이동
09          list[j+1] = key;
10          printStep(list, n, i);                  // 중간 과정 출력용 문장
11      }
12  }
```

2행에서 함수의 매개변수로 함수 포인터 f가 전달된 것에 유의하라. f에는 ascend()나 descend()와 같이 두 개의 int를 매개변수로 받고 int를 반환하는 함수라면 어떤 함수도 전달할 수 있다. 그리고 7행과 같이 비교함수를 사용하면 된다. 이것이 함수 포인터를 사용하는 대표적인 방법이다.

함수를 호출하는 코드도 수정되어야 한다. 프로그램 13.1의 main()함수에서 정렬 함수의 호출 부분(32행)은 다음과 같이 수정되어야 한다. 함수의 이름을 인수로 사용하는 것에 유의하라.

```
35.  insertionSortFn( list, n, descend );     // 내림차순 선택정렬 알고리즘
```

descend를 ascend로 바꾸면 물론 정렬의 방향이 바뀐다. 그림 13.15는 descend()를 사용하여 내림차순으로 삽입 정렬을 하는 과정을 보여준다. 이러한 비교 함수의 사용 방법은 다른 정렬 알고리즘에도 동일하게 적용할 수 있다. 특히 같은 함수로 오름차순과 내림

차순을 선택해서 정렬할 수 있으며, 다양한 **구조체의 배열**에 대해서도 쉽게 적용할 수 있는 장점이 있어 널리 사용된다.

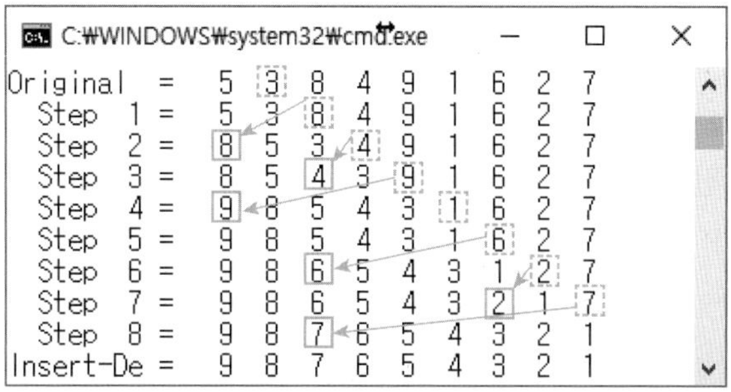

| 그림 13.15 내림차순으로 정렬한 삽입 정렬 프로그램 실행 결과

13.6 셸 정렬

셸 정렬(shell sort)은 Donald L. Shell이라는 사람이 제안한 방법으로, 삽입정렬이 어느 정도 정렬된 배열에 대해서는 대단히 빠른 것에 착안했다. 그림 3.16의 (a)는 정렬된 배열에서의 삽입 정렬 과정을 보여주는데, 모든 단계에서 한 번의 비교만으로 삽입과정이 완료된다. 이에 비해 (b)는 역순으로 정렬된 배열의 경우로, 모든 단계에서 맨 앞의 항목들까지 전체 항목들과 비교해 삽입해야 한다.

(a) 정렬된 배열의 삽입 정렬 (b) 역순 정렬 배열의 삽입 정렬

| 그림 13.16 삽입 정렬은 어느 정도 정렬된 배열에 효과적이다.

삽입 정렬과는 달리 셸 정렬은 전체 리스트를 한꺼번에 정렬하지 않는다. 리스트를 일정한 기준에 따라 분류해 연속적이지 않은 여러 개의 부분 리스트를 만들고, 각 부분 리스트를 삽입 정렬을 이용하여 정렬한다. 모든 부분 리스트가 정렬되면 셸 정렬은 다시 전체 리스트를 더 적은 개수의 부분 리스트로 만들어 앞의 과정을 되풀이한다. 이 과정은 부분 리스트의 개수가 1이 될 때까지 반복된다.

각 부분 리스트는 전체 리스트에서 거리가 k만큼 떨어진 요소들로 이루어진다. 이 k를 **간격(gap)**이라고 한다. 셸 정렬에서는 큰 간격으로 시작해서 각 단계마다 간격 k를 줄이는데, 이에 따라 하나의 부분 리스트에 속하는 요소의 개수는 증가된다. 마지막 단계는 간격이 1이 된다. 그림 13.17의 배열에 대한 셸 정렬 과정을 살펴보자. 초기 간격은 배열 크기의 절반으로 시작한다.

- 입력 배열: 5, 3, 8, 4, 9, 1, 6, 2, 7
- 간격 k=5의 부분 리스트 정렬 전: {5,1} {3,6}, {8,2}, {4,7}, {9}
- 간격 k=5의 부분 리스트 정렬 후: {1,5} {3,6}, {2,8}, {4,7}, {9}
- Step1 완료: 1, 3, 2, 4, 9, 5, 6, 8, 7
- 간격 k=3의 부분 리스트 정렬 전: {1,4,6} {3,9,8}, {2,5,7}
- 간격 k=3의 부분 리스트 정렬 후: {1,4,6} {3,8,9}, {2,5,7}
- Step2 완료: 1, 3, 2, 4, 8, 5, 6, 9, 7
- 간격 k=1의 부분 리스트 정렬 전: {1,3,2,4,8,5,6,9,7}
- 간격 k=1의 부분 리스트 정렬 후: {1,2,3,4,5,6,7,8,9}
- Step3 완료: 1, 2, 3, 4, 5, 6, 7, 8, 9

간격이 5일 때의 부분 리스트들이 정렬되면 전체 리스트도 약간은 정렬된 것에 주목하라. 첫 번째 패스가 끝나면 비슷한 방식으로 다시 부분 리스트를 구성하는데 이번에는 간격을 1/2 줄여서 입력 배열의 각 2번째 요소를 추출하여 부분 리스트를 만든다. 간격은 처음에는 전체 항목의 수의 절반($n/2$)정도로 하고 각 패스마다 간격을 절반으로 줄이는 방식을 많이 사용한다. 특히, 간격이 1일 때 정렬 과정을 보면, 대부분의 삽입 단계에서 1~2번의 비교만으로(그림 13.17에서 파란색 셀들) 항목이 삽입되는 것을 알 수 있다. 셸 정렬은 이 효과를 노린다.

입력 배열	5	3	8	4	9	1	6	2	7
	5					1			
		3					6		
간격 5일 때의 부분 리스트			8					2	
				4					7
					9				
Step1 완료	1	3	2	4	9	5	6	8	7
	1			4			6		
간격 3일 때의 부분 리스트		3			9			8	
			2			5			7
Step2 완료	1	3	2	4	8	5	6	9	7
간격 1일 때의 부분 리스트	1	3	2	4	8	5	6	9	7
간격 1 정렬: 1번 비교(1)	1	3							
2번 비교(3,1)	1	3	2						
1번 비교(3)			3	4					
1번 비교(4)				4	8				
2번 비교(8,4)				4	8	5			
2번 비교(8,5)					5	8	6		
1번 비교(8)							8	9	
3번 비교(9,8,7)						6	8	9	7
Step3 완료	1	2	3	4	5	6	8	7	9

| 그림 13.17 셸 정렬 전체 과정 (파란색 셀이 비교되는 요소임)

셸 정렬의 구현

프로그램 13.5는 셸 정렬 함수를 보여준다. `shell_sort()`함수에서 변수 `gap`이 간격 k를 나타낸다. `gap`이 1이 될 때까지 1/2로 줄이면서 반복한다. 부분 리스트의 개수는 `gap`이 된다. 각 부분 리스트에 대하여 일정한 간격으로 떨어져 있는 요소들을 삽입 정렬하는 함수는 `sortGapInsertion()`이다. 이 함수는 앞의 삽입 정렬 함수와 비교하여 보면 쉽게 이해할 수 있다. 만약 간격이 짝수이면 1을 더하는 것이 좋은 것으로 알려져 있는데, 코드에서도 그렇게 구현되었다.

프로그램 13.5 셸 정렬 함수

```
// gap 만큼 떨어진 요소들을 삽입 정렬. 정렬의 범위는 first에서 last
static void sortGapInsertion (int list[], int first, int last, int gap)
{
    int i, j, key;
    for( i=first+gap ; i<=last ; i=i+gap){
        key = list[i];
        for( j=i-gap ; j>=first && key<list[j] ; j=j-gap )
            list[j+gap]=list[j];
        list[j+gap]=key;
    }
}
// 셸 정렬 알고리즘을 이용해 int 배열을 오름차순으로 정렬하는 함수
void shell_sort ( int list[], int n )
{
    int i, gap, count=0;
    for( gap=n/2; gap>0; gap = gap/2 ) {
        if( (gap%2) == 0 ) gap++;                // gap이 짝수이면 1을 더함
        for( i=0 ; i<gap ; i++ )                 // 부분 리스트의 개수는 gap
            sortGapInsertion( list, i, n-1, gap );
        printStep(list, n, ++count);             // 중간 과정 출력용 문장
    }
}
```

이 프로그램의 실행 결과는 다음과 같은데, 3번 만에 정렬이 종료되었다.

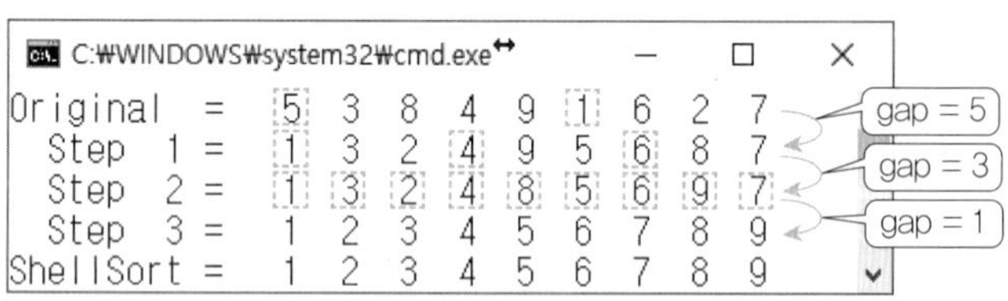

| 그림 13.18 셸 정렬 프로그램 실행 결과

셸 정렬의 분석

삽입정렬에 비하여 셸 정렬은 2가지의 장점이 있다.

- 연속적이지 않은 부분 파일에서 자료의 교환이 일어나면 더 큰 거리를 이동한다. 반면 삽입정렬에서는 한 번에 한 칸씩만 이동된다. 따라서 교환되는 아이템들이 삽입 정렬보다는 최종위치에 더 가까이 있을 가능성이 높아진다.
- 부분 리스트가 하나가 되면 셸 정렬은 전체 리스트를 정렬해야 한다. 그러나 거의 정렬된 리스트에 대한 삽입정렬이므로 매우 효율적으로 수행된다.

실험적인 연구를 통하여 셸 정렬의 시간 복잡도는 최악의 경우에는 $O(n^2)$ 이지만 평균적인 경우에는 $O(n^{1.5})$ 인 것으로 알려져 있다.

13.7 병합 정렬

비효율적이지만 간단한 정렬 방법들은 입력 데이터가 많지 않을 때는 충분한 방법이다. 그러나 자료가 많으면서 자주 정렬해야 할 필요가 있으면 보다 빠른 방법을 사용해야 한다. 앞 절의 방법보다 훨씬 빠른 방법들을 알아보자.

병합 정렬(merge sort)은 하나의 리스트를 두 개의 균등한 크기로 분할하고 분할된 부분 리스트를 정렬한 다음, 두 리스트를 합하여 전체가 정렬된 리스트를 만드는 방법이다. 이것은 **분할 정복**(divide and conquer) 기법에 바탕을 두고 있는데, 하나의 문제를 작은 2개의 문제로 분리하고 각각을 해결한 다음, 결과를 모아서 원래의 문제를 해결하는 전략이다. 그림 13.19는 분할 정복 기법의 개념을 보여주고 있다. 만약 분할된 문제가 아직도 충분히 작지 않아 해결하기 어렵다면, 분할 정복 방법을 연속으로 다시 적용한다. 이때 보통 순환 호출을 사용한다.

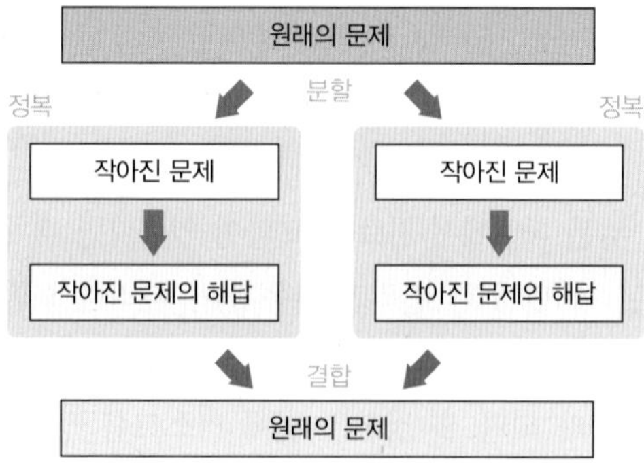

| 그림 13.19 분할 정복 기법의 개념

그림 13.20의 배열을 병합 정렬을 이용해 처리하는 과정을 살펴보자. 다음과 같은 단계들로 이루어진다.

1. **분할**(Divide): 입력 배열을 같은 크기의 2개의 부분 배열로 분할한다.
2. **정복**(Conquer): 부분 배열을 정렬한다. 부분 배열의 크기가 충분히 작지 않으면 순환 호출을 이용하여 다시 분할 정복 기법을 적용한다.
3. **결합**(Combine): 정렬된 부분 배열들을 하나의 배열에 통합한다.

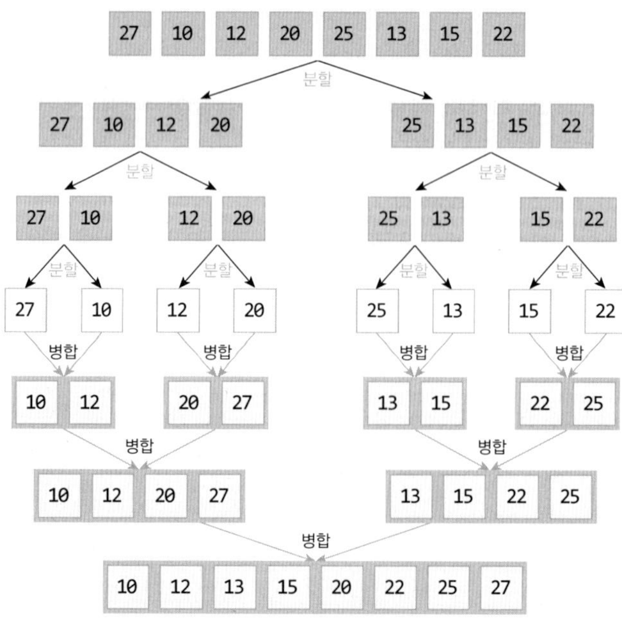

| 그림 13.20 병합 정렬의 과정

이 배열에 대한 각 단계별 처리는 다음과 같다.

(1) 원래 배열: { 27,10,12,20,25,13,15,22 }
(2) 1차 분할: { 27,10,12,20 } { 25,13,15,22 }
(3) 2차 분할: { 27,10 } {12,20} {25,13} { 15,22 }
(4) 3차 분할: {27} {10} {12} {20} {25} {13} {15} {22}
(5) 1차 병합: { 10,27 } { 12,20 } { 13,25 } { 15,22 }
(6) 2차 병합: { 10,12,20,27 } { 13,15,22,25 }
(7) 최종 병합: { 10,12,13,15,20,22,25,27 }

이러한 병합 정렬의 알고리즘은 다음과 같이 표현된다.

| 알고리즘 13.4 **병합 정렬 알고리즘**

```
merge_sort(list, left, right)

if left < right
    mid = (left+right)/2;
    merge_sort(list, left, mid);
    merge_sort(list, mid+1, right);
    merge(list, left, mid, right);
```

병합 정렬에서 실제로 정렬이 이루어지는 시점은 2개의 리스트를 **병합**(merge)하는 단계이다. 그림 13.21은 한 번의 병합 과정을 보여주는데, 2개의 배열(A와 B)의 요소들을 처음부터 하나씩 비교하여 두 요소 중에서 더 작은 요소를 새로운 배열 C로 옮기는 과정을 반복한다. 이것은 하나의 배열이 모두 끝날 때 까지 반복하고, 다른 배열의 남은 요소들을 전부 새로운 배열 C로 복사하면 병합이 종료된다.

알고리즘 13.5는 이러한 병합과정을 기술하고 있는데, 그림 13.22와 같이 하나의 배열에 두 개의 정렬된 부분 배열이 저장되어 있다고 가정하였다. 즉 첫 번째 부분 배열은 `list[left]`부터 `list[mid]`까지 이고, 두 번째는 `list[mid+1]`부터 `list[right]`까지이다. 병합된 리스트를 임시로 저장하기 위해 배열 `sorted`를 사용하였다. 병합과정을 위해 추가적인 배열이 필요한 것에 유의하라.

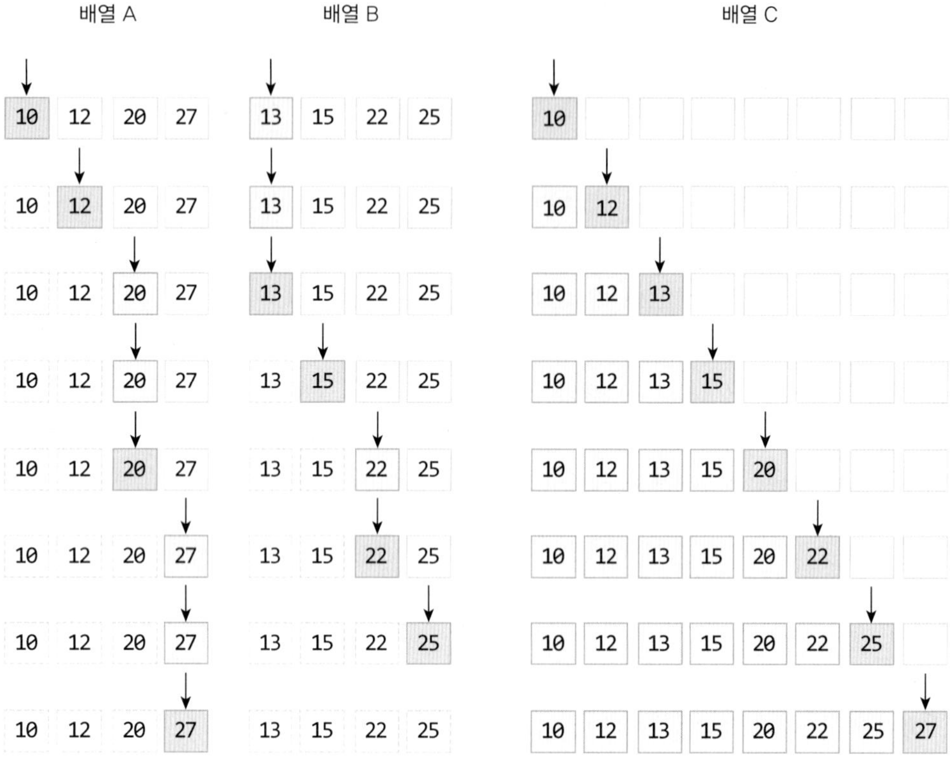

| 그림 13.21 2개의 정렬된 리스트를 합하는 과정

| 알고리즘 13.5 병합 알고리즘

```
merge(list, left, mid, last)
// 2개의 인접한 배열 list[left~mid]와 list[mid+1~right]를 병합

i←left;
e1←mid;
j←mid+1;
e2←right;
sorted 배열을 생성;
k←0;
while i≤e1 and j≤e2 do
    if(list[i]<list[j])
        then
          sorted[k++]←list[i++];
        else
```

```
            sorted[k++]←list[j++];
    요소가 남아있는 부분배열을 sorted로 복사한다;
    sorted를 list로 복사한다;
```

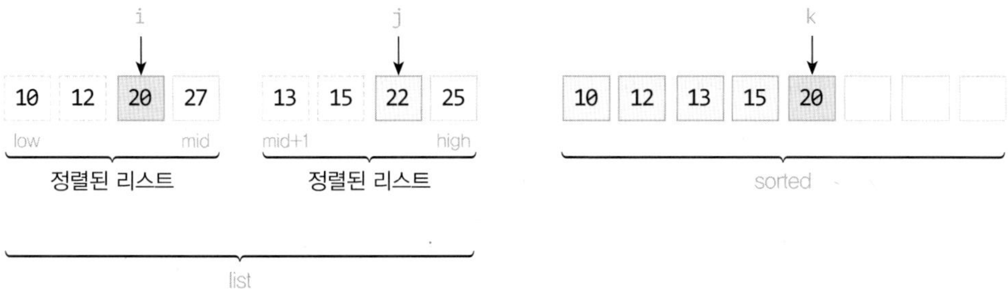

| 그림 13.22 merge의 환경

병합 정렬의 구현

프로그램 13.6은 병합 정렬의 구현 예이다. **merge_sort()**는 간단하다. 주어진 배열 **list**를 분할하고, 각 부분 배열에 대해 같은 함수를 순환적으로 호출한 후 정렬된 두 배열을 병합하면 된다. 이러한 순환 호출은 부분 배열의 항목이 하나가 될 때까지 계속한다. 분할이 끝나면 정렬된 부분 배열을 병합하는데, **merge()**는 알고리즘 13.5를 구현한 함수이다. **merge()**에서는 임시 배열을 사용해 부분 배열들을 정렬한 다음, 결과를 다시 원래의 배열로 복사하였다.

프로그램 13.6 병합 정렬 함수

```
#define MAX_SIZE    1024
static void merge(int list[], int left, int mid, int right)
{
    int i, j, k = left, l;                  // k는 정렬될 리스트에 대한 인덱스
    static int sorted[MAX_SIZE];            // 병합된 리스트 저장을 위한 임시배열
    // 분할 정렬된 list의 병합
    for( i=left, j=mid+1 ; i<=mid && j<=right ; )
        sorted[k++]    = (list[i]<=list[j]) ? list[i++] : list[j++];
    // 한쪽에 남아 있는 레코드의 일괄 복사
    if( i > mid )
```

```
            for( l=j ; l<=right ; l++, k++ )
                sorted[k] = list[l];
        else
            for( l=i ; l<=mid   ; l++, k++ )
                sorted[k] = list[l];
        // 배열 sorted[]의 리스트를 배열 list[]로 다시 복사
        for( l=left ; l<=right ; l++ )
            list[l] = sorted[l];
}
// 병합 정렬 알고리즘을 이용해 int 배열을 오름차순으로 정렬하는 함수
void merge_sort ( int list[], int left, int right ) {
        if( left<right ) {
            int mid = (left+right)/2;                     // 리스트의 균등 분할
            merge_sort(list, left, mid);                  // 부분 리스트 정렬
            merge_sort(list, mid+1, right);               // 부분 리스트 정렬
            merge(list, left, mid, right);                // 병합
        }
}
```

병합 정렬의 복잡도

병합 정렬은 순환 호출 구조로 되어 있다. 따라서 레코드의 개수 n이 2의 거듭제곱이라고 가정하고 순환 호출의 깊이가 얼마나 되는지를 분석하여 보자. 만약 $n=2^3$ 인 경우에는 부분 배열의 크기가 $2^3 \rightarrow 2^2 \rightarrow 2^1 \rightarrow 2^0$ 순으로 줄어들어 순환 호출의 깊이가 3임을 알 수 있다. 따라서 일반적으로 $n=2^k$ 라고 하면 부분 배열의 크기는 $2^k \rightarrow 2^{k-1} \rightarrow \cdots \rightarrow 2^0$ 이 되어 순환 호출의 깊이가 k가 된다. 이때, $k=\log_2 n$ 이다.

배열이 부분 배열로 나누어지는 단계에서는 비교 연산이나 이동 연산은 수행되지 않는다. 부분 배열이 합쳐지는 **merge** 함수에서 비교 연산과 이동 연산이 수행되는 것이다. 순환호출의 깊이만큼의 병합 단계가 필요하다. 그러면 각 병합 단계에서는 몇 번의 비교 연산이 수행될까? 그림 13.21의 $n=2^3$ 인 경우를 보면 크기 1인 부분 배열 2개를 병합하는 데는 최대 2번의 비교 연산이 필요하고, 부분 배열의 쌍이 4개이므로 $2*4=8$ 번의 비교 연산이 필요하다. 다음 단계에서는 크기가 2인 부분 배열을 2개를 합치는데 최대 4번의 비교 연산이 필요하고, 부분 배열 쌍이 2쌍이 있으므로 역시 $4*2=8$ 번의 연산이 필요함을 알 수 있다. 마지막 병합 단계인 크기가 4인 부분 배열 2개를 병합하는 데는 최대 8번의 비교 연산

이 필요하다. 즉, 8*1번의 연산이 필요함을 알 수 있다. 따라서 일반적인 경우를 유추해보면 하나의 병합단계에서는 최대 n번의 비교 연산이 필요함을 알 수 있다. 이러한 병합 단계가 $k=\log_2 n$번 필요하므로 비교 연산은 최대 $n\log_2 n$번 필요하다.

이동 연산은 얼마나 수행되는 것일까? 하나의 병합 단계에서 보면 임시 배열에 복사했다가 다시 가져와야 되므로 이동 연산은 총 부분 배열에 들어 있는 요소의 개수가 n인 경우, 레코드의 이동이 $2n$번 발생하므로 하나의 병합 단계에서 $2n$개가 필요하다. 따라서 $\log_2 n$개의 병합 단계가 필요하므로 총 $2n\log_2 n$개의 이동 연산이 필요하다. 결론적으로 병합정렬은 $O(n\log_2 n)$의 복잡도를 가지는 알고리즘으로 매우 효율적인 정렬 방법의 하나이다. 병합 정렬의 또 다른 특징은 입력 데이터가 어떻게 이루어져 있는지에 상관없이, 즉 최악, 평균, 최선의 경우에도 모두 동일한 시간에 정렬된다는 것이다. 단점은 임시 배열이 필요하다는 것이다.

13.8 퀵 정렬

퀵 정렬(quick sort)은 평균적으로 매우 빠른 수행 속도를 자랑하는 정렬 방법이다. 퀵 정렬도 병합 정렬과 같이 **분할-정복법**(divide and conquer)을 사용한다. 그러나 병합 정렬과는 달리 리스트를 균등하게 분할할 필요는 없다.

먼저 리스트 안에 있는 한 요소를 **피벗**(pivot)으로 선택한다. 여기서는 리스트의 첫 번째 요소를 피벗으로 하자. 피벗보다 작은 요소들은 모두 피벗의 왼쪽으로 옮기고 피벗보다 큰 요소들은 모두 피벗의 오른쪽으로 옮긴다. 결과적으로 피벗을 중심으로 왼쪽은 피벗보다 작은 요소들로 구성되고, 오른쪽은 피벗보다 큰 요소들로 구성된다. 이 상태에서 피벗을 제외한 왼쪽 리스트와 오른쪽 리스트를 다시 정렬하게 되면 전체 리스트가 정렬된다.

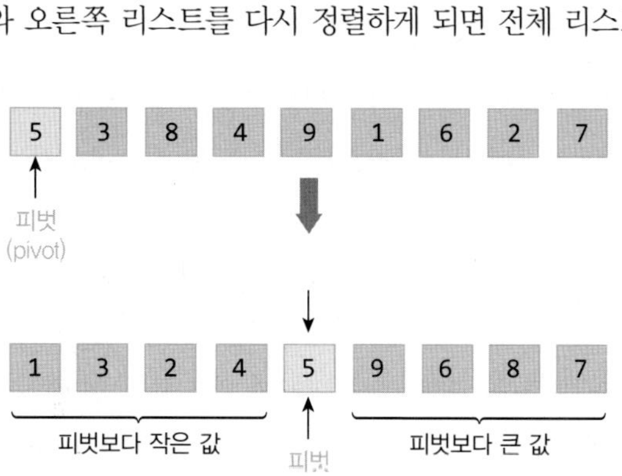

| 그림 13.23 퀵 정렬은 피벗을 기준으로 두 개의 리스트로 나눈다.

그러면 퀵 정렬은 어떻게 피벗을 기준으로 나누어진 왼쪽 부분 리스트와 오른쪽 부분 리스트를 정렬할까? 여기에서도 순환 호출이 사용된다. 부분 리스트에서도 다시 피벗을 정하고 피벗을 기준으로 2개의 부분 리스트로 나누는 과정이 되풀이된다. 이 과정은 부분 리스트를 더 이상이 분할할 수 없을 때까지 반복된다.

퀵 정렬의 구현

이러한 방법을 구현한 퀵 정렬 함수는 프로그램 13.7과 같다. 정렬 대상 배열 **list**와 함께 정렬 범위를 나타내는 **left**와 **right**가 매개변수로 전달되는 것에 주목하라.

프로그램 13.7 퀵 정렬 함수

```
// 퀵 정렬 알고리즘을 이용해 배열의 left ~ right 항목들을 오름차순으로 정렬하는 함수
void quick_sort ( int list[], int left, int right )
{
	int q;
	if( left<right ){				// 정렬 범위가 2개 이상인 경우
		q = partition(list,left,right);		// 좌우로 분할
		quick_sort (list, left, q-1);		// 왼쪽 부분리스트를 퀵 정렬
		quick_sort (list, q+1, right);		// 오른쪽 부분리스트를 퀵 정렬
	}
}
```

퀵 정렬에서 가장 중요한 함수가 **partition()**이다. 이 함수는 데이터가 들어 있는 배열 **list**의 **left**부터 **right**까지를, 피벗을 기준으로 2개의 부분 리스트로 나눈다. 피벗보다 작은 데이터는 모두 왼쪽 부분 리스트로, 큰 데이터는 모두 오른쪽 부분 리스트로 옮겨진다.

그림 13.24를 보자. 먼저 피벗으로 첫 번째 항목인 5를 선택하였다. 변수 **low**와 **high**는 각각 왼쪽 부분 리스트와 오른쪽 부분 리스트를 만드는데 사용된다. **low**는 왼쪽에서 오른쪽으로 탐색해가다가 피벗보다 큰 항목(8)을 찾으면 멈춘다. **high**는 반대 방향으로 탐색하가다가 피벗보다 작은 항목(2)을 찾으면 멈춘다. 이 항목들이 부분 리스트에 적합하지 않은 항목들이다. 따라서 이들을 서로 교환한다. 즉, **low**와 **high**가 가리키는 항목을 서로 교환하는 것이다. 이러한 탐색-교환 과정을 계속 반복하면 언젠가는 **low**와 **high**가 엇갈리게 된다. 마지막으로, **high**가 가리키는 데이터(1)와 피벗(5)을 서로 교환하면, 피벗을 중

| 그림 13.24 퀵 정렬에서 피벗을 기준으로 두 개의 리스트로 나누는 과정.

심으로 왼쪽에는 작은 항목만 남고 오른쪽에는 큰 항목만 남는다. 결국 피벗을 중심으로 리스트가 두 개로 나누어진다. 이상의 방법을 C언어로 구현하면 다음과 같다.

프로그램 13.8 퀵 정렬에서 partition() 함수

```
int partition ( int list[], int left, int right )
{
    int tmp;
    int low   = left+1;
    int high  = right;
    int pivot = list[left];                 // 피벗 설정
    while(low < high ) {                    // low와 high가 역전되지 않는 한 반복
        for ( ; low <=right && list[low] < pivot ; low++) ;
        for ( ; high>=left  && list[high]> pivot ; high--) ;
        if( low < high )                    // 선택된 두 레코드 교환
            SWAP(list[low],list[high],tmp);
    }
    SWAP(list[left],list[high],tmp);        // high와 피벗 항목 교환
    return high;
}
```

코드 설명

3행 SWAP()을 위한 임시 변수 선언.

4행 low는 left+1에서 출발하고 오른쪽으로 증가시킴.

5행 high는 right에서 출발하고 왼쪽으로 감소시킴.

6행 가장 왼쪽 데이터를 피벗으로 선택.

7행 low와 high 역전할 때까지 계속 반복.

8행 list[low]가 pivot보다 작으면 계속 low를 증가시킴.

9행 list[high]가 pivot보다 크면 계속 high를 감소시킴.

10~11행 low와 high가 아직 교차하지 않았으면 low와 high 항목 교환.

13행 피벗을 두 리스트의 중앙에 위치시킴.

14행 피벗 위치를 반환.

그림 13.24의 마지막 상태에서 피벗(5)은 이미 제 위치에 있다. 따라서 피벗을 제외한 왼쪽과 오른쪽 리스트 (1, 3, 2, 4)와 (9, 6, 8, 7)만을 독립적으로 다시 퀵 정렬하면 전체 리스트가 정렬된다. 그램 13.25는 전체 리스트가 정렬되는 과정을 보여주는데, 원형 숫자는 피벗을 나타낸다.

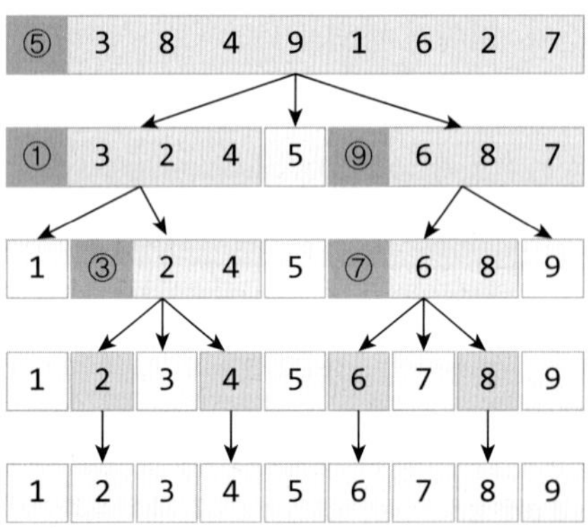

| 그림 13.25 퀵 정렬의 전체과정

길이가 n인 배열 `list`를 정렬하기 위해서는 `quick_sort(list, 0, n-1);`와 같이 퀵 정렬 함수를 호출하면 된다.

퀵 정렬의 복잡도

n이 2의 거듭제곱이라고 가정하고 만약에 퀵 정렬에서의 리스트 분할이 항상 리스트의 가운데에서 이루어진다고 가정하면 병합 정렬의 복잡도 분석과 마찬가지로 n개의 레코드를 가지는 리스트는 $n/2,\ n/4,\ n/8, \cdots, n/2^k$의 크기로 나누어질 것이다. 크기가 1이 될 때까지 나누어지므로 $n/2^k=1$일 때까지 나누어질 것이고 따라서 $k=\log_2 n$개의 패스가 필요하게 된다. 각각의 패스에서는 전체 리스트의 대부분의 레코드를 비교해야 하므로 평균 n번 정도의 비교가 이루어진다. 결국, 퀵 정렬은 비교 연산을 총 $n\log_2 n$번 실행하여 $O(n\log_2 n)$ 알고리즘이 된다. 레코드의 이동 횟수는 비교 횟수보다 적으므로 무시할 수 있다.

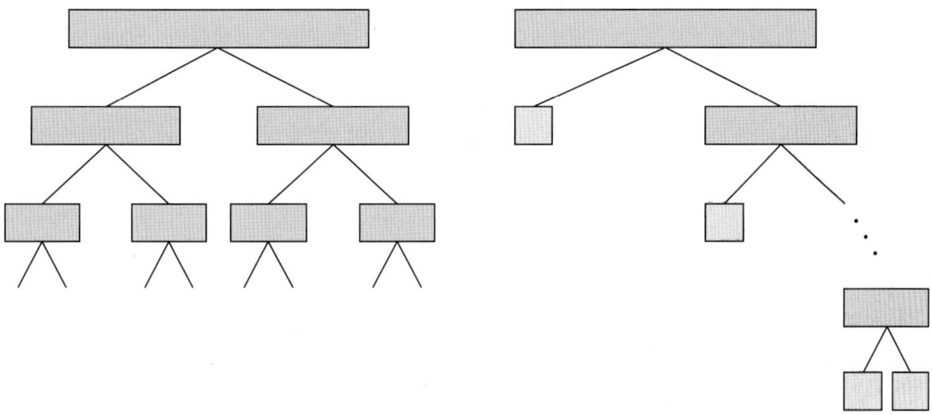

| 그림 13.26 퀵 정렬에서의 최선의 경우(좌)와 최악의 경우(우)

퀵 정렬에서의 최선의 경우는 그림 13.26의 왼쪽과 같이 리스트가 균등하게 나누어질 때이고, 최악의 상황은 오른쪽과 같이 리스트가 계속 불균형하게 나누어지는 경우이다. 이미 정렬된 리스트는 퀵 정렬에서 최악의 입력이다. 이 경우 리스트의 첫 번째 레코드를 피벗으로 설정하면, 다음과 같이 왼편 리스트가 텅 비게 되는 불균형 분할이 연속해서 이루어진다.

```
(1 2  3  4  5  6  7  8  9)
1 (2  3  4  5  6  7  8  9)
1  2 (3  4  5  6  7  8  9)
1  2  3 (4  5  6  7  8  9)
1  2  3  4 (5  6  7  8  9)
...
1  2  3  4  5  6  7  8  9
```

이 경우 레코드의 수만큼 총 n번의 패스가 실행되고, 각 패스에서 n번의 비교가 이루어지게 되므로 비교 연산을 n^2번 실행하게 된다. 따라서 최악의 경우 퀵 정렬은 $O(n^2)$의 시간 복잡도를 가지게 된다. 퀵 정렬의 평균적인 경우의 시간 복잡도는 $O(n\log_2 n)$으로 나타난다. 특히 다른 $O(n\log_2 n)$의 정렬 알고리즘과 비교하였을 때도 가장 빠른 것으로 알려져 있다. 이것은 불필요한 데이터의 이동을 줄이고 먼 거리의 데이터를 교환할 뿐 아니라, 한번 결정된 피벗들이 추후 연산에서 제외되는 등의 특징 때문인 것으로 보인다.

퀵 정렬은 속도가 빠르고 추가 메모리 공간을 필요로 하지 않는 등의 장점이 있는 반면에 정렬된 리스트에 대해서는 오히려 수행시간이 더 많이 걸리는 등의 단점도 가진다. 이러한 불균형 분할을 방지하기 위하여 피벗을 선택할 때 단순히 리스트의 왼쪽 데이터를 사용하는 대신에 보다 리스트의 중앙 부분을 분할할 수 있는 데이터를 선택한다. 많이 사용되는 방법은 리스트 내의 몇 개의 데이터 중에서 **중간값**(median)을 피벗으로 선택하는 것이다. 일반적으로 리스트의 왼쪽, 오른쪽, 중간의 3개의 데이터 중에서 중간 값을 선택하는 방법(median of three)이 많이 사용된다.

퀵 정렬 라이브러리 함수

이와 같은 장점에 따라 C언어의 실행시간 라이브러리에서 퀵 정렬 함수가 제공된다. 보통 `qsort()`란 이름으로 제공되는데, 이 함수를 어떻게 사용하는지 이해하고 활용할 수 있다면 매우 유용할 것이다. 이 함수의 원형은 다음과 같다.

```
void qsort(
    void *base,
    int num,
    int width,
    int (*compare)(const void *, const void *)
);
```

- *base*: 배열의 시작 주소
- *num*: 배열 요소의 개수
- *width*: 배열 요소 하나의 크기(바이트 단위).
- *compare*: 비교 함수. 포인터를 통하여 두개의 요소를 비교하여 비교 결과를 정수로 반환한다. 사용자가 제공하여야 함.

이 함수는 각 요소가 width 바이트인 num 개의 요소를 가지는 배열에 대하여 퀵 정렬을 수행한다. 입력 배열은 정렬된 값으로 덮어 씌워진다. compare()는 배열 요소 2개를 서로 비교하는 사용자 제공 함수로 qsort 함수가 요소들을 비교할 때마다 다음과 같이 호출하여 사용한다.

```
compare( (void *) elem1, (void *) elem2 );
```

반환값	설명
< 0	elem1이 elem2보다 작으면
0	elem1이 elem2과 같으면
> 0	elem1이 elem2보다 크면

프로그램 13.9는 퀵 정렬 라이브러리 함수를 사용하는 예를 보인다. 배열의 요소가 double형이므로 이에 따른 compare()함수를 보였다. 만약 구조체의 배열을 정렬하려면 compare()에서 정렬하고자 하는 필드를 비교하여 적절한 값을 반환하면 된다.

프로그램 13.9 퀵 정렬 라이브러리 함수 사용 프로그램

```
#include <stdlib.h>
#include <string.h>
#include <stdio.h>

int compare( const void *arg1, const void *arg2 )
{
    if     ( *(double *)arg1 > *(double *)arg2 ) return 1;
    else if( *(double *)arg1 < *(double *)arg2 ) return -1;
    else return 0;
}
int main()
{
    int i;
    double list[9] = {2.1, 0.9, 1.6, 3.8, 1.2, 4.4, 6.2, 9.1, 7.7};
    qsort( (void *)list, 9, sizeof(double), compare );
    for( i=0 ; i<9 ;i++ )
        printf("%4.1f ", list[i]);
}
```

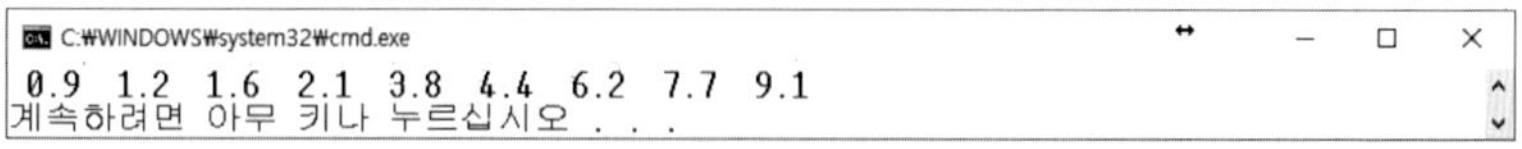

| 그림 13.27 퀵 정렬 라이브러리 함수 사용 결과

13.9 힙 정렬

힙 정렬은 10장의 우선순위 큐에서 힙의 응용으로 간단히 소개하였다. 힙은 우선순위 큐를 완전이진트리로 구현하는 방법으로 최댓값이나 최솟값을 쉽게 추출할 수 있는 자료구조이다. 힙에는 최대 힙과 최소 힙이 있는데, 최소 힙의 루트는 가장 작은 값을 가진다. 따라서 정렬할 배열의 요소들을 먼저 모두 최소 힙에 삽입한 후, 하나씩 차례대로 꺼내면 가장 작은 요소부터 순서대로 나오기 때문에 오름차순 정렬이 된다. 이것을 **힙 정렬**(heap sort)이라 한다. 물론 내림차순 정렬을 위해서는 최대 힙을 사용할 수 있다.

힙은 완전이진트리이므로 1차원 배열을 이용하여 완전하게 기술할 수 있다. 즉, 힙은 외관상으로는 그냥 1차원 배열처럼 보인다. 단지 배열의 요소들 간에 크고 작은 관계가 성립하는 것이다. 자세한 내용은 10장을 참고하라.

힙 정렬의 복잡도

요소의 개수가 n일 때 힙의 삽입과 삭제 연산에 각각 $\log_2 n$에 비례하는 시간이 걸리는 것을 공부했다. 힙 정렬은 n번의 삽입과 n번의 삭제 연산이 필요하므로 결국 $2n\log_2 n$에 비례하는 연산이 필요하다. 따라서 힙 정렬의 시간 복잡도는 $O(n\log_2 n)$이다.

힙 정렬은 전체 리스트 중에서 일부만 정렬할 필요가 있는 경우에 매우 유용하다. 예를 들어 n개의 레코드 중에서 제일 작은 레코드 k개만 필요한 경우, 다른 정렬 방법들은 리스트에 있는 n개의 레코드를 모두 정렬해야 하지만 힙 정렬은 최소 힙에서 k번만 작은 레코드를 추출해냄으로써 간단하게 목적을 달성할 수 있다. 힙 정렬의 장점은 최악의 경우에도 시간 복잡도가 $O(n\log_2 n)$으로 제한되고, 최소 힙이 배열로 구현되기 때문에 별도의 메모리가 필요 없다는 점이다.

13.10 기수정렬

지금까지의 정렬 방법들은 모두 레코드들을 비교하여 정렬한다. **기수 정렬**(radix sort)은 입력 데이터에 대해서 어떤 비교 연산도 실행하지 않고 데이터를 정렬할 수 있는 색다른 정렬 기법이다. 다른 방법들이 $O(n\log_2 n)$이라는 정렬의 이론적인 하한선을 깰 수 없는데 비해 기수 정렬은 이 하한선을 깰 수 있는 유일한 기법이다. 기수 정렬은 $O(kn)$의 시간 복잡도를 가지는데 대부분 k는 크지 않은 값(예: $k<4$ 이하)을 갖게 된다. 기수 정렬은 추가적인 메모리를 필요로 하는데, 이런 단점을 감안하더라도 다른 방법들 보다 빠르기 때문에 상당히 인기 있는 정렬 기법 중의 하나이다.

기수(radix)란 숫자의 자리수이다. 예를 들면 숫자 42는 4와 2의 두개의 자리수를 가지고 이것이 기수가 된다. 기수 정렬은 이러한 자리수의 값에 따라서 정렬하기 때문에 기수 정렬이라는 이름을 얻었다. 기수 정렬은 다단계 정렬이다. 단계의 수는 데이터의 자리수의 개수와 일치한다.

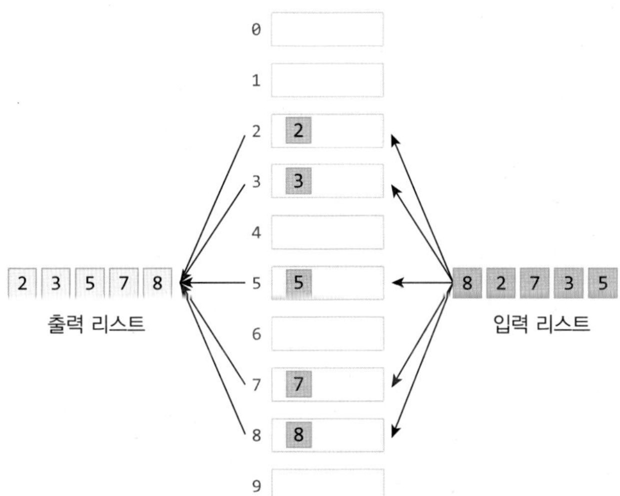

| 그림 13.28 기수 정렬의 원리: 한자리수의 숫자 정렬

기수정렬의 동작원리에 대하여 알아보자. 일단 그림 13.28과 같이 한자리로만 이루어진 숫자의 리스트 (8, 2, 7, 3, 5)를 생각해보자. 어떻게 서로 비교를 하지 않고 정렬을 할 수 있을까? 십진수에서는 각 자리수가 0에서 9까지의 값만 가지므로 10개의 **버킷**(bucket)을 만들어서 입력 데이터를 값에 따라 상자에 넣는다. 위쪽 상자부터 순차적으로 버킷 안에

들어 있는 숫자를 순차적으로 출력한다. 그러면 정렬된 숫자 리스트 (2, 3, 5, 7, 8)를 얻을 수 있다. 이 과정에서 비교 연산은 전혀 사용되지 않았다! 각 자리수의 값에 따라 버킷에 넣고 빼는 동작을 되풀이 했을 뿐이다.

그렇다면 여러 자리로 이루어진 수는 어떻게 정렬할까? 그림 13.29와 같은 숫자 리스트 (28, 93, 39, 81, 62, 72, 38, 26)을 예로 들어보자. 0에서 99번까지 번호가 매겨진 100개의 버킷을 사용하여 앞에서와 마찬가지로 정렬을 할 수 있다. 그러나 보다 효과적인 방법이 있다. 즉 1의 자리수와 10의 자리수를 따로 따로 사용하여 정렬을 하는 방법이다. 이렇게 하면 10개의 버킷만으로도 2자리 정수를 정렬할 수 있다. 그러면 어떤 자리수를 먼저 사용하여야 할까? 정답은 먼저 낮은 자리수로 정렬한 다음 차츰 높은 자리수로 정렬해야 한다는 것이다.

예를 들어, (28, 93, 39, 81, 62, 72, 38, 26)을 먼저 10의 자리수를 먼저 사용하고 1의 자리수를 나중에 사용하면 (28, 26, 39, 38, 61, 72, 81, 93) → (61, 81, 72, 93, 26, 28, 38, 39)이 되어 잘못된 결과가 된다. 그러나 1의 자리수를 먼저 사용하면 같은 버킷을 사용하더라도 (81, 62, 72, 93, 26, 28, 38, 39) → (26, 28, 38, 39, 62, 72, 81, 93)이 되어 데이터가 정렬된다.

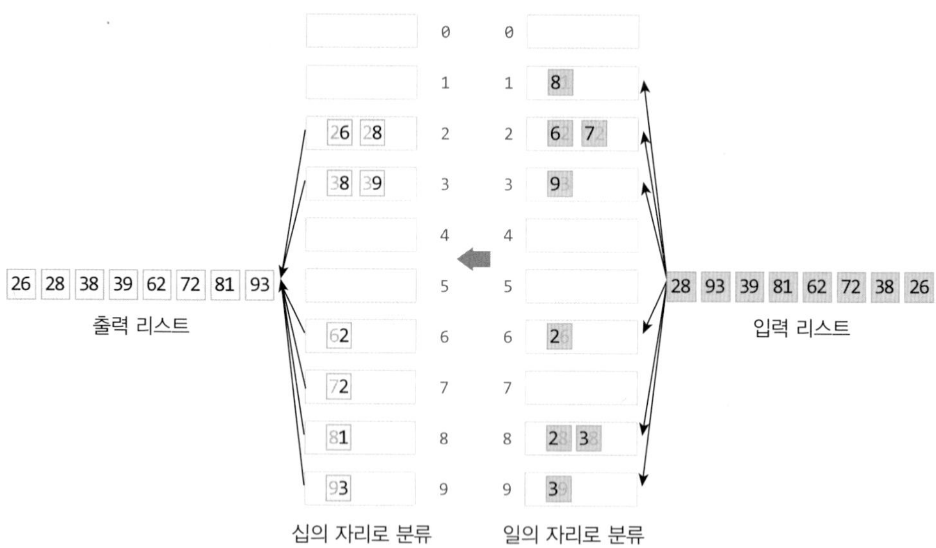

| 그림 13.29 기수정렬의 원리: 2자리수의 숫자 정렬

LSD(least significant digit)는 가장 낮은 자리수이고 MSD(most significant digit)를 가장 높은 자리수라고 하자. 기수 정렬 알고리즘은 다음과 같다.

| 알고리즘 13.6 기수 정렬 알고리즘

```
radix_sort(list, n)

for d←LSD의 위치 to MSD의 위치 do
    d번째 자릿수에 따라 0번부터 9번 버킷에 집어넣는다.
    버킷에서 숫자들을 순차적으로 읽어서 하나의 리스트로 합친다.
    d++;
```

각각의 버킷에서 먼저 들어간 숫자들은 먼저 나와야 한다. 따라서 각각의 버킷은 큐로 구현되어야 한다. 큐로 구현되어야 리스트 상에 있는 요소들의 상대적인 순서가 유지된다. 버킷에 숫자를 집어넣는 연산은 큐의 enqueue연산이 되고 버킷에서 숫자를 읽는 연산은 dequeue 연산으로 대치하면 된다.

버킷의 개수는 키의 표현 방법과 밀접한 관계가 있다. 만약 키를 2진법을 사용하여 표현하고 정렬한다면 버킷은 2개만 있으며 된다. 또한 키가 알파벳 문자로 되어 있다면 26개의 버킷이 필요하다. 기수정렬은 숫자를 10진법으로 생각하면 10개의 버킷을 이용하면 되지만, 다른 방법도 있다. 예를 들어 32비트의 정수를 8비트씩 나누어 적용할 수 있다. 이 경우, 필요한 버킷의 수는 256개가 된다. 대신에 필요한 패스의 수는 4개로 십진수 표현보다 줄어든다.

기수 정렬의 구현

십진수의 경우, 10개의 버킷이 필요하다. 버킷으로는 4장에서 학습한 큐를 사용할 수 있는데, 프로그램 4.1을 그대로 사용하는 데는 문제가 있다. 10개의 큐가 필요한데, 프로그램 4.1은 하나의 큐만을 제공하기 때문이다. 그렇다면 10개의 큐를 사용할 수 있는 방법은 무엇일까? 하나의 방법은 큐를 구조체로 만드는 것이고, 더 좋은 방법은 C++를 이용해 큐를 클래스로 만들어 사용하는 것이다. 4.8절을 복습하라. 다음 프로그램은 4자리수로 된 자연수 배열을 기수 정렬로 정렬하는 코드를 보여준다.

프로그램 13.10 기수 정렬 프로그램

```
...              // 프로그램 4.6의 1~49행 추가
...              // 프로그램 13.1의 printStep() 함수 추가
#define BUCKETS 10
#define DIGITS  4
void radixSort( int list[], int n )
{
    Queue queues[BUCKETS];
    int factor=1, i, b, d;

    for( i=0 ; i<BUCKETS ; i++ )
        init_queue( &queues[i] );

    for( d=0 ; d<DIGITS ; d++ ){
        for( i=0 ; i<n ; i++ )                      // 자릿수에 따라 큐에 삽입
            enqueue( &queues[(list[i]/factor)%10], list[i]);

        for( b=i=0 ; b<BUCKETS ; b++)               // 버킷에서 꺼내어 list로 합친다.
            while( !is_empty( &queues[b] ) )
                list[i++] = dequeue( &queues[b] );
        factor *= 10;                               // 그 다음 자리수로 간다.
        printStep(list, n, d+1);                    // 중간 과정 출력용 문장
    }
}
```

기수 정렬의 분석

만약 입력 리스트가 n개의 정수를 가지고 있다고 하면 알고리즘의 내부 루프는 n번 반복될 것이다. 만약 각 정수가 d개의 자리수를 가지고 있다고 하면 외부 루프는 d번 반복된다. 따라서 기수 정렬은 $O(d \cdot n)$의 시간 복잡도를 가진다. 시간 복잡도가 d에 비례하기 때문에 기수 정렬의 수행 시간은 정수의 크기와 관련이 있다. 그러나 일반적으로 컴퓨터 안에서의 정수의 크기를 제한된다. 32 비트 컴퓨터의 경우에는 대개 10개 정도의 자리수 만을 가지게 된다. 따라서 일반적으로 d는 n에 비하여 아주 작은 수가 되므로 기수 정렬은 $O(n)$이라고 하여도 무리가 없다.

따라서 기수 정렬은 다른 정렬 방법에 비하여 빠른 수행 시간에 정렬을 마칠 수 있다. 그

러나 문제점은 정렬에 사용되는 키값이 자연수로 표현되어야만 적용이 가능하다는 것이다. 만약 예를 들어 실수나 한글, 한자 등으로 이루어진 키값을 이 방법으로 정렬하고자 할 경우 매우 많은 버킷이 필요하게 되므로 적용이 불가능하다. 다른 정렬 방법들은 모든 종류의 키 형태에 적용될 수 있음을 기억하라.

13.11 정렬 알고리즘의 비교

지금까지 공부한 정렬 방법들의 이론적 성능을 비교해보면 표 13.1과 같다. 문제 해결을 위한 최적의 정렬 방법은 정렬해야할 레코드의 수, 크기, 타입 등에 따라 달라지므로 각 정렬 방법들의 장단점을 잘 이해하여 적절한 정렬 방법을 사용할 수 있어야 한다.

| 표 13.1 정렬 방법의 성능 비교

알고리즘	최선	평균	최악
삽입 정렬	$O(n)$	$O(n^2)$	$O(n^2)$
선택 정렬	$O(n^2)$	$O(n^2)$	$O(n^2)$
버블 정렬	$O(n)$	$O(n^2)$	$O(n^2)$
셸 정렬	$O(n)$	$O(n^{1.5})$	$O(n^2)$
퀵 정렬	$O(n \log_2 n)$	$O(n \log_2 n)$	$O(n^2)$
힙 정렬	$O(n \log_2 n)$	$O(n \log_2 n)$	$O(n \log_2 n)$
합병 정렬	$O(n \log_2 n)$	$O(n \log_2 n)$	$O(n \log_2 n)$
기수 정렬	$O(dn)$	$O(dn)$	$O(dn)$

| 연습문제 |

1 다음 초기 자료에 대하여 삽입 정렬(insertion sort)을 이용하여 오름차순 정렬한 경우 PASS 1의 결과는? [기사 시험 기출 문제]

```
초기 자료 : 8, 3, 4, 9, 7
```

① 3, 4, 8, 7, 9 ② 3, 4, 9 ,7, 8
③ 7, 8, 3, 4, 9 ④ 3, 8, 4, 9, 7

2 다음 자료를 버블 정렬을 이용하여 오름차순으로 정렬할 경우 PASS 1의 결과는? [기사 시험 기출 문제]

```
9, 6, 7, 3, 5
```

① 3, 5, 6, 7, 9 ② 6, 7, 3, 5, 9
③ 3, 5, 9, 6, 7 ④ 6, 3, 5, 7, 9

3 다음 자료에 대하여 "선택 정렬"를 사용하여 오름차순으로 정렬할 경우 PASS 3의 결과는? [기사 시험 기출 문제]

```
초기상태 : 8, 3, 4, 9, 7
```

① 3, 4, 7, 9, 8 ② 3, 4, 8, 9, 7
③ 3, 8, 4, 9, 7 ④ 3, 4, 7, 8, 9

4 다음은 배열 A에 저장된 n개의 정수를 오름차순으로 정렬하는 삽입 정렬(insertion sort) 알고리즘이다. ㉠과 ㉡에 순서대로 들어갈 내용으로 옳은 것은? [공무원시험 기출 문제]

```
void sort(ine A[], int n)
{
    int i, j, key;
    for (i = 1; 1 < n; i++) {
        key = A[i];
```

```
        for (j = i - 1; ___㉠___ ; j--)
            ______㉡______
        A[j+1] = key;
    }
}
```

	㉠	㉡
①	j >= 0 && key > A[j]	A[j+1] = A[j];
②	j > 0 && key >= A[j]	A[j-1] = A[j];
③	j > 0 && key < A[j]	A[j] = A[j+1];
④	j >= 0 && key < A[j]	A[j+1] = A[j];

5 다음의 정렬기법을 이용하여 다음의 정수 배열을 오름차순으로 정렬하라. 각 단계에서의 배열의 내용을 나타내어라. [공무원시험 기출 문제]

7	4	9	6	3	8	7	5

(1) 선택 정렬
(2) 삽입 정렬
(3) 버블 정렬
(4) 쉘 정렬

6 다음의 정렬기법을 이용하여 다음의 정수 배열을 오름차순으로 정렬하라. 각 단계에서의 배열의 내용을 나타내어라.

71	49	92	55	38	82	72	53

(1) 퀵 정렬
(2) 합병 정렬
(3) 히프 정렬

7 다음과 같은 입력 배열을 퀵 정렬을 이용하여 정렬할 때, 피봇을 선택하는 방법을 다르게 하여 각 단계별 내용을 나타내어라.

1	2	3	4	5	6	7	8

(1) 왼쪽 첫 번째 요소를 피봇으로 하는 방법

(2) 왼쪽, 중간, 오른쪽 가운데 중간값(median of three) 방법

8 퀵정렬에서 함수가 수행되면서 정렬의 매 패스마다 다음과 같은 형식으로 화면에 출력하도록 함수를 수정하여 보라.

```
67  90  57  25  84  32  73  54
    low                     high

67  54  57  25  84  32  73  90
                low high

67  54  57  25  32  84  73  90
                high low

32  54  57  25  67  84  73  90
```

프로그래밍 프로젝트

1 지금까지 공부한 정렬 방법들을 서로 비교하여 보자. 대상이 되는 정렬 알고리즘은 다음과 같다.

- 비효율적인 알고리즘: 선택 정렬, 삽입 정렬, 버블 정렬
- 효율적인 알고리즘: 셸 정렬, 병합 정렬, 힙 정렬, 퀵 정렬

(1) 길이가 n인 배열을 초기화하는 세 가지 함수를 구현하라. **init_random()**은 난수를 발생하여 배열을 초기화하는 함수이고, **init_ascend()**는 1부터 n까지의 숫자들을 오름차순으로 배열에 저장한다. **init_descend()**는 n부터 1까지의 숫자를 내림차순으로 배열에 저장하는 함수이다.

```
void init_random( int* list, int n );
void init_ascend( int* list, int n );
void init_descend( int* list, int n );
```

(2) 다양한 n에 대해 **init_random()**을 이용해 배열을 초기화시키고 각 알고리즘으로 정렬을 수행하여 실행시간을 측정하라. 입력의 개수 n은 1000부터 1000씩 증가하면서 실행시간을 측정해보라. 보다 더 평균적인 측정이 되기 위해서는 가능한 한 다양한 데이터를 생성하여 알고리즘의 실행시간 측정을 반복하고 이들의 평균을 구하는 것이 좋다. 각 알고리즘의 실행시간 측정 결과를 선 그래프로 그려라. 다음은 각 알고리즘 실행시간 측정 결과의 예를 보여준다.

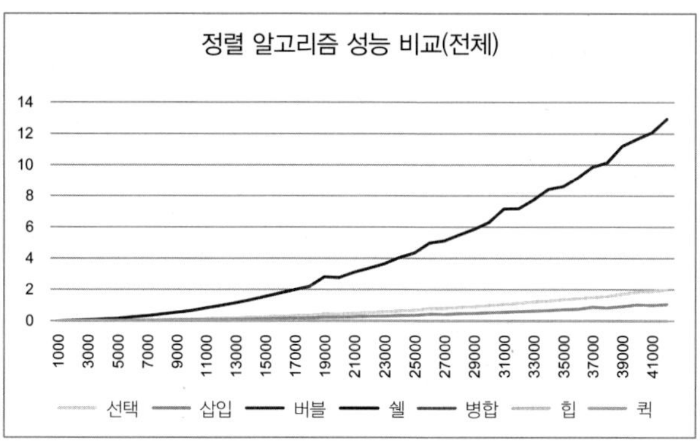

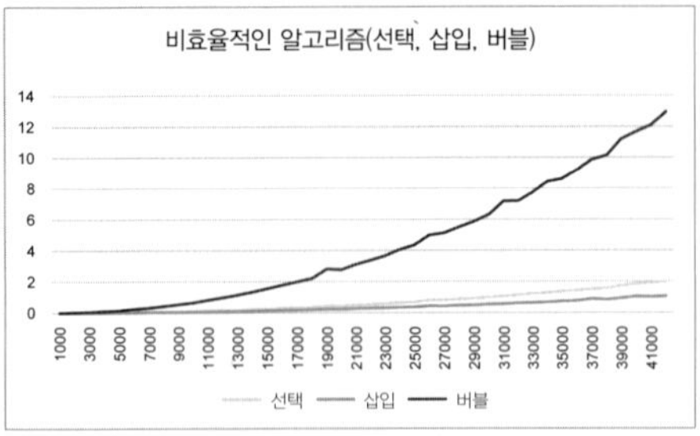

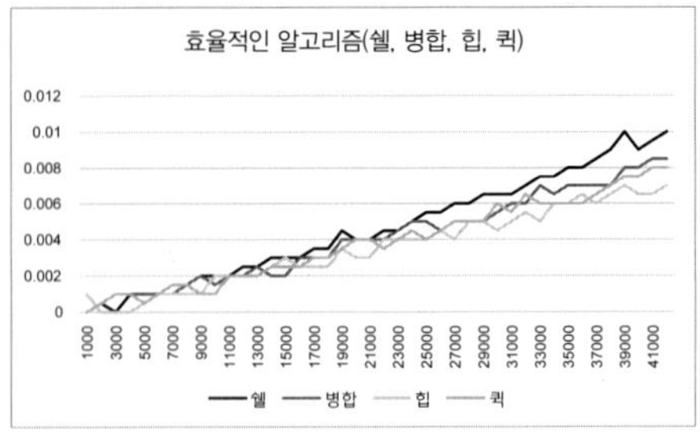

(3) 각 정렬 방법의 최악의 경우의 수행 시간을 측정하여 보자. 먼저 각 정렬 알고리즘에 대한 최악의 데이터가 필요하다.

- 삽입, 버블 정렬 : 역으로 정렬된 데이터가 최악. `init_descend()`로 초기화.
- 퀵 정렬: 정렬된 데이터가 최악이다. `init_ascend()`로 초기화.
- 선택, 셸, 병합, 힙 정렬: 난수를 사용함. `init_random()`으로 초기화.

입력의 개수 n은 1000부터 1000씩 증가하면서 실행시간을 측정해보라. 각 알고리즘의 실행시간 측정 결과를 선 그래프로 그려라. 특히 퀵 정렬이 최악의 데이터에 대해 예측했던 대로 $O(n^2)$의 성능을 보이는지를 살펴보라. 다음은 각 알고리즘 실행시간 측정 결과의 예를 보여준다.

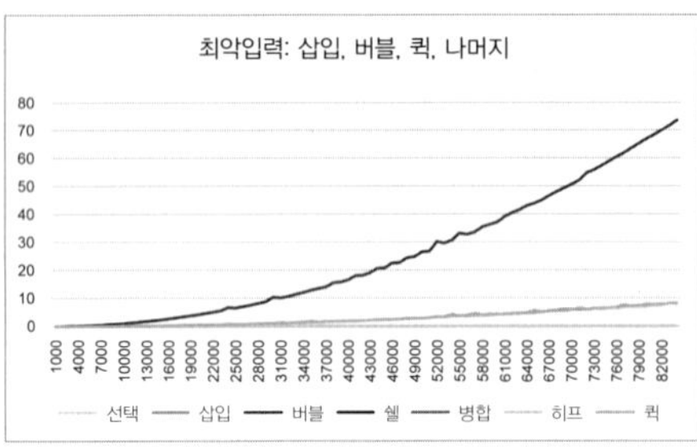

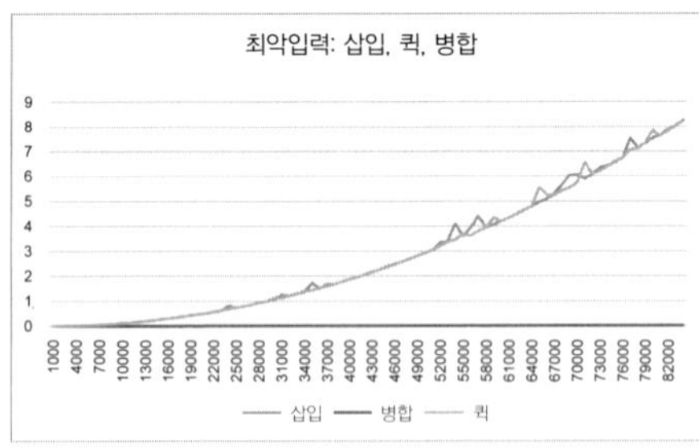

14

CHAPTER

탐색

학습목표

- 탐색과 맵의 개념을 이해한다.
- 맵을 구현하는 여러 가지 방법을 이해한다.
- 해싱의 의미와 해시함수를 이해한다.
- 해시 충돌 해결 방법들을 이해한다.

CHAPTER

14 탐색

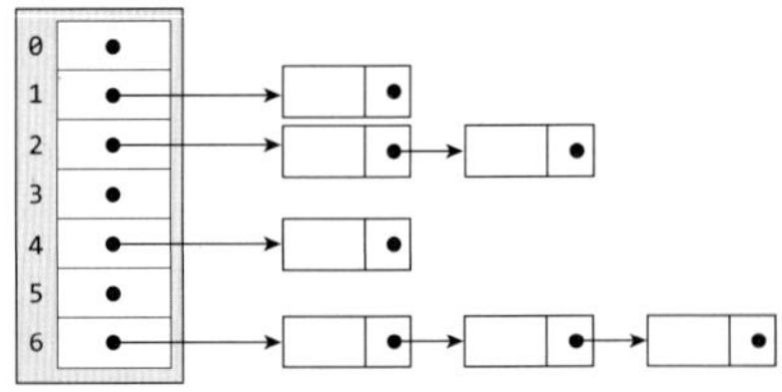

14.1 탐색이란?

탐색(search)은 말 그대로 무엇인가를 찾는 작업이다. 사전에서 단어를 찾거나, 인터넷 쇼핑몰에서 원하는 상품을 찾고, 지난 여행에서 촬영한 영상을 검색하는 것 등이 모두 탐색 작업이다. 효율적인 탐색을 위해서는 무엇이 필요할까? 미리 물건들을 일정한 규칙에 따라 잘 정리해 두어야 할 것이다. 이 장에서는 컴퓨터에서 자료를 효율적으로 탐색하기 위해 데이터를 잘 정리하는 방법을 살펴본다.

| 그림 14.1 일상생활에서의 다양한 탐색작업

컴퓨터에서도 탐색은 정렬과 함께 가장 중요한 응용의 하나이다. 탐색은 하나 이상의 필드(field)로 구성되는 **레코드**(record)의 집합에서 원하는 레코드를 찾는 작업이다. 보통 이러한 레코드들의 집합을 **테이블**(table)이라고 부른다. 레코드들은 서로를 구별하여 인식할 수 있는 키(key)를 가지고 있는데, 이것을 **탐색키**(search key)라고 한다. 결국 탐색은 테이블에서 원하는 탐색키를 가진 레코드를 찾는 작업이다.

맵 이란?

탐색에서는 테이블을 구성하는 방법에 따라 효율이 달라진다. **맵**(map) 또는 **사전**(dictionary)은 자료를 저장하고 탐색키를 이용해 원하는 자료를 빠르게 찾을 수 있도록 하는 탐색을 위한 자료구조를 말한다. 맵은 다음과 같이 '탐색키'와 '탐색키와 관련된 값'의 2가지 필드를 가진 **키를 가진 레코드**(keyed record) 또는 **엔트리**(entry)로 이루어진다.

- 키(key): 영어 단어나 사람의 이름과 같은 레코드를 구분할 수 있는 탐색키
- 값(value): 영어 단어의 의미나 어떤 사람의 주소나 전화번호와 같은 탐색키와 관련된 값

맵은 키-값의 쌍(key, value)으로 이루어진 엔트리의 집합으로 이루어진다. 그렇다면 맵에는 어떤 연산이 있을까? 핵심이 되는 연산은 다음과 같다.

- 새로운 항목을 맵에 삽입하는 연산
- 탐색키에 관련된 항목을 맵에서 삭제하는 연산
- 탐색키와 관련된 값을 탐색하는 연산

이를 바탕으로 맵의 추상 자료형을 정의하면 다음과 같다.

| ADT 14.1 Map

데이터: 키를 가진 레코드(엔트리)의 집합

연산
- search(key): 탐색키 key를 가진 레코드를 찾아 반환한다.
- insert(entry): 주어진 entry를 맵에 삽입한다.
- delete(key): 탐색키 key를 가진 레코드를 찾아 삭제한다.

맵에서 유일한 탐색키를 사용하기도 하고, 동일한 탐색키를 허용하기도 한다. 예를 들어, 학생생활 기록부에서는 '학번'과 같은 유일한 탐색키를 반드시 사용해야 할 것이다. 그러나 영어 사전에서는 철자가 동일한 여러 단어가 있으므로 탐색키의 중복을 허용해야 할 것이다.

맵을 효율적으로 구현하기 위해서는 이들 세 가지 연산을 효율적으로 할 수 있는 자료구조를 사용해야 한다. 맵을 구현하는 가장 간단한 방법은 배열일 것이다. 배열을 정렬하지 않고 맵을 만들 수도 있고, **정렬된 배열**을 사용해 맵을 만들 수도 있다. 맵의 탐색 성능을 향상하고자 한다면 **이진 탐색 트리**나 **해싱**(hashing)이라고 불리는 방법을 사용해야 한다. 이진 탐색 트리는 9장을 공부했다.

우리가 사용하는 영어 사전에는 단어들이 정렬되어 있다. 그러나 맵을 구현하는 방법들이 모두 자료를 정렬하는 것은 아니다. 맵은 탐색키에 의해 항목을 접근할 수 있으면 되고, 정렬 여부는 맵을 구현하는 방법의 문제이다. 만약 맵을 구현하기 위해 정렬되지 않은 배열을 이용한다면 탐색에 $O(n)$의 시간이 걸린다. 정렬된 배열을 사용하면 복잡도를 $O(\log n)$로 향상시킬 수 있으며, 균형을 잘 맞춘 이진 탐색 트리도 $O(\log n)$의 복잡도를 갖는다. 만약 **해싱**을 사용한다면 항상 일정한 시간 안에($O(1)$) 원하는 레코드를 찾을 수 있다. 따라서 맵을 가장 효율적으로 구현할 수 있는 방법이 해싱이다. 이 장에서는 여러 가지 탐색 기법들을 알아보고, 해싱을 자세히 공부한다.

14.2 정렬되지 않은 배열에서의 탐색

순차 탐색

순차 탐색(sequential search)은 가장 간단하고 직접적인 탐색 방법이다. 이 방법은 정렬되지 않은 배열에서도 탐색키 찾을 수 있는데, 배열의 요소들을 처음부터 마지막까지 하나씩 검사하여 원하는 레코드를 찾는 방법이다. 프로그램 14.1은 순차 탐색 함수이다. 탐색 대상인 배열 `list[]`와 배열에서의 탐색 범위 `low`, `high`가 함수의 매개변수로 주어진다. 탐색에 성공하면 항목이 발견된 위치를 반환하고 그렇지 않으면 -1을 반환한다. 일단 레코드에는 정수가 저장된다고 가정한다.

프로그램 14.1 순차 탐색

```c
int sequential_search(int list[], int key, int low, int high)
{
     int i;
     for( i=low; i<=high; i++)
          if(list[i]==key) return i;          // 탐색에 성공하면 키 값의 인덱스 반환
     return -1;                               // 탐색에 실패하면 -1 반환
}
```

그림 14.2는 순차 탐색의 예를 보여준다. 리스트의 맨 앞부터 탐색 값(8, 또는 2)과 일치하는 항목을 찾을 때까지 배열을 검사한다. 8은 탐색에 성공하여 항목의 위치인 2를 반환하고, 2는 탐색에 실패하여 -1을 반환하게 된다.

| 그림 14.2 순차 탐색의 예

순차 탐색에서 비교 횟수는 찾는 레코드의 위치에 따라 다르다. 맨 앞에 있으면 1번, 두 번째이면 2번, k번째 있으면 k번 비교가 필요하다. 모든 키가 탐색될 확률이 동일하다고 가정하면 평균 비교 횟수는 다음과 같다.

$$(1+2+3+\cdots+n)/n=(n+1)/2$$

따라서 순차 탐색의 시간 복잡도는 $O(n)$이다. 이 방법은 간단하고 구현하기 쉽지만 효율적이지는 않다. 예를 들어, 10개중의 하나를 찾는 문제에서는 가능하겠지만 인구 5,000만 명 중에서 한사람을 찾는 경우라면 매우 많은 시간이 소요될 것이다. 그렇지만 정렬되지

않은 배열에서는 순차 탐색 이외에는 별다른 대안이 없다. 만약 배열을 정렬하여 관리한다면 보다 개선된 탐색 방법을 사용할 수 있다.

14.3 정렬된 배열에서의 탐색

이진 탐색

정렬된 배열에서는 **이진 탐색**(binary search)이 가능하다. 이 방법은 배열의 중앙에 있는 값을 조사하여 찾고자 하는 항목이 왼쪽 부분 배열에 있는지 오른쪽 부분 배열에 있는지 판단하고 다음 단계의 탐색 범위를 반으로 줄인다. 따라서 매 단계에서 검색해야 할 항목의 수가 반으로 줄어든다. 10억 명이 정렬된 배열에서 순차 탐색으로 특정한 이름을 찾는다면 평균 5억 번의 비교가 있어야 되지만, 이진 탐색을 이용하면 단지 30번의 비교만으로 검색이 완료된다!

이진 탐색은 실제로 우리가 일상생활에서 많이 사용하고 있다. 영어 사전에서 단어를 찾을 때를 생각해 보자. 사전을 펼쳐서 찾고자 하는 단어가 현재 페이지에 있는 단어보다 앞에 있는지, 뒤에 있는지를 확인한 다음에 단어가 있는 부분만을 다시 검색한다. 이것이 이진 탐색이다.

이진 탐색은 비교가 이루어질 때마다 탐색 범위가 급격하게 줄어들어 매우 효율적이지만, 탐색하기 전에 반드시 배열이 정렬되어 있어야 한다. 따라서 이진 탐색은 데이터의 삽입이나 삭제가 빈번한 응용에는 적합하지 않다.

그림 14.3을 이용해 이진 탐색 알고리즘을 생각해 보자. (a)는 정렬된 배열에서 숫자 5를 찾는 과정을 나타낸 것이다. 먼저 배열의 중간에 있는 값인 7과 비교한다. 5가 7보다 작으므로 5는 앞부분에 있을 것이고, 이제 뒷부분은 탐색 대상에서 제외된다. 다시 남아있는 앞부분의 중간에 있는 값인 3과 5를 비교한다. 5가 3보다 크므로 이번에는 앞부분이 제외되고 뒷부분만이 남는다. 다시 뒷부분의 중간 값인 5와 우리가 찾고 있는 값인 5를 비교하면 일치한다. 따라서 탐색은 성공한다.

(b)는 탐색이 실패하는 예를 보여준다. 배열에 없는 2의 탐색에서는 중간 값과 계속 비교하다가 더 이상 비교할 항목이 없어 탐색이 실패하게 된다.

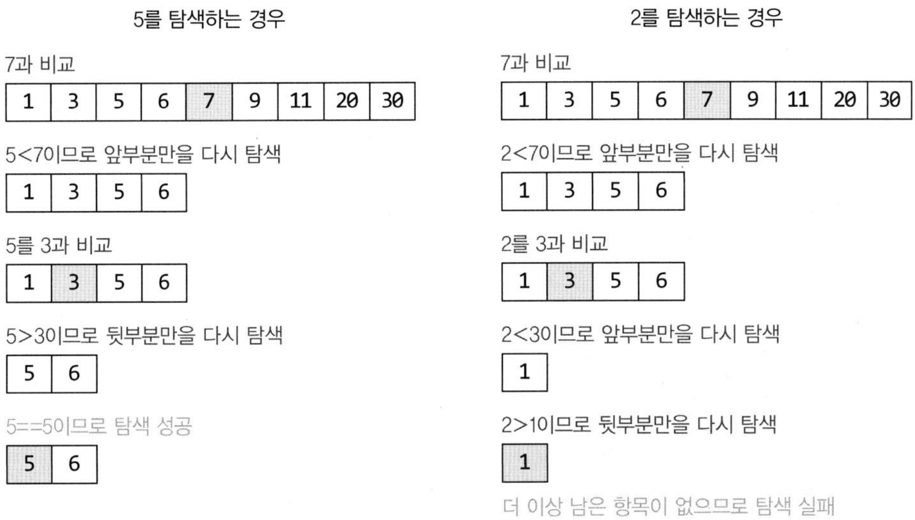

(a) 탐색이 성공하는 경우 (b) 탐색이 실패하는 경우

| 그림 14.3 이진 탐색의 예: 탐색범위의 중간에 있는 숫자와 비교하여 탐색 범위를 절반으로 줄인다.

이진 탐색을 유사 코드로 작성하여 보자. **list[low]**부터 **list[high]** 사이에서 **key**를 찾는다고 가정하면, 다음과 같이 순환적인 알고리즘이 가능하다.

| 알고리즘 14.1 순환 호출을 사용하는 이진 탐색

```
binary_search(list, low, high, key)

    if( low > high ) return -1;
    middle ← low에서 high사이의 중간 위치
    if( key = list[middle] )
        return middle;
    else if (key < list[middle] )
        return binary_search(list, low, middle-1, key);
    else if (key > list[middle] )
        return binary_search(list, middle+1, high, key);
```

list[low]에서 list[high]사이의 탐색은 다음 단계에서는 list[low]에서 list[middle-1]사이의 탐색이나 list[middle+1]에서 list[high]사이에서의 탐색문제로 바뀌고, 이것은 원래의 문제 크기가 반으로 줄어드는 것을 의미한다. 이것을 순환 호출로 구현한다면 종료 조건은 어떻게 되어야 할까? 탐색 범위가 1보다 작다면, 즉 탐색할 항목이 더 이상 없으면 종료해야 한다. **low**와 **high**가 역전되는 경우이다. 프로그램 14.2는 순환 호출을 이용해 구현한 이진탐색 함수이다.

프로그램 14.2 순환 호출을 이용한 이진 탐색

```
01 int binary_search (int list[], int key, int low, int high)
02 {
03      int middle;
04      if ( low<=high ){                          // 하나 이상의 항목이 있어야 탐색
05           middle = (low+high)/2;
06           if (key==list[middle])                // 탐색 성공
07                return middle;
08           else if(key<list[middle])             // 왼쪽 부분리스트 탐색
09                return binary_search (list, key, low, middle-1);
10           else                                  // 오른쪽 부분리스트 탐색
11                return binary_search (list, key, middle+1, high);
12      }
13      return -1;                                 // 탐색 실패
14 }
```

코드 설명

4행 종료 조건. 최소 하나 이상의 항목이 있어야 탐색을 진행.

5행 중간 위치 결정.

6-7행 탐색이 성공하면 성공한 위치를 반환.

8-9행 중간위치의 키 값보다 key가 작으면 앞쪽 부분리스트 탐색.

10-11행 아니면 뒤쪽 부분리스트 탐색.

13행 탐색 실패. -1을 반환.

이진 탐색은 프로그램 14.3과 같이 반복문을 사용하여 구현할 수도 있다. 효율성을 위해서는 반복 구조를 사용하는 것이 더 좋다.

프로그램 14.3 반복을 이용한 이진 탐색

```
int binary_search_iter (int list[], int key, int low, int high)
{
    int middle;
    while ( low <= high ){                  // 항목들이 남아 있으면(종료 조건)
        middle = (low+high)/2;
        if ( key == list[middle] )          // 탐색 성공
            return middle;
        else if( key > list[middle] )       // key가 middle의 값보다 크면
            low = middle+1;                 // middle+1 ~ high 사이 검색
        else                                // key가 middle의 값보다 작으면
            high = middle-1;                // low ~ middle-1 사이 검색
    }
    return -1;                              // 탐색 실패
}
```

그림 14.4와 같은 리스트에서 34를 찾는다고 생각해 보자. 탐색은 그림과 같이 4번의 단계만에 완료되고, 최종적으로 34의 위치인 10을 반환한다.

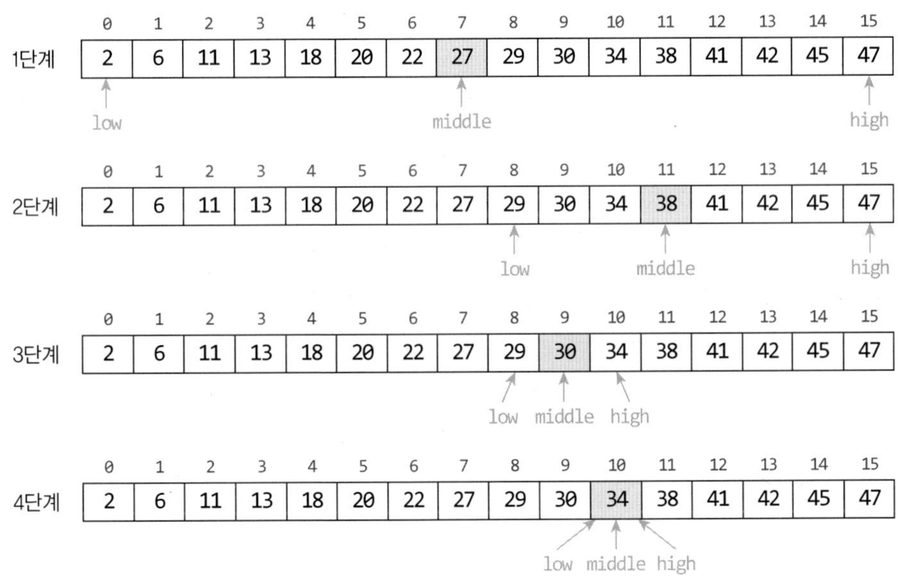

| 그림 14.4 이진탐색의 구체적인 예: 34를 탐색한다.

이진 탐색은 각 단계에서 탐색 범위가 반으로 줄어든다. 탐색 범위가 더 이상 줄일 수 없는 1이 될 때의 탐색 횟수를 k라 하면, $n/2^k=1$이 된다. 즉, $k=\log_2 n$이므로 이진탐색의 시간 복잡도는 $O(\log_2 n)$이다.

색인 순차 탐색

색인 순차 탐색(indexed sequential search) 방법은 **인덱스(index)** 테이블을 사용하여 탐색의 효율을 높이는 방법이다. 인덱스 테이블은 주 자료 리스트에서 일정 간격으로 발췌한 자료를 가지고 있다. 인덱스 테이블에 m개의 항목이 있고, 주 자료 리스트의 데이터 수가 n이면 각 인덱스 항목은 주 자료 리스트의 각 n/m번째 데이터를 가지고 있다. 이 때 주 자료 리스트와 인덱스 테이블은 모두 정렬되어 있어야 한다.

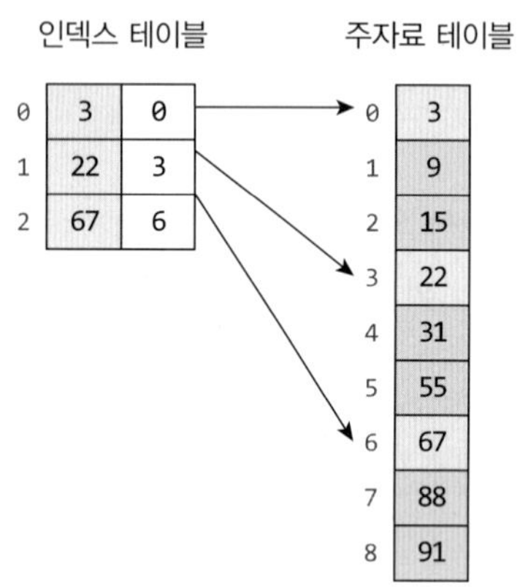

| 그림 14.5 색인 순차 탐색의 예

그림 14.5는 색인 순차 탐색의 예를 보여준다. 탐색을 위해 먼저 인덱스 테이블에서 `index[i] ≤ key < index[i+1]`을 만족하는 항목을 찾는다. 해당 항목을 찾으면 주 자료 테이블에서 해당 범위에 대해서만 검색하면 된다. 이 방법은 주 자료 리스트에서의 탐색 시간을 상당히 줄일 수 있으므로 파일 처리, 데이터베이스 등의 응용 분야에서 많이 사용하는 방법이다. 프로그램 14.4는 색인 순차 탐색 프로그램을 보여주고 있다.

프로그램 14.4 색인 순차 탐색 프로그램

```
01 // 인덱스 테이블 항목의 구조체
02 typedef struct Index{
03     int key;        // 키 값
04     int index;      // 키 값의 인덱스
05 } Index ;
06 // 색인 순차 탐색 함수
07 int indexed_sea( int list[], int nList, Index *tbl, int nTbl, int key )
08 {
09     int i;
10     if(key<list[0] || key>list[nList-1])                // 키 값이 리스트 범위 밖
11         return -1;
12     for( i=0 ; i<nTbl-1 ; i++ ) {                       // 인덱스 테이블 조사
13         if(  tbl[i].key<=key && tbl[i+1].key> key)
14             return sequential_search(list,key,tbl[i].index,tbl[i+1].index);
15     }
16     return sequential_search( list, key, tbl[nTbl-1].index, nList );
17 }
18 #include <stdio.h>
19 #define LIST_SIZE   9
20 #define INDEX_SIZE  3
21 void main()
22 {
23     int       list[LIST_SIZE] = {3, 9, 15, 22, 31, 55, 67, 88, 91};
24     Index     index[INDEX_SIZE] = { {3,0}, {15,3}, {67,6} };
25 
26     int  number, ret;
27     printf("탐색할 숫자를 입력하시요: ");
28     scanf("%d", &number);
29     ret = indexed_sea(list, LIST_SIZE, index, INDEX_SIZE, number);
30     if(ret>=0 )
31         printf("탐색 성공: 숫자(%d) 위치=%d\n", number, ret);
32     else
33         printf("숫자(%d) 탐색 실패\n", number);
34 }
```

코드 설명

2-5행 인덱스 테이블 항목의 구조체 선언.

7행 색인 순차 탐색 함수. list는 검색할 데이터 리스트, nList는 항목의 수, tbl은 인덱스 테이블을 nTbl은 인덱스 테이블 크기를 나타내고 key는 탐색하고자 하는 키 값을 나타냄.

10-11행 키 값이 리스트 범위 내가 아니면 탐색 종료.

12-15행 인덱스 테이블을 조사하여 해당키의 예상 구간을 찾으면, 그 구간 안에서만 탐색 수행

16행 인덱스 테이블의 끝이면, 탐색 구간은 최종 인덱스에서 배열의 끝(nList)까지가 됨. 이 구간에 대해서만 탐색 수행

23-24행 주 자료 테이블 list와 인덱스 테이블 index 선언 및 초기화.

색인 순차 탐색 알고리즘의 탐색 성능은 인덱스 테이블의 크기에 좌우된다. 인덱스 테이블의 크기를 줄이면 주 자료 리스트에서의 탐색 시간이 길어지고, 인덱스 테이블의 크기가 크면 인덱스 테이블에서의 탐색 시간이 길어진다. 인덱스 테이블의 크기를 m이라 하고 주 자료 리스트의 크기를 n이라 하면 색인 순차 탐색의 복잡도는 $O(m+n/m)$와 같다. 물론 주 자료 리트스의 탐색에서 이진 탐색을 사용할 수도 있다.

보간 탐색

보간 탐색(interpolation search)은 사전이나 전화번호부를 탐색하는 방법과 같이 탐색키가 존재할 위치를 예측하여 탐색하는 방법이다. 이는 우리가 사전을 찾을 때 'ㅎ'으로 시작하는 단어는 사전의 뒷부분에서 찾고 'ㄱ'으로 시작하는 단어는 앞부분에서 찾는 것과 같은 원리이다. 보간 탐색은 이진 탐색과 유사하나 리스트를 반으로 분할하지 않고 불균등하게 분할하여 탐색한다.

이진 탐색에서 탐색 위치는 항상 `(low+high)/2`이나, 보간 탐색에서는 찾고자하는 키값과 현재의 `low`, `high` 위치의 값을 고려하여 다음과 같이 탐색위치를 결정한다.

$$\text{탐색 위치} = \frac{(k-list[low])}{list[high]-list[low]} * (high-low) + low$$

여기에서 k는 찾고자 하는 키 값을, low과 $high$는 각각 탐색할 범위의 최소, 최대 인덱스 값을 나타낸다. 이 식은 다음 그림과 같이 탐색 값과 위치는 비례한다는 가정에서 탐색 위치를 결정할 때 찾고자 하는 키 값이 있는 곳에 근접하도록 가중치를 주는 방법이다.

$$(list[high]-list[low]) : (k-list[low]) = (high-low) : (\text{탐색 위치} - low)$$

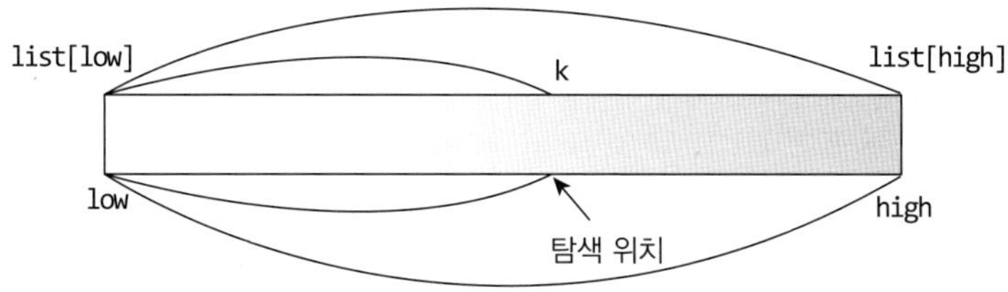

| 그림 14.6 보간 탐색은 값과 위치가 비례한다고 가정함.

예를 들어 {3, 9, 15, 22, 31, 55, 67, 88, 89, 91}로 구성된 리스트에서 탐색키가 55일 경우를 살펴보자. 식에 의해 계산된 탐색위치는 다음과 같이 5가 된다.

$$\text{탐색 위치} = (55-3)/(91-3)*(9-0)+0 = 5.31 \fallingdotseq 5$$

0	1	2	3	4	5	6	7	8	9
3	9	15	22	31	55	67	88	89	91

| 그림 14.7 보간 탐색의 탐색 위치 계산 예

계산 결과는 일반적으로 실수이며 따라서 이 실수를 정수로 변환하여 주어야 한다. 보통은 소수점 이하를 버리는 방법을 사용한다. 함수는 다음과 같다.

프로그램 14.5 반복문을 이용한 보간 탐색

```
int interpolation_search (int list[], int n, int key )
{
      int  j, low = 0, high = n-1;

      while ( (list[low] < key) && (key <= list[high] ) ){
            j=(int)((float)(key-list[low]) /
                        (list[high]-list[low]) * (high-low)  ) + low;
            if          ( key > list[j] ) low  = j+1;
            else if ( key < list[j] ) high = j-1;
            else  return j;                           // 탐색 성공
      }
      return -1;                                      // 탐색 실패
}
```

코드 설명

6–7행 탐색 위치를 계산함. 정수의 나눗셈에 반드시 `float`나 `double`형으로 변환해야함. 그렇지 않으면 0이 됨.

보간 탐색은 이진 탐색과 같은 $O(\log_2 n)$의 시간 복잡도를 갖지만 많은 데이터가 비교적 균등하게 분포되어 있는 자료의 경우 훨씬 효율적인 방법이다.

14.4 해싱을 이용한 탐색

지금까지 공부한 방법들이 모두 탐색키와 각 레코드의 키를 비교하여 원하는 항목을 찾는다. 그러나 해싱은 완전히 다른 방법을 사용한다. 해싱은 키값에 산술적인 연산을 적용하여 항목이 저장될 위치, 즉 인덱스를 직접 계산하는 방식이다. 이때, 키값에서 항목의 위치를 계산하는 함수를 해시 함수(hash function)이라 하고, 해시 함수에 의해 계산된 위치에 레코드를 저장한 표를 해시 테이블(hash table)이라 한다.

해싱은 아파트 우편함과 유사하다. 아파트의 같은 동으로 온 우편물들을 한곳에 모아두면 자신의 집에 온 것을 찾기 위해 모든 우편물들을 뒤져야 할 것이다. 그러나 다행히 아파트에는 각 호실별로 우편함이 있고, 우편물들이 분리되어 각 우편함에 저장된다.

아파트 전체에 대한
하나의 우편함

아파트의 각 호실별
우편함

| 그림 14.8 아파트 우편함과 해싱

컴퓨터로 돌아가 보자. 탐색키가 모두 1~1000사이의 정수라고 가정하면, 가장 빠르게 자료를 저장하고 꺼낼 수 있는 방법은 1000개의 요소를 가지는 배열(우편함)을 만드는 것이다. 자료의 삽입과 탐색은 탐색키를 배열의 인덱스로 생각하고 단지 배열의 특정 요소를 읽거나 쓰면 된다. 이들 연산은 명백하게 $O(1)$이다. 이것이 해싱의 기본 아이디어이다.

만약 탐색키가 문자열이거나 굉장히 큰 숫자라면 문제가 발생한다. 배열의 크기가 너무 커지기 때문이다. 이 경우는 보다 작은 배열을 사용해야 하고, 탐색키를 더 이상 직접 배열의 인덱스로 사용할 수 없다. 대신에 탐색키를 작은 정수로 대응시키는 해시 함수가 필요하다. 해시 함수는 탐색키를 입력받아 **해시 주소**(hash address)를 계산하는데, 삽입이나 삭제, 탐색 연산은 모두 이 주소에서 이루어진다. 그림 14.9는 해싱의 구조를 보여준다. 해시 테이블은 M개의 **버킷**(bucket)으로 이루어지는 테이블이고, 하나의 버킷은 여러 개의 **슬롯**(slot)을 가지는데, 하나의 슬롯에 하나의 레코드가 저장된다. 키값 *key*가 입력되면 해시 함수로 연산한 결과인 *h*(*key*)가 해시 주소가 되며, 이를 인덱스로 사용하여 해시 테이블에 있는 항목에 접근한다. 단순화를 위해 슬롯이 하나라고 생각하자.

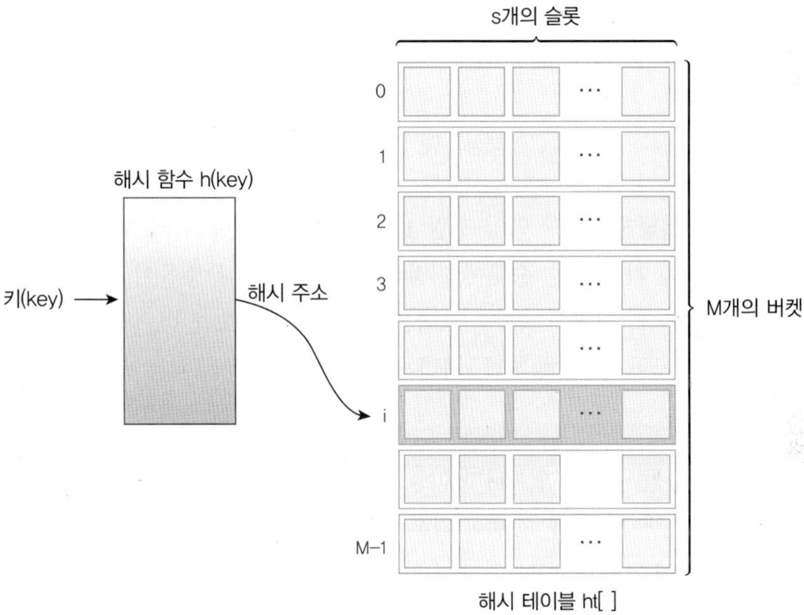

| 그림 14.9 해싱의 구조

버킷의 수가 고정되어 있으므로 경우에 따라 서로 다른 키가 해시함수에 의해 같은 주소로 계산되는 상황이 발생한다. 이것을 **충돌**(collision)이라고 하고, 이와 같이 동일한 해시 주소를 발생시키는 키들을 **동의어**(synonym)라 한다. 그림 14.10은 해싱의 예를 보여주는데, 해시 함수에 의해 '홍길동'과 '이율곡'이 같은 주소로 계산되어 충돌이 발생하였고, '홍길동'과 '이율곡'이 동의어가 된다.

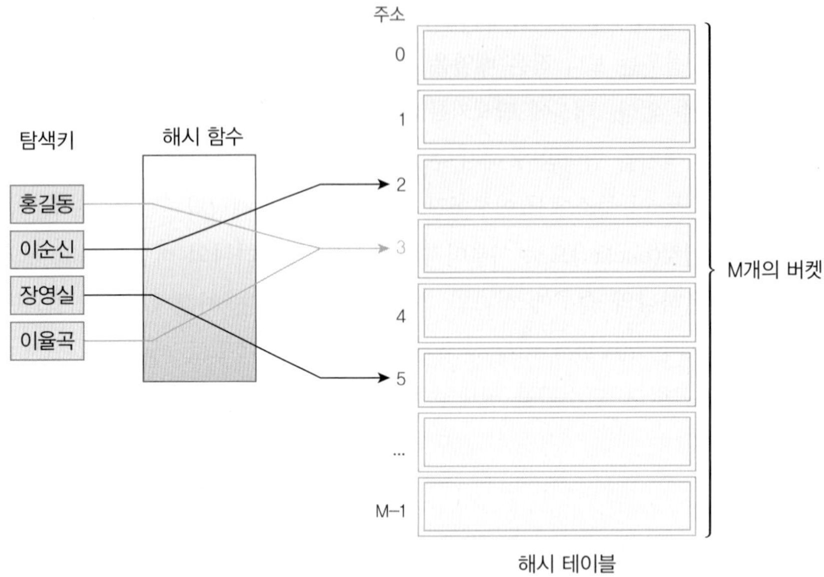

| 그림 14.10 해싱의 예. '홍길동'과 '이율곡'이 충돌.

충돌이 발생하면 어떻게 할까? 만약 그림 14.9와 같이 버킷에 여러 개의 슬롯이 있다면 '홍길동'과 '이율곡'을 각각 다른 슬롯에 저장하면 된다. 그러나 충돌이 슬롯 수보다 더 많이 발생할 수도 있는데, 이러한 상황을 **오버플로(overflow)**라고 한다. 이 경우 해당 버킷에 더 이상 항목을 저장할 수 없게 된다. 따라서 해싱에서는 오버플로를 해결하기 위한 방법이 반드시 필요하다.

이상적인 해싱은 충돌이 절대 일어나지 않는 경우이다. 예를 들어, 학교생활 기록부를 해싱으로 구현한다고 생각해보자. 학번이 같은 학생은 없을 것이므로 학번을 탐색키로 사용하고, 학번이 10자리로 되어 있다면 테이블의 크기를 10,000,000,000으로 하면 충돌이 발생하지 않을 것이다. 그러나 메모리가 지나치게 많이 필요하다. 따라서 실제의 경우는 탐색키에 비하여 해시 테이블의 크기를 훨씬 줄이고, 해시 함수를 이용해 주소를 계산한다. 이러한 실제의 해싱에서는 충돌과 오버플로가 빈번하게 발생하므로 시간 복잡도는 이상적인 경우의 $O(1)$보다는 떨어지게 된다.

14.5 해시 함수

해싱에서는 해시 함수의 설계가 매우 중요하다. 좋은 해시 함수의 조건은 다음과 같다.

- 충돌이 적어야 한다.
- 해시함수 값이 해시테이블의 주소 영역 내에서 고르게 분포되어야 한다.
- 계산이 빨라야 한다.

예를 들어, 영어 단어의 첫 문자만을 취하여 해시 주소를 만드는 것은 좋지 않다. 왜냐하면 'x'나 'z'로 시작하는 단어는 별로 없기 때문이다. 해시 테이블을 균일하게 사용하지 못한다. 먼저 탐색키가 정수라고 가정하고 해시 함수들을 살펴보자.

제산 함수

가장 일반적인 방법이 나머지 연산자 mod (C언어에서 % 연산자)를 사용하는 것이다. 테이블의 크기가 M일 때 탐색키 k에 대하여 해시함수는 다음과 같다.

$$h(k)=k \bmod M$$

이때, 가능하면 해시 주소를 더 고르게 분포시키기 위해 해시 테이블의 크기 M은 소수(prime number)를 선택한다. 즉, 1과 자기 자신만을 약수로 가지는 수라면 $K \bmod M$은 0에서 M-1을 골고루 사용하는 값을 만들어낸다.

폴딩 함수

폴딩 함수는 주로 탐색키가 해시 테이블의 크기보다 더 큰 정수일 경우에 사용된다. 예를 들어 탐색키는 32비트이고 해시 테이블의 인덱스는 16비트 정수인 경우이다. 만약 이런 경우, 탐색키의 앞의 16비트를 무시하고 뒤의 16비트를 해시 코드로 사용한다면, 앞의 16비트만 다르고 뒤의 16비트는 같은 탐색키의 경우, 충돌이 발생할 것이다. 따라서 탐색키의 일부만 사용하는 것이 아니고 탐색키를 몇 개의 부분으로 나누어 이를 더하거나 비트별로 XOR같은 부울 연산을 하는 것이 보다 좋은 방법이다. 이것을 **폴딩(folding)**이라고 한다. 예를 들어 32비트 키를 2개의 16비트로 나누어 비트별로 XOR 연산을 하는 코드는 다음과 같다.

```
hash_index=(short)(key ^ (key>>16))
```

폴딩 함수는 탐색키를 여러 부분으로 나누어 모두 더한 값을 해시 주소로 사용한다. 탐색키를 나누고 더하는 방법에는 **이동 폴딩**(shift folding)과 **경계 폴딩**(boundary folding)이 대표적이다. 이동 폴딩은 탐색키를 여러 부분으로 나눈 값들을 더하고, 경계 폴딩은 이웃한 부분을 거꾸로 더해 해시 주소를 얻는다. 다음은 이동 폴딩과 경계 폴딩의 예이다.

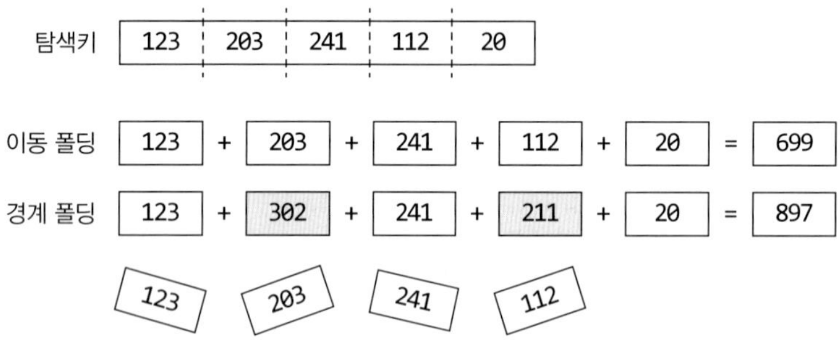

| 그림 14.11 이동 폴딩과 경계 폴딩의 예

중간 제곱 함수

중간 제곱 함수는 탐색키를 제곱한 다음, 중간의 몇 비트를 취해서 해시 주소를 생성한다. 제곱한 값의 중간 비트들은 대개 탐색키의 모든 문자들과 관련이 있다. 따라서 두 키값에서 몇 개의 문자가 같더라도 서로 다른 해싱 주소를 갖게 된다. 탐색키를 제곱한 값의 중간 비트들은 보통 비교적 고르게 분산된다.

비트 추출 방법

해시 테이블의 크기가 $M=2^k$일 때 탐색키를 이진수로 간주하여 임의의 위치의 k개의 비트를 해시 주소로 사용하는 것이다. 이 방법은 아주 간단하지만 탐색키의 일부 정보만을 사용하므로 해시 주소의 집중 현상이 일어날 가능성이 높다.

숫자 분석 방법

이 방법은 숫자로 구성된 키에서 각 위치마다 수의 특징을 미리 알고 있을 때 유용하다. 키의 각각의 위치에 있는 숫자 중에서 편중되지 않는 수들을 해시 테이블의 크기에 적합한 만큼 조합하여 해시 주소로 사용하는 방법이다. 예를 들어, 학생의 학번이 201812345라

한다면 입학년도를 의미하는 앞의 4 자릿수는 편중되어 있으므로 가급적 사용하지 않고 나머지 수를 조합하여 해시 주소로 사용한다.

탐색키가 문자열인 경우

탐색키가 문자열인 경우는 보통 각 문자에 정수를 대응시켜 바꾸게 된다. 예를 들면 'a'부터 'z'에 1부터 26을 할당할 수도 있고, 각 문자의 아스키 코드나 유니코드 값을 그대로 이용할 수 있다. 가능하면 문자열안의 모든 문자를 골고루 사용하는 것이 좋을 것이다. 다음 프로그램에서는 아스키 코드 값을 모두 더하는 방법을 사용하였다.

프로그램 14.6 문자열 탐색키의 정수 변환 및 해시 함수 예

```c
#define TABLE_SIZE  13        // 해싱 테이블의 크기 예: 소수 13을 사용
// 문자열로 된 탐색키를 숫자로 변환 : 간단한 덧셈 방식
int transform(char *key)
{
    int number=0;
    while (*key != '\0') number += (*key++);
    return number;
}
// 해싱 함수: 제산 함수 사용
int hash_function(char *key)
{
    return transform(key) % TABLE_SIZE;
}
```

물론 최종적인 해시 주소는 문자열을 정수로 변환한 값에 해시 함수를 적용하여 만들어진다. 위에서 `hash_function()` 함수는 제산함수를 사용하였다. 그림 14.12는 이 방법을 이용한 문자열 탐색키의 해시 주소 계산의 예를 보여준다. 이 외에도 문자열에서 문자의 코드 값과 함께 위치 정보를 사용하는 방법도 사용할 수 있다.

탐색키	덧셈식 변환 과정(transform())	덧셈 합계	해시 주소
do	100+111	211	3
for	102+111+114	327	2
if	105+102	207	12
case	99+97+115+101	412	9
else	101+108+115+101	425	9
return	114+101+116+117+114+110	672	9
function	102+117+110+99+116+105+111+110	870	12

| 그림 14.12 문자열 탐색키에서 해시주소를 얻는 과정.

14.6 해싱의 오버플로 처리 방법

해시 함수를 아무리 잘 설계하더라도 실제의 해싱에서는 충돌이 흔히 발생할 수 있다. 따라서 충돌에 따른 오버플로의 처리가 매우 중요한데, 다음과 같은 방법이 있다.

(1) **선형 조사법**(linear probing): 충돌이 일어나면 해시 테이블의 다른 위치를 찾아 항목을 저장한다.
(2) **체이닝**(chaining): 해시 테이블의 하나의 위치가 여러 개의 항목을 저장할 수 있도록 해시 테이블의 구조를 변경한다.

선형 조사법

선형 조사법(linear probing)은 해싱 함수로 구한 버킷에 빈 슬롯이 없으면 그 다음 버킷에서 빈 슬롯이 있는지를 찾는 방법이다. 이때 비어 있는 공간을 찾는 것을 조사(probing)이라고 한다. 만약 ht[k]에서 충돌이 발생했다면 다음 위치인 ht[k+1]부터 순서대로 비어있는지를 살피고, 이 과정은 비어있는 공간이 나올 때까지 계속된다. 만약 테이블의 끝에 도달하면 다시 테이블의 처음으로 간다. 처음 충돌이 발생한 곳으로 다시 돌아오면 테이블이 가득 찬 상태이다.

그림 14.13과 같이 크기가 7인 해시 테이블에서 해시 함수로 $h(k) = k \bmod 7$을 사용한다고 가정하고, 8, 1, 9, 6, 13을 저장하는 과정을 생각해 보자.

- 1단계 (8 저장) : $h(8) = 8 \bmod 7 = 1$(저장)
- 2단계 (1 저장) : $h(1) = 1 \bmod 7 = 1$(충돌) => $(h(1)+1) \bmod 7 = 2$(저장)
- 3단계 (9 저장) : $h(9) = 9 \bmod 7 = 2$(충돌) => $(h(9)+1) \bmod 7 = 3$(저장)
- 4단계 (6 저장) : $h(6) = 6 \bmod 7 = 6$(저장)
- 5단계 (13저장) : $h(13) = 13 \bmod 7 = 6$(충돌) => $(h(13)+1) \bmod 7 = 0$(저장)

그림에서 파란색 셀들은 충돌이 발생해서 다른 곳에 저장된 탐색키들이다.

	1단계	2단계	3단계	4단계	5단계
[0]					13
[1]	8	8	8	8	8
[2]		1	1	1	1
[3]			9	9	9
[4]					
[5]					
[6]				6	6

| 그림 14.13 선형조사법의 예

버킷	1단계	2단계	3단계	4단계	5단계	6단계	7단계
[0]							function
[1]							
[2]		for	for	for	for	for	for
[3]	do	do	do	do	do	do	do
[4]							
[5]							
[6]							
[7]							
[8]							
[9]				case	case	case	case
[10]					else	else	else
[11]						return	return
[12]			if	if	if	if	if

| 그림 14.14 선형조사법에 의한 해시테이블의 변화

그림 14.14와 같이 크기가 13인 해시 테이블에 그림 14.12의 각 문자들을 순서대로 삽입하는 과정을 생각해 보자. "do", "for", "if", "case" 까지는 충돌이 없이 잘 삽입된다. 그러나 "else"에서 충돌이 발생하고, 다음의 빈 버킷인 10 위치에 삽입된다. "return"도 충돌이 발생하고, 다음으로 가능한 빈 버킷인 11위치에 저장된다. 버킷 조사는 원형으로 회전함을 기억해야 한다. 테이블의 마지막에 도달하면 다시 처음으로 간다. 그림을 보면 한번 충돌이 발생한 위치에서 항목들이 집중되는 현상을 볼 수 있는데, 이것을 **군집화**(clustering) 현상이라고 한다.

선형 조사법의 구현: 문자열 탐색키를 사용하는 레코드

이제 선형 조사법을 구현하고 그림 14.12의 문자열을 저장해 보자. 먼저 맵에 저장할 레코드 구조체 Record를 정의해야 하는데, key와 value를 멤버로 갖도록 하고, 모두 문자열로 선언하자. 해시 맵은 Record의 배열로 선언하고, 테이블의 크기는 TABLE_SIZE로 한다.

```
typedef struct Record {
        char key[128];           // 키 필드 (사전의 경우 "단어"에 해당)
        char value[128];         // 관련된 자료 (사전의 경우 "의미"에 해당)
} Record ;
Record    ht[TABLE_SIZE];        // 해시 테이블
```

해시 함수로는 프로그램 14.6의 함수들을 사용하고, 맵의 초기화와 화면 출력을 위한 함수들을 제공한다. 이러한 해시 테이블을 바탕으로 선형 조사법을 구현하고 테스트하는 프로그램은 다음과 같다.

프로그램 14.7 선형 조사법에 의한 해시 맵 프로그램

```
#include <stdio.h>
#include <stdlib.h>
#include <string.h>
#define TABLE_SIZE  13

int transform(char *key){...}                // 프로그램 14.6의 함수와 동일
int hash_function(char *key){...}            // 프로그램 14.6의 함수와 동일

```

```
typedef struct Record {
    char key[128];                          // 키 필드 (사전의 경우 "단어"에 해당)
    char value[128];                        // 관련된 자료 (사전의 경우 "의미"에 해당)
} Record ;
Record ht[TABLE_SIZE];                      // 해시 테이블

void init_map( )
{
    int i;
    for ( i=0 ; i<TABLE_SIZE ; i++ )
        ht[i].key[0] = ht[i].value[0] = '\0';
}
void print_map( )
{
    int i;
    for( i=0 ; i<TABLE_SIZE ; i++ )
        printf("[%2d] %20s = %s\n", i, ht[i].key, ht[i].value);
}
void add_record( char* key, char* value )
{
    int i, hashValue;

    hashValue = i = hash_function( key ) ;
    while( ht[i].key[0] != '\0' ) {
        if( strcmp( ht[i].key, key ) == 0 ) {
            printf("[%8s] 탐색키가 중복되었습니다.\n", key);
            return;
        }
        i = (i+1) % TABLE_SIZE;
        if(i == hashValue){
            printf("[%8s] 테이블이 가득찼습니다.\n", key);
            return;
        }
    }
    strcpy(ht[i].key, key);
    strcpy(ht[i].value, value);
}
Record* search_record( char *key )
```

```
47  {
48      int i, hashValue;
49
50      hashValue = i = hash_function( key );
51      while( ht[i].key[0] != '\0' ) {
52          if( strcmp( ht[i].key, key ) == 0 ) {
53              printf("[%8s] 탐색성공 ", key);
54              printf("[%2d] %20s = %s\n", i, ht[i].key, ht[i].value);
55              return ht+i;
56          }
57          i = (i+1) % TABLE_SIZE;
58          if (i == hashValue) break;
59      }
60      printf("[%8s] 탐색실패: 찾는 값이 테이블에 없음\n", key);
61      return NULL;
62  }
63  void main()
64  {
65      init_map( );
66      add_record( "do", "반복" );
67      add_record( "for", "반복" );
68      add_record( "if", "분기" );
69      add_record( "case", "분기" );
70      add_record( "else", "분기" );
71      add_record( "return", "반환" );
72      add_record( "function", "함수" );
73      print_map( );
74      search_record( "return" );
75      search_record( "function" );
76      search_record( "class" );
77  }
```

코드 설명

6-7행 해시 함수로 프로그램 14.6의 함수들을 사용함.

15-20행 맵을 초기화하는 함수.

21-26행 해시 맵의 내용을 화면에 출력하는 함수.

27-45행 선형 조사법에 의한 레코드 삽입 함수.

46-62행 선형 조사법에 의한 레코드 검색 함수.

31행, 50행 탐색키에 대하여 해시 주소 i를 계산.

32행, 51행 주소 i가 비어 있는지를 검사해서 비어 있지 않으면,

33-36행 i에 저장된 탐색키와 삽입하려고 하는 탐색키가 동일한지를 검사해 동일하면 경고 메시지를 출력하고 리턴함. 삽입하지 않음.

37행,57행 다음 주소 계산. i = (i+1)%TABLE_SIZE

38-41행 처음의 주소로 돌아왔으면, 테이블이 가득 찬 상황. 경고 메시지 출력 후 반환.

43-44행 현재 위치 i에 레코드 삽입.

52-56행 검색 키와 현재 레코드와 키가 같으면 탐색 성공. 메시지 출력후 해당 레코드 반환.

58행 처음의 주소로 돌아왔으면 찾는 값이 테이블에 없음. 루프를 빠져나옴.

60-61행 탐색 실패.

65-76행 테스트 함수. 맵을 초기화하고, 그림 14.12의 문자열을 순서대로 의미와 함께 삽입함. 맵을 출력하고, 세 가지 키를 이용해 탐색작업을 실행함.

```
C:\WINDOWS\system32\cmd.exe
[ 0]            function = 함수
[ 1]                     =
[ 2]                 for = 반복
[ 3]                  do = 반복
[ 4]                     =
[ 5]                     =
[ 6]                     =
[ 7]                     =
[ 8]                     =
[ 9]                case = 분기
[10]                else = 분기
[11]              return = 반환
[12]                  if = 분기
[  return] 탐색성공 [11]              return = 반환
[function] 탐색성공 [ 0]            function = 함수
[   class] 탐색실패: 찾는 값이 테이블에 없음
계속하려면 아무 키나 누르십시오 . . .
```

선형 조사법의 삭제 연산

선형 조사법은 간단하지만 오버플로가 자주 발생하면 군집화 현상에 따라 탐색의 효율이 크게 저하될 수 있다. 또 다른 문제가 있다. 항목을 삭제하는 함수를 생각해 보자. 선형 조사법에서 항목이 삭제되면 탐색이 불가능해질 수가 있다. 예를 들어, 크기가 10인 해시 테이블과 $h(k) = k \bmod 10$ 인 해시함수를 가정하자. 탐색키가 5, 15, 25 순서로 삽입되었다고 하면 모두 충돌이 발생하게 되고 해시테이블의 내용은 그림 14.15 (a)와 같을 것이다. 만약 이 상태에서 탐색키 15를 삭제하였다고 가정해보자. 탐색키 25를 탐색하면 중간이 비어 있기 때문에 25가 있는 위치가 갈수가 없다. 이 문제를 어떻게 해결할 수 있을까? 버킷을 몇 가지로 분류해야 한다. 즉 한 번도 사용하지 않은 버킷과 사용은 되었지만 현재는

비어있는 버킷, 현재 사용 중인 버킷으로 분류하여야 한다. 탐색함수에서는 한 번도 사용이 안 된 버킷을 만나야만이 탐색이 중단되도록 하여야 한다.

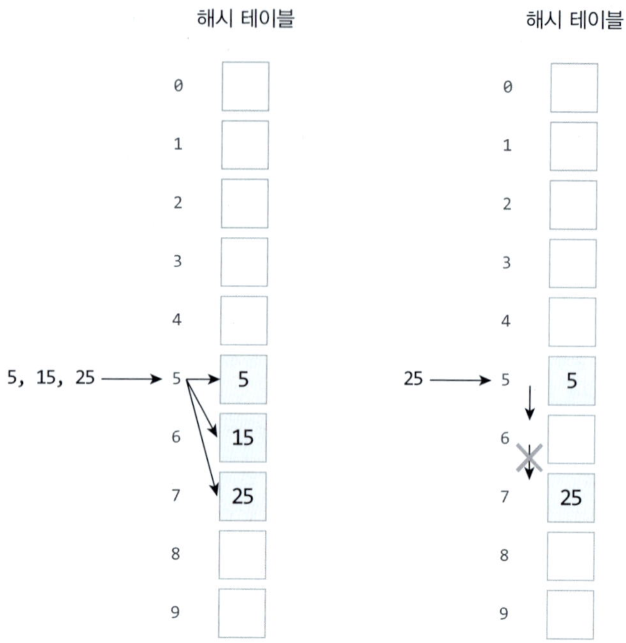

| 그림 14.15 선형조사법 삭제에서 주의해야 될 점.

이차 조사법

이차 조사법(quadratic probing)은 선형 조사법과 유사하지만, 충돌 발생시 다음에 조사할 위치를 다음 식에 의하여 결정한다.

$$(h(k)+i\times i) \bmod M \quad \text{for} \quad i=0,1,\cdots,M-1$$

따라서 조사되는 위치는 다음과 같이 된다.

$$h(k),\ h(k)+1,\ h(k)+4,\ h(k)+9,\cdots\cdots \bmod M$$

여기서 주의할 것은 모든 위치를 조사하게 만들려면 여전히 테이블 크기는 소수여야 한다는 점이다. 이 방법은 선형 조사법에서의 문제점인 군집화 현상을 크게 완화시킬 수 있다.

물론 2차 집중 문제를 일으킬 수는 있지만 1차 집중처럼 심각한 것은 아니다. 2차 집중의 이유는 동일한 위치로 사상되는 여러 탐색키들이 같은 순서에 의하여 빈 버킷을 조사하기 때문이다. 이것은 다음에 소개할 이중 해싱법으로 해결할 수 있다. 이차 조사법은 다음에 조사할 위치를 계산하는 부분만 다음과 같이 수정하면 된다. (프로그램 14.7의 37, 57행)

```
inc = inc+1;
i = (i+inc*inc) % TABLE_SIZE;
```

이중 해싱법

이중 해싱법(double hashing) 또는 **재해싱**(rehashing)은 오버플로가 발생함에 따라 항목을 저장할 다음 위치를 결정할 때, 원래 해시 함수와 다른 별개의 해시 함수를 이용하는 방법이다. 이 방법은 항목들을 해시 테이블에 보다 균일하게 분포시킬 수 있으므로 효과적인 방법이라 할 수 있다.

선형 조사법과 이차 조사법은 충돌이 발생했을 경우에 해시 함수 값에 어떤 값을 더해서 다음 위치를 얻는다. 선형 조사법에서는 더해지는 값이 1이고 이차 조사법에서는 j^2이다. 따라서 해시 함수 값이 같으면 차후에 조사되는 위치도 같게 된다. 이중 해싱법에서는 탐색키를 참조하여 더해지는 값을 결정한다. 따라서 해시 함수값이 같더라도 탐색키가 다르면 서로 다른 조사 순서를 갖는다. 따라서 이중 해싱법은 2차 집중을 완화할 수 있다.

체이닝

체이닝은 하나의 버킷에 여러 개의 레코드를 저장할 수 있도록 하는 방법이다. 버킷은 여러 가지 방법으로 구현될 수 있겠지만 저장할 항목의 수를 예측할 수 없으므로 연결 리스트로 구현하는 것이 적절할 것이다. 이와 같은 오버플로 해결 방법을 **체이닝**(chaining)이라고 한다.

그림 14.16은 크기가 7인 해시테이블에 $h(k)=k \bmod 7$ 의 해시 함수를 이용하여 8, 1, 9, 6, 13 을 삽입할 때에의 체이닝에 의한 충돌 처리 결과를 보여준다.

- 1단계 (8 저장) : $h(8) = 8 \ mod \ 7 = 1$(저장)
- 2단계 (1 저장) : $h(1) = 1 \ mod \ 7 = 1$(충돌) => 새로운 노드 생성 및 저장
- 3단계 (9 저장) : $h(9) = 9 \ mod \ 7 = 2$(저장)

- 4단계 (6 저장) : $h(6) = 6 \bmod 7 = 6$(저장)
- 5단계 (13저장) : h(13) = 13 mod 7 = 6(충돌) => 새로운 노드 생성 및 저장

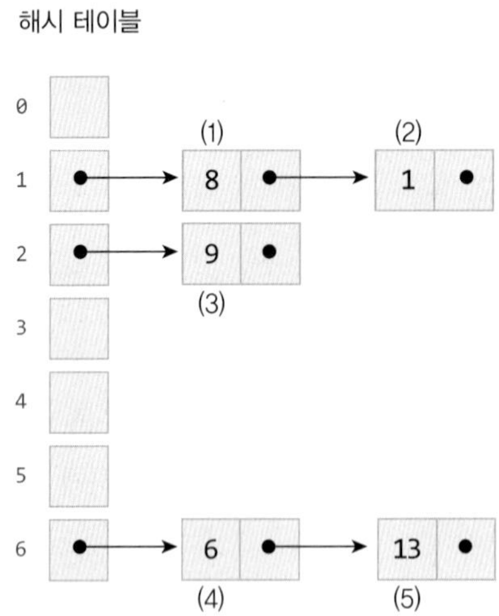

| 그림 14.16 체인법에서의 해시테이블의 변화

체이닝을 구현해 보자. 노드에는 프로그램 14.7의 **Record**와 동일한 데이터 멤버와 함께 다음 노드를 가리키는 링크 필드를 추가한다. 이제 해시 테이블은 노드의 포인터 배열이 되어야 한다.

```
typedef struct RecordNode {
        char key[128];
        char value[128];
        struct RecordNode* link;
} Node ;
Node*     ht[TABLE_SIZE];
```

해시 테이블의 초기화는 배열의 모든 항목을 NULL로 처리하면 되고, 맵을 화면에 출력할 때 5장의 연결 리스트에서와 같이 노드를 순서대로 따라가며 각 노드의 내용을 출력해 한다. `main()`함수는 프로그램 14.7과 동일하다. 구현된 체이닝 코드는 다음과 같다.

프로그램 14.8 체이닝을 이용한 위한 해시 맵 프로그램

```
...               // 프로그램 14.7의 1~7행 코드 삽입

typedef struct RecordNode {
    char key[128];                  // 키 필드 (사전의 경우 "단어"에 해당)
    char value[128];                // 관련된 자료 (사전의 경우 "의미"에 해당)
    struct RecordNode* link;
} Node ;
Node* ht[TABLE_SIZE];

void init_map( )
{
    int i;
    for ( i=0 ; i<TABLE_SIZE ; i++ )
        ht[i] = NULL;
}
void print_map( )
{
    int i;
    Node*p;
    for( i=0 ; i<TABLE_SIZE ; i++ ) {
        printf("[%2d] ", i);
        for( p=ht[i] ; p!=NULL ; p=p->link )
            printf("%10s", p->key);
        printf("\n");
    }
}
void add_record ( char* key, char* val)
{
    Node* p;

    int hashValue = hash_function ( key );
    for( p=ht[hashValue] ; p!=NULL ; p=p->link ) {
        if( strcmp(p->key, key) == 0 ) {
            printf("이미 탐색키가 저장되어 있음\n");
            return;
        }
```

```
37          }
38          p = (Node*) malloc(sizeof(Node));
39          strcpy(p->key, key);
40          strcpy(p->value, val);
41          p->link = ht[hashValue];
42          ht[hashValue] = p;
43  }
44  void search_record( char *key )
45  {
46          Node* p;
47  
48          int hashValue = hash_function ( key );
49          for( p=ht[hashValue] ; p != NULL ; p=p->link ) {
50              if( strcmp(p->key,key) == 0 ) {
51                  printf("[%8s] 탐색성공", key);
52                  printf("[%2d] %20s = %s\n", hashValue, p->key, p->value);
53                  return;
54              }
55          }
56          printf("[%8s] 탐색 실패: 찾는 값이 테이블에 없음\n", key);
57  }
58  void main() {...}          // 프로그램 14.7의 함수와 동일
```

코드 설명

20행 체이닝에 의한 레코드 삽입 함수.

31행, 48행 탐색키에 대하여 해시 주소 hashValue를 계산.

32-37행 이미 동일한 검색 키가 있으면, 저장하지 않음. n을 동적 해제.

38-42행 노드를 동적으로 할당해 초기화하고, 연결 리스트의 전단에 삽입.

44행 체이닝에 의한 레코드 검색 함수.

49-55행 헤더 포인터부터 연결된 노드를 검색해 탐색키와 동일한 키를 갖는 레코드가 있으면 탐색 성공. 성공 메시지를 출력하고 반환.

56행 탐색 실패.

```
C:\WINDOWS\system32\cmd.exe
[ 0]
[ 1]
[ 2]        for
[ 3]         do
[ 4]
[ 5]
[ 6]
[ 7]
[ 8]
[ 9]     return      else      case
[10]
[11]
[12]   function        if
[  return] 탐색성공[ 9]              return = 반환
[function] 탐색성공[12]            function = 함수
[   class] 탐색 실패: 찾는 값이 테이블에 없음
계속하려면 아무 키나 누르십시오 . . .
```

체이닝에서 항목을 탐색하거나 삽입하고자 하면 키 값의 버킷에 해당하는 연결 리스트에서 독립적으로 탐색이나 삽입이 이루어진다. 체이닝은 해시 테이블을 연결 리스트로 구성하므로 필요한 만큼의 메모리만 사용하게 되어 공간적 사용 효율이 매우 우수하다. 또한 오버플로가 발생할 경우에도 해당 버킷에 할당된 연결 리스트만 처리하게 되므로 수행 시간 면에서도 매우 효율적이다.

해싱의 성능 분석

해싱의 시간 복잡도는 $O(1)$이다. 그러나 이것은 충돌이 전혀 일어나지 않는 상황에서만 가능하다. 따라서 실제 해싱의 탐색 연산은 $O(1)$보다는 느려진다. 해싱의 성능을 분석하기 위해 해시 테이블이 얼마나 채워져 있는지를 나타내는 **적재 밀도**(loading density) 또는 **적재 비율**(loading factor)을 다음과 같이 정의한다.

$$\alpha = \frac{\text{저장된 항목의 개수}}{\text{해싱 테이블의 버켓의 개수}} = \frac{n}{M}$$

α가 0이면 해시 테이블은 비어있다. α의 최댓값은 충돌 해결 방법에 따라 달라진다. 선형 조사법에서는 테이블이 가득차면 모든 버킷에 하나의 항목이 저장되므로 1이 된다. 체인법에서는 저장할 수 있는 항목의 수가 해시 테이블의 크기를 넘어설 수 있기 때문에 α는 최댓값을 가지지 않는다.

해싱과 다른 탐색 방법의 비교

표 4.17은 여러 가지 탐색 방법들의 시간 복잡도를 보여주고 있다. 배열을 이용하는 이진 탐색은 간단하기는 하지만 항목의 삽입과 삭제에 대한 처리가 복잡하다. 이에 비해 9장에서 공부한 이진 탐색 트리는 시간 복잡도는 동일하지만 레코드의 삽입이나 삭제가 쉽다.

이상적인 경우 해싱이 가장 효율적인 탐색 방법이다. 삽입도 배열에 비해 쉽다. 물론 단점도 있다. 해싱은 그야말로 순서가 없다. 따라서 정렬된 배열이나 이진 탐색 트리에서와 같이 어떤 항목의 이전 항목이나 다음 항목을 쉽게 찾을 수 없다. 또한 해시 테이블의 크기를 결정하는 것이 불명확하다. 또한 최악의 경우 해싱의 시간 복잡도는 매우 나쁜데, 모든 값이 하나의 버킷으로 집중되면 시간 복잡도가 $O(n)$이 된다.

| 표 14.17 여러 가지 탐색 방법의 시간 복잡도 비교

탐색 방법		탐색	삽입	삭제
순차 탐색		$O(n)$	$O(1)$	$O(n)$
이진 탐색		$O(\log_2 n)$	$O(n)$	$O(n)$
이진 탐색 트리	균형 트리	$O(\log_2 n)$	$O(\log_2 n)$	$O(\log_2 n)$
	경사 트리	$O(n)$	$O(n)$	$O(n)$
해싱	최선의 경우	$O(1)$	$O(1)$	$O(1)$
	최악의 경우	$O(n)$	$O(n)$	$O(n)$

연습문제

1 이진 탐색 알고리즘의 특징이 아닌 것은? [기사 시험 기출 문제]

① 탐색 효율이 좋고 탐색 시간이 적게 소요된다.

② 검색할 데이터가 정렬되어 있어야 한다.

③ 피보나치 수열에 따라 다음에 비교할 대상을 선정하여 검색한다.

④ 비교를 거듭할 때마다 검색 대상이 되는 데이터의 수가 절반으로 줄어든다.

2 키 값 28을 가지고 아래의 리스트를 탐색할 때 다음의 탐색 방법에 따른 탐색 과정을 그리고 탐색 시에 필요한 비교 연산 횟수를 구하라.

0	1	2	3	4	5	6	7	8	9	10	11	12	13	14	15
8	11	12	15	16	19	20	23	25	28	29	31	33	35	38	40

(1) 순차 탐색

(2) 이진 탐색

(3) 보간 탐색

3 크기가 13인 해쉬 테이블에서 입력 자료 27과 130은 어떤 인덱스로 대응되는가? 해싱 함수는 h(key)=key%13라고 하자.

① 1, 10 ② 13, 0 ③ 1, 0 ④ 2, 3

4 크기가 11인 해싱테이블을 가정하자. 해시함수로는 다음을 사용한다.

```
h(k) = k mod 11
```

입력 자료가 다음과 같은 순서로 입력된다고 하면 아래의 각 경우에 대하여 해시테이블의 내용을 그려라.

```
12, 44, 13, 88, 23, 94, 11, 39, 20, 16, 5
```

(1) 충돌을 선형조사법을 사용하여 처리한다.

(2) 충돌을 이차조사법을 사용하여 처리한다.

(3) 충돌을 다음과 같은 이중 해시법을 사용하여 처리한다.

$$h'(k)=7-(k \bmod 7)$$

(4) 충돌을 체인법을 사용하여 처리한다.

5 "cat", "dog", "lion"과 같은 동물 이름을 해쉬 테이블에 저장하고자 한다. 어떤 해싱 함수를 사용하는 것이 좋을까? 동물의 이름을 사용자로부터 받아서 해쉬 테이블에 저장하는 프로그램을 직접 구현하여 보자.

```
삽입(i), 탐색(s), 삭제(d): i
동물의 이름: cat
인덱스 54번에 저장되었음

삽입(i), 탐색(s), 삭제(d): s
동물의 이름: cat
cat은 해쉬 테이블 54 인덱스에 있음!
...
```

프로그래밍 프로젝트

1 선형 조사법과 이중 조사법을 비교하는 실험을 하려고 한다. 먼저 1000개 의 단어로 이루어진 리스트를 만든다. 인터넷에서 영어 단어 리스트를 검색하거나 아기 이름 리스트를 검색해 사용할 수 있을 것이다.

(1) 크기가 2000인 해시 테이블을 선형 조사법과 이중 조사법으로 구현하라. 각 방법에서 충돌이 일어난 전체 횟수와 충돌이 발생한 버켓의 수를 출력하라. 또한 각 버켓의 상태를 충돌이 발생하면 'x', 정상적인 레코드이면 'o', 사용되지 않았으면 '.'로 출력해 보라. 다음은 출력 결과의 예를 보여준다.

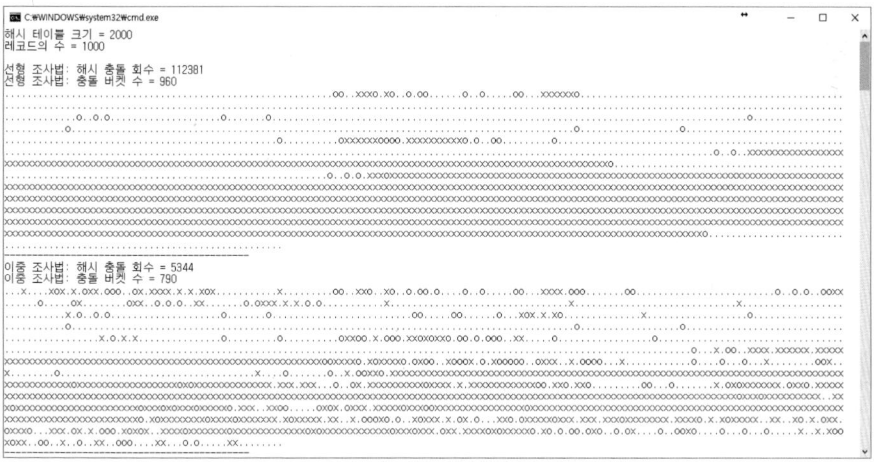

(2) 동일한 방법을 체인법으로 구현해 보라. 이 방법에서는 각 버켓의 레코드 수를 출력하도록 하고, 만약 10개 이상이면 'x'를 출력한다. 다음은 출력 결과의 예를 보여준다.

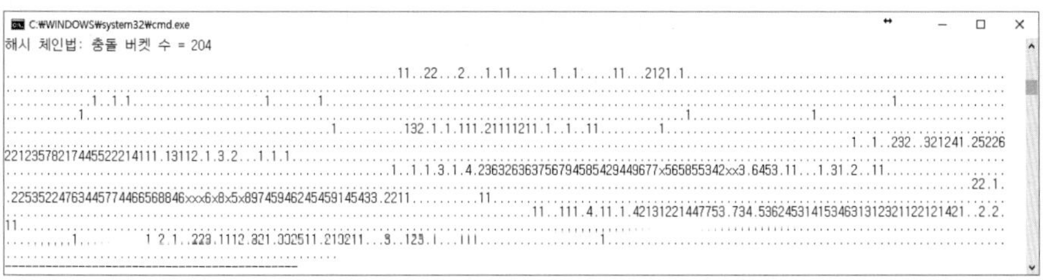

(3) 충돌이 심하게 일어난다면 해시 함수를 변경하여 개선해 보라. 다음은 개선된 출력 결과의 예를 보여준다.

(4) 동일한 실험을 테이블의 크기를 다양하게 변경하면서 진행해 보라.

찾아보기

ㅁ

ㅂ

ㅅ

저자 소개

최영규(崔濚圭)

경북대학교 전자공학과 공학사
한국과학기술원 전기및전자공학과 공학석사
한국과학기술원 전기및전자공학과 공학박사
LG산전연구소 선임연구원
현재 한국기술교육대학교 컴퓨터공학부 교수
미국 조지 워싱턴대, UTSA 방문 교수
E-mail: ykchoi@koreatech.ac.kr

천인국(千仁國)

서울대학교 전자공학과 공학사
한국과학기술원 전기및전자공학과 공학석사
한국과학기술원 전기및전자공학과 공학박사
삼성전자 종합연구소 주임 연구원
현재 순천향대학교 컴퓨터 공학과 교수
캐나다 UBC 방문 교수
E-mail: chunik@sch.ac.kr

공용해(孔容海)

연세대학교 전자공학과 공학사
Polytechnic Univ.(뉴욕) 컴퓨터과학과 공학석사
Polytechnic Univ.(뉴욕) 컴퓨터과학과 공학박사
한진중공업 연구원
삼성전자 연구소 연구원
현재 순천향대학교 의료IT공학과 교수
E-mail: yhkong@sch.ac.kr

